本书是教育部人文社会科学研究项目“州县问责制度与地方社会治理（1644–1912）”
（项目编号：12YJA770007）的最终成果



# 清代州县问责制度与地方社会治理研究

陈一容 / 著

科学出版社
北京

## 内 容 简 介

本书从国家顶层制度设计层面切入，聚焦清朝地方社会治理的根本杠杆——州县正印问责制度及其与辖境治理关系，展开全面、深入的研究，探寻清朝地方治理的制度秘诀，复原问责制度下州县正印行政的基本面貌。内容涉及州县、州县正印官在国家治理中的地位；州县问责制的法律法规，问责范围、程序、方式，追究实施及其效能；知州、知县因应钱谷、刑名、养民教民责任追究制度驱动对境域农业、治安、民生教化治理等。

本书视角新颖、史料翔实，内容丰富，写作规范，语言凝练，具有较高的学术、社会价值，既为研究者所必备，也可为史学爱好者、高校师生及行政工作人员参考。

**图书在版编目（CIP）数据**

清代州县问责制度与地方社会治理研究/陈一容著. —北京：科学出版社，2021.11

ISBN 978-7-03-064984-3

Ⅰ. ①清…　Ⅱ. ①陈…　Ⅲ. ①地方政府-行政管理-责任制-研究-中国-清代　Ⅳ. ①D691.22

中国版本图书馆CIP数据核字（2020）第072892号

责任编辑：任晓刚 / 责任校对：韩　杨
责任印制：师艳茹 / 封面设计：黄华斌

科学出版社 出版
北京东黄城根北街16号
邮政编码：100717
http://www.sciencep.com
保定市中画美凯印刷有限公司 印刷
科学出版社发行　各地新华书店经销
*
2021年11月第 一 版　开本：720×1000　1/16
2021年11月第一次印刷　印张：32
字数：620 000

**定价：168.00元**

（如有印装质量问题，我社负责调换）

# 自　序

当敲上本书最后一个字符转入序言写作的时候，新冠疫情肆虐依然。这一世界灾难似乎昭示人们：当今世界国家与国家之间，已然你中有我、我中有你，而且联系密切，加速循环，人类在整体上，犹如一个共同的世界家园、地球村庄。经此劫难，这样的体认，于客观、理性而实事求是的人们来说，恐怕是毫无疑义的。不过，与此同时，民粹主义、逆全球化的趋势同时滋长。在继续坚持对外开放、深化外循环的同时，坚定不移做好国内循环，办好本国自己的事情已然成为当务之急。而且，从本质上看，国家毕竟是在"一定领土内"垄断具有约束力和永久立法权的实体，且"与全体固定成员相脱离的特殊的公共权力为前提"，在公共权力有效约束的一定的领土之内，按地区实现一国内部的循环、社会的治理不仅成为基本的认知，而且为相关词汇的热度、高频所证明。[①]2019 年底，党十九届四中全会做出坚持和完善中国特色社会主义制度、推进国家治理体系和治理能力现代化若干重大问题的重大决定，提出："到新中国成立一百年时，全面实现国家治理体系和治理能力现代化"[②]，这就更加显示和说明了国家内部治理体系、治理能力不仅重要、紧迫，而且已经加速提上议事日程。

就历史的过往而论，国家内部的治理，一直是永恒的主题，而且有着自身的逻辑理路。在传统的人治为主的治理时代，国家的治理，首先且必然是一国之君，所谓"安人宁国，惟在于君"[③]。"一国之存亡在其主"[④]。只是，君主一人即便"有尧之智而无众人之助，大功不立"[⑤]，"设官以治之"

---

① 黄明涛：《我国国家治理能力研究热点与主题演进（2013—2019）》，《重庆交通大学学报》（社会科学版）2020 年第 4 期。

②《中共中央关于坚持和完善中国特色社会主义　推进国家治理体系和治理能力现代化若干重大问题的决定》，《人民日报》（海外版）2019 年 11 月 6 日，第 6 版。

③（唐）吴兢编著：《贞观政要》卷 8《务农》，上海：上海古籍出版社，1978 年，第 279 页。

④ 黎翔凤撰，梁运华整理：《管子校注》卷 17《七臣七主》，北京：中华书局，2004 年，第 988 页。

⑤（清）王先慎撰，钟哲点校：《韩非子集解》卷 8《观行》，北京：中华书局，1998 年，第 197 页。

也就成为必须与必然。而“官”，初而客舍，继“谓朝廷治事之处”，亦即“官府也”。按王夫之的说法，治事的官府乃是“权力所在之处”。对于在权力所在之处治事，也就是实质拥有了权力的这一个群体之人乃成为一个国家、社会治理的先决条件。因为天下“难治者，非民也，官也”①，官“邪”将导致“国家之败”，于是有了“明主治吏不治民”“圣人治吏不治民”②的政治智慧与历史传统。至于如何治吏，固然是皇权、皇帝，本质上的人治，但到底还是有其制度。“制度时，则国俗可化，而民从制；治法明，则官无邪；国务一，则民应用；事本抟，则民喜农而乐战。”③对官，何尝又不是如此。“法者，治之端也”④，“君之命也”⑤。对“官”激励的赏赐和对之予以鞭策的问责、惩处，就是人君治理百官的主要的办法和制度，且被号称“二柄”。所谓“赏罚者，国之利器而制人之柄也”“有国之柄，莫大于刑赏。”⑥虽然两柄“都能实现对法律的顺从，但事实上人们往往只采用惩罚。当考虑到造成巨大痛苦是多么容易，而给予极大满足又是何等困难时，我们对此就毫不奇怪了。无论奖赏的天平怎样比厄运的天平更为可取，只要制造痛苦是如此之廉价，而造福又是如此之昂贵，那么惩罚就总是被采用”⑦而成为最为重要，也最自然的选择。

由 2020 年庚子上溯 380 年到清王朝时期，依然是人治的时代，甚至是人们常说的君主专制达到极致的时代，以此为底色，其治官其实也是赏罚，尤其是“罚”，即惩戒、问责的制度主义。笔者经大约自 2005 年以来的初步涉猎发现，有清一代的官吏问责制度不仅客观存在，而且还是比较完备、系统，并有所落实的。只是，一个王朝，从中央吏、户、礼、兵、刑、工各部，到地方的督、抚、藩、臬、道、府、州、县各级，部门层级官员何其多

① （明）唐甄撰，注释组注：《潜书注》，成都：四川人民出版社，1984 年，第 433 页。
② （清）王先慎撰，钟哲点校：《韩非子集解》卷 14《外储说右下》，北京：中华书局，1998 年，第 332、342 页。
③ （战国）商鞅原著，张觉译注：《商君书全译》，贵阳：贵州人民出版社，1993 年，第 108 页。
④ （周）荀况撰，廖名春、邹新明校点：《荀子》，沈阳：辽宁教育出版社，1997 年，第 54 页。
⑤ （东汉）王符著，胡大浚、李仲立、李德奇译注：《王符〈潜夫论〉译注》，兰州：甘肃人民出版社，1991 年，第 179 页。
⑥ （清）陈梦雷编纂，蒋廷锡校订：《古今图书集成·经济汇编·祥刑典》卷八《祥刑总部·艺文一》，北京、成都：中华书局、巴蜀书社，1985 年，第 44 页；（清）陈梦雷编纂，蒋廷锡校订：《古今图书集成·经济汇编·祥刑典》卷八十六《律令部·艺文二》，北京、成都：中华书局、巴蜀书社，1985 年，第 52 页。
⑦ （美）爱德华·罗斯著，秦志勇等译：《社会控制》，北京：华夏出版社，1989 年，第 81 页。

也，政府官僚问责的群体、对象重点何在？问责的事项范围，问责的类别、方式如何？实际的执行怎么样？另外，清朝的官吏问责，果真只是停留于治官府之事的官吏而“不治民”吗？治官的目的、官僚治理的落脚点、归结点究竟在哪里呢？

在 2008 年拙作《清代官吏惩戒制度研究》完成、出版之后，笔者带着上述系列问题，在继续宏观考察的基础上，进一步广泛搜集、整理资料，就不同层级、类别的问责对象进行比较，结果发现，在清朝官僚体系和国家的社会治理中，基层政区及其正印官的知州、知县是至为重要甚至有决定意义的群体。其所以如此，缘由有四：

一是，“体国经野，疆里为先”，按行政区划，土地、人民各归州县。“一尺之地，不属某州某里，则属某县某里，未有曰属某府地土者。一丁之民，不属某州民籍，则属某县军籍，未有曰属某府人民者。”①二是，国家是州县所积，州县是国家之所寄，两者治乱相因。“国者，省之积也；省者，县之积也”②，“夫天下者，州县所积而成者也。故论治必自州县始”③；“职其要则操之朝廷，寻其端则肇于一邑……邑令之于民，至亲也。其疆域山川，可亲历而知之，其户口之多寡贫富、土田之肥瘠高下，可目验而数计也。其士习民风之善恶，近而易察也。……一邑治而举邑皆效之，则一郡治矣，举郡皆效之，而一省治矣，举省皆效之，而天下治矣。”④三是，“专民莅政，惟县为最”，而且几系正印“一人政府”，职责“靡所不综”。清朝“政事之端，纠纷万绪，不离乎吏、户、礼、兵、刑、工六曹之所掌……而考其事之所由起，则莫不肇端于州县”⑤；事项布置于下，“督抚既委之司道，司道复委之州县，层层辗转推延……而以责之递委之州县”⑥；“自州县上至督抚大吏，为国家布治者，职孔庶矣。然亲民之治，实惟州县。州县而

① （明）吕坤：《新吾吕先生实政录·知府之职》，官箴书集成编纂委员会：《官箴书集成》第 1 册，合肥：黄山书社，1997 年，第 425 页。
② （清）曾广钦：《续印长治县志序》，光绪《长治县治》，台北：成文出版社，1976 年。
③ 故宫博物院明清档案部编：《清末筹备立宪档案史料》上册，北京：中华书局，1979 年，第 414 页。
④ （清）盛康：《皇朝经世文编续编》卷 24《吏政七·守令上》，沈云龙主编：《近代中国史料丛刊》第 84 辑，台北：文海出版社，1972 年，第 2527—2528 页。
⑤ （清）刚毅：《牧令须知·序》，官箴书集成编纂委员会：《官箴书集成》第 9 册，合肥：黄山书社，1997 年，第 213 页。
⑥ 《清实录·高宗实录》卷 688 乾隆二十八年六月戊戌条，北京：中华书局，1986 年，第 709 页。

上，皆以整饬州县之治为治而已”①。“一切钱谷兵刑，政教号令之繁，督抚责之司道，司道责之郡守，而任其事者，专在牧令。”②万维翰言：“万事胚胎，皆在州县，至于府司院皆已定局，而只须核其情节，斟酌律例补苴渗漏而已”③。不仅如此，知州、知县“掌一县治理，决讼断辟，劝农赈贫，讨猾除奸，兴养立教。凡贡士、读法、养老、祀神，靡所不综”④。治理被要求“独任”：“以一县之大而付诸一人，曰征租惟州县主之；曰听讼惟州县主之；曰缉捕惟州县主之；曰考试为州县主之。余若讦奸防盗兴利除弊诸要政，悉惟知县是赖。”⑤四是，“天下之治乱系乎民，民之治乱系乎牧令”。清政府用人的目的在于行政，行政的目的是对社会进行治理。社会的治乱表面在基层百姓，实则在于基层政区正印。“盖牧令者，亲民之官，官不能治民，则民之疾苦日甚，天下所由多事也。”⑥凡此，清政府的统治、治理以正印官群体治理为着力重点、为主要抓手也就顺理成章；国家的社会治理，实际也自然并必然通过知州、知县、抚民同知（或抚民通判）对其所辖的一个个具体州、县、厅的治理来实现。而撬动各州县正印履职履责的杠杆就是对知县正印问责的制度，也正是凭借这一制度，距离州县地方“万里之遥”的清廷统治者，方能“若臂指之相使”⑦，达到对地方社会的基本管控，进而实现国家治理。人君利用这一制度之所以能够达到上述目的，最为关键的在于这一制度本身所具有的震慑功能及其行为导向、预防作用。

本次呈现于各位读者面前的这部拙作，就是基于以上思考之所得，总体围绕清代州县正印官——知州、知县的问责制度及其与辖境治理关系、治理状况进行考察的结果。除绪论之外的主体内容共 7 章：前 3 章为问责制度，主要是在宏观把握州县及其州县正印官在清朝国家社会治理地位的基础上，

---

① （清）汪辉祖：《学治臆说·序》，官箴书集成编纂委员会：《官箴书集成》第 5 册，合肥：黄山书社，1997 年，第 267 页。

② （清）方浚颐：《牧令论》，（清）饶玉成：《皇朝经世文续编》卷 23《吏政九·守令下》，清光绪八年（1882）刻本。

③ （清）万维翰：《幕学举要·总论》，官箴书集成编纂委员会：《官箴书集成》第 4 册，合肥：黄山书社，1997 年，第 732 页。

④ 赵尔巽等：《清史稿》，北京：中华书局，1977 年，第 3357 页。

⑤ 阙名：《论整顿吏治以裁官为先》，（清）杨凤藻：《皇朝经世文新编续集》卷 3《官制》，台北：文海出版社，1972 年，第 264 页。

⑥ （清）方大湜：《平平言·序》，官箴书集成编纂委员会：《官箴书集成》第 7 册，合肥：黄山书社，1997 年，第 592 页。

⑦ 清高宗敕撰：《清朝文献通考》卷 77《职官一》，上海：商务印书馆，1936 年，第 5569 页。

从国家顶层制度层面切入，考察州县问责制的法律法规，问责范围、程序、方式，追究实施及其效能；后4章，从钱谷、刑名、教育教化、民生社会四个维度就问责制度下州县正印官的州县行政及州县治理进行论述。全书的基本目的在于探寻清朝地方治理的力量源泉与内在奥秘，探讨问责制度下州县正印行政的实际面貌，揭示问责制度及其实施与知州、知县辖区治理的内在联系，拓展州县地方社会治理的研究范围，考察、复原州县政府正印官——知州、知县在地方社会乃至于清朝全国治理中的地位、作用。而清朝州县治理亦即清朝社会的治理乃至国家的治理历史表明，州县问责制度的确是国家实施地方治理的秘诀之所在，也是一把国家打开地方社会管理之锁的“金钥匙”，同时还是一道较为有力和行之有效的制度杠杆。凭此秘诀或制度杠杆，驱动了州县正印官对州县政务和州县境内其他领域展开治理，尤其是钱谷、刑名的落地，在教育教化和基层民生等方面也得到一定程度的落实。同时，也对知州、知县的个人品德之恶、权力腐败有所抑制。“相与兢兢奉法，以求无过”。倘若没有州县问责的制度安排和这一制度在某种程度上的实施、落实，清代州县的政务、基层社会治理将是难以想象的。由此，该制度及其在地方治理中的作用，知州、知县们在这一制度制约下的州县治理的实际努力，还是值得正视和研究的。

当然，如同法律不是万能的一样，制度，也不是绝对的万能。就清代州县问责制度本身而言，“密如凝脂”而又脱离基层社会实际的某些州县问责条文也造成了州县正印官的某些不作为、乱作为，在执行方面，有法不依、执法不严、违法不究的现象多有存在，以至于对州县群体州县治理的驱动、鞭策作用及其效果并没有完全如清政府该制度安排的预期理想。不过，制度治理，即便是人治实质的制度治理，较之于粗暴、赤裸裸的人治来说还是优越的，甚且制度本身被认为是善治的代名词；绝对的、僵化的制度主义固然不足为取，国家治理的逻辑演进，虽也开启向行动主义的转向，然而，包括中国在内，制度治理的任务毕竟尚未完成，我们还在制度治理的路上；再说，“国家治理阶段性转向本身是层累的过程，后一种治理逻辑必须构筑在前一种逻辑的地层之上，需要前者的所有知识和养料”①，所以“学习”包

① 柳亦博：《国家治理的阶段性演化：一个贯通的政治学模型》，《中国人民大学学报》2018 年第 2 期，第 141 页。

括清朝国家地方治理在内的“历史遗产，用马克思主义的方法给以批判的总结，是我们学习的另一任务”①。因此，在学术兴味之外，拙作若能为当今基层官员管理构建不敢腐、不能腐、不想腐的体制机制，以及创新、完善社会治理体系的地方基层政府责任等方面，提供哪怕点滴的历史养料，虽或属自不量力的奢望，但究是笔者之乐见。

是为自序。

陈一容

2020.8.5

①《毛泽东选集》第2卷，北京：人民出版社，1991年，第533页。

# 目　录

# 列 表 目 录

# 绪　论

举凡学术研究，通常以绪论开篇，此似成普遍性的研究路径，也成为学界的非约定而俗成的一种惯例。其所以如此，盖因具体内容的说明之前，于论题意涵的厘清、相关研究动态以及研究价值的诠释确乎必要与必须。基于此，拙著也照此通例设绪论一篇，并首先从概念问题谈起。而概念的界定，看起来好像简单，其实则不然。因为研究的“困难始于界说。……界说含有束缚和拘束的作用。界说一方面指使它的使用者，另一方面显现出使用者的取向。界说埋葬在它的使用者的观念与他的理论化的工作之中。”①不过，这不轻松的界说，到底是研究的第一义，也是学理惯常之要求，不得不首先探讨。

## 一、概念界定

### （一）州县问责制度

1. 州县

中国历史长河中的“州县”，尽管因时、因地有所差异，但大致而言，主要有如下三层含义：一层是指州县行政区域区划，即基层政区；二层为州县政府机构，即州县衙署；三层为州县政府之官员。本着“州县”的意义是三者兼而有之，而以第三层意思为主。第三层意义，具体而言，关键在“官”。那么，“官”者又何谓？东汉许慎说它是“吏，事君也”②。据此，“官”似乎就是“吏”，“官”与“吏”好像同义，都是“事君”的人，按现代汉语，官和吏，均指在国家机关办事的行政工作人员。不过此系广义的

---

①（美）尤劳著，陈少廷译：《政治行为论》，台北：商务印书馆，1978 年，第 22 页，转引自梁根林《刑罚结构》，北京：北京大学出版社，1998 年，第 9 页。

②（汉）许慎撰，（清）段玉裁注：《说文解字注》，上海：上海古籍出版社，1981 年，第 730 页。

含义或延伸的意义。从狭义以及辞源的意义来看，“官”，初为馆舍、客舍之意，后引申为“官署”、“官府”或办公地。《新编说文解字》说“官”是会意字，本义为官府，办公的地方，也就是行政机关。“官员”“官吏”等，则是“官”进一步延伸后的含义。荀子著作中多次提到“官人”，其意思也是指政府里的人。明代沈榜《宛署杂记》卷3《职官》谓：“夫官，倌也，又管也”，每一职，皆立一官，“使之典管，而治人为重，故又从倌”。前揭孔颖达为《礼·王制》注疏：“其诸侯以下及三公至士……皆为之官，以管领为名。”同样指的是官府之人。宋马端临《文献通考·自序》，把官说成是“役民者”，实际也和官员同义。“役民者，官也，役于官者民也”，郡守、县令、乡长、里正，其地位虽然不同，但都是“役民”之官。后来则更视官员为官最基本的含义。显然，“官”亦即“官员”，系指在官府办公且有品秩的人，不包括那些在官的没有品秩的吏。本书研究的官员则特指在清代州县政府机构即县、散州、散厅具有品级的工作人员，而以正印官知县、知州、抚民同知（或抚民通判），尤其是知州、知县为主，有时会如同书名所示，直以“州县”名之。因此，本书州县除特定情形下有基层政区、基层政区政府机构的含义外，通常即指基层政权政府官员，也就是知州、知县、抚民同知（或抚民通判）。

2. 问责制度

从语法结构看，“问责制度”为偏正结构。“问责”系动宾词组，在古代汉语中，“责”的含义很多。除了具有“求”“索取”“要求”“督促”“诘斥”“谴责”等意思之外，还有“责任”“处罚”“加刑”的含义。按《现代汉语词典》，基本含义有二：一是分内应该做的事情；二是没做好分内事应承担的过失，通常来说，就是指个人或者组织，在社会生活中应承担的义务，以及没有做好“分内应做之事”而承担的不利的后果。“问”的基本含义：一为不知而询问于人；二为“追究”“审讯”。至于后者《诗·鲁颂》云：“淑问如皋陶，在泮献囚。”问责，就是对所失分内之职进行追究或处罚。制度之“制”，意即“成法”“准则”，还包括“帝王的命令”；“度”，则为“限度”“法制”“标准”的意思。简而言之，制度就是指应遵循的办事规程或行动准则。当然，也有学者认为，制度是一个系统，由制度规则及其系统和“配套”要素两个部分组成。[①]本书所说的清代州县问责制度，专指清朝国家制定的以知州、知

① 苏东斌：《人与制度》，北京：中国经济出版社，2006年，第440页。

县、抚民同知（或抚民通判）为对象，就其本人及其州县行政的违法违规行为进行惩处的一系列规定、规范、规则及法律的总和。

（二）地方社会治理

1. 治理

学界研究表明，“治理”是一个内容丰富、包容性很强的概念。尤其是伴随20世纪80年代以来治理理论研究的兴起，“治理”一词已成为多个学科使用的流行词汇。英国学人鲍勃·杰索普指出，过去一段时间，该词在许多语境中大行其道，以致其成为一个可以指涉任何事物或毫无意义的时髦语言[①]。学界既往治理概念的专题研究成果[②]，也不乏从各自论域的界说。譬如，1995年，全球治理委员会对“治理”所作定义为各种公共的或私人的个人和机构，管理其共同事务的诸多方式的总和，是使相互冲突或不同的利益得以调和、并采取联合行动的持续的过程；它不但包括有权迫使人们服从的正式制度和规则，而且包括人们同意或认为符合其利益的各种非正式的制度安排；联合国开发计划署所使用的“治理”概念，是指通过国家、公民社会与私人部门之间的互动，一个社会管理其经济、政治和社会事务所依靠的价值、政策和制度体系；世界银行于公共部门使用治理的“治理”概念，则是指用于一国发展的经济、社会资源进行管理过程当中的权力实施方式；国际货币基金组织所使用的治理概念是包括一个国家被管理和统治方式的所有方面。在欧洲治理理论研究浪潮影响下，中国学界也有所跟进，俞可平提出：“治理一词的基本含义是指在一个既定的范围内运用权威维持秩序，满足公众的需要。……从政治学的角度看，治理是指政治管理的过程……它特别地关注在一个特定的领域内维护社会秩序所需要的政治权威的作用和对行政权力的运用。”[③]

事实上，在不同的语言体系中，“治理”一词的含义是有所差异的。英文“治理”（ernance）一词，源自拉丁文和古希腊语，原意大体是“引导”、“控制”和“操纵”。因而长期以来与“管理”“控制”甚或是“统治”等词汇交叉使用。大致在20世纪90年代过后，西方学者大多从新的公共管理角度，开始对“治理”进行新的界定。罗茨就曾从不同角度说明了治理的不同

① 鲍勃·杰索普：《治理的兴起及其失败的风险：以经济发展为例的论述》，《国际社会科学杂志》（中文版）1999年第1期。

② （法）让-皮埃尔·戈丹著，钟震宇译：《何谓治理》，北京：社会科学文献出版社，2010年；弗朗西斯·福山：《什么是治理》，俞可平主编：《中国治理评论》第4辑，北京：中央编译出版社，2013年。

③ 俞可平：《治理与善治》，北京：社会科学文献出版社，2000年，第5页。

含义。如他认为新公共管理的治理，是指把市场激励机制同私人部门管理手段导入到政府的公共服务；而善治的治理，则是指强调法治、效率、责任的公共服务体系；而作为社会控制体系的治理，是指政府与民间、公共部门与私人部门合作、互动基础之上的社会协调网络。英国学者格里·斯托克对各种流行治理概念梳理后强调，作为理论的治理主要有5种观点：一是治理指出自政府但又不限于政府的一套社会公共机构和行为者；二是治理理论明确指出在为社会和经济问题寻求解答的过程中存在界限与责任方面的模糊点；三是治理明确肯定涉及集体行为的各个社会公共机构之间存在权力依赖；四是治理指行为者网络的自主自治；五是治理理论认定政府的权力，不在于政府下命令或者其权威运用，政府可以使用新的技术和工具来控制和指引，而政府的能力和责任均在于此。①

客观而言，在中国传统社会管理中，不但不乏治理的智慧，就是作为管理、控制意涵的“治理”术语，也是古已有之。春秋战国时期，荀子《君道》：“明分职，序事业，材技官能，莫不治理，则公道达，而私门塞矣，公义明，而私事息矣。”《孔子家语·贤君》：“任能黜否，则官府治理”等便是明证。若稍加具体，汉语系统的“治理”，显然是由“治”与“理”构成的。“治”本系多义字，《辞海》所揭主要含义有六：一是治理、管理。譬如，《商君书·更法》：“治世不一道”便是。二是地方政府所在地之旧称。三是与“乱”对应，有秩序、安定的意思。《孟子·滕文公下》：“天下之生久矣，一治一乱”即此。四是研究。五是医疗。六是惩处、扑灭，诸葛亮《前出师表》载：“不效则治臣之罪。”②如果根据杨合鸣主编的《现代汉语词典》，“治”的最主要的含义：一为管理、治理；二为安定。如治世、天下大治等。“理”如果根据《辞海》，含义也比较多。一为治玉；二为玉石的纹路；三为道理。《孟子·告子上》：“故理义之悦我心，犹刍豢之悦我口”，亦为说理、申辩。四是通常指条理、准则或规律。韩非《韩非子·解老》云：“理者，成物之文（指规律）也。”③如果根据《现代汉语词典》，“理”的含义包括物质组织的条纹；条理；事务所蕴含的道理或规律；管理、处理；整理使之不乱；自然科学（特指物理学）；对他人言行表示意见或态度。至此，治理最基本的意思与管理基本同义。且因其中尚包含使之不乱、安定、秩序的含义，而这一含义，又和“控制”一词

---

① 格理·斯托克：《作出理论的治理：五个论点》，《国际社会科学杂志》（中文版）1999年第1期。
② 夏征农主编：《辞海》，上海：上海辞书出版社，2000年，第2587页。
③ 夏征农主编：《辞海》，上海：上海辞书出版社，2000年，第3445页。

之掌握住使不越出范围这一基本内涵大致重合。因此，“治理”也就是“管理”“控制”的意思。

本书的“治理”，因其场域时限为传统时期，而非治理理论之现当代时期，故而与上述英文治理原本意义上的“控制”“统治”意涵切近，而取本国现代汉语的“管理”“处置”“秩序”“安定”之大意，即经过管理、处置，使之安定有序，以为控制。

2．社会治理

治理基本含义厘清后，把握社会治理含义的关键，首先是理解“社会”的内涵。

与“治理”的构词结构一样，“社会”一词是由“社”与“会”叠加组合而成的。对此二字，有专家曾分别进行过梳理、考证，并将古时作为固定搭配的“社会”一词的内涵，纳入单独的“社”的含义之中。①

从语源、语义学角度来说，“社”的确早于“会”，也与“会”有所区别，而且前者的内涵的确比后者复杂。具体而言，“社”的含义，一是指土地之神，也指祭祀土地神之所。《左传·昭公二十九年》：“共工氏有子曰句龙，为后土……后土为社。”《礼记》载：“句龙为后土，能平九州，故祀以为社。”可见“社”本义是民间共同信奉乃至祷祀的土地神。同时，古时祭土地之所亦为“社”，所谓社宫、社庙便是。《左传·昭公十七年》：“伐鼓于社。”又，汉代孔安国《传》云：“王者封五色土为社，建诸侯，则各割其方色土与之，使立社。”二是中国古代乡村基层行政单位，与“里”约同。顾炎武曰：“社之名起于古之国社、里社，故古人以乡为社。”《左传·昭公二十五年》云：“齐侯曰：自莒疆以西，请致千社。”据注，25 家即为一社。又据《疏》载：“《礼》有里社……以二十五家为里，故知二十五家为社也。”当然除 25 家为社外，尚有“方六里为社”之说；元代时又曾明定 50 家为一社，以“年高通晓农事兼有丁者”为社长，主持本社事务。直至明清，社作为乡村基层组织的存在，在大量地方志等史料中得到反复而又充分的证明。三是祭社神之日，即社日和各迎神赛会的简称。明人艾南英在论及“社”之起源时，曾曰：“若夫社之为名，起于乡闾党族春祈秋报之说。”明人璩昆玉《古今类书纂要》载：“社无定日，以春分后戊日为春社，秋分后戊日为秋社……春社燕来，秋社燕去。”社日，汉以前仅有春社，汉以后始有春秋两社。具体日期

① 陈宝良：《中国的社与会》，杭州：浙江人民出版社，1996 年，第 1—6 页。

在汉以后一般为戊日。四是指由信仰相同、知趣相投者组成的团体。顾炎武谓："后人聚徒结会为之社。"五是行业性团体。早在唐代，"社邑"即系各色商行组成，清代各业行商，更以"社"相尚。此外，"社"尚有指"社学""社仓"之简称的情形。《续文献通考》载："令各府州县，访保名师，民间幼童年十五以下者，送社读书。"①

"会"本亦系多义字，基本含义为"聚会、汇合""会面""相见""时机"等。②"会"作为一种团体的意思，虽不见于《辞源》，但此含义的"会"，至迟约在北魏初年出现。时人所译《杂宝藏经》卷五云："尔时舍卫国，有诸佛弟子、女人作邑会，数数往至佛边。"后又有为宗教性质的"义会"。清人徐柯简析了"集会"与"结社"之别，他认为："集会为一时之联合，欢迎护送之类属之。结社有永久性质，办事讨论之类属之。"尽管"社"与"会"在起源、含义方面有一定的差异，但作为民间组织的意义是基本相同的，大致属于同义语的并称。③

由上述"社"与"会"组合而成的"社会"一词，同样古已有之。唐人裴孝源之《贞观公私画史》，其中就辑录有东晋画家史道硕的画作——《田家社会图》，此一画作之名即有"社会"之谓。又，《旧唐书》卷八《玄宗本纪上》记载："（十八年闰六月）辛卯，礼部奏请千秋节休假三日，及村闾社会，并就千秋节先赛白帝，报田祖，然后坐饮。"④由此可见，中文"社会"一词，非但在唐代的出现不容置疑，而且在较唐更早的晋代，似或有之。"社会"的基本含义有二：一是古时社日或里社举行的赛会，后则泛指节日演艺集会。宋代孟元老的《东京梦华录》卷八"秋社"条曰："八月秋社，各以社糕、社酒相赍送。贵戚……市学先生预敛诸生钱作社会，以致雇倩、祗应、白席、唱歌之人。"⑤光绪《潮阳县志》"社会"条载："邑城每年正月杪有赛天后会，二月有双忠会，锦衣舞马之观甲于东南诸郡，而二月尤胜，城中又有真君会、福德神会，则数岁偶一行之。"⑥显见，社会仍乃赛会之意。二是志趣相同者

① 广东、广西、湖南、河南修订组，商务印书馆编辑部编：《辞源》下册，北京：商务印书馆，1983年，第2263页。
② 广东、广西、湖南、河南修订组，商务印书馆编辑部编：《辞源》上册，北京：商务印书馆，1983年，第1469页。
③ 陈宝良：《中国的社与会》，杭州：浙江人民出版社，1996年，第1—5页。
④（后晋）刘昫等：《旧唐书》卷8《玄宗本纪上》，北京：中华书局，1975年，第195页。
⑤（宋）孟元老撰，伊永文笺注：《东京梦华录笺注》卷8《秋社》，北京：中华书局，2006年，第807页。
⑥ 光绪《潮阳县志》卷11《风俗·社会》，清光绪十年（1884）刊本，第6页。

组成的团体。《醒世恒言》卷三十一《郑节使立功神臂弓》载："原来大张员外在日，起这个社会，朋友十人，近来死了一两人，不成社会。"此两重内涵在陈宝良先生的《中国的社与会》中，被作为"社"的第三层、第四层含义，并认为"'社'就是'社会'的同义语"。

现代汉语中的"社会"一词，则是近代以来中外语言交融的结果。虽然现代英文中"society" 是指目的、利益不同的个人或群体用契约的形式而联结的共同体，但该词起初与法语中的"societe"一样，都源自拉丁语"socius"，意为"伙伴"。日本学人在明治维新引进"society"时，系以中国的"社会"为译词，翻译为"會社"，大约19世纪末，中国人又假日本，从日文进行汉译，复原为"社会"，从而赋予"社会"有了与现代英文"society"基本类似的含义。现代汉语中"社会"的主要意义则一是泛指由于共同的物资条件而互相联系起来的人群；二是指由一定的经济基础和上层建筑构成的政体。①

基于上述古往今来"社会"概念的大致勾勒，见之于本书的"社会"一词，缘于传统或传统到近代的清代，其含义具有新旧并存与兼容并包的特点，既涵盖志趣相同而聚在一起的"群"（人与人群共同体、集体组织、团体），又在一定程度上含有出于特定地域和时期，享有共同文化并以物质生产活动为基础，按照一定的行为规范而产生一定联系的有机体的意义。

关于"社会治理"的内涵，基于治理与管理含义的一致性及其所包含的"控制"意涵，长期以来，学术界大多认为其与"社会管理""社会控制"等无太大差异。就其中相对极端的且多被新治理理论者所诟病的"社会控制"一词的含义来看，一般认为它是指社会秩序的确立和维护。倘若严格界定起来，大型的权威工具书《辞海》解释便是：社会控制亦称"社会约制"。社会通过风俗、习惯、宗教、法律、道德等方面的社会规范对个人或群体的行为施加约束的过程。旨在达到社会和谐和稳定的目的。"②《法学大辞典》"社会控制"条目的内容为，社会为使人们遵从社会规范和维护社会自身的稳定与秩序对个人或团体行为所做的约束。有广义和狭义两种，广义指为达到社会和谐稳定而采取的包括风俗、习惯、礼仪、信仰、理想、宗教、艺术、教育、法律、舆论等在内的一切手段；狭义指对社会越轨行为加以限制和维持

① 杨合鸣主编：《新编现代汉语词典》，昆明：云南人民出版社，2009年，第1013页。
② 夏征农主编：《辞海》，上海：上海辞书出版社，1999年，第4493页。

社会秩序和谐的各种专门手段，如法律、警察、法院等。[1] 20 世纪 90 年代以来的“治理理论”非但对“社会治理”中的“社会控制”意义的蕴含多加否认，而且与“社会治理”的内涵也多所区分。2004 年“政府社会管理与公共服务”学术研讨会上，不少与会者认为“社会治理”“社会管理”二者存在明显不同，说前者不仅强调政府对社会的管控，而且更强调政府公共服务提供之责，政府于管理中体现服务，在服务中进行管理，社会管理与公共服务二者有机统一；后者系凭借所定社会政策、法规，依法管理和规范社会组织、社会公共事务，化解社会矛盾，维护社会公正、社会秩序和社会稳定；它几以行政强制为基础，以法律为手段，对社会关系加以调整、约束，且政府在以管理、控制方式以实现社会公正、社会秩序和社会稳定之中，始终居于主导地位并起着主导作用。而且认为社会治理主体非政府一员，而是多元化；治理过程的互动及其路径的双向或多向，而非单一的自上而下垂直单向模式；社会管理及社会公共事务，由社会的组织、团体等优先自主解决，政府重在规则制定与监督实施，而一般不直接、轻易介入和干预等等。不过，上述的“社会治理”观毕竟是就现代社会的治理而言，若将之简单照搬于“君主专制达于完全极点之时代”的中国传统社会的治理，则未必十分恰当。事实上，在中国传统社会里，所谓的社会治理，实际上就是以皇帝为核心的、各级官僚政府机构为主导的社会治理，本质上就是“政府管理”，甚至是皇权专制政府的“社会控制”。政府在整个社会治理中，居于主导、支配的地位，起着主要的作用，当然就清末和基层乡村社会的治理而言，也不乏民间社会组织、公共团体的大力参与和重要的辅助。有鉴于此，作为本论题的清代的社会治理概念的运用是基于社会治理、管理乃至控制含义的兼容。清代的社会治理，在长时段和总体上是皇权主导下的政府对社会的管理、对社会的控制。

3. 地方社会治理

同前揭“治理”“社会”两个词汇的构成一样，“地方”也是由两个名词性的汉字构成的。“地”的含义虽多，但就地表、地面角度看主要有如下四个含义：一是大地、地面。《易·乾》曰：“本乎天者亲上，本乎地者亲下，则各从其类也。”二是区域、领土。《周礼·地官·大司徒》云：“诸公之地，封疆方五百里。”三是田土。《周礼·地官·载师》云：“以场圃任园地。”四是

① 邹瑜，顾明：《法学大辞典》，北京：中国政法大学出版社，1991 年，第 820 页。

环境、境地。《管子·八观》载："使民毋由接于淫非之地。"《宋史》卷三八《何基传》载："幹告以必须有真实心地，刻苦工夫而后可。"[①]杨合鸣《现代汉语词典》也有区域、某一处所之意思。"方"，完整而言，意义将近20种。与"地方"关联者，有如下四种：其一，指"方圆之方"，即指形体正直者。《周礼·考工记·舆人》云："圆者中规，方者中矩。"也就是矩形者为方，这是"方"字最基本的含义。其二指方向。《诗·齐风鸡鸣》曰："东方明矣，朝既昌矣。"其三为地方、方面的意思。《汉书》卷六四下《终军传》载："臣年少材下，孤于外官，不足以亢一方之任。"其四则指大地、四境之内或四方。《淮南子·本经》载："戴圆履方。"又，《现代汉语词典》也有三个意思，一系四个角都是直角的四边形或六个面都是方形的立体；二系地区；三系方向。地方"一词，在权威的大型工具书《辞源》中其意义有二：一是领域、区域面积。《管子·地势》云："桀纣贵为天子，富有四海，地方甚大。"二是旧时里、甲、地保的称呼，即称里、甲、地保为地方。《京本通俗小说·错斩崔宁》云："（朱老三）叫起地方：有杀人贼在此，烦为一捉。"[②]

空间是物质存在的主要形式之一，社会治理的对象乃是一定空间中的社会存在。而自国家产生以后，自然人文地理空间一般又规约于一定的行政区划单元。盖按地域、地区划分国民被"作为"国家的"出发点"，"不管他们属于哪一氏族或哪一部落。这种按照居住地组织国民的办法是一切国家共同的。"这种以人口为主，包括幅员、边界、行政官署等要属构成的一个个不同层级的具体行政单元，实际就形成具有序列性质的具体的一个个"地方"。在这样的"地方"中，自春秋战国尤其是秦朝以后，最为基本的便是行政区划中的一个个具体的行政州（郡）或一个个行政县。

就清代而言，所谓"地方"，尽管从广义角度看，"地方"似乎应与"中央"对应，从而包括了作为最高地方行政区的省和作为统县政区的府、直隶州两个层级，但从狭义上或更加本质的意义上说，它指的是第三级行政区划，也就是基层行政区——州、县、厅各辖区行政地理空间范围，简而言之就是州县政区。当然，由于州县是清代国家的基本区划治理单元，国家乃积州县而成，所有的州县合而为国家，府、省两级行政区同样如此。所以就单个具

① 广东、广西、湖南、河南修订组，商务印书馆编辑部编：《辞源》上册，北京：商务印书馆，1983年，第587—588页。

② 广东、广西、湖南、河南修订组，商务印书馆编辑部编：《辞源》上册，北京：商务印书馆，1983年，第588页。

体州县行政单元而言，所谓的地方就是该州县之幅员范围，就笼统泛论而言，则指全国基层政区或整个社会。归根结底，所谓地方社会的治理，就是州县政区社会的整治、治理。因此，本书的总体或绝大部分具体内容的阐述是就“地方社会治理”而言的，但在诸如中央与地方关系，或君权对地方社会影响等诸如此类的综合、宏观地考察时，则“地方”含义就不局限于州县而有府、省之意涵了。

## 二、学术研究前史回眸

州县问责制度与地方社会治理，所涉及的学科、领域与内容颇为宽泛。学界既有研究显示，截至目前，尽管尚无专题综合研究成果，但关联性研究所在多有。这主要集中于下列三个大的方面。

### （一）清代官员问责制度及其关联研究

（1）官员问责制度研究。笔者检索中国知网（CNKI）篇名中含有“问责”并属于历史学领域的的文章，截至 2017 年 10 月，大约 16 篇。与本书关联者，一是作为断代类论文数篇，内容涉及古代问责决策、冤假错案问责、审计问责。[①]二是清代某一时期或某一领域的问责问题，前者主要是孟姝芳 2014 年针对雍正朝官员行政问责的研究，涉及雍正朝文官行政问责制度的问责机构、问责重点、处分类别与作用等问题进行复原。[②]后者包括保教问责、渎职问责、考核问责等。[③]

（2）官员处分制度研究。就论文而言，笔者用与上述“问责”相同的办法对属于历史学、法制史范畴的中国历史时期的官吏惩戒研究成果进行了检索，结果显示，大约有 20 条。具体说来，艾永明于 2004 年第 2 期在《江苏社会科学》上发表了题为《清朝行政处分制度研究》的文章，就清代文官处分的机构、种类等问题进行了较为宏观梳理。孟姝芳则对针对乾隆朝的官员处分制度发表数篇文章，对乾隆朝行政处分制度的建构、运作过程、有效性与局限性等进行了研究，随后她在出版的《乾隆朝官员处分研究》中介绍了

① 王占魁：《中国古代的官员问责》，《行政管理改革》2012 年第 6 期；刘晓满：《中国封建社会的行政问责制》，《郑州大学学报》（哲学社会科学版）2012 年第 1 期等。

② 孟姝芳：《清代雍正朝官员行政问责与处分类别》，《内蒙古社会科学》（汉文版）2014 年第 5 期等。

③ 王中茂：《清政府保教问责政策述论》，《史学月刊》2012 年第 12 期；薛刚：《清代文官考核中的问责制度》《满族研究》2014 年第 3 期；陈一容：《清代官员问责制度》，《光明日报》2008 年 11 月 16 日，第 7 版。

乾隆朝对文职官员、武职官员的处分以及官员处分和吏治之间的关系。[①]许颖、张扬等人，也从不同角度对清代行政处分制度予以研究评析。[②]陈一容对道光朝地方官定期处分——“大计”六法官员人数进行了统计，并对此提出了新见解。[③]此外，一些行政管理法律、行政管理制度史的专门、专题性著作对清代文官官员处分法律法规、制度政策等也有一定的论述和涉及。

（3）官吏惩戒制度研究。管见所及，论及州县官员惩戒者，主要有2篇：1994年，柏桦公开发表的《从历史档案看清代对州县官吏的惩处制度》[④]一文，是截至目前所见的最早的一篇有关州县官吏惩戒的学术论文，该文对清朝县官的行政惩戒类型有比较全面的介绍，唯因揭露官吏腐败篇幅较大，使其对惩戒制度本身的深刻分析受到影响；而徐春霞、甘迎春《清代州县官惩处制度探析》则是近年不多见的州县惩戒专文。[⑤]除此之外，有关官吏惩戒研究，多属有清一代文官惩戒的宏观研究性成果。陈一容的相关论文、著作对该制度的基本问题进行了论述；牛创平及其与他人合作编著的相关著作则对乾隆嘉庆朝的高官惩戒实施有较为充分的拔梳[⑥]。其他的关联性成果虽有，但并不太多。[⑦]

（4）其他关联问题。既往学界研究中，在官员问责（处分、惩戒）的一些具体问题上，也取得了一些成绩。官吏的考绩考核制度及其在清末的改革，大致在20世纪80年代以后有一定进展，之后，清代官员考课的首

---

① 孟姝芳：《清代官员行政处分制度》，《历史教学》2006年第10期；孟姝芳，何金山：《清乾隆时期行政处分制度探析》，《内蒙古大学学报》（人文社会科学版）2006年第5期；孟姝芳：《清代皇权在官员处分中的决定性作用》《内蒙古社会科学》（汉文版）2006年第5期；孟姝芳：《从乾隆朝处分中透视皇权的强化》，《河南大学学报》（社会科学版）2004年第3期；孟姝芳：《清代处分官员与官员规避之互动研究》，《学术研究》2007年第2期，孟姝芳：《乾隆朝官员处分研究》，呼和浩特：内蒙古大学出版社，2009年。

② 许颖：《清代行政处分制度研究现状述评》，《西南大学学报》（社会科学版）2010年第2期；许颖：《清代文官行政处分程序研究》，南开大学博士学位论文，2010年；张扬：《清代行政处分制度初探——以〈钦定六部处分则例〉为中心》，苏州大学硕士学位论文，2011年；常国栋：《〈钦定六部处分则例〉中的理法与人情——以州县上任制度为例》，《第三届地方档案与文献研究学术研讨会会议论文集》下册，内部资料，2016年。

③ 陈一容：《道光朝大计官员处分人数考》，《近代史研究》2007年第1期。

④ 柏桦：《从历史档案看清代对州县官吏的惩处制度》，《北方论丛》1994年第4期。

⑤ 徐春霞，甘迎春：《清代州县官惩处制度探析》，《兰台世界》2007年第8期。

⑥ 牛创平编著：《清朝惩处的高官大吏》，北京：中国工人出版社，1997年；牛创平，牛冀青编著：《清代一二品官员经济犯罪案件实录》，北京：中国法制出版社，2000年；陈宏：《清代乾隆朝督抚贪贿犯罪研究》，西南政法大学博士学位论文，2010年等。

⑦ 李昊：《清朝文官义务与惩戒制度》，《太原师范学院学报》（社会科学版）2011年第1期，高进：《清代的吏弊与律例惩治》，《西南大学学报》（社会科学版）2011年第1期。

本专著——《清代考课制度研究》，囊括了有清一代“京察”“大计”“军政”文武官员三大激扬大典，其中第三章就对包括州县官员在内的“大计”的“八法”（后改“六法”）进行了探讨；而关晓红《清末州县考绩制度的演变》等论文对晚清的考绩也有涉及。[①]惩治依据、官员责任和职务犯罪方面，一些法制史著作有不同程度的归纳梳理和研究，也有相关专门著作、论文，《清代职务犯罪问题研究》《晚清职官法研究》《清代知县职掌之研究》《清代州县官吏的司法责任》等便是其中的代表性成果。[②]此外，官员的处罚方式[③]，官员惩处个案[④]等研究，也依稀可见。

（二）清代州县官员及其关联研究

（1）州县官群体研究。作为清朝临民的知州、知县，亦即“父母官”，对清代地方管理的确十分重要，但其毕竟处于官僚队伍的下游与末端。学术界对之的关注、研究较之于对封疆大吏的热衷，形成了较大的反差，宏观整体研究成果相当有限。以州县群体作为对象的研究，尽管 20 世纪 90 年代已有文章涉及[⑤]，瞿同祖《清代地方政府》就“州县官”任职资格、收入等问题也有富于见地的扼要分析[⑥]，但深度研究为数究属甚少。2003 年，柏桦《明清州县官群体》一书，乃为管见所及的第一本州县官员群体研究著作。该书从明

① 李飞鹏：《清代考绩制度之研究》，《大陆杂志》1980 年第 3 期；刘笃才，杨一凡：《封建官吏考核制度述论》，《人文杂志》1980 年第 4 期；邓亦兵：《清代前期税官的考核标准》，《中国社会经济史研究》2007 年第 2 期；常越男：《清代考课制度研究》，北京：北京大学出版社，2010 年；常越男：《清代官员考课中的“四格八法”》，《历史档案》2011 年第 4 期；常越男：《清代外官大计“考语”与“事实”探析》，《清史研究》2014 年第 2 期；关晓红：《清末州县考绩制度的演变》，《清史研究》2005 年第 3 期；陈一容：《晚清文官考核制度述论》，《重庆三峡学院学报》2004 年第 2 期等。

② 苏亦工：《明清律典与条例》，北京：中国政法大学出版社，2000 年；（日）织田万撰，李秀清、王沛点校：《清国行政法》，北京：中国政法大学出版社，2003 年；（日）滋贺秀三：《清代中国的法与裁判》，东京：创文社，1984 年；李曙光：《晚清职官法研究》，北京：中国政法大学出版社，2000 年；郭松义：《清朝的会典与则例》，《清史研究通讯》1985 年第 4 期；孟姝芳，崔耀：《雍正朝〈吏部处分则例〉解读——清代问责处分官员之法规》，朱诚如，徐凯主编：《明清论丛》第 15 辑，北京：故宫出版社，2015 年；陈一容：《清“例”简论》，《福建论坛》（人文社会科学版）2007 年第 7 期；徐炳宪：《清代知县职掌之研究》，台北：私立东吴大学中国学术著作奖助委员会，1974 年；李凤鸣：《清代州县官吏的司法责任》，上海：复旦大学出版社，2007 年；李文生：《清代职务犯罪问题研究——以贪污与渎职犯罪为重点》，中国政法大学博士学位论文，2006 年；尚春霞：《清代赋税法律制度研究（1644—1840 年）》，中国政法大学博士学位论文，2006 年。沈大明：《〈大清律例〉与清代的社会控制》，华东政法学院博士学位论文，2004 年。

③ 刘毓兰：《清代官员的罚俸制度》，《故宫博物院院刊》1983 年第 2 期；林新奇：《论乾隆时期议罪银制度与罚俸制度的区别》，《故宫博物院院刊》1986 年第 3 期；柏桦，葛荃：《公罪与私罪——中国古代刑罚政治观》，《政治与法律》2005 年第 4 期。

④ 谢俊美：《翁同龢开缺革职原因考》，《江海学刊》2008 年第 3 期。

⑤ 李林：《清代的县官职掌与作用》，《辽宁大学学报》（哲学社会科学版）1986 年第 5 期，吴仁安：《清代的州县官》，《历史教学》1986 年第 5 期。

⑥ 瞿同祖著，范忠信、晏锋译：《清代地方政府》，北京：法律出版社，2003 年。

清州县官员政治行为的角度，兼及心理学、行政管理学的理论与方法，就明清州县概貌、分类、奖惩制度、狱讼、政治权术等五个方面，进行了较为全面系统的梳理与初步分析。[①] 2015 年，柏桦又推出《父母官：明清州县官群像》[②]，该书依照《明清州县官群体》的框架、内容，增补州县官收入、考课，对其他部分也有所充实，从而展现了明清两朝尤其是明朝州县官员群像的基本轮廓。魏光奇《有法与无法——清代的州县制度及其运作》[③]对州县正印官任职制度及其缺陷，以及州县官思想、作风有所论及。

（2）州县官个案研究。迄今，涉及清代州县官的研究基本是能吏、循吏，内容主要是历史复原，对于行为背后的制度原因则少有关注。一是蓝鼎元研究。蓝鼎元（1680—1773），号鹿洲，福建漳浦人，曾任广东普宁县知县、潮阳县知县，对他的研究，国内方面，笔者检索中国知网，篇名中含有“蓝鼎元”一词者，截至 2018 年 5 月 15 日，共有 65 条，作为历史类者 29 条。20 世纪 30 年代就有蓝鼎元研究的首篇论文[④]，但非历史学类论文，直到 20 世纪 90 年代初有蓝鼎元州县治理的论文问世。[⑤]其中，除郑焕隆《蓝鼎元在潮政绩及著述》之外，王亚民自 2004 年起先后多次发表文章[⑥]，并于 2009 年出版《乡村治理思想与实践研究——乡村善治的历史解读》[⑦]，其中下篇《知县时期乡村治理实践》对蓝鼎元潮阳、普宁县治理情形进行了深入的挖掘和分析。蒋炳钊《蓝鼎元传》[⑧]的第 7 章也就普宁、潮阳县令任上政绩有所论述。日本学者宫崎市定《雍正時代地方政治の實状——硃批諭旨と鹿洲公案》[⑨]一文对蓝鼎文的州县治理及其艰难程度有一定的刻画。

二是杜凤治研究。杜系浙江山阴人，同光年间任广东广宁县知县、四会县知县、南海县知县、罗定州知州。其《望凫行馆宦粤日记》被发现、整理、

---

① 柏桦：《明清州县官群体》，天津：天津人民出版社，2003 年。

② 柏桦：《父母官：明清州县官群像》，北京：新华出版社，2015 年。

③ 魏光奇：《有法与无法——清代的州县制度及其运作》，北京：商务印书馆，2010 年。

④ 雷海宗：《章学诚与蓝鼎元饿乡记》，《清华学报》1937 年第 3 期。

⑤ 陈鸿彝：《清代能吏蓝鼎元》，《文史知识》1990 年第 5 期；郑焕隆：《蓝鼎元在潮政绩及著述》，《汕头大学学报》（人文科学版）1991 年第 1 期；林奕斌：《蓝鼎元研究》，厦门：厦门大学出版社，1994 年。

⑥ 王日根，王亚民：《从〈鹿洲公案〉看清初知县对乡村社会的控制》，《华中师范大学学报》（人文社会科学版）2006 年第 4 期；王亚民：《知县蓝鼎元与乡村社会的教化——乡村“治世”的历史追溯》，常建华主编：《中国社会历史评论》第 8 卷，天津：天津古籍出版社，2007 年等。

⑦ 王亚民：《蓝鼎元乡村治理思想与实践研究——乡村善治的历史解读》，北京：光明日报出版社，2009 年。

⑧ 蒋炳钊：《蓝鼎元传》，1998 年。

⑨ 宫崎市定：《雍正時代地方政治の實状——硃批諭旨と鹿洲公案》，《东洋史研究》1959 年第 3 号。

出版后，学术界开始将其州县治理等纳入了研究视野。中山大学邱捷先生自2006年开始，先后发表多篇文章，论述了作为广州府首县知县与一般州县官的异同所在，较为深入地考察了官、民、绅三者的关系。[①]大约同一时间，中国人民大学张研教授也发表数篇文章，通过杜凤治《望凫馆宦粤日记》就杜凤治及其晚清官员的候选、上任，以及州县衙门治理班子结构、命案办理进行了复原性研究[②]，以此为基础，他出版专著——《清代县级政权控制乡村的具体考察——以同治年间广宁知县杜凤治日记为中心》，重点讲述了杜凤治在广宁“剿匪”“断案”“催征”“闹考”四大故事，以及作为知县在乡村控制体系中的地位、作用及其与乡村社会精英阶层士绅的关系。“历史现场”和“历史细节”的特色都十分鲜明，既具可读性，又具有研究价值。

三是汪辉祖研究。汪辉祖除在江浙佐理州县幕府30多年外，于乾隆五十一年（1786）月选湖南永州府宁远县知县，并于次年三月二十六日抵达任上，旋兼署新田县，乾隆五十五年（1790）九月兼道州知州，十月卸任宁远知县专任道州知州。次年正月调善化县知县，二月以疾卸任，乾隆五十七年（1792）正月奉旨革职。迄今学界对之研究多集中于幕学[③]，作为父母官的州县治理，瞿兑之（名宣颖）曾将汪本人的编年体年谱《病榻梦痕录》《蒙痕录余》改成7万余字的传记——《汪辉祖传述》[④]，其中第四部分“入官”有所述及。鲍永军博士论文《汪辉祖研究》第二章第三节以一小节内容论述其州县任上治安、理讼、催科、兴革、教化等政绩。[⑤]其后于2006年7月在人民出版社所出版的《绍兴师爷汪辉祖研究》一书，也将此简要治绩纳入其中。不过，总体来看，汪辉祖研究还是重在其幕学及其佐治方面，对于作为民之“父母”，尤其其本人的革职基本语焉不详。

其他州县正印个案研究对象尚有劳乃宣、柳堂。劳乃宣（1843—1921），直隶临榆、南皮、完县、蠡县、吴桥等县县令，历时22年，实有18年，3次保荐卓异。称知县“权轻力薄，手无斧柯”。张立胜在博士论文基础上出版的

① 邱捷：《知县与地方士绅的合作与冲突—以同治年间的广东省广宁县为例》，《近代史研究》2006年第1期；邱捷：《同治、光绪年间广东首县的日常公务—从南海知县日记所见》，《近代史研究》2008年第4期；邱捷：《同治、光绪年间广州的官、绅、民—从知县杜凤治的日记所见》，《学术研究》2010年第1期。

② 张研：《清代候选官员得官初步——读〈望凫行馆宦粤日记〉之一》，《清史研究》2008年第2期；张研：《清代知县的“两套班子”——读〈杜凤治日记〉之二》，《清史研究》2009年第2期；张研：《清代知县杜凤治对于三件命案的审理——读〈杜凤治日记〉之三》，《清史研究》2010年第3期。

③ 郭润涛：《汪辉祖与清代州县幕府》，《中国史研究》1993年第1期。

④ 瞿兑之：《汪辉祖传述》，上海：商务印书馆，1935年。

⑤ 鲍永军：《汪辉祖研究》，浙江大学博士学位论文，2004年，第66—73页。

《县令·幕僚·学者·遗老——多维视角下的劳乃宣研究》涉及州县治理，但因写作重点不在于此，故着墨不多。[①]李关勇的《文人·官员·社会变革——一个晚清地方官的生命史研究》对清末曾任山东定陶、惠民、东平、惠民、乐陵、惠民等州县正印官，后升山东济宁直隶州知州的柳堂进行了讨论。[②]此外，也有文章对作为州县官的袁学谟、李秉衡、章庆等进行探讨。[③]山水长阔则有《晚清县令李超琼》[④]一书。

（3）清代州县政务与州县衙门研究。民国时期，郑自明《中国历代的县政》系管见所及最早涉及清代县政内容的著作。[⑤]其后，代表性成果瞿同祖的《清代地方政府》则对州县政府组织及司法、税收等县政事务进行了综合性考察，指出其正印“一人”的政府特点。魏光奇《有法与无法——清代的州县制度及其运作》一书就州县衙署组织、治理结构、相关职能制度进行了颇为系统的论述。[⑥]刘彦波的博士论文《晚清两湖州县行政研究》以晚清湖南湖北州县的行政为研究对象，借助社会学、政治学和心理学的理论为分析工具，以州县政府职能为基本框架和主线，对晚清两湖地区州县行政运作、演变、赋税、司法、治安管理及公益活动进行了较为全面的考察。[⑦]惠科博士学位论文《巴县衙门与近代重庆城市社会研究》，从重庆城市史角度，对巴县衙门在其中的作用进行初步的探索。[⑧]至于州县政府各相关职掌的专门研究，其司法尤其是自理词讼中的民事案件的成果甚为突出，尤其是地方档案、官箴书、判牍利用良好。州县钱谷征收运作则少人问津，相关研究则相对薄弱甚至十分苍白。州县农政、民生治理的研究也难尽如人意。

（4）州县佐杂胥役、幕友研究。除了前揭《清代地方政府》《有法与无法——清代的州县制度及运作》等著作部分涉猎外，郭润涛《官府、幕友与书生——“绍兴师爷”研究》[⑨]、周保明《清代地方吏役制度研究》[⑩]、王雪

---

① 张立胜：《县令·幕僚·学者·遗老——多维视角下的劳乃宣研究》，北京：人民出版社，2011年。
② 李关勇：《文人·官员·社会变革——一个晚清地方官的生命史研究》，山东大学博士学位论文，2011年。
③ 沈真伊，张晓蓓：《清代凉山彝族地区末世知县的法政人生——章庆史实考》，《西南民族大学学报》（人文社会科学版）2016年第9期；胡剑：《一位重教兴学的清代知县》，《中国档案》2012年第4期；韩磊：《知县的努力：雍正时期袁学谟的石楼治理》，山西大学硕士学位论文，2013年；赵亦膨：《李秉衡：晚清变局之中的直隶州县生涯》，《社会科学论坛》2011年第11期。
④ 山水长阔：《晚清县令李超琼》，南京：江苏人民出版社，2014年。
⑤ 郑自明：《中国历代的县政》，1938年。
⑥ 魏光奇：《有法与无法——清代的州县制度及其运作》，北京：商务印书馆，2010年。
⑦ 刘彦波：《晚清两湖州县行政研究》，华中师范大学博士学位论文，2011年。
⑧ 惠科：《巴县衙门与近代重庆城市社会研究》，西南大学博士学位论文，2018年。
⑨ 郭润涛：《官府、幕友与书生——“绍兴师爷”研究》，北京：中国社会科学出版社，1996年。
⑩ 周保明：《清代地方吏役制度研究》，上海：上海书店出版社，2009年。

华《清代吏胥制度研究》[①]、高洸月《清代刑名幕友研究》[②]、鲍永军《绍兴师爷汪辉祖研究》、白德瑞《爪牙：清代县衙的书吏与差役》[③]等都是颇为重要的代表性成果。譬如《清代州县的书吏与差役》以清代四川巴县档案为资料，对清代巴县衙门书吏和差役的地位、职责、收入、房科、役班内部分工等问题进行了深入细致的研究。但该书毕竟是仅以清代巴县档案为范围，以此对清代整个州县书吏和差役制度进行审视尚存局限。此外，对佐贰的研究也取得了一定的成就[④]，然多偏重于以其设置、职掌及其辖属地性质考察。

（三）清代州县社会治理研究

（1）综合研究。所谓州县社会治理综合性研究，就严格的意义而言，主要是指涵盖清代中国的州县城乡两大空间单元，包括经济、政治、文化、教育、民生和社会生活各主要领域治理的研究成果。管见所及，截至目前，在此种含义上的整个有清一代地方社会的综合性研究著述似乎难觅。不过，断代性、区域性、综合性的研究依然可见。断代性综合研究主要有温建钦于 2016 年 8 月 1 日在《中国社会科学报》第 4 版刊登的《近代基层社会治理出现转型》，堪称最新成果。文章认为近代县及其以下的基层治理特点有三个：一是治理主体多元化；二是治理对象复杂化；三是治理方式近代化色彩较为浓厚。[⑤]区域性、综合性研究代表成果：比如华北研究有李怀印《华北村治：晚清和民国时期的国家与乡村》、王洪兵《清代顺天府与京畿社会治理研究》、梁卫东《清末鄂尔多斯基层社会控制研究》，黄文学《晚清直鲁交界地区的基层社会控制研究》等[⑥]。以两湖为研究对象的有丁芮《近代湖南社会控制研究（1840—1949）》、张振兴《清朝治理湘西研究 1644—1840》、谭必友《清代湘西苗疆多民族社区的近代重构》等。以西北研究为研究对象的有田澍、何玉红、马啸《西北边疆管理模式演变与社会控制研究》[⑦]，王力《清代治

① 王雪华：《清代吏胥制度研究》，武汉大学博士学位论文，2004 年。

② 高洸月：《清代刑名幕友研究》，北京：中国政法大学出版社，2000 年。

③ Bradly W. Reed，*Talons and Teeth: County Clerks and Runners in the Qing Dynasty*，Stanford: Stanford University Press，2000.

④ 王兆辉：《清代州县佐贰官研究综述》，《中国史研究动态》2014 年第 2 期。

⑤ 温建钦：《近代基层社会治理出现转型》，《中国社会科学报》2016 年 8 月 1 日，第 4 版。

⑥（美）李怀印著，岁有生、王士皓译：《华北村治——晚清和民国时期的国家与乡村》，北京：中华书局，2008 年；王洪兵：《清代顺天府与京畿社会治理研究》，南开大学博士学位论文，2009 年；梁卫东：《清末鄂尔多斯基层社会控制研究》，中央民族大学博士学位论文，2007 年；黄文学：《晚清直鲁交界地区的基层社会控制研究》，河北师范大学硕士学位论文，2006 年。

⑦ 田澍，何玉红，马啸：《西北边疆管理模式演变与社会控制研究》，天津：天津古籍出版社，2012 年。

理回疆政策研究》。以西南为研究对象的有杨胜勇《清朝经营贵州苗疆研究》、潘志成《清代贵州苗疆的法律控制与地域秩序》、马亚辉《顺治至乾隆时期清朝对云南的开发和治理》等，而戴炎辉《清朝台湾之乡治》[①]和董枫博士论文《清代地方的地理认知与社会控制》则为州县综合治理之个案。

（2）专题研究。涉及问题甚多，最主要的有如下三个方面：

第一，乡村及地方社会内部结构问题。20 世纪四五十年代开始的关注包括清代在内的中国乡村研究成果堪称丰硕。20 世纪 40 年代，费孝通就已注意到县衙门口到乡村家门之间情形“是最重要的”[②]。清水盛光的《中国乡村社会论》[③]，王铭铭、王斯福《乡土社会的秩序、公正与权威》，冯尔康、常建华《清人社会生活》[④]。雷家宏《中国古代的乡里生活》[⑤]则涉及清代前期的一些乡里生活。冯尔康《中国社会结构的演变》《清人社会生活》对中国传统社会结构及其演变，以及清代的社会结构、社会组织、社会生活进行了系统的研究和论述。冯贤亮《明清江南地区的环境变动与社会控制》[⑥]则从比较新的角度对江南地区社会的长期稳定的内在因素进行了全面考察，主要从行政管理、地方防护、水利调控、灾害应变机制、宗教和民间信仰意识形态等方面，分析中央政府、地方政府和民间三大层面对自然和社会两种环境变化的应对能力，即所谓的社会控制，使社会处于长期稳定的秩序和发展态势。乔志强《中国近代社会史纲》、马欣荣《中国近现代乡村治理结构研究》等涉及社会构成包括晚清时期在内的人口、家庭、宗族、社区、民族、阶级、阶层等社会结构，以及物资、精神社会生活与社会关系等。[⑦]

第二，地方社会治理主体问题。学术界此类研究起步早，且势头不减。就所取得成就所反映的观点看，大致有地方政府主体、基层乡绅治理主体、第三领域、双轨治理等几个观点。对于地方政府主体地位的讨论，早期最重要、最具代表性的，当首推萧公权《中国乡村：十九世纪的帝国统治》。它不是单纯的 19 世纪中国乡村社会面貌的描述与复原，更重在其治理主体及其治

① 戴炎辉：《清朝台湾之乡治》，台北：联经出版事业公司，1979 年。
② 费孝通：《乡土重建》，上海：观察社，1948 年，第 46 页。
③（日）清水盛光：《中国乡村社会论》，东京：波岩书店，1951 年。
④ 王铭铭，王斯福：《乡土社会的秩序、公正与权威》，北京：中国政法大学出版社，1997 年；冯尔康，常建华：《清人社会生活》，沈阳：沈阳出版社，2002 年。
⑤ 雷家宏：《中国古代的乡里生活》，北京：商务印书馆，1997 年。
⑥ 冯贤亮：《明清江南地区的环境变动与社会控制》，上海：上海人民出版社，2002 年。
⑦ 乔志强：《中国近代社会史纲》，太原：山西高校联合出版社，1992 年；马欣荣：《中国近现代乡村治理结构研究》，西北农林科技大学博士学位论文，2012 年。

理样态的探讨，揭示了州县政府在赋税中强势主体地位的存在。日本学者川胜守《中国封建国家の支配構造——明清賦役制度史の研究》一书认为。保甲制度及其施行是政府主体一个重要体系。针对学术界认为保甲制弱化的观点，孙海泉持有不同意见，他认为："从明清两代，甚至仅从清前期与清中后期国家权力与地方基层社会的关系考察，国家政权对于地方基层社会的干预、控制的程度都大大增强了。"[①]

张研针对县以下的次县级观点，指出就清代全国普遍状况而言，佐贰、典史、巡检属地构成县以下一级政权区划，以及"县并非最低一级政权"的猜想"似乎难于成立"，"一县之中，无论上下，都是知县的'一人政府'"。[②]罗志田《地方的近世史："郡县空虚"时代的礼下庶人与乡里社会》一文虽然仍然是从州县以下的视角考察整个近世中国，而非晚清时期，但其中也涵盖了清代州县社会，并对"民间"所对应的"国家"即州县官方有些许关照。[③]他指出大一统下的州县范围，既是人人生活的基本空间（实体的和想象的），也是士绅、职役、家族和地方官互动的场域。"国家"与"民间"以及"体制"与"乡俗"调和于其间。一方面，各级官员都是皇帝的代表，没有所谓的独立于王朝的"地方"；另一方面，一城一地的实际治理，无为而治的含义则进一步凸显，于是，在常态生活中，"国家"可能较少进入常人的意识层面，官民之间维持一种辩证的关联，即上下不至睽隔，又彼此相忘于江湖的关系。"历代各级行政单位设置最持久也最少变化的，是州县一级；实际承担治理责任最多的，也是州县官员。但州县官却可能是上述体制中最多内在紧张的官员——作为'地方官'，他们不代表地方而代表朝廷（'地方官'不代表地方而代表朝廷，是大一统的一个基本现象）；作为'亲民官'，他们又疏离于百姓"[④]，士绅都是所谓"天下士"，他们虽从国家转向民间，却并不与国家对立，而是对国家有所补充。乡里组织往往处于自上而下和自下而上的两种趋向的交光互影之中，或可以说形成于"国家"与"民间"以及"体制"与"乡俗"的调和之上，某一特定机构或人员的设置，既可反映出"国家"对"民间"的掌控，也可能体现了"国家"对"民间"的

---

① 孙海泉：《清代中叶直隶地区乡村管理体制——兼论清代国家与基层的关系》，《中国社会科学》2003年3期，第201页。

② 张研：《清代县级政权控制乡村的具体考察——以同治年间广宁知县杜凤治日记为中心》，郑州：大象出版社，2011年，第75页。

③ 罗志田：《地方的近世史："郡县空虚"时代的礼下庶人与乡里社会》，《近代史研究》2015年第5期。

④ 罗志田：《地方的近世史："郡县空虚"时代的礼下庶人与乡里社会》，《近代史研究》2015年第5期，第10页。

承认甚或让步，而“乡族”的民间构建努力一直以来就有“国家”的身影，是“国家”一种“有意地‘放任’”。

与政府主导说相对应，皇权不下县、地方无政府、乡村靠自治的观点也具有明显的代表性。尚在清末时期，刘师培即认为县以下是无政府状态。傅斯年则指传统中国社会“就是上级的社会和下级的社会……上级社会的政治、法律、礼俗等，影响不到下级社会”[①]。瞿同祖的《清代地方政府》认为州县以下是空虚状态。台湾学者王汎森认为：“地方上长期处于无治状态，事实上是无政府状态。……地方的空虚不只是在统治方面的空虚，同时是地方上的思想、文化、精神、心灵、信仰等层次的内容的空虚、茫然、不安定，或混乱。”[②]新《两岸新编中国近代史》一书在论及“小政府遇到大问题”时，也有“‘国家’不在基层”[③]的看法，可惜未能展开论证。在这一状况下，有观点认为，绅士是一条“自下而上的‘无形轨道’”，他们“把压力透到上层，一直可以到皇帝本人”，而“地方官到任以后的第一件事，是拜访绅士，联欢绅士，要求地方绅士的支持”，因此地方官处理地方事务总是一再向绅士们咨询、求教以及寻求协助；作为地方的代言人，绅士常常说服政府接受他们的看法。[④]费正清《剑桥中国晚清史》同样称：“就是地方长官只有在与当地绅士头面人物的密切合作下，才能做他的工作。”[⑤]傅衣凌把“中国传统社会的控制体系分为‘公’和‘私’两个部分”，并且认为“国家政权对社会的控制，实际上也就是‘公’和‘私’两大系统互相冲突又互相利用的互动过程。”他强调：“高度集权的中央政权实际上无法完成其名义上承担的各种社会责任，其对基层社会的控制只能由一个双重身份的社会阶层来完成……乡绅一方面被国家利用控制基层社会，另一方面又作为乡族利益的代表或代言人与政府抗衡，并协调、组织乡族的各项活动。”[⑥]郑振满认为明清的官僚政治“并不具备有效的社会控制能力”，只是“‘私’的统治体

① 傅斯年：《时代与曙光与危机》，转引自罗志田：《地方的近世史：“郡县空虚”时代的礼下庶人与乡里社会》，《近代史研究》2015 年第 5 期，第 11 页。
② 王汎森：《“儒家文化的不安定层”——对“地方的近代史”的若干思考》，《近代史研究》2015 年第 6 期，第 124—125 页。
③ 王建朗，黄克武：《两岸新编中国近代史·晚清卷》上册，北京：社会科学文献出版社，2016 年，第 534 页。
④ 张仲礼著，李荣昌译：《中国绅士——关于其在 19 世纪中国社会中作用的研究》，上海：上海社会科学院出版社，1991 年，第 58 页；王先明：《清代社会结构中绅士阶层的地位与角色》，《中国史研究》1995 年第 4 期；王先明：《晚清士绅基层社会地位的历史变动》，《历史研究》1996 年第 1 期。
⑤（美）费正清编，中国社会科学院历史研究所编译室译：《剑桥中国晚清史：1800—1911 年》上卷，北京：中国社会科学出版社，1985 年，第 25 页。
⑥ 傅衣凌：《中国传统社会：多元的结构》，《中国社会经济史研究》1988 年第 3 期。

制不断得到了强化，乡族组织与乡绅集团空前活跃，对基层社会实现了全面的控制”①。黄宗智从司法角度切入，认为在传统国家与社会之间，存在一个独立的所谓“第三领域”。他认为：

有成文法典和官家法庭的正式司法体制，由通过宗族/社区调解解决争端的根深蒂固的习惯性做法构成的非正式司法体系，以及在两者之间的第三领域。……经此途径形式的和解办法既不应当被等同于正式法庭的裁决，也不应当被等同于非正式的社区/宗族调解，因为他们将正式与非正式的两种司法体制都包括到一种谈判协商的关系之中。地方官吏的审案意见一般是遵从成文法典中制定法的指导，而民间调解者则主要关心如何讲和与相互让步。这两方的相互作用甚至在清代就已实现了部分制度化，构成了司法体系中第三领域的重要部分。②

对此，杨念群提出在讨论十九世纪中国传统社会中国家与社会之间界域的伸缩时，以欧洲“市民社会”“公共领域”作为“比照”，实质性意义“甚少”。③弁利进一步强调，明清以来，宗族、文会以及各类会馆在调解民间冲突与各类纠纷中确实发挥了重要作用。但是，原来并未纳入国家政权系统的宗族组织在雍正以后被纳入国家政权系统，族正、族约是国家政权机关在宗族的代理人，包括宗族在内调解的依据，主要是封建国家的法律和法典，即使是依据其他乡规民约来进行调解，这些乡规民约也不是独立于封建法律法典之外的，在极端封建专制的体制下，完全独立于政权之外的“第三领域”是不可能存在的。④不少的学者坚持国家社会不可截然二分；官绅合治是中国地方行政的常态，州县官员与绅士在基层社会控制中互为制约和补充，在一定程度上维持了传统国家和社会之间的整合，即便是清末地方的自治，也难逃政府的掌控。⑤至于皇权不下县之说，杨国安在对明清两湖乡村社会的考察

① 郑振满：《明清福建家族组织与社会变迁》，北京：中国人民大学出版社，2009 年，第 195 页。

② 黄宗智：《中国的“公共领域”与“市民社会”——国家与社会间的第三领域》，邓正来，（英）J. C.亚历山大：《国家与市民社会：一种社会理论的研究路径》，北京：中央编译出版社，2002 年，第 430—431 页。

③ 杨念群：《中层力量——东西方思想会通下的中国史研究》，南昌：江西教育出版社，2001 年。

④ 卞利：《论明中叶至清前期乡里基层组织的变迁——兼评所谓的“第三领域”问题》，《天津师范大学学报》（社会科学版）2003 年第 1 期；孙海泉：《清代中叶直隶地区乡村管理体制——兼论清代国家与基层社会的关系》，《中国社会科学》2003 年第 3 期也有类似观点。

⑤ 王日根：《明清时期社会管理中官民的“自域”与“共域”》，《文史哲》2006 年第 4 期；刘彦波：《清代基层社会控制中州县官与绅士关系之演变》，《武汉理工大学学报》（社会科学版）2006 年第 4 期；魏光奇：《清代州县“主奴集团”统治：透视“秦制”的根本特征》，《北京师范大学学报》（社会科学版）2011 年第 1 期；马小泉：《晚清政府对地方自治的操纵与控制》，《历史档案》1995 年第 4 期。

论证后，他得出结论认为，权力作为一群人施加于另一群人的内在影响力，“‘皇权不下县’只是一种主观性的臆断”。他还借用清人诗词“任是深山更深处，也应无计避征徭”指出：“乡村社会中的‘国家在场’是毋庸置疑的。”[①]还有一些学者从地方政区层级，以及地方政务等角度间接说明皇权在地方的影响力。指出县以下系统的乡里组织，具有国家基层官员的性质，甚至“县以下仍然可以而且应该被看成我国行政区划体制上的一个层级”，成为第四级并发挥作用。[②]贺跃夫、胡恒、傅林祥等通过对州县正印官之外的佐贰，属官中的分征、分防佐贰及巡检进行研究之后，认为县级衙门并非皇朝统治的终点，县以下存在一个的典史、巡检和其他分防佐杂官员组成的管理层级——“次县级行政机构”和“次县级管理区域”[③]。

大约与此同时，地方社会双层统治或治理结构多元说出现，并在不同程度上得到认同。张研根据西方比较政治学学说，将国家与社会治理归纳为强国家——弱社会、弱国家——强社会、强国家强社会以及弱国家弱社会四大模式，并在《19世纪中期中国双层统治格局的演变》中提出“双层统治”的概念，他认为唐宋后中国国家政权从乡镇退到县，到清代中后期，终于形成上层政权为主导，基层社会各组织纵横依赖、科层制官僚流转制下士绅上下流动链接的双层统治格局。中国传统社会国家与社会是对立统一的关系，基层社会的实体组织不是国家直接统治的“非自立的存在”，也不是独立于国家之外如同欧洲“市民社会”和“公共领域”那样与国家对立的自治的“秩序空间”，而是同国家上层政权以“共同社会性”与“利益社会性”为根本，持有共同秩序观念、表现为双层统治的一个整体。[④]唐力行、吉东、吴雪梅等学者则强调多元化，他们从国家、民间权威、族群等

① 杨国安：《国家权力与民间秩序：多元视野下的明清两湖乡村社会史研究》，武汉：武汉大学出版社，2012年，第396页。

② 贺曲夫：《我国县辖政区的发展与改革研究》，华东师范大学博士学位论文，2007年。

③ 陈祺助：《清代台湾县丞与巡检设置研究》，《高市文献》1995年第1期；贺跃夫：《晚清县以下基层行政官署与乡村社会控制》，《中山大学学报》（社会科学版）1995年第4期；胡恒：《皇权不下县？——清代县辖政区与基层社会治理》，北京：北京师范大学出版社，2015年；张研：《对清代州县佐贰、典史与巡检辖属之地的考察》，《安徽史学》2009年第2期；胡恒：《清代甘肃分征佐贰与州县分辖》，《史学月刊》2013年第6期；傅林祥：《清雍正年间的次县级行政机构及其职能探析》，《清史研究》2011年第2期；吴佩林：《万事胚胎于州县乎：〈南部档案〉所见清代县丞、巡检司法》，《法制与社会发展》2009年第4期等。

④ 张研，牛贯杰：《19世纪中期中国双层统治格局的演变》，北京：中国人民大学出版社，2002年；张研：《清代县级政权控制乡村的具体考察——以同治年间广宁知县杜凤治日记为中心》，郑州：大象出版社，2011年；张研：《清代族田与基层社会结构》，北京：中国人民大学出版社，1991年。

多视角、多角度探讨清代民族边疆乃至华北社会权力关系及其治理。杨国安的两湖乡村实证研究也得出“官民共治”结论。[①]

第三，县以下基层政府组织研究。总体内容丰富，成果堪称丰硕。一是在里甲与保甲研究方面。民国时期即有闻钧天《中国保甲制度》和江士杰《里甲制度考略》的问世[②]，分别对保甲、里甲流变、制度设计与运行等进行初步探讨。20 世纪 90 年代以后，研究更为兴盛。其中，孙海泉发表多篇论文，就清代里甲嬗变、保甲组织结构，以及保甲乡村管理等问题展开系统考察分析。[③]包伟民也对中国近古时期里制的变迁进行了系统和深入的探讨。[④]闫明则根据历史原件，深入到保甲制度内部，对门牌制度的施行表现以及对乡村社会的治安进行考察，认为清代城乡人户悬挂于门首的门牌，不仅是一种户籍凭证，同时也是基层社会推行保甲制度的重要工具。[⑤]杨国安通过对两湖基层与乡村社会中的水保甲等内容的剖析，认为其作为明清“准基层行政组织”是有重要作用的，“将高度分散的乡村居民整体纳入国家控制体系中，直接成为国家政区借以向乡村社会延伸的权力化表现”[⑥]。二是在乡约地保研究方面，尽管学界有不同看法，但不少论者都承认其官方色彩。萧公权和瞿同祖就认为，地保是州县政府为控制乡村而委任的行政代理人。[⑦]黄宗智、王福明等认为，乡保是县衙之下由知县任命、并向知县负责的下层吏役，属于最基层的半官职人员，是国家权力与村庄共同体之间的重要交接点，是地方领导层与国家权力之间的缓冲人物。[⑧]杜赞奇则从“乡村社会的经纪统治”角度，对“地方”做了考察，他认为“地方”通过垄断国家与村庄之间的联系而获得了某

---

① 杨国安：《国家权力与民间秩序：多元视野下的明清两湖乡村社会史研究》，武汉：武汉大学出版社，2012 年，第 403 页。

② 闻钧天：《中国保甲制度》，上海：商务印书馆，1935 年；江士杰：《里甲制度考略》，上海：商务印书馆，1944 年。

③ 孙海泉：《清朝前期的里甲与保甲》，《中国社会科学院研究生院学报》1990 年第 5 期；孙海泉：《论清代从里甲到保甲的演变》，《中国史研究》1994 年第 2 期；孙海泉：《清代中叶直隶地区乡村管理体制——兼论清代国家与基层社会的关系》，《中国社会科学》2003 年第 3 期。

④ 包伟民：《中国近古时期“里”制的演变》，《中国社会科学》2015 年第 1 期。

⑤ 闫鸣：《门牌保甲与清代基层社会控制——以清代门牌原件为中心的考察》，《南京大学学报》（哲学·人文科学·社会科学版）2013 年第 2 期。

⑥ 杨国安：《国家权力与民间秩序：多元视野下的明清两湖乡村社会史研究》，武汉：武汉大学出版社，2012 年，第 399 页。

⑦ 萧公权著，张皓、张升译：《中国乡村：十九世纪的帝国统治》，北京：九州出版社，2018 年；瞿同祖著，范忠信、晏锋译：《清代地方政府》，北京：法律出版社，2003 年，第 7—10 页。

⑧（美）黄宗智：《华北的小农经济与社会变迁》，北京：中华书局，2000 年，第 234—241 页；王福明：《乡与村的社会结构》，从翰香主编：《近代冀鲁豫乡村》，北京：中国社会科学出版社，1995 年，第 33—41 页。

种权力。[①]魏光奇认为清代作为职役的“乡地”分“基层”与“地方”两级，官府通过对乡地的“传验”“批准”程序和建立担保、点卯、请假、退役以及违法惩处等方式，对乡地进行管理。[②]冯贤亮对苏州、常州、湖州等府属州县等基层控制系统进行考察和归纳，认为江南不同府之间、同一府内的不同州县之间，基层控制系统往往不尽相同，它们不但是一种田制体系，而且还是与里甲或保甲制一起管理基层社会的一个地方基层管理体系，并在中国明清社会中发挥着重要作用。[③]刘道胜《清代基层社会的地保》一文系统论述了地保由来、名称状况、性质、地位和影响，认为清代地保的职能大体经历了从弭盗安民到全面承值乡里差役的演变，从乡里职役向官府吏役转化，地保的设置使清政府对基层社会的控制进一步强化。[④]三是在宗族研究方面，各相关成果在探讨宗族的家族内部关系及其管理的同时，又以地方社会角度进行审视，梳理观察其与地方治理和政府的关系，承认其与官方一定程度的正面效应。

## 三、既有研究的不足与本书的学术旨趣

如前所述，既往研究尤其是在州县衙门机构、乡里组织、州县士绅和民事诉讼方面，取得了不俗的研究成绩，官吏惩戒制度的宏观性研究也有了一定的进展，为这些问题的继续深化奠定坚实基础的同时，也为拙著提供了一定的研究条件，在此，作为本书作者，对上述研究的专家、学者充满深深感激与敬意。与此同时，通过上述梳理，笔者也发现，既有研究中也尚存较多的不足乃至缺陷，继而也引发了笔者以问责制度与国家地方治理关系或清朝国家州县治理实现原因之制度机能的相关联想和思考，归纳起来，主要有以下三个大的方面。

### （一）国家州县治理制度机制完整性的缺失与建构

主权、领土、人口，乃民族国家三大最基本的要素。国家的治理，就内部而言，归根结底，就是对其主权范围内的领土及人口的治理。中国自郡县

① （美）杜赞奇著，王福明译：《文化、权力与国家——1900—1942 年的华北农村》，南京：江苏人民出版社，1996 年，第 45 页。

② 魏光奇：《清代直隶的里社与乡地》，《中国史研究》2000 年第 1 期；魏光奇：《清代乡地职役人员问题考辨》，《北京师范大学学报》（社会科学版）2013 年第 1 期；魏光奇：《官治与自治——20 世纪上半期的中国县制》，北京：商务印书馆，2004 年，第 40—42、51 页。

③ 冯贤亮：《明清江南地区的环境变动与社会控制》，上海：上海人民出版社，2002 年，第 107、116 页。

④ 刘道胜：《清代基层社会的地保》，《中国农史》2009 年第 2 期。

制度以来，所谓的国家治理实质也就是州县的治理，反之，州县的治理，也就是国家的治理。换言之，国家治理的解构，就是具体的州县的治理，而州县的治理又在整体上建构了国家治理。这其中的道理至为明显，“国者，州县之所积也”。国家乃州县之国家，没有州县，也就没有国家。那么，作为国家的州县的治理是如何进行的？它是通过怎样的制度机制加以保证的？这些制度机制，又是如何促使州县治理的首脑——知州、知县，对其辖区加以具体治理的？这些都是清代州县治理中十分重要的问题。

既往学界的研究虽然对行政区划、官僚制度、行政管理等领域有较多关注，但其中缺陷也无须讳言。首先，作为治理杠杆的奖惩制度的专题综合研究尚属阙如，尽管属于其一部分的官吏惩戒制度的研究，有了相对于奖励制度略胜一筹的可喜局面，但是，所研究的惩戒对象主要是笼统意义上的官员，并且基本属于处于官僚队伍的上游的地方督抚乃至中央大员，而不是作为其末端或下游的州县官员，有分量的州县惩戒制度专题综合性成果实属少见，以致问责制度头重脚轻，州县问责制度研究缺乏。其次，在既有的一些官吏惩戒或官员处分、问责之类的研究中，受近几年制度研究中“活的制度”研究思维、方式的影响，置法定的成文制度、文本规定于高阁，致力于惩处案件、事例的叙述、描绘，对其惩处之法理依据、逻辑缺乏应有照应，以至于一些研究出现碎片化倾向，且有无本之木无源之水之虞。再次，由于州县官吏问责制度专题研究的缺少，故对于州县治理的制度机理或杠杆的功能、作用的考察与探索也就基本阙如，甚至无从谈起。而有清一代 260 多年统治的存在、延续的过程，实际也是其对于州县地方治理的一个过程。作为清政府对州县治理最主要的制度杠杆，州县官员问责制度无疑在其中起到了十分重要的作用。

因此，本书将在学界既有的清代官吏问责制度宏观性研究的基础上，将研究视点下移，以州县官员，尤其是以临民父母、州县治理首脑的知州、知县的问责为焦点，重拾制度史研究前辈的优良传统，较为全面系统描述和展示清朝对于州县正印官员个人及其州县治理责任追究的法律制度规定、规范，以及该制度的运行实施，进而对该制度于州县官员所产生的震慑与鞭策功能、作用进行梳理，从而探寻和揭示出清政府的地方控制与州县官员州县治理效能的根本原因。

### （二）州县官员地方治理地位、作用的弱化与复原

毋庸讳言，在清代基层乡村研究、地方社会治理等领域，既往研究取得了相当的成绩，乡村社会组织、士绅、宗族、乡地的研究等甚至有了突破性进展，其在乡村社会治理中的地位得到了充分的挖掘与肯定。但在这如火如荼似的乡村、乡绅、乡地等关涉基层治理的研究中，对州县政府、州县官员的观照、关注却非常有限，即便是对作为县以下的具有官方意义的基层组织，保甲的地位、作用也有渐被弱化、忽视的迹象。代之而起的多是“皇权不下县”，治理在宗族、乡绅。“官民共治”“国家在场”，以及社会有国家、无国家之社会等观点，非常富有见地，也符合清代国家社会治理的历史实际，但其具体研究的“官员”“国家”多语焉不详，少有系统的纵深。就是研究最具成效、成果也最为丰硕的州县刑名特别是自理词讼中的民事诉讼案件治理领域，作为州县法庭审理之正堂的知州、知县的身影，也不过是若隐若现、轻描淡写，甚至视而不见。社会史的研究，更是“片面强调视觉下移，导致国家角色的缺失，难以从整体历史的发展脉络去理解和把握地方史”[①]。这些都是与清代国家对州县官员的制度定位，以及知县、知州在州县治理中的实际地位、作用不相符合的。

从制度上说，知州、知县对于州县一切政务，“靡所不综”，且负有全面责任，而一定程度的尽职尽责，于辖区治理依规而行，甚至有所作为，乃规避问责风险根本之一途。从清州县治理实际运来说，作为皇权化身、国家在地方社会管理的代表、知州、知县及其州县官府的治理地位、影响是不容置疑的，其影响也是肯定的。而士绅、族正、乡地等乡村治理中头面人物又有多少不是在州县正印官及其衙门的授权或委托、信任之下开展工作的？在正常状况下，清代又有多少州县，长时期超然于清朝法律制度、官府治理之外呢？为此，本书将在学术界州县治理主体研究中“官民共治”观点的前提下，就“官”亦即知州、知县这一州县治理的官方群体的政务活动，治理事功、作用、影响等进行一定程度的呈现、梳理，以回复在其州县治理中应有的、恰当的定位，进而使清代州县治理主体认识的进一步客观、立体，同时较为具体、深入、细致地呈现清代“父母官”的群体形象。

① 马幸子:《养民的地方实践——国家视角下的清代广东备荒仓储》,《清史研究》2015 年第 2 期，第 97 页。

### （三）州县治理研究领域的偏失与弥补

前文学术史梳理表明，涉及清代州县治理内容的成果虽不在少，甚至堪称丰硕，但是，其治理的各领域的研究，严重不平衡。在史学界、法学界研究前辈的努力下，清代的法制史和州县司法治理，特别是民事诉讼治理研究受到较多的关注，甚至是青睐，也取得了突出的成就。但与此形成鲜明对比的是州县的钱谷问题的研究[①]，包括其中的田赋征收、征解和相关的农业生产、田地管理利用，以及知州、知县在其中的作为、处境乃至州县钱粮治理于国计民生的利弊关系等研究，虽然不能说没有涉及，但总体相当薄弱，且其评价基本负面，实欠辩证客观研究。

作为仍然属于传统农业社会里的清代，田赋依然为“国家之正供”，对于清朝之“国计”的必要性、重要性不言而喻。与此同时，在生产力发展水平有限的当时，田地收获是有定数的，田赋的征收又势必影响州县民众生活甚至生存，身处“国计”与“民生”之间天然的结构性对立，以及“征收倍难”与“考成”处分之间两者尖锐矛盾交叉点上的知州、知县，清政府对他们有怎么样的刚性目标、要求？他们实际又是如何对待钱谷以及相关联的州县粮食、土地、水利诸务的？这些处置的影响如何？应当怎样评价？而这些正是本书作者力图有所弥补、有所解决，甚至奢望突破之所在。同时，对于既往不多的州县正印官对辖境的民生、教育教化、公共事业的关注，也有待从州县官方治理角度予以推进、加强。此外，本书还从州县司法治理的“国家”维度，也就是州县官府的视角，进一步深入、系统性观照，并把晚清时期州县民教冲突、鸦片禁政等纳入讨论范围。

---

① 冯贤亮：《赋役故事——明末清初松江一个秀才的经历和记忆》，《古代文明》2017 年第 4 期，第 83—101 页。

# 第一章　州县、州县官员及其在清朝国家治理中的地位

国家是“按地区来划分它的国民”[①]。国家治理，归根结底是地方治理，而地方治理，自有行政区划以来，实质也就是各行政区划亦即政区的治理。在清代，这种治理，追根溯源，最终也就是州县厅这一基层行政区的治理，或一州一县一厅的具体治理。国家分寄或解构为众多最小的行政区域单元，而这些最小的行政区划又聚集为国家，一州一县的地方治理，最终汇为国家的治理。具体的各州、县政区的划分及其存在，不仅是国家行政区划层级在空间结构上的反映，是国家存在的一种重要的表现形式，而且也是国家实行地方治理的前提和基础。清政府凭借责任追究制度，促使官员对地方实行治理，从而实现国家在整体上的治理，其立足的行政地理单元，就是作为最基层的行政区划——州、县，以及少量的厅。因此，理解把握清代问责制度下的州县治理，有必要对州县政区及其行政首脑进行初步的了解。

## 第一节　州、县的由来与清代的州、县

### 一、州、县政区由来

州县行政区划，属于历史地理学中行政区划地理范畴。包括州县行政区划历史在内的中国历史时期的行政地理区划研究，积累深厚，颇有挖掘。[②]政治史中的官僚政治历史研究也有所涉及，柏桦《父母官：明清州县官群像》

---

① 恩格斯：《家庭、私有制和国家的起源》，中共中央马克思恩格斯列宁斯大林著作编译局：《马克思恩格斯选集》第 4 卷，北京：人民出版社，2012 年，第 187 页。
② 周振鹤，李晓杰：《中国行政区划通史·总论、先秦卷》，上海：复旦大学出版社，2009 年。

对州、县分别曾有勾勒。事实上，作为州县这一层级的行政区划的历史，尤其是县行政区划史，是与郡县制度的历史紧密联系在一起的。没有郡县制度的诞生，也就无所谓县的行政区划，自然也就没有县级行政区划史。

（一）县行政区

关于“县”字，李家浩考证先秦的“還”字就是后来的“县”字；“還”则早在西周中期的青铜铭文中就已经出现。[①]由此看来，古称邦畿千里之地为县，《说文解字》即曰：“周制，天子地方千里，分为百县，县有四郡。”后来，王畿内的都邑，以及诸侯境内之地也称为县。而县制的发展，则大致经历了县鄙之县、县邑之县、郡县之县三个不同的历史阶段。县鄙之县，通常为“一片地域”之意，非一个个可数的聚落；县邑之县，尽管已是可数的单个的行政单位，但仍与作为“人所聚会”的邑相似，“没有大的区别”，因而均不称其为政区。

柏桦认为郡县之县以及作为行政区划的县的出现，最早应为楚庄王（前613—前 591 在位）时期[②]，他的依据是《广韵》关于“楚庄王灭陈为县，县名自此始”的记载。不过，李晓杰明确指出构成郡县之县有四大标准，即有完全的国君直属地、县长官由国君任命、县的范围一般经过人为划定、县以下有基层组织。据此他认为楚国灭陈所为之县，仍是县邑之县，远未成为郡县之县”他认为：“真正标志着郡县之县出现的事件”，是公元前 514 年晋国韩、赵、魏、知、范、中行氏六家大夫，联手消灭了祁氏与羊舌氏两家，然后，将祁氏之田分为 7 县，又把羊舌氏之田分成 3 县，并任命 10 个人为县大夫，而形成的邬县（今山西介休东北）、祁（山西祁县东南）、平陵（山西文水东北）、梗阳（今山西清徐县）、涂水（山西晋中市榆次区西南）、马首（今山西寿阳东南）、盂（山西阳曲东北）、铜鞮（今山西沁县南）、平阳（今山西临汾西南）、杨氏（今山西洪洞东南） 10 县的这一事件。他同时强调：“从行政区划的出现来看，这十县的划分，也同样是标志性的。……晋国新置的这十县是由大夫的封建采邑重新疆理而设置，如羊舌氏原为二邑之地，这时划为三县，说明是朝着正式行政区迈进了一大步。”[③]

秦代，县为基层政区（少数民族地区的县则为道），其上置有郡。秦王政

① 李家浩：《先秦文字中的“县”》，转引自周振鹤，李晓杰：《中国行政区划通史・总论、先秦卷》，上海：复旦大学出版社，2009 年，第 241 页。
② 柏桦：《父母官：明清州县官群像》，北京：新华出版社，2015 年，第 24 页。
③ 李晓杰：《疆域与政区》，南京：江苏人民出版社，2010 年，第 12 页；周振鹤，李晓杰：《中国行政区划通史・总论、先秦卷》，上海：复旦大学出版社，2009 年，第 250 页。

二十六年（前 221 年），分全国为 36 个郡，外加内史即都城周围特区，共计 37 个郡。郡以下县的数量无文献可靠，权威专家大致推测有一千之谱。①自此，作为中国行政区划最小的单位，以及作为行政区划层级最低的一级而“未尝有变”②。由表 1-1 可见，“县”在清朝以前，的确曾是中国最为基本、最为稳定的行政区划，也是最小的行政区。

**表 1-1　清朝以前历代县政区层级地位状况表**

| 时期 | 高级政区 | 统县政区 | 基层政区 |
| --- | --- | --- | --- |
| 秦 | | 郡 | 县、道 |
| 汉 | | 郡、王国 | 县、道、邑、侯国 |
| 魏晋南北朝 | 州 | 郡、王国 | 县、国 |
| 隋、唐前期 | | 州（郡） | 县 |
| 唐后期、五代 | 道（方镇） | 州、府 | 县 |
| 辽 | 道（府） | 府、节度使、州 | 县 |
| 宋、金 | 路 | 府、州、军、监 | 县、监 |
| 元 | 省 | 路、府、州 | 县 |
| 明 | 布政使司（省） | 府、直隶州、州 | 县 |

资料来源：周振鹤，李晓杰：《中国行政区划通史·总论、先秦卷》，上海：复旦大学出版社，2009 年，第 62 页

（二）州行政区

“州”的字面含义为水中高地之意：“水中可居者曰州，周绕其旁，以重川。”③指古人选择水边高地居住而形成的村落。成于战国时期的中国现存最早的区域地理学著作——《禹贡》，以大禹治水的传说，把天下划分为冀、兖、青、徐、扬、荆、豫、梁、雍九州。其后《周礼·职方》和《吕氏春秋·有始览》也曾分别提出了各自的九州区划。不过，周振鹤先生、李怀孔先生都认为，此时的所谓九州的区划，不过是“纸上谈兵而已”，或“地理学上的名词”，不存在真正的实体的含义。至汉武帝时，州才被作为监察区的名称。具体而言，在汉武帝分全国而成的 13 个刺史部中，以“州”命名者有幽、冀、青、并、徐、兖、豫、扬、荆、益、凉，共 11 个，“州”因此有了实体意

① 周振鹤，李晓杰：《中国行政区划通史·总论、先秦卷》，上海：复旦大学出版社，2009 年，第 48、67 页。
② 吕思勉：《中国制度史》，上海：上海教育出版社，1985 年，第 428—431 页。
③（汉）许慎撰，（清）段玉裁注：《说文解字注》，上海：上海古籍出版社，1981 年，第 569 页。

义。[①]而这11个州，加上交趾、朔方2个刺史部，合而被俗称为13州。到东汉末，13个州（交趾改交州），均演变成为正式的地方行政区。到三国时，州政区的数量以及每一个州政区的幅员无实质变化，西晋末年，州政区的数目已经增至21个，南北朝后期进一步大幅增多，甚至达两三百个之多。具体而言州政区数量，宋初111个，盛时254个；元共设属州300个、明州234个。[②]由于州政区数目的增加，其辖区面积的日渐缩小自在情理之中。因此，州在全国行政区划中所处的层级，由高级政区下降至统县政区，元代以后甚至逐渐向基层政区滑落。

## 二、清代的州县政区

清朝初年，地方行政区划沿袭明制。而在明代州县政区中，“州”的情形相当复杂。万历《大明会典》卷十五《户部二·州县一》载：“国初仿元制……州县俱隶府，县或又隶州。州或直隶省。”据此，清朝初年地方所实行的实际为明朝的复式区划层级制度：一类为四级制（布政使司—府—州—县）；另一类为三级制（其中又分两种，第一种：布政使司—府（直隶州）—县，第二种：布政使司—府—县）。雍正年间，行政区划便随直隶州制度的建立而有较大调整和规范，其中最主要的是将隶属于省的直隶州明确记载为“直隶州”，并将之列入乾隆《大清会典》卷八《户部一·疆里》：“府领州县，直隶州亦领县”，而府属的州（散州）不再领县，换言之，州分成直隶州、散州两个层级，“直隶州亲辖地方，亦领县”，府属州即散州成为与县政区处于同一层级的行政区层级，到乾隆初年编纂完成的《清一统志》中，除极个别外，绝大多数的州（散州、属州）均不领县，也就是最低一级行政区划。而清代县为基本的行政区，其政区的层级，一如明代为最后一个层级而无变化。

清代基层政区除了州、县之外，还有一种清朝所独有的“厅”政区。根据学者研究，厅原为知府佐贰官同知、通判的办事处所。作为行政区的厅存在则须必要条件有三：首先，有“专管地方”，也就是一定的“地域范围”；其次，该范围内必须有一定数量的人口，也就是管理对象；最后，就是须有一个行政机构的存在。康熙年间，四川叙州府即作为与州县并列的、独立存在的政区，并得到承认。到雍正八年（1730），辖有县的直隶厅出现，厅实际

---

① 周振鹤，李晓杰：《中国行政区划通史·总论、先秦卷》，上海：复旦大学出版社，2009年，第74、75页；李孔怀：《中国古代行政制度史》，上海：复旦大学出版社，2006年，第190页。
② 郭宝平：《中国传统行政制度通论》，北京：中国广播电视出版社，2000年，第80—81页。

已分为直隶厅、散厅两个层级，到雍正末年，散厅成为与州县并列的地方行政区“基本定型”[①]。到嘉庆《大清会典》“厅”制编纂入典，清朝的行政区划便基本形成了如下两种类别：省—府（直隶州、直隶厅）—县（散州、散厅）三级行政区划，以及省—直隶厅两级行政区划。其中府有亲辖地方者；“直隶厅、直隶州皆亲辖地方，亦领县。”[②]关于直隶厅，虽说可以领县，但除极少数外，大部分是不领县的。[③]

光绪三十三年（1907）五月二十七日颁布的《各省官制通则》，对州县政区体制拟进行改革，如规定：“各省原设直隶厅有属县者，一律改为直隶州”；府所属地方分为州（散州）、县两种；直隶州所属地方为县；“各府原设之同知、通判有辖境者，一律改为州县”[④]。

清代州县厅的建置时有增减，因此州县厅数目时有不同。就县来看，瞿同祖据康熙、雍正、乾隆、嘉庆、光绪各朝会典的记载的县分别为1261、1211、1282、1293、1303个。[⑤]刘子扬《清代地方官制考》则据《清朝通典》卷三十四记载，提出乾隆年间全国设置的县政区为1345个，光绪《大清会典》卷四的1303个，另加该会典没有计入的台湾11个县政区，光绪朝全国所设置的县为1314个，他又据《清史稿·职官志三》记载，指出清末的县为1369个。[⑥]笔者查阅《清代缙绅录集成》有关县政区的记载，发现嘉庆三年（1798）、道光十三年（1833）、光绪三十三年（1907）分别为1305、1303、1349个。[⑦] 1912年春季，内阁印铸局发行的《职官录》记载知县1331缺，即县政区1331个。[⑧]全国散州的数量，瞿同祖所载分别267[⑨]、149、154、147、145个；上揭《清代缙绅录集成》记载，嘉庆三年（1798）、道光十三年（1833）、光绪三十三年（1907）、宣统四年（1912）分别为147、147、143、146个。散厅嘉庆《大清会典》、光

① 傅林祥：《清代抚民厅制度形成过程初探》，《中国历史地理论丛》2007年第1辑。

②（清）托津等：《钦定大清会典（嘉庆朝）》卷10，沈云龙主编：《近代中国史料丛刊》三编第632册，台北：文海出版社，1991年，第425页。

③ 傅林祥等：《中国行政区划通史·清代卷》，上海：复旦大学出版社，2013年，第53页。

④ 故宫博物院明清档案部：《清末筹备立宪档案史料》上册，北京：中华书局，1979年，第509页。

⑤ 瞿同祖著，范忠信、晏锋译：《清代地方政府》，北京：法律出版社，2003年，第9页。

⑥ 刘子扬：《清代地方官制考》，北京：紫禁城出版社，1988年，第110页。

⑦ 清华大学图书馆，科技史暨古文献研究所：《清代缙绅录集成》第5册，郑州：大象出版社，2008年，第6页；清华大学图书馆，科技史暨古文献研究所：《清代缙绅录集成》第11册，郑州：大象出版社，2008年，第7页；清华大学图书馆，科技史暨古文献研究所：《清代缙绅录集成》第84册，郑州：大象出版社，2008年，第17页。

⑧ 清华大学图书馆，科技史暨古文献研究所：《清代缙绅录集成》第95册，郑州：大象出版社，2008年，第4页。

⑨ 此笼统数目，因康熙《大清会典》并未载明系直隶州还是散州。

绪《大清会典》分别记载有 74 个、75 个，前揭《清代地方官制考》一书为 78 个。[①]倘若以光绪二十五年（1899 年）的《大清会典》卷十三至十六的记载为准，全国 145 个州、75 个厅、1303 个县的省份分别情形如表 1-2 所示：

**表 1-2　清季州县厅数目及行省分别状况**　　（单位：个）

| 省份 | 州 | 厅 | 县 | 省份 | 州 | 厅 | 县 |
|---|---|---|---|---|---|---|---|
| 直隶 | 17 | 4 | 123 | 山东 | 9 | | 96 |
| 河南 | 6 | 1 | 96 | 山西 | 6 | 7 | 85 |
| 江苏 | 3 | 2 | 62 | 安徽 | 4 | | 51 |
| 江西 | 1 | 2 | 75 | 福建 | | 6 | 58 |
| 浙江 | 1 | 2 | 75 | 湖南 | 3 | | 64 |
| 湖北 | 7 | | 60 | 陕西 | 5 | 7 | 73 |
| 甘肃 | 6 | 6 | 47 | 四川 | 11 | 8 | 112 |
| 广东 | 6 | 1 | 78 | 广西 | 15 | 2 | 49 |
| 云南 | 26 | 10 | 39 | 贵州 | 13 | 11 | 33 |
| 新疆 | | | 11 | 盛京 | 5 | 2 | 14 |
| 黑龙江 | | | | 吉林 | 1 | 4 | 2 |

据表 1-2 可知，光绪《大清会典》记载光绪朝的基层政区或县级政区共有 1523 个，若加上光绪《大清会典》中未加计入的台湾 11 个县级政区，则为 1534 个政区。这些政区都是由该区内的一定规模的人口与面积这两大最为基本的要素所构成的行政区实体。清代通过州县官员问责这一治理机制进行的地方治理，最主要和最基本的就是对这 1500 多个州县厅政区的治理。

## 第二节　州县正印官与清代的知州、知县

行政区划本是国家为了对地方实行有效的治理，而对其领土进行的分级区域划分。恩格斯指出国家与氏族组织的两大不同点之一，就是“公共权力的设立”[②]。因而，政区内的合法机构不仅必要，而且也是构成政区的一个前提。所谓“官府者，治之所由出”[③]。著名专家周振鹤教授、邹逸麟教授将政

---

① 瞿同祖著，范忠信、晏锋译：《清代地方政府》，北京：法律出版社，2003 年，第 9 页；刘子扬：《清代地方官制考》，北京：紫禁城出版社，1988 年，第 104 页。

② 恩格斯：《家庭、私有制和国家的起源》，中共中央马克思恩格斯列宁斯大林著作编译局：《马克思恩格斯选集》第 4 卷，北京：人民出版社，2012 年，第 187 页。

③（清）陈梦雷编纂，蒋廷锡校订：《古今图书集成·铨衡典》卷 81《考课部汇考一》，北京、成都：中华书局、巴蜀书社，1985 年，第 45 页。

区行政机构的存在，分别列为政区构成的第三大必要条件，或第四大要素[①]，而长期从事行政区划史研究的刘君德先生更将政区的行政中心纳入政区构成六大因素当中的第二位因素，并指出政区研究中对行政中心要素欠重视的遗憾。[②]行政机构也好，行政中心也罢，当然是一个行政群体，并非仅有一人。但清代州县政府归根结底为州县正印官的"一人政府"[③]、州县政区正印官负有全责，州县问责也几乎是以知州、知县为问责的主要甚至是唯一的责任对象。因此，清代州县的地方治理最为主要和重要的还是在于其行政机构的首脑——正印官。

## 一、州县正印官沿革

县政区正印官的知县，原称为县令。史书记载，县令，"即周之县正，周官有县正，各掌其县之政，令而赏罚之。春秋时，列国相灭，各以其地为县，邑之长各有异称。晋曰大夫，鲁、卫曰宰，楚曰公，亦曰尹，其职一也"[④]。也就是说县的行政首长的名称，在春秋时期，各国各有不同，鲁国、卫国曰宰，楚国称尹或公，秦国则为令。晋国叫大夫。[⑤]

有关研究表明，晋国的大夫或具有中国历史上最早的县正印官意义。李晓杰先生提出，作为最早的县——郡县之县的长官，是由国君任命的，不能由世袭而来，并且是可以撤换的。也就是说，郡县的正印官应如朝廷之命的官僚。并且他还经考证后认为，公元前514年晋国的邬、祁等10个县是中国历史上转化为郡县之县的"标志"[⑥]。据此，作为邬县大夫的司马弥牟、祁大夫的贾辛、平陵大夫的司马乌、梗阳大夫的魏戊、涂水大夫的知徐吾、马首大夫的韩固、盂大夫的孟丙、铜鞮大夫的乐霄、平阳大夫的赵朝、杨氏大夫的僚安10人[⑦]，便是中国历史上具有知县正印官意义的最早的县官，并且李

---

① 周振鹤：《行政区划史研究的基本概念与学术用语刍议》，《复旦学报》（社会科学版）2001年第3期；邹逸麟：《从我国历史上地方行政区划制度的演变看中央和地方权力的转化》，《历史教学问题》2001年第2期；邹逸麟：《中国历史人文地理》，北京：科学出版社，2001年，第54页。

② 刘君德，靳润成，周克瑜编著：《中国政区地理》，北京：科学出版社，1999年，第33、29页。

③ 瞿同祖著，范忠信、晏锋译：《清代地方政府》，北京：法律出版社，2003年，第28页。

④ 民国《吴县志稿》，台北：成文出版社，1983年，第1—2页。

⑤ 那思陆：《清代州县衙门审判制度》，北京：中国政法大学出版社，2006年，第10页；严耕望：《中国地方政治制度史甲部——秦汉地方行政制度》，台北："中央研究院"历史语言研究所，1990年，第5页。

⑥ 周振鹤，李晓杰：《中国行政区划通史·总论、先秦卷》，北京：复旦大学出版社，2009年，第249页。

⑦ 李晓杰：《疆域与政区》，南京：江苏人民出版社，2010年，第12页；周振鹤，李晓杰：《中国行政区划通史·总论、先秦卷》，北京：复旦大学出版社，2009年，第249页。

晓杰先生所列举的三个史实：晋国当政者魏献子对庶子魏戊被任命为梗阳大夫一事在人言上的担心，以及大夫成氏的回答之语，说明魏戊受命是其德才，而非其食采邑之故；魏戊在梗阳任上，为一案的处理，转报中央定夺所表明的国君命官以及与中央间的地方行政意涵；县大夫不留国都而须到县履职，而且被任命为祁县大夫的贾辛上任前对晋国当政者魏献子的朝见，以及后者对贾辛的勉励，也印证了他们是命官的性质。①

春秋以后县的长官的称谓情形，上揭民国《吴县志稿》指出，到战国，楚、齐仍是春秋之旧，云公、尹、大夫；秦与三晋皆为令。秦朝县之长官称令，汉后因之；汉时县大者为令，小者为长，侯国为相，北魏县置三令长，宋改知县，元置达鲁花赤掌县印，而以令为尹，明后称知县。其他史料记载也基本相同，唯亦有稍微详细者。如《汉书·百官公卿表》载秦朝郡下设县，“万户以上为令，不及万户为长”。大县之令，秩六百石至千石，小县之长，秩三百石至五百石，其职责《续百官志》注云：“令长皆掌治其民，显善劝义，禁奸罚恶，理讼平贼，恤民时务，秋冬集课，上计于所属郡。”两汉到南北朝，亦分设令长以治县。《隋书·百官志》和《旧唐书·职官志》显示，隋、唐两朝，均置县令而无县长名目。对于知县之名，有具体考证称则起于宋建隆三年（962）。②元朝县设达鲁花赤，明则承续宋制设知县为正印官。

关于州正印官的称谓，如前所示，汉武帝分全国而成的 13 个刺史部中，以“州”命名的有幽、冀、青等 11 个，其长官称刺史。刺史本系汉文帝因御史失职而令丞相另派人员出刺各地，也就是到各地检核问事。但不常置，汉武帝元封五年（前 106）始置，包括 11 个以州为名在内的 13 个刺史部个置部刺史 1 人，后通称刺史。不过 13 个刺史部的刺史只是作为中央划分出来的作为监督、监察一州内所有政务的长官，是监察官，而非州政区行政长官。伴随 13 个州由监察区向成为正式的地方行政区的演变，到东汉，刺史也改称州牧，职权范围扩展，从而由监察官转变为州的军事行政长官。北宋时，宋太祖为削弱节度使权力，先是规定州刺史直接奏报朝廷，不干预驻州之外政务，后则逐渐派京内朝官（文臣），以“权知某某州州军事”名义，即代理或暂时主管州的军民事务；“权知某军州事”亦被简称“知州”。明朝的知州则为州的正式行政长官，也就是正印官了。

---

① 周振鹤，李晓杰：《中国行政区划通史·总论、先秦卷》，上海：复旦大学出版社，2009 年，第 249—250 页。

② 张金鉴：《中国政治制度史》，台北：三民书局，1978 年，第 162 页；（清）顾炎武著，黄汝成集释，栾保群、吕宗力校点：《日知录集释》卷 9《知县》，石家庄：花山文艺出版社，1990 年，第 413 页。

## 二、清代的州县厅的行政中心及正印官

清代的州县政区行政机构的正印官，基本上均属于清系明制，分别称知州、知县。一般每州设知州缺一名，知县缺一名。[①]譬如，在整个有清一代，就任四川省南部县正印一缺即知县的人为155位，共167任。[②]就官品来说，州政区正印官知州品级自乾隆三十二年（1767）开始为从五品，并直至清末不变。[③]知州缺数量，前述乾隆二十五年（1760）冬季《缙绅全书》的记载154缺，嘉庆三年（1798）和道光十三年（1833）都是147缺[④]，光绪三十三年（1907）知州143缺[⑤]，1912年春季，内阁印铸局发行的《职官录》则为146缺。县正印官的数量，瞿同祖《清代地方政府》据康熙、雍正、乾隆、嘉庆、光绪各会典的记载的知县分别为1261、1211、1282、1293、1303个。[⑥]不过，其中乾隆时期的知县数或略有误差。笔者查阅同期的《清实录·高宗实录》等资料记载知县为1285缺；乾隆二十五年（1760）冬季《缙绅全书》的记载也是1285缺。[⑦]照前揭清代缙绅录集成的相关记载，嘉庆三年（1798）为1305缺，道光十三年（1833）1303缺，光绪三十三年（1907）为知县1349缺，宣统四年（1912）春季内阁印铸局发行的《职官录》则为1354缺。知县的品级除大兴、宛平、承德等京县的知县为正六品之外，一般均为正七品。[⑧]散厅的正印官分同知、通判两种。同知为正五品，通判为正七品。依据光绪朝《大清会典》卷四可知全国78个散厅中，以同知为厅正印官者48缺，以通判为厅正

---

① （清）昆冈等修，刘启端等纂：《钦定大清会典事例》卷28《吏部·官制》，《续修四库全书》编委会：《续修四库全书·史部》第798册，上海：上海古籍出版社，2002年，第469页；（清）昆冈等修、刘启端等纂：《钦定大清会典事例》卷30《吏部·官制》，《续修四库全书》编委会：《续修四库全书·史部》第798册，上海：上海古籍出版社，2002年，第488页。

② 吴佩林，万海荞：《清代州县官任期“三年一任”说质疑——基于四川南部县知县的实证分析》，《清华大学学报》（哲学社会科学版）2018年第3期，第66页。

③ 清华大学图书馆，科技史暨古文献研究所：《清代缙绅录集成》第95册，郑州：大象出版社，2008年，第2页。

④ 清华大学图书馆，科技史暨古文献研究所：《清代缙绅录集成》第5册，郑州：大象出版社，2008年，第6页；清华大学图书馆，科技史暨古文献研究所：《清代缙绅录集成》第11册，郑州：大象出版社，2008年，第7页。

⑤ 清华大学图书馆，科技史暨古文献研究所：《清代缙绅录集成》第84册，郑州：大象出版社，2008年，第17页。

⑥ 瞿同祖著，范忠信、晏锋译：《清代地方政府》，北京：法律出版社，2003年，第9页。

⑦ 《清实录·高宗实录》卷747乾隆三十年十月辛酉条，北京：中华书局，1986年，第220页；清华大学图书馆，科技史暨古文献研究所：《清代缙绅录集成》第1册，郑州：大象出版社，2008年，第266页。

⑧ （清）昆冈等修，吴树梅等纂：《钦定大清会典》卷7，《续修四库全书》编委会：《续修四库全书·史部》第794册，上海：上海古籍出版社，2002年，第77、78页。

印官者 30 缺。①清州县厅政区正印官——知州、知县、同知或通判的缺分数目，则与前揭所对应的政区一致。

清代定制，知州、知县作为正印官，掌一州或一县的政令。县以县丞、主簿为佐贰官，分掌粮马、征税、户籍、巡捕之事，但“因事增减无定员”；州以州同、州判为佐贰官，“因事增减，无定员”。首领官，州为吏目，设一人；县为典史。典史的职责掌监察狱囚。杂职官，州县的巡检、驿丞，县尚有闸官、税课大使、河泊所官、仓大使，但“皆因事设立无定员”②。散厅正印官外的属官则有经历、知事、照磨。州县衙门官员额缺精简，州县厅衙门基本是正印官一人的集权简约型政府。③以光绪朝《大清会典事例》吏部官制所载“各省知县等官”为例，在奉天府 14 个县中，每县知县 1 人，另外设有县丞的县、典史、主簿、巡检的县分各有 2、10、1、4 个，以巡检管典史事的县 4 个，仓官额缺 1 人的县仅 4 个。四川省 112 个县份，每县知县各 1 名，计 112 名知县，此外典史每县各设 1 缺，设县丞、巡检的各有 16 个、18 个县，全省主簿、驿丞分别有 3 个县设置。河南省 89 个县，每县设知县 1 名，共 89 个知县，除知县正印官之外，典史每一个县有额设 1 人，全省设有县丞的县仅 19 个，设有巡检的县 15 个，余下设河工县丞的 10 个、河工主簿的县 8 个、河工巡检的县 1 个、由驿丞兼巡检的县 1 个、驿丞的县 8 个，可见清代的厅州县正印官均各设 1 缺，除正印官外，唯有典史是普遍设置，其余各官佐杂多系零零星星，设置甚少。

## 第三节　州县政区的治理与国家治理的内在联系

### 一、分区治理是国家治理的传统和重要原则

划野分州，分土而治，是中国国家治理的一个重要的历史传统。《礼记·王制》载：“凡居民，量地以制邑，度地居以民。”顾颉刚等人认为，从传说中的黄帝开始，已经尝试区域划分，建置万国，“其言虽荒诞，然疆域之区划，

① 刘子扬：《清代地方官制考》，北京：紫禁城出版社，1988 年，第 102 页。
② （清）昆冈等修，刘启端等纂：《钦定大清会典事例》卷 28《吏部·官制》，《续修四库全书》编委会：《续修四库全书·史部》第 798 册，上海：上海古籍出版社，2003 年，第 469 页；（清）昆冈等修，刘启端等纂：《钦定大清会典事例》卷 30《吏部·官制》，《续修四库全书》编委会：《续修四库全书·史部》第 798 册，上海：上海古籍出版社，2003 年，第 488 页。
③ 黄宗智：《集权的简约治理——中国以准官员和纠纷解决为主的半正式基层行政》，《经验与理论：中国社会、经济与法律的实践历史研究》，北京：中国人民大学出版社，2007 年，第 425 页。

皇古之时似已肇其痕迹”[①]。州、县，乃是中国自春秋战国以来而形成的国家基层行政区域。

区域划分治理既是国家治理的一个重要的原则，也是一大途径。美国政治学者古德诺提出：“所有的国家不管规模大小，都必须分成若干行政区，以在其中处理一些纯属与国家有关的事务。一般说来，地方政治共同体被确定为行政区，尽管不是为了实现所有的，也是为了实现某些全国政府的目的……还是一个为了司法以及确定和征收国（或州）税等这样一些全国（或全州）政府的目的而设置的行政区……它们同时是地方的政治共同体和国家（或州）的行政区……在处理自己的事务时，这样一个地方政治共同体，可以说是一个国家的缩影。这就是说，像国家一样，他也有一种意志要表达和执行。”[②]所以，但凡国家，一般都是以一定的行政区划方式将国土与国民划分为不同层级的区域。

## 二、国家是州县的集合

就国家版图疆域及行政区划构成的认识而言，州、县是最基本及最基础的政区单元，是国家最小的行政区划，几乎是一种共识。明臣“吕坤曰：一尺之地，不属某州某里，则属某县某里，未有曰属某府地土者。一丁之民，不属某州民籍，则属某县军籍，未有曰属某府人民者。”[③]明代嘉善县县令章士雅认为：“凡宇内之设为州县者，鲜不划疆分界而治矣。”[④]其他各层级的政区——统辖政区、高级政区直至整个国家基本都是一个一个的州县所构成的，离开了州县，便无所谓国家。“国者，省之积也，省者，县之积也。”[⑤]黄六鸿云：“州邑者，天下之分也。分天下之疆土以为州邑。”[⑥]

存在决定意识。国家乃州县之所积的认知，是以国家为一个个行政州、县构成的事实为前提和基础的。如乾隆时期，国家统一寰宇，两京之外列有18省，各省分之为府（直隶州、直隶厅），各府（直隶州、直隶厅）又分之为

① 顾颉刚，史念海：《中国疆域沿革史》，上海：商务印书馆，1938年，第1页。
②（美）F. J. 古德诺著，王元译：《政治与行政》，北京：华夏出版社，1987年，第27—28页。
③（清）郑端：《政学录》卷2《知府》，官箴书集成编纂委员会：《官箴书集成》第2册，合肥：黄山书社，1997年，第249页。
④ 转引自冯贤亮：《明清江南地区的环境变动与社会控制》，上海：上海人民出版社，2002年，第135页。
⑤ 光绪《长治县志》，台北：成文出版社，1976年，第2—3页。
⑥（清）黄六鸿：《福惠全书》自序，官箴书集成编纂委员会：《官箴书集成》第3册，合肥：黄山书社，1997年，第212页。

县（或州、厅）。从而成为省—府（直隶州、直隶厅）—县（州、厅）。顺向即自上而下而论，国家最终分之为州县厅，反向即逆向或自下而上看则是州县构成国家。例如，乾隆时，四川省分为11个府、9个直隶州、1个同知、57个土司。其中的成都府分简、崇、庆汉3个州和成都、华阳、双流、温江、新繁、金堂、新都、郫、灌、彭、崇宁、新津、什邡13个县，等等。乾隆末期的山西，87县、6个州构成9府10直隶州从而为省。[①]18省几乎都是这般情况，从而聚合而成乾隆时期的国家形态。光绪二十五年（1899），根据前揭光绪朝《大清会典》卷十三至卷十六的记载，其时的清朝全国基本上由1523个县厅州所构成，加上光绪朝《大清会典》中未计入的台湾11个县级政区，则为1534个政区。反映这种实态的清代全国总志乾隆《大清一统志》和嘉庆《大清一统志》，每省下有诸府及直隶州又各立一表，所属诸县系之；京师以下有统部，总叙一省之大要；各府、厅、直隶州自有分卷，凡所属之州县入。此外，在行政区实体的设立时，一般也从州县开始，比如新疆“设立行省当从州县办起”[②]。

毋庸置疑却依然值得强调的是，在构成国家的各州县厅中，幅员、人口是两大最为基本的也是最为重要的实体性要素。没有这两个要素，也就没有政区的存在，当然也就无所谓地方（国家）的存在。而其中居于第一位者，乃为州县厅之幅员。“体国经野，疆里为先”，“州县各有疆理”。譬如，四川宜宾县东西距离390里，南北相距185里，东至南溪县界60里，西至嘉定府犍为县界170里，南以马湖江为界，北至富顺县界150里，东南至南溪、庆符2县界20里，西南至屏山、庆符2县界60里，东北至南溪、富顺2县界95里，西北至嘉定府犍为、荣县界160里。[③]山西省阳曲县的幅员，无论是省志，还是县志都有记载，且位置特别重要。县志载该县疆域东西广145里，南北袤120里[④]。省志记载：“县境东西广一百五十里，南北袤一百二十里，东至枣阳县界王胡庄六十里，枣阳县治一百五十里，西至交城县界故交村九十里，南至太原县界王村十里，少西至太原县治四十里，北至忻州界石岭关关城子一百十里，忻州治一百四十里，东南到榆次县界后沟村二十里，榆次县治六十里，西南到交城县界河口八十里，交城县治一百二十里，东北到盂

① （清）海宁：《晋政辑要》卷1《额设官员》，官箴书集成编纂委员会：《官箴书集成》第5册，合肥：黄山书社，1997年，第411页。

② 中国第一历史档案馆：《光绪朝朱批奏折》第1辑，北京：中华书局，1995年，第54页。

③ 嘉庆《宜宾县志》卷4《疆域志》，台北：成文出版社，1976年，第66页。

④ 道光《阳曲县志》卷1，台北：成文出版社，1976年，第72页。

县贾庄一百七十里，盂县治二百四十里，西北到静乐县界凌井口西小店一百二十里，静乐县治二百二十里。”[①]

并且，在政区设置之初，一般都要“派员前往各处将户口、钱粮、界址妥为勘察，详加区别”[②]。新疆建立行省实行郡县制，刘锦棠等人即“先行委员往署，详察东西两道应分之界限并各直隶州与其辖县应分之村境”[③]。光绪八年（1882），吉林省吉林厅升置吉林府，就有疆界的确定。“其吉林府应分界址，东至张广才岭为界，计二百里外至敦化县，东南至桦树林子荒为界，外至官山，南至辉发河荒为界，外至官山，西南至太阳川为界计二百余里，外至伊通州，西至石头河子为界计二百三十里，外至伊通州，西北至小河台为界计二百一十里，外至长春厅，北至法特哈边门为界计二百一十里，外至伯都讷，东北至舒兰荒耘字四牌为界，外至五常厅，如此划明疆界，各专责成。”[④]光绪末年，广西桂林府置中渡厅，头品顶戴开缺广西巡抚李经羲用四至八到、经纬及面积 3 种方式划定该厅的幅员。[⑤]显然一定面积的幅员或区域，是州县厅政区存在的必要条件。各州县厅政区的存在意味着这些政区并非虚拟或文本制度的政区，而是一个客观存在，国家通过州县官员的治理既有了对象，又有了治理的舞台，此正所谓“寄”州县官员“以地方”[⑥]，“设官所以守土”[⑦]之意也。

进而言之，州县内的田土更具治理的实质意义。“万物生于天，产于地，成于人。”[⑧]“周官之法，岁献民数、谷数，登于天府，非独冢宰据之以制国用。”[⑨]例如，乾隆朝《大清会典》载，四川省田 459 146 顷 67 亩、赋税银 659 075 两、粮 14 329 石。[⑩]宜宾县，原载亩粮，自康熙三年（1664）奉文清丈至雍正七年（1729）奉文丈量，各有上、中、下田约为 767、1111、1842 顷，应征分

---

① 光绪《山西通志》卷 23《府州厅县考一》，《续修四库全书》编委会：《续修四库全书》第 641 册，上海：上海古籍出版社，2002 年，第 516 页。
② 中国第一历史档案馆：《光绪朝朱批奏折》第 1 辑，北京：中华书局，1995 年，第 482 页。
③ 中国第一历史档案馆：《光绪朝朱批奏折》第 1 辑，北京：中华书局，1995 年，第 64 页。
④ 中国第一历史档案馆：《光绪朝朱批奏折》第 1 辑，北京：中华书局，1995 年，第 46 页。
⑤ 中国第一历史档案馆：《光绪朝朱批奏折》第 1 辑，北京：中华书局，1995 年，第 488—489 页。
⑥（清）盛康：《皇朝经世文编续编》卷 21《吏治四・铨选》，沈云龙主编：《近代中国史料丛刊》第 833 册，台北：文海出版社，1972 年，第 2260 页。
⑦ 袁大化修，王树枏、王学曾等纂：《新疆图志》卷 25《职官四》，上海：上海古籍出版社，1992 年，第 258 页。
⑧ 民国《灵石县志》卷 3《食货志》，台北：成文出版社，1968 年，第 167 页。
⑨（清）海宁：《晋政辑要》卷 3《晋省民数》，官箴书集成编纂委员会：《官箴书集成》第 5 册，合肥：黄山书社，1997 年，第 491 页。
⑩（清）允祹等：《钦定大清会典》卷 10《户部・田赋》，《景印文渊阁四库全书・史部》第 619 册，台北：商务印书馆，1986 年，第 119 页。

别丁条粮银大致是3574、3141、3433两。上地1顷36亩，中地18顷55亩、下地549顷86亩，丁条粮银额分别约为2两、14两、277两。[①]光绪年间的省志记载："（山西）阳曲县原额并额外共地八千四百五十八顷十七亩三分六厘，共征银四万七千五十七两八钱四分一厘，粮二千五十一石五斗八升一合七勺。"[②]又据县志，该县"原额民田实在成熟共地"7432顷31亩4分4毫，共征银39 737石7斗8升（其中本色粮1795石8斗4升，折色粮37 941石9斗4升）。[③]

除田土之外，一定数量的人口也是州县厅政区的一大必备条件。"寄以百姓""管理居民"是国家行政区划划分及其国家州县管理的又一旨归所在。[④]据同治《万县志》记载，乾隆三十一年（1766），万县有18 381丁，嘉庆元年（1796）后，全县旧额新增上报户部34 365万户，男女137 878丁口，咸丰八年（1858），万县报部男女101 696丁口。[⑤]嘉庆十六年（1811），宜宾县男女142 686丁口。[⑥]从嘉庆《东昌府志》卷8《户口》的记载，可知山东东昌府各县乾隆五十七年（1792）、嘉庆十三年（1808）户口状况，具体如表1-3所示：

**表1-3　乾隆五十七年（1792）、嘉庆十三年（1808）山东东昌府各县户数、人数表[⑦]**

| 序号 | 州县名称 | 乾隆五十七年（1792） | | 嘉庆十三年（1808） | |
|---|---|---|---|---|---|
| | | 户 | 口 | 户 | 口 |
| 1 | 聊城 | 35 590 | 206 242 | 45 437 | 255 918 |
| 2 | 堂邑 | 23 279 | 130 646 | 23 517 | 132 994 |
| 3 | 博平 | 15 533 | 80 134 | 15 769 | 84 397 |
| 4 | 茌平 | 25 130 | 130 950 | 26 384 | 130 486 |
| 5 | 清平 | 25 940 | 135 715 | 25 828 | 143 892 |
| 6 | 莘县 | 16 324 | 88 902 | 18 927 | 96 818 |
| 7 | 冠县 | 24 966 | 135 715 | 25 099 | 209 003 |
| 8 | 馆陶 | 28 432 | 143 435 | 36 615 | 160 917 |
| 9 | 高唐 | 22 663 | 138 289 | 30 593 | 194 793 |
| 10 | 恩县 | 23 024 | 142 077 | 48 970 | 154 814 |

① 嘉庆《宜宾县志》卷8《田赋志》，台北：成文出版社，1976年，第80—81页。
② 光绪《山西通志》卷58《田赋略一》，《续修四库全书》编委会：《续修四库全书·史部》第642册，上海：上海古籍出版社，2002年，第577页。
③ 道光《阳曲县志》卷7《户书》，台北：成文出版社，1976年，第522—525页。
④ 刘君德，靳润成，周克瑜编著：《中国政区地理》，北京：科学出版社，1999年，第3页。
⑤ 同治《万县志》卷6《地理志·户口》，台北：成文出版社，1976年，第280—281页。
⑥ 嘉庆《宜宾县志》卷7《户口志》，台北：成文出版社，1976年，第76页。
⑦ 曹树基：《中国人口史》第5卷《清时期》，上海：复旦大学出版社，2001年，第362页。

表 1-3 不过是就聊城等 10 个州县政区为例而已，其他的清代千余个州县政区也无不有人口这个要素，没有人口的州县厅可以说是不存在的，盖“设官所以卫民”[①]者也。

### 三、州县治乱直接影响国家治乱

州县，还有厅，作为国家最基层的行政区划和最基本的行政单元，它的治理状况不仅关涉辖区内的民生、社会的治乱，而且也事关地方乃至国家治理的大局。叶裕仁《巴江廖侯还蜀序》载：“一邑败矣，举邑如是，则一郡败矣，举郡如是，则一省败矣，举省如是，则天下不可为矣。……朝廷者，天下之表准也；一邑者，朝廷之分土分民也……一邑治而举邑皆效之，则一郡治矣，举郡皆效之，而一省治矣，举省皆效之，而天下治矣。”[②] “今夏四月以谗去官”曾为镇平、上蔡知县的元和人徐寿兹说：“天下者，州县之所积也。积治则治，积乱则乱。”[③]凡此等等，均充分揭示了基层政区及其治乱与王朝和国家的内在联系，说明了州县治理的重要性。

## 第四节　地方行政管理体制及知州、知县在国家地方治理中的地位

### 一、自上而下、自内而外的治理理念与地方分级管理体制

人所尽知，清朝是中国最后一个帝王统治的社会。而在人治为主的传统社会里，国家与社会的控制、治理，具有决定意义与关键作用的，无疑首先是皇帝。所谓“安人宁国，惟在于君。”“一国之存亡在其主。”然而，皇帝毕竟只是一个人，“治道莫大于用人”[④]。康熙帝对此即有客观而清醒的认识。他指出：“天下大矣，朕一人闻见，岂能周知？若不密奏，何由洞悉？即如人

---

① 中国第一历史档案馆：《光绪朝朱批奏折》第 1 辑，桂林：广西师范大学出版社，1995 年，第 598 页。
② （清）盛康：《皇朝经世文编续编》卷 24《吏政七 • 守令上》，沈云龙主编：《近代中国史料丛刊》第 833 册，台北：文海出版社，1972 年，第 2527-2528 页。
③ （清）徐寿兹：《学治识端 • 自序》，官箴书集成编纂委员会：《官箴书集成》第 9 册，合肥：黄山书社，1997 年，第 424 页。
④ （清）陈梦雷编纂，蒋廷锡校订：《钦定古今图书集成》凡例，北京、成都：中华书局、巴蜀书社，1985 年。

家，家人甚属微贱，皆蒙混，捐纳为官者有之。如此类者，尔等闻之，即应参劾。”[①]因此皇帝集权下的官僚体制是国家治理之必然选择。马克思对此有十分深刻的洞悉，他在《拉萨尔》中指出：“政府当局的存在正是通过它的官员、军队、行政机关、法官表现出来的。如果抛开政府当局的这个肉体，它就只不过是一个影子，一个想象，一个虚名。”[②]这个肉体即官僚群体。《礼记·王制》孔颖达疏云：“官者，管也。”可见“官”字与管理存在天然的不解之缘。并且，传统中国国家地方管理的历史就是官僚管理的历史，离开了官僚的管理活动，国家的社会治理便无法完成和实行。

清朝官僚的国家治理以“内外相维”“大小相制”为理念，“运用集权与分寄的原则。这一个原则，是用于国家行政系统上的职权方面的。集权便是将国家的事权集中于中央政府，分寄便是将国家一部分的职权分寄于地方最高长官的督、抚”[③]。中央设立以吏、户、礼、兵、刑、工为主的庞大的部院监寺等机构。地方，如同光绪朝《大清会典》所规定的，“总督、巡抚分其治于布政司、按察司，于分守、分巡道。司道分其治于府、于直隶州。府分其治于厅、州、县；直隶厅、直隶州复分其治于县，而治其吏、户、礼、兵、刑、工之事。佐贰而下，皆任其弹压”[④]。也就是权力分寄于地方各级行政首脑。顾炎武有精妙的注释：“所谓天子者，执天下之大权者也。其执大权奈何？以天下之权，寄之天下之人，而权乃归之天子。自公卿大夫至于百里之宰、一命之官，莫不分天子之权以各治其事。”[⑤]

在上述体系中，总督“掌综治军民，统辖文武，考核官吏，修饬封疆”；巡抚“掌宣布德意，抚安齐民，修明政刑，兴革利弊”节制、统筹地方全局。[⑥]知州、知县则是这一行政官僚管理体制的末端，也是国家地方行政管理的起点。如同乾隆皇帝所说：“向来各省督抚，于地方应办事务，往往饬委属员，以次转详遂成通例。……督抚既委之司道，司道复委之州县，层层

---

① 中国第一历史档案馆：《康熙起居注》康熙五十六年十一月二十六日丙子条，北京：中华书局，1984年，第2464页。

② 中共中央马克思恩格斯列宁斯大林著作编译局：《马克思恩格斯全集》第6卷，北京：人民出版社，1961年，第320页。

③ 罗尔纲：《绿营兵志》，北京：中华书局，1984年，第239页。

④（清）昆冈等修，吴树梅等纂：《钦定大清会典》卷4《吏部》，《续修四库全书》编委会：《续修四库全书》第794册，上海：上海古籍出版社，2002年，第51页。

⑤（清）顾炎武著，黄汝成集释，栾保群、吕宗力校点：《日知录集释》卷9《守令》，石家庄：花山文艺出版社，1990年，第416页。

⑥ 清高宗敕撰：《清朝通志》卷69《职官略六》，上海：商务印书馆，1935年。

辗转推延……而以责之递委之州县。”[①]如作为国家正供之钱粮，“巡抚欲完十分之数，不得不责之藩司；藩司欲完十分之数，不得不责之知府；知府欲完十分之数，不得不责之各州县”[②]。清代名幕亦州县“父母”的汪辉祖曾经说过：“自州县上至督抚大吏，为国家布治者，职孔庶矣。然亲民之治，实惟州县。州县而上，皆以整饬州县之治为治而已。”[③]万维翰言：“万事胚胎，皆在州县，至于府司院皆已定局面，只须核实情节，斟酌律例，补苴渗漏而已。”[④]方大湜也说：“兴利除弊，不特藩臬道府能说不能行，即督抚亦仅记空言，惟州县则实见诸行事”，他又指出：“一州一县得人则一州一县治，天下州县得人则天下治。督抚藩臬道府不过以整饬州县之治为治而已。”[⑤]方浚颐《牧令论》云：“一省之中……一切钱谷兵刑，政教号令之繁，督抚责之司道，司道责之郡守，而任其事者，专在牧令。”[⑥]王柏心同样认为：“天下之治乱视郡县而已矣，视守令而已矣。天下至大，郡县至小，然其势以相积而成，比县皆治，郡有不治者乎？比郡皆治，天下有不治者乎？……是则治之机自守令倡之，及其积而成也，达之天下，而治象成矣。”[⑦]光绪中但湘良说：“天下之治乱系乎民，民之治乱系乎牧令。盖牧令者，亲民之官，官不能治民，则民之疾苦日甚，天下所由多事也。”[⑧]

光绪年间的山西巡抚刚毅，也在《牧令须知》的自序开篇即云：“政事之端，纠纷万绪，不离乎吏、户、礼、兵、刑、工六曹之所掌，其所以布教施令，达上行下之文。……而考其事之所由起，则莫不肇端于州县。”[⑨]嘉庆皇帝也认为：“民间一切利弊，休戚相关之处，其实心拊循，全在州县。”[⑩]他曾

---

①《清实录·高宗实录》卷688乾隆二十八年六月戊戌条，北京：中华书局，1986年，第709页。
② 中国第一历史档案馆：《康熙十二年稽察官员御史奏章》，《历史档案》2000年第5期，第14页。
③（清）汪辉祖：《学治臆说·序》，官箴书集成编纂委员会：《官箴书集成》第5册，合肥：黄山书社，1997年，第267页。
④（清）万维翰：《幕学举要》，官箴书集成编纂委员会：《官箴书集成》第4册，合肥：黄山书社，1997年，第732页。
⑤（清）方大湜：《平平言》卷1《造福莫如州县》，官箴书集成编纂委员会：《官箴书集成》第7册，合肥：黄山书社，1997年，第596页；（清）方大湜：《平平言·凡例》，官箴书集成编纂委员会：《官箴书集成》第7册，合肥：黄山书社，1997年，第593页。
⑥（清）方浚颐：《牧令论》，（清）饶玉成：《皇朝经世文续编》卷23《吏政九·守令下》，清光绪八年（1882）刻本。
⑦（清）高廷瑶：《宦游纪略·叙》，官箴书集成编纂委员会：《官箴书集成》第6册，合肥：黄山书社，1997年，第6页。
⑧（清）方大湜：《平平言·序》，官箴书集成编纂委员会：《官箴书集成》第7册，合肥：黄山书社，1997年，第592页。
⑨（清）刚毅：《牧令须知·序》，官箴书集成编纂委员会：《官箴书集成》第9册，合肥：黄山书社，1997年，第213页。
⑩《清实录·仁宗实录》卷72嘉庆五年八月壬戌条，北京：中华书局，1986年，第967页。

上谕吏部："国家设官分职，以察吏之权……寄之于各省督抚者，盖天下至大，州县至多……似此不一而足。"①凡此表明，州厅县正印官"其上则府临之，道临之，布按二司临之，又其上而督抚两院临之"②的各官只是"整饬"知州、知县、抚民同知（或抚民通判）的监察、监督官，而不是实际的地方治理官员，清代地方治理者，诚如雍正所谕："州牧县令乃亲民之官，吏治之始基也……全省吏治如作室然，督抚其栋梁也，司道其垣墉也，州县其基址也。"③雍正六年（1728）三月，吏部带领无锡县知县江日容、昆山县知县朱纮引见，雍正帝强调："县令乃亲民之官，最为紧要，得其人则一县之事无有不理，不得其人则一县之事必多废弛。盖以县令于百里之内民事可以周知，若果实心办理，则古人所谓无一夫不获其所者，乃力所能为。"④

当然，在上述清朝官僚体系中，无论是中央，还是地方，无论是作为监察整饬的督抚藩臬道府，还是实际进行地方治理的知州、知县，他们在根本上都不过是清朝政府国家治理中的"具有人格（尽管其独立性较差）的统治工具"⑤。即便有论者认为："在所有的政府体制中都存在着两种主要的或基本的政府功能，即国家意志的表达功能和国家意志的执行功能"⑥，并将这两种功能分别称作"政治"和"行政"。但是，包括州县政府及其行政首脑在内的（尤其是州县政府及其官员）的清朝地方政府机构及其官员，说到底，最为主要和实质的还是行政，也就是行政执行的功能。这样，"君主之国权，由一而散于万"⑦，"自公卿大夫，至于百里之宰、一命之官，莫不分天子之权以各治其事"⑧。皇帝与州县就成为上下内外"相维"的两极。"中外相维，是以万里之遥，若臂指之相使。"⑨"用大的来监督小的，复用小的来分大的；小的给大的监督着了，便无法擅动，而大的事权却给小的分了，也有所牵掣

①《清实录·仁宗实录》卷68嘉庆朝五年三月丁巳条，北京：中华书局，1986年，第811页。

②《掌京畿道事陕西道监察御史吴镐奏折》，"故宫博物院"：《宫中档雍正朝奏折》第一辑，台北："故宫博物院"，1977年，第70页。

③《清世宗宪皇帝圣训》卷5《圣治一》，《景印文渊阁四库全书·史部》第412册，台北：商务印书馆，1986年，第67页。

④《清世宗宪皇帝圣训》卷6《圣治二》，《景印文渊阁四库全书·史部》第412册，台北：商务印书馆，1986年，第91页。

⑤ 李治安，杜家骥：《中国古代官僚政治——古代行政管理及官僚病剖析》绪论，北京：书目文献出版社，1993年，第3页。

⑥（美）F.J.古德诺著，王元译：《政治与行政》，北京：华夏出版社，1987年，第12页。

⑦ 王栻主编：《严复集》第四册，北京：中华书局，1986年，第937页。

⑧（清）顾炎武著，黄汝成集释，栾保群、吕宗力校点：《日知录集释》卷9《知府》，石家庄：花山文艺出版社，1990年，第416页。

⑨ 清高宗敕撰：《清朝文献通考》卷77《职官考一》，上海：商务印书馆，1936年，第5569页。

而不得妄为，于是中央政府始的收统驭之功。”①

### 二、州县一人政府与正印官全面责任制

诚如前揭州县政区正印官一目所示，国家治理需要就其主权疆域进行政区划分，政区必须有相应的行政机构存在。行政机构虽非一人，但知州、知县作为国家在地方进行治理的最基层行政单位、单元的最高行政首脑，也是国家权力在地方的代表，同时还是州县境域乡村社会与清朝国家互动衔接交汇的决定性人物。

不仅如此，清朝定制，州县政府官员额缺甚少，州县内部管理实行正印官全权责任制度，即“一人政府”，个人全责，进一步彰显出知州、知县在清代国家地方治理中的突出地位与重要程度。具体而言，州县政府佐贰（县丞、主簿、州同、州判等）、首领（吏目、典史）及杂职（巡检、驿丞、税课大使、河泊所官、仓大使），包括散厅属官（经历、知事、照磨）等，除首领官即吏目、典史、州县基本有设置外，其余额缺设置很少。据乾隆二十五年（1760）冬季《缙绅全书》的记载，在当时全国154个州中，州同47缺、州判61缺；在1285个县中，县丞409缺、学正208缺、教谕1108缺、训导789缺、复训734缺、主簿109缺、巡检930缺、典史1293缺、税大使4缺、驿丞73缺、闸官44缺、递运所大使1缺、仓大使1缺、副使1缺、河泊所官3缺。②又，瞿同祖以1899年光绪朝《大清会典》为据统计的1523个基层政区或县级政区中，其杂职官员，佐贰官额925缺、驿丞65缺、闸官45缺，而作为县政府佐贰的县丞、主簿仅各有345、55缺。③魏光奇教授则据《清朝文献通考》卷五十八中的记载统计得出，在149个州政府中，佐贰官州同、州判、吏目分别为45缺、50缺、158缺，除吏目每州都有额缺设置外，州同、州判设置者仅1/3；在1302个县行政机构中，设有县丞者350个县，设有主簿者85个县，设有典史者1298个县，设有巡检者904个县。④那思陆据光绪朝《大清会典》统计指出当时全国共有州县官1448人，州县属官只有3046人，平均每州县仅有属官2.1人。⑤刘子扬统计的佐吏数目（包括学官）累计不过5526

① 罗尔纲：《绿营兵志》，北京：中华书局，1984年，第236页。

② 清华大学图书馆，科技史暨古文献研究所：《清代缙绅录集成》第1册，郑州：大象出版社，2008年，第266页。

③ 瞿同祖著，范忠信、晏锋译：《清代地方政府》，北京：法律出版社，2003年，第21、22页。

④ 魏光奇：《官治与自治——20世纪上半期的中国县制》，北京：商务印书馆，2004年，第24页。

⑤ 那思陆：《清代州县衙门审判制度》，北京：中国政法大学出版社，2006年，第17页。

人，他以每州县当时人口约以20万计，断定以如此少数的官吏，把“刑名”“钱谷”“书记”“挂号”“征比”等各项事务处理妥善，绝无可能。山西兴县，“每办一事，非人不足，即财不足……虽以全力进行，而收效每不及他县十之一二”①。

同时，在此，特别需要说明并引起注意的是，清代州县的佐贰学正等并不是正印官的副职或下属，他们各有自己的衙署，而且职能独立，只有在极少数的情形下，经过授权才能按照相关规定暂时代理正印官职能，如果违背规定染指，会受到相应的责任追究。于是，州县行政治理的具体事宜唯赖首领、杂职和衙门吏、户、礼、兵、刑、工各房书吏，衙役，幕友，以及县以下基层组织等。学界有关州县政府内部组织结构与职能，幕客、书役以及乡里保甲组织等都有颇为丰富的成果可自利用，笔者在此恕不重复。有待强调的是作为州县正印官的知州、知县和厅正印官的同知或通判，不仅全面负责州县治理，而且责任独任，并对上述各色人等行政失当负有连带责任。

知州、知县的连带责任具体内容见本书第三章，在此，笔者仅就其一般职责略做说明。史载汉代的县令，“皆掌治民，显善劝义，禁奸罚恶，理讼平贼，恤民时务，秋冬集课，上计于所属郡国”②。明代知县，“掌一县之政。凡赋役、岁会实征，十年造黄册，以丁产为差，赋有金谷、布帛及诸货物之赋，役有力役、雇役、借倩不时之役，皆视天时休咎，地利丰耗，人力贫富，调剂而均节之。岁歉则请于府若省蠲减之。凡养老、祀神、贡士、读法、表善良、恤穷乏、稽保甲、严缉捕、听狱讼，皆躬亲厥职而勤慎焉。若山海泽薮之产，足以资国用者，则按籍而致贡”③。清朝知县的职责，据《清史稿·职官志》载：“掌一县治理，决讼断辟，劝农赈贫，讨猾除奸，兴养立教。凡贡士、读法、养老、祀神，靡所不综。”④《清朝通典》规定：“掌一县之政令，平赋役，听治讼，兴教化，厉风俗，凡养老、祀神、贡士、读法，皆躬亲厥职而勤理之。”⑤上述这些规定乃法定职责的高度凝练与概括。

曾担任知州、知县正印官并进行州县实际治理者，对此职的政务职责叙述则更为全面具体一些。譬如，成书于崇祯年间的反映陕西省蒲城县、泾阳

① 石荣暲：《合河政纪》，台北：成文出版社，1968年，第14页。
②（南朝·宋）范晔：《后汉书》，北京：中华书局，1965年，第3622—3623页。
③（清）张廷玉等：《明史》，北京：中华书局，1974年，第1850页。
④ 赵尔巽等：《清史稿》，北京：中华书局，1977年，第3357页。
⑤ 清高祖敕撰：《清朝通典》卷34《职官典》，上海：商务印书馆，1935年，第2211页。

县和四川内江县县政的《考成录略》，其中的明集主要记载了知县朱国寿在四川内江县令任上处理的各种行政事务、民事案件和刑事案件，尤以民事案件和刑事案件居多。主要有申仍旧例、酌议开凿、申请赈济、申请免派、荐举人才、荐举乡贤、荐举童生、拿获衙蠹、拿获奸吏、拿获私铸、拿获私盐、拿获假印、拿获假票、拿获崇邪、拿获科派、拿获兴贩、拿获叛负、拿获叛奴、拿获叛劫、拿获奸骗、人命批驳、奸情批驳、朋谋四命、拿获奸吏、指命诬害、指贼诬害、剖明谋产、剖明诈骗、剖明叛忤、剖明挑唆、剖明党害、剖明叛抢、剖明骗殴、剖明主唆、剖明欺罔、剖明捏诬、剖明奸占等项；仁集则主要收录了朱国寿在内江县令任上各项兴革事宜，当兴者有圣谕劝讲、文庙大礼、鼓励人才、加意孝节、广开社学、训练务实、盐井宜关、招种绝口、鼓楼重修、仓粮勤盘、公首衙蠹、吏蒲当选、劝种材木、轸念孤贫、给粮狱囚等项；当革者有火耗多端、差役催征、粮簿多设、倾解科派、驿马私派、指命抄劫、乡兵巧派、白役充差、仓吏袖吞、搭桥科派、纳参巧取、修城科派、假银害众、小民戴巾、藐主叛背等项。[①]先后于康熙九年（1670）、康熙十四年（1675）担任山东郯城县、直隶东光县知县的黄六鸿于《福惠全书》自序中指出："夫州邑之政，大而钱谷刑名教养风俗，小而建置修举科条庶务，靡不欲利兴而害除，以暨捧檄而莅官，及爪而受代，靡不欲谨始而慎终。"[②]该书自筮仕至升迁共14部，涉及州县政务包括钱谷、杂课、编审、清丈、刑名、保甲、典礼、教养、荒政、邮政、庶政等项，自谒选迄辞上官计219条，而钱谷刑名之大，又晰出119条。此外，不著撰者的《外官新任辑要》涉及钱、刑各为58项、88项。[③]

由于知州、知县州县治理被要求"独任"，且"以一县之大而付诸一人，曰征租惟州县主之；曰听讼惟州县主之；曰缉捕惟州县主之；曰考试为州县主之。余若讦奸防盗兴利除弊诸要政，悉惟州县是赖"[④]。因而，为州县正印官者多以此为苦，叹州县难作，并认为："外吏不可为也。"[⑤]"由州县起家，

① （明）朱国寿：《考成录略》，北京图书馆古籍出版编辑组：《北京图书馆古籍珍本丛刊》第60册，北京：书目文献出版社，1998年，第60—85、131—162页。
② （清）黄六鸿：《福惠全书》自序，官箴书集成编纂委员会：《官箴书集成》第3册，合肥：黄山书社，1997年，第211页。
③ （清）不著撰者：《外官新任辑要》，官箴书集成编纂委员会：《官箴书集成》第6册，合肥：黄山书社，1997年，第731、730页。
④ （清）阙名：《论整顿吏治以以裁官为县》，（清）杨凤藻：《皇朝经世文新编续集》，台北：文海出版社，1973年，第264页。
⑤ （清）姚锡光：《吏皖存牍》卷上，官箴书集成编纂委员会：《官箴书集成》第9册，合肥：黄山书社，1997年，第653页。

政绩卓然，初于楚北，迭膺保荐，屡典大郡，其后洊至晋藩”的方菊人，在其“为牧令时所身体而力行者”而成的《平平言》中就感叹“官不易做”，并提出：“五福不言贵，可见官是苦人，做官是苦事……作州县欲造福不造孽，先须耐苦。”[①]大理寺少卿上官鋐在疏中就有感叹：“臣以为百姓苦矣，而与百姓最相亲切者，莫如守令。乃守令之苦，与百姓无二也。一守令耳，府厅辖之，司道辖之，督抚又辖之。层层管辖之人，大半皆层层剥削之人。守令之层层受其剥削者，即百姓之层层受其剥削也。”[②]“县令一身两手，非有奇才异能，而常身任数十倍之事，势必不给。”[③]

此外，特别有待注意的是，较之清前期乃至有清一代律典所规定的职掌外，晚清知州、知县官员的实际责任范围及其艰难程度进一步扩大。每一州县正印官所管辖的县域人口在 30 万人左右，“政务日赜，就一州县而论，学务、警察、农工商务，百端待理”[④]。各正印官不仅“必读”魏源《海国图志》和中外条约之类的新的知识[⑤]，而且“于凡交涉习教事件，务须查明根由，持平办理”[⑥]。各项新政事宜，包括“学校农工诸要政”，都必须“悉心经画，教养兼资”。光绪二十七年（1901）之后，“每届年终，各该督抚将各州县胪列衔名、年岁、籍贯清单，注明何年月日补署到任，经征钱粮完欠分数，及有无命盗各案，词讼已结未结若干起，监禁羁押各若干名，均令据实开报。其寻常公罪处分，准予宽免，不准讳饰。任内兴建学堂几所？种植、工艺、巡警诸要政，是否举办？一并分别优劣，开列简明事实。不准出笼统宽泛考语，奏到后著交政务处详加查核，分起具奏，请旨劝惩，并著将各省奏单，刊入官报”[⑦]。知州、知县所涉及的事务因此进一步增多，也更加复杂而难于掌控。杜凤治就说他任广宁县知县后“从无一日在署安居”。他“偶见猫犬

① （清）方大湜：《平平言》卷 1《官不易做》，官箴书集成编纂委员会：《官箴书集成》第 7 册，合肥：黄山书社，1997 年，第 596 页。

② （清）郑端：《政学录》卷 2《知州知县》，官箴书集成编纂委员会：《官箴书集成》第 2 册，合肥：黄山书社，1997 年，第 250—251 页。

③ （清）盛康：《皇朝经世文续编》卷 28《吏政十一》，沈云龙主编：《近代中国史料丛刊》，台北：文海出版社，1972 年，第 2860 页。

④ 《盛京将军赵尔巽奏奉天试办地方自治局情形折》，故宫博物院明清档案部：《清末筹备立宪档案史料》下册，北京： 中华书局，1979 年，第 717 页。

⑤ （清）方大湜：《平平言》卷 1，官箴书集成编纂委员会：《官箴书集成》第 7 册，合肥：黄山书社，1997 年，第 598—599 页。

⑥ “中央研究院”近代史研究所：《教务教案档》第 1 辑第 1 册，台北：“中央研究院”近代史研究所，1974 年，第 4 页。

⑦ 《清实录·德宗实录》卷 531 光绪三十年五月壬辰条，北京：中华书局，1987 年，第 62 页。

安卧，心实羡之，叹吾不如”“一官忙促……遂致以先人讳忌，不克亲身一拜。”[①]在南海县知县任上，他更是“日日奔走，公事山积，日事酬应，夜间每阅(公文)至三四更”[②]。光绪朝，曾先后出任山东惠民县知县、东平州知州的柳堂哀叹：“今之牧民者，未有不以教案为畏途者也”[③]，他自己就因未能按限缉获义和团“大师兄”孙玉龙而被“记大过三次”。

## 第五节　国家州县治理正印官——知州、知县的除授

### 一、知州、知县的除授资格

人是一切社会治理的主体。社会治理，首先在人，没有人的参与，也就无所谓社会治理。换言之，离开了人的社会治理是不存在的。所谓“有治法而无治人，法亦系虚设耳”[④]，先“有治人而后有治法”[⑤]。之所以如此，根本原因在于，州县乃至于全社会，首先是由人所组成的，没有人，社会也就不存在，因此由人所构成的社会治理也就离不开人。从这个角度而言，所谓的社会治理，本质上是人类的自我经营、自我管理。处于社会管理最高统治地位的帝王和各行政管理层级的官吏，他们也是具体的个人。清代州县治理之于知州、知县，同样使然。

再则，一定区域范围内的人口数量，即为政区存在之基础和前提，因而需要作为“临民之官”的知州、知县。并且其所作所为，直接“关系万姓之休戚”[⑥]。之所以如此，是由州县官员在州县治理主体中的特殊地位、作用所决定的。“有官必有府，官则其所命之名也，府则官之所居也。”[⑦]基层社会的治理因素与条件固然很多，但诚如上揭所云，首先是人的因素。不过，州县治理，即便是一州一县全体社会成员共同努力，离开了州县社

① （清）杜凤治：《望凫行馆宦粤日记》，广东省立中山图书馆等：《清代稿钞本》第10册，广州：广东人民出版社，2007年，第442页。

② （清）杜凤治：《望凫行馆宦粤日记》，广东省立中山图书馆等：《清代稿钞本》第18册，广州：广东人民出版社，2007年，第637页。

③ （清）柳堂：《东平教案》卷上，转引自李关勇：《文人·官员·社会变革——一个晚清地方官的生命史研究》，山东大学博士学位论文，2011年，第24页。

④ 胡星桥，邓又天主编：《读例存疑点注》，北京：中国人民公安大学出版社，1994年，第341页。

⑤ 齐思和等整理：《筹办夷务始末（道光朝）》卷7，北京：中华书局，1964年，第182页。

⑥ 《钦颁州县事宜》，官箴书集成编纂委员会：《官箴书集成》第3册，合肥：黄山书社，1997年，第660页。

⑦ （清）陈梦雷编纂，蒋廷锡校订：《古今图书集成·经济汇编·祥刑典》第765册，北京、成都：中华书局、巴蜀书社，1985年。

会治理主体的州县正印官也是不可能实现的，甚至也是不存在的。但是客观而论，在治理主体中每一个人所处的地位和作用是大有不同的。唯其如此，方有当代政治家正确的路线决定后，干部就是决定性因素之论。从州县治理的主体——人来看，比较而论，州县官员尤其是作为“职司民社”的知州、知县，在治理地位、治理效能上的确在其他治理成员之上。所谓州县一官，寄以地方，寄以百姓，寄以城池府库，寄以钱粮征收，责任尤重，“自古未有不选牧令而能治天下者也”。因此，古人方有云，州县以治，首在州县得人，也就是首在知州、知县能真正得其人。此不仅是中国社会治理的成功经验，而且也是清朝举国上下的基本共识。同治八年（1869），江苏巡抚丁日昌在《条陈力戒因循疏》中提出：“一县得人，则一县治；一郡得人，则一郡治；一省得人，则一省治。”①同年，监察御史袁方城的《条陈整饬吏治疏》同样认为：“一州县得人，则一州县治，各州县皆得其人，则天下无不治。”②

清朝国家治理，也“莫不以得人为急务”③。按照清代州县官制度，知州、知县同其他官员一样，主要来源于正途士子。清代的士子入仕为官，有科甲、贡生、监生、荫生、议叙、杂流、捐纳、官学生、俊秀等。其中，科甲及恩、拔、副、岁、优贡生、荫生出身者，是为正途。其余捐纳、吏员考职等入仕者则为异途。④而清代州县正印官即知州、知县的主要来源于正途出身的进士、举人、贡生，因限于篇幅，笔者对于贡生拟不加讨论，唯对进士、举人选授知县政策稍加说明。先看表 1-4 进士选授知县的基本政策：

**表 1-4　进士入仕州县正印政策举要**

| 时间 | 规定内容 | 资料来源 |
|---|---|---|
| 明制 | 二甲可选知州，三甲可选知县 | |
| 清初 | 沿袭明制二甲三甲除选庶吉士外，到六部等衙门“观政”三个月后“以次授官”⑤ | （清）吴振棫：《养吉斋丛录》卷九，北京：北京古籍出版社，1983 年，第 89 页；光绪《大清会典事例》卷七十二《吏部・除授・进士授职》 |

① （清）盛康：《皇朝经世文续编》卷 18《吏政一・吏论上》，沈云龙主编：《近代中国史料丛刊》第 833 册，台北：文海出版社，1972 年，第 1972 页。

② （清）盛康：《皇朝经世文续编》卷 18《吏政一・吏论上》，沈云龙主编：《近代中国史料丛刊》第 833 册，台北：文海出版社，1972 年，第 1963 页。

③ 《清实录・世祖实录》卷 31 顺治四年三月丙辰条，北京：中华书局，1985 年，第 255 页。

④ 秦国经主编：《清代官员履历档案全编》第 1 册绪言，上海：华东师范大学出版社，1997 年，第 2 页。

⑤ 顺治十八年（1661）观政例停止。

续表

| 时间 | 规定内容 | 资料来源 |
| --- | --- | --- |
| 顺治三年（1646） | 按新进士考取甲第名次，三甲 11—20 名选知州，71 名起“尽选知县” | 《清实录·世祖实录》卷二十五顺治三年三月甲子条；光绪《大清会典事例》卷七十二《吏部·除授·进士授职》 |
| 顺治十六年（1659） | 进士授外官，停授知州，俱以推官、知县用 | 光绪《大清会典事例》卷七十二《吏部·除授·进士授职》 |
| 康熙三年（1664） | 议准二甲进士授推官，三甲进士授知县 | 光绪《大清会典事例》卷七十二《吏部·除授·进士授职》 |
| 康熙六年（1667） | 议准裁推官缺，二甲三甲进士俱以知县用 | 光绪《大清会典事例》卷七十二《吏部·除授·进士授职》 |
| 康熙五十一年（1712） | 考取进士，除选庶吉士外，其余挨次续补县令，俱有刑名钱谷之责。未登仕前，不知事宜，仕时安有裨益？今岁进士毋令回籍，交礼部，选翰林院内学优品端者数人，教习文艺，从事典礼。……优长者，不拘科分名次，即行升补；平常者，三年满日注册，俱令归籍候缺补用 | 光绪《大清会典事例》卷三百六十一《礼部·贡举·进士留京教习》 |
| 雍正二年（1724） | 对当年引见的新进士中的将选用的进士，“用为六部额外主事，学习办事 | 光绪《大清会典事例》卷七十二《吏部·除授·进士授职》 |
| 雍正八年（1730） | 今科外用进士，着就伊等本籍邻近地方，掣签派往，交与各该督抚，分派藩臬衙门，令其学习。伊等中式之后，原需候数年，始能得官。今着学习三年吏治，较之闲居在家，岂不大有裨益。此三年之内，若该地方需用人员，仍着奏请另行拣选命往，不必于新科进士内迁就选用。倘进士中果有才具出众，平日熟练吏治，不待学习者，该督抚格外委署题补，即于本内声明具奏。若才具庸常，难以练习吏治，情愿改补教职者，不拘三年之期，准其具题改补 | 《清实录·世宗实录》卷九十五雍正八年六月己亥条；光绪《大清会典事例》卷七十二《吏部·除授·进士分部学习》 |
| 乾隆五十五年（1790） | 新进士引见后，除已经录用之庶吉士、部属、即用知县外，其余归班进士，再交吏部按照甲第名次，通行带领引见，候朕记名二三十人，以中书录用，不记名者，仍行归班 | 光绪《大清会典事例》卷七十二《吏部·除授·进士授职》 |
| 嘉庆十年（1805） | 规定新科进士，均着交吏部掣签，分发各省，以知县即用 | 光绪《大清会典事例》卷七十二《吏部·除授·进士授职》 |

由表 1-4 可知，清初的知州、知县大致依照明朝制度，进士二甲、三甲是其重要来源之一。顺治三年（1646），朝廷甚至直接规定了知州、知县源于进士三甲的相应名次。顺治十六年（1659），二甲授进士定例停止，二甲三甲俱为推官、知县，实际上主要是知县。到了康熙三年（1664），又加区分，新进士二甲不选授知县，明确三甲选授知县。三年后即康熙六年（1667），因推官缺裁，新进士授外官只授知县成为惯例。康熙五十四年（1715），据三年前规定的首批留京教习三年期满的优秀进士，“按现考名次，遇月选知县有缺出即补用”。所谓遇月选知县有缺出即补用，就是吏部无论双单月不入班次即行

选授。其余等次的教习进士则回籍“候缺照现考名次以知县选用”。到雍正元年(1723)，表1-4中康熙五十一年(1712)新进士除庶吉士外的均留京教习3年之例改为“拣选学问好者，令为内外官学教习，年满遇月选有缺即补用，余令回籍候选”，也就是只留其中的一部分——即学问好的留京教习，而且所教习的内容除原来的内官教习“文艺”“典礼”外，还有外官的县政事宜。雍正八年（1730）更有新进士分省到地方钱谷、刑名总汇的布政使司、按察使司学习的规定。州县钱谷兵刑的教习要求，对进士授职知县后的州县治理实际未必有多少实际助益，但作为一种政策导向，由“教习文艺，从事典礼”，增加面向基层治理实务的教习内容，还是具有积极意义的。

另外，在知县的进士这一来源中，就政策而言，其中的散馆后不愿留馆的庶吉士，也是可即用州县正印官的，只是庶吉士散馆归班在实践中是“无有以知县归班的”[①]。作为前者，嘉庆十九年（1814）七月的分月官知县11员中的第4、5、6这三位，即签掣陕西西安府□□县知县缺的罗以丰、签掣广西柳州府罗城县知县缺刘体仁，以及签掣四川绵州梓潼县知县缺陶廷皋，都是由庶吉士散馆引见以知县即用而被选授为知县的。[②]

作为州县正印官主要来源的正途出身，除进士之外，还有举人。举人选授知县，大致有拣选、截取、大挑三种情形。关于举人拣选（考试选拔）授知县，主要政策如表1-5所示：

**表1-5　清前期举人拣选知县政策撮要**

| 时间 | 主要内容 | 资料来源 |
|---|---|---|
| 清初 | 举人会试下第者，可考授知县、通判 | 李世愉，胡平：《中国科举制度通史·清代卷》，上海：上海人民出版社，2015年，第166页 |
| 顺治九年（1652） | 吏部议定，嗣后拣选举人，以会试3科为限，以推官、知州、知县考用 | 《清实录·世祖实录》卷六十六顺治九年七月戊戌条 |
| 顺治十二年（1655）稍后 | 福建、广东、四川、湖南、广西、云南、贵州等边远省份举人拣选知县不拘科分 | 李世愉，胡平：《中国科举制度通史·清代卷》，上海：上海人民出版社，2015年，第166页 |
| 顺治十五年（1658） | 旧例举人会试3科准拣选，就教者，不拘年份。今除远省仍旧外，直隶等近省举人会试3科准拣知州、知县，会试3科方准就教职 | 《清实录·世祖实录》卷一百十七顺治十五年五月戊申；李世愉，胡平：《中国科举制度通史·清代卷》，上海：上海人民出版社，2015年，第166、698页 |

① 李世愉，胡平：《中国科举制度通史·清代卷》，上海：上海人民出版社，2015年，第299页。
② 秦国经主编：《清代官员履历档案全编》第25册，上海：华东师范大学出版社，1997年，第88—97页。

续表

| 时间 | 主要内容 | 资料来源 |
|---|---|---|
| 顺治十六年（1659） | 举人拣选停授知州，以推官、知县用 | 光绪《大清会典事例》卷七十三《吏部・除授・举人拣选》 |
| 康熙三年（1664） | 停止举人拣选 | 李世愉，胡平：《中国科举制度通史・清代卷》，上海：上海人民出版社，2015 年，第 166 页 |
| 康熙九年（1670） | 恢复举人拣选，但考选举人俱以知县用 | 光绪《大清会典事例》卷七十三《吏部・除授・举人拣选》 |
| 康熙三十七年（1698） | 议准嗣后举人拣选，除云南、贵州、四川、广东、广西、福建、湖南等省照旧例外，直隶等近省俟会试 3 科不第有情愿拣选知县者，准其拣选，挨次补用 | 光绪《大清会典事例》卷七十三《吏部・除授・举人拣选》 |
| 康熙三十九年（1700） | 吏部议准停止各省举人的吏部考试，吏部照各省中式年份、名次注册，挨次选用 | 《清实录・圣祖实录》卷一百九十八康熙三十九年四月己丑条；（清）蒋良骐：《东华录》卷十八，北京：中华书局，1980 年 |
| 雍正二年（1724） | 会试后下第举人，应取具同乡京官印结，吏部拣选引见，发往云、贵、川、广东、广西五省，委署试用。如果才守兼优，著有实效，该督抚保题，于本省补用，平常者，咨部请旨，有情愿会试者听 | 《清实录・世宗实录》卷二十二雍正二年七月庚戌条 |
| 雍正五年（1727） | 皇帝令吏部会同九卿拣选会试下第举人，带领引见，开启会试榜后拣选举人之例 | 李世愉，胡平：《中国科举制度通史・清代卷》，上海：上海人民出版社，2015 年，第 698 页 |
| 雍正十一年（1733） | 云南、贵州、广东、广西、四川、福建六省癸丑会试科下第举人内除愿意参见下课会试者外的落卷中，选取五十卷，其中十名准一体殿试外，其余四十名中挑选引见，钦定拣用知县多人 | （清）李绂：《穆堂初稿》卷四十《请酌用下第举人札子》，《续修四库全书・集部・别集类》1422 册，上海：上海古籍出版社，2002 年 |

表 1-5 中的 3 科、5 科或 1 科，是指举人参见会试连续科目的数目，也就是举人连续 3 科或 5 科或 1 科会试未中式的落第举人，获得吏部考试选拔规定的推官、知州、知县资格。[①]由于康熙三十九年（1700）清廷停止举人的吏部考试拣选，作为一科会试不中的云南、贵州、广东、广西、四川、福建省的落第举人，和作为 5 科会试不中的直隶等近省落第举人，选授知县顺序便照乡试录取的名次先后为序，挨次选取。而近省的 3 科、4 科，据此即按照其科分的先后来选取，若科分相同则照名次先后，若名次相同，则照省份次序，逐科分榜注册挨选知县。又由于康熙三十七年（1698）已确定近省 3 科不第的落第举人可以拣选知县，挨次补用，所以康熙三十九年（1700）又改定“嗣后一科与三科之人，俱照乡试名次为序”。安徽五河县知县从顺治初年任宗尹

① 李世愉，胡平：《中国科举制度通史・清代卷》，上海：上海人民出版社，2015 年，第 697 页。

开始到光绪十九年（1893）知县桑嵩，已知出身的知县为 107 名，其中有进士 22 人、举人 42 人。[①]

在举人入仕知县政策来源中，除拣选外，“截取”也是一个重要组成部分，或一个重要方面。其主要政策见表 1-6：

**表 1-6　举人截取知县政策**

| 时间 | 规定内容 | 资料来源 |
|---|---|---|
| 雍正元年（1723） | 吏部题准，截取丙午科（康熙四十五年，1706 年）以前拣选举人赴部照例铨选，其余的已、未拣选的举人，除 1 科之外，令各省督抚于每年乡试揭示后会同主考官将情愿就任知县的传集验看，年力精壮可任知县者，由督抚据实照科分、名次先后汇造总册，发给文凭于各员自赴吏部铨选 | 光绪《大清会典事例》卷七十三《吏部・除授・举人拣选》 |
| 乾隆四年（1739） | 云南、贵州、四川、广东、广西、福建、湖南等省会试 1 科，直隶等近省会试 3 科后的落第愿就任知县的举人，在部具呈拣选 | 光绪《大清会典事例》卷七十三《吏部・除授・举人拣选》 |
| 乾隆六年（1741） | 吏部遵旨议定稍作变通：单月新进士即用班和单月、双月俸满教职无人“俱将举人抵选。”如此举人每年选用一百四十余人 | 《清实录・高宗实录》卷一百五十四乾隆六年十一月戊辰条 |
| 乾隆三十年（1765） | 议准，嗣后截取举人时，各督抚接到吏部部文之日起，定限一年，行文各州县调取秉公据实验看，其有年力尚健，能够管理地方者，给咨赴部，悉照科分先后挨选。若科分相同，则照名次先后；名次相同，则照省份次序，以知县挨选 | 光绪《大清会典事例》卷七十三《吏部・除授・举人拣选》 |
| 光绪六年（1880） | 因多个省份在咸丰同治间数次停科，后有补行。所以规定补科中式举人，对他们的截取以补行科分为断，按名次先后截取 | 光绪《大清会典事例》卷七十三《吏部・除授・举人拣选》 |

至于知县由举人大挑而来的政策，虽然正式开始于乾隆十七年（1752），并一直持续到清末，但在之前已经有过探索。雍正初年，鉴于吏部月选知县以及领凭赴任需时，云南、贵州等一些边远省份地方的知州、知县署印屡易，从而贻误州县治理，吏部在皇帝的谕令下，遵旨调整充实举人选授知县政策，规定会试后，获得同乡京官印结保证的下第举人经吏部拣选并带领引见之后，发往云、贵、川、广东、广西五省委署试用，这些试用人员如果本人才守兼优，试用著有实效，经过该督抚保题，可以于本省补用知县；表现一般的试用人员，则由督抚咨会吏部请旨，如果他们情愿会试则可参加会试。[②]雍正五年（1727）皇帝令吏部会同九卿拣选会试下第举人，带领引见，这就在既有的会试不同数目科分落第举人拣选之外，又开启了会试榜后拣选举人直接委

① 光绪《重修五河县志》卷 11《官师一・县官》，台北：成文出版社，1974 年，第 646—662 页。
② 《清实录・世宗实录》卷 22 雍正二年七月庚戌条，北京：中华书局，1985 年，第 353 页。

署将来成为知县的新路，并在实践中了这一会试榜后即选下第者分发到各省作为州县委署试用的政策，但到乾隆十年（1745），便被朝廷停止，“嗣后惟令九卿秉公验看……候朕于引见时再加酌定”①。乾隆十七年（1752）圣母皇太后六旬万寿，清廷特开恩科，并“着在京总理事务王大臣及协办大学士阿克敦、尚书舒赫德、刘统勋、孙嘉淦，于会试揭晓后，即行会同拣选。大省四十人，中省三十人，小省二十人”②，这次王大臣所拣选的下第举人，后来被称为“大挑”③。各省落第举人的大挑名额基本上是固定的，一般每6年举行1次。其出路一般为知县试用或教职铨补。于是，知县遂成为大挑之重要出路的政策被一直延续到清末。所以，从正堂出身知县看，清代进士二甲、三甲在朝考之后，归吏部进士班进行月选授予知县、知州。举人为知县的，大多是经三科会试不中但其书、言、判比较优异而归入举人班月选而来，也有少量是凭资历“截取”入班得缺，另外，从乾隆十七年（1752）开始，并乾隆三十一年（1766）每6年一次的举人“大挑”，经吏部堂官及皇帝所指派的王大臣拣选引见“以知县试用”的。④据专家研究，“在有资格拣选的举人中，至少有50%的落第举人得以入选”，而“大挑举人只是任知县、教职及河工”⑤，贡生为知县也多系其中比较突出的人。顺治元年（1644）十一月辛卯，“廷试贡生，上卷以知州用，上次卷以推官、知县用，中卷以通判用”⑥。

作为异途的捐纳、吏员为官者，前者以晚清为突出，但因相关研究已有不少，笔者在此恕不重复。作为后者的吏员五年役满考职，迁秩改除，尽管本系满汉出身之一途，但却列入官吏之出身垫底位置——第八位。⑦迁升职官例为杂职末僚，最优惠的政策也不过为“一等以正八品经历用，二等以正九品主簿，三等以从九品用，四等以未入流杂职用”，要为州县“正印官”的知州、知县必须经由具有“保举”连带责任的封疆大吏——地方督抚的“保举”。“在外官员，由生监、吏员出身者，无保举，亦不准升京官及正印官”。但无

① 《清实录·高宗实录》卷233乾隆十年正月乙未条，北京：中华书局，1985年，第12页。
② 《清实录·高宗实录》卷421乾隆十七年八月乙卯条，北京：中华书局，1985年，第515页。
③ 李世愉，胡平：《中国科举制度通史·清代卷》，上海：上海人民出版社，2015年，第700页。
④ 《清实录·高宗实录》卷421乾隆十七年八月乙卯条，北京：中华书局，1986年，第515页；《清实录·高宗实录》卷757乾隆三十一年三月己丑条，北京：中华书局，1986年，第336页；（清）昆冈等修，刘启端等纂：《钦定大清会典事例》卷353《礼部·贡举·举人大挑》，《续修四库全书》编委会：《续修四库全书·史部》第803册，上海：上海古籍出版社，2002年，第547页。
⑤ 李世愉，胡平：《中国科举制度通史·清代卷》，上海：上海人民出版社，2015年，第708页。
⑥ 王炜：《〈清实录〉科举史料汇编》，武汉：武汉大学出版社，2009年，第5页。
⑦ （清）昆冈等修，吴树梅等纂：《钦定大清会典》卷7《吏部·文选清吏司》，《续修四库全书》编委会：《续修四库全书·史部》第794册，上海：上海古籍出版社，2002年，第80页。

论如何，吏员也成为州县正印官的一个来源。笔者曾查询顺治初年至雍正、乾隆之交的大约90年间的清朝知县及其以上地方官的出身状况，较为全面系统地查阅了雍乾时期的官修地方志，统计雍正《广东通志》、雍正《四川通志》、乾隆《贵州通志》、乾隆《云南通志》、乾隆《福建通志》、雍正《河南通志》、雍正《山西通志》等资料，结果发现作为吏员出身的知州有9人、知县有132人。其中雍正《四川通志》所载情形简化如表1-7所示：

**表1-7　四川省吏员出身知县信息名录**

| 姓名 | 籍贯 | 任知县时间 | 知县任职州县 |
|---|---|---|---|
| 黄以成 | 浙江 | 康熙三十九年（1700） | 温江县知县 |
| 刘王政 | 不详 | 康熙六十一年（1722） | 新津县知县 |
| 李光宸 | 陕西 | 康熙二十五年（1686） | 金堂县知县 |
| 沈嘉會 | 直隶 | 康熙十九年（1680） | 灌县知县 |
| 胡之鸿 | 浙江 | 康熙二十三年（1684） | 什邡县知县 |
| 陈尧智 | 浙江 | 不详 | 巴县知县 |
| 金汤 | 浙江 | 康熙五年（1666） | 永川县知县 |
| 范以焕 | 江西 | 康熙三十六年（1697） | 荣昌县知县 |
| 方岳 | 浙江 | 康熙三十三年（1694） | 綦江县知县 |
| 萧星拱 | 江西 | 康熙二十一年（1682） | 忠州知州 |
| 叶大臣 | 直隶 | 康熙二十五年（1686） | 忠州知州 |
| 杨应元 | 浙江 | 康熙三十九年（1700） | 涪州知州 |
| 俞天相 | 浙江 | 康熙七年（1668） | 阆中县知县 |
| 李光震 | 陕西 | 康熙十九年（1680） | 广元县知县 |
| 吴廷简 | 江西 | 康熙五十一年（1712） | 渠县知县 |
| 厉美 | 浙江 | 康熙八年（1669） | 珙县知县 |
| 鲁有成 | 直隶 | 雍正元年（1723） | 奉节县知县 |
| 吴嘉谟 | 浙江 | 雍正三年（1725） | 平武县知县 |
| 丁杰 | 直隶 | 康熙三十年（1691） | 盐源县知县 |
| 胡世绩 | 直隶 | 康熙四十年（1701） | 盐源县知县 |
| 朱承恩 | 甘肃 | 康熙十九年（1680） | 射洪县知县 |
| 周永祚 | 陕西 | 康熙十九年（1680） | 遂宁县知县 |
| 章履成 | 浙江 | 康熙十九年（1680） | 荣经县知县 |
| 郝宗福 | 陕西 | 顺治二年（1645） | 蓬溪县知县 |
| 郑炳 | 直隶 | 康熙十九年（1680） | 乐至县知县 |
| 袁庶 | 直隶 | 康熙五十四年（1715） | 旧设资县知县 |
| 杨嗣奇 | 浙江 | 康熙三十二年（1693） | 安县知县 |
| 陈捷 | 浙江 | 康熙五十年（1711） | 保县知县 |

毋庸讳言，由于雍正《四川省通志》职官名录或有遗漏，表1-7所计吏员出身的知州、知县未必完整准确，实际以吏员考职并迁升至知县者，完全可能大于所计数量。不过，笔者在此讨论吏员州县的目的，并非详细考证实际

的吏员出身州县的人数规模大小、具体数目的是否准确，只是想说明，并且通过表 1-7 也实际印证了吏员出身为州县正印官来源这一政策和事实的客观存在。

州县的教谕在升迁州县正印官时，则须历俸 6 年期满，表现出众，并经该管总督或巡抚保荐和吏部等官员验看方具备选授资格。例如，四川彭水县教谕 2 次 6 年俸满的黄韬文，济源县教谕 2 次 6 年俸满的凌映斗，分别经四川总督常明、河南巡抚文宁等保荐给咨到部。吏部尚书臣英和、协办大学士吏部尚书臣戴均元、署吏部左侍郎臣廉善、吏部左侍郎臣王鼎、吏部右侍郎臣普恭、吏部右侍郎臣吴芳培等，于嘉庆二十三年（1818）二月初一日验看并照例考试履历进呈，加以引见后，才得以“恭候简用”。其他处于较知州、知县品级更低的官员在一定的条件下也可升迁为知州、知县。江苏常州府阳湖县人、监生杨浩，就是由州同借补顺天涿州州判，仍带四川顺庆府经历签升云南临安府石屏州知州缺的。[①]清朝后期，尤其是咸丰以降，“劳绩、军功、捐纳三途并进”[②]，从而与科举正途共同成为知州、知县来源，与此新途径而来的是获得知州、知县候选资格的人数的增长，“仕途日杂，人员拥挤……奔竞无所不至”[③]，铨选无疑更加困难。

## 二、州县正印员的除授

根据选授的不同，清代厅州县正印官通常而论分为拣、题、调、留、选等几种形式。

（1）拣缺。由光绪朝《大清会典》的规定可以看出，清代州县正印官拣缺有限，仅盖平县等 5 县 1 州，总共只有 6 缺。其缺出，即由吏部“将投供应拣之人奏派拣选，引见补授”[④]。

（2）题补缺。光绪朝《大清会典》所定题补厅同知缺有 24 缺，分别是奉天新民厅、金州厅、兴京厅、吉林厅、伯都纳厅、宾州厅、五常厅，直隶四路捕盗厅，山西丰镇厅、萨拉齐厅，河南淅川厅，江西定南厅，陕西宁陕厅、孝义厅、佛坪厅，甘肃循化厅、贵德厅，四川越□厅，云南大关厅、龙陵厅、

---

① 秦国经主编：《清代官员履历档案全编》第 25 册，上海：华东师范大学出版社，1997 年，第 310—311、270、272 页。
② 《整顿仕途说》，《申报》1873 年 11 月 13 日，第 3—4 页。
③ 中国第一历史档案馆：《光绪朝朱批奏折》第 1 辑，北京：中华书局，1995 年，第 52 页。
④（清）昆冈等修，吴树梅等纂：《钦定大清会典》卷 8《吏部・文选清吏司》，《续修四库全书》编委会：《续修四库全书・史部》第 794 册，上海：上海古籍出版社，2002 年，第 96 页。

腾越厅，贵州八寨厅、台拱厅，古州厅。题补厅通判缺有11缺，包括甘肃化平厅、新疆哈密厅、四川峨边厅、雷波厅，云南他郎厅，贵州归化厅、清江厅、下江厅、都江厅、丹江厅、水城厅。散州知州的题补缺有21个，分别是奉天辽阳州等3州、直隶平泉州、山东高唐州等2州，山西朔州、河南信阳州等2个州，安徽寿州等3州、浙江海宁州、湖北随州、湖南武冈州、广西全州、云南镇雄州、贵州定番州等4州；题补知县缺分共有96个，具体是直隶有滦平等6县，山东1个县即惠民县，山西有阳曲县等12个县，河南有祥符等15个县，安徽有怀宁等11个县，福建有晋江等8个县，浙江有海盐等8县，湖北有竹山等2个县，湖南有长沙等15县，陕西有安康等2县，甘肃1个县即海城县，新疆迪化等3县，广东南海县等3县，广西临桂等4县，云南昆明等4县，贵州1个县即荔波县。合计各项，全部题补州县厅缺分共计152个。这152个知州、知县、抚民同知、抚民通判“缺出，均由各该省总督、巡抚，以应升、应调之员题补”①。

（3）调补缺。调补厅同知缺有23缺：直隶多伦诺尔厅，山西归化城厅，江苏川沙厅，江西莲花厅，浙江玉环厅，陕西潼关厅、留坝厅、定远厅，甘肃洮州厅，新疆吐鲁番厅，四川马边厅、江北厅、打箭炉厅、靖西关厅、理番厅，广东前山寨厅、南澳厅，广西龙州厅、明江厅，云南思茅厅、威远厅、中甸厅、龙陵厅。调补厅通判缺有4缺：福建马港厅，陕西汉阴厅，广西龙胜厅，云南缅宁厅。调补知州缺有40个州：直隶通州、昌平州、涿州、蓟州、滦州、景州、沧州、蔚州、延庆州、磁州、开州，奉天义州，山东德州、东平州、胶州，河南睢州，江苏高邮州、泰州、邳州，江西义宁州，湖北沔阳州，陕西宁羌州，甘肃狄道州、河州、静宁州、灵州，四川巴州、合州、涪州，广东儋州、万州、崖州，广西东兰州、西隆州、养利州、左州、宁明州、奉议州，云南灵州，贵州黄平州。调补的知县缺有242个：直隶有良乡等28个县，奉天有锦县等6个县，山东有历城等27县，山西有徐沟县等3个县，河南有洛阳等4个县，江苏有上元等26县，安徽有凤阳等3个县，江西有南昌等19个县，福建有闽县等4个县，浙江有钱塘等17个县，湖北有江夏等13个县，湖南有浏阳等9县，陕西有长安等13县，甘肃有皋兰等14个县，新疆奇台等5县，四川有成都县等13县，广东顺德等16县，广西上林等6

①（清）昆冈等修，吴树梅等纂：《钦定大清会典》卷8《吏部·文选清吏司》，《续修四库全书》编委会：《续修四库全书·吏部》第794册，上海：上海古籍出版社，2002年，第96页。

县，云南蒙自等 8 县，贵州贵筑等 8 个县。合计各项，全部调补州县厅缺共计 309 缺，这 309 个调缺知州、知县、抚民同知、抚民通判“缺出，由督抚于通省对品各员内拣调。顺天所属由直隶总督、顺天府尹会同酌调，奉天所属由奉天府尹酌调”①。

（4）留缺。厅州县留缺与道府的留缺之规定基本相同，也就是其部选缺，内有升调所遗之缺，例准督抚留缺，凡奉旨命往委署试用者，先经督抚奏准试用者，告病、告养、起复、降调开复、引见发往原省者，钱粮开复留省补用其前任内未经实授者，皆合为一班，以次补用，其奉旨命往补用及督抚奏准补用者，则无论应题应调应选，皆准酌量补用。不同的只是“大挑举人分发之知县，于升调所遗选缺外，其有病故休三项之选缺，亦准留补”②。

（5）选缺。厅州县正印的选缺，就是上述拣、题、调、留四类缺外所余下的所有知州、知县、抚民同治、抚民通判缺。

在此，笔者必须强调的是厅州县正印官缺员的拣、题、调、留、选之区分，是根据各缺选授方式而进行的区分。但除此而外，清代厅州县正印官的缺分尚有其他不同区分方法。譬如，依族属分为满洲缺、汉军缺。又如按“冲”“繁”“疲”“难”缺项的不同，划分为诸如“冲繁难”“冲疲难”三字，或“繁难”“冲疲”两字，或“难”“冲”一字，或“冲繁疲难”四字等不同的缺项类型，并且，在四字划分法中，既有将具备 0—2 字者称为“简缺”、具备 3—4 字者称为“要缺”“繁缺”的，又有将四字细分为“简缺”“中缺”“要缺”和“最要缺”四个缺分类型，缺项与缺分的具体对应关系是：“冲繁疲难四字兼全曰最要缺；兼三者曰要缺；两字曰中缺；一字曰简缺；四字俱无曰无字简缺。要与最要皆曰繁缺，中与简皆曰简缺。”③在上述“简缺”“中缺”“要缺”“最要缺”这 4 种普通的缺分类型之外，还有诸如“沿河”“沿海”“苗疆”“烟瘴”“夷疆”“棚民”等特殊缺分类型。④例如，全国州县正印官的“沿河”

① （清）昆冈等修，吴树梅等纂：《钦定大清会典》卷 8《吏部·文选清吏司》，《续修四库全书》编委会：《续修四库全书》第 794 册，上海：上海古籍出版社，2003 年，第 97 页。

② （清）昆冈等修，吴树梅等纂：《钦定大清会典》卷 8《吏部·文选清吏司》，《续修四库全书》编委会：《续修四库全书》第 794 册，上海：上海古籍出版社，2003 年，第 97 页。

③ （清）方大湜：《平平言》卷 1《初任宜简僻缺》，官箴书集成编纂委员会：《官箴书集成》第 7 册，合肥：黄山书社，1997 年，第 603—604 页载：“地当孔道曰冲，政务纷纭曰繁，赋多逋欠曰疲，民刁俗悍命盗案多曰难。冲繁疲难四字兼全曰最要缺，兼三字曰要缺，两字曰中缺，一字曰简缺，四字俱无曰无字简缺。要与最要皆曰繁缺，中与简皆曰简缺。繁缺事多，难于称职，繁而兼冲，称职尤难，简缺事少，易于图功，简而兼僻，图功尤易，一则终日精神半消磨于酬应，一则六时功课可专注于生民也，故初试为吏者，冲不如繁，繁不如简，简不如僻。”

④ 陈一容：《清代政区等第研究》，西南大学博士学位论文，2012 年，第 44—50 页。

缺，山东省在雍正元年（1723）时有11个，分别是德、东平、单、滕、峄、鱼台、汶上、阳谷、恩、曹、巨野县。[①]清末有9个：德、东平、单、滕、峄、鱼台、汶上、阳谷、恩、曹县[②]；《吏部铨选则例》载8个，即滕、峄、鱼台、汶上、阳谷、曹、单、恩县。《爵秩全览》载15个：东平、东阿、滕、峄、汶上、阳谷、菏泽、曹、单、聊城、恩、武城、夏津、鱼台、嘉祥县。“沿海”州县正印官缺员，以广东省为例，据乾隆朝《大清会典则例》载，雍正二年（1724）确定的13个分别为东莞、香山、顺德、新会、新宁、归善、潮阳、揭阳、饶平、澄海、海阳、阳江、电白。[③]清末有12个：阳江厅、东莞、香山、顺德、新会、新宁、归善、潮阳、揭阳、澄海、海阳、电白。[④]又如“烟瘴”，康熙二十五年（1686），清廷议准广西省“沿边烟瘴”政区有11个：左州、养利州、东兰州、归顺州（后直隶州）、百色（后直隶厅）、宁明州、西隆州、崇善县、天保、西林县、凌云县。[⑤]笔者考察后发现厅州县正印官缺员的类型，既是该正印官缺员的缺分等级，又是该厅州县政区的等级。而且它们与前揭拣、题、调、留、选的官员选授方式的划分存在密切关联。等第为冲繁疲难最要缺的州县，往往属于重要的题缺，选缺则一般都是2字及其以下，包括无字的“简缺”或“中缺”。

知州、知县、抚民同知、抚民通判的拣、题、调、留各缺出办法已如上述，凡此种种当然须经吏部并经皇帝裁决方可。实践中督抚也可依据相关政策有一定的弹性和余地。譬如，“员缺果系紧要，非干练之员不能胜任，而年例不符者，将其人其地实在相需之处，应调应升详悉声明，专折奏闻”[⑥]。另外，自雍正以来的掣签分发知县到各省试用的做法却长久不衰，也为其利用人地相宜等得以专折调补、调升提供了可能。

厅州县正印官选缺，往往为中缺或简缺，较之于相对繁剧的题、调、拣

① （清）允祹等：《钦定大清会典则例》卷8《吏部·文选清吏司》，《景印文渊阁四库全书》第620册，台北：商务印书馆，1986年，第206页。

② （清）昆冈等修，吴树梅等纂：《钦定大清会典》卷10《吏部·文选清吏司》，《续修四库全书》编委会：《续修四库全书》第794册，上海：上海古籍出版社，2002年，第109页。

③ （清）允祹等：《钦定大清会典则例》卷8《吏部·文选清吏司》，《景印文渊阁四库全书》第620册，台北：商务印书馆，1986年，第210页。

④ （清）昆冈等修，吴树梅等纂：《钦定大清会典》卷10《吏部·文选清吏司》，《续修四库全书》编委会：《续修四库全书》第794册，上海：上海古籍出版社，2002年，第109页。

⑤ （清）允祹等：《钦定大清会典则例》卷8《吏部·文选清吏司》，《景印文渊阁四库全书》第620册，台北：商务印书馆，1986年，第213页。

⑥ 清华大学图书馆，科技史暨古文献研究所：《清代缙绅录集成》第1册，郑州：大象出版社，2008年，第272页。

各类型缺分政务较简，相对易治，因此一般由进士、举人、贡生月选“除授”，或以比知州、知县品级更低的下级官员月选升补。清代吏部选授官员，除闰月及京察大计外，一般是每月施行，也因此而称之为月选。而月选中又划分为双月、单月两种。凡除班（初次任命）、升班，逢双月开选，称双月大选；凡补班于每年逢单月开选，称单月急选（惟闰月不开选）。清朝定例，外官道员以下，除规定的题、调、拣、补等缺外，都为月选缺。每届月选之期，满洲、蒙古、汉军官在初五日，汉文官在二十五日，笔帖式则在二十日进行制签。此前，应选人员，须按期赴吏部投供验到，然后议官掣签。先司议，后堂议，列出月官序单，最后经堂官审定认可，才在天安门外封签传齐各官公同签掣。涉及州县正印的具体的月选掣签规则顺序等，根据《吏部铨选则例》，双月大选知县缺出，用进士五人、举人五人、捐纳四人，捐纳无人，将举人抵选、推升三人（十七人为一班），举人选用十缺之后，用举人教习一人（举人两班之后为十缺），三班五十一缺之后，用汉军举人一人，贡生教习一人（五甲五举四捐三升轮用三班为一口）。直隶州州同专以举人选用，亦只许举人捐纳轮流间用；单月急选知县：用丁忧服满应补四人，开复应补二人，捐纳四人，进士四人，举人四人，捐纳无人将举人抵选。除此而外，还有 8 种关涉知县选授的具体情形：（1）奉旨即用人员，无论双单月，不入班次，即行选用。（2）回避另补之员，人员到部后归于单月不入班次即用。（3）裁缺赴部另补之员，人员到部无论双单月不入班次即用。（4）恩诏荫生引见奉旨以外用者，从一品以知州归双月一选一升之后选用一人；恩诏荫生引见奉旨以外用者，三品以知县归于双月捐班之前选用一人。（5）新科进士奉旨以知县即用者，归于双单月进士班次之后各选用二人。（6）各省现任教职六年俸满奉旨以知县用者，归于双单月举人班次之后各选用二人。（7）举人候选知县归于单月举人四人之后选用一人。（8）知县病痊起用引见奉旨不必坐补原缺以知县用者，归于单月开复人员选用五班之后选用一人。[①]据《清代朱卷集成》记载，同治、光绪两朝 1176 名进士被奉旨为即用知县者有 220 名[②]，这 220 名就是不论单月、还是双月，只要有知县缺出，即可按例选授知县。

知州、知县铨选签掣时，定例“密其回避”，除血缘亲族之回避外，还回

① 清华大学图书馆，科技史暨古文献研究所：《清代缙绅录集成》第 1 册，郑州：大象出版社，2008 年，第 269、270 页。

② 方芳：《同治光绪年间新科进士授职情况探析——兼论〈清代科举考试述录〉中的相关观点》，《教育与考试》2009 年第 5 期，第 47 页。

避本省，包括祖籍、寄籍一体回避，若邻省接壤，在五百里以内者，亦令回避。[①]也就是知州、知县们通常不被允许，且在事实上一般不可能在自己的祖籍或寄籍省份任职，只能到籍贯之外的其他省、州、县履职，哪怕是不是籍贯所在省份，但若任职处所与自己籍贯所在地在五百里范围也不行。如果铨选时遇到本籍之缺或已经上任而因其他因素造成了本籍任职的情况，都必须纠正，否则要进行问责。[②]大量的史实表明，清政府的铨选回避落到了实处，有清一代的知州、知县以及抚民同知（或抚民通判）一般都没有在籍贯之地任职，即使偶有记载的个别知州、知县的回避，大多是因血缘、亲缘中的上位官员，被依照“凡外官，皆令小者回避”的情形，而不是籍贯地理之回避。安徽五河县自顺治年间该县首任知县任宗尹开始，截至光绪十九年（1893）莅任的知县桑嵩，已知有明确籍贯记载的101名知县，来源于16个省份（此外还有辽东、湖广各1名），而无1名来自安徽。[③]知州、知县本籍回避、异地任职这一制度及其执行实际的落实，于知州、知县对辖区治理来说，影响颇大，总体说来是利弊并存。

为“澄铨叙而辨官材”，月选官掣签之后，皇帝还要派九卿詹事科道对掣中的官员进行考验。月选官验看之制始于康熙五十三年（1714），起初是吏部奉旨与九卿一同验看，从乾隆十七年（1752）起，参与验看的九卿职名，须吏部奏请由皇帝特派。主要考察月选之人，有无行止不端，出身不正，混冒籍贯，虚捏年岁，并年老衰疾，祖、父有钱粮亏空各色情形，一旦有这些问题验看官必须举出，并交吏部奏闻。月选官经考验后，由吏部会同验看大臣具折请旨，报告验看结果。譬如，浙江绍兴府萧山县人汪辉祖，乾隆乙未科会试中式第二甲第二十八名，赐进士出身，在朝考之后引见奉旨归班选用，乾隆五十一年（1786），先是七月选容城县知县，因年老改教，便与董书两人作为预备扣除遗缺兼用知县二员中的一员由刘墉验看大员验看，二十八日

① （清）昆冈等修，吴树梅等纂：《钦定大清会典》卷10《吏部·文选清吏司》，《续修四库全书》编委会：《续修四库全书·史部》第794册，上海：上海古籍出版社，2002年，第111、112页；又，（清）锡珍等：《钦定吏部铨选则例》卷8，《续修四库全书》编委会：《续修四库全书·史部》第750册，上海：上海古籍出版社，2002年，第662—666页。

② 如乾隆初年，被选任到直隶的知县张可举、李从龙均“因回避原籍五百里，赴部另补”分别掣得河南叶县知县、浙江浦江县知县，而原选四川岳池县知县的倪嘉谦，“因不予行呈明回避”而被“降一级调用”。（秦国经主编：《清代官员履历档案全编》第15册，上海：华东师范大学出版社，1997年，第648、666页；秦国经主编：《清代官员履历档案全编》第16册，上海：华东师范大学出版社，1997年，第43页）。光绪年间，江西建昌知县周祖庚因原籍五百里回避而开缺。中国第一历史档案馆：《光绪朝朱批奏折》第18辑，北京：中华书局，1995年，第751页。

③ 光绪《重修五河县志》卷11《官师一·县官》，台北：成文出版社，1974年，第646—662页。

出京，闰七月初六日至热河，初七日引见奉旨以董书为知县，八月，汪辉祖签掣湖南永州府宁远县知县，九月初三日王大臣进行考验。①又，前揭嘉庆二十一年（1816）九月份签掣甘肃秦州秦安县知县缺的陈伊言等，就是吏部尚书英和等人合同科道琦昌等人，于八月二十八日将该员在内的预备扣除遗简用知县及该月月选官、补行引见官等“秉公详加验看，细加询问，均无事故，相应奏闻恭候钦定”②，九月又与九月月官一道受大臣戴均元等人验看无误奏闻。

验看大员对月选掣签缺分官验看奏闻同时，还要呈进各官的履历。关于月选官考试缮写履历的制度，大致始于康熙年间，履历折面的正下方写明应选官签掣或拣补的官缺、姓名。履历折内则叙述各官的姓名、身世及履历，然后在折尾处书写年月日。对于折内内容，雍正三年（1725）有所变化，规定其初授之员，对所掣签的州县地方，繁简难易情形，预设筹划，何以治民，何以厚俗，以及催科抚字之术，献狱息讼之方等“各出己见，详陈一二事，于缮写履历之后，切实条议，以观其才识”，而“其补任升任之员，令其将旧任地方利弊，明白敷陈于履历之后”。目的也是期望通过其履历、施政打算，为皇帝引见授职之考察提供参考。后来因多请人代写，且多歌功颂德之套语，故雍正十三年（1735）又规定如果月选人员，胸中无欲吐之言，就只写履历，不准滥用颂圣套语，因而后期履历内容越加简洁，被除授或升补为知州、知县的进士、举人或低级月选官员较之于统县政区的知府、直隶州知州、直隶厅同知甚至更高一级的道员相比，其履历更为简短。这从《清代官员履历档案全编》收录的包括 11 194 件官员履历片（含补遗履历折 903 件）、8021 件履历单、36 668 件履历折共计 55 883 件履历档案中可见一斑。

历经寒窗数十载并长时间候班、除授的知州、知县们，在获缺领凭、借支养廉银③后自京城出发，在规定的时限抵任，从此开始了自己州县治理的临民为官的生涯。“百里头衔试服官，台星回首望长安，策名自效清时用，责实谁知大令难……潇江曲曲抱湘流，说到零陵更换舟，作吏许寻山水约，携家

① 秦国经主编：《清代官员履历档案全编》第 22 册，上海：华东师范大学出版社，1997 年，第 104、106、110 页；（清）汪辉祖：《清汪辉祖先生自定年谱——一名病榻梦痕录》卷上，台北：商务印书馆，1980 年，第 87—88、127 页。

② 秦国经：《清代官员履历档案全编》第 25 册，上海：华东师范大学出版社，1997 年，第 240 页。

③ 户部所定知州知县借领养廉的数目依远近而不同：云南六百两，贵州五百两，四川、两广、甘肃、福建、湖南四百两，江西、浙江、湖北、江苏、安徽、陕西三百两，河南、奉天、山西、山东二百两，直隶一百五十两。参见清华大学图书馆，科技史暨古文献研究所：《清代缙绅录集成》第 1 册，郑州：大象出版社，2008 年，第 273—274 页。

同入画图游，传闻县僻风犹古，料得身闲兴自幽，归橐他年应不俭，九疑岚翠望中收。”[①]不过，作为府州县正印们的走马上任并非完全轻快和意气风发，实际也是背负着沉甸甸的责任上路。因为，从这一刻甚至是从吏部领凭开始，他们便作为在州县问责制度驱使下的清朝国家的州县治理的一个“工具”而正式登场。“清朝的君主和政治领袖人物认为普通官员既不可靠而又无能。”[②]自顺治皇帝到宣统皇帝，他们无疑不坚信劝惩乃驭世大柄。相对于激励之奖劝，作为鞭策的惩罚不仅成本更低，成效更显，正如美国学者爱德华·罗斯所说：“可以想象，只要通过奖赏和惩罚都能实现对法律的顺从，但事实上人们往往只采用惩罚。当考虑到造成巨大痛苦是多么容易，而给予极大满足又是何等困难时，我们对此就毫不奇怪了。无论奖赏的天平怎样比厄运的天平更为可取，只要制造痛苦是如此之廉价……那么惩罚就总是被采用的。”[③]因此，“执行惩罚”就成了统治者的权力。“他作为最高权力，对一个臣民，由于他犯了罪而加痛苦于他”[④]。同样，对州县官员的问责也就成了清朝国家的地方治理的一大制度利器或一道极其重要的杠杆。

① （清）汪辉祖：《清汪辉祖先生自定年谱——名病榻梦痕录》卷上，台北：商务印书馆，1980 年，第 128 页。
② 魏丕信著，李伯重译：《明清时期的官箴书与中国行政文化》，《清史研究》1999 年第 1 期，第 3—20 页。
③ （美）爱德华·罗斯著，秦志勇等译：《社会控制》，北京：华夏出版社，1989 年，第 81 页。
④ （德）康德著，沈叔平译：《法的形而上学原理——权利的哲学》，北京：商务印书馆，1991 年，第 164 页。

# 第二章　州县官员问责的制度设计

州、县、厅正印官到任后对辖境治理的落实，必须有一套相应的法律制度的安排，以明确其职责事项、范围，以及相应责任追究依据、追究主体、追究类别及其程序等，真正做到有法可依；否则，行政及其问责就会无章可循、无法可依，治理实施与落实也自然无从谈起。清代州县的治理同样必须先建立起一套制度机制，尤其是其中具有决定性意义的对于州县正印官——知州、知县问责的顶层制度设计。相关历史资料表明，在清朝这样的设计与安排，的确是一种客观的历史存在。

## 第一节　问责的法律法规及其制定

如人所尽知，清代的州县官，既是清代官僚队伍的重要组成部分，同时又是清朝国家普通国民之一员。因而，对于有清一代的官僚制度的基本法律法规，乃至于清朝国家的法律法规，对各知州、县令，都是具有规范与约束作用的。就作为州县问责的法律法规，即问责的法律依据而言，刑事法律无疑是最重要的一个方面。“法者刑罚也。”①“中国的所谓法，一方面就是刑法”。②不过，清代州县官员问责的依据不仅仅只有刑事法律，还有行政法律法规。因为清代中国，虽“以刑为主”，却又“诸法合体”，而且即便无法律之名，譬如“官僚制统治机构的组织法，行政的执行规则以及针对违反规则行为的罚则所构成”，也是州县官员问责的一大法理依据。作为问责刑事法规的“律例”与问责行政“处分则例”，两者更是互为表里、毫发不爽。

---

① 王利器：《盐铁论校注》卷10《诏圣》，北京：中华书局，1992年，第595页。
② 滋贺秀山：《中国法文化的考察——以诉讼的形态，为素材》，《比较法研究》1988年第3期。

同时，笔者在此应特别强调的是，由于所谓的“法”，实质是统治者的“表述法律”，且“立法者的观点是必然性的观点”①。所以，无论在当时是否被称作法律，但是但凡是被其统治者加以表述，且为整个社会所遵行的行为规范就是“法”，清朝皇帝的之上谕，成为包括州县官员在内的问责依据的法律是为当然和必然。②并且，即如“律例一书，乃圣朝成宪，间亦允准群议，无不酌自皇衷。从前刊本，于条著中间载钦奉上谕，今皆编辑成例，著之于篇”③。唯因叙述之便，在此仅就行政问责、刑事问责两个系列的法律法规展开论述，不拟对上谕作为问责依据进行专论。此外，清代的行政问责与刑事问责虽然总体可划分为行政问责法律、刑事问责法律，但是两者也有融通、联系之处④，下文之所以从行政、刑事两大方面加以讨论，既是为了论述方便，又是因为彼此政、刑属性的鲜明使然。

## 一、州县行政处罚的法律法规

清代著名封疆大吏曾国藩曾就清朝法律法规有云：“凡百庶政，皆已著有成宪，既备且详。”⑤当代清“例”研究专家王钟翰教授也说：“有清一代，二百数十年间，各部署无虑数十，各有则例，即各有处分。”⑥ 不过，若按行政处分法律法规所具有的法律地位、效力而论，首推作为清朝国家的“行政法典”或行政管理的法律——《大清会典》。

所谓“会典者，会要典章之义也。凡行政之准则，明定纲领，永远遵行，朝廷百官之编制与其处务之规程，总括靡遗。”⑦清朝早在皇太极登极不久，即颁布了由议政王贝勒大臣会议议定的《崇德会典》。此后，清政府先后编纂 5 部会典。一是康熙二十九年（1690）编纂完成和刊行的康熙《大

① 中共中央马克思恩格斯列宁斯大林著作编译局编译：《马克思恩格斯全集》第 1 卷，北京：人民出版社，1995 年，第 349 页。

② 在文孚《钦定六部处分则例》2993 条中，上谕则例有 257 条；《钦定大清会典事例·吏部·处分例》同样有“上谕”事例。王钟翰《清代各部署则例经眼录》的“各部院新例”，也有“上谕条例”50 册。参见王钟翰：《清史续考》，台北：华世出版社，1993 年，第 307—311 页。

③（清）姚雨芗原纂，胡仰山增辑：《大清律例会通新纂》凡例，沈云龙主编：《近代中国史料丛刊》三编第 211 册，台北：文海出版社，1987 年，第 80—81 页。

④ 陈一容：《清代官吏惩戒制度》，昆明：云南人民出版社，2008 年，第 140—144 页。

⑤（清）：曾国藩：《曾国藩全集》第 1 册，长沙：岳麓书社，2012 年，第 5 页。

⑥ 王钟翰：《清代则例及其与政法关系之研究》，《清史补考》，沈阳：辽宁大学出版社，2004 年，第 68 页。

⑦（日）织田万撰，李秀清、王沛点校：《清国行政法》，北京：中国政法大学出版社，2003 年，第 51 页。

清会典》。本典上起康熙元年（1662），下止康熙二十五年（1686），凡职方、官制、郡县等诸大政于六曹庶司之事，无所不隶。二是雍正十二年（1734）刊布的雍正朝《大清会典》。它将康熙二十六年（1687）到雍正五年（1727）的法规、法令和典章制度纂修入内，共250卷。三是乾隆三十一年（1766）告成的乾隆朝《大清会典》100卷，时限自清太祖到乾隆二十一年（1756），内容门类44项，是清朝自建立以来的最完备的一部会典。四是嘉庆朝《大清会典》。该会典由军机大臣托津等人奉旨纂修，到嘉庆朝二十三年（1818）修成刊布，此典共1132卷，并形成以会典、会典事例、会典图的行政法律文本的基本格局。五是光绪朝《大清会典》。光绪十二年（1886），光绪帝降旨，要求将自嘉庆十八年（1813）以后所增订的一切典章，以及各衙门所修改的则例编辑成书，颁行中外，光绪二十五年（1899）纂修最后完成，光绪三十年（1904）正式颁布，本部会典内容宏富，计有1590卷，可以说它集前代各会典之大成，其中，地方的官署设置、职官编制、官员办事规范与行政惩处等无不详加叙列。这些会典尤其是光绪朝《大清会典》，不仅是“最系统最完备的一部封建行政法典”①，而且也是清朝政府对百官进行治理的法典。“明清的会典，几乎绝大部分都是治官的”②，各会典既有诸多行政问责条文③，又有虽不是处分条文却因其同样具有强制的约束力，而使之成为包括知州、知县在内的清代各级职官行政的最高行为准则，因而属于州县官员行政问责的“大经大法”，同时也是州县官员处分各单项法规的法律源头。

同作为包括州县问责根本大法的会典相适应的官员问责的行政法规是“则例”“事例”。“则例”“事例”都是“例”的一种，除了“则例”“事例”以外，“例”还有一个种类，就是“条例”。由此三者构成的“例”，是清代官吏惩戒的法律依据，其在整个清朝国家中的地位、效力是非常明确和重要的。近世学者称“清以例治天下”④，从中便可见重要之一斑。在“例”之“则例”“事例”“条例”三者中，前两者属于行政问责法规，后者为刑事问责法规。论及州县行政问责法规，自然是就前两者而言的。

---

① 张晋藩，李铁：《中国行政法史》，北京：中国政法大学出版社，1991年，第362页。
② 郭建：《五刑六典——刑罚与法制》，长春：长春出版社，2004年，第126页。
③（清）昆冈等修，吴树梅等纂：《钦定大清会典》卷55《刑部》，《续修四库全书》编委会：《续修四库全书》第794册，上海：上海古籍出版社，2002年，第531—532页。
④ 邓之诚：《中华二千年史》卷5，北京：中华书局，1958年，第531页。

“则例”，通俗说来，就是为清朝政府中央各衙门制定的并经皇帝批准，而且是相关机构及其各级官吏所遵循的办理各项事务的行为准则。这些行为准则对于清代州县官员、中央六部官吏，甚至整个国家的治理，都是十分重大和重要的。许多“附律”也可以是因“上谕”或经“奏准”“议准”而制定的，每过一段时间由刑部以外相关的部院编纂而成为某部“则例”。“天下大小官员所理者皆属六部之事，所遵者皆系六部之例”①，“天下之政，统于六曹，具于则例”②，“则例”之重要可见一斑，清政府对其制定、修改十分重视。早在关外，就始有则例，入关后，更是逐渐增多，从而“法度精详，六曹各有则例”③。如《六部现行则例》《六部则例》《吏部铨选官员则例》《吏部铨选汉官则例》《六部处分则例》《吏部处分则例》《兵部处分则例》等。清代则例的数量说法不尽相同，有说“不下百余种”的，有称见到数百种的，有认为“有清一代，二百数十年间，各部署无虑数十，各有则例，即各有处分”的。天下州县官员政务之举措设施无一不在六部事务范围，而“各部则例俱系功令之书”④，因而，清廷中央各部的则例自然成为州县官员及其地方治理问责的政务依据和问责法规。

除一般性行政问责法规外，清政府更有专门的行政问责依据，这些依据就是各种专门处分则例。崇德七年（1642）闰十一月，即“定围猎误射人马处分例”，次年（1643），“更定六部处分例”⑤。以后历朝无不有定。《吏部处分则例》专言文职考成，乃是清代具有代表性和比较重要的官吏行政惩戒专门单项法规。它名为《吏部处分则例》，实际包括了六部官员的处罚规定，所分门类和《六部处分则例》相近，实质是后者的缩编。其原为康熙时修，雍正三年（1725）复纂，以后各朝均有。据王钟翰《清代各部署则例经眼录》显示，该处分则例，不同时期或年份的刊本卷册略有不同：雍正十一年（1733）47 卷 16 册、乾隆四十四年（1779）47 卷 16 册、嘉庆五年（1800）47 卷 14 册、嘉庆十五年（1810）47 卷 16 册、嘉庆二十一年（1816）47 卷 20 册、道光六年（1826）52 卷 20 册、道光二十三年（1843）52 卷 27 册、同治四年（1865）52 卷 20 册、同治六年（1867）33 卷 4 册、光绪十二年（1886）

① 中国第一历史档案馆：《康熙十二年稽察官员御史奏章》，《历史档案》2000 年第 3 期，第 23 页。
②（清）马丕瑶：《晋政辑要 • 叙》，《续修四库全书》编委会：《续修四库全书》第 883 册，上海：上海古籍出版社，2002 年，第 8 页。
③（清）秦瀛：《小岘山人诗文集 • 小岘山人文集》卷 3《律例全纂序》，《清代诗文集汇编》编纂委员会：《清代诗文集汇编》第 407 册，上海：上海古籍出版社，2010 年，第 496 页。
④ 胡星桥，邓又天主编：《读例存疑点注》例言，北京：中国人民公安大学出版社，1994 年。
⑤ 赵尔巽等：《清史稿》卷 3《太宗本纪》，北京：中华书局，1977 年，第 79 页。

52 卷 20 册。[1]光绪《大清会典》则有 6 属 49 目，“目皆有条”[2]。笔者据《六部处分则例》，逐一统计共 52 卷 49 目 1198 条，而且各条中又包括具体条目若干条。[3]《吏部处分则例》对于清朝政府于州县的问责，以及知州、知县在所属辖区的政务履行、地方治理而言，都是十分重要的。对前者来说，因其“专言文职考成”[4]，为清政府对包括州县官员在内的所有文官的行政问责提供了最直接的问责法律来源，是清政府通过包括州县官员在内的官僚机器对地方乃至全社会控制提供最有力的行政法规与制度支撑。对于后者及知州、知县及其县政、县域治理来说，《吏部处分则例》是最直接的也是第一位的规范、准绳和依据，更是不可逾越、突破的行政红线。所谓“以有一成不可易之法，绝其觊觎之心也”[5]。这如同该则例序言所论：“官守确有定章，功令无能稍贷，所以严文职考成者，莫若《吏部处分则例》一书。出治者不读是书而无所遵循；佐其出治者，不读是书而无所引用。”[6]“专言文职考成”的《吏部处分则例》成为包括州县官员在内的清代文官系统第一重要的行政问责专门法律依据的地位是不容置疑的。

除《吏部处分则例》外，官员行政问责专门法规中还有《六部处分则例》。该则例大致系康熙十二年（1673）由相关则例修订而成，雍正三年（1725），清廷对康熙朝《六部处分则例》进行增删，而成雍正朝《六部处分则例》，乾隆七年（1742）刻印刊行。据王钟翰的《清代各部署则例经眼录》记载，他见到的六部处分则例有如下若干：一是《六部处分新例》，道光二十六年（1846）刻本，52 卷 20 册。二是《新修六部处分则例》，道光二十三年（1843）刻本，52 卷 24 册。三是《重修六部处分则例》刻本，52 卷 24 册，咸丰二年（1852）；又一部，52 卷 24 册，光绪三年（1877）；又一部，52 卷 24 册，光绪十三年（1887）；又一部，52 卷 8 册，光绪十八年（1892）；又一部，52 卷 8 册，光绪二十一年（1895）。除此之外，还有《处分则例图要》不同年份的刻本。[7]

《六部处分则例》《吏部处分则例》两种处分则例，总体上属于综合性质

---

① 王钟翰：《清代各部署则例经眼录》，《清史续考》，台北：华世出版社，1993 年，第 289 页。
② （清）昆冈等修，吴树梅等纂：《钦定大清会典》卷 11《吏部》，《续修四库全书》编委会：《续修四库全书》第 794 册，上海：上海古籍出版社，2002 年，第 115 页。
③ （清）文孚纂修：《钦定六部处分则例》，沈云龙主编：《近代中国史料丛刊》第 332 册，台北：文海出版社，1969 年。按，内书名又曰《钦定重修六部处分则例》，书中也称其为《吏部处分则例》。
④ （清）沈贤书，孙尔耆：《钦定增修六部处分则例・叙》，清同治十年（1871）刻本。
⑤ （清）徐旭旦：《世经堂初集》卷 26《六曹条例》，清康熙四十八年（1709）刻本。
⑥ （清）文孚纂修：《钦定文部处分则例》堵焕辰序，沈云龙主编：《近代中国史料丛刊》第 332 册，台北：文海出版社，1969 年，第 3 页。
⑦ 王钟翰：《清代各部署则例经眼录》，《清史续考》，台北：华世出版社，1993 年，第 305 页。

的行政问责法规。事实上各部几乎都有自己的专门行政责任法规。除综合性则例、专门处分则例外，还有官员考成则例。如康熙八年（1669）的《六部考成见行则例》（无卷数，10 册）和康熙二十九年（1690）的《新定六部考成现行则例》（17 卷，24 册）。[①]之后各朝代虽未曾见到，但其客观存在当不是问题。因为考成主要是就钱谷问责量化之重要依据。而钱谷责任直到清朝覆灭都是客观存在的，而且是州县官员的最大责任和刚性考核目标。另外，有关资料显示，则例成为州县官员行政问责的法源。譬如，承查州县官员不实心详查，扶同徇隐，就被照《吏部处分则例》规定降 3 级调用。雍正初年渭源县知县吴振镐，奉委对甘肃狄道县钱应荣建县仓冒销银 1200 两案件“复估”中，“既经知钱浮冒，并不据实详报，甚属不合”，从而被甘肃巡抚许于雍正七年（1729）题参，吏部“查定例，承查之员不实心详查扶同徇隐者降三级调用等语”，奏请将吴振镐降 3 级调用，最后奉旨依议。[②]

在清末官制改革中，光绪上谕内阁：“六部为天下政事之根本，《六部则例》本极详明，行之既久，书吏窟穴其中，渔财舞文，往往舍例引案，上下其手，今当变通政治之初，亟应首先整顿部务，为正本清源之道，非尽去蠹吏，扫除案卷，专用司员办公不可。兹值京师兵燹之后，各部署案卷不过十存四五，著即一并销毁，以示郭清弊窦，锐意自强之志。自此次销毁以后，各部堂官，务当督饬司员，躬亲部务……另募书手若干名，专备钞缮文牍之用，不准拟办稿件。”[③]各部门几乎都制定有则例。为筹备立宪，并区别“行政审判、惩戒审判应与刑事审判划清界限之意”，吏部拟定于 9 年预备时限内，改订《外省大计章程》《命盗案处分则例》《钱漕盐关处分则例》《隐瞒脱漏户籍处分则例》《承审事件处分则例》等处分则例内容，改订和刊行京内外官员革职、降调、降级、罚俸、停升、记过各款切实办法，进而在此基础上制定与各项新律适应、协调的新的文官处分章程。法部也计划编订和实行《法官惩戒办法》、编订和颁布《监狱官吏惩戒规则》。后因预备年限缩短，在宪政编查馆之《修正逐年筹备事宜清单》中，定于宣统三年（1911）颁布行政审判院法，制定和颁布文官、法官惩戒章程。可是，由于清廷的迅速倒台，上述计划没能成为现实。尽管如此，上述各种专门处分则例，在整体上，对清朝

---

① 王钟翰：《清代各部署则例经眼录》，《清史续考》，台北：华世出版社，1993 年，第 304 页。

②（清）董公振：《钱谷刑名便览》卷上，《四库未收书辑刊》编纂委员会：《四库未收书辑刊》第 2 辑第 26 册，北京：北京出版社，2000 年，第 108 页。

③《清实录·德宗实录》卷 482 光绪二十七年四月丙午条，北京：中华书局，1987 年，第 362—363 页。

官员行政问责的作用以及对官员行政的巨大威力，尤其是强烈的警戒、震慑功能，依然是十分明显与不容置疑的。王钟翰指出："处分则例之设，最为严厉，一切惩戒，以此为准则……处分则例，最关百司执事之降罚黜革，偶一不慎，即落法网。"[①] 举凡百官，包括知州、知县及散厅之正印官通判，"于读律之余兼读是书不敢不勉"[②]。

同为官员问责行政法规的不仅有"则例"，还有"事例"。"事例"是经皇帝批准且为相关机构及其工作人员处理各项事宜的具体例文，作为一条条的事例，实际就是一个个相对具体且同时具有某种代表性的行政案例，在经过一定的立法程序（尤其是皇帝的批准），便上升为处理同类事宜的法律准绳。尽管其来源形式有上谕、奉旨、题准、奏准、议准、议定、奏定等，但是，源于行政实务的自下而上的"奏准""议准"乃是其最主要的来源。它与"则例"虽同属行政法规范畴，并大致与会典对应、匹配，但两者之间存在诸多差别。它作为清代官员的问责重要法规，其条目规模尚有待进一步研究，仅乾隆、嘉庆、光绪三朝所纂入会典之事例，计有 2300 卷。其中，光绪朝《大清会典事例》自第 78 卷到 137 卷便全是"处分例"，计有 235 目，将近 3000 条，堪称宏富。

此外，"省例"与"章程"也是清代官员问责行政法律法规的组成部分。"省例者，谓各省所定之实例也。而其性质则同则例"[③]，清人王有孚有云："条例是国家令典，天下通行，一律遵办。省例是外省申详事件酌定章程，各就一省而言，南北办法互有不同，亦各自成书。"[④]不过，有的省例因经过长期检验证明甚是有效，则其效力有时几乎与部例相等。例如，《江苏省例》以"斟酌得宜，可以防弊，且可以便民"，通常"见诸行事，率皆称便，并无格碍处"，不仅为官员所称道，且为"山左山右"的官员"见诸行事"。清代省例的数量，虽然"迄今尚无人做过完整的统计"，但现存的还是不少。著名的如《江苏省例》《江苏省例续编》《湖南省例》《福建省例》《粤东省例新纂》，等等。由于省例通常以会典和中央各部则例为来源，对所属全省官员具有约束功能，各

① 王钟翰：《清代则例及其与政法关系之研究》，《清史补考》，沈阳：辽宁师范大学出版社，2004 年，第 70—71 页。

②（清）文孚纂修：《钦定六部处分则例》，沈云龙主编：《近代中国史料丛刊》第 332 册，台北：文海出版社，1969 年，第 5 页。

③（日）织田万撰，李秀清、王沛点校：《清国行政法》，北京：中国政法大学出版社，2003 年，第 64 页。

④（清）徐栋：《牧令书》卷 17，官箴书集成编纂委员会：《官箴书集成》第 7 册，合肥：黄山书社，1997 年，第 373 页。

州县官员必须遵循省例，否则，会受到相应的责任追究。譬如，在《治浙成规》中，乾隆五十八年（1793）的《革禁积弊以省糜费四条》规定，州县正印官如遇州县发生《治浙成规》内规定准许赴省之紧要事项，准许一边摘叙案由上行通禀，一边来省审办，其余事项除非奉上司札调，不许上省，即使有州县事务必须上申面陈，必须先行密禀并得到批准后再行起程，如“故意抗违托词来省，立即严揭请参”，同时严禁州县正印官“坐省家人……如再干犯，定将家人产业照例查抄入官，该州县一并严参治罪”[①]。“章程”则多为专门性质，旨在“补则例之未逮”。王钟翰《清代各部署则例经眼录》等所列出章程甚多。[②]《晋政辑要》之《清讼功过章程》即是一例。

## 二、州县刑事问责的法律法规

在日本法学家滋贺秀山看来，中国的法，一方面是刑法；另一方面则是由官僚制统治机构的组织法、行政的执行规则，以及针对违反规则行为的罚则所构成。机构组织法、行政规则及对违反规则的“罚则”，实际就是上揭官员行政处罚之法律法规。除此之外，罚则尚有与之相对应的刑事法律法规。“今天下治法之所准绳者，莫逾全书律例二编。盖全书者，合禹贡周官以为生用。律例者，本执礼春秋以为赏罚者也。”[③]因此，律乃清朝最正统、最持久、最稳定的刑事法律形式，《大清律》因此成为包括州县官员在内的刑罚问责的首要依据。清朝的刑律及《大清律例》，学界固有不少的研究成果[④]，但就州县官员刑事责任法律依据论及者究属少见。基于此，笔者拟就从州县官员刑事问责法律角度稍加说明。

史实表明，清朝政府对于各级官员的刑事责任法律的制定是颇为重视的。顺治元年，摄政王多尔衮谕令法司会同廷臣详译《明律》，参酌时宜，集议妥当，以便裁定成书，颁行天下。翌年，多尔衮又令“熟谙律令”者制定本朝

---

① （清）不著撰者：《治浙成规》卷2《藩政二》，官箴书集成编纂委员会：《官箴书集成》第6册，合肥：黄山书社，1997年，第373页。

② 王钟翰：《清代各部署则例经眼录》，《清史续考》，台北：华世出版社，1993年，第291—302页；王钟翰：《清代则例及其与政法关系之研究》，《清史补考》，沈阳：辽宁大学出版社，2004年，第33—37页。

③ （清）潘杓灿：《未信编》自序，本社影印室：《明清法制史料辑刊》第1编第9册，北京：国家图书馆出版社，2008年，第27页。

④ 张晋藩主编：《清朝法制史》，北京：法律出版社，1994年；苏亦工：《明清律典与条例》，北京：中国政法大学出版社，2000年；郑秦：《清代司法审判制度研究》，长沙：湖南教育出版社，1988年；郑秦：《清代法律制度研究》，北京：中国政法大学出版社，2000年；周少元：《〈钦定大清刑律〉研究》中国政法大学博士学位论文，2003年。

律例。先是刑部尚书吴达海、侍郎党崇雅等遵旨率领僚属“纂完”，旋经内翰林国史院大学士刚林等奉命“裁议”，继而，又由刑部官员“再四详核”，并“逐篇磨勘”后，缮写进呈皇上。因“惟恐有未当”，顺治帝令“再加审定”。刚林、范文程遵旨又会同学士蒋元恒等逐条详阅校正，并将审定内容缮写，发给刑部“对阅”后，再“订刻”告竣。到顺治四年（1647），《大清律集解附例》正式“颁行中外”。康熙帝曾命刑部尚书喀纳等人校正律文，至康熙四十六年（1707）辑成律例 42 本，只是留中未发。雍正皇帝登极伊始，便“乃命诸臣，将律例馆旧所纂修未毕者，遴简西曹，殚心搜辑稿本进呈”，并“一句一字，必亲加省览。每与诸臣辩论商榷”[①]雍正三年（1725）八月，乃编校告竣，雍正五年（1727）颁布，名仍题《大清律集解附例》（但乾隆刊本中称为《大清律集解》）。乾隆朝继续修律，“岳泰等逐条考证，重加编辑，又详校定例，纂入一千四十九条，节次恭缮进呈，蒙皇上亲加鉴定。间有未协之处，悉经谕旨改正。特命刊布内外，永远遵行”[②]。光绪二十八年（1902），清政府颁布修改法律上谕，设立专门机关——修订法律馆，从而开始对《大清律例》进行删改、修并、续纂，光绪三十四年即 1908 年修订完成，并定名为《大清现行刑律》。同时起草《大清新刑律》，1907 年编成《大清新刑律草案》。1908 年“交部、院及疆臣核议，签驳者众”，草案的分则未获通过。但清政府仍于宣统二年（1910）将新刑律总则、分则以及附于新律的《暂行章程》一同予以颁布。

上述包括州县官员在内刑事责任追究的 5 部刑律，其中除《大清新刑律》外，其余 4 部都采用《大明律集解附例》律文、条例合编并行的方式。不过“应时之断制”的“例”的地位，远不能与作为有清“一代之章程”的“律”比肩，自雍正起，“律”文被确定为子孙世守且不得修改的成法，而成为刑法最基本的形式，处在纲领位置，例则为辅助形式，处于附属地位，并且律文规模与篇目不同。其中《大清律集解附例》的律文计 7 篇、30 门、459 条，其篇、门分别如下：名例律；吏律：职制、公式；户律：户役、田宅、婚姻、仓库、课程、钱债、市廛；礼律：祭祀、仪制；兵律：宫卫、军政、关律、既牧、邮驿；刑律：贼盗、人命、斗殴、骂詈、诉讼、受赃、诈伪、犯奸、杂犯、捕亡、断狱；工律：营造、河防。《大清律集解》律文，也分为名例律、吏律、户律、礼律、兵律、刑律、工律 7 篇，计 436 条。《大清律例》有 47 卷，共计 7 篇、30 门、436 条。各篇的条数分别为：名例律，48 条；吏律，

① 张荣铮，刘勇强，金懋初点校：《大清律例》，天津：天津古籍出版社，1993 年，第 668—669 页。
② 转引自杨鸿烈：《中国法律发达史》，北京：中国政法大学出版社，2009 年，第 496 页。

31条；（其中职制16条、公式15条）；户律，95条；礼律，26条；兵律，76条；刑律，170条；工律，13条。《大清现行刑律》，是清政府于1910年颁布的一部具有过渡性质的法律，律文计30门389条，条例1327条，禁烟条例12条，秋审条例1165条。此律民、刑虽然分离，行政法却并未析出，刑罚主体为官吏之《职制》（计9条）和《公式》（11条）仍列其中；在其他刑罚中，官吏依然是其处分主体。作为清代问责刑罚惩戒制度组成部分的《大清新刑律》，由总则17章、分则36章两部分构成，计488条，后附《暂行章程》（5条）。该律本预定1913年正式施行，但因公布不久，清廷统治即告终结。

有关官吏的职务犯罪的刑罚条款，仅仅是前三部清律而言的，主要条目大体包括奸党、结交近侍官员、上言大臣德政、大臣专擅选官、滥设官吏、举贡非其人、举用有过官吏、官员赴任过限、擅离职役、无故不朝参公座、坐赃致罪、事后受财、官吏听许财物、有事以财请求、在官求索借贷人财物、家人求索、风宪官吏犯赃、因公科敛、克留盗赃、私受公侯财物等。另外，各律还把刑罚制裁作为调控官员行政行为的手段，同时将官吏违反办事规程也纳入刑罚问责的范围。关于这方面，集中反映在《吏律》“公式”卷。譬如，乾隆《大清律例》中，就有讲读律令、官文书稽程、漏使印信等14条。此外，其他非职务犯罪的律文，因其涉及包括州县官员在内的官员刑名司法、民间词讼准绳，因此与州县等官员联系密切，一旦处置不如法或违犯律例，势必带来刑罚问责。因而，除州县等职务刑罚责任条款外，其他非职务犯罪之部分大清律文对知州、知县等官员的司法刑名拘束作用是客观存在的。也正因为如此，汪辉祖强调“律例不可不读”：“凡律例之不关听讼者，原可任之幕友。若田宅、婚姻、钱债、贼盗、人命、斗殴、诉讼、诈伪、犯奸、杂犯、断狱诸条，非了然于心”，并“熟之平日”，才能在听讼时“立时折断”，而不致差错。①清代知县刘衡也以自己的州县刑名治理实际经历和体会，认为“现行律例”于“司牧者”，未必全然重要，然而诉讼门之十二条、断狱门之二十九条，则其尤要；“司牧者于律内诉讼断狱两门共四十一条，果能潜心熟读，则能于收呈时，即发觉棍蠹于未出票之先而禁止之，尤为息事安人之要”②。否则，时时处处皆有问责风险。

辅律而行的清朝官吏刑事问责的另一法律依据是“条例”。如前文所述，

① （清）汪辉祖：《律例不可不读》，官箴书集成编纂委员会：《官箴书集成》第7册，合肥：黄山书社，1997年，第371页。
② （清）徐栋：《牧令书》卷17《刑名上》，官箴书集成编纂委员会：《官箴书集成》第7册，合肥：黄山书社，1997年，第372页。

“条例”实际只是“例”中之一种，虽然在早期条例多直接曰“例”[①]。清朝“条例”，尤其是清初“条例”多沿袭于明朝，在《大清律集解附例》449 条条例中，有 321 条直接来自《大明律》的条例[②]；即便作为康熙朝的刑事法规数量为 264 条的《刑部现行则例》，也是仿照明朝《问刑条例》的结果。[③]晚清著名律学大家薛允升估计：“窃查本朝之于明律，增注者多而删改者少……至于条例，则删存者不过十分之二三。”[④]不过，就有清一代的“条例”来源而言，著名专家何勤华认为：“一是皇帝的诏令，以及皇帝对臣工奏议等文件做出的批示（上谕）；二是从刑部就具体案件所做的并经皇帝批准的判决中抽象出来的原则。”[⑤]俞江持相似意见，他认为：“例是脱离了诏令的具体性，而转为抽象的法律形式。”[⑥]另一专家陈煜则认为：“条例源于司法实践的现实需要，一般情况下由从事司法工作的官员或相关科道的监察人员指出既有法律不敷应用，奏请设立专条，经过皇帝同意之后，从而定例乃至纂入法典。”[⑦]笔者根据“博览群书，谙习掌故，研究功令之学”的清末“名法专家”、刑部尚书薛允升，“积平生之学问心得”写成的 54 卷 1907 条的《读例存疑》认为，清朝“条例”大致有五种来源：一是直接沿袭明朝“条例”；二是由明朝条例修改而来；三是清朝皇帝的上谕；四是有关部门或臣工直接奏准；五是臣工条奏经相关部门讨论覆奏获准。

“条例”从属并附于律文，是自顺治朝开始的。是时，《大清律集解附例》有条例 400 多条。到雍正年间，《大清律集解》之条例则几乎增加 1 倍，并各以“原例”“增例”“钦定例”，分别按照年代顺序，整体附于律文之后。乾隆五年（1740），清廷对条例进行增修，鉴于条例按时间分类于司法实践不便，便将历年条例按类别附于相关律文之后，并统定名“条例”。自此，“条例”之称谓便一直沿用，直到清朝灭亡。[⑧]“条例”之修，乾隆初定每 3 年 1 次，后改

① 所谓“律不尽者著于例”的“例”，便是“条例。（清）昆冈等修，吴树梅等纂：《钦定大清会典》卷 54，《续修四库全书》编委会：《续修四库全书》第 794 册，上海：上海古籍出版社，2002 年，第 522 页。

②（美）D.布迪、C.莫里斯著，朱勇译：《中华帝国的法律》，南京：江苏人民出版社，1995 年，第 61 页；刘俊文主编，姚荣涛、徐世虹译：《日本学者研究中国史论著选译》第 8 卷《法律制度》，北京：中华书局，1992 年，第 480—481 页。

③ 陈一容：《清代官吏惩戒制度》，昆明：云南人民出版社，2008 年，第 162 页。

④ 胡星桥，邓又天主编：《读例存疑点注》总论，北京：中国人民公安大学出版社，1994 年。

⑤ 何勤华：《清代法律渊源考》，《中国社会科学》2001 年第 2 期，第 116 页。

⑥ 俞江：《中国法史学科评价中的若干问题——以“中华法系”研究现状为中心》，《中国社会科学评价》2015 年第 4 期，第 36 页。

⑦ 陈煜：《“殊为具文”——浅论<大清律例>中的“宣示性条款”》，《东南大学学报》（哲学社会科学版）2016 年第 6 期，第 74 页。

⑧ 参见郑定，闵冬芳：《略论清代对明朝条例的继承与发展》，汪汉卿，王源扩，王继忠主编：《继承与创新——中国法律史学的世纪回顾与展望》，北京：法律出版社，2001 年。

为“条例五年一小修，十年一大修”，从乾隆五年（1740）到同治九年（1870），清政府共修条例23次，光绪二十八年（1902）将情形变化后无用以及重复之条例删除344条。“条例”的数量，就已知的来看，《顺治律》附例有449条，康熙《刑部现行则例》有264条，《雍正律》附例为824条，乾隆五年（1740）为1049条、乾隆三十三年（1768）条例有1456条，以及嘉庆时有1573条，同治九年（1870）有1892条，《大清现行刑律》有1327条。若就此8项数字统计，清代“条例”数量规模不下8834条。[①]而薛允升《读例有疑》内则有1907条。[②]又，王钟翰经眼的“条例”年号及册数情形如下：康熙四十七年（1708），新例10册；雍正八年（1730）至雍正十一年（1733），续抄新例1册；乾隆朝中31个年份的条例63册；嘉庆朝中10个年份的条例20册；道光朝中30个年份的条例43册；咸丰朝中7个年份的条例7册；同治朝中11个年份的条例16册；光绪朝中5个年份的条例5册；咸丰元年（1851）至光绪九年（1883）增订通行条例2册、光绪元年（1875）至光绪十四年（1888）通行条例4册；乾隆二十六年（1761）至乾隆三十三年（1768）、乾隆四十三年（1778）至乾隆四十九年（1784）各部院条例26册；乾隆三十五年（1770）至嘉庆二十年（1815）各部院条例50册；嘉庆元年（1796）至嘉庆八年（1803）各部院条例11册；嘉庆元年（1796）至光绪二十年（1894）各部院刑钱条例75册。[③]

“条例”不仅为清朝国家行使官吏刑事问责提供了一个与“律”对应、匹配、补充的法源，而且对包括州县正印官在内的官员形成了巨大的威慑。较之于作为行政问责的法律法规——会典、则例、事例，条例进行的处罚，无疑更严、更重，甚至直至其身家性命。知州、知县个人行为以及在辖区的刑名政务一旦触犯“条例”，就有招致相应的问责处罚之虞。

## 第二节　问责范围及主要内容

“明主治吏不治民”，清朝国家的地方治理的第一抓手在于治理知州、知县。由于清朝定制以及地方治理实际，州县官员的职掌全面，无所不包，因而责任

① 在1740年到同治时的1870年以及1902年的24次修订中，计入该统计者仅4次，其余20次因数据不详而无法计算。

② 郑定，闵冬芳：《略论清代对明朝条例的继承与发展》，汪汉卿，王源扩，王继忠主编：《继承与创新——中国法律史学的世纪回顾与展望》，北京：法律出版社，2001年。

③ 王钟翰：《清代各部署则例经眼录》，《清史续考》，台北：华世出版社，1993年，第307—312页。

领域广阔，问责的内容，虽然以“职责政务、官风纪律、道德品行”为主[①]，但规定其实是十分全面和丰富的，甚至可以说是责任无所不在，无所不包。拙著之“责任”指的是问责制度所规定的那些纳入追究范围的责任内容，而不是官员的一般职掌性质的责任[②]，也就是追究的主要事项以及相应的问责类型，那些没有追究处罚规定的责任一般不在讨论范围之内，或不属于本书的讨论对象。就前者而言，即法律法规规定，州县正印官应完成的州县工作；而后者即本书则是知州、知县没有完成应完成的或规定的职责，将怎么样处置的问题，即问责内容，而非责任内容，两者间虽有联系，但又有所区别。

## 一、个人德行与操守责任追究内容

“盖官者，治民者也，不能正己，乃先以身试法，致其毒流天下，其造孽大矣。是故官先无犯，乃能禁一署之人，一署之人禁，乃所莅之人皆可得而禁。”[③]所以，清朝国家的州县地方治理，首先必须从知州、知县本人的治理开始，即所谓州县政务“先严官吏处分”[④]。而《大清会典》等又强调知州、知县“首重才品”，厅州县正印官定期大计卓异官员，“必才守俱优”[⑤]。“若操守先不可问，则一切措施皆属昏瞀。”[⑥]故知州、知县的个人为官操守、德行，是国家地方治理中之正印官治理的第一要务。

第一，贪污受贿、品德不端。“国之安危，全系官僚之贪廉。”[⑦]清朝“国家定制，惩治贪墨，条例最严”[⑧]，针对包括知州、知县贪贿的问责条款很多，也很严格，其中最直接、最权威和严厉者为刑事法律。律文规定，监守自盗仓库钱粮，清律不分首从，并赃治罪，从赃1两以下处杖80，到赃40两以斩的律文规定，直到清末均无大变化。[⑨]而《大清律例》依照监守自盗论处的条

① 柏桦：《父母官：明清州县官群像》，北京：新华出版社，2015年，第191页。

② 关于州县官员的职责，尤其是司法责任的讨论，学界已有较多的涉及，除法制史、官制史等专题研究有不同程度的涉猎外，徐炳宪：《清代知县职掌之研究》（私立东吴大学中国学术著作奖助委员会，1974年）、吴吉远：《清代地方政府的司法职能研究》（中国社会科学出版社，1998年）、李凤鸣：《清代州县官吏的司法责任》（复旦大学出版社，2007年）等著述堪称代表。各研究对州县不履职履责处罚问题或有涉及，不过，其主旨与基点在于诠释州县的责任而非对知州、知县的问责。

③ 齐思和等整理：《筹办夷务始末（道光朝）》卷3，北京：中华书局，1964年，第67页。

④ 齐思和等整理：《筹办夷务始末（道光朝）》卷2，北京：中华书局，1964年，第43页。

⑤（清）伊桑阿等纂修：《大清会典（康熙朝）》卷10《吏部八·考功清吏司·朝觐考察》，沈云龙主编：《近代中国史料丛刊》三编第712册，台北：文海出版社，1992年，第430页。

⑥（清）昆冈等修，刘启端等纂：《钦定大清会典事例》卷849《刑部·刑律断狱》，《续修四库全书》编委会：《续修四库全书》第810册，上海：上海古籍出版社，2002年，第344页。

⑦《清实录·世祖实录》卷9顺治元年十月甲子条，北京：中华书局，1985年，第94页。

⑧《清实录·德宗实录》卷446光绪二十五年六月丙午条，北京：中华书局，1987年，第883页。

⑨ 陈一容：《清代官吏惩戒研究》，昆明：云南人民出版社，2008年，第43—45页。

款即有 30 余项。譬如，《大清律例》卷九之条例规定，近边的知州、知县，“擅自入山，将应禁林木砍伐贩卖”，除革职外，“计赃重者，俱照监守盗律治罪”①。并且官吏监守自盗的刑罚规定，在清朝“六赃”惩治中，是最为严厉的，甚至较之于作为暴力抢劫的“常人盗”的科罪，也要重得多。例如，不足 1 两时，监守自盗者杖 80，常人盗者杖 70；40 两时，监守自盗者处斩，而常人盗者杖 100 徒 3 年。赈济被灾饥民以及蠲免钱粮时，“州、县官有侵蚀肥己等弊，致民不沾实惠者，革职拿问，照侵盗钱粮例治罪”，如果遇有恩诏，豁免钱粮，而知州、知县“入己”则“以侵盗论”②等。

对于官吏索贿受贿的问责，清朝法律规定明确。《大清律集解附例》规定，官吏受财，除追夺除名之外，还要“计赃科断”，其中不枉法杖 60、枉法则据赃数处以杖 70 到绞监候等制裁；雍正朝《大清律集解》、乾隆朝《大清律例》量刑尺度基本标准保持不变；清末《大清现行律例》除将改“杖”刑为罚金，并“依数分等处罚”，以及删除“徒流附加杖罪照章”外，其他并无多少变化。③除对明目张胆的直接性受贿进行问责制度设计外，清代各种各样的索贿、受贿行为均纳入问责范围。对此，五部清律以及各代条例规定甚多。仅就律文而言，包括“官吏听许财物”、“在官求索借贷人财物”、官吏“事后受财”、官吏“家人求索”，以及“因公科敛”“克留盗赃”等。同样，值得注意的是，清朝政府对官吏受贿枉法的问责法律规定更是相当严厉，问责的力度也是很大的，它不仅与“常人盗”持平，而且，“通算全科”（即并赃科罪），一旦达到 80 两即处绞。对行贿、介绍贿赂的惩戒规定“不独较《唐律》为重，较《明律》亦重。”④

行政问责法律法规对官员贪贿苛酷等问责的规定同样也是多而严格。顺治十五年（1658）议准：“果有奇贪大酷，令督抚按露章纠参。”⑤康熙十八年（1679）规定，州县官钱粮征收如“私加火耗及私派加征者，革职拿问”⑥。知州、知县如果将“已征钱粮作为民欠，或挪用谎称民欠者，该州县官革职

① 张荣铮，吴勇强，金懋初点校：《大清律例》，天津：天津古籍出版社，1993 年，第 210 页。
② 张荣铮，吴勇强，金懋初点校：《大清律例》，天津：天津古籍出版社，1993 年，第 207 页。
③（清）沈家本等：《钦定大清现行新律例》卷 29，《续修四库全书》编委会：《续修四库全书》第 864 册，上海：上海古籍出版社，2002 年，第 645 页。
④ 参见（清）沈家本撰，邓经元，骈骞点校：《历代刑法考（附寄簃文存）》卷 1《与受同科议》，北京：中华书局，1982 年，第 2057 页。
⑤（清）伊桑阿等纂修：《大清会典（康熙朝）》卷 10《吏部八・考功清吏司・朝觐考察》，沈云龙主编：《近代中国史料丛刊》三编第 712 册，台北：文海出版社，1992 年，第 425 页。
⑥（清）昆冈等修，刘启端等纂：《钦定大清会典事例》卷 107《吏部・处分例・征收地丁钱粮》，《续修四库全书》编委会：《续修四库全书》第 799 册，上海：上海古籍出版社，2002 年，第 694 页。

拿问”[①]。行政问责法规《六部处分则例》规定，州县官员审办大小案件需索财物，或以军需河工急用为名藉端科派，或因事科取钱物入已等，都“革职提。(私罪)”。州县灾赈，官员“借民肥己，使民不沾实惠等弊……将州县官照贪官例，革职拿问”[②]。而且，州县正印官“奸赃不法事涉营私者，不准捐复”“实犯奸赃酷虐不法者，不准捐复降捐……凡事涉赃私听受书吏嘱托革职者，不准捐复降捐；凡因收受陋规革职者，不准捐复降捐”[③]。

在官品德行方面，《大清律例》要求，州县亲民官“任内娶部民妇女为妻妾者，杖八十”[④]。包括知州，知县在内的所有官员，如果进京“妄称谙晓扶鸾祷圣，书符咒水，一切左道异端邪术煽惑人民，为从者；及称烧炼丹药，出入内外官家，或擅入皇城，夤缘作弊，希求进用”，或作为从犯以左道惑众，或烧香集徒，夜聚晓散，以及宣称为善友讨布施达到10人以上，或不问来历加以窝藏接引等，均处以“发边外为民”的制裁。[⑤]官员行政问责各法律法规，对涉及州县等在内的职官品行操守也多有限制、约束。譬如，处分则例对有关官员犯奸问题，就规定：“官员奸军民妻者革职治罪”“官员奸家人有夫之妇者，罚俸九个月”；对“畜养优伶”，吏部不仅将雍正皇帝、乾隆皇帝、嘉庆皇帝等相关的上谕纂入官员的处分则例，而且其则例中也就此明确规定：“官员畜养优伶者革职（私罪）”[⑥]，且对其上司追究连带责任。《六部处分则例》的加倍半不准捐复的13条中，就有“凡案关伦纪名节”而“革职者”和“因挟妓、挟优革职者”都“不准捐复降捐”的条款。[⑦]

就禁止官员赌博方面，《六部处分则例》规定：“官员无论赌银、赌食，及开场聚赌，并上司属员同赌者，均革职治罪，永不叙用。”[⑧]且规定，知州、知县的赌博，由知府、直隶州知州直接稽查，若后者明知前者犯赌不行揭参，

---

①（清）昆冈等修，刘启端等纂：《钦定大清会典事例》卷107《吏部·处分例·征收地丁钱粮》，《续修四库全书》编委会：《续修四库全书》第799册，上海：上海古籍出版社，2002年，第693页。

②（清）昆冈等修，刘启端等纂：《钦定大清会典事例》卷110《吏部·处分例·蠲缓》，《续修四库全书》编委会：《续修四库全书》第799册，上海：上海古籍出版社，2002年，第732页。

③（清）文孚纂修：《钦定六部处分则例》卷2《降罚》，沈云龙主编：《近代中国史料丛刊》第332册，台北：文海出版社，1969年，第73、75—76页。

④ 张荣铮，吴勇强，金懋初点校：《大清律例》，天津：天津古籍出版社，1993年，第222页。

⑤ 张荣铮，吴勇强，金懋初点校：《大清律例》，天津：天津古籍出版社，1993年，第281页。

⑥（清）文孚纂修：《钦定六部处分则例》，沈云龙主编：《近代中国史料丛刊》第332册，台北：文海出版社，1969年，第362页。

⑦（清）文孚纂修：《钦定六部处分则例》卷2，沈云龙主编：《近代中国史料丛刊》第332册，台北：文海出版社，1969年，第75—76页。

⑧（清）文孚纂修：《钦定六部处分则例》卷45，沈云龙主编：《近代中国史料丛刊》第332册，台北：文海出版社，1969年，第915页。

就将后者降3级调用（私罪）；知府或直隶州知州对同城的知州、知县赌博失察降1级留任，不同城者罚俸1年（公罪）。光绪朝《大清会典事例》就有数十条内容涉及惩治官吏赌博者。譬如，康熙年间议准，开场赌博者，“不分官员平人，俱照光棍为从例，拟绞监候”，以及雍正初年进一步议准：“官员无论赌银钱、饮食等物，有打马吊、斗混江及与属员斗牌掷骰为乐者，皆革职治罪，永不叙用。”[①]在刑事法律法规方面，顺治三年（1646）即修改明律而为律文：“凡赌博财物者，皆杖八十，所摊在场之财物入官。其开张赌坊之人，虽不与赌列，亦同罪。坊亦入官。止据见发为坐。职官加一等。若赌饮食者，勿论。”[②]条例则比律文更加具体，官员有犯赌博“革职枷责，不准折赎……官员无论赌钱、赌饮食等物，有打马吊、斗混江者，俱革职，满杖，枷号两个月。上司与属员斗牌、掷骰者，亦均革职，满杖，枷号三个月，俱永不叙用……地方官弁疏纵赌博者，俱交部严加议处……凡现任职官有犯屡次聚赌，及经旬累月开场者，发往乌鲁木齐等处，效力赎罪”[③]。

官员吸食鸦片，在嘉庆十七年（1812）以前，因例无明文，“向俱照违禁律杖一百”。但这一年，嘉庆皇帝令刑部议奏军民人等买食鸦片烟分别治罪条例，并于次年加以颁行，其中规定官员买食鸦片烟革职杖100百、枷号2个月，并且除革职外，比一般的“军民”买食鸦片烟杖100百、枷号1个月，要多枷号1个月。[④]道光年间陕甘总督杨遇春奏准定例并经同治九年（1870）改定的条例规定官员买食洋药，“照不能禁约子弟为窃例治罪”。据此，晚清时期刑部官员薛允升指出：“嘉庆道光年间，始定有……职官买食之例。”[⑤]吸食者罪止枷号，不将贩卖之人揭发，杖100百徒3年，“职官及在官人役买食者，加一等”[⑥]。道光十九年（1839），清政府的三十九条章程规定官员吸食者革职拟斩监候罪名。到同治九年（1870）原来的4条条例多删除，仅存留“官员及兵丁吸食洋药，后经改悔，如存留烟灰未毁弃者，杖一百”[⑦]。光绪十三年（1887）吏部重修颁布处分则例规定：“现任官员有曾经吸食鸦片烟，该上司知而不揭，照徇庇例降三级调用（私罪）……若该员本未断瘾，该上

① （清）昆冈等修，刘启端等纂：《钦定大清会典事例》卷131《吏部·处分例·赌博》，《续修四库全书》编委会：《续修四库全书》第800册，上海：上海古籍出版社，2003年，第256页。
② 张荣铮，吴勇强，金懋初点校：《大清律例》，天津：天津古籍出版社，1993年，第560页。
③ 张荣铮，吴勇强，金懋初点校：《大清律例》，天津：天津古籍出版社，1993年，第561—563页。
④ 张荣铮，吴勇强，金懋初点校：《大清律例》，天津：天津古籍出版社，1993年，第338页。
⑤ 胡星桥，邓又天主编：《读例存疑点注》，北京：中国人民公安大学出版社，1994年，第371页。
⑥ 齐思和等整理：《筹办夷务始末（道光朝）》卷2，北京：中华书局，1964年，第54页。
⑦ 胡星桥，邓又天主编：《读例存疑点注》，北京：中国人民公安大学出版社，1994年，第370页。

司但以曾经吸食，蒙混揭报，照徇隐例降二级调用（私罪）。”[①]作为知州、知县，自然要受到知府的监督。因吸食鸦片而革职的官员，即便是“加倍半”也“不准捐复降捐”[②]。

第二，攀缘交结、越制悖礼。有清一代，国家明法定制，“辨上下，别等威”，尊卑之分甚严，要求各官遵守本分。例如，“百官章服，皆有一定之制”，并通过行政处分和刑法制裁加以固定化。乾隆三十三年（1768）的条例对不同品次官员的服饰器用，大自顶戴、补服、房舍、车马、坟头，小至雨具、器皿等颜色、图案、数量皆有严格规定，计有 15 条之多。“凡违制越分，僭用服色者，系官革职”。甚且在行政处分外，还处以刑罚。《大清律例》礼律门的“服舍违式”的律文强调：“凡官民房舍、车服、器物之类，各有等第。若违式僭用，有官者，杖一百，罢职不叙。”条例也规定，公侯及文武各官，“应用帽顶、束带及生儒衣帽，照品级次第，不许僭越”；官员的“房舍、车马、衣服等物，贵贱各有等第。上可以兼下，下不可以僭上”，违者“照律治罪”。具体到作为七品的知州、知县，顶子上衔素金顶，中嵌小水晶 1 颗，带用素银圆版 4 块，官服为鸂鶒补服，平时用的暖帽为素金顶；厅房 3 间 7 架，梁栋土黄刷饰，正门 1 间 3 架，门用黑油铁环；帐幔为素纱罗；伞盖为重檐蓝绢，雨伞通油绢；坟地从坟心至边 20 步，高为 6 尺，不能用碑，只能用“碣，方趺圆首”[③]。此外，还在颜色、花纹等方面也有特别要求，不得逾越。

清政府对于官员上下迎送、勾结也是明确禁止的。知州、知县出郭迎送过境上司官员杖 90。对进入本县县城的上司，知县只许出城三里迎送，即使来本县但上司并不入城，知县只能在其经过处所迎送。倘迎送必至交界，或因事营求，或乘便贿赂，就要“革职拿问”；如仅出界迎送，无营求贿赂等情，则“照擅离职役律议处”。知县上任，书役迎接只能在交界处所等候，“如有约结多人执批远迎者，照律治罪。……属员与上司亲戚、子侄，有乘便夤缘因事贿嘱者，按律分别革职治罪”[④]。《六部处分条例》规定：“凡内外官员，除系至亲好友、世谊乡情彼此往来无庸禁绝外”，其他不正当交往处，以及违规、违法的“送迎供应”“因事嘱托馈送”，等等，都将受到从罚俸到“革职”，乃至“革职提问”

① （清）文孚纂修：《钦定六部处分则例》，沈云龙主编：《近代中国史料丛刊》第 332 册，台北：文海出版社，1969 年，第 924—925 页。
② （清）文孚纂修：《钦定六部处分则例》卷 2《降罚 • 加倍半不准捐复十三条》，沈云龙主编：《近代中国史料丛刊》第 332 册，台北：文海出版社，1969 年，第 75 页。
③ 张荣铮，吴勇强，金懋初点校：《大清律例》，天津：天津古籍出版社，1993 年，第 291 页。
④ 张荣铮，吴勇强，金懋初点校：《大清律例》，天津：天津古籍出版社，1993 年，第 288 页。

的处罚。[①]例如，各州县设立坐省、坐府听差家人，知州、知县将受到降1级调用（私罪）的追究；各省知县不准承办宴席招待上司，否则"革职（私罪）"，等等。此外，对于州县官员赴任接受所任州县之绅衿远迎、预备公馆、排宴和到任后不当结交都有相应的规定予以约束。[②]

再，"国家以孝治天下"，包括知州、知县等在内的所有官员，"祖父母、父母年老，无叔伯兄弟者，准其终养"，或者"父母年七十以上，子男俱出仕在外，户内别无次丁者，或有兄弟笃病不能奉事者，或母老，虽有兄弟，同父异母"等"俱准回籍终养"[③]。除终养制度之外，还有丁忧之制，"有父母之丧及应承重者，俱许解任守制"[④]。如果应丧却"短丧匿丧"则例定革职，不但"不准援赦"，而且还要加以刑罚处置："凡闻父母及夫之丧，匿不举哀者，杖六十，徒一年。若丧制未终，释服从吉，忘哀作乐及参预筵宴者，杖八十。若闻期亲尊长丧，匿不举哀者，亦杖八十。若丧制未终，释服从吉者，杖六十。"[⑤]包括知州、知县的官员，如果父母去世，必须丁忧，若"诈称祖父母、伯叔、姑、兄姊之丧，不丁忧的"杖一百，罢职役不叙"，相反，若父母健在，"无丧诈称有丧，或父母已殒，旧丧诈称新丧者"，也要杖八十，罢职役不叙[⑥]。条例的相应规定例合守制的知州、知县，一但闻丧，即取具原籍地方官印甘各结，将例应守制"开明呈报"，由该抚照例题咨，回籍守制，时间"以闻丧月日为始，不计闰，二十七个月，服满起服。若服满果无事故，在家迁延者，交该部照例议处"。此外，"凡内外大小官员，遇父之生母病放，父已先故又无父之同母伯叔及父同母伯父之子，准其回籍治丧。其本身出继为人后者，遇本生父母之丧，令其回籍守制，除路程外俱定限一年，限满咨部赴补。其匿丧不报及无丧诈称有丧、旧丧诈称新丧规避者，革职"[⑦]。至于州县官员丁忧的实际执行情况，这从《清代官员履历档案全编》中各官员履历内容可得到肯定答案。

第三，怠惰规避、拖延敷衍。"官者，管也。"知州、知县，对其州县进

① （清）文孚纂修：《钦定六部处分则例》，沈云龙主编：《近代中国史料丛刊》第332册，台北：文海出版社，1969年，第349页。
② （清）文孚纂修：《钦定六部处分则例》，沈云龙主编：《近代中国史料丛刊》第332册，台北：文海出版社，1969年，第359页。
③ （清）伊桑阿等纂修：《大清会典（康熙朝）》卷16《吏部十四·终养》，沈云龙主编：《近代中国史料丛刊》三编第712册，台北：文海出版社，1992年，第638页。
④ （清）伊桑阿等纂修：《大清会典（康熙朝）》卷16《吏部十四·丁忧》，沈云龙主编：《近代中国史料丛刊》三编第712册，台北：文海出版社，1992年，第623页。
⑤ 张荣铮，吴勇强，金懋初点校：《大清律例》，天津：天津古籍出版社，1993年，第293—294页。
⑥ 张荣铮，吴勇强，金懋初点校：《大清律例》，天津：天津古籍出版社，1993年，第294页。
⑦ 张荣铮，吴勇强，金懋初点校：《大清律例》，天津：天津古籍出版社，1993年，第294页。

行治理、管控是其本分。如果规避怠惰，疏于职守，将予以相应的责任追究。《大清律例》明确规定不准擅离职守，无故擅离职役的将处以笞刑四十。对难解之钱粮、难捕之盗贼一类烦难性工作有意回避而导致不良后果的官吏，则处杖刑一百，并罢职役不叙；倘若所避事关重大，则从重论。[①]倘若“诈称疾病，临事避难，如难解之钱粮，难捕之盗贼之类者，笞四十。如所避之事重者，杖八十。若犯罪待对故自伤残者，杖一百；诈死者，杖一百，徒三年。伤残，以求免拷讯；诈死，以求免出官。所避事重，于杖一百及徒三年者，各从重论。如侵盗钱粮，仍从侵盗重者论”[②]。

除原则性规定之外，清代的法律法规还针对各相关政务、事项的不同，做出了很多具体的问责处罚规定。刑、钱二者的规定尤其繁多、具体和刚性，且特别要求州县正印官的亲力亲为。如州县刑名案件，康熙十四年（1675）奏准：“如印官将地方词讼不行亲审，曲徇情面，批发佐杂者，将印官照徇庇例降三级调用。”[③]雍正三年（1725），清廷之规定更具体，州县官员一旦得报命案，必须自备夫马饭食，立即带领仵作等“亲往相验”，如故意迟延拖累，照案件易结不结例处分；雍正五年（1727）议准：“凡有呈报强劫盗案，责令州县印官，不论远近，无分风雨，立即会同营汛，飞赴事主之家，详验前后出入情形，有无撞门毁户，有无遗下器械油燃之类，事主有无拷撩捆扎伤痕，并讯地邻更夫救护人等，有无见闻影响，当场讯取确供，皆填注通报文内。如州县官不亲诣详验，或竟将未曾目见之情形，捏作亲诣填报，将州县官照溺职例革职。”[④]乾隆三十六年（1771），清廷强调，州县官员对刑名包括田亩之界址沟洫，及亲属之远近亲疏等民词细事，不亲加剖断，转批乡约地保处理，将被罚俸一年；如果是将命案、盗案之重要情节，以及重大事件滥批乡约地保查核者，则降三级调用。[⑤]到咸丰六年（1856），多事之秋的清廷仍提出，有报斗殴重伤案件，州县官员“无论离城窎远，事务冗繁，如有令刑书、仵作前往代验者，将州

① （清）徐本、三泰等奉敕撰，刘统勋等续纂：《大清律例》卷6《吏律·擅离职役》，《景印文渊阁四库全书·史部》第672册，台北：商务印书馆，1986年，第502页。
② 张荣铮，吴勇强，金懋初点校：《大清律例》，天津：天津古籍出版社，1993年，第549页。
③ （清）昆冈等修，刘启端等纂：《钦定大清会典事例》卷123《吏部·处分例·官员断狱不当》，《续修四库全书》编委会：《续修四库全书》第800册，上海：上海古籍出版社，2002年，第157—158页。
④ （清）昆冈等修，刘启端等纂：《钦定大清会典事例》卷127《处分例·地方缉捕窃盗》，《续修四库全书》编委会：《续修四库全书》第800册，上海：上海古籍出版社，2002年，第211页。
⑤ （清）昆冈等修，刘启端等纂：《钦定大清会典事例》卷123《吏部·处分例·官员断狱不当》，《续修四库全书》编委会：《续修四库全书》第800册，上海：上海古籍出版社，2002年，第165页。

县官降三级调用；因刑件代验，以致轻重任情罪名出入者，将该州县官革职。”[①]总之，须亲自并及时处置。州县地方的盗贼缉捕，《大清律例》“盗贼捕限”若干条例又针对不同情形做出相应限定，例如，各省审理案件如果是寻常命案限 6 个月，是盗劫及情重命案、钦部事件并抢夺发掘坟墓一切杂案，则定限 4 个月。在寻常命案 6 个月的总体定限中，作为知州、知县的期限只有 3 个月，3 个月届期解送府、直隶州；而作为 4 个月定限的上述案件的审理，州、县期限则仅仅 2 个月。至于知州、知县自理事件，也就是一般民事诉讼和笞、杖刑轻微刑事诉讼案件，俱限 20 天审结。[②]至限满不结者，虽可在一定前提下分别情形予以展限，但每一限都有相应的问责处分，每增加一限，其处罚相应加重，甚至革职。[③]

知州、知县的钱谷征收“倍难”，问责条文及其实际都异常重视。清代一州一县的钱谷赋税数量，《赋役全书》均有额定，不能完成即有相应处分。仅仅是征收的时间期限，就已经纳入刑事法律之中，“凡收夏税，所收小麦于五月十五日开仓，七月终齐足。秋粮所收粮米十月初一日开仓，十二月终齐足。若夏税违限至八月终，秋粮违限至次年正月终，不足者，其提调部粮官、吏、典，分催里长、欠粮人户，各以税粮十分为率，一分不足者，杖六十，每一分加一等，罪止杖一百。官吏、里长受财而容拖欠者，计所受赃以枉法从重论。分别受赃、违限轻重若违限一年之上不足者，人户、里长杖一百，提调部粮官、吏、典照例拟断”[④]。钱粮亏空，相关知州、知县也有承追责任，并且承追例有期限及其处罚。地方官承追亏空、侵盗、赃罚等项银两，钱数在 300 两以下，于文到日限 6 个月追完，初限不完，将州县官降俸 1 级，再限 6 个月承追公罪，二限不完罚俸 1 年，另行起限承追（公罪）；300—1000 两于文到日，限 1 年追完，初限不完，将州县官罚俸 1 年，再限 1 年承追公罪，二限不完，州县官降 1 级留任仍再限 1 年承追，完日开复公罪，仍再限 1 年，三限不完，州县官照所降之级调用；1000—5000 两的，则通按作 10 分计算，于文到日勒限 4 年，州县官每年能追完 1/4 方免处分，否则将对州县官问责：初参降俸 2 级，二参罚俸 1 年，三参降 1 级留任仍令承追，4 年限满全完开复，

① （清）昆冈等修，刘启端等纂：《钦定大清会典事例》卷 125《吏部・处分例・命案检验》，《续修四库全书》编委会：《续修四库全书》第 800 册，上海：上海古籍出版社，2002 年，第 193 页。
② 张荣铮，吴勇强，金懋初点校：《大清律例》，天津：天津古籍出版社，1993 年，第 596 页。
③ 张荣铮，吴勇强，金懋初点校：《大清律例》，天津：天津古籍出版社，1993 年，第 596—597 页。
④ 张荣铮，吴勇强，金懋初点校：《大清律例》，天津：天津古籍出版社，1993 年，第 229 页。

不完照所降之级调用；5000两以上的勒限5年，每年须追完1/5，否则处分：初参降俸2级，二参罚俸1年，三参降1级留任，四参再降1圾留任，且俱令承追。

## 二、所属人员连带责任追究内容

无论是知州、知县，还是其他各级官员，可以说任何人为官，除严于律己之外，还被要求必须管好所属及其身边人员，包括家属子女等。也就是王夫之《读通鉴论》所谓“法先自治以治人，先治近以及远”，以及其他“先严于所近”之意，否则，“严下吏之贪，而不问上官，法益峻，贪益甚，政益乱，民益死，国乃以亡”。著名清吏张玮有云：“为清官甚难！必妻子奴仆皆肯为清官，尔后清官可为，不然则败其守矣。”[①]谙悉其中道理及利害关系的清朝统治者，从制度层面即有顶层设计，对官员实行连带责任制。

第一，知州、知县对于自身“家人”方面的连带责任。清代官员家人，范围比较宽泛，除父母妻室子女外，还包括幕友长随之类。清代法律规定，官吏“家人求索”，官吏连坐：“凡监临官吏家人，兄弟、子侄，奴仆皆是，于所部内取受所求索借贷财物，依不枉法，及役使部民，若买卖多取价利之类，各减本官吏罪三等；分有禄、无禄，须确系求索借贷之项，方可依律减等，若因事受财。仍照官吏受财律定罪，不准减等。若本官吏知情与同罪。”[②]行政处分条例规定，州县官员，“纵容子弟亲友在任所招摇诈骗者，革职（私罪），失于觉察者，降一级调用（公罪）”。知州、知县，如果失察自己“子弟夤缘纳贿犯法滋事”，也降1级调用。[③]乾隆四十七年（1782）奏准：“官员失察，长随家人招摇弄法，及倚势逞凶，降一级调用，致酿人命者，降二级调用。若酗酒宿娼，及斗殴毙命，衅起仓促，不及豫加防范者，罚俸一年，失察家人犯赃者，照失察衙役犯赃例，议处。”[④]又，赌博一项，《六部处分则例》涉及州县官的处分条例有9条，州县官员连带责任者即有4条：“家人犯赌，其

---

①（清）余怀：《东三谈苑》卷3，转引自王春瑜：《一碗粥装得下半部历史》，北京：金城出版社，2011年，第214页。

②（清）徐本、三泰等奉敕撰，刘统勋等续纂：《大清律例》卷31《刑律·受赃·官吏受财》，《景印文渊阁四库全书·史部》第673册，台北：商务印书馆，1986年，第61页。

③（清）文孚纂修：《钦定六部处分则例》，沈云龙主编：《近代中国史料丛刊》第332册，台北：文海出版社，1969年，第365页。

④（清）昆冈等修，刘启端等纂：《钦定大清会典事例》卷98《吏部·处分例·书役》，《续修四库全书》编委会：《续修四库全书》第800册，上海：上海古籍出版社，2002年，第577页。

主系官，罚俸两个月（俱公罪）。”“本衙门书役犯赌，本官……失于觉察，罚俸三个月（公罪），如明知赌博，不即送究，别经发觉者，罚俸一年（私罪）。”“出差官员所带人役犯赌罚俸一个月（公罪），若在该班当差处所赌博，将失察之该管官罚俸一个月（公罪）。”“稽查官员赌博，州县所属，责之州县……若明知属员犯赌不行揭参，降三级调用（私罪）；如系失察，同城者降一级留任；不同城者罚俸一年（公罪）”。[①]光绪朝《大清会典事例》之“吏部”处分例的“赌博”条，以及“刑部”刑律杂犯中的“赌博”条，对赌博的规定相当明确、具体。仅是“吏部”就有30多条规定，其中也有连带规定。又，《大清律例》的条例中同样有相关失察家人问责的规定。兹因篇幅有限，恕不赘述。

第二，知州、知县对于所属吏役的连带责任。清律规定，州县正印官对衙门吏役需索必须严加监管，一旦失察将问责。《大清律例》官吏受财的条例就规定：“司、道、府、州、县等官，不时察访衙蠹，申报该督抚究拟”，如果不行察报，一旦被上司访拿，或别经发觉，“照徇庇例，交该部议处”[②]。有关胥吏婪赃、害民，清朝初年即定，州县正印官如果准许曾因侵扣钱粮婪赃遇赦免罪之衙役供役，给予“以知情纵令论革职”，就是不是知州、知县本任内革役以致不行查出而收用，本官也得“降一级调用”[③]。康熙二十五年（1686）题准，知州、知县对害民衙役“不报上司，照徇庇例，降三级调用”[④]。乾隆二年（1737）议准：“各衙门于正额书役并酌增之贴写、帮役外，复行多留者，降一级留任。”[⑤]如果有书役年满缺出而有顶缺或卖缺，失察知州、知县身为“该管官员”，将会遭致“交部议处”；如果吏员5年期满考职时，州县官员“务令填写并无假姓冒籍字样，方准收考。若有冒籍、冒名等弊事发者……交部议处”，而“凡未经考职书吏，冒戴顶帽者……本管官及地方官失于查察，或有意故纵，分别议处”[⑥]。衙门“一切案件，若假手书吏，

① （清）文孚纂修：《钦定六部处分则例》，沈云龙主编：《近代中国史料丛刊》第332册，台北：文海出版社，1969年，第914、915页。

② 张荣铮，吴勇强，金懋初点校：《大清律例》，天津：天津古籍出版社，1993年，第530页。

③ （清）昆冈等修，刘启端等纂：《钦定大清会典事例》卷98《吏部·处分例·书役》，《续修四库全书》编委会：《续修四库全书》第800册，上海：上海古籍出版社，2002年，第569页。

④ （清）昆冈等修，刘启端等纂：《钦定大清会典事例》卷98《吏部·处分例·书役》，《续修四库全书》编委会：《续修四库全书》第800册，上海：上海古籍出版社，2002年，第570页。

⑤ （清）昆冈等修，刘启端等纂：《钦定大清会典事例》卷98《吏部·处分例·书役》，《续修四库全书》编委会：《续修四库全书》第800册，上海：上海古籍出版社，2002年，第574页。

⑥ 张荣铮，吴勇强，金懋初点校：《大清律例》，天津：天津古籍出版社，1993年，第547页。

以致定稿时高下其手，驳诘不已”，甚至有索赃现象，“该管官员照例议处”[①]。又规定，地方官对于所署各衙门胥役更名捏姓，兼充牙行，失于觉察及有意徇纵，交部分别议处，地方官若受财故纵，以枉法从重论。[②]乾隆年间，句容县吴汾即因该县粮书历年侵蚀银米而被革职拿问。

行政法典、处分则例对州县正印官胥吏、衙役连带责任规定颇多。譬如衙役，康熙十四年（1675）题准，白役随所差衙役吓诈，知州、知县未经查出，“罚俸六月”，若明知是白役还滥留而致该役婪赃累民，则“按其所犯赃数，一两以下者，将本官降一级调用，一两以上者降二级调用，十两以上者革职”[③]。嘉庆五年（1800）奏准，州县地方官所差衙役，如果是“已革衙役，滋事酿命者”，该州县“降一级留任，滋事未酿命者，罚俸一年”，之后进一步细化和严格：“如已经酿命，地方官虽访拿究办，仍照例处分，未经酿命，地方官能自行查出究办者，免议，故纵者，革职。”[④]《六部处分则例》对鸦片烟的问责内容，属于州县正印官、胥役连带的问责条文就不少。如，知州、知县所管辖州县内“栽种罂粟花，收浆制造鸦片烟土烟膏售卖兴贩”，如果是因为州县的吏役包庇而罪犯为绞监候，具有该管责任的知州或知县则降1级调用；州县吏役包庇而罪犯为军流者，州县官则降2级留任，此降1级调用、降2级留任虽然是公罪，但特别规定不准抵销。又如，州县官员拿获鸦片贩卖者，倘系吏役犯该斩绞立决者，该管官的知县、知州则降2级调用，犯该斩绞监候者，具有该管责任的知州或知县则降1级调用；犯该军流者，州县官则降2级留任。只有对所属犯罪吏役自行查拿究办方可免追究连带责任。如，州、县境内奸徒开设烟馆，引诱良家子弟，倘若是州、县的吏役受贿包庇而罪应绞决者，失察之知州、知县降2级调用。“在官人役并官亲幕友长随人等在署吸烟鸦片烟，该管官知情故纵者，革职，私罪。如系失于觉察，照约束不严例降一级调用，公罪，自行查出究办者免议。”[⑤]州县监狱禁卒将鸦片烟给予监狱犯人吸食，而作为该管官的知州、知县，若知情故纵，革职（私罪），若只是“失于觉察”，则“照约束不严例降一级调用”；

---

① 张荣铮，吴勇强，金懋初点校：《大清律例》，天津：天津古籍出版社，1993年，第531页。
② 张荣铮，吴勇强，金懋初点校：《大清律例》，天津：天津古籍出版社，1993年，第273页。
③（清）昆冈等修，刘启端等纂：《钦定大清会典事例》卷98《吏部·处分例·书役》，《续修四库全书》编委会：《续修四库全书》第800册，上海：上海古籍出版社，2002年，第569—570页。
④（清）昆冈等修，刘启端等纂：《钦定大清会典事例》卷98《吏部·处分例·书役》，《续修四库全书》编委会：《续修四库全书》第800册，上海：上海古籍出版社，2002年，第578页。
⑤（清）文孚纂修：《钦定六部处分则例》卷45《杂犯》，沈云龙：《近代中国史料丛刊》第332册，台北：文海出版社，1969年，第921页。

如果该犯人系“递解看守之犯”而州县禁卒递与鸦片烟，该管之州县官失于觉察即处以降 1 级留任；县吏役如果“得财买放”已经拿获的鸦片贩卖者、吸食者，罪至斩枭，失察的知州、知县将处以降 3 级调用；罪至斩绞立决者，失察州县官降 2 级调用；罪应斩绞监候，失察州县官降 1 级调用；罪应军流，失察州县官降 2 级留任，自行查出究办者免议；凡有海口的知州、知县，如果对所属吏役故纵烟贩失察，分别轻重情形给予降 2 级留任、降 2 级调用的连带处分。

第三，州县正印官的基层里甲、保甲、乡约、士绅之连带责任。此方面的规定甚多，在此难以一一叙述，仅举数例以为说明。《大清律例・检踏灾伤田粮》律文规定，知州、知县“不行亲诣田所，及虽诣田所不为用心从实检踏，止凭里长、甲首朦胧供报，中间以熟作荒、以荒作熟、增减分数、通同作弊”，除里长、甲首杖 100 百罢役外，知州、知县也有连带责任，会被处以“杖一百”并“罢职”的追究[①]。乾隆朝《大清会典》记载，乾隆三十年（1765）奏准，州县地方，总甲如果“说事过钱，把持官府，飞诡税粮，起灭词讼，陷害良善，及卖放强盗，污执贫民”，一旦“事发”将给予犯同犯同类性质罪行的主文、书算、快手、皂隶、门禁、库子人等相同的惩处。除“按律治罪”外，总甲的本管官，如果是“明知故纵”，将给予“革职”处分，如果系“失于觉察”，则“照失察各本例议处”。乾隆四十五年（1780）奏准，除快役、皂役等项，有犯案滋事者，将该管官照约束不严例，降 1 级调用外，如果“总甲、保正、乡约等项”犯案滋事者同已革衙役有犯案滋事者一样，其州县官员“均照失于查察例，罚俸一年”。嘉庆五年（1800）奏准：“地方官所差衙役，将拘提审之犯，私用非刑……系已革衙役，及地方总甲、保正、乡约、里长、墟长、社长等，一切在官人役，滋事酿命者，亦降一级留任，滋事未酿命者，罚俸一年。今增为如已经酿命，地方官虽访拿究办，仍照例处分，未经酿命，地方官能自行查出究办者，免议，故纵者，革职。”[②]《六部处分则例・在官人役滋事》也规定：“地方总甲、保正、乡约、甲长、墟长、社长及一切在官人役滋事已酿命者，地方官降一级留任，未酿命者，地方官罚俸一年（俱公罪。如已经酿命地方官虽访拿究办仍照例

① 张荣铮，吴勇强，金懋初点校：《大清律例》，天津：天津古籍出版社，1993 年，第 205 页。
② （清）昆冈等修，刘启端等纂：《钦定大清会典事例》卷 98《吏部・处分例・书役》，《续修四库全书》编委会：《续修四库全书》第 799 册，上海：上海古籍出版社，2002 年，第 578 页。

处分，未经酿命地方官能自行查出究办者免议）；故纵者革职（私罪）。”[①]嘉庆十一年（1806）奏准：“进士、举贡及捐纳贡监并捐职人员犯罪，该州县官失察者，如窝匪、唆讼、赌博之类，例有州县官处分者，照失察平民之例议处，系有心徇庇者，降二级调用。”[②]

### 三、政务责任追究内容

“官以任政，各有攸司。”[③]国家设立知州、知县，“以治民事，责成綦重”[④]清代知县全文炳云：“夫邑有三大政，征收钱粮、巡捕盗贼、应付邮符，皆有司之责也。”[⑤]清代理学名臣陈宏谋曾指出：“府州县官，皆以知为名……一郡一邑，何事不待理于我？何人不仰望于我？每日所事，非关百姓身家性命，即关地方风俗人心。”[⑥]晚清重臣户部堂官阎敬铭也讲：“州县一官，则寄以地方，寄以百姓，寄以城池府库，寄以钱粮征收，责任尤重。”[⑦]当代美国学者吉尔伯特·罗兹曼认为：“保持记录良好的税收、维护公共秩序和安全、鼓励道德品行、为公用事业培养人才、公正地进行行政管理、保持交通畅通——这些都是基层政府不可推卸的主要责任。除此之外，对于一个有秩序的社会，范围很广的公益性服务已被公认，包括公众的基础教育、医疗卫生服务、对孤儿和贫困老人的照管、免费丧葬、紧急事故救济和其他许多方面。而且公共建筑工程所需要的投资超出了政府的担负能力。公路、桥梁和水渠需要维修，公共建筑工程需要修理和替换、城墙需要建造或修补等。”[⑧]州县官员这种职责之广、事务之繁已如第一章所揭，在此仅从责任追究制度规定着眼，就州县正印官全责中的几个主要方面分门别类作归纳性论述。

第一，以钱粮为核心的州县农业经济职责。这方面的内容非常多，规定

---

① （清）文孚纂修：《钦定六部处分则例》卷16《书役》，沈云龙：《近代中国史料丛刊》第332册，台北：文海出版社，1969年，第382页。
② （清）昆冈等修，刘启端等纂：《钦定大清会典事例》卷83《吏部·处分例·失察失报》，《续修四库全书》编委会：《续修四库全书》第799册，上海：上海古籍出版社，2002年，第389页。
③ （清）海宁：《晋政辑要·凡例》，官箴书集成编纂委员会：《官箴书集成》第5册，合肥：黄山书社，1997年，第404页.
④ （清）海宁：《晋政辑要》卷1《额设官员》，官箴书集成编纂委员会：《官箴书集成》第5册，合肥：黄山书社，1997年，第411页。
⑤ 光绪《平乐县志》卷4《秩官志》，清光绪十年（1884）刊本，第2页。
⑥ （清）贺长龄：《皇朝经世文编》卷21《吏政七·守令上》，沈云龙主编：《近代中国史料丛刊》第731册，台北：文海出版社，1972年，第789、790页。
⑦ （清）饶玉成：《皇朝经世文续编》卷17《吏政三·铨选》，清光绪八年（1882）刻本，第2页。
⑧ （美）吉尔伯特·罗兹曼主编：《中国的现代化》，上海：上海人民出版社，1989年，第107—108页。

也非常具体，问责既有行政处分，也有刑事处罚，但以行政处分为主。归纳起来，主要有三点：

一是农业经济及其发展责任的宏观原则性规定。清代中国，依然是传统农业社会。农业经济，是国民经济最主要的经济形式，也可以说是唯一的经济门类，清政府对之是高度重视，作为直接临民的知州、知县的责任之直接和重大不言而喻。乾隆朝《大清会典》规定，凡劝课农桑，督抚务必督促州县正印官“课民，力耕耘，修蚕织，广树蓄，以勤生业，戒游惰，惩蹂躏，禁种妨农杂物，以崇本计，革暴殄浮靡，以节物力，举力田老农荣以冠带，以劝勤劳。凡有利于民生者，均随宜鼓舞”，假若知州、知县有执行不力，劝课不得，督抚必须“严急绳以官法，有忽视民隐，奉行不善者劾之”①。

二是州县正印官钱粮催科主要具体职责。清代州县农业事务虽然千头万绪，但“钱谷”地位恒居第一。先后于康熙九年（1670）、康熙十四年（1675）担任山东郯城县、直隶东光县知县的黄六鸿于《福惠全书》自序“夫州邑之政，大而钱谷、刑名、教养、风俗，小而建置、修举、科条、庶务”之论，以及所及“钱谷”作为州县实务第一位之排列，即是有力明证。②潘杓灿《未信编述钱谷引》也谓：“钱谷之务，事重绪纷，难为综理……任之尤难，莫如州县一官。盖州县之任，执司赋役，以钱谷为考成。州县之征收，锱累铢积。州县之解给，万派千流，其事如山，其绪如发。”③钱谷之中，作为关键、重点而且同时也是难点的还是在钱谷的经征。其所以如此，缘“国家之财用，原取足于正供”④，“国用攸关，不得不尔也”⑤。

因此，知州、知县成为清代州县钱粮经征者、责任人。知州、知县钱谷征收任务一旦未完，按定例相应失去上年定期考课中被评定为卓异的资格。因为凡卓异官员，顺治十五年（1658）定例“必钱谷全完，听讼明决，城守巩固”。进入康熙朝卓异条件的钱谷制度安排频繁：康熙元年（1662）重申“卓异官钱粮全完”，康熙六年（1667）题准，知县评卓异“必注明不科派杂差，

①（清）允祹等：《钦定大清会典》卷10《户部·田赋》，《景印文渊阁四库全书》第619册，台北：商务印书馆，1986年，第123页。

②（清）黄六鸿：《福惠全书》自序，官箴书集成编纂委员会：《官箴书集成》第3册，合肥：黄山书社，1997年，第211页。

③（清）潘杓灿：《未信编》，本社影印室：《明清法制史料辑刊》第1编第9册，北京：国家图书馆出版社，2008年，第37、38页。

④ 清高宗敕撰：《清朝文献通考》卷1《田赋考一》，上海：商务印书馆，1936年，第4860页。

⑤ 胡星乔，邓又天主编：《读例存疑点注》卷13《户律》，北京：中国人民公安大学出版社，1994年，第230页。

不索取火耗，不亏刻行户，不强贷富民，方准特举卓异”，康熙十二年（1673）追加卓异“必能兴行教化”，同时，仍提出“无未完钱粮、盗案者，方准疏举卓异”。康熙二十四年（1685）议准：“荐举、保举府州县官，第一条，令填写‘一无加派火耗’等字样；第二条，令填写‘一实心奉行上谕，每月吉聚众讲解’等字样，如无实迹，妄行填写保荐者，照例处分。”①康熙四十三年（1704）覆准，荐举卓异官员，该督抚照例查明“俸满、无钱粮盗案参罚”者，开列事实，令其随本引见；又覆准，嗣后凡荐举卓异官员，查其平日将御制训士子文，曾否实心讲究奉行，添入事实款内。次年再谕，官员荐举卓异，“期有实济于地方百姓，开载虚文无益，嗣后荐举卓异，务期无加派、无滥刑、无盗案、无钱粮拖欠、无亏空仓库银米，境内民生得所，地方日有起色”，方可膺卓异之选，不准填写其他“虚文”。雍正元年（1723）诏：“直隶各省官员内，有降级罚俸者，例俱不准卓异，以此贤员因公诖误，不能得升，以致壅塞，此后如果有居官清廉能干，因公诖误罚俸降级者，该抚亦与卓异。”②三年定期不能评上卓异，就没有“纪录”，“优擢”的机会也就没有了。

不仅如此，清政府更是制定了系列追究责任的章程加以约束。清初《仓粮考成则例》规定，钱粮定额以 10 分计算，州县官未完 1—3 分住俸，4—5 分者降俸 1 级，6—7 分者降职 1 级，8—9 分者降职 2 级，10 分者革职，俱戴罪督促，限文到 3 个月内催完，方准开复。③顺治十八年（1661），上谕吏户两部：“钱粮系军国急需，经管大小各官，须加意督催，按期完解……今后经管钱粮各官，不论大小，凡有拖欠参罚，俱一体停其升转，必待钱粮完解无欠，方许题请开复升转。尔等即会同各部寺，酌立年限，勒令完解。如限内拖欠钱粮不完，或应革职，或应降级处分，确议具奏。如将经管钱粮未完之官升转者，拖欠官并该部俱治以作弊之罪。”④于是有了《直隶各省巡抚以下州县以上征催钱粮未完分数处分例》⑤。康熙二年（1663），工科给事中吴国龙上奏，自次年起各省解京的一应杂项，俱称“地丁钱粮，作十分考成”，除每年正月扣拨兵饷外，其余通解户部，每省各造简明赋役册，送部查核，对

① （清）伊桑阿等纂修：《大清会典（康熙朝）》卷 10《吏部八・考功清吏司・朝觐考察》，沈云龙主编：《近代中国史料丛刊》三编第 712 册，台北：文海出版社，1992 年，第 433 页。
② （清）允禄等监修：《大清会典（雍正朝）》卷 15《吏部十三・大计考察》，沈云龙主编：《近代中国史料丛刊》三编第 763 册，台北：文海出版社，1994 年，第 735 页。
③ 《清实录・世祖实录》卷 80 顺治十一年正月丁巳条，北京：中华书局，1985 年，第 631 页。
④ 《清实录・圣祖实录》卷 1 顺治十八年正月己卯条，北京：中华书局，1985 年，第 47 页。
⑤ 《清实录・圣祖实录》卷 2 顺治十八年三月庚戌条，北京：中华书局，1985 年，第 52 页。

民间应交纳的，则发给易知由单，各部寺衙门应用钱粮则由户部支给，这些内容户部同意并经奏准。[①] 后来，《直省钱粮考成则例》以钱粮任务 10 分为率，照没完成分数追究州县责任，只是署理的处分略轻一些，欠 8 分以下均为罚俸，根据所欠分数罚 3、6、9 个月以及 1 年不等，欠 9—10 分降职 1 级调用。[②]《户部钱粮考成则例》载："州县官欠七分者降职四级，欠八分者降职五级。"[③]"地丁钱粮初参，经征州县官，欠不及一分者，停其升转，罚俸一年；欠一分者降职一级，二分者降职二级，三分者降职三级，四分者降职四级，皆令戴罪催征。欠五分以上者革职。[④]嘉庆年间，户部还专门奏定了关于钱粮未完的处分章程。咸丰二年（1852）奏准，如果上忙夏税任务未完至 3/10，下忙秋粮任务所完不到 1/2，也要予以罚俸、降级处分。[⑤]可见晚清处罚规定的力度和现实约束力虽日显苍白，然惩戒立法仍存而不废。光绪朝《大清会典事例·吏部·处分例》中涉及的赋税征收方面的官吏处分例也多达 10 卷内容；光绪十三年（1897）吏部重修颁行《重修六部处分则例》卷二十五《催征》即有 49 目，共 98 条。清末因赔款、新政等，州县官员的责任进一步加重了。

清代刑事法律也有强制条款。顺治三年（1646）清改明律确定："凡收夏税，（所收小麦）于五月十五日开仓，七月终足齐。秋粮（所收粮米）十月初一开仓，十二月终足齐。……若夏税违限至八月终，秋粮违限至次年正月终，不足者，其提调部粮官吏典、分催里长、欠粮人户，各以（税粮）十分为率，一分不足杖六十，每一分则加一等，罪止杖一百。（官吏里长）受财（而容拖欠）者，计（所受）赃，以枉法从重论。（分别受赃违限轻重）若违限一年之上不足者，人户、里长，杖一百，提调部粮官吏典，照例拟断。"[⑥]乾隆五年（1740）改定："凡应纳钱粮，以十分为率，欠至四分以下者，举人问革为民；贡、监生员并黜革，杖六十。欠至七分以下者，举人问革为民，杖八十；贡、监生员黜革，枷号一个月，杖一百；欠至十分以下者，举人问革为民，杖一百；贡、监生员俱黜革，枷号二个月，杖一百。以上俱以次年四月奏销以前为限。不足分数者，照例治罪。"[⑦]

---

① 清高宗敕撰：《清朝文献通考》卷二《田赋考二》，上海：商务印书馆，1936 年，第 4863 页。

② 《清实录·世祖实录》卷 103 顺治十三年八月丁酉条，北京：中华书局，1985 年，第 802 页。

③ 《清实录·世祖实录》卷 113 顺治十四年十一月壬申条，北京：中华书局，1985 年，第 885 页。

④（清）昆冈等修，刘启端等纂：《钦定大清会典事例》卷 107《吏部·处分例·征收地丁钱粮》，《续修四库全书》编委会：《续修四库全书》第 799 册，上海：上海古籍出版社，2002 年，第 691 页。

⑤（清）昆冈等修，刘启端等纂：《钦定大清会典事例》卷 107《吏部·处分例·征收地丁钱粮》，《续修四库全书》编委会：《续修四库全书》第 799 册，上海：上海古籍出版社，2002 年，第 703—704 页。

⑥ 胡星乔，邓又天主编：《读例存疑点注》，北京：中国人民公安大学出版社，1994 年，第 227—278 页。

⑦ 胡星乔，邓又天主编：《读例存疑点注》，北京：中国人民公安大学出版社，1994 年，第 228 页。

当然，治国之柄，莫大于刑赏，赏以示劝，罚明所惧。通观有清一代，作为治人二柄之一的赏赐，较之于问责处罚这一“柄”来说，无论是在顶层设计的数量上、力度上，还是实际执行上，都相当有限。不过，就是少得可怜的赏赐定例，一般情形下，也集中于州县钱谷、刑名领域。就钱谷而论，大致主要有下列的内容。乾隆《大清会典》规定：“凡外任官，地丁漕项全完，盐课盐引全完，运粮全完，劝民垦荒、营田……均分别议叙、加级纪录有差。”[①]又，岁课考成，按银数评定殿最，经征定额在 5 万—10 万两的州县正印官，如果本年赋税奏销前全完“予叙”[②]。经征钱粮，康熙初，本年内全完者纪录 1 次，3 年连续全完者，加 1 级纪录；旋又将经征与起运捆绑在一起，并以定额相区分：本年钱粮额在 5 万两以下的，年内全完纪录 1 次，5 万—10 万两，年内全完纪录 2 次，10 万两以上年内全完，纪录 3 次。雍正时，清政府又“将岁内全完议叙之例停止”，改为“奏销之前果能通完，概予议叙”。嘉庆四年（1799），奖励标准再一次下调：本年分数钱粮在 300—10 000 两奏销前全完的州县正印官纪录 1 次，1 万两以上全完者纪录 2 次，3 万两以上全完者纪录 3 次，5 万两以上全完者加 1 级，10 万两以上全完者加 2 级。又，无论定额钱粮多寡，只要连续 3 年全完，在每年奖励外，再加 1 级。嘉庆二十一年（1816），朝廷对赋税大省地方奖励力度继续加大。如江苏省苏松常镇所属赋繁州县，“各州县官经征一应起运本年有分数钱粮，除银数不及三百两全完者毋庸议叙，其自三百两以上，未及一万两，于奏销前全完者纪录一次，一万两以上全完者纪录二次；二万两以上全完者纪录三次，三万两以上全完者加一级；五万两以上全完者加二级，八九十万两以上全完者不论俸满即升”[③]。

上述钱粮催征奖惩两个方面表明，清代厅州县正印官经征责任十分重大、重要，同时也折射出征收实际“倍难”与艰辛，否则，清政府也没必要，同时也不会运用并不断加大奖惩的杠杆作用。不仅如此，它还表明，清朝国家对于州县钱谷催征赏罚二柄并用，使作为经征的知州、知县等几乎没有选择余地：即便不醉心赏赐，也有“功令森严”之问责惩罚俱在。并且，迫使“有职掌者，即功罪之攸系，必预应其教令使之有所趋避，急功而免罪焉”，原本

① （清）允祹等：《钦定大清会典》卷 5《吏部・文选清吏司・功过》，《景印文渊阁四库全书》第 619 册，台北：商务印书馆，1986 年，第 79 页。

② （清）允祹等：《钦定大清会典》卷 10《户部・田赋》，《景印文渊阁四库全书》第 619 册，台北：商务印书馆，1986 年，第 125 页。

③ （清）昆冈等修，刘启端等纂：《钦定大清会典事例》卷 107《吏部・处分例・经征地丁钱粮》，《续修四库全书》编委会：《续修四库全书》第 799 册，上海：上海古籍出版社，2002 年，第 700 页。

就是作为“斯亦责成”的清朝国家“之深所属望也”[①]。更何况，清代知州、知县之钱谷赏罚，均是与各该管上官捆绑连带在一起的。所谓“巡抚与州县同受考成”，于是“巡抚欲完十分之数，不得不责之藩司；藩司欲完十分之数，不得不责之知府；知府欲完十分之数，不得不责之各州县”[②]。作为地方治理体系下游端点的知州、知县，也就无法不顾上司意愿而完全以个人的意志为转移。

三是其他相关职责。清代州县的农业经济职责内容宽泛丰富，清政府对知州、知县赋予了诸多职责。诸如土地开垦、利用，田地勘丈，灾荒赈济，灾后生产，农田水利，收成分数呈报等，不一而足。就是钱粮，州县正印官除经征外，还有上解诸多工作责任，唯因本书篇幅有限，容另专文论述。

第二，州县正印官“刑名”问责。州县刑名责任，学界已有相应成果，为该领域研究的深化奠定了非常重要的基础。[③]笔者在此着重就州县正印官刑名问责制度规定的相关内容做一大致归纳梳理，它既与知州、知县的司法责任有联系，但也存在区别，其问责追究的相关内容丰富、具体。

前揭怠惰规避内相关法律条规已有所述，州县官员于州县的刑事、民事案件治理至关重要的就是亲力亲为、及时而为，否则，就要遭受相应的责任追究。除前揭者外，还有很多规定。比如，刑律斗殴保辜限期条例规定，州县遇有斗殴伤重不能动履之人，或具控到官，或经拿获及巡役地保人等指报，知州、知县，必须“即行带领仵作亲往验者，讯取确供”。凡斗殴伤重之人，只要属于州县内，不是“离城窎远之区”，或的确因政务“繁冗”无法分身的情况，知州、知县都必须照例“亲诣验看”[④]。又，对承审斗殴受伤及畏罪自戕案件，规定州县必须一面拨医调治速痊，一面讯取确供，提集案犯“即行审理完结”“如有借词招展，致有迟延拖累者，照例查参议处”[⑤]。按照定例，凡人命呈报到州县，该州县的地方正印官即知州或知县，须立即亲诣相验，

① （清）黄六鸿：《福惠全书》卷 23《保甲部》，官箴书集成编纂委员会：《官箴书集成》第 3 册，合肥：黄山书社，1997 年，第 474 页。

② 中国第一历史档案馆：《康熙十二年稽察官员御史奏章》，《历史档案》2000 年第 5 期，第 14 页。

③ 吴吉远《清代地方政府的司法职能研究》（中国社会科学出版社，1998 年），李凤鸣《清代州县官吏的司法责任》（复旦大学出版社，2007 年），陶希圣《清代州县衙门审判制度及程序》（食货出版社，1972 年），那思陆《清代州县衙门审判制度》（文史哲出版社，1982 年；中国政法大学出版社，2006 年），里赞：《晚清州县诉讼中的审断问题：侧重四川南部县的实践》（法律出版社，2010 年）、《远离中心的开放——晚清州县审断自主性研究》（四川大学出版社，2008 年），李艳君《从冕宁县档案看清代民事诉讼制度》（云南大学出版社，2009 年）。

④ 张荣铮，吴勇强，金懋初点校：《大清律例》，天津：天津古籍出版社，1993 年，第 475 页。

⑤ 张荣铮，吴勇强，金懋初点校：《大清律例》，天津：天津古籍出版社，1993 年，第 476 页。

只有在知州、知县已经“公出”的情况下，才由该州县佐杂官移请五六十里以内之邻境州县的知州、知县代往相验，如果离邻境的州县遥远，无法朝发夕至，或者邻县的正印官又经他往，“方许禀请上司派同城之同知、通判、州同、州判、县丞等官代验”，但仍听正印官公干回县承审。①对于命案勘验，雍正三年（1725）清廷还特别强调，一旦得报人命案件，州县正印官必须“立即”带领仵作等“亲往相验”，且“自备夫马饭食”，如故意迟延拖累，照案件易结不结例处分。②到多事之秋的咸丰年间，清廷仍提出，在民报斗殴伤重时，其州县官员“无论离城窎远，事务冗繁，如有令刑书、仵作前往代验者，将州县官降三级调用；因刑仵代验，以致轻重任情罪名出入者，将该州县官革职”③。

杀伤人命案件、自尽、路毙均应报验，仅有“诸人自缢、溺水身死别无他故，亲属情愿安葬，官司详审明白，准告免检”④。而且勘验必须准确无误，否则惩处。检验尸伤不以实律文规定，凡官司初检尸伤不以实，而致罪有增减者，以故出入人罪论。此如果因受赃，将计赃以枉法各从重论。此律文的条例尚有若干，如遇告讼人命，其果系斗杀、故杀、谋杀等项，当检验者，在外委州、县正印官，务须于未检验之先，即详鞫尸亲、证佐、凶犯人等，令其实招，以何物伤何致命之处，立为一案。随即亲诣尸所，督令仵作如法检报，定执要害致命去处，细验其圆长、斜正、青赤、分寸，果否系某物所伤，公同一干人众质对明白，各情输服，然后成招；或尸久发变青赤颜色，亦须详辩，不许听凭仵作混报拟抵。其仵作受财增减伤痕，扶同尸状，以成冤狱，审实赃至满数者，依律从重科断。又如，凡人命呈报到官，该地方正印官立即亲往相验，止许随带仵作 1 名，刑书 1 名，皂隶 2 名，一切夫马饭食俱自行备用，并严禁书役人等不许需索分文。其果系轻生自尽，殴非重伤者，即于尸场审明定案，将原、被、邻证人等释放。如该地方正印官不行自备夫马，取之地方者，照因公科敛律议处。书役需索者，照例计赃，分别治罪。如故意迟延拖累者，照易结不结例处分。若系自尽并无他故，尸亲捏词

① （清）文孚纂修：《钦定六部处分则例》，沈云龙主编：《近代中国史料丛刊》第 332 册，台北：文海出版社，1969 年，第 867 页。

② （清）昆冈等修，刘启端等纂：《钦定大清会典事例》卷 125《吏部・处分例・命案检验》，《续修四库全书》编委会：《续修四库全书》第 800 册，上海：上海古籍出版社，2002 年，第 190—191 页。

③ （清）昆冈等修，刘启端等纂：《钦定大清会典事例》卷 125《吏部・处分例・命案检验》，《续修四库全书》编委会：《续修四库全书》第 800 册，上海：上海古籍出版社，2002 年，第 193 页。

④ 胡星桥，邓又天主编：《读例存疑点注》，北京：中国人民公安大学出版社，1994 年，第 864 页。

控告，按诬告律科断。如刁悍之徒藉命打抢者，照白昼抢夺例拟罪。仍追抢毁物件，给还原主。其勒索私和者，照私和律科断，勒索财物入官。至该管上司于州、县所报自尽命案，果属明确无疑者，不得苛驳，准予立案。若情事未明．仍即秉公指驳，候其详复核夺，等等。[①]州县正印验尸规定在光绪朝《大清会典》中也有许多翔实而具体的规定，包括对验尸的步骤、过程、尸格填写等，颇为细致、具体。譬如：

> 定执要害致命去处，细验其圆长斜正青赤分寸，果系某物所伤，公同一干人众，质对明白，各情输服……凡相验，有致命之处，有致命之伤。仰面顶心，偏左偏右、囟门额颅，额角左右太阳穴，左右耳窍，咽喉、胸膛、两乳、胸坎、肚腹、两肋、脐肚、肾囊合面脑后，左右耳根，脊背脊膂两后脑，左右腰眼，皆致命之处，肉青黑皮破肉绽骨裂脑出血流，皆致命之伤。逐一辨视，亲填尸格，不可厌恶尸气，高坐远离，任听仵作喝报，吏胥填写……凡验状，须开具尸首原在何处，如何顿放，彼处四至，有何衣服在彼，逐一检点名件。其尸首有无雕青钝灸瘢痕。生前有何缺折肢体，及伛偻拳跛秃头青紫黑红色痣肉瘤诸般疾状，皆须于验状一一声说开载，以备推勘。[②]

又，作为州县正印官检验尸伤问责的行政法规《六部处分则例》条文也甚多，如命案呈报到官，地方官不即检验致致令尸变者降1级调用（公罪），凡代验迟延者照此例行。

> 凡人命呈报到官，该地方正印官立即亲诣相验，如印官公出，该地方佐杂官即移请五六十里以内之邻境印官代往相验，其或邻境地处窎远，不能朝发夕至，或印官又经他往，势难兼顾，方许禀请上司派同城之同知、通判、州同、州判、县丞等官代验，毋得滥派杂职，仍听印官公回承审。如上司不行查明率派佐杂官往验者降一级留任（公罪）。……凡州县官遇邻邑移请代验，托故不往者，降三级调用（私罪），如实有本任要务及患病不能往验，准其据实声明，并取具同城官不致扶同捏饰印结通报上司存查，倘有扶捏，将出结官降二级调用。……官员验尸听凭仵作将有伤报称无伤或将打伤、砍伤报称跌伤、磕伤者降一级调用，转详之

① 张荣铮，吴勇强，金懋初点校：《大清律例》卷37《刑律·断狱下·检验尸伤不以实》，天津：天津古籍出版社，1993年，第642—647页。

②（清）昆冈等修，吴树梅等纂：《钦定大清会典》卷55《刑部》，《续修四库全书》编委会：《续修四库全书》第794册，上海：上海古籍出版社，2002年，第533—534页。

府州罚俸1年（俱公罪）；如将无伤报称有伤，或将跌伤、磕伤报称打伤、砍伤者，亦照此例议处。[①]

州县正印官审案，例定不准使用非刑，若将犯人除夹棍拶指之外刑讯逼供，“另用非刑者革职，如将妇人用夹棍者，亦革职。该管上司不察实具报者降二级调用，督抚不行题参者降一级留任。用跪链压膝等刑者，降一级调用，如将孕妇用拶指者，亦降一级调用，该管上司不察实具报者罚俸一年，督抚罚俸六个月。致死者，照擅用非刑例议处”[②]。把犯人于满杖之外违例叠加杖责致死，也照“擅用非刑例革职”，若将无辜之人杖责致死，除革职之外，还要“严审”，未致死者，照将不应夹之人行夹例降1级留用。[③]刑名案件，知州、知县断罪引用律例不当，按《大清律例》“断罪引律令”律文规定：“凡官司断罪，皆须具引律例。违者，如不具引笞三十。……若辄引比致断罪有出入者，以故失论。故行引比者，以故出入人全罪，及所增减坐之。失于引比者，以失出入人罪，减等坐之。”[④]其条例要求，除正律、正例而外，如果将成案未经通行著为定例加以混行牵引，致罪有出入也要问责。

第三，治安与守土问责。关于社会治安方面的责任追究内容，最为基本也最为重要的是州县正印官编排保甲与奸细盘查的问责。《大清律例》兵律中盘诘奸细条的律文规定：“凡缘边关塞及腹里地面，但有境内奸细走透消息于外人，及境外奸细入境内探听事情者，盘获到官，须要鞫问接引入内起谋出外之人，得实，不分首、从，皆斩监候。经过去处，守把之人知而故纵及隐匿不首者，并与犯人同罪。至死减等。失于盘诘者，官杖一百，军兵杖九十。罪坐值日者。”[⑤]除《大清律》律文外，其相应的刑事法规——“条例”较多，综合各条例的内容，大致分为两个方面：

一是具有普适性的条例。譬如，作为盘查奸细的基层组织——保甲及其州县官员责任的顶层设计。就此，康熙四十七年（1708），吏部会议定例，凡州、县城乡，10户立1牌头，10牌立1甲头，10甲立1保长；户给印牌书写

---

① （清）文孚纂修：《钦定六部处分则例》卷43《人命·检验尸伤》，沈云龙主编：《近代中国史料丛刊》第332册，台北：文海出版社，1969年，第867—868页。

② （清）姚雨芗原纂，胡仰山增辑：《大清律例会通新纂》卷3《名例律上·五刑》，沈云龙主编：《近代中国史料丛刊》三编第211册，台北：文海出版社，1987年，第219页。

③ （清）姚雨芗原纂，胡仰山增辑：《大清律例会通新纂》卷3《名例律上·五刑》，沈云龙主编：《近代中国史料丛刊》三编第211册，台北：文海出版社，1987年，第220页。

④ 张荣铮，吴勇强，金懋初点校：《大清律例》卷37《刑律·断狱下·断罪引律令》，天津：天津古籍出版社，1993年，第648、649页。

⑤ 张荣铮，吴勇强，金懋初点校：《大清律例》，天津：天津古籍出版社，1993年，第324—325页。

姓名丁数，“出则注明所往，入则稽其所来”，就是客店亦须各立一簿，“每夜宿客姓名、几人、行李、牲口几何，作何生理，往来何处，逐一登记明白”；寺观同样分给印牌“上写僧道口数、姓名，稽察出入”。州县如有虚文应事，徒委捕官吏胥需索扰害者，“该上司查参治罪”[①]。而且编查保甲，除齐民之外，绅衿之家“一体编次”，倘若州县官瞻徇不报，“交部照例议处”，也就是“降三级调用”，且为“私罪”[②]。州县社会治安乃至全国治理，以户口编查为前提。清军入关即诏人丁编审“立编审法，以稽人民之数”；顺治年间，先“令州县编置户口牌甲”，旋“定人户以籍为定及脱漏户口律，凡军民驿灶医卜工药诸色人户并以原报册籍为定”[③]。顺治五年（1648），“令三年编审一次。凡三年编审，责成州县印官察造旧例造册，以百有十户为里，推丁多者为长，余百户为十甲。城中曰坊，近城曰厢，在乡曰里，各有长。凡造册人户，各登其丁口之数，而授之甲长，甲长授之厢坊里各长，厢坊里长上之州县，州县合而上之府，府别造一总册上之布政司……督抚据布政司所上各属之册达之户部，户部受直省之册汇疏以闻，以周知天下生民之数”[④]。此与雍正三年（1725）《大清律例·户律·禁革主保里长》条例所定“直省各府、州、县编赋役册……成一本，送户部布政司及府、州、县各存一本”[⑤]的内容相融通。康熙年间造黄册，乾隆年间停编审，“盖为保甲定有成规可循耳”[⑥]。又，按刑律“盗贼窝主”的相关条例，清朝州县还有通过保甲组织治理盗贼的责任：

> 编排保甲，保正、甲长、牌头须选勤慎练达之人点充。如豪横之徒，藉名武断，该管官严查究革，从重治罪……倘知有为盗窝盗之人，瞻构隐匿者，杖八十。如系窃盗分别贼情轻重惩警。若牌头于保正、甲长处举报而不行转报者，甲长，照牌头减一等；保正减二等发落，牌头免坐。其一切户婚、田土不得问及保甲，惟人命重情，取问地邻、保甲。赌博

① 张荣铮，吴勇强，金懋初点校：《大清律例》，天津：天津古籍出版社，1993年，第325页；田涛，郑秦点校：《大清律例》，北京：法律出版社，1999年，第332页；胡星桥，邓又天主编：《读例存疑点注》，北京：中国人民公安大学出版社，1994年，第354页。

② 胡星桥，邓又天主编：《读例存疑点注》，北京：中国人民公安大学出版社，1994年，第181页；（清）文孚纂修：《钦定六部处分则例》，沈云龙主编：《近代中国史料丛刊》第322册，台北：文海出版社，1969年，第443页。

③ 清高宗敕撰：《清朝文献通考》卷19《户口考》，上海：商务印书馆，1936年，第5024页。

④ 清高宗敕撰：《清朝文献通考》卷19《户口考》，上海：商务印书馆，1936年，第5024页；又，顺治十三年（1656）改每三年一编审为五年一编审。参见杨国安：《明清两湖地区基层组织与乡村社会研究》，武汉：武汉大学出版社，2004年，第120页。

⑤ 胡星桥，邓又天主编：《读例存疑点注》，北京：中国人民公安大学出版社，1994年，第183页。

⑥ 胡星桥，邓又天主编：《读例存疑点注》，北京：中国人民公安大学出版社，1994年，第162页。

为盗贼渊薮，仍令同盗贼一并查举。再地方有堡子、村庄聚族满百人以上，保甲不能编查，选族中有品望者，立为族正。若有匪类令其举报，倘徇情容隐，照保甲一体治罪。牌头所管内有为盗之人，虽不知情而失察，坐以不应轻律笞四十，甲长、保正递减科罪……老爪贼本处邻佑、地保有知情容留者，发近边充军。若非知情容留，止系失于稽查，各照不应重律，杖八十。其邻佑、地保及兵役、平民能侦知爪贼行踪，赴地方官密禀。该地方官即行严拿，不许指出首人姓名，俟拿获爪贼审实，将首人给赏。如爪贼将首人扳害，立案不行，首获之贼系首犯，赏银五十两；系伙犯赏银二十五两。首获多者，按名赏给，在充公银两内动支。有挟嫌诬首情弊，仍照诬告例治罪。①

再者，后文州县城市行业管理中所及的有关“私充牙行埠头”的律文、条例的有关规定也与治安关联，设立牙行、船埠头目，令其在官印信文簿上登记客商、船户人、物资信息以及客店置月环簿，逐日登记来店客人信息。

二是针对边疆及特殊地区或特色管理对象的组织管理的制度安排。如沿边关塞地面，盘访奸细处所，有归复乡土人口被获到官，查审明白，即行起送归籍；凡盘获形迹可疑之船，货物人数不符税单牌票者，限三日内查明，如系贼船，交与地方官审鞫有无行劫，按律例分别治罪。广东省穷民，赶山搭寮，取香、砍柴，烧炭、种麻、种靛等项，令各州、县每寮给牌，遇有迁徙消长，赴县添除，若文武各官漫不约束，以致藏奸，该督抚即行题参，交部议处。浙江、江西、福建等省棚民，在山种麻、种靛、开炉扇铁、造纸、做菰等项，责成山地主并保甲长，出具保结，造册送该州、县官，照保甲之例，每年按户编查，该州、县官于农隙时，务会同该营汛，逐棚查点，毋得懈弛。如有窝匪奸盗等事该管官失察，交部议处。滇省与外夷商贩，江西、湖广人为多，尤宜严禁。②

州县辖地聚众滋事，清政府对州县正印官问责规定甚多，处罚也很严厉。要求地方官“平日留心化导，俾无知小民皆知安分畏法”，如有倡谋滋事“该州县一有风闻，即当乘其未经蠢动之初，将为首者上紧缉拿，立时办竣”。康熙五十四年（1715）定例，州县地方官不能对聚众滋事弹压抚恤以致百姓纠众妄行，照溺职例革职；对于匪徒滋事不加严拿查报在康熙二十五年（1686）

① 张荣铮，吴勇强，金懋初点校：《大清律例》，天津：天津古籍出版社，1993 年，第 431—432 页。
② 张荣铮，吴勇强，金懋初点校：《大清律例》，天津：天津古籍出版社，1993 年，第 325—327 页。

即规定州县正印官照溺职例革职。雍正二年（1724）议准，州县正印不行严拿辖境借事聚众、罢市、罢考、殴官，“照溺职例革职”。乾隆二十七年（1762）奏准，州县官员失察并不加严拿蓄意持械肆横的犯人，“仍照例降一级留任……若地方官有心故纵，一经查出，仍照知情故纵例革职”[①]。之后又规定，知州、知县，对于本境在籍候选、候补的病故官员，必须如实申报上司，如不行申报或申报错误，均将进行责任追究。[②]如果是州县官员贪婪苛虐，平日漫无抚恤，或民事审办不公，或凌辱斯文，童生身受其害，导致县境“激变衿罢市、罢考，纠众殴官者”，必须“革职提问（私罪）”。“知而不行揭报者，亦革职（私罪）”。[③]《六部处分条例》的“加倍半不准捐复的十三条”规定之一便是，“凡因藉端勒派，肆意诛求罔念民瘼，致酿事端革职者，虽无婪赃入己情事，亦不准捐复降捐”[④]。《大清律例·兵律》“激变良民”律强调：“凡有司牧民之官，平日失于抚字，又非法行事使之不堪，激变良民，因而聚众反叛、失陷城池者，斩监候；止反叛城池未陷者，依守御官抚绥无方，致军人反叛，按充军律奏请（治罪）。”[⑤]乾隆年间刑部议复奏准定例责令包括知州、知县等官：“凡刁恶之徒聚众抗官，地方文武员弁即带领兵壮迅往扑捉。如稍有迟延者，即照定例严议。其扑捉之时，该犯即俯首伏罪不敢抗拒，应分别末减。如该犯等持仗抗拒，许文武官带同兵壮持械擒拿。若聚众之犯并未执有器械，文武官纵令兵壮杀伤者，严加议处。”从康熙五十二年（1713）起陆续定例并经嘉庆十四年（1809）最终改定的条例又规定：“直省刁民，假地方公事强行出头，逼勒平民约会抗粮，聚众联谋，敛钱构讼及借事罢考、罢市，或果有冤抑不于上司控告，擅自聚众”或“哄堂塞署，逞凶殴官”等案件发生后，该督抚先将实在情形奏闻，严饬所属，立拿正犯，速讯明确，分别究拟。如实系首恶，通案渠魁例应斩枭者，该督抚一面具题，一面将首犯于该地方即行正法，并将犯事缘由及正法人犯姓名刻示，张贴城

① （清）昆冈等修，刘启端等纂：《钦定大清会典事例》卷132《吏部·处分例·禁止聚众》，《续修四库全书》编委会：《续修四库全书》第800册，上海：上海古籍出版社，2002年，第275页。
② （清）昆冈等修，刘启端等纂：《钦定大清会典事例》卷83《吏部·处分例·失察失报》，《续修四库全书》编委会：《续修四库全书》第799册，上海：上海古籍出版社，2002年，第389页。
③ （清）文孚纂修：《钦定六部处分则例》卷15，沈云龙主编：《近代中国史料丛刊》第332册，台北：文海出版社，1969年，第358页。
④ （清）文孚纂修：《钦定六部处分则例》卷2，沈云龙主编：《近代中国史料丛刊》第332册，台北：文海出版社，1969年，第76页。
⑤ 张荣铮，吴勇强，金懋初点校：《大清律例》，天津：天津古籍出版社，1993年，第311页。

乡晓渝百姓，若有刁民滋事，该地方文职不能弹压安抚则均革职。[①]

“安民必先弭盗”。清朝定例，知州、知县等“地方官均有弭盗之责”[②]，所治理的州县“无盗案……境内民生得所，地方日有起色，方可膺卓异之选”[③]。并且，地方正印官对盗贼必须严加治理。康熙十八年（1679）题准，凡事主报明失盗，地方官不即行严缉，将该管官革职。两年后再议准，道路、村庄被劫，承缉州县印捕官住俸，限 1 年拿获，若限满不获，州县官降 1 级留任，再限 1 年缉拿，三限不获，州县印捕官再留任 1 年，如 1 年内能获盗过半，照例开复，如再不获，照例降 1 级调用，贼犯交与接缉官照案拿获。康熙三十六年（1697）题准，知州或知县承缉盗案初参并限满，即便被该督抚不照定例题参，而只以承查迟延题参，以为庇护，一旦发觉，仍将该管官照盗案例处分，同时对督抚予以降 1 级留任的追究处罚。雍正二年（1724）议准，州县押解盗犯，“中途致有脱逃者，将佥差不慎之该县，照例议处，所有加级纪录不准抵销”[④]。次年规定，州县官员对于曾经刺字且第三次犯窃之人“不依律究拟，擅自轻纵”，或“不照赃究拟，并不依律刺字”，该州县将被“照失出例议处”。州县承缉盗案，自雍正元年（1723）开始，必须拿获盗首，初参不获罚俸 1 年，二参罚俸 2 年，三参不获，降 1 级留任。“如盗首果系病故在某处者，必须查验供认实有确据，方准免其处分。若假借别州县之盗，指为本案盗首……将从前假借扶同隐匿捏报之该地方官照讳盗例革职”[⑤]。再则，与其他除钱粮处分之外的其他政务责任的降调处分可用捐纳不同，知州、知县承缉命案于未起四参之前，捐纳加级者，准其抵销，在四参起限之后者不准抵销；地方官承缉轻重命案，于未经报官以前捐纳加级者准其抵销，既经报官以后者，不准抵销；地方官承缉盗案于未经失事之前捐纳加级者准其抵销，在疏防之后者不准抵销；凡降级之案，系戴罪完纳承追督催等案，

---

① 张荣铮，吴勇强，金懋初点校：《大清律例》，天津：天津古籍出版社，1993 年，第 311—312 页。

②（清）昆冈等修，刘启端等纂：《钦定大清会典事例》卷 127《吏部・处分例・地方缉捕盗贼一》，《续修四库全书》编委会：《续修四库全书》第 800 册，上海：上海古籍出版社，2002 年，第 210 页。

③（清）允禄等监修：《大清会典（雍正朝）》卷 15《吏部十三・大计考察》，沈云龙主编：《近代中国史料丛刊》三编第 763 册，台北：文海出版社，1994 年，第 734 页。

④（清）昆冈等修，刘启端等纂：《钦定大清会典事例》卷 127《吏部・处分例・地方缉捕窃盗一》，《续修四库全书》编委会：《续修四库全书》第 800 册，上海：上海古籍出版社，2002 年，第 210 页。

⑤（清）昆冈等修，刘启端等纂：《钦定大清会典事例》卷 127《吏部・处分例・地方缉捕窃盗一》，《续修四库全书》编委会：《续修四库全书》第 800 册，上海：上海古籍出版社，2002 年，第 210 页。

必俟本案限满之日，方准照例议结，现在虽有级纪不准抵销。[①]此外，从雍正四年（1726）开始，盗案承缉审讯须审出窝家，“其讯明盗犯有窝家者，于获盗过半之内务获盗首，并获窝家，始准其免议。如年限内止获盗首，并获伙贼过半，而窝家无获者，将地方各官，亦照不获盗首例议处。若实有窝家之案，地方官畏避不获之处分，因将窝家删去，经上司审出，将该地方官照讳盗例议处。乾隆三十七年增定，未能审出窝家、窝线者，罚俸一年”[②]。

禁止邪教不力的州县问责，无论刑事问责，还是行政问责，法律均有相应规定。按《大清律例·禁止师巫邪术》律文的要求，州县地方官对境内师巫假降邪神、书符咒水、扶鸾祷圣，自号端公、太保、师婆（名色）及妄称弥勒佛、白莲社、明尊教、白云宗等会，一应左道异端之术，或隐藏图像、烧香集众、夜聚晓散、佯修善事、煽惑人民者、军民装扮神像、鸣锣击鼓、迎神赛会者都必须禁止和镇压。其相关条例强调，各省遇有兴立邪教、哄诱愚民事件，“该州、县立赴搜讯，据实通禀，听院、司按核情罪轻重，分别办理。倘有讳匿，辄自完结，别经发觉，除有化大为小，曲法轻纵别情，严参惩治外，即罪止枷责，案无出入，亦照讳窃例，从重加等议处”[③]。“邪教惑众照律治罪外，如该地方官不行严禁，在京五城御史，在外督抚徇庇不行纠参，一并交与该部议处。”[④]又，乾隆五年（1740），有关条例规定，凡有奸匪之徒将各种避刑邪术私相传习，保甲、邻里知而容隐不首者，照知而不首本律，笞四十，“地方官不行查拿者，照例议处”[⑤]。作为行政问责法规的《大清会典》《六部处分则例》与之匹配，制定了一些问责条文。“失察邪教酿成滋事重案系例不准抵者，不准捐复。”[⑥]乾隆十一年（1746），户部覆准：“行令直省督抚转饬所属将现行保甲门牌册籍实力稽查，其有倡为邪说敛钱作会，以及往来无定行踪可疑之辈乡保不得徇隐，地方官立时察究。”[⑦]乾隆四十六年（1781），吏部奏准：“失察邪教降革人员，引见时奉旨照部议及降等补用

①（清）文孚纂修《钦定六部处分则例》卷2《降罚》，沈云龙主编：《近代中国史料丛刊》第332册，台北：文海出版社，1969年，第59页。

②（清）昆冈等修，刘启端等纂：《钦定大清会典事例》卷127《吏部·处分例·地方缉捕窃盗一》，《续修四库全书》编委会：《续修四库全书》第800册，上海：上海古籍出版社，2002年，第211页。

③ 张荣铮，吴勇强，金懋初点校：《大清律例》，天津：天津古籍出版社，1993年，第281页。

④ 张荣铮，吴勇强，金懋初点校：《大清律例》，天津：天津古籍出版社，1993年，第281页。

⑤ 张荣铮，吴勇强，金懋初点校：《大清律例》，天津：天津古籍出版社，1993年，第281页。

⑥（清）文孚纂修：《钦定六部处分则例》卷2《降罚·不准捐复条款》，沈云龙主编：《近代中国史料丛刊》第332册，台北：文海出版社，1969年，第74页。

⑦（清）允裪等：《钦定大清会典则例》卷33《户部·户口下》，《景印文渊阁四库全书》第621册，台北：商务印书馆，1986年，第28页。

者，仍照例办理。其加恩仍以原官用者，无论原议降级、革职，俱改为革职留任，补官日带于新任，八年无过，方准开复。”[①]经白莲教、天理教起义后，嘉庆皇帝对教门高度警惕，并于嘉庆十七年（1812）上谕定例，州县官到任后，先周历屯庄，稽查保甲，将境内有无邪教申报该管上司，对饰有为无、化大为小的州县从重参处。[②]

邪教危害严重的形同叛逆，甚至会危及当局政权。清朝律例自然对此有十分严格的规定，地方官员责任甚大。大清律例之贼盗的谋叛条例就有规定：“凡不逞之徒，歃血订盟，转相结连土豪、市棍、衙役、兵丁，彼倡此应，为害良民，据邻佑、乡保首告，地方官如不准理，又不缉拿，惟图掩饰，或至蜂起为盗，抄掠横行，将地方文武各官革职，从重治罪。……至乡保、邻佑知情不行首告者，亦从重治罪。”[③]至此可见，包括知州、知县在内的地方官对于所辖范围的教门妖言以及由此而来的安全、秩序是有十分重大的责任的。并且，清政府对于十分警觉保持高度戒备并积极盘问缉拿相关嫌疑人的州县官员又持肯定态度且多予奖励。乾隆三十三年（1768），漳浦县知县徐观孙因对卢茂的镇压而获得肯定[④]；同年七月初五日，思南府知府张时栋因“自行访闻”并“全获”所属安化县之“倡立邪教、妖言惑众”的奸民朱维上等“首伙各犯”，上谕夸其“颇属能事，张时栋著交部议叙，所有失察处分，自应宽免。其该管之司道及该抚俱著宽免处分”，而令该府所属当事的安化县知县花映陛“著交部严加议处”[⑤]等便是其例证。所以，从这个角度或意义上说，乾隆中期“叫魂”事件中州县官员的警觉、谨慎与紧张、惊恐以及相关举措，自不难理解，乃实属正常，而不应当如既有研究而一味地简单地加以蔑视与贬斥。其后的几乎全国范围的大张其网、草木皆兵，乃是乾隆皇帝对清廷统治“合法性”之严重焦虑所致，作为相关州县的知州、知县，非但不是“叫魂”事件的加害者，相反，却成了这场事件的最大受害者和最后的牺牲品。

邪教往往与妖书、妖言联系密切。州县正印官于境内邪教有治理责任，相应对所辖地方的妖言惑众也有相应的职责：“内外各地方官”对于书写张贴

① （清）昆冈等修，刘启端等纂：《钦定大清会典事例》卷 85《吏部・处分例・官员降革》，《续修四库全书》编委会：《续修四库全书》第 799 册，上海：上海古籍出版社，2002 年，第 425 页。
② （清）昆冈等修，刘启端等纂：《钦定大清会典事例》卷 399《礼部・风教・训饬风俗一》，《续修四库全书》编委会：《续修四库全书》第 804 册，上海：上海古籍出版社，2002 年，第 354 页。
③ 张荣铮，吴勇强，金懋初点校：《大清律例》，天津：天津古籍出版社，1993 年，第 360 页。
④《清实录・高宗实录》卷 808 乾隆三十三年四月壬戌条，北京：中华书局，1986 年，第 915 页。
⑤《清实录・高宗实录》卷 814 乾隆三十三年七月庚寅条，北京：中华书局，1986 年，第 998 页。

邪言，或造谶纬、妖书、妖言，或因事造谣，捏成歌曲，沿街唱和及以鄙俚亵嫚之词，刊刻传播等种种行为，都必须“即时察拿”[①]。苗、瑶、伶、僮所住地方，如有外来匪，教诱犯法，“失察之地方官，照徇庇例议处。隐讳故纵者，照溺职例，革职”。对那些游手好闲不务本业之流，自号教师，演弄拳棒教人，及投师学习，并轮叉舞棍，遍游街市，射利惑民的，“地方文武各官失于觉察，照例议处”[②]。

关于州县正印官的守土与境域安全责任追究方面。康熙《大清会典》规定，知州、知县官员只“城守巩固者，方准特举卓异”[③]，否则，不仅没有卓异资格，还会被追究责任。《大清律例》卷十九中的“主将不固守”条例扩大到文官，包括知州、知县。其中第二条条例强调：“凡沿边、沿海及腹里州、县，与武职同城，若遇边警及盗贼生发攻围，不行固守而辄弃去，及守备不设，被贼攻陷城池、劫杀焚烧者，除专城武职照本律拟斩监候外，其守土州、县亦照守边将帅失陷城寨律，拟斩监候。……若有两县同住一城，专管官分有守城汛地，各以贼所进入地方坐罪。”[④]《大清律例》“飞报军情律”条相应做出州县上详责任；州县等地方衙门在内，办理紧要事件，“俱密封投递，本官亲拆收贮，不得令吏胥经手”，如果应密封而不密封，或收受不慎以致泄密，也将分别论处；知州、知县如果“应合供给军器、行粮、草料，若有征解违期不完者”，除“各杖一百”外，并“罪坐所由”；如果知州、知县有违远征起程无故期限等，也有革职甚至革职拿问的责任追究。官员处分则例规定，包括州县等官员“修造军营急用器物”延迟或“制不如式”者，均“革职”（公罪），若修造预备军器延迟或“制不如式”者，均降一级调用。[⑤]

清朝严禁民间非法拥有鸟枪等一类的武器，知州、知县有对辖区民间枪支管理之相应责任。《大清律例》卷十九私藏应禁军器条的律文规定，民间社会凡是私有马甲、傍牌、火筒等禁止民间收藏使用武器的人，每 1 件杖 80，每增加 1 件加 1 等，如果私造，加私藏 1 等。乾隆二年（1737）兵部覆准定例台湾民人停止制造鸟枪。违者，照例治罪。以康熙四十七年（1708）九卿

① 张荣铮，吴勇强，金懋初点校，《大清律例》，天津：天津古籍出版社，1993 年，第 362 页。
② 张荣铮，吴勇强，金懋初点校：《大清律例》，天津：天津古籍出版社，1993 年，第 550、551 页。
③（清）伊桑阿等纂修：《大清会典（康熙朝）》卷 10《吏部八・考功清吏司・朝觐考察》，沈云龙主编：《近代中国史料丛刊》三编第 712 册，台北：文海出版社，1992 年，第 431 页。
④ 张荣铮，吴勇强，金懋初点校：《大清律例》，天津：天津古籍出版社，1993 年，第 308—309 页。
⑤（清）文孚纂修：《钦定六部处分则例》，沈云龙主编：《近代中国史料丛刊》第 332 册，台北：文海出版社，1969 年，第 757 页。

议准定例为基础，经乾隆朝的三次修改及道光朝的两次修改，于道光十四年（1834）形成条例规定，各省州县深山邃谷追逐猛兽需枪之人、甘肃与番回错处毗连居民及滨海地方应需鸟枪守御之人，务须报明该地方官，详查明确实在必需，准其仍照营兵鸟枪尺寸制造，上刻姓名、编号，立册按季查点；如不报官而加私造，杖 100，枷号 2 个月；私藏杖 80，枷号 1 月，仍各照律每 1 件加 1 等，杖 100 流 3000 里。“该管官不行查出，交部议处。……私造私藏竹铳即照鸟枪例治罪。地方官失于觉察，亦照鸟枪例议处。”[①]处分条例规定，近山、海滨州县地方官对必存应有鸟枪的县民具有管理责任：“令该民人报明地方官，于枪上凿刻姓名、编号，立册存案稽查”；对于州县官失察县民私藏私造武器，1 年失察 1 次的降 1 级留任，1 年失察 2 次者降 1 级调用。[②]要禁鸟枪，就不得不禁硝磺，因为“无硝磺，则鸟枪即属无用之物”[③]。因而清政府对于“私行煎挖”和“窝囤兴贩”硝磺等都进行限制、禁止，并在前代条例基础上于同治九年（1870）成为定例，其中对不同情形予以具体规定，邻居、地保、基层社会组织也具有相应的连带责任，州县地方官也有对州县内需用硝磺的药铺、银匠、染房等跟踪管理的职责，处分则例相关规定即有 15 条。[④]至于知州、知县失察境内私自制造竹铳、铁铳、“籐牌者”，刑罚条例“照失察私藏鸟枪例议处”[⑤]；处分则例，则规定罚俸 6 个月、9 个月、1 年。[⑥]又，对于私铸大小炮位、抬枪等，清朝政府“直以反番目之”，制裁“最严”。“不论官员军民人等，及铸造匠役”等，本人一律处斩，妻子为奴，家产没官；铸造处所的邻佑房主、里长等若知而不首，均绞监候；专管文武官革职，兼辖文武官交部议处；治下如有私藏炮位、抬枪，“失察之地方官，交部分别议处”[⑦]。行政问责法规条文则为：“地方不逞之徒，私铸红衣等大小炮位，失察之州县官革职……若失察私藏旧铸炮位者，州县官降一级调用（公罪）。”若炮位被劫州县官“降二

① 张荣铮，吴勇强，金懋初点校：《大清律例》，天津：天津古籍出版社，1993 年，第 313—314 页。
②（清）文孚纂修：《钦定六部处分则例》，沈云龙主编：《近代中国史料丛刊》第 332 册，台北：文海出版社，1969 年，第 763 页。
③ 胡星桥，邓又天主编：《读例存疑点注》，北京：中国人民公安大学出版社，1994 年，第 342 页。
④ 张荣铮，吴勇强，金懋初点校：《大清律例》，天津：天津古籍出版社，1993 年，第 314 页；（清）文孚纂修：《钦定六部处分则例》，沈云龙主编：《近代中国史料丛刊》第 332 册，台北：文海出版社，1969 年，第 766—771 页。
⑤ 张荣铮，吴勇强，金懋初点校：《大清律例》，天津：天津古籍出版社，1993 年，第 315 页；胡星桥，邓又天主编：《读例存疑点注》，北京：中国人民公安大学出版社，1994 年，第 342 页。
⑥（清）文孚：《钦定六部处分则例》，沈云龙主编：《近代中国史料丛刊》第 332 册，台北：文海出版社，1969 年，第 765 页。
⑦ 胡星桥，邓又天主编：《读例存疑点注》，北京：中国人民公安大学出版社，1994 年，第 341—342 页。

级调用（公罪）”[①]。

清朝“最重海防”[②]，“海禁綦严”[③]。内外洋之地的州县官员也因此多有职责。据《大清律》的私出外境及违禁下海一条律文规定，所在内外地方的知州、知县治下之民“将马牛、军需、铁货（未成军器）、铜钱、缎匹、绸绢、丝绵，私出外境货卖及下海者”有“拘束”责任，如果事发而系知而故纵，将“与犯人同罪”，至死才减等；即便属于“失觉察”，也将收到“减”犯人“三等，罪止杖一百”的制裁。[④]本律“条例”及行政处分条例均规定，州县有申报制造“商渔船只”者，该州县官，必须“讯问明确”，查取澳甲、里长、邻族该船户并未为匪保结，当堂画押，方许成造，造成之后，还要“亲验，给照开明在船人年貌、籍贯，并商船所带器械件数，及船内备用铁钉等物数目，以便汛口察验”，如州县官将曾经为匪之人误行给照，或事后在该商渔船内被发现夹带有“违禁硝黄、钉铁、樟板等物接济外洋者……承察取结之该地方官，及汛口盘察之文武各官，俱革职”[⑤]。内地民人私往海岛盖房居住，该管州县官如果知情故纵，“革职治罪”，且为不可抵的“私罪”，不知情也革职，则“公罪”[⑥]。州县境内若有将米、谷、麦、豆、杂粮等偷运出口，接济奸匪，该管州县官员，对此知情而同谋故纵，“革职治罪”，就是不知情而属于失察，也予以“革职”，唯作“公罪”而已。[⑦]州县洋面有报失事，地方文武官倘有所推诿，或令事主改换呈报，或令盗犯捏供别处，“将推诿员弁支部照例议处”[⑧]。至于对私自来华的外国人，要求严加盘诘，“凡有外国人等，私越边境，无论是否贼匪，守卡官员即行擒拿。有将军、参赞驻扎者，报明将军、参赞。有督抚驻扎者，报明督抚，听候办理。如守卡官员任意贿纵，查出即行正法。其该管之将军、参赞、督抚等，不遵照妥办，亦一并从重治

---

① （清）文孚纂修：《钦定处分则例》，沈云龙主编：《近代中国史料丛刊》第 332 册，台北：文海出版社，1969 年，第 762 页。

② 贺长龄语。转引自胡星桥，邓又天主编：《读例存疑点注》，北京：中国人民公安大学出版社，1994 年，第 370 页。

③ 薛允升语。转引自胡星桥，邓又天主编：《读例存疑点注》，北京：中国人民公安大学出版社，1994 年，第 358 页。

④ 张荣铮，吴勇强，金懋初点校：《大清律例》，天津：天津古籍出版社，1993 年，第 328 页。

⑤ 张荣铮，吴勇强，金懋初点校：《大清律例》，天津：天津古籍出版社，1993 年，第 328 页

⑥ （清）文孚纂修：《钦定六部处分则例》，沈云龙主编：《近代中国史料丛刊》第 332 册，台北：文海出版社，1969 年，第 775 页。

⑦ （清）文孚纂修：《钦定六部处分则例》，沈云龙主编：《近代中国史料丛刊》第 332 册，台北：文海出版社，1969 年，第 784 页。

⑧ 张荣铮，吴勇强，金懋初点校：《大清律例》，天津：天津古籍出版社，1993 年，第 335 页。

罪”[①]。

第四，民生社会、灾赈救治。古人有云：“民惟邦本，本固邦宁。”而固本之责，唯在官吏。深知此理的清朝政府同前代王朝一样，对民生问题颇为重视，嘉庆皇帝指出：“百姓足君孰与不足？培养元气，胜于仓库实贮奚啻万倍”，强调劝农养民“为国家根本之计与道致之要”，要求总督巡抚，“当以此课州县之殿最而不斤斤于簿书期会之间”。同时还将官吏漠视民众疾苦，以及危害民生等行为纳入惩戒立法范围。康熙六年（1667）、康熙二十四年（1685）先后规定，知县、知州的三年大计，必注明不科派杂差、不索取火耗、不亏刻行户、不强贷富民，方准特举卓异；“荐举保举府州县官，第一条令填写‘一无加派火耗’等字样；第二条令填写‘一实心奉行上谕，每月吉聚众讲解’等字样，如无实迹，妄行填写保荐者，照例处分”[②]。康熙四十四年（1705），上谕再次重申，官员荐举卓异，“期有实迹于地方百姓，开载虚文无益，嗣后荐举卓异，务期无加派、无滥刑、无盗案、无钱粮拖欠、无亏空仓库银米，境内民生得所，地方日有起色，方可膺卓异之选”[③]。

知州、知县三年定期考核无民生实绩，不得评卓异之同时，清廷又立法强制要求其倾听民众疾苦，关心民众生产生活。康熙十八年（1679）议准：“州县官不将民生苦情详报上司，使民无处可诉，其事发觉，将州县官革职，永不叙用。若州县官已经详报，而上司不题达者，将上司亦革职。”[④]刑律也强制地方官员，必须将百姓疾苦及时上达，如果州县官不及时、详细报告上司，使百姓无可控诉者，将州县官予以革职，永不叙用。若州县已经详报，而上司不允许上报，或虽然允许上报但不付诸上报行动者，则将该上司革职。[⑤]行政、刑事法规均要求州县官员对老弱病残、鳏寡孤独等基层弱势群体等给予特别的关心、照顾。《六部处分则例》明确要求，各省百姓有流离困苦，荒失产业，徭赋难输，地方毫无治理者，将该督抚革职；该管司道府州官员亦革职，“若各属州县等官不能兴利除弊，以致百姓不安生理者，将州县官革职（私

---

① 张荣铮，吴勇强，金懋初点校，《大清律例》，天津：天津古籍出版社，1993 年，第 327 页。

② （清）伊桑阿等纂修：《大清会典（康熙朝）》卷 10《吏部八 • 考功清吏司 • 朝觐考察》，沈云龙主编：《近代中国史料丛刊》三编第 712 册，台北：文海出版社，1992 年，第 433 页。

③ （清）允禄等监修：《大清会典》卷 15《吏部十三 • 大计考察》，沈云龙主编：《近代中国史料丛刊》三编第 763 册，台北：文海出版社，1994 年，第 734 页。

④ （清）昆冈等修，刘启端等纂：《钦定大清会典事例》卷 110《吏部 • 处分例 • 报灾逾限》，《续修四库全书》编委会：《续修四库全书》第 799 册，上海：上海古籍出版社，2002 年，第 731 页。

⑤ （清）徐本、三泰等奉敕撰，刘统勋等续纂：《大清律例》卷 7《吏律 • 公式 • 事应奏不奏 • 条例》，《景印文渊阁四库全书》第 672 册，台北：商务印书馆，1986 年，第 511 页。

罪）”[①]。

康熙四十四年（1705）经部覆准，州县地方官应“将境内实系老疾无依之人，”取结收至养济院，多余之人，“准作额外孤贫收养”。而且必须将其实在人数，注明年貌，按照额内额外造册出结，转送上司备查。“如有房屋塌颓，孤贫不尽住院……将该管官照违例支给例，降一级调用。道府不行查验……罚俸一年”[②]。《大清律例》更为严厉，律条有凡鳏寡孤独及笃废之人，贫穷无亲属依倚，所在官司应收养而不收养者，杖 60；若应给衣粮，而官吏扣减者，以监守自盗论的规定。条例则要求，直省州县所属养济院，或应添造，或应修改者，令地方官酌量修造，据实估计报明督抚在于司库公用银内拨给，仍不时查勘，遇有渗漏之处，即行粘补完固其正实孤贫俱令居住院内，每名各给印，烙年貌腰牌一，而州县按季到院亲身验明腰牌，逐名散给口粮，若州县官不实力奉行者，该督抚即行查参照例议处。[③]雍正年间，因四川南川县韦巨珍因疯病杀死邓仕圣之妻陈氏及子女一家四命案经四川总督黄廷桂奏报后，刑部制定了“将平日不行稽查锁禁之地方官严定处分”的规定。至于皇帝的重民、安民、养民的要求更是比比皆是，即便是清末，依然如此。吏部司员何刚德简放建昌府谢恩被光绪召见，嘱咐“汝去江西，好好安养百姓”。乾隆十三年（1748）户部议覆山东道事广西道监察御史黄登贤条奏奉旨而成“最为紧要”的收养孤老律的条例：“凡被灾最重地方饥民外出求食，各督抚善为安辑，俟本地灾祲平复然后送回。”

法律法规禁止扰民累民。作为问责刑事法律的《大清律例·户律·私造斛斗秤尺》就规定，官员征收粮谷等，须以法定度、量、衡为准的，不得为增加搜刮而私自改变，更不得私造斛斗秤尺，否则，将受到严厉制裁。并且还规定：“若仓库官吏私自增减官降斛斗秤尺，收支官物而不平（纳以所增出以所减）者，杖一百，以所增减物计赃，重（于杖一百）者，坐赃论，因而得所增减之物入己者，以监守自盗论。……工匠杖八十，监临官知而不举者，与犯人同罪，失觉察，减三等罪，止杖一百。”[④]此外，《大清律例》还对征收

① （清）文孚纂修：《钦定六部处分则例》卷 24《灾赈》，沈云龙主编：《近代中国史料丛刊》第 332 册，台北：文海出版社，1969 年，第 340 页。

② （清）昆冈等修，刘启端等纂：《钦定大清会典事例》卷 110《吏部·处分例·赈恤》，《续修四库全书》编委会：《续修四库全书》第 799 册，上海：上海古籍出版社，2002 年，第 732—733 页。

③ （清）徐本、三泰等奉敕撰，刘统勋等续纂：《大清律例》卷 8《户律·户役·收养孤老》，《景印文渊阁四库全书》第 672 册，台北：商务印书馆，1986 年，第 535 页。

④ （清）徐本、三泰等奉敕撰，刘统勋等续纂：《大清律例》卷 15《户律·私造斛斗秤尺》，《景印文渊阁四库全书》第 672 册，台北：商务印书馆，1986 年，第 616 页。

粮谷中用脚踢斗、以粮垒尖等情形做出了具体的规定："凡各仓（主守官役）收受税粮，听令纳户亲自行概，平斛交收，作（正）数（即以平收者作正数）支销，依例准除折耗。若仓官斗级，不令纳户行概，踢斗、淋尖，多收斛面（在仓）者，杖六十。若以（所多收之）附余粮数（总）计，赃重（于杖六十）者，坐赃论罪，止杖一百。（此皆就在仓者言，如入己，以监守自盗论。）提调官吏知而不举，与同罪。"①同时，《大清律例·户律》规定，知州、知县采买仓粮谷石，必须平价采买运仓，"不许转发里递派买。……苦累小民，应需运价准令开销。敢有私派勒买及短给价值，强派强拿民力运送者，坐赃治罪"②。而《大清律例·把持行市律》条例规定："大小衙门公私所需货物，务照市价公平交易，不得充用牙行纵役私取，即有差办必须秉公提取，毋许借端需索。如有纵役失察，交部分别议处。"又，按照《大清律例·兵律》的私役民夫抬轿律文，包括州县衙门官员，如果"役使人民抬轿"，给予"杖六十"的处罚。③另外，行政处分法规规定，州县造送上级衙门表册，"有收取费用陋规，科敛病民，及借称钱粮拖欠，准折部民子女者，俱革职提问（私罪）"；州县官"贪婪苛虐，平日漫无抚恤，或于民事审办不公，或凌辱斯，文生童深受其害，以致激变矜民罢市、罢考，纠众殴官者，革职提问（私罪）"④。此外，清廷要求州县正印官刑名自理案件应在农忙时停审。"每年自四月初一日至七月二十日，时正农忙，一切民词除谋反、叛逆、盗贼、人命及贪赃坏法等重情，并奸牙、铺户骗劫客货，查有确据者，俱照常受理外，其一应户婚、田土等细事，一概不准受理。自八月初一日以后方许听断。若农忙期内受理细事者，该督抚指名题参。"⑤即便是农忙外的日常自理词讼，知州、知县若"任意拖延，使民朝夕听候，以致废时失业，牵连无辜，小事累及妇女，甚至卖妻鬻子"，各该管上司即行题参。⑥词讼一旦完结，审讯官必须放回原告，如果故意对其稽迟留难，时间至三日而仍不放回，审讯官将笞二十，并且，每增加三日，便加罪一等，

① （清）徐本、三泰等奉敕撰，刘统勋等续纂：《大清律例》卷 11《户律·仓库上·多收税粮斛面》，《景印文渊阁四库全书》第 672 册，台北：商务印书馆，1986 年，第 568 页。
② 张荣铮，吴勇强，金懋初点校：《大清律例》，天津：天津古籍出版社，1993 年，第 246 页。
③ 张荣铮，吴勇强，金懋初点校：《大清律例》，天津：天津古籍出版社，1993 年，第 354 页。
④ （清）文孚纂修：《钦定重修六部处分则例》，沈云龙主编：《近代中国史料丛刊》第 332 册，台北：文海出版社，1969 年，第 358 页。
⑤ 张荣铮，吴勇强，金懋初点校：《大清律例》，天津：天津古籍出版社，1993 年，第 514 页。
⑥ 胡星桥，邓又天主编：《读例存疑点注》，北京：中国人民公安大学出版社，1994 年，第 685 页。

到笞四十而止。[1]至于有“牧民”之责的地方官，如果由于“平日漫无抚恤”而“民事”发生时又“审办不公”而导致良民等，按照清代法律法规，该地方官将受到严厉制裁。对此，《六部处分则例》规定：“州县官贪婪苛虐，平日漫无抚恤，或于民事审办不公，或凌辱斯文，生童身受其害，以致激变衿罢市、罢考，纠众殴官者，革职提问（私罪）。司、道、府、州知而不行揭报者，亦革职（私罪）。”[2]

荒祲出于天灾而至关民瘼，补救赈济则全资人力。救济灾荒百姓，是清代州县地方官员最重要的地方治理职责。《大清律例·检踏灾伤田粮》规定：

“凡部内有水、旱、霜、雹及蝗蝻为害，一应灾伤害应减免之田粮，有司官吏应准告而不即受理申报上司亲行检踏，及本管上司不与委官覆踏者，各杖八十。若初覆检踏，有司承委官吏不行亲诣田所，及虽诣田所不为用心从实检踏，止凭里长、甲首朦胧供报，中间以熟作荒、以荒作熟、增减分数、通同作弊、瞒官害民者，各杖一百，罢职役不叙。若致枉有所征免（有灾伤当免而征曰枉征，无灾伤当征而免曰枉免）粮数计赃，重者从赃论。枉有所征免粮数，自奏准后发觉，谓之赃，故罪重于杖一百，并坐赃论。里长、甲首各与同罪。受财官吏里甲受财，踏勘开报不实，以致枉有征免者，并计赃以枉法从重论。其检踏官吏及里长、甲首原未受财，止失于关防，致使荒熟分数有不实者，计不实之田，十亩以下免罪，十亩以上至二十亩，笞二十，每二十亩加一等，罪止杖八十。官吏系公罪，俱留职役，若人户将成熟田地移丘换段，冒告灾伤者，计所冒之田，一亩至五亩，笞四十，每五亩加一等，罪止杖一百。其冒免之田，合纳税粮，依额数追征入官。……天下有司，凡遇岁饥，先发仓廪赈贷，然后具奏请旨宽恤。

此外，规定夏灾不出六月底，秋灾不出九月底，先将地方被灾情形题报，作为被灾严重性的具体“分数”，一般按照四十日限期办理。距离省会遥远的州县若按交代扣除程途日期后依然逾限，也照例题参，交部议处。凡遇蠲免钱粮之年，将所免钱粮分作 10 分，以 7 分免业户，3 分免佃户，

① （清）徐本、三泰等奉敕撰，刘统勋等续纂：《大清律例》卷 36《刑律·断狱上·原告人事毕不放回》，《景印文渊阁四库全书·史部》第 673 册，台北：商务印书馆，1986 年，第 136 页。

② （清）文孚纂修：《钦定六部处分则例》卷 15，沈云龙主编：《近代中国史料丛刊》第 332 册，台北：文海出版社，1969 年，第 358 页。

所免分数雍正十三年（1735）底虽“不必限定分数”，但“使耕作贫民有余粮以赡妻子”[①]。又规定，江海河湖居民猝被水灾，所属州县官报灾同时，须赴被灾处所验看明确，照例酌量赈济，不得濡迟时日。[②]

《六部处分则例》的规定比较具体：“说州县地方被灾，该督抚一面题奏，一面于府、州丞倅内遴委妥员，会同该州县，迅诣履勘，将被灾分数，按照区图村庄，分别轻重，申报司道，由该道复查加结，详请督抚具题。倘州县官与会勘之员，有将成灾田亩报作不成灾者，俱革职永不叙用（私罪）。若增减分数，致有枉征、枉免者，俱革职（私罪。有灾当免而征曰枉征，无灾当征而免曰枉免）。其非有意增减，止于分数不实田在二十亩以上者，降三级留任。”[③]对此相同情形，“检踏官吏失于关防”问责标准略有差异：笞 20，每 20 亩加一等罪，止杖 80，系公罪，均留职役。如果沿河州县报潦，州县正印官会同河员确勘不实或隐瞒民灾等，正印官也照前例分别议处，州县官勘查境内被灾分数并造册上报，定限 40 天，如果逾限，即按其逾限月日照报灾迟延例议处。而州县勘报续被灾伤，除旱灾以渐而成，仍另扣 40 天正限勘报外，其原报被水、被雹、被霜、被风之地，续又被灾，距原报情形之日，在 15 天之外者，准于正限外，展限 20 天日；在 15 日以内者，统于正限内勘报具题，不准再展；若续灾在初灾勘报正限之后，准其另起限期。《六部处分则例》还规定，地方受灾后，该管官吏除将受灾情况依限勘报外，必须应迅速造送应赈户口清册，并设立粥厂、饭厂、米厂等，保证灾民的基本生活；一旦接奉朝廷蠲免，即应出示晓谕，刊刻减免单，发放到被减免者手中。如有违背，将视其情节给予罚俸、降级，乃至革职永不叙用的处罚，等等。

清代州县问责制度还就流民安顿之责也有规定。户部例定，州县所辖灾民结伴处境，为邻属送回者，记过 1 次；甫经送回未能安抚仍成群出境者，每起记大过次；灾民多，不按定 30 日资送致令逃失，每起记大过 1 次。记过至 8 次以上、记大过 5 次以上，“均另行严参”[④]。乾隆九年（1744）直至清末，按照定例，对于来自离“原籍千里以外”的“流寓孤贫”，地方有动用公项加以收养之责。[⑤]

---

① 张荣铮，吴勇强，金懋初点校：《大清律例》，天津：天津古籍出版社，1993 年，第 205 页。
② 张荣铮，吴勇强，金懋初点校：《大清律例》，天津：天津古籍出版社，1993 年，第 206 页。
③（清）文孚纂修：《钦定六部处分则例》卷 24《灾赈》，沈云龙主编：《近代中国史料丛刊》第 332 册，台北：文海出版社，1969 年，第 525、526 页。
④ 胡星乔，邓又天主编：《读例存疑点注》，北京：中国人民公安大学出版社，1994 年，第 190 页。
⑤ 胡星乔，邓又天主编：《读例存疑点注》，北京：中国人民公安大学出版社，1994 年，第 189 页。

第五，兴学育才、风俗教化。教育教化是地方社会治理的又一个重要的组成部分。作为地方治理的“独任”责任人，州县正印官自然责无旁贷。在清政府的顶层问责制度设计中，朝廷就令知州、知县“兴教化，励风俗，凡养老、祀神、贡士、读法，皆躬亲厥职而勤理之”①。嘉庆帝上谕也强调以教化“正人心，以厚风俗，非特各省学政当讲明正学以端士习，即督抚藩臬以至道府州县……皆应随时化导，俾小民迁善远恶，力返古风。”②

通常而论，“学校者，礼乐所从出也”③。无学便不能明理，非明理便无法善其行，行若不善就可能犯上作乱，无所不为。④作为州县学校教育，县学非常重要。县学除顺天府所属大兴、宛平学额25名外，一般县大约学额10—18名，大县与州学稍多。县学的入学虽然要经府试录送学政最后录取，但在府试之前的县试则是必须经历的第一关，因而县试在实质上也“为士子进身之始”⑤。就清代而言，“童试无疑是涉及区域最广，应试人数最多，考场最为分散的考试。特别是县试，几乎是一千多个州县学在同一年内相继开考，数十万童生涌进考场”⑥。福建、江南、浙江等省“则一州县儒童常至盈万，少亦数千”⑦。而按照国家的定例，“县试”之主考为各州县厅正印官，即全国的知州、知县、同知（通判）负责组织和实施自己所辖地方的县试，他们因此成为法定责任人。州县正印官关于县试的具体责任，法律规定从考前准备阶段就开始算起。州县正印官在考试前一月就必须出示试期或颁行告示，说明考试时间、告知报名等事宜，并强调考场条规、纪律等。就应试者应试资格而论，知州、知县须用官印证明其籍贯、身家等信息的准确、属实，并不准随便出结。定例地方州县官滥行出结在康熙中叶时已做革职处理。⑧嘉庆九年（1804）奏准，凡身家不清及顶冒之人有捐纳职官者，州县官不行查明，滥给文结赴选者革职，其有捐纳职衔贡监者，止系顶戴荣身，无关铨选，州县官不行查明率行结报者降1级调用，后改

① 清高宗敕撰：《清朝通典》卷34，上海：商务印书馆，1935年，第2211页。
②（清）昆冈等修，刘启端等纂：《钦定大清会典事例》卷389《礼部·学校·训士规条》，《续修四库全书》编委会：《续修四库全书》第804册，上海：上海古籍出版社，2002年，第216页。
③ 道光《东阿县志》卷7《学校志》，南京：凤凰出版社，2008年，第79页。
④（清）黄六鸿：《福惠全书》卷25《教养部·讲学》，官箴书集成编纂委员会：《官箴书集成》第3册，合肥：黄山书社，1997年，第505页。
⑤（清）昆冈等修，刘启端等纂：《钦定大清会典事例》卷368《礼部·学校·学政关防》，《续修四库全书》编委会：《续修四库全书》第803册，上海：上海古籍出版社，2002年，第720页。
⑥ 李世愉，胡平：《中国科举制度通史·清代卷》，上海：上海人民出版社，2015年，第22页。
⑦《清实录·高宗实录》卷230乾隆九年十二月丁巳条，北京：中华书局，1985年，第972页。
⑧（清）昆冈等修，刘启端等纂：《钦定大清会典事例》卷115《吏部·处分例·滥行出结》，《续修四库全书》编委会：《续修四库全书》第800册，上海：上海古籍出版社，2002年，第46页。

为降1级留任。[①]

具体说来，定例应试者于本籍报考，不准冒籍，州县地方官必须查明实系土著之人，“查对烟户无讹，方许廪保填结”[②]。考生有本县同考5人互结，并指认本县廪生保结。如果入籍报考，乾隆三十八年（1773）规定，考生呈明的寄籍地方官要“确查该生室庐以税契之日为始，田亩以纳粮之日为始，扣定二十年以上”，方准其在该县入籍参加考试。嘉庆三年（1798）又定凡生童具呈入籍，寄籍的地方官限10日内核办，原籍的地方官则须据文立案，于10日内回复。州县正印官除证明应考县试之人的籍贯属实合法外，还得证明各考生身家的清白，包括父祖三代无贱民贱役，也就是既不是贱民（乐户、丐户、蛋户）、锣夫、吹手、剃头夫、修脚工、轿夫，或充贱役（粮差、皂快）等子孙［乐户在乾隆三十六年（1771）后有所放宽。粮差子孙自道光四年（1824）定例准许应试；道光四年（1824）定例厨行、在官轿夫于报官改业后满10年，子孙可以捐考[③]］，也不是优倡、皂隶之子孙，考生本人无刑伤过犯、无父母之丧。“匿丧考试，事干不孝”[④]，当然也不能考试。嘉庆二十二年（1817），州县官对所属地方的县试考试的印结责任追加：“嗣后习教犯案，罪在徒流以上者，查其子孙实未入教，以本犯之子为始，三辈后所生子孙始准考试。仍先呈明地方官，取结咨部查核。”[⑤]为核实考生是否本州县人，从康熙以后陆续实行对考生“审音”办法。康熙三十九年（1700）规定，嗣后审音不详，或审出不据实呈报者，分别以降级、革职论处。[⑥]

知州、知县对童生考试的本人信息真实的连带责任，并没有到此为止。定例规定并于雍正年间反复重申，县试之前要核对考试信息，正式考试入场必须点名核对身份，否则，一旦出现枪手作弊等，相关的“失察之官员”将

①（清）昆冈等修，刘启端等纂：《钦定大清会典事例》卷115《吏部·处分例·滥行出结》，《续修四库全书》编委会：《续修四库全书》第800册，上海：上海古籍出版社，2002年，第47页。

②（清）昆冈等修，刘启端等纂：《钦定大清会典事例》卷386《礼部·学校·童试事宜》，《续修四库全书》编委会：《续修四库全书》第800册，上海：上海古籍出版社，2002年，第171页。

③（清）昆冈等修，刘启端等纂：《钦定大清会典事例》卷386《礼部·学校·童试事宜》，《续修四库全书》编委会：《续修四库全书》第804册，上海：上海古籍出版社，2002年，第176页。

④（清）昆冈等修，刘启端等纂：《钦定大清会典事例》卷390《礼部·学校·原名应试》，《续修四库全书》编委会：《续修四库全书》第804册，上海：上海古籍出版社，2002年，第238页

⑤ 昆冈等修，刘启端等纂《钦定大清会典事例》卷386《礼部·学校·童试事宜》，《续修四库全书》编委会：《续修四库全书》第804册，上海：上海古籍出版社，2002年，第175页。

⑥（清）昆冈等修，刘启端等纂：《钦定大清会典事例》卷340《礼部·贡举·严申禁令》，《续修四库全书》编委会：《续修四库全书》第803册，上海：上海古籍出版社，2002年，第374页。

被“分别严加议处”[①]。考试中的秩序维护，州县正印官也有责任。雍正二年（1724）议准，县试地方如有借事聚众、罢市罢考殴官等事，如果该州县的正印官不行严拿，将“照溺职例革职”[②]。乾隆三十七年（1772）重申，知州、知县如果“凌辱士子生童身受其害，以致士民纠众妄行，罢市罢考殴官，将该管知县官革职”，且其“该管之道府徇隐不即申报者，照徇庇例降三级调用，如督抚不将徇隐之道府一并题参，事发将该督抚亦照徇庇例降三级调用。”[③]县试阅卷录取，例定由本县知县亲自评阅。正场交卷后，知县就应坐公案亲自阅卷，凭文录取。乾隆三十三年（1768）议准，各州县县试，正印官若令他人阅卷，督抚学政给予查参议处。[④]乾隆五十七年（1792），清政府又在早前童生考试中文理不通或雷同者录取送府试卷 100 本的州县官议处之规定，降为更为严格的 50 本。[⑤]晚清时期，尤其是太平天国后，因被兵省份，士子播迁流离，相关州县“于考试时，每宽其科条，广其登进……考试文童，全行录送，并不遗漏一人”，而致使“院试时，每有涂写杂字，并抄写他题成文，以及枪冒，怀挟等弊”，同治七年（1868）谕令：“向来府州县录送文童，荒谬不通至五十卷以上者参处，立法本严……著各该省学政严饬各府州县，遇考试文童时，查照旧例，认真删汰，录送不准过滥。……其有借考试为名，希图滋事聚众扰害者，并著地方官严拿惩办，以正士习而绝弊端。”[⑥]中国科举史研究前辈邓嗣禹认为，明清科场条例之严密，“不惟足以冠古今，亦并足以法中外……积千余年之心思才智，覃精竭思，兴利除弊，制度严密，良有以也”[⑦]。对于作为最大规模的县试，朝廷对州县正印官责任的追究规定，自然也是县试的一个组成部分。至于县试之后的府试，主考虽是知府，但所属州县正印官须协助办理，而其中的相关问责制度安排，因篇幅所限，在此叙述从略。除县学、州学之外，黉宫、书院、义社等均是讲学之地，谟诰、经籍、碑碣、祭器、乐器，则是讲学之资也，饮射、读法等则讲学之事。[⑧]凡此，

① （清）昆冈等修，刘启端等纂：《钦定大清会典事例》卷 386《礼部·学校·童试事宜》，《续修四库全书》编委会：《续修四库全书》第 804 册，上海：上海古籍出版社，2002 年，第 170 页。
② （清）昆冈等修，刘启端等纂：《钦定大清会典事例》卷 132《吏部·处分例·禁止聚众》，《续修四库全书》编委会：《续修四库全书》第 800 册，上海：上海古籍出版社，2002 年，第 274 页。
③ （清）昆冈等修，刘启端等纂：《钦定大清会典事例》卷 132《吏部·处分例·禁止聚众》，《续修四库全书》编委会：《续修四库全书》第 800 册，上海：上海古籍出版社，2002 年，第 275 页。
④ 《清实录·高宗实录》卷 804 乾隆三十三年二月庚午条，北京：中华书局，1986 年，第 863 页。
⑤ 《清实录·高宗实录》卷 1409 乾隆五十七年七月己未条，北京：中华书局，1986 年，第 944 页。
⑥ 《清实录·穆宗实录》卷 239 同治七年七月壬寅条，北京：中华书局，1987 年，第 310 页。
⑦ 邓嗣禹：《中国考试制度史》，长春：吉林出版集团有限责任公司，2011 年，第 253—254 页。
⑧ 道光《东阿县志》卷 7《学校志》，南京：凤凰出版社，2008 年，第 70—79 页。

对于州县地方官员均有一定的问责要求。如作为州县官办的小学——社学，顺治九年（1652）御准，每乡置社学一区，择定文义通晓行谊谨厚之人为社师，政府量给廪饩作为养赡。[①]

在抓学校教育的同时关注社会教化，朝廷对地方州县在该方面的责任多有设计。康熙十二年（1673）、康熙二十四年（1685）、康熙四十三年（1704），清廷相继制定条文，知州、知县官员“必能兴行教化”方可卓异；卓异官须“每月吉聚众讲解等字样，如无实迹，妄行填写保荐者，照例处分……凡荐举卓异官员，查其平日将御制训饬士子文，曾否实心讲究奉行，添入事实款内”[②]。显然，育才教化是地方官员卓异的必备条件。譬如讲读，在上谕十六条颁行后，“使各府州县以及乡村人等切实遵奉讲解”[③]，等等。

州县地方官必须保证辖区教育教化方向的正确，有利于国家在地方的统治，不准刊刻流行荒诞、淫秽作品。乾隆三年（1738）议准，凡坊肆内一应小说淫词严行禁绝，将刻板与书一并尽行销毁，如仍有违禁造作刻印者，系官革职，买者系官罚俸 1 年。若该管官员不行查出，发现 1 次者罚俸 6 月，2 次者罚俸 1 年，3 次者降 1 级调用（后改为该管官员不行查出，每次罚俸 6 月，明知故纵者，降 2 级调用）。乾隆三十年（1765）奏准，凡坊市所刻惊天雷相角、法家新书、刑台秦镜及一切构讼之书，应尽行查禁销毁，不许售卖。如有撰造刻印者，该管官不行查出，照禁止淫词小说例，每次罚俸 6 月。相反，对诗文书札中字句一时失检，涉于疑似并无确实痕迹，州县正印官承审不行详察，动辄累株连成狱，也要“照故入人罪律治罪”[④]。道光十四年（1834）、同治十年（1871）上谕均重申禁止淫词，并要求各省地方官“饬属查明应禁各书，严切晓示，将书板全行收毁，不准再行编造刊印”[⑤]。

为保持优良的社会风俗，清政府从制度上对知州、知县等地方官治理赌

---

①（清）昆冈等修，刘启端等纂：《钦定大清会典事例》卷 396《礼部・学校》，《续修四库全书》编委会：《续修四库全书》第 804 册，上海：上海古籍出版社，2002 年，第 309 页。

②（清）允禄等监修：《大清会典（雍正朝）》卷 15《吏部十三・大计考察》，沈云龙主编：《近代中国史料丛刊》三编第 763 册，台北：文海出版社，1994 年，第 733—734 页。

③（清）黄六鸿：《福惠全书》卷 25《教养部》，官箴书集成编纂委员会：《官箴书集成》第 3 册，合肥：黄山书社，1997 年，第 499 页。

④（清）昆冈等修，刘启端等纂：《钦定大清会典事例》卷 112《吏部・处分例・严禁淫词》，《续修四库全书》编委会：《续修四库全书》第 800 册，上海：上海古籍出版社，2002 年，第 5 页。

⑤（清）昆冈等修，刘启端等纂：《钦定大清会典事例》卷 112《吏部・处分例・严禁淫词》，《续修四库全书》编委会：《续修四库全书》第 800 册，上海：上海古籍出版社，2002 年，第 5 页。

博不力加以追究。光绪十三年（1887）颁行的《六部处分则例》，涉及州县官员县治理赌博的处分条文有 9 条。在本县范围内，州县官失察赌博，每事罚俸 1 个月（公罪）；匪徒设立花会，诱众聚赌，地方官自行拿获者免议，别经发觉失察制造赌具例革职留任（公罪），如有讳匿及纵容情弊者革职（私罪），受贿者照例治罪；所有制造宝匣及聚赌匪类，一照牌骰治罪。官吏纵容失察即行纠参。又，凡是本县地方案件中有“牵连赌博者”，或随本案“随招附参”，或“每季咨部”，州县官若失察将被问责。[①]光绪朝《大清会典事例》之“吏部”处分例的“赌博”条，以及“刑部”刑律杂犯中的“赌博”条，对赌博的规定相当明确、具体。仅是“吏部”处分例就有 30 多条规定，其中，多系州县的治理责任。在刑事法律法规方面，早在顺治三年（1646），清政府即修改明律制成本朝赌博问罪律文，禁止赌博，否则问责。[②]从此以后，知州、知县的基层社会赌博治理刑事责任相继出台。譬如，州县官员审理赌博案，“务向各犯严追赌具来历”，审出“造卖之人”，如果“不根究实情，后经查出”赌具造卖之人，承审州县官“交部分别议处”，如对已经审查的造卖之人“规避失察，朦胧结案”，亦交部议处；“倘地方官拿获造卖赌具之犯，不将窝留造卖月日研究明确，从重定拟者，将承审之员严行参处……凡民人将自己银钱开场诱引赌博，经旬累月……地方官弁疏纵赌博者，俱交部严加议处”；凡州县官“失察”县域民人“压宝诱赌，以及开鹌鹑圈、斗鸡坑、蟋蟀盆赌斗者……亦照赌博之该管官员例议处”；福建拿获“花会案”，其“失察之文武各官，俱照失察赌具例，交部议处”；县境内“凡民人造卖纸牌、骰子……地方保甲知造卖之人不首报者，杖一百；受财者，计赃准枉法从重论，罪止杖一百，流三千里”[③]。

对于州县正印官之祀典安排，有司规定州县社稷、山川、风云、雷雨等神，及境内先代圣帝、明王、忠臣、烈士，“所在有司，置立牌面，开写神号祭祀日期，于洁净处常川悬挂，依时致祭。至期失误祭祀者，所司官吏杖一百。其不当奉祀之神非祀典所载，而致祭祀者，杖八十”[④]。

第六，州县正印官涉外事务及新政责任。晚清各国海上用兵以及通商以后，地方政务范围扩大，因其涉外性异常突出，加之规定欠完善、严密，有

① （清）文孚纂修：《钦定六部处分则例》卷 45，沈云龙主编：《近代中国史料丛刊》第 332 册，台北：文海出版社，1969 年，第 916 页。
② 张荣铮，吴勇强，金懋初点校：《大清律例》，天津：天津古籍出版社，1993 年，第 560 页。
③ 张荣铮，吴勇强，金懋初点校：《大清律例》，天津：天津古籍出版社，1993 年，第 563—564 页。
④ 张荣铮，吴勇强，金懋初点校：《大清律例》，天津：天津古籍出版社，1993 年，第 279 页。

的甚至属于空白地带，而使州县地方倍感棘手。鸦片的泛滥及其禁政即属此列，清政府也渐次将其纳入州县问责顶层制度设计范围。

雍正七年（1729），清政府制定兴贩鸦片烟及开馆引诱良家子弟之罪的条例，并纳入《大清律例·兵律·私出外境即禁止下海律》条例之后，内容集中在兴贩鸦片烟、私开烟馆两个方面，同时，对汛口地方文武各官，若失察将“交部严加议处”[①]，汛口文官失察问责法令自此开始执行。全国范围的官员治理鸦片责任执行时间为道光三年（1833）八月二日，吏、兵两部奏定《失察鸦片烟条例》。此中规定：“文职地方官及巡查海口委员，如能自行拿获究办，免其议处。其有得规故纵者，仍照旧例革职。若止系失（于）觉察，按其烟斤多寡，一百斤以上者，该管文职罚俸一年。一千斤以上者，降一级留任，五千斤以上者，降一级调用。武职失察处分，亦照文职画一办理。”[②]道光十年（1830）六月，清廷制定《查禁内地行销鸦片章程》。道光十九年（1839）五月五日，道光帝谕令将敬敏等奏议覆《查禁鸦片章程折》及同日拟定的《严查禁鸦片章程》“俱著照所议办理，并著纂入则例，永远遵行。各该衙门其即速行刊刻，颁发各直省将军督抚等，转行所属地方文武官弁，一体遵照，明白出示晓谕，咸使闻知……其有不肖属员讳饰不办者，立即据实严参，重治其罪”[③]。同期，大学士、军机大臣会同各衙门纂辑制定条例，官员有对兵役人等以及匪徒冒充兵役，以查拿鸦片烟之名抢夺、讹诈或陷害情形失察“交部议处”[④]。光绪十三年（1887）颁行的《六部处分则例》，关于鸦片的条目 20 个，条文数量 27 条，除 2 个目（即拿获兴贩人犯引见、拿获兴贩人犯议叙）共 8 条为奖励禁烟条文外，其余 18 目 19 条条文，几乎为清一色的问责条文。[⑤]光绪三十二年（1906），清廷颁布《筹拟禁烟章程》，其中第 1 条章程主张应由各督抚分饬州县确查境内一向种植罂粟之地，共若干亩造册详报，凡一向种植罂粟之田地，嗣后永远不准再种。其业经栽种者，递年减种 9 成，州县官不时周巡，力争尽绝根株。第 9 条涉及官员的禁烟：“嗣后凡京外文武大小官员，在六十以上患瘾已深不能戒者，应与齐民一律从宽免议”；而年龄在六十以下督抚、副都统以上官员“自行陈奏请限时戒断……

① 于恩德：《中国禁烟法令变迁史》，沈云龙主编：《近代中国史料丛刊》第 878 册，台北：文海出版社，1973 年，第 16 页。

② 中国第一历史档案馆：《鸦片战争档案史料》第 1 册，上海：上海人民出版社，1987 年，第 51—52 页。

③ 齐思和等整理：《筹办夷务始末（道光朝）》卷 7，北京：中华书局，1964 年，第 181、182 页。

④ 胡星桥，邓又天主编：《读例存疑点注》，北京：中国人民公安大学出版社，1994 年，第 697 页。

⑤（清）文孚纂修：《钦定六部处分则例》卷 45《杂犯》，沈云龙主编：《近代中国史料丛刊》第 332 册，台北：文海出版社，1969 年，第 918—927 页。

其余京外文武实缺，候补大小各官，凡吸食者，由各该管上司派员确查，饬令自行据实呈明，毋论瘾之轻重，限六个月一律戒断。届限仍呈请派员核验具结存案”，若逾限未能戒断将以“原品休致”。若阳奉阴违，隐匿不报，发觉后本人革职外，该管上司分别“奏请议处”[①]两年后的《民政度支两部会订稽核禁烟章程》计 9 章 23 条，其中第一章“减种”之第一条规定，各省应饬地方官将境内现种罂粟地亩确切调查，亩数、地主及收获多寡，于 6 个月内分造清册，申由各该督抚汇报度支部，并分报民政部各一分存查。[②]第二、三条规定，禁烟自光绪三十二年（1906）起，定限 10 年，各地方“向种罂粟地亩，按照三十四年册报，数目，每年减少八分之一以上”，其间由地方官发放各省印制的栽种凭照，并一年一更换，以届期达到“尽绝根株”。其余各条内容包括州县地方官须查禁辖区的烟具买卖，查实吸烟人数及其姓名、籍贯、年岁清册与年终上报督抚，督抚分咨报部备查；发给吸食者填写有吸食量以为买烟数量之限制的吸烟牌照；各地方设立戒烟官局，制备戒烟药物；调查辖区烟店数量及其具体情况，禁止私开烟店，届期停止买卖鸦片；倡导督促辖区士绅设立戒烟会社，发放戒烟宣传品以为劝导。《民政度支两部会订稽核禁烟章程》的第八章“考成”共 6 条，其中为处罚性质者有第 19、20、21 条：“各省地方官于应行册报各条限者，不报者交部议处，册报不实者严加议处；各省地方官于应行查禁各条，限满未经禁绝者交部议处，若未经查禁捏称禁绝者交部严加议处，该管上司知情不行参揭者同；各省地方官于境内栽种罂粟地亩、膏土、各店及吸烟人数统计，一年内递减数目不及八分之一者，交部严加议处。”[③]同一年即光绪三十四年（1908）九月《民政部发给购烟执照章程》（18 条）、《民政部管理售卖膏土章程》（18 条）。又，禁烟大臣奏《禁烟查验章程》十条。到宣统三年（1911）二月《续拟严定禁烟查验章程十条》两者主要针对京官。[④]

关于晚清州县正印官对本州县教徒及其与洋教关系、民教冲突管理，尽管自康熙朝以来，渐次浮出水面，但全局性的顶层问责制度设计不多；19 世纪中期之后，这一问题开始突出与重要起来，并日渐形成被迫责任追究的高

---

① 于恩德：《中国禁烟法令变迁史》，沈云龙主编：《近代中国史料丛刊》第 878 册，台北：文海出版社，1973 年，第 263 页

② 于恩德：《中国禁烟法令变迁史》，沈云龙主编：《近代中国史料丛刊》第 878 册，台北：文海出版社，1973 年，第 263 页。

③ 于恩德：《中国禁烟法令变迁史》，沈云龙主编：《近代中国史料丛刊》第 878 册，台北：文海出版社，1973 年，第 265—266 页。

④ 于恩德：《中国禁烟法令变迁史》，沈云龙主编：《近代中国史料丛刊》第 878 册，台北：文海出版社，1973 年，第 268 页。

压态势。在此，就管见所及予以大致梳理。

康熙年间，“黄冈令刘公泽溥深恶之，议毁其庙，逐其人，胥吏有从其教者，惩以重典”[①]的主张，但尚宽容平和。雍正时对于地方官的相应职责有所规定，但规定相当笼统模糊。雍正十二年（1734）三月，江西凌按察使奏请求朝廷对不能恪尽职守的官吏、乡保严加处分[②]，被朱批为“妄谋之论”，州县地方官相应责任追究未完全纳入议事日程。乾隆四十九年（1784），朝廷指斥皆由广东地方官未能稽查防范所致，相关地方官员“自有应得处分”，强调“倘嗣后仍有西洋人潜出滋事者，一经发觉，惟该督抚是问，即当重治其罪”[③]。

嘉庆十年（1805）四月，针对御史蔡维钰上奏严禁西洋人刻书传教一折，嘉庆皇帝上谕内阁，令管理西洋堂务大臣留心稽查，如有西洋人私刊书籍即行查出销毁，并随时谕知在京之西洋人等务当安分学艺，不得与内地民人往来交结。[④]同年六月谕旨，四川省传习天主教之人甚多，著该督抚出示晓谕，俾知例禁。[⑤]同年十一月，嘉庆帝谕军机大臣以乾隆四十九年（1784）十一月上谕为依据，断定天主教为“邪说”，谕令广东督抚等“饬知地方官，于澳门地方严查西洋人等，除贸易而外，如有私行逗留讲经传教等事，即随时饬禁”，对暗为接应的内地民人“访拿承办”，要求地方晓谕民人，不可受其愚惑，自蹈法网。[⑥]嘉庆十六年（1811），陕西道监察御史甘家斌[⑦]上奏请饬部严定治罪专条及失察处分，太子太师、大学士同时兼理刑部事务的董诰奏请“失察西洋人潜住境内，并传教惑众之该管文武各官，应议处分”[⑧]。吏部尚书瑚图礼[⑨]奏覆，如地方有西洋人传教刊刻经卷，倡立讲会，并内地民人转为传习西洋教，诵经立会者，不行查拿之州县官降2级调用，该管各上司降1级留任，督抚罚俸 9 个月；如州县官能拿获过半，兼获首犯者，免其议处；

① （清）梁章钜撰，陈铁民点校：《浪迹丛谈　续谈　三谈》卷5《天主教》，北京：中华书局，1981年，第80页。

② “故宫博物院”：《宫中档雍正朝奏折》第20辑，台北：“故宫博物院”，1984年。

③ 《清实录·仁宗实录》卷152嘉庆十年十一月辛酉条，北京：中华书局，1986年，第1098页。

④ 《清实录·仁宗实录》卷142嘉庆十年四月辛未条，北京：中华书局，1986年，第945页。

⑤ 中国第一历史档案馆：《嘉庆十六年严禁西洋人传教史料》，《历史档案》2004年第1期，第24页。

⑥ 《清实录·仁宗实录》卷152嘉庆十年十一月辛酉条，北京：中华书局，1986年，第1098—1099页。

⑦ 甘家斌（1766—？），字福超，四川邻水县人，乾隆五十八年（1793）进士，嘉庆七年（1802）任刑部主事，后为陕西道监察御史。

⑧ 中国第一历史档案馆：《嘉庆十六年严禁西洋人传教史料》，《历史档案》2004年第1期，第30页。

⑨ 瑚图礼，完颜正白旗满洲人，嘉庆十一年（1806）十一月擢吏部尚书，嘉庆十三年（1808）管理户部等，旋署翰林院、调刑部，嘉庆十五年（1810）六月调吏部尚书。

如西洋人在地方潜住并无传教情事，或内地民人习西洋教并未转为传习，诵经立会者，不行查拿之州县官降 1 级调用，该管各上司罚俸 1 年，督抚罚俸 6 个月；如西洋人仅是过境并未逗留，失察之州县官降 1 级留任，各该管上司罚俸 6 个月，督抚免议；如地方有西洋人传教及内地民人转传西洋教，地方官讳匿不报者，照讳盗例革职，该管上司均照讳盗例分别议处。[①]吏部这一定例，系截至目前管见所及的清朝州县官员问责史上第一个有关州县官员洋教治理责任的文件，知州、知县的洋教治理及其处分责任也因此第一次被明确起来。并且，以此为基础，经过嘉庆二十年（1815）、嘉庆二十二年（1817）和道光八年（1828）改定，最后形成了有关西洋人传教治罪、该当文武官员议处的专门刑事条规："西洋人有在内地传习天主教，私自刊刻经卷，倡立讲会，蛊惑多人，及旗民人等向西洋人转为传习，并私立名号煽惑及众，确有实据，为首者，拟绞立决。其传教煽惑，而人数不多亦无名号者，拟绞监候。仅止听从入教不知悛改者，改发回城给大小伯克及力能管束之回子为奴。……西洋人不许在内地置买产业。其失察西洋人潜住境内，并传教惑众之该管文武各官，交部议处。"[②]

鸦片战争后的《中法黄埔条约》，法国强迫清政府同意在五口地方"大法国人亦可以教习中国人愿学本国及外国语者，亦可以发卖大法国书籍"等之外，第二十二款规定："大法国人亦一体可以建造礼拜堂……倘中国人将大法国礼拜堂、坟地触犯毁坏，地方官照例严拘重惩。"其后，中法《天津条约》《北京条约》相继规定："备有盖印执照安然入内地传教之人，地方官务必厚待保护"，任各处军民人等传习天主教、会合讲道、建堂礼拜，对此若滥行查拿则"予以应得处分"[③]。这些规定使得知州、知县等地方官员在处理境内涉外教务中由原来的禁止职责逆转为保护义务。在法国一再强求之下，咸丰十一年（1861）上谕："嗣后各该地方官凡交涉习教事件，务须查明根由，持平办理。如习教者果系安分守己，谨饬自爱，则同系中国赤子，自应与不习教者一体抚字，不必因习教而有所刻求……以示抚绥善良之至意。"[④]到此，不

① 中国第一历史档案馆：《嘉庆十六年严禁西洋人传教史料》，《历史档案》2004 年第 1 期。

② 张荣铮，刘勇强，金懋初点校：《大清律例》，天津：天津古籍出版社，1993 年，第 282 页。薛允升《读例存疑》载该例文字没有"临时酌量""倘始终执迷不悟，即照例问拟"16 字，而在"概免治罪"与"并严禁西洋人不许"之间增加文字如下："若免罪后复犯习教，无论当堂愿跨十字木架与否，除犯该死罪外，俱先在犯事地方用重枷枷号三个月，满日再行发遣。"参见胡星桥，邓又天主编：《读例存疑点注》，北京：中国人民公安大学出版社，1994 年，第 300 页。

③ 王铁崖：《中外旧约章汇编》第 1 册，北京：生活·读书·新知三联书店，1957 年，第 147 页。

④《清实录·文宗实录》卷 9 咸丰十一年十一月丙戌条，北京：中华书局，1987 年，第 233 页。

过50年时间，清政府于州县地方关于对于辖境洋教管理职责的政策根本逆转，沿江、沿海以及通商口岸地区的知州、知县，因此便被推到了所在州、县中外矛盾的风口浪尖，地位日形尴尬，处境及其治理也越加艰难。光绪二十二年（1896）四月十二日，总理衙门会同吏部、兵部制定了《教案处分章程》，一是凡有拆堂杀教之案，对“实系有心故纵，酿成巨案，贻误大局者”，由总理衙门酌量案情，请旨特别处理；二是因事出仓促，竭力保护该教而势有所弗及者，对该地方文武官员降1级留任议处；三是对“保护未能得力”而造成教案者，该管文武官员降2级留任定议。[①]庚子一役之后，清廷更是一再将责任归结于地方官，“责成各直省文武大吏通饬所属，遇有各国官民入境，务须切实照料保护，倘有不逞之徒假托义愤，凌虐戕害洋人，立即驰往弹压，获犯究办，不得稍涉玩延。如或漫无觉察，甚至有意纵容酿成巨案，或另有违约之行不即时弹压犯事之人，不立行惩办者，将该管督抚文武大吏及地方有司各官一概革职，永不叙用，不准投效他省希图开复”[②]。一心“量中华之物力，结与国之欢心”的清廷反复强调保护教士、教堂的重要性和对保护不力的地方官员的严重不满：“各省教堂教士，朝廷一视同仁……饬令实力保护，不准稍有疏虞。乃该地方官奉行不力，致有杀伤教士教民情事，实堪痛恨。”[③]相关地方的知州、知县一旦涉及洋教事务十分棘手。民教治理第一线的知州、知县可谓：“上下之责，殆备萃于有司之一身。”以致相关州县的正印官很是被动、悲凉：“今之州县，交涉事繁，教堂林立，实非学究所能胜任，一有疏虞，不可救药。”山东东平州知州柳堂感叹：“今日之地方官有重于交涉者乎？交涉有重于教案者乎？”[④]又“今之牧民者，未有不以教案为畏途者也”[⑤]。何刚德服满进京，简放苏州遗缺府谢恩，慈禧太后颐和园召见中，“问福建民教情形……并追问当日拳乱，地方如何被扰，后来如何结束？滔滔数百言，俱一一奏对毕，旋又叹息言曰：‘中国自海禁大开，交涉时常棘手。庚子之役，予误听人言，弄成今日局面，后悔无及。但当时大家竞言排外，闹出乱来，今则一味媚外，又未免太过了。时事艰难极矣！全赖大小臣工苦心对付，无过不及，才能挽此危局。江苏地方事也不是好办的，予看汝

---

① 中国第一历史档案馆，福建师范大学历史系：《清末教案》第2册，北京：中华书局，1998年，第644—645页。
② 《清实录·德宗实录》卷476光绪二十六年十二月十三日条，北京：中华书局，1987年，第277—278页。
③ 《清实录·德宗实录》卷490光绪二十七年十一月己卯条，北京：中华书局，1987年，第473页。
④ （清）柳堂：《东平教案记》自序，清光绪三十一年（1905）刻本。
⑤ （清）柳堂：《东平教案记》卷上，清光绪三十一年（1905）刻本。

在外多年，事理亦很明白，好好去做便是’。”[①] 知府，按照清朝官制，也不过是管理州县官员之“治官之官”，朝廷上下“大小臣工苦心对付”，最终真正“好好去做”就自然落到了“治事”的州县厅正印官，也就是知州、知县、抚民同知或抚民通判头上，“好好去做”，最终成了不好做，做不好，也好不了的悲剧性结局。

当然，在此需要说明的是，清政府对于晚清州县正印官责任范围及其追究办法、措施的安排，并非只有鸦片、洋教两端，州县实业、清末新政在所多有，但总体又显空洞、零星，甚至朝令夕改，未能有一全面、系统而完整的设计，而州县地方官员既难适从，又普遍少有作为，恕作从略处理。

## 第三节　责任追究类别、方式及追究程序

### 一、追究类别、方式

清代失责州县官吏被追究的类别问题，学界尽管尚无专题研究论文，但在官员问责或官员处分、官员惩戒的一般性研究中，曾有提及[②]，而且，有过犯的知州、知县所遭受的惩处类型，在总体上的确与一般文官并无大的差异，然而，两者之间不是绝对没有差异。基于区分及其州县视角的问责制度的完整性，在此笔者拟在对学界既有成果简要说明的同时，就少有涉及的有关内容进行补充，以便一窥全豹。

（一）行政处分

清州县官员行政问责处分，按照处分的时限和处罚内容的不同，又分为定期、常态不定期问责及特殊问责类别、方式三大类别：

第一种，定期问责。所谓州县定期问责，是指清政府在对知州、知县进行定期普遍考核的基础上，对不合格或者违法犯罪的知州、知县所实施的行政处罚。清朝对于地方文官的定期问责，本有“年终密考”和“大计”，但其年终密考一般以府道为对象，知州、知县并未纳入其范围，清末的州县年度性“事实”考核，虽具有创新与开创性，但从制度而言只是一个探索与尝试，谈不上定制，且施行有限。因此，知州、知县的定期问责的基本制度安排就

---

① （清）何刚德：《春明梦录·客座偶谈》，太原：山西古籍出版社，1997年，第4页。

② 孟姝芳：《清代雍正朝官员行政问责与处分类别》，《内蒙古社会科学》（汉文版）2014年第5期，第57—60页。

是“大计”[①]。

“大计”是清朝官员三大定期考核问责制度之一，其对象范围为京外文职官员，包括作为基层政府正印官的知州、知县、通判，每三年一次，先考核后问责。考核以“才”“守”“政”“年”即所谓的“四格”为内容。“守”，就是被考核问责的官员的操守、道德；“才”即才能、才干；“年”也就是年龄、年轮、身体及健康状况等；“政”即政绩、成绩、工作态度、工作效果等。问责则以考核评定结果中被“置于八法”[②]的官员予以不同程度的处罚。所谓“八法”，实际上就是考核优等（即“卓异”）、平等之外的属于差评的八种情形，包括“贪”“酷”“疲软无为”“不谨”“年老”“有疾”“浮躁”“才力不及”。由于其中的“贪”“酷”两项，到乾隆年间，改作不拘定限，有犯即参的问责范围，“八法”于是从此变为“疲软无为”等六个方面的“六法”。

对大计差评即“八法”（或六法）的地方官问责处罚的具体类别、方式等，清代不同时期规定略有不同。顺治九年（1652）规定：“贪酷并在逃者，革职提问；罢软无为、素行不谨者，革职；年老有疾者，勒令休致；才力不及、浮躁者，照事迹轻重酌量降补。”[③]康熙九年（1670）的规定对贪酷有微调，同时将最后两项的问责具体明确起来：“贪、酷者革职提问，如事在赦前，免罪，‘永不叙用’；不谨、罢软皆革职；年老、有疾，皆休致；才力不及，降二级调用，浮躁，降三级调用。皆不准援赦，纪荐加级，不准抵销。”[④]乾隆二十四年（1759）则奏准：“各省犯贪酷官员，该督抚随时题参（不入计典），革职提问，永不叙用。其年老、有疾、罢软无为、才力不及、不谨、浮躁、六法等官，仍照原例议处。”[⑤]光绪十三年（1887）吏部重新修订颁行的《六部处分则例》规定：“各省有犯贪、酷官员，该督抚随时访察题参革审，永不叙用。其入于计典不谨、罢软、无为者，俱革职。年老、有疾者，俱休致。

① 常越南《清代考课制度研究》（北京大学出版社，2010年）一书对“大计”制度有较为全面系统的论述；其《清代外官大计“考语”与“事实”探析》（《清史研究》2014年第2期）一文则对大计中的“考语”进行了专题研究。此外，关晓红《清末州县考绩制度的演变》一文，也对清末州县考绩制度进行了细致拔梳。

② 《清世宗实录》卷8雍正元年六月乙亥条，北京：中华书局，1985年，第160页。

③（清）昆冈等修，刘启端等纂：《钦定大清会典事例》卷80《吏部·处分例·大计统例》，《续修四库全书》编委会：《续修四库全书》第799册，上海：上海古籍出版社，2002年，第345页。

④（清）昆冈等修，刘启端等纂：《钦定大清会典事例》卷80，《续修四库全书》编委会：《续修四库全书》第799册，上海：上海古籍出版社，2002年，第348页。

⑤（清）昆冈等修，刘启端等纂：《钦定大清会典事例》卷80《吏部·处分例·大计统例》，《续修四库全书》编委会：《续修四库全书》第799册，上海：上海古籍出版社，2002年，第353页。

才力不及者，降二级调用。浮躁者，降三级调用。加级纪录不准抵销。”[①]并且大计劾参各官“不准捐复”[②]可见，就制度层面看，包括知州、知县在内的外官3年定期问责处分类别总体是稳定的。

第二种，常态不定期问责。这一种类型大致说来，是指定期行政问责处分之外的经常性的行政问责处分，即知州、知县一旦犯事而进行的行政责任追究。根据被行政问责程度的不同，清代州县官员的常态不定期责任处分又可分为罚俸、降级、革职三个基本类型：“一曰罚俸，其等七。二曰降级，留任者，其等三；调用者，其等五；三曰革职，其等一，留任者别为等焉。降调而级不足者，则议革。凡处分有展参者，则变其法。凡处分，至革职则止焉，甚者曰永不叙用。革职有余罪，则交刑部。凡官员老疾者，则休致。”[③]具体说来，罚俸是对过错官员扣发俸饷。但仅罚应得之正俸，不包括养廉银，以年月为差，分7等：1个月、2个月、3个月、6个月、9个月、1年、2年。若因公罪罚俸，准以其纪录、加级抵消；私罪罚俸，皆为实罚，不准抵消。[④]光绪朝《大清会典事例》自第78卷到137卷，全是“处分例”，其中涉及罚俸的达2754条。[⑤]关于降级，清朝的降级在清初乃至清中前期，曾经有笼统降级而不作留任、调用区分的制度安排情形。譬如，顺治十三年（1656）曾题准，各省漕粮经征州县卫所各官，将任务数量10等分，到初参时，如果未完的数量在3分以上，就给予降2级处理，4分以上更降3级；另外定例，州县卫所各官参后漕粮违限不完者，加倍议处，如应住俸者降2级，应应降2级者降4级，应降3级者革职。[⑥]但作为常规性降级问责处分则分为两种，一为降级留任，一为降级调用。不过，前者就其现任之级递降，照所降之级食俸，仍留任。其中，又分为降1级留任、降2级留任、降3级留任三等。后者即视现任之级实降调任，以级之差，分为降1级到降5级五等，凡降调而级不足者，比如从八品降3级、

① （清）文孚纂修：《钦定六部处分则例》卷6，沈云龙主编：《近代中国史料丛刊》第332册，台北：文海出版社，1969年，第186页。

② （清）文孚纂修：《钦定六部处分则例》卷2《降罚》，沈云龙主编：《近代中国史料丛刊》第332册，台北：文海出版社，1969年，第73页。

③ （清）昆冈等修，吴树梅等纂：《钦定大清会典》卷11《吏部》，《续修四库全书》编委会：《续修四库全书》第794册，上海：上海古籍出版社，2002年，第113—114页。

④ （清）昆冈等修，吴树梅等纂：《钦定大清会典》卷11《吏部》，《续修四库全书》编委会：《续修四库全书》第794册，上海：上海古籍出版社，2002年，第113页。

⑤ 许颖：《清代文官行政处分程序研究》，南开大学博士学位论文，2010年，第139页。

⑥ （清）允祹等：《钦定大清会典则例》卷43《户部漕运三·漕运考成》，《景印文渊阁四库全书》第621册，台北：商务印书馆，1986年，第362页。

正九品降 2 级，以及无级可降，则革职。[①]光绪朝《大清会典事例》自第 78 卷到 137“处分例”涉及降级留任者 1108 条、降级调用 1974 条。[②]关于革职，官员因处分而应降级，但是其现有之级不足降，则革职。譬如，从八品官员受降 3 级处分、正九品官员被降 2 级处分，均属于无级可降，按照规定就要被革职。在革职处分中，除一般的革职外，又因情罪轻重而有别，轻者“留任”，重者则“永不叙用”。革职永不叙用，即革职之后，此生永远不得再入仕为官，而且也“不准捐复”[③]，这是清朝行政处分最为严厉的处罚。光绪朝《大清会典事例》自第 78 卷到 137 卷“处分例”中涉及革职留任 68 条、革职 1161 条、革职永不叙用 9 条。[④]革职留任在具体的问责处罚中甚多，如在乾隆朝甘肃冒赈案惩处中，被处以“革职留用，八年无过，方准开复”者即有 28 员。其中就包括了“办理捐监”的云南昆明人、合水知县张履升和奇台县知县窝什浑。[⑤]

第三种，特殊问责类别、方式。这类问责处罚主要有住俸、降俸、降职、停升等几种形式，既往研究成果少有涉及，即便涉及也多语焉不详。这些形式系常规处罚制度类型设计之外的一些带有特殊事项的或具有一定过渡性质的问责处罚形式。官员处分“有展参者，则变其法”，而“经征、督征、承缉、督缉处分，皆有展参，是以催征官有停升、降俸、降职处分；缉捕官有停升、住俸处分。与寻常处分异制。”[⑥]而钱粮之经征与盗贼之承缉乃清代知州、知县官员最基本也是最重要的两大职责，且经征、承缉例有展参，所以，停升、住俸、降俸、降职、休致也是州县官员行政处分一些类别和方式。

关于住俸，笔者就在《四库全书》进行检索后发现，元代虽然有见“住俸”，但就典章制度言，明代官员的“住俸”制度显然更为完备。明亡清兴，轻微过错官员被住俸的处罚方式在清代尤其是清中前期被继承下来。管见所

① （清）昆冈等修，吴树梅等纂：《钦定大清会典》卷 11《吏部》，《续修四库全书》编委会：《续修四库全书》第 794 册，上海：上海古籍出版社，2002 年，第 113 页。
② 许颖：《清代文官行政处分程序研究》，南开大学博士学位论文，2010 年，第 139 页。
③ （清）文孚纂修：《钦定六部处分则例》卷 2《降罚 • 不准捐复条款》，沈云龙主编：《近代中国史料丛刊》第 332 册，台北：文海出版社，1969 年，第 73 页。
④ 许颖：《清代文官行政处分程序研究》，南开大学博士学位论文，2010 年，第 139 页。
⑤ 屈春海编选：《乾隆朝甘肃冒赈案惩处官员一览表》，《历史档案》1996 年第 2 期，第 78 页。
⑥ （清）昆冈等修，吴树梅等纂：《钦定大清会典》卷 11《吏部》，《续修四库全书》编委会：《续修四库全书》第 794 册，上海：上海古籍出版社，2002 年，第 113—114 页。

及，目前见到的最早的住俸是顺治五年（1648）[①]，然此系就知府而非州县官员而定。康熙十四年（1675），针对“外官举劾不实”的情况，吏部议准，如果外官“该管上司揭参所属官员或将所经管事件并日月错开”，从而导致被揭参的属员“虚革、虚降及住俸、罚俸”，其误揭之上司将罚俸 6 个月，督抚罚俸 3 个月。[②]此次被举劾不实而被“住俸”的外官，显然是包括了知州、知县，可见，州县官的问责处分其时已经有住俸这种形式的存在。康熙二十年（1681）议准，道路、村庄被劫，承缉州县印捕官住俸，限 1 年拿获，若限满不获，州县官降 1 级留任，再限 1 年缉拿，3 限不获，州县印捕官再留任 1 年，如 1 年内能获盗过半，照例开复，如再不获，照例降 1 级调用，贼犯交与接缉官照案拿获，有加级纪录准其抵销，若未满 1 年之限升迁，照离任官例罚俸 1 年。[③]康熙三十八年（1699）三月，康熙帝上谕山东、江南地方各官“有因公诖误，罚俸、住俸、降俸、降级、革职留任者，著察明悉从宽免”[④]。则更进一步证明当时住俸的处罚已经实行。如果上述有关住俸的问责处分方式尚不是十分明确的话，那么，吏部有关官员的问责处罚条文的规定便可直接证明。据降罚中“罚俸”的史料记载，雍正三年（1725），吏部遵旨议定：“各官任内，凡有承追、承缉、督催等项未完事件，应议罚俸、住俸、降职、降级、革职，及罚俸三月、六月、九月仍令催追缉拿等案，于未经限满之先，或别经降调离任，或升迁离任，或保题升转，及丁忧事故离任，皆以罚俸一年完结……若特旨升调各官原任内，因承督未完案件，应议降俸、住俸、降职、降级、革职等案，仍皆以罚俸一年完结，如有应罚俸三月、六月、九月者，各照原任内处分议结。”其后乾隆十六年（1751）、乾隆三十七年（1772），嘉庆十一年（1806）都有关于以“住俸”作为问责处罚方式的规定。承追指的是对钱谷的催追，承缉指的是对在逃案犯的缉捕；在清代“各官任司”中，有此两者之责，并分别名之曰承追、承缉责任者，唯有知州、知县。因此，清前期的“住俸”作为州县官员的一种问责形式当可以肯定无疑。除钱谷、刑名的住俸问责外，县政领域也是有住俸问责制度的。康熙初年规定，若州

①《清实录·世祖实录》卷 41 顺治五年十一月甲子条，北京：中华书局，1985 年，第 326 页。

②（清）允祹等：《钦定大清会典则例》卷 11《吏部考功清吏司·举劾》，《景印文渊阁四库全书》第 620 册，台北：商务印书馆，1986 年，第 262 页。

③（清）昆冈等修，刘启端等纂：《钦定大清会典事例》卷 127《吏部·处分例·地方缉捕窃盗一》，《续修四库全书》编委会：《续修四库全书》第 800 册，上海：上海古籍出版社，2002 年，第 208—209 页。

④《圣祖仁皇帝圣训》卷 32《省方》康熙三十八年三月壬午条，《景印文渊阁四库全书》第 411 册，台北：商务印书馆，1986 年，第 515 页。

县已垦荒地复荒，州县官原来因开荒的加级纪录不仅要注销，而且该州县正印官还将“降三级住俸”，并勒限 1 年督垦，如限内未垦完者的，该“州县官降三级调用”①。漕运方面，乾隆朝《大清会典则例》载，顺治十三年（1656）题准，各省漕粮经征州县卫所各官，将任务数量 10 等分，初参未完的数量不及 1 分者免议，1 分以上罚俸 6 月，2 分以上就住俸。又定例，州县卫所各官参后漕粮违限不完者，加倍议处，应罚俸者住俸，应住俸者降 2 级，应降 2 级者降 4 级，应降 3 级者革职。②钱币领域，则在顺治十三年（1656）奏销“钱本逾限处分”，规定各州县钱本过 3 月不完罚俸 6 月，展限 2 月不完者，住俸。

降俸处罚，在清代的制度安排中客观存在。顺治十八年（1661）题准：“淮徐等六仓，粮银未完不及一分者，停其升转，一分罚俸六月，二分罚俸一年，三分降俸一级，四分降俸二级……以上皆戴罪征收，停其升转，完日开复。”③定例，福建、四川、广东、广西、云南、贵州等省，盐课监管官初参问责，欠 1 分，知州、知县及该管上司府道藩司的问责处罚就是降俸 1 级。④另外，芦政考成规定，州县官 10 分全完者纪录，未完不及 1 分者降俸 1 级，1 分降俸 2 级，2 分降俸 3 级，3 分降职 1 级。⑤康熙六年（1667）规定，监管盐政的州县官员欠 1 分以上降俸 1 级，令戴罪督催，停其升转，完日开复。⑥由于虑及官品分正、从，而“俸无异同”，譬如正、从七品岁俸银均是 14.471 两，降俸处分，降 1 级，官品虽从正七品降为从七品，但俸无降，为使降俸具有惩罚的实质意义，乾隆中叶后，凡正品官员降俸 1 级，即按照“降俸二级折半扣缴”⑦。乾隆三十七年（1772）议准，各项限缉人犯，在参限之内，被邻境别汛拿获，如果承缉之员限满应停升、住俸、降俸、降职者，以罚俸 6 月完结。显然降俸也为州县司法问责形式之一。

---

①（清）昆冈等修，刘启端等纂：《钦定大清会典事例》卷 99《吏部・处分例・开垦荒地》，《续修四库全书》编委会：《续修四库全书》第 799 册，上海：上海古籍出版社，2002 年，第 591 页。

②（清）允祹等：《钦定大清会典则例》卷 43《户部・漕运三・漕运考成》，《景印文渊阁四库全书》第 621 册，台北：商务印书馆，1986 年，第 362 页。

③（清）允祹等：《钦定大清会典则例》卷 43《户部・漕运三・漕运考成》，《景印文渊阁四库全书》第 621 册，台北：商务印书馆，1986 年，第 362 页。

④（清）董公振：《钱谷刑名便览》卷上，《四库未收书辑刊》编纂委员会：《四库未收书辑刊》第 2 辑第 26 册，北京：北京出版社，2000 年，第 103 页。

⑤《清实录・世祖实录》卷 125 顺治十六年四月壬寅条，北京：中华书局，1985 年，第 971 页。

⑥（清）昆冈等修，刘启端等纂：《钦定大清会典事例》卷 105《吏部・处分例・盐课奏销》，《续修四库全书》编委会：《续修四库全书》第 799 册，上海：上海古籍出版社，2002 年，第 658 页。

⑦《清实录・高宗实录》卷 728 乾隆三十年二月戊子，北京：中华书局，1986 年，第 24 页。

降职制度设计与降俸类似。顺治十八年（1661）所题准的淮徐等六仓规定，知州、知县各官初参，粮银未完不及5分降职1级，6分降职2级，7分降职3级，8分降职4级，皆戴罪征收，停其升转，完日开复。[①]又，康熙二年（1663），题准的各省随漕轻□等项钱粮，经征州县卫所各官初参，按照应完数量，以10分为率，未完的数量1分即降职1级，2分降职2级，3分降职3级，4分降职4级。[②]康熙三十年（1691）议准，拨补地租，经征之州、县、卫、所未完不及6分降职1级，7分降职2级，8分降职3级，9分降职4级，10分革职。再，上揭住俸条文的史料，也就是雍正二年（1724），吏部遵旨议定关于官员罚俸的具体条文。雍正五年（1727），除表明行政问责之住俸处罚规定的客观存在外，其中提及的尚有"降职"[③]。此等为官方记载。民间私人对此也有文献。随漕轻赍初参，知州、知县欠1—4分者，处罚就是降职。[④]盐课监管官初参督催问责，监管盐政的知州、知县盐课考成处分，各项限缉人犯等项都存在降职处罚规定[⑤]，凡此种种表明这一问责处罚方式的制度同样是客观存在的。

关于停升、停转，乾隆朝《大清会典》规定："凡停升，内外官员降革留任，未经开复及见有议处之案未结者，均停升。旗员有欠项未完，外官有罚俸之案，亦停升。"[⑥]清代定例徐淮等杂项钱粮初参10分欠不到1分的责任追究就是这种处分形式。雍正七年（1729），沛县知县周之准因不及1分，被总督疏参，雍正十年（1732），户部议定："查定例徐淮等仓钱粮初参，州县欠不及一分者停升督催等语"，对周之准做出"照例停升督催"的问责处罚，被奉旨依议。邳州知州吕大雅因接催雍正五年（1727）河银未完被总河疏参，雍正八年（1730）"工部会议，总河嵇疏，雍正五年分河银未完，查接催现任邳州知州吕大雅，自雍正六年十二月十一日到任起，连闰扣至雍正八年七月初八日，年半限满，查定例河道钱粮未完，俱照徐淮等仓钱粮例议处。徐淮等仓例内初参，直隶知州欠不及一分者，停升督催等语，应将未完不及一分

① （清）允祹等：《钦定大清会典则例》卷43《户部·漕运三·漕运考成》，《景印文渊阁四库全书》第621册，台北：商务印书馆，1986年，第362页。

② （清）允祹等：《钦定大清会典则例》卷43《户部·漕运三·漕运考成》，《景印文渊阁四库全书》第621册，台北：商务印书馆，1986年，第364页。

③ （清）允祹等：《钦定大清会典则例》卷37《户部·田赋四》，《景印文渊阁四库全书》第621册，台北：商务印书馆，1986年，第139页。

④ （清）董公振：《钱谷刑名便览》卷上，《四库未收书辑刊》编纂委员会：《四库未收书辑刊》第2辑第26册，北京：北京出版社，2000年，第93页。

⑤ （清）昆冈等修，刘启端等纂：《钦定大清会典事例》卷85《吏部·处分例·官员罚俸》，《续修四库全书》编委会：《续修四库全书》第799册，上海：上海古籍出版社，2002年，第419页。

⑥ （清）允祹等：《钦定大清会典》卷5《吏部·文选清吏司·铨政》，《景印文渊阁四库全书》第619册，台北：商务印书馆，1986年，第74页。

之邳州知州吕照例停升督催，奉旨依议”[①]。福建、四川、广东、广西、云南、贵州等省，盐课监管官初参问责欠不及 1 分，知州、知县及该管上司府道藩司也停升。[②]雍正年间缓征灾漕处分门有知州、知县随漕轻赍初参不及 1 分给予停升、罚俸 1 年的规定。[③]顺治十八年（1661）题准，州县各官初参淮徐等六仓，粮银未完不及 1 分者停其升转。康熙二年（1663）又题准，各省随漕轻□等项钱粮，经征州县卫所各官初参，未完不及 1 分者，停其升转且罚俸 1 年。[④]康熙六年（1667）规定，监管盐政的知州、知县盐课考成处分，欠一分至七分者，除给予不同程度的降俸、降职处分外，均追加“戴罪督催，停其升转”的处罚。[⑤]乾隆三十七年（1698）议准，各项限缉人犯，在参限之内，被邻境别汛拿获，如果承缉之员限满应停升、住俸、降俸、降职者，以罚俸 6 个月完结。[⑥]

至于休致，制度安排有 3 个层次。一是“以原品休致”，主要是针对年老之大臣而言，多出自“特恩”，而非定制，不属问责处罚。二是“休致”，是对 3 年定期考核的年老官员的一种轻微处罚。三是“勒令休致”，系针对“年老有疾恋职旷官者”的一种“纠参”性质的处罚。[⑦]

除上述处罚之外，罚俸除前揭罚俸 7 个等级，尚存在着一些特别的规定。如罚俸三年的规定。譬如，雍正七年（1729）之养息牧管骟马群官员倒毙马匹规定，如果一年倒毙的马匹为 31—40 匹，则“罚俸三年”[⑧]。乾隆三十七年（1698）议准，包括知州、知县在内的各项限缉人犯，在参限之内，被邻境别汛拿获，如果承缉的知州、知县是降级留任限满再留任一年缉拿者，就只能以“罚俸三年完结”进行处罚。[⑨]降级留任定制仅 3 个等级，但实际因为

① （清）董公振：《钱谷刑名便览》卷上，《四库未收书辑刊》编纂委员会：《四库未收书辑刊》第 2 辑第 26 册，北京：北京出版社，2000 年，第 90 页。
② （清）董公振：《钱谷刑名便览》卷上，《四库未收书辑刊》编纂委员会：《四库未收书辑刊》第 2 辑第 26 册，北京：北京出版社，2000 年，第 103 页。
③ （清）董公振：《钱谷刑名便览》卷上，《四库未收书辑刊》编纂委员会：《四库未收书辑刊》第 2 辑第 26 册，北京：北京出版社，2000 年，第 93 页。
④ （清）允祹等：《钦定大清会典则例》卷 43《户部·漕运三·漕运考成》，《景印文渊阁四库全书》第 621 册，台北：商务印书馆，1986 年，第 364 页。
⑤ （清）昆冈等修，刘启端等纂：《钦定大清会典事例》卷 105《吏部·处分例·盐课奏销》，《续修四库全书》编委会：《续修四库全书》第 799 册，上海：上海古籍出版社，2002 年，第 658 页。
⑥ （清）昆冈等修，刘启端等纂：《钦定大清会典事例》卷 85《吏部·处分例·官员罚俸》，《续修四库全书》编委会：《续修四库全书》第 799 册，上海：上海古籍出版社，2002 年，第 419 页。
⑦ （清）允祹等：《钦定大清会典》卷 5《吏部·文选清吏司·致仕》，《景印文渊阁四库全书》第 619 册，台北：商务印书馆，1986 年，第 78 页。
⑧ （清）昆冈等修，刘启端等纂：《钦定大清会典事例》卷 118《吏部·处分例·马厂》，《续修四库全书》编委会：《续修四库全书》第 800 册，上海：上海古籍出版社，2002 年，第 92 页。
⑨ （清）昆冈等修，刘启端等纂：《钦定大清会典事例》卷 85《吏部·处分例·官员罚俸》，《续修四库全书》编委会：《续修四库全书》第 799 册，上海：上海古籍出版社，2002 年，第 419 页。

皇帝特旨有降4级留任、降5级留任等特例；降级调用在常例的5个等级外，还有降留级调用之特例。

（二）刑罚制裁

当对过犯知州、知县的行政处分之后，尚不足以完全追究该官员责任，如，革职或革职永不叙用后仍未能体现责任完全追究，则给予刑罚追究，或者知州、知县的行为本身就触犯了大清律例的规定而应予以刑事追究，则自然交刑部予以刑罚惩戒。

（1）笞刑。即用重1.5斤的小竹板，击打犯罪人，系清朝入关后政府定制常用五刑之一。关外时期，"旗下人有犯，俱有鞭责"。顺治朝，清政府承袭汉民族法律传统，对犯人实行五刑制度，"笞"便是其中的一种，也是最轻的一种刑罚。"谓人有轻罪，用小荆杖决打"。康熙八年（1669）定例，凡笞、杖罪名，除旗下鞭责外，民人折责"概用竹板"。据《大清律例》载，清朝的笞刑分5等，分别为笞10板、20板、30板、40板、50板。从《大清律例》第49卷可知，笞10板的情形有31种。与官吏有关者，如已除官员赴任无故过限1天者、官吏假满无故不还职时间1天者、官文书稽程4天者等。有关吏律中州县笞10板的条文："府、州、县置立信牌，量地远近以定限，随事销缴，违者，一日笞一十，每一日加一等，罪止笞四十"；官员赴任违限，1日笞10，每10日加1等，罪止杖80。[①]笞20者，《大清律》并其"条例"在内共47条。其中，仅律文主体是官吏的就有26条。笞30者，律文刑罚之主体是官吏者达21条。笞40、50者，律文均各有80条，而其中制裁官吏者又都为45条，超过了这两个刑种数量的一半。笞本系刑罚问责，亦即是一种对犯罪人肉体施以折磨的刑罚，并且，作为折磨犯罪人肉体的笞，包括即将述及的杖刑，于清朝犯罪民人而言，直到1910年《大清新刑律》才被排除于刑律之外。

由于包括知州、知县在内的官员"以其曾为职官，未便实行责打"[②]，所以对知州、知县在内的官员而言，清朝律例及处分则例又规定官员犯笞罪折为罚俸。而"官员所犯不一，总不越公、私两端。凡不系己私，因公得罪及过失错误，出于无心者，皆为公罪；其罪由己造，不因公得及虽属公事，意出己私者，皆为私罪"[③]。具体而言，如果州县官员的"笞"并非主观故意所

① 田涛，郑秦点校：《大清律例》卷40《总类》，北京：法律出版社，1999年，第619页。
② 胡星桥，邓又天主编：《读例存疑点注》，北京：中国人民公安大学出版社，1994年，第11页。
③（清）姚雨芗原纂，胡仰山增辑：《大清律例会通新纂》卷3《名例律上》，沈云龙主编：《近代中国史料丛刊》三编第211册，台北：文海出版社，1987年，第270页。

导致，也就是如果是“公罪”的话，那么，上述的笞 10 板罚俸 1 个月，笞 20 板罚俸 2 个月，笞 30 板罚俸 3 个月，笞 40 板罚俸 6 个月，笞 50 板罚俸 9 个月。相反，如果按照刑律“定议”系知州、知县主观故意所造成的过犯，也即“私罪者”，则笞 10 板罚俸 2 个月，笞 20 板罚俸 3 个月，笞 30 板罚俸 6 个月，笞 40 板罚俸 9 个月，笞 50 板罚俸 1 年。[①]显然，虽然笞刑等次相同，但由于是否属于官员的主观故意，实际罚俸的处罚力度，“私罪”明显高于“公罪”，而且若系公罪，由笞而来遭受罚俸处罚的官员如果有加级纪录，是准其抵销的；私罪则“虽有加级纪录，不准抵销”[②]。那么官员笞刑公罪情形下的抵销规定的具体内容是什么呢？史料显示，如果纪录是军功纪录，1 次准抵罚俸 1 年；纪录若是寻常纪录，则 2 次纪录准抵罚俸 1 年；寻常纪录则 1 次纪录只准抵罚俸半年，也即 2 次寻常纪录才能抵销罚俸 1 年。[③]

（2）杖刑。考之《古今图书集成·祥刑典·律令部》可知，“杖”刑，说的是人犯罪后，“用大荆杖决打”的一种刑罚。这种问责处罚方式始于东汉，明清沿袭，而清代的杖刑，初为大荆条，康熙年间改为用重 2 斤的大竹板进行责罚。清之“杖”刑也分 5 等，分别为杖 60、70、80、90、100。检索《大清律例》相关内容发现，此五等中的每一等刑罚，都有将锋芒指向官吏的相关条文。以杖 60 的刑罚为例，处以杖刑的律文共 96 条，而指向官吏者有 55 条。其中，《大清律例·吏律》杖 60 者有 5 条，这 5 条全为惩罚官吏的内容；《大清律例·户律》杖 60 的 24 条中近一半的主体是官吏；《大清律例·礼律》杖 60 者有 5 条，官吏至少占 3 条。又如，杖 90 者，律文 59 条，主体为官吏者 16 条。其中州县官员可能触犯而可能招致处分的条文包括“职官赌博者”“遗失文案而同僚代为判署以补卷宗者”“上司官及使客经过各衙门，官吏出郭迎送者，容令迎送不举问者”“监守自盗仓库钱粮等物一两以上至二两五钱者”“行杖人决人不如法因而致死者”“提调县吏失于检举沉匿公文及拆动原封事干军情者”“官吏受财有禄人枉法赃至一十两者、不枉法赃至三十两者，无禄人枉法赃至一十五两者、不枉法赃至四十两者”等。

① （清）姚雨芗原纂，胡仰山增辑：《大清律例会通新纂》卷 3《名例律上》，沈云龙主编：《近代中国史料丛刊》三编第 211 册，台北：文海出版社，1987 年，第 269 页；张荣铮，刘勇强，金懋初点校：《大清律例》卷 2《名例律上》，天津：天津古籍出版社，1993 年，第 97 页。

② （清）文孚纂修：《钦定六部处分则例》卷 1，沈云龙主编：《近代中国史料丛刊》第 332 册，台北：文海出版社，1969 年，第 24 页。

③ 王钟翰：《清代则例及其与政法关系之研究》，《清史补考》，沈阳：辽宁大学出版社，2004 年，第 66 页。

同上揭犯罪官吏“笞”刑有折为罚俸的规定一样，“杖”刑也是可以折为罚俸的。据《吏部处分则例》记载，所杖若系公罪，那么，杖 60 者罚俸 1 年，杖 70 者降 1 级留任，杖 80 者降 2 级留任，杖 90 者降 3 级留任，杖 100 者革职留任。并且，杖刑系公罪，不但可以用罚俸或降级留任替代，而且被处“杖”刑的知州、知县（包括其他符合规定的官员），倘若有加级纪录的话，尚可在规定的范围内予以抵销。也就是，其有军功纪录 2 次的，准其抵降 1 级，有军功加 1 级者，准其抵降 2 级，但若只是寻常加 1 级，则只能抵降 1 级，此外，如果有寻常纪录 4 次，也允许抵销降 1 级。[①]所杖若系私罪，则杖 60 者降 1 级调用，杖 70 者降 1 级调用，杖 80 者降 3 级调用，杖 90 者降 4 级调用，杖 100 者革职。雍正年间，南皮县知县吴国相因侵欺钱粮革职并拟斩监候，署理南皮县县令黄居敬“因其患病擅行提监拨役看守，殊属违例”。直隶总督唐某对之题参，吏部“查律内凡狱囚应禁不禁者杖六十，官员犯杖六十者降一级等语”议覆将黄降 1 级调用。[②]

在此，须特别指出的是，根据道光五年（1825）修改条例的规定：“凡文武官犯罪本案革职，杖轻罪毋庸纳赎，若革职后另犯笞杖罪者，照律纳赎，徒、流、军、遣依例发配，有呈请赎罪者，刑部核其情节分别准赎、不准赎二项，拟定奏明请旨，不得以可否字样双请入奏。其贪赃官役概不准纳赎。”[③]知州、知县因事革职后之本案的笞、杖“毋庸纳赎”，仍以罚俸降级革留抵之。但若另案犯笞、杖两种刑罚，则可纳赎。

（3）徒刑。此刑是剥夺犯罪人一定期限的自由，并强制其服劳役的刑罚。它是清朝法定五刑中的一种，属于有期徒刑，即发本省驿递充徒，限满日释放回籍。至于无期徒刑，到 1910 年的《大清新刑律》才有正式的规定，鲜有具体的实际执行，因而问责价值不大。清代徒刑共有 5 等，每一等均加杖，以作为附加。具体依次为：徒 1 年杖 60、徒 1 年半杖 70、徒 2 年杖 80、徒 2 年半杖 90、徒 3 年杖 100。清末《大清现行刑律》所定徒刑种类同样 5 等，附加刑却有了变化：1 年者，依限工作收赎银 10 两；1 年半者，依限工作收赎银 12.5 两；2 年者，依限工作收赎银 15 两；2 年半者，依限工作收赎银 17.5

① 王钟翰：《清代则例及其与政法关系之研究》，《清史补考》，沈阳：辽宁大学出版社，2004 年，第 67 页。

② （清）董公振：《钱谷刑名便览》卷下，《四库未收书辑刊》编纂委员会：《四库未收书辑刊》第 2 辑第 26 册，北京：北京出版社，2000 年，第 131 页。

③ （清）姚雨芗原纂，胡仰山增辑：《大清律例会通新纂》卷 3《名例律上》，沈云龙主编：《近代中国史料丛刊》三编第 211 册，台北：文海出版社，1987 年，第 228 页。

两；3 年者依限工作收赎银 20 两。详查乾隆三十三年（1768）的《大清律例》第 42 卷可知，其处以徒刑的情形约有 341 条。其中就有不少条款是针对包括知州、知县在内的犯罪官员，而且包括了全部 5 个等次。譬如，在徒 1 年的条款中，有系列涉及包括州县官员在内的问责条文："军民官吏和奸所部有夫妻女者""监守自盗仓库钱粮等物至七两五钱者""官吏人等非因受财至一百两者""官吏受财有禄人枉法赃二十两者、不枉法赃五十两者，无禄人枉法赃二十五两者、不枉法赃六十两者"。又如，徒 2 年半的条文里则有："私开官文书看视事干军情重事为徒者""监守自盗仓库钱粮等物至一十五两者""官吏因事受财，有禄人枉法赃至三十五两者，不枉法赃至八十两者""官吏人等非因枉法不枉法之事而受人财至四百两者""误毁制书各衙门印信并文书事干军机钱粮者""遗失制书、圣旨者""遗失官文书事干军机钱粮者"。再如，徒 3 年之律文计 75 条，受刑主体为官吏者占 24 条，几乎为总数的 1/3。这 24 条在各律条中的分布大致如下：《名例律》1 条、《吏律》3 条、《户律》3 条、《礼律》2 条、《兵律》2 条、《刑律》13 条。

（4）流刑。所谓"流"，就是"谓人犯重罪不忍刑杀，流去远方终身不得还乡"[①]，亦就是将罪犯押解到边远地区服劳役，或使之戍守，并不得离开的一种刑罚。清尚在关外即有流刑这种刑罚，入关之后，流刑被纳入法定正刑，具体分为 2000 里杖 100、2500 里杖 100、3000 里杖 100 三种。有或 2000 里（工作 6 年，收赎银 25 两）；2500 里（工作 8 年，收赎银 30 两）；3000 里（工作 10 年，收赎银 35 两）。《大清律例》卷 43 之条文直接以官吏为刑罚对象的条文数量，大约 41 条，而这些规定，对知州、知县同样适用。流 3000 里的条文中诸如"官文书改补因而失误军机者首领及承发吏""各衙门行移出外文书漏印及全不用印因而失误军机经管首领官及承发者""弃毁制书及各衙门印信并官吏文书事干军机钱粮当该官吏知而不举者""监守自盗仓库钱粮等物至二十两者""官吏受财有禄人枉法赃至五十五两者、不枉法赃至一百二十两者"等即是。流 2500 里的"监守自盗仓库钱粮等物至二十五两者""官吏受财有禄人枉法赃至五十两者、不枉法赃至一百一十两者"等条。处以流 2000 里的"监守自盗仓库钱粮等物至二十两者""官吏与内官及近侍人员互相结交漏泄事情夤缘作弊扶同启奏者之妻子""官吏受财有禄人枉法赃至四十五两者、不

① （清）陈梦雷编纂，蒋廷锡校订：《古今图书集成·经济汇编·祥刑典·律令部》第 768 册，北京、成都：中华书局、巴蜀书社，1985 年，第 35 页。

枉法赃至一百两者”“承审官吏凡遇一切命盗案件有将笞杖人犯拷讯至毙二命者”等条，便将知州、知县纳入了范围。乾隆年间，漳县知县刘治传[①]、秦州知州彦方，分别在甘肃冒赈案侵冒银 700 两、折捐捏供被处以杖 100 流 3000 里的制裁。[②]

清代“比于流者”，还有迁徙、充军和发遣三种刑罚。迁徙，就是把犯罪人迁到 1000 里以外的地方加以安置的一种处罚。充军则又为 5 等：即附近（2000 里）、近边（2500 百里）、边远（3000 里）、极边（4000 里）与烟瘴（4000 里）。“发遣”即将犯罪人发往吉林、黑龙江、伊犁和迪化等边疆地区为奴，或发往边疆地区当差，“官犯则令效力赎罪焉”。在清代的条例中，有不少例文就是针对包括官吏犯罪而制定的。比如《大清律例》卷 45 所附的条例中就规定，与武官同城的知州、知县，若遇边警及盗贼攻围不行固守，被贼攻陷城池劫杀焚烧之府州县掌印并捕盗官，会被处以 3000 里充军的刑事追究。在该卷与知州、知县紧密联系以 3000 里充军的刑事责任条文还有“牧民官激变良民因而聚众反叛城池未陷者”。所谓牧民官，就是知州、知县这些地方州县官员。又，“文职官员举贡人等罢黜买求选用未除授者，起送官吏知情受贿者”“各处有司起解军犯，若长解纵容迁延违限一年之上者”等“附近充军”的条文，知州、知县同样是可能的适应对象。而“挪移库银一万两以上至二万两者”“文武职官索取土官外国摇撞财物犯徒三年以上者”等将给予“近边充军”惩罚的法律条文，知州、知县一旦触犯，其制裁也无法幸免。在甘肃王亶望冒赈案中，被处以发遣黑龙江的知县竟达 23 人之多，包括侵冒银 19 000 多两的山丹知县万邦英、侵冒挪用银 11 310 两的庄浪张掖知县麻宸、侵冒 5120 两的大通知县王旭等人。侵冒银 800 两的漳县知县夏衡，则因“供内‘澈骨寒儒’等语”被“从重发遣新疆”。

（5）死刑。死刑是一种剥夺犯罪人生命的刑罚，也是最为严重的一种犯罪惩罚。对包括州县官员责任追究而言同样是最为严重最为极端的一种惩治手段。根据《大清律例》规定，清代法定死刑有绞、斩两种。其中又各分为两类：一类是“绝不待时”的斩立决、绞立决；另一类是“监候”的斩监候、绞监候。《大清律例》有关死刑的适用对象，当然主要不是官吏，不是知州、知县地方官，但是，各官吏，包括知州、知县，从个人而非职官角度而论，

---

① 屈春海编选：《乾隆朝甘肃冒赈案惩处官员一览表》，《历史档案》1996 年第 2 期，第 77 页。
② 屈春海编选：《乾隆朝甘肃冒赈案惩处官员一览表》，《历史档案》1996 年第 2 期，第 77 页。

只要一经触犯各死刑条文，也有可能遭受灭顶之灾。并且，即便就官员而论，根据笔者对乾隆三十三年（1768）的《大清律例》卷46所做的粗略统计，可以确定为适用于官员的条文供有72条。其中关联州县官员的条文有“牧民官激变良民失陷城池者”“官吏怀挟私仇故禁平人致死者”“职官及军民奸职官妾者”“监守自盗仓库钱粮等物四十两者”“官员抑勒讳盗苦累事主致死者”“承审官改供故入人斩罪已决者”“官吏受财，有禄人枉法赃至八十两者，不枉法赃至一百二十两以上者”“弃毁官文书事关军机钱粮者”“官员故杀他人奴婢者”“国家律令官吏人等擅为更改变乱成法者”等。

清朝对犯罪知州、知县的刑罚制裁除上述五种形态外，还有其他的一些形式。譬如，赎刑。这种惩罚实际上是清袭明朝条例，责令犯罪当事人交纳一定数额的钱财以免受其他惩罚的一种刑罚。清朝自笞杖徒流死，皆有赎法，不过仅将“折赎”分别为“有力、无力、稍有力”而已，于“应赎不应赎”，律文没有规定，唯“条例有之，亦不赅括”①。其中之纳赎“大抵指官员者居多。”②先则有沿袭明朝条例而来的，“凡文武官革职有余罪，及另犯笞、杖、徒、流、杂犯死罪，俱照有力图内数目纳赎”，倘若“无力”，则“的决发落”，因为“贪赃”而招致制裁，无论是否“有力”，则一概不能纳赎。③由于无论罪名轻重，“但分有力、无力”，势必“将不应纳赎之犯，因其有力亦滥准纳赎”，而在康熙年间现行则例，乾隆五年（1740）改定条例中有所限制，对滥准纳赎的问刑官给予“交部议处”处分。条例又规定：“凡官员有先参婪赃革职提问者，如审无婪赃人己，止拟因公那用，因公科敛，坐赃致罪，则除革职外，余罪纳赎俱免。如别案革职者，仍照例纳赎。”④再从清初，经雍正、嘉庆等朝多次修改，到道光四年（1824）改定的条例又定，官员本案革职，其笞、杖“轻罪，毋庸纳赎。若革职后另犯笞杖罪者，照律纳赎，徒流军遣依例发配。有呈请赎罪者，刑部核其情节，分另准赎、不准赎二项，拟定奏明请旨……其贪赃官役概不准纳赎”⑤。之所以革职官员另犯笞、杖准纳赎，是因为如前所述的“以其曾为职官，未便实行责打故也”。但从实际来看，清代官员犯徒、流等罪，在发配时一般都声明效力赎罪或充当苦差，唯该条例中对徒、流的附加刑——杖是否纳赎，“未经叙明”，而在实践中出现的“从

① 胡星桥，邓又天主编：《读例存疑点注》，北京：中国人民公安大学出版社，1994年，第6页。
② 胡星桥，邓又天主编：《读例存疑点注》，北京：中国人民公安大学出版社，1994年，第8页。
③ 田涛，郑秦点校：《大清律例》，北京：法律出版社，1999年，第83页。
④ 田涛，郑秦点校：《大清律例》，北京：法律出版社，1999年，第83页。
⑤ 胡星桥，邓又天主编：《读例存疑点注》，北京：中国人民公安大学出版社，1994年，第11页。

又无到配决杖之文”有些含糊不清，因而有欠严密。上述纳赎之规定，既然适用于官员，那么作为官僚队伍组成部分的知州、知县，当然同样适用。

与州县官员刑罚制裁还有联系的一种附属刑是“籍没”或“没官”、“没收”。它实际是一种财产刑，即对罪犯的家人、财产实行登记和没收的刑罚。清代的“没官”主要包括“彼此俱罪之赃”“犯禁之物”“犯罪所用之物”“犯罪孳生之物”“遗失宿藏之物”。其中“彼此俱罪之赃”，就是指官吏所收受赃款赃物。《大清律例》规定，官员犯赃、亏空钱粮等，必须监追赔补，如果逾限不完，没收“田户什物”入官，“售卖完项”[①]。《六部处分则例》也规定：“州县亏空钱粮仓谷，该督抚题参时，一面于任所严追，一面行文原籍，将家产查封存案，设遇任所无完，即行变价抵补。如原籍地方官不将家产查明致有漏报者，降一级调用；徇情隐匿者，降三级调用。”[②]

关于就地正法问题，太平军金田起义不久，钦差大臣李星沅、两广总督徐广缙奏报拿获广西庆沅一代恃众攻劫叠抗官兵的“贼首张晚”和“巨盗邓立奇”，就近解赴行营“审明正法”；同年 9 月，太平军进入永安后，广西巡抚邹鸣鹤会同钦差大臣大学士赛尚阿奏报拿获“拜会未成要犯”廖五，“未便照寻常盗犯等候部复，致稽显戮，随于审明后恭敬王命，即行正法”。咸丰帝朱批“知道了”。据该年十一月广西巡抚邹鸣鹤奏：“计自本年正月迄今，各处兵丁团练，陆续歼擒盗匪、游匪、会匪，除临阵杀毙及因伤身死不计外，凡讯明情罪重大即饬就地正法，已一千五百余名。”[③]四川、福建、广东、湖南等地也行“就地正法”：“前据四川、福建等省奏陈缉匪情形，并陈金绶等奏遣散广东各勇沿途骚扰，先后降旨谕令该督抚等认真拿办，于讯明后就地正法。并饬地方官及团练、绅民，如遇此等凶徒，随时拿获，格杀勿论。现当剿办逆匪之时，各处土匪难保不乘间纠伙抢劫滋扰。若不严行惩办，何以安戢闾阎。著各直省督抚，一体饬属随时查访，实力缉拿。如有土匪啸聚成群，肆行抢劫，该地方官于捕获讯明后，即行就地正法，以昭炯戒。并饬各属团练、绅民，合力缉拿，格杀勿论。……至寻常盗案，仍著照例讯办，毋枉毋纵。”[④]

---

① 田涛，郑秦点校：《大清律例》，北京：法律出版社，1999 年，第 110 页。
②（清）文孚纂修：《钦定六部处分则例》卷 27，沈云龙主编：《近代中国史料丛刊》第 332 册，台北：文海出版社，1969 年，第 607—608 页。
③ 转引自刘伟：《晚清督抚政治——中央与地方关系研究》，武汉：湖北教育出版社，2003 年，第 115 页。
④《清实录·文宗实录》卷 88 咸丰三年三月丁巳条，北京：中华书局，1986 年，第 165 页。

## 二、追究程序的制度设计

### （一）行政问责追究的程序

关于清代州县官员问责的程序问题，管见所及，目前的确尚无专门研究，不过，在一些关联性研究成果中，比如，前面学术回顾已经提及的许颖《清代文官行政处分程序研究》、孟姝芳《乾隆朝官员处分研究》[①]等还是有所涉及的，尤其是前者对有清一代的文官行政处分程序的宏观梳理，为州县官问责中的行政问责程序提供了重要的背景支撑。只是，或由于其论题的主旨，或因其所涉及资料的局限等，因而具体到对州县官的问责程序制度设计的内容的确不多，甚者，就是宏观层面的某些论述，也尚待推敲和斟酌。如“行政处分程序性的规定在成文法中没有直接的体现，成文法所包含的基本上是实体性的规定”[②]的说法未必成立即是一例。首先，实体法、程序法是清末民初西学东渐后的产物，于作为传统或清代中前期的法律而言，如此划分似不切合，甚至牵强。其次，作为文官行政处分的法律法规实际是具有一维性质的。它们固然以实体法为主，实际也包含了程序法或具有程序法的色彩内容。譬如，“与处分则例互相表里”的《大清律例》，既“为刑法之法典，凡关于刑事之制裁，皆规定焉”，亦“属于民法者，或属于行政法者，属于诉讼发者，尽收于其中”[③]。而《六部处分则例》《吏部处分则例》，甚至《大清会典则例》《大清会典事例》中的“处分例”，原本就包括了不少的行政问责条规。以光绪十三年（1887）吏部修订颁行的《六部处分则例》为例，其卷一《公式》，计有20目57条。其中不少就是或至少具有程序性法律条文的意义。比如，“处分条例注明公罪私罪”“公罪私罪按律定议”“级纪抵销分别公罪私罪”“军营因公处分抵销分别核办（新增）”“事仅一案只就本任内议叙议处”“失察处分分别核办”、“议叙议处事件办理未协”。在其卷二《降罚》65目144条中，有的条目同样具有“行政处分程序”的意涵：“议处事件不得增删例文”“司员议处议叙全开职名送议”“离任官承督未完处分（新增）”“病假离任官承督未完处分”“承德府及一州五县调任后承缉处分仍按限开参”“级纪抵销次第”“级纪重抵漏抵”“扣缴罚俸银两”等。光绪朝《大清会典事例》之“处分例”，

① 许颖：《清代文官行政处分程序研究》，南开大学博士学位论文，2010年；孟姝芳：《乾隆朝官员处分研究》，呼和浩特：内蒙古大学出版社，2009年。
② 许颖：《清代文官行政处分程序研究》，南开大学博士学位论文，2010年，第8页。
③（日）织田万撰，李秀清、王沛点校：《清国行政法》，北京：中国政法大学出版社，2003年，第56页。

自第78卷到137卷共235目近3000条，不少属于程序性质，比如，“大计通例”“外官参劾”“外官甄别去留”“引用律例”“官员罚俸”“官员降革”“官员罚俸抵销”等。并且不少条文，既包括了类别方式等作为处分实体法的文字，又就其如何处置或施行程序、步骤等作出规定、限制，两者往往熔为一炉，很难简单归结为实体法或程序法。再次，清朝六部的各种法规则例及各部门则例本身的主要内容就是政务的规程、规则，而这些规程规则实际就是对各部门包括地方各级行政事务的处理规范、准则，包括州县官员在内的各级行政官员都必须按照相应的规则、规范行事，清政府的这些按照各政务内在规律而做出的具有动态性质的规定，实际就是程序法。正是这些程序法内容的大量存在，才有大量的所谓“簿书期会”的政务现象。因此，我们不可简单、断然地否定清代文官行政处分程序内容在成文法中的存在。

笔者本节所梳理的清代州县问责程序，其法律来源、依据，主要是清朝的成文法律法规，以及“言出法随”甚至高于法律法规意义的皇帝上谕，并且所揭的问责程序，属于法定或文本的程序，而非清代问责实际施行程序，按曾经的流行术语来说，是“法律”，不是“表达”。其定期考核问责的一般程序，主要是就称为“大计”之差评官员的问责过程而言。如前所述，清“大计”每3年举行1次，也就是逢寅、巳、申、亥的年份即举行，考课内容为守、才、政、年“四格”，具体方式虽分考题、会覆两种，但州县官员的“大计”则是会覆。顺治十五年（1658）规定，大计官评，“责成本道本府开报”，且“知府将所属知州、知县、佐贰、首领属官，填注考语入册，送本管守巡各道，转呈布按二司复考，经督抚按考定，汇册咨达部院等衙门”[①]。可见知州、知县的“大计”的具体事实以及“考语”是其所隶知府（包括后来的直隶州、直隶厅正印官）、道员负责拟定并上详的。也就是说，府、直隶州、直隶厅正印官，必须对所属应当大计的知州、知县以及佐贰等“各官履历年岁，核实开列，何事参罚，何日开复，及现任参罚戴罪等项，逐一详载，不得隐匿”。即便是“不入举劾之州县，必逐一详查，每年钱粮，曾否征解全完，仓库银米，果否解储无缺，汇造一册，开列各属姓名，注明亏足字样，并具印结报部，如有亏空，立即参追”[②]。其中的“不谨、浮躁官，俱实叙劣迹，不

① （清）昆冈等修，刘启端等纂：《钦定大清会典事例》卷80《吏部·处分例·大计统例》，《续修四库全书》编委会：《续修四库全书》第799册，上海：上海古籍出版社，2002年，第345页。

② （清）允禄等监修：《大清会典（雍正朝）》卷15《吏部十三·大计考察》，沈云龙主编：《近代中国史料丛刊》三编第763册，台北：文海出版社，1994年，第724—725页。

得笼统参劾”[①]。对其评断考语则必须“填注考语……用才、守、政、年四格。才则或长，或平，或短，守则或清，或平，或浊，政则或勤，或平，或怠，年则或青，或中，或老，其考语务按人指事，应去应留，明白直书，不得铺叙繁文，徇情毁誉”[②]。相反，如果应注考语者不注，不应注考语者，违例填注，或开报年貌互异及失注应去应留，注考官员“皆罚俸一年”[③]。

知州、知县的大计考评经知府，或直隶州知州开列事实，注册考评后，上详本管守、巡道员，转呈布政使、按察使核考，然后经巡抚、总督考定汇册，咨达部院等衙门。“应处分各官注考，各照八法开载”，并且康熙二十六年（1687）规定：“溺职者，仍照八法，通为一本参奏。”[④]被定为“八法”（后“六法”）人员，各省督抚等便将其文册于年底封篆前具题，统于次年开印后递到通政司衙门，通政司即日送阁，内阁于二月初十日以前具题。吏部、都察院、吏科、京畿道会同议覆，于二月二十日以前具题开缺，降调官员，即便原任内有卓异及卓异加级也不准抵销。处以“六法”的知县及其以上官员，除年老有疾者听其自便外，一般都应在交代清楚后，于半年内赴部引见。追究才力不及之降 2 级调用与浮躁降 3 级调用，则一般是照定例“降调”[⑤]。

州县官员的非定期的常规行政问责追究的基本程序，过程比较复杂和具体，而且前后也有一定的变化。大致而言，具体过程是有过犯州县的该当由官吏逐层上报，由地方最后到中央。不过，从制度以及实际过犯州县官员的责任追究来看，一般并且主要是从该管知府，或直隶州的揭参开始的。之所以如此，是因为清代所执行的与近代西方“罪责自负”有别的官员连带责任制度，以及知府、直隶州知州对所辖知州、知县有主动揭参的法定义务所决定的。

就官员连带责任制度看，作为基层政府的知州、知县本官的该当上司知府（直隶州知州），以及道员、按察使、布政使、巡抚（或总督，或巡抚与总

---

①（清）海宁：《晋政辑要》卷 1《大计事宜》，官箴书集成编纂委员会：《官箴书集成》第 5 册，合肥：黄山书社，1997 年，第 438 页。

②（清）伊桑阿等纂修：《大清会典（康熙朝）》卷 10《吏部八·考功清吏司·朝觐考察》，沈云龙主编：《近代中国史料丛刊》第 712 册，台北：文海出版社，1992 年，第 418 页。

③（清）允祹等：《钦定大清会典则例（乾隆朝）》卷 11，《景印文渊阁四库全书》第 620 册，台北：商务印书馆，1986 年，第 259—260 页。

④（清）昆冈等修，刘启端等纂：《钦定大清会典事例》卷 80《吏部·处分例·大计统例》，《续修四库全书》编委会：《续修四库全书》第 799 册，上海：上海古籍出版社，2002 年，第 349 页。

⑤（清）昆冈等修，刘启端等纂：《钦定大清会典事例》卷 85《吏部·处分例·官员降革》，《续修四库全书》编委会：《续修四库全书》第 799 册，上海：上海古籍出版社，2002 年，第 423 页。

督），是逐级层累连带。这种层累责任连带，既反映在荐举任用上，又表现在监督揭参中。官员荐举用人，清朝法律法规规定甚多。早在顺治六年（1649），清政府就曾规定，督抚保举属员不当，“连坐”[①]。康熙六年（1667）吏部覆准，督抚保举府州县官，如果所保举的对象并无实在政绩，督抚妄行空填字样，以及保荐不实，别经发觉者，将总督、巡抚各降2级调用，以为追究；对于将无实际政绩之知州、知县进行申详上报的知府、直隶州知州，以及本道道员，本省布政使、按察使等均“各降三级调用，加级纪录不准抵销”[②]。康熙十八年（1679）又议准，如果“滥将匪人徇情保举，照滥举卓异之例治罪”[③]。所谓滥举卓异之例，即康熙六年（1667）覆准的督抚滥将贪酷匪人，徇情特荐者，督抚降2级调用，申详之司道府官降2级调用，如荐举卓异后，原任内有贪酷不称职事迹，而原荐举各官，如不揭报题参，发觉时，亦照例议处。其荐举卓异官，有未完钱粮盗案者，督抚罚俸1年，申详之司道府官降1级调用。[④]而且在康熙十八年（1679）议准，滥将贪酷匪人徇情特荐者，督抚司道照例处分，“俱降实级，不准抵销”；康熙五十二年（1713），议准：“保举补用官员内，除因公诖误外，如有贪酷事发，将原保举官降二级调用。”[⑤]即保举责任倒逼，终身负责。

知府、直隶州知州对于知县、知州则有直接监督管理及其对其过犯进行揭发检举之法定责任及其追究的规定更是比比皆是。如，知县、知州贪婪，而直隶州知州、知府若不揭发上报，后者将招致连带问责。对此，光绪朝《大清会典事例·吏部·处分例》所列康熙九年（1670）至同治元年（1862）之间之相关规定就有 12 条[⑥]。又如，在地丁钱粮征收中，知府、直隶州知州因所属的知州、知县有“私加火耗，及私派加征”而“隐匿不报”，将“革职拿问”；因“不知情”而未揭报也“照不揭报劣员例分别议处。”[⑦]而所属的知州、知县如果有将已征收而未完的钱粮“作为民欠”，或州县私行“挪用谎称民欠”，

① （清）允禄等监修：《大清会典（雍正朝）》卷8《满汉迁除通例》，沈云龙主编：《近代中国史料丛刊》三编第762册，台北：文海出版社，1994年，第254页。
② （清）昆冈等修，刘启端等纂：《钦定大清会典事例》卷81《吏部处分例·外官保举》，《续修四库全书》编委会：《续修四库全书》第799册，上海：上海古籍出版社，2002年，第367页。
③ （清）允禄等监修：《大清会典（雍正朝）》卷13《保举》，沈云龙主编：《近代中国史料丛刊》三编第762册，台北：文海出版社，1994年，第592页。
④ （清）伊桑阿等纂修：《大清会典（康熙朝）》卷10《吏部八·考功清吏司·朝觐考察》，沈云龙主编：《近代中国史料丛刊》三编第712册，台北：文海出版社，1992年，第433—434页。
⑤ （清）允禄等监修：《大清会典（雍正朝）》卷13《保举》，沈云龙主编：《近代中国史料丛刊》三编第762册，台北：文海出版社，1994年，第593—594页。
⑥ （清）昆冈等修，刘启端等纂：《钦定大清会典事例》卷82《吏部·处分例·徇庇容隐》，《续修四库全书》编委会：《续修四库全书》第799册，上海：上海古籍出版社，2002年，第381—382页。
⑦ （清）昆冈等修，刘启端等纂：《钦定大清会典事例》卷107《吏部·处分例·征收地丁钱粮》，《续修四库全书》编委会：《续修四库全书》第799册，上海：上海古籍出版社，2002年，第694页。

或州县“不即完解恭遇覃恩牵混灾缓未完款内，串通请免”，其上府、州“明知蒙隐不报者革职……（若该上司）失于觉察，府州降一级调用”①。知府失察属员亏空及本犯实系因公挪移仍照原例办理外，其知府通同徇隐州、县侵欺仓库钱粮，著落代赔之项，若 3 限已满尚未赔完，该督抚取具家产全无印甘各结保题，即将革职代赔之知府，按其已未完交分数治罪。以 10 分为率，如未完之数在 5 分以内杖 100，6 分杖 60、徒 1 年，每 1 分加 1 等，10 分无完杖 100、徒 3 年，均不准纳赎。②同治元年（1862）上谕定例，严令知府、直隶州知州对所属州县认真督催，不时亲赴所属，将征收红簿串根彻底清查，如有惰征侵略挪等弊，立予揭参，如该官府州徇私护庇，即行一并严参，各督抚于州县经征钱粮，均著责成该管府州实力督催，倘敢仍前疲玩，致令所属州县有惰征侵挪情事，即著一并从严参办。③

而且，府、直隶州、直隶厅正印官因州县厅正印官过错连带问责也是事实俱在。康熙晚期，江西吉安府知府张坦让因“失察属员贪婪不行揭报，降三级调用”④。雍正初年，广西上林县出现人命案，雍正六年（1728）正月二十六日首限届满，巡抚将迟延各职名咨参后，到同年五月二十五日，二限已满，上林县知县陈会津，并不审解所隶直隶州——宾州，而宾州知州陆廷光亦不对陈会津进行揭报，巡抚阿克敦因此以易结不结之行政法规对上林县知县陈会津题参革职，而且以该县不将人犯解已经逾限三个月，且“该州并不揭报，殊属徇庇”，而将知州陆廷光“照徇庇例降三级调用”⑤。又如，临江府知府由于对所辖清江县知县“不亲身祈雨、不理政务”予以“徇隐粉饰”，被江西巡抚布兰泰在雍正六年（1728）题参“革职”⑥。陕西兴安州知州丁克成，因“徇庇洵阳县知县亏空仓粮”，被吏部处罚“降级调用”⑦。雍正八年（1730），江西南康府知府董文伟，因对所属的安县知县王镐六侵冒各役工食银两，“未经查出揭报”，

① （清）昆冈等修、刘启端等纂：《钦定大清会典事例》卷 107《吏部·处分例·征收地丁钱粮》，《续修四库全书》编委会：《续修四库全书》799 册，上海：上海古籍出版社，2002 年，第 693 页。
② 张荣铮，吴勇强，金懋初点校：《大清律例》，天津：天津古籍出版社，1993 年，第 242—243 页。
③ （清）昆冈等修，刘启端等纂：《钦定大清会典事例》卷 107《吏部·处分例·征收地丁钱粮》，《续修四库全书》编委会：《续修四库全书》第 799 册，上海：上海古籍出版社，2002 年，第 705 页。
④ 秦国经主编：《清代官员履历档案全编》第 15 册，上海：华东师范大学出版社，1997 年，第 739 页。
⑤ 中国第一历史档案馆：《雍正朝内阁六科史书·吏科》第 43 册，桂林：广西师范大学出版社，2002 年，第 146—147 页。
⑥ 中国第一历史档案馆：《雍正朝内阁六科史书·吏科》第 43 册，桂林：广西师范大学出版社，2002 年，第 87 页。
⑦ 中国第一历史档案馆：《雍正朝内阁六科史书·吏科》第 43 册，桂林：广西师范大学出版社，2002 年，第 191 页。

也被吏部降三级调用。[①]道光十六年（1836）五月底，御史张集馨被特放山西朔平府知府，皇帝在召见他时，告诫“得人则地方蒙其福，失人则地方受其累”，并特别提醒张集馨重视“察吏”：“州县流品甚杂，汝当明察暗访，告之督抚，若督抚欺饰，咎不在汝矣。我岂肯以好好地方，听人糟蹋耶！”[②]可见，清代对知州、知县问责的提出及其责任追究，自该当直接上司即知府或直隶州知州的揭参上详开始，乃法律规定程序之题中应有之义与逻辑起点。而大量的州县官员责任追究绝大多数源于该管知府或直隶州知州揭报的事实，也证明了过犯州县当管知府、直隶州知州为揭报第一责任人，以及由其揭报开启所属州县过犯正印官责任追究程序制度的客观存在。例如，康熙四十一年（1702），贪劣不法的彝陵州知州李广之革职，即系由荆州府知府魏勷揭报上详给分巡上荆南道副使胡蔚，然后逐层上详的。雍正元年（1723）广西桂林府临桂县知县王元贞因“溺职”革职处分，就是桂林府知府最先“揭报”的。[③]山西介休令李惠，勒诈重耗吓借银两，也是由于其该管上司汾州府知府窦容恂发觉并揭报至道的。[④]

知府对所属过犯州县官员揭报于该当道员，并经由按察使、布政使转揭至巡抚、总督，最终由督抚或连衔或单独题参。如前论及，清朝实行官吏责任连带。直省“官吏黜陟迁除，则布政使主稿，会于按察，达于巡抚，而后奏咨也。有总督省分，凡涉海疆苗疆及道府大缺黜陟，总督前衔，会于巡抚；其百僚之迁除，及吏户礼工刑诸政，巡抚主稿，会于总督也。惟兵戎之政专属总督，无总督兼辖省分，则巡抚必加提督衔，始能控制。直隶、四川、甘肃无巡抚，是以总督必兼巡抚衔。自此而降，则府治府，州治州，县治县也。”[⑤]而巡抚、总督则是包括知州、知县在内的地方文职官员的法定的最后的也是最高的监督者和责任人。譬如，早在顺治八年（1651），顺治皇帝谕令吏部责令地方总督、巡抚，严行甄别属员，“如督抚徇情隐蔽，不行纠参，即为溺职，事发一并治罪”，其后各帝类似谕旨不断。翻检康熙朝、雍正朝《大清会典》可知，清朝初年及中前期，曾对官员参劾制度有过安排，要求每“俟督抚升迁、离任时”，

① 中国第一历史档案馆：《雍正朝内阁六科史书·吏科》第61册，桂林：广西师范大学出版社，2002年，第31页。
② （清）张集馨撰，杜春和、张秀清整理：《道咸宦海见闻录》，北京：中华书局，1981年，第22页。
③ 中国第一历史档案馆：《雍正朝内阁六科史书·吏科》第2册，桂林：广西师范大学出版社，2002年，第107页。
④ 中国第一历史档案馆：《雍正朝内阁六科史书·吏科》第43册，桂林：广西师范大学出版社，2002年，第35—36页。
⑤ （清）福格撰，汪北平点校：《听雨丛谈》卷2，北京：中华书局，1984年，第44页。

对所属包括知州、知县的所有外官各举劾一次。[①]但特定的到、离任监督参劾之外的常态监督、题参职责连带规定甚多。乾隆朝《大清会典》规定："凡劝课农桑，由地方大吏倡有司课民，力耕耘，修蚕织，广树蓄，以勤生业，戒游惰，惩蹂躏，禁种妨农杂物，以崇本计，革暴殄浮靡，以节物力，举力田老农荣以冠带，以劝勤劳。凡有利于民生者，均随宜鼓舞，令民乐于从事，不得督责严急绳以官法，有忽视民隐，奉行不善者劾之。"[②]乾隆三十七年（1772）要求外省大小官员公事外出，也必须申报上司查明，"如有谎报或挪移时日者，系寻常事件，仍照例降一级调用"，其失察之该管官罚俸1年；若系紧要事件规避降革处分者革职，没有查出的该管官降2级调用。雍正六年（1728）议定，嘉庆五年（1800）再加重申，如果司、道、府将所属知州、知县之贪婪罪行揭发详报，而督抚"并不题参"，那么"督抚亦照司道例，分别处分"；如果督抚只是题参贪婪的知州、知县，而不对未将知州、知县揭报的知府、道员、按察使、布政使之"职名"按照规定进行"指参"，督抚则将给予"罚俸一年"的处罚。[③]同治元年（1862）奏定，督抚如有奉旨查办交讯案件而为属员开脱罪名，仅予空参者，若日久败露，或别经审实，督抚照徇庇例"从严加等议处"，如被包庇空参的属员是"犯有枉法滥刑，横征苛敛及侵吞捐项、弃城不守，种种罪状"，必"将该督抚一体治罪"[④]。

清政府不仅有督抚对所属官员连带责任之规定和要求，而且对违背这些规定的督抚进行连带责任追究。顺治初年，安徽巡抚李栖凤徇纵所属县官被降三级调用，此管见所及的巡抚因知县而被降调的最早记载。[⑤]顺治五年（1648）震动朝野的安徽巡抚王懩被降三级调用，便与其包庇所属县令邓继球有关。[⑥]康熙四十一年（1702），彝陵州知州李广之贪劣不法，在荆州府知府魏勷揭报上详分巡上荆南道副使胡蔚之后，胡蔚按例上报湖北按察使李华，署理湖北布政司事之湖北按察使李华后经总督郭琇同湖广抚臣年遐龄合词具

① （清）允禄等监修：《大清会典（雍正朝）》卷13《保举》，沈云龙主编：《近代中国史料丛刊》三编第762册，台北：文海出版社，1994年，第601页。
② （清）允祹等：《钦定大清会典》卷10《户部·田赋》，《景印文渊阁四库全书》第619册，台北：商务印书馆，1986年，第123页。
③ （清）昆冈等修，刘启端等纂：《钦定大清会典事例》卷82《吏部·处分例·徇庇容隐》，《续修四库全书》编委会：《续修四库全书》第801册，上海：上海古籍出版社，2002年，第388、379—380、381页。
④ （清）昆冈等修，刘启端等纂：《钦定大清会典事例》卷82《吏部·处分例·徇庇容隐》，《续修四库全书》编委会：《续修四库全书》第799册，上海：上海古籍出版社，2002年，第382页。
⑤ 《清实录·世祖实录》卷34顺治四年九月甲子条，北京：中华书局，1985年，第279页。
⑥ 《清实录·世祖实录》卷39顺治五年五月壬午条，北京：中华书局，1985年，第310页。

题特疏纠参奏革职。在乾隆朝中期的祁门县常平仓谷案中，20 余名身故与现任督抚大员鄂容、安宁、陈大受、高晋、冯钤等即因“州县存仓谷石有虚冒浮开，督抚不行查参”被问责。[①]乾隆五十四年（1789），“在巡抚中尚系可用之人”且“已年逾七旬”的江苏巡抚闵鹗元，由于所辖高邮州书役“私雕印信，假串重征”，并对“袒庇书役，沉搁不办”的高邮州知州吴瑍“并未参奏”，被“解任”。次年七月戊戌，吏部议失察句容县粮书侵蚀钱粮之历任该管上司及前任两江总督李世杰等照例分别降调，“得旨：江苏句容县粮书侵蚀钱粮漕米一案，该省各上司漫无觉察，锢弊相沿，以致奸吏蠹书，吞侵银米，累万盈千，重徵累民，莫此为甚，非寻常失察可比……巡抚闵鹗元知情不举，定以重辟”[②]。高邮州案中两江总督书麟革职拿问，发往伊犁效力赎罪。[③]对于高邮案中的布政使康基田革职拿问。[④]道光十六年（1836）八月，皇帝谕令将四川总督、藩台、臬台及广元县知县春明的该管各上司“著查取职名，交部照例议处”，即因各官对该县春明“溺职”一事，失察不加揭报题参所致。[⑤]

“巡抚者，天子所使察守土者养民之善与否也。”[⑥]对于自知府揭报，并经道、按察使、布政使转揭的不法知州、知县等，巡抚、总督例有参劾之责，均可独自题参。不过，由于“巡抚专制一省，凡刑名钱谷、民生吏治，皆其职掌。”[⑦]而且，“向来各省遇有参革文员及地方事件，皆系巡抚专衔，会同总督具奏”[⑧]。督抚联名会参，必须会议协商，如果“并未会同议定，遽称合辞题奏”，则将遽称合辞题奏者“罚俸六月”“会稿官未经详查即列名画题者，罚俸三个月”，倘若督抚参劾意见不同，则各抒己见，另折陈奏，请旨定夺；“其已经会同定议之案，或于折首联衔，或于折尾会衔，傥有错误交部议处系联衔者，无论何官主稿，何官会稿，均查照定例一体议处。系会衔者如主稿官例应革职，会稿官降二 级调用；主稿官例应降调，会稿官降一级留任；主稿官例应降留，会稿官罚俸一年；其主稿官应罚俸一年，会稿官罚俸六个月；主稿官应罚俸六个月者，会稿官罚俸三个月；主稿官应罚俸三个月者，会稿

① 《乾隆朝内阁吏科题本 • 纠参处分》第 19 盒第 323 拍，中国第一历史档案馆藏。
② 《清实录 • 高宗实录》卷 1359 乾隆五十五年七月戊戌条，北京：中华书局，1986 年，第 210 页。
③ 《清实录 • 高宗实录》卷 1359 乾隆五十五年七月戊戌条，北京：中华书局，1986 年，第 210 页。
④ 《清实录 • 高宗实录》卷 1354 乾隆五十五年五月己亥条，北京：中华书局，1986 年，第 138 页。
⑤ 《清实录 • 宣宗实录》卷 287 道光十六年八月癸丑条，北京：中华书局，1986 年，第 424 页。
⑥（清）曾国藩：《曾国藩全集》第 14 册，长沙：岳麓书社，2012 年，第 241 页。
⑦ 《清实录 • 世祖实录》卷 111 顺治十四年九月己巳条，北京：中华书局，1985 年，第 875 页。
⑧ 《清实录 • 高宗实录》卷 1139 乾隆四十六年八月条，北京：中华书局，1986 年，第 240 页。

官免议[①]。

不过，州县各级上司包括督抚对于问责州县正印官的参劾，通常需以事实为据。以郭琇之参为例，康熙三十八年（1699）九月，湖广总督郭琇题参兴国州知州张辉祖，称张劣迹主要有四：一是听信经承余德昌捏称饷差不足，着里书持侍生红帖，挨请百姓每石秋粮派银 2 钱 5 分，合州共派银 7000 两；据粮里严自明、年次龄等口诉，自四月闰七月止，共征收银 4000 两入己，经承收簿可审。二是所有钱粮都“假手与保户梁佑人李尔千等包揽称收，正银每两加耗一钱七分，扛解一钱一分，合州额银三万五千两耗扛共计九千余两，官蠹包户朋分，粮里樊汉若等证”。三是失察蠹役。奉命革除陋弊，蠹役继续征收至 2000 多两。四是纵容民壮等侵盗在官料豆因而革役犹然盘踞州衙，肆行无忌，以致“拖害多人，健讼不一，俱有案卷可查，竟不按律究拟，姑容肆横，可谓官之木偶者矣。被害殷永明、陈仲汉等证”[②]。又，郭总督在特参彝陵州知州李广时，不仅列出了李广时的罪行，而且辅有证人：

（1）本官听信积蠹雷时豫、户书赵于斯，凡事把持，于本年二月初六日，在城隍庙唤里民议，每斗田粮除纳三钱六分七厘正银外，又苛派银四钱八分，阖邑约派银二千余两，佥点册书催办差役刘先押认，以致道路沸腾，秽声彰着，里民刘常如、吕家祚等证。

（2）该州有康熙八年安插福建之海丁一百九十余名，垦荒纳粮后，随吴逆叛去，所遗田粮州民顶耕输赋，除纳正项外，又听户书赵于斯等，仍每斗加派银四钱八分，以图分肥，贻累里民。赵愈霞等证。

（3）本官编审，不思革除积弊，乃听经承赵于斯，受贿之多寡，为户口之增减，于每户索银七八钱不等，约计得银三百余两，以致里民之有者欺隐，无者宽抑，官若木偶，竟置罔闻，谭君熊黄文若等证。

（4）该州有川客贩卖耕牛。每次一二千只不等，每牛税银不过二三分，本官听信兵房李枝先、喻见章等管收牛税，其各处买牛者，每只必索银二钱方发契票，漫无觉察，兵书牛票可审。[③]

① （清）文孚纂修：《钦定六部处分则例》卷 9《本章·督抚大员会题事件》，沈云龙主编：《近代中国史料丛刊》第 332 册，台北：文海出版社，1969 年，第 250 页。

② （清）郭琇：《华野疏稿》卷 2，《景印文渊阁四库丛书》第 430 册，台北：商务印书馆，1986 年，第 756 页。

③ （清）郭琇：《华野疏稿》卷 5，《景印文渊阁四库丛书》第 430 册，台北：商务印书馆，1986 年，第 811—812 页。

而雍正朝的督抚参劾州县的情况比比皆是。表 2-1 所列仅仅是内阁吏科一个月的记载情形，而且督抚之题参多以事实为据。

**表 2-1　雍正六年七月内督抚题参州县正印表**

| 题参者 | 时间 | 参劾对象 | 事由 | 类别、方式 |
|---|---|---|---|---|
| 湖南巡抚王国栋 | 雍正六年（1728）七月三日 | 湘阴县知县侯国正 | 亏空钱粮 | 革职 |
| 甘肃巡抚莽鹄立 | 雍正六年（1728）七月四日 | 署张掖县事杜振宜 | 侵欺银粮 | 革职 |
| 山西巡抚石麟 | 雍正六年（1728）七月五日 | 介休县知县李惠 | 勒诈耗银 | 革职 |
| 山西巡抚石麟 | 雍正六年（1728）七月二十四日 | 太原县知县许登庸 | 查验驿站马匹徇隐捏结 | |
| 广东总督孔毓珣 | 雍正六年（1728）七月二十一日 | 英德县知县刘庶 | 失察偷挖矿砂 | 降级留任 |
| 署直隶总督何世璂 | 雍正六年（1728）七月二十二日 | 饶阳县知县张怀琦 | 劫案隐匿不报 | 革职 |
| 广东总督孔毓珣 | 雍正六年（1728）七月二十一日 | 高州府吴川县知县王希洪 | 贪婪不法 | 革职 |
| 署山东巡抚岳濬 | 雍正六年（1728）七月二十四日 | 平阴县知县唐跃龙 | 重耗虐民 | 革职 |
| 署山东巡抚岳濬 | 雍正六年（1728）七月二十四日 | 茌平县知县 | 亏空挪移地丁银 | 革职 |
| 四川巡抚宪德 | 雍正六年（1728）七月二十六日 | 简州知州、金堂县知县 | 贪婪民怨 | 革职 |
| 顺天府府尹谢王宠 | 雍正六年（1728）七月二十八日 | 宛平县知县程鹤龄 | 亏空银两 | 解任审拟追赔 |

表 2-1 中石麟对介休知县李惠的题参，由于李系“重耗贪劣”，石于是专题特参，列举了李惠的不法事实及其相关证据、证人：“介休令李惠，利欲熏心，罔恤民膏，贪婪不法，勒诈富户。凡征收钱粮，每两加收火耗银二钱五分，亲信管粮经承张之绅经手证。又于五月内□中温饱之监生当商细缎铺户五十余人张戏设席三日，逐家邀赴吓借每人名下银五十两，礼房书办常奇证。秽迹昭著，物议沸腾，似此贪劣之员，难以姑容。”据此，题本请求雍正帝“请旨将李惠革职，以便与本内犯证一并严审究拟，以肃吏治者也”。乾隆中期，山东“吏治废弛，贪污遍野”，“能吏”陈大文调任巡抚，他“首劾贪吏三十余员”[①]。

①（清）昭槤撰，何英芳点校：《啸亭杂录》卷 10《嘉庆初年督抚》，北京：中华书局，1980 年，第 347 页。

当然，从上述州县官员问责过程中可以看出，从该当知府、直隶州的揭报，到经由道司最终由督抚题参，不过是问责流程的通常性质或最主要的法定路径。除此之外，清政府尚有因其他相关监督制度所形成的对不法知州、知县的通道、门径。譬如，御史、给事中等科道弹劾、言路纠参①、不法州县上司与言路之外的其他官员所参②，还有基层微员、民人带有社会监督性质的呈控控告③，使不职不法州县东窗事发。此外，非制度设计下的常态情形——皇帝引见，也会发现不法官员之破绽，皇帝直接下令督抚顺藤摸瓜，从而牵出相关官员的被惩处。④

不过，无论是经由如前所述的不法州县官员之该管督抚题参和“例有参限之案”俱照依参限咨部入于汇题完结，不必自行具题”，还是言官或其他官员的参劾，作为臣僚对过犯官员的问责的题参、奏参或纠参，在本章内，均不得有“辄参严加”，或“议处不得辄议加倍”⑤。“此‘加倍’二字，非臣工所可擅定者也”⑥。乾隆七年（1742）后，“官员议处，悉照本条律例定议。其有应从重定拟者，亦必取自上裁……违者，以故入人罪论”⑦。嘉庆四年（1799）以降，要求督抚及问刑衙门只能“专引本律，不得于律外又称‘不足蔽辜’及‘从重字样’，即‘虽’字、‘但’字，抑扬文法，亦不准用”⑧。《六部处分则例》对此的规定更是明白无误：“督抚参劾属员不得轻用‘严加议处’字样，违者，照误揭属员例议处。”⑨

州县地方官员的责任追究经该当督抚的题参（奏参），以及其他行政问责追究过程中的提出程序，行政责任追究施行也有此进入中央层面。在这个层面，主要的也是极为重要的是两大环节：一是中央行政问责机构这一环节；

① 中国第一历史档案馆：《雍正朝内阁六科史书·吏科》第39册，桂林：广西师范大学出版社，2002年，第46—47页。
② 《左宗棠全集·奏稿一》，长沙：岳麓书社，1987年，第114、115—116页。
③ 来自底层的对官员的监督，例虽有定，但朝廷多有顾忌，“恐长告讦之风”。《清实录·高宗实录》卷1355乾隆五十五年五月己亥条，北京：中华书局，1986年，第148页。
④ 《清实录·高宗实录》卷692乾隆二十八年八月癸巳条，北京：中华书局，1986年，第760页。
⑤ （清）昆冈等修，吴树梅等纂：《钦定大清会典》卷11《吏部》，《续修四库全书》编委会：《续修四库全书》第794册，上海：上海古籍出版社，2002年，第115页。
⑥ （清）昆冈等修，刘启端等纂：《钦定大清会典事例》卷85《吏部·处分例·引用律例》，《续修四库全书》编委会：《续修四库全书》第799册，上海：上海古籍出版社，2002年，第413页。
⑦ （清）昆冈等修，刘启端等纂：《钦定大清会典事例》卷85《吏部·处分例·引用律例》，《续修四库全书》编委会：《续修四库全书》第799册，上海：上海古籍出版社，2002年，第414页。
⑧ （清）昆冈等修，刘启端等纂：《钦定大清会典事例》卷85《吏部·处分例·引用律例》，《续修四库全书》编委会：《续修四库全书》第799册，上海：上海古籍出版社，2002年，第414页。
⑨ （清）文孚纂修：《钦定六部处分则例》卷1《公式·特旨严议》，沈云龙主编：《近代中国史料丛刊》第332册，台北：文海出版社，1969年，第30页。

二是皇帝的决策环节。这两大环节除自身各自运行外，又往往交替穿插。从前者来看，包括州县在内的清代文官行政问责的政府机构虽然自始而终都以吏部为主，但并非只有吏部才有文官处分管理权。“顺治初年定，宗人府，吏、兵二部，皆有议处人员之责”，甚至各部门都有“议处”权。[①]后来则大致以“该衙门有应议处者，自应交别衙门议处”为原则，“宗人府、吏部有应议处之案，均交都察院办理，兵部交吏部办理”[②]。如此一来，除吏部部内官员之外，实际上全国文官行政责任追究主管部门就是吏部。而作为文官尤其是地方官的重要组成部分的州县官员之责任追究的行政处分，也自然归口吏部，由吏部考功司具体负责执行和落实。如果文官行政问责革职之后，尚不足蔽辜其罪，而需要刑事问责，则主管部门就移至刑部。当然，这只是就制度简明角度而论，若是就制度涉及的全面尤其是管辖实践角度论，则具有涉及多个部门的复杂性特点。比如，刑部《通行章程》卷上《有关文武议处议叙等五项申明旧章通行照办》规定：“向来各省拟咨部案件，如有关文武议处议叙，及接扣另参……各督抚均一面咨达本部，一面分咨吏、礼、兵各部，仍将分咨缘由于文内声明，吏、礼、兵各部即可据咨核办，毋庸再由本部移送，原咨办理至为妥速。”[③]

据清代定例，除“咨参”外，常态下的过犯州县官员之该管督抚题参，或言官参劾的题本或奏折，是要向皇帝请旨的，而不是直接咨达吏部。吏部的议处是根据皇帝对参劾之圣裁进行处置的。亦即督抚参劾及科道纠参等，首先要上达皇帝。皇帝对于所该当督抚就所劾知州、知县的过犯行为之谕令或朱批有如下 3 种情形：

第一种，直接就被问责州县进行革职、降调之类的行政处分做出明确定论，而令“吏部知道”。例如，雍正六年（1728）底，河南山东总督田文镜题参河南桐柏县知县朱兆众贪劣纵役请革职，结果次年正月二十九日奉旨：“这所参朱兆众著革职，其贪劣纵役等情与本内有名犯证著该督一并严审究拟具奏，该部知道。”[④]又如，乾隆中期，李侍尧等人上奏，署镇平县知县阎睿蒲等疏纵遣犯五六名之多，请照重犯越狱之例，将阎睿蒲革职留任戴罪督缉，

---

① 许颖：《清代文官行政处分程序研究》，南开大学博士学位论文，2010 年，第 82 页。

②（清）允祹等：《钦定大清会典则例》卷 147《都察院 • 议处》，《景印文渊阁四库丛书》第 624 册，台北：商务印书馆，1986 年，第 642 页。

③《通行章程》卷上《有关文武议处议叙等五项申明旧章通行照办》，光绪十八年（1892）刊本。

④ 中国第一历史档案馆：《雍正朝内阁六科史书 • 吏科》第 46 册，桂林：广西师范大学出版社，2002 年，第 107—109 页。

如逾限不获，分别名数降级革职，结果不仅允其所请，敕部准行，且被作为同类过失知县等官从重参处的标准。[①]

第二种，谕令该督抚或其他该当官员重新核查，或者令其他该当官员就所处分的知州、知县"平时居官如何"进行覆奏。比如，据《广西巡抚金𬭎题部议革职之灵川县知县牟泰龄等请从宽留任迁江县知县刘嵋革职本》载，原署广西兴安县事灵川县知县牟泰龄、广西迁江县知县刘嵋、原任马平县知县今调荔浦县知县潘治"先因保举生员庸劣不及，经部议照溺职例革职"，结果奉旨牟泰龄、刘嵋、潘治"俱著询问巡抚金𬭎，若居官尚能称职，著照部议分别降革从宽，仍留原任，倘系庸材，即照部议处分。钦此。"广西巡抚金𬭎覆奏称，牟泰龄居官勤敏，实心办事，潘治年力正壮，人才可堪学习，但不胜马平繁剧之人，亦经臣题请调补荔浦县简缺，现在试用，均应钦遵谕旨从宽，仍留原任，以策后效。如留任之后，果能尽心效力，照例三年无过，准予开复。倘有怠惰废弛，即严行参处，从重治罪。至迁江县知县刘嵋，居官虽无劣迹，但诸事不谙，才具实属平庸，应遵旨照部议处分，以儆官常。[②]雍正随即降旨"牟泰龄、潘治，著照部议革职，俱从宽仍留原任；刘嵋着革职，该部知道"[③]。

第三种，交吏部核议、议处，"轻曰察议，重曰议处，又重曰严加议处"[④]。对于言路或其他官员所参或者其他渠道提出的知州、知县的问责，皇帝大多谕令该知州、知县所管总督或巡抚（如果其罪行严重而又事关重大，也有特派钦差）予以调查。例如，雍正五年（1727）十月十八日，巡察湖北湖南等处湖广道监察御史程仁圻特参岳州府临湘县知县吴觐宸，请旨饬部严加议处。同年十一月十七日即"奉旨：吴觐宸着严加议处具奏。该部知道"[⑤]。

吏部奉旨后的举措主要是根据皇帝的意见，并结合官员处分则例等相关规定分别做出相应的处置。譬如吏部所奉为特旨，则按照特旨行事。如果吏部奉旨系就督抚等题奏、参奏所参对象"察议者"，吏部对该对象的处分按常

---

① 《清实录·高宗实录》卷810乾隆三十三年五月庚子条，北京：中华书局，1986年，第953—954页。
② 中国第一历史档案馆：《雍正朝内阁六科史书·吏科》第46册，桂林：广西师范大学出版社，2002年，第98页。
③ 中国第一历史档案馆：《雍正朝内阁六科史书·吏科》第43册，桂林：广西师范大学出版社，2002年，第99页。
④（清）昆冈等修，吴树梅等纂：《钦定大清会典》卷11《吏部》，《续修四库全书》编委会：《续修四库全书》第794册，上海：上海古籍出版社，2002年，第115页。
⑤ 中国第一历史档案馆：《雍正朝内阁六科史书·吏科》第39册，桂林：广西师范大学出版社，2002年，第46—47页。

例处分等级“减议”[①]。吏部对包括知州、知县在内的文官的议处，除依照奉旨决定是否加议或减议以定处罚种类、等级之外，作为常态性的交部“议处”，例须以处分则例等为准绳。“凡官交部者”，吏部“皆按条以定议”，也就是对官员的议处，必须首先以官员处分则例中的相应条文为依据。与此相适宜，“吏部处分则例，自罚俸以至革职，各有专条”[②]，这就使州县官员的行政责任追究有了法律依据引用的基本可能。例有正条者，引用正条，只有在“例无正条”之后，方可按规定“引律”，假设“律无正条则比议”。也就是说，“例无正条，按清律文定议；律文无可引，取情事相近者，援引比照”[③]。又，若“无可比”， 即“无律例正条，又无可比照”，最后“则酌议”，也就是由考功清吏司“将案情详细察核，酌定处分”。

吏部对于被惩戒官吏，倘若是奉皇上特旨交议者，以及命令查参、议处者，以阁抄到吏部之日算起，限于五天内专折具奏，题奏除请旨最终圣裁，除“赖皇帝一言而决”外，该官所犯如系私罪，吏部必须于折尾声明：“系属私罪，无庸查抵”；若系公罪，也于折尾声明：“系属公罪，可否准将级纪抵销之处，恭候钦定。”如果皇帝下旨准抵销，吏部再行查明加级纪录抵销，并归入汇题；如果皇帝下旨不准抵销，吏部则将被处分官吏实施惩处并注册。对此若吏部奉旨“知道了”，或“依议”，吏部随后按所定处分类别与等级履行最后处理程序。表 2-2 系依据《雍正朝内阁六科史书·吏科》[④]所列举的吏部堂官对知州、知县议处结果举例形成。

**表 2-2　雍正六年吏部奏定处分州县正印情形示例**

| 题奏者 | 时间 | 议处对象 | 议处事由 | 类别、方式 |
|---|---|---|---|---|
| 署吏部尚书傅尔丹 | 雍正六年（1728）七月初七日 | 陕西省试用知县赵愿敏等 | 赴任违限 | 降级罚俸 |
| 署吏部尚书傅尔丹 | 雍正六年（1728）七月十六日 | 广西省上林县知县陈会津 | 承审迟延 | 革职 |
| 署吏部尚书傅尔丹 | 雍正六年（1728）七月十六日 | 各省赴任违限知县 | 赴任违限 | 罚俸降调 |
| 署吏部尚书傅尔丹 | 雍正六年（1728）七月十九日 | 台湾府凤山县降调知县肖震 | 承审迟延 | 革职 |

① （清）昆冈等修，吴树梅等纂：《钦定大清会典》卷 11《吏部》，《续修四库全书》编委会：《续修四库全书》第 794 册，上海：上海古籍出版社，2002 年，第 115 页。

② （清）汪辉祖：《学治臆说》卷下《公过不可避》，官箴书集成编纂委员会：《官箴书集成》第 5 册，合肥：黄山书社 1997 年，第 291 页。

③ （清）昆冈等修，吴树梅等纂：《钦定大清会典》卷 11《吏部》，《续修四库全书》编委会：《续修四库全书》第 794 册，上海：上海古籍出版社，2002 年，第 115 页。

④ 中国第一历史档案馆：《雍正朝内阁六科史书·吏科》，桂林：广西师范大学出版社，2002 年。

续表

| 题奏者 | 时间 | 议处对象 | 议处事由 | 类别、方式 |
|---|---|---|---|---|
| 署吏部尚书傅尔丹 | 雍正六年（1728）七月二十日 | 山西省阳城县知县 | 失察私磺 | 降级留任 |
| 署吏部尚书傅尔丹 | 雍正六年（1728）七月二十五日 | 各省承审造报迟延官员 | | 罚俸 |
| 署吏部尚书傅尔丹 | 雍正六年（1728）七月二十八日 | 河南省嵩县知县 | 重犯越狱 | 降调 |
| 兼管吏部尚书事张廷玉 | 雍正十二年(1734)九月初四 | 广西荔浦县卓昺 | | 勒令休致 |
| 兼管吏部尚书事张廷玉 | 雍正十二年(1734)九月初八日 | 所有承审迟延、承追不力官员 | 承审迟延、承追不力 | 罚俸 |
| 兼管吏部尚书事张廷玉 | 雍正十二年(1734)九月十三日 | 所有承审迟延、承缉不力官员 | 承审迟延、承缉不力 | 罚俸、降级 |
| 兼管吏部尚书事张廷玉 | 雍正十二年(1734)九月十四日 | 河南洧川县知县辛禺籍 | 承追逃犯不力 | 降一级调用 |
| 兼管吏部尚书事张廷玉 | 雍正十二年(1734)九月十四日 | 署江苏丹阳县知县仲尚锜 | 徇庇属下 | 降三级调用 |
| 兼管吏部尚书事张廷玉 | 雍正十二年(1734)九月二十三日 | 署安徽宿州知州陈慰祖等 | 玩忽徇庇 | 革职、降调 |

如前文所述，广西巡抚孔毓珣雍正元年（1723）二月十四日特参临桂县知县王元贞后，三月十八日奉旨“该部严查议奏”，也就是皇帝令吏部进行查核并提出惩处意见。吏科即行就此抄出送达吏部，吏部即对特参事实进行查核，并寻求进行处分的具体的法律法规，也就是律或例的依据，做到以事实为依据，以法律作为准绳，最后由吏部尚书隆科多，于四月初一日上题处分题本——《题请将广西临桂县知县照溺职例革职本》，内容除引用孔巡抚所列事实外，提出具体处分建议：“查王元正（贞）该抚既称惟耽曲蘖，政务弛错，等语，应将临桂县知县王元政（贞）照溺职例革职”，并提出请旨。对此，“本月初三日奉旨依议”①。

吏部题奏请旨后，即“恭候命下臣部遵奉施行”。皇帝一旦批准吏部意见，吏部即对被处分的知州、知县进行最后的黜陟。根据清朝官吏行政问责法律法规，对于不同的问责处罚，其黜陟方式也有所不同。限于篇幅，本书在此仅对罚俸处置予以说明。

清代官员罚俸执行程序，因时而异，因情而异。就现任官来说，罚俸如

① 中国第一历史档案馆：《雍正朝内阁六科史书·吏科》第2册，桂林：广西师范大学出版社，2002年，第108页。

果是现任官，一般先以自己的俸银进行扣抵，若罚俸超过 1 年，则要将所罚之俸缴出。现任官员罚俸应在年内递交到户部，一旦年内不能完成，则再勒限 1 年，但要加罚处分罚俸 1 年。雍正七年（1729）后则改为可以用俸银逐年扣抵，直到将所处罚的罚俸扣完为止。具体说来，康熙四年（1665）题准，如果所处罚俸是由于原任内的事件所导致的罚俸，对于已经升任者，就在“新任罚俸”；已降调者，则“照所降之级罚俸”；而裁缺、给假、丁忧、解任者则“皆于补官之日罚俸”[①]。截至雍正七年（1729），定例，包括州县在内的“外任大小官员，罚俸之例，如罚俸一年者，则将本年应领俸银扣抵，如再有罚俸之案，则勒限一年，追出俸银解部，如一年不完，又罚俸一年，辗转增加”，以致“常有因一二年之罚俸，而积至数年，或十数年者”，而动辄得咎之“州县”更是“深为可悯”，为此皇帝上谕称，凡有此等罚俸之人，该员又情愿预先完纳所罚之俸则听自便；力不能完的就将任内应得之俸逐年扣抵，不必勒限追缴，对休致、病故、官员食过之俸，“概行免追”[②]。而自愿预先完纳的罚俸，一般是缴纳于罚俸官员所在省的藩库。雍正十二年（1734）议准，革职留任的官员若被处罚俸，所罚之俸，于该革职留任官员“开复日逐年抵扣”[③]。《六部处分则例》的规定与此基本一致。[④]

离任官承督未完处分罚俸 1 年完结的相关规定则时有不同。雍正三年（1725）吏部遵旨议定，各官任内，凡有承追、承缉、督催等项未完事件应议罚俸、住俸、降职、降级、革职，以及罚俸 3 月、6 月、9 月仍令催追缉拿等案，在未经限满之前，或者因另案降调离任，或者升迁离任，或者保题升转，或以丁忧事故离任，皆以罚俸 1 年完结；如果官员是特旨升调，那么原任内发生的处以降俸、住俸、降职、降级、革职的承督未完案件，仍以罚俸 1 年完结，如有应罚俸 3 月、6 月、9 月的，各照原任内处分议结。[⑤]乾隆十六年（1751）吏部遵旨对此有所调整、限制：

---

①（清）昆冈等修，刘启端等纂：《钦定大清会典事例》卷 85《吏部・处分例・官员罚俸》，《续修四库全书》编委会：《续修四库全书》第 799 册，上海：上海古籍出版社，2002 年，第 417 页。

②（清）昆冈等修，刘启端等纂：《钦定大清会典事例》卷 85《吏部・处分例・官员罚俸》，《续修四库全书》编委会：《续修四库全书》第 799 册，上海：上海古籍出版社，2002 年，第 418 页。

③（清）昆冈等修，刘启端等纂：《钦定大清会典事例》卷 85《吏部・处分例・官员罚俸》，《续修四库全书》编委会：《续修四库全书》第 799 册，上海：上海古籍出版社，2002 年，第 418 页。

④（清）文孚纂修：《钦定六部处分则例》卷 2《降罚・扣缴罚俸银两》，沈云龙主编：《近代中国史料丛刊》第 332 册，台北：文海出版社，1969 年，第 63 页。

⑤（清）昆冈等修，刘启端等纂：《钦定大清会典事例》卷 85《吏部・处分例・官员罚俸》，《续修四库全书》编委会：《续修四库全书》第 799 册，上海：上海古籍出版社，2002 年，第 417 页。

州县承缉盗案，除奉旨题补之缺，如无合例之人，不论何项参罚，皆准保题、应题、应调之缺，凡任内有降调，例有展参，不准题升调补，仍照定例办理。其特旨升调与回避别补及别案革职降调、丁忧治丧等事离任者，仍照定例处分。至告请病假及终养者，如初参未获，例应住俸，处分既轻，为期尚远，亦照旧例办理外，其二参、三参例应降一级留任者，遇有病假终养离任，即议以补官日降一级留任，三年无过开复；其四参例应降一级调用者，遇有病假终养离任，即议以补官日降一级调用。再，官员任内有承督未完事件，如承缉案犯，并征收承追钱粮等项，若于未经限满之先离任者，向例皆以罚俸一年完结，今既将盗案遵旨定例，其别项系有展参各案，亦应统照此例。如参限未满、告请病假及终养离任，例应住俸、停升、降职、降俸及罚俸三月、六月、九月者，仍以罚俸一年完结，其余处分，均各照本例查议，不得概照离任官例仅议罚俸。[①]

乾隆三十七年（1772）议准，各项限缉人犯，在参限之内，被邻境别汛拿获，如果承缉之员限满应停升、住俸、降俸、降职者，以罚俸 6 个月完结；罚俸 3 个月的改罚 1 个月，6 个月的改罚 3 个月，9 个月的改 6 个月，1 年的改 9 个月，2 年的改 1 年，降级留任的改罚俸 2 年，本降级留任限满再留任 1 年缉拿的改罚俸 3 年，限满革职留任的改降 3 级留任，限满应降调的改为照所降之级留任，应革职的改为革职留任，扣满年限开复。[②]而嘉庆十一年（1806）的规定又大致恢复了罚俸 1 年的完结办法，各官任内有承督未完案件，或因别案降革、升迁及终养、丁忧等项于限内离任者，“俱以罚俸一年完结”。光绪十三年（1887）奉吏部重修颁行的《六部处分则例》则对离任官承督未完处分新增规定若干：一是任内有承督未完案件，或者因升迁降革以及丁忧终养等因于限内离任的，都罚俸 1 年完结。二是钱粮未完各官本案内已声明卸事日期，查实如果是限内离任，照离任官例议结，将原议停升督催之案查销；已经离任而案内未声明的，督抚于复参案内扣明参限并该员卸事月日申请议结，或随时咨报吏部，以凭分别查销。三是承督未完各官，于参限内离任前次参限满时，所有已得降罚处分，一律待完解罚俸银两知照到日，准其查销。四是皇帝特旨降调各官原任内有未完案件，一律照离任官例罚俸 1 年完结；

① （清）昆冈等修，刘启端等纂：《钦定大清会典事例》卷 85《吏部・处分例・官员罚俸》，《续修四库全书》编委会：《续修四库全书》第 799 册，上海：上海古籍出版社，2002 年，第 418—419 页。
② （清）昆冈等修，刘启端等纂：《钦定大清会典事例》卷 85《吏部・处分例・官员罚俸》，《续修四库全书》编委会：《续修四库全书》第 799 册，上海：上海古籍出版社，2002 年，第 419 页。

其应议以罚俸3个月、6个月、9个月的，分别照原处罚议结。[①]

（二）州县官刑事责任追究的程序

过犯知州、知县处分等级类型方式确定后，吏部通知被处分者本人，并咨会所属省衙门并由后者通知该当道府具体执行，或革，或降，或调；而罚俸处分还要移咨户部。吏部、都察院则相应登记注册，如果涉及刑事处分则将其刑事部分交与刑部。

进入刑事制裁环节，起手就是摘印和提审。康熙十五年（1676）规定因贪酷革职提问者，开缺提解。[②]雍正元年（1723）议定："如有侵挪钱粮被参者，皆令离任开缺。"[③]嘉庆十年（1805）奏定，凡外参革职有余罪人员，吏部于奉旨后，"即行依限开缺"，所奉旨内若有"议奏"字样的，均由主稿衙门定议，然后会同吏部具题。如果各衙门自行核覆，尚未来得及送吏部会议的，需于折内声明，待命下之日移咨吏部办理的，吏部于知照当日，即行开缺，不必再行具题。若并无余罪，仅只声请议处革职的，刑部若来不及会议，也于折内声明，到命下当天，移咨吏部办理，吏部于刑部知照到日，核覆具题，依限开缺。[④]道光二年（1822）外任各官的革职时间规定有所提前："遇有应行查讯事件，系革职审讯者，即行开缺；系解任质讯者，无论远赴别省及提解来京，俱不开缺……统俟定案上报到部，再行核办；其有解任质讯在先，而续请革职审讯者，即以奉旨革审之日开缺。"[⑤]在刑事法律方面，在康熙年间先行则例基础上，经乾隆五年（1740）改定之条例规定文武官员私罪条例："凡外任各官遇有钱粮、刑名事件，应行革职者，该督抚题参时，即行摘印，委员署理，俟奉旨之日再行开缺。若有奉旨宽宥者，仍准复还原任。"[⑥]本条执行实际严于条例。[⑦]而提审后不实者，例应开复。"凡被参

---

① （清）文孚纂修：《钦定六部处分则例》卷2《罚俸·离任官承督未完处分》，沈云龙主编：《近代中国史料丛刊》第332册，台北：文海出版社，1969年，第51—52页。

② （清）昆冈等修，刘启端等纂：《钦定大清会典事例》卷83《吏部·处分例·开缺截限》，《续修四库全书》编委会：《续修四库全书》第799册，上海：上海古籍出版社，2002年，第391页。

③ （清）昆冈等修，刘启端等纂：《钦定大清会典事例》卷83《吏部·处分例·开缺截限》，《续修四库全书》编委会：《续修四库全书》第799册，上海：上海古籍出版社，2002年，第392页。

④ （清）昆冈等修，刘启端等纂：《钦定大清会典事例》卷83《吏部·处分例·开缺截限》，《续修四库全书》编委会：《续修四库全书》第799册，上海：上海古籍出版社，2002年，第396页。

⑤ （清）昆冈等修，刘启端等纂：《钦定大清会典事例》卷83《吏部·处分例·开缺截限》，《续修四库全书》编委会：《续修四库全书》第799册，上海：上海古籍出版社，2002年，第398页。

⑥ 胡星桥，邓又天主编：《读例存疑点注》卷2《名例律上》，北京：中国人民公安大学出版社，1994年，第22页。

⑦ 胡星桥，邓又天主编：《读例存疑点注》卷2《名例律上》，北京：中国人民公安大学出版社，1994年，第22页。

革职讯问之员，审系无辜，即以开复定拟，不得称已经革职，无庸议题覆。其原参重罪，审虚尚有轻罪，应以降级罚俸归结者，开复原职，再按所犯分别定拟。”[①]

对于包括知州、知府等在内的各级官员之拘提审讯，因涉及职官及“朝廷体统”，按例须皇帝批准，职能部门及其该当上司官员不得擅自行事。顺治八年（1651），皇帝上谕刑部：“职官有犯，未奉旨革职，毋得径行提审，永著为令。”《大清律例》的“职官有犯”条规定：“凡在京、在外大小官员，有犯公、私罪名，所司开具事由，实封奏闻请旨，不许擅自勾问。”[②]也就是官吏刑事提讯决定权属于皇上。清律虽然有不论官职“大小”的刑律文字，但不过系承袭明律加以酌改而成，而后所谓的皇帝准许后再依律审讯议拟是就知府、道员以上官员犯罪而言。知府以下的包括知州、知县等低级别官吏的法定刑事责任追究程序，则有不同，基本是在题参同时即行提审：“文职道府以上、武职副将以上，有犯公私罪名，应审讯者，仍照例题参，奉到谕旨，再行提讯。其余文武各员，于题参之日，即将应质人犯拘齐审究，如督抚同驻省分一面具题，一面行知应承审衙门，即行提讯。”[③]乾隆二十六年（1761），刑部议覆巡抚陈宏谋条奏定例规定，凡参革发审之人，如系同知以下等官，遴委知府审理；道、府遴委道员审理，并且一律就近提齐罪证秉公确讯。被提审若系州县官员，经所遴委的知府审实，其行为尚未触犯刑法，则停止追究刑事责任，“审系无辜，即以开复定拟”。至于原参重罪但审为虚，但尚有轻罪应降级、罚俸的，就在开复原职后，再按所犯分别定拟。[④]倘若犯罪事实是证据确凿，该犯罪知州或知县，将被带至省内，由按察使司核勘。并且据乾隆三十三年（1768）上谕内容，各省犯罪官吏，必须“收禁”于按察使衙门。[⑤]因为各省承审官犯参案，都由按察使司主稿，若经按察使覆审，并会同布政使司审勘后情罪依然属实，便招解巡抚（总督）衙门，并由巡抚（总督）

① 张荣铮，刘勇强，金懋初点校：《大清律例》卷2《名例律上》，天津：天津古籍出版社，1993年，第96—97页；（清）姚雨芗原纂，胡仰山增辑：《大清律例会通新纂》卷3《名例律上》，沈云龙主编：《近代中国史料丛刊》三编第211册，台北：文海出版社，1987年，第262页。

② 张荣铮，吴勇强，金懋初点校：《大清律例》卷2《名例律上·职官有犯》，天津：天津古籍出版社，1993年，第96页。

③ 胡星桥，邓又天主编：《读例存疑点注》，北京：中国人民公安大学出版社，1994年，第20页。

④ 张荣铮，吴勇强，金懋初点校：《大清律例》卷2《名例律上》，天津：天津古籍出版社，1993年，第96—97页；（清）姚雨芗原纂，胡仰山增辑：《大清律例会通新纂》卷三《名例律上》，沈云龙主编：《近代中国史料丛刊》三编第211册，台北：文海出版社，1987年，第262页。

⑤ 胡星桥，邓又天主编：《读例存疑点注》，北京：中国人民公安大学出版社，1994年，第848页。

审拟。[1]如属重案，督抚的“拟律”，通常必须向皇帝专案具题，并提出结案报告，请皇帝发给“三法司”核拟办理，同时将题本的副本“揭帖”咨送刑部。揭帖到刑部后，即由刑部相应清吏司受理；具题则经过内阁票拟进呈御览。督抚之揭帖所拟若不被刑部驳回重审，地方的审理程序即告终结。而皇帝下旨“三法司按拟具奏”，官员之刑事问责也就由地方督抚进入刑部等中央部门（京师的死刑案件由刑部直接审理，题奏皇帝，而后也经三法司核拟）的“三法司核拟”“会献”。

清朝中央刑事法律部门主要是由刑部与都察院、大理寺共同构成的，所谓“三法司”，但以刑部为刑罚主管部门。该部尚书、侍郎“掌天下刑名及徒隶勾覆关禁之政令”；大理寺卿则“掌管天下刑名，内而刑部，外而督抚有具题重辟事情，奉旨该三法司核拟者，直省者招揭到寺，该左右寺官即行据揭详核查所拟罪名是否与律例相符，出具看语呈堂送刑部定立稿案送寺画题时视其看语意见，果属相同，别无疑义者堂属一体画题，或其间情罪未明律例未协，将稿案交回刑部再行参酌，若彼此意见仍有异同，该左右寺官即拟稿另为一议呈堂送刑部、都察院酌量拟覆，并在京现审事件正取刑部原案口供详核，有未协者呈堂赴刑部会同该司及该道御史审拟真确，务期明允方行画题”[2]。三法司经“研究”提出制裁意见后又上奏圣裁。皇帝审后即在三法司题本封面上用朱笔批上裁决意见，名曰“批红”，实即判决书。该判处内容，就经由刑部用咨文向各督抚传达，督抚再层层下传。被判处立决者，由州县正印官或佐贰会同武职行刑；收押在省的被判立决的官犯则在省由按察使监视行刑，然后逐级上报备案。但判决倘为监候处决，案犯还须待秋后经复审后再决定是否执行死刑。如果复审裁定仍然是监候的，则继续监押到下一年再复审，如此往复，即乃秋审，进而最终由皇帝裁决。

被定拟刑事制裁的犯罪知州、知县的刑事问责执行，倘若其定拟笞杖，则按照《大清律例》之规定，以罚俸、降级、革职留任处置。如果定拟徒罪，文武官员犯徒及总徒 4 年、准徒 5 年的，即在犯事地方，定驿发配。俟年限

---

① 胡星桥，邓又天主编：《读例存疑点注》，北京：中国人民公安大学出版社，1994 年，第 21 页；张荣铮，吴勇强，金懋初点校：《大清律例》卷 2《名例律上》，天津：天津古籍出版社，1993 年，第 96 页；（清）姚雨芗原纂，胡仰山增辑：《大清律例会通新纂》卷三《名例律上》，沈云龙主编：《近代中国史料丛刊》三编第 211 册，台北：文海出版社，1987 年，第 261—262 页。

② （清）陈梦雷编纂，蒋廷锡校订：《钦定古今图书集成》第 765 册，北京、成都：中华书局、巴蜀书社，1985 年，第 25 页。

满日，释放回籍。民人犯徒到配，一般是该督抚于通省州县内，核计道里远近”而“酌派”配所拘役，雍正年间改定发本省“驿递”，乾隆五十二年（1787）后则不拘有无驿站；有驿站的，徒犯到配，以驿丞为专管，州县为兼辖，无驿站的，就交各州县严行管束。按照条例，清代官员犯徒罪，在乾隆六年（1741）之后，常发设于西北的驿递军台效力。根据薛允升《读例存疑》，官犯发往军台效力，始于乾隆六年（1741），尚属纳钦等钦遵谕旨奏准，原系专指侵贪之案，完赃后减为徒流者而言。谕旨内明言：“‘此辈既属贪官，除参款之外，必有未尽之赃私，完赃之后，仍得饱其囊橐，殊不足以示惩儆’等语；是发往军台，本为黩货营私者戒，其犯别项罪名，原有应流应徒地方，即不得概行发往军台，自可概见。嗣后办理官犯案件，有奉特旨发往军台者，相沿日久，遂为职官犯徒罪之定例，犹之官员犯军流以上，即行发往新疆。”[①]而清律规定凡发往军台效力之废员，三年期满，台费全数缴完者，由军台都统抄录获罪原案，具奏请旨（释回）。而不能完缴台费的如果是知县以上，则再留军台五年，佐杂之下则在行实徒三年。故而，有学者认为：“清代于官吏之惩罚，较民人严苛。”[②]过犯知州、知县若定拟流刑，如果该发乌鲁木齐、黑龙江等处，并且只是“寻常过犯，不致行止败颓者”，则“发往当差”；若所犯“系党恶窝匪、卑污下贱者，俱照平人一例，发遣为奴”。前者之所谓当差，也就是发往新疆废员，令其管理铅铁等厂。该将军、都统等，详核该犯案情的轻重，摘叙罪由，报刑部核覆，情罪较重者，不准管理铅铁等厂，只有情节较轻的准其管理，俟两年期满，如果认真，除原犯徒杖例止三年奏请的毋庸置疑外，其原犯军流例应十年奏请者，准其于十年之内酌减三年，奏闻请旨，如蒙允准，即令各回旗籍。

判处死刑的官犯，在乾隆三十三年（1768）以前，定例是监禁于各自所在“州县狱中”，所谓“向来各省应入秋审官犯，俱于各州县狱中监禁，勾决本到，转行该地方正法”，之后，上谕要求“各省官犯于定案时，即在按察使衙门收禁”，之所以如此，一是与齐民罪犯稍示区别；二是利于稽查周密，杜绝疏虞替代诸弊；三是可昭示秋献大典之慎重；四是有震慑教育之益。“至勾本到省，并著照刑部勾决之例，将情实官犯全行绑赴市曹，即令按察使监视行刑，将奉到谕旨当场开读，按照予勾之犯验明处决，于体制既为划一，而

---

① 转引自那思陆：《清代州县衙门审判制度》，北京：中国政法大学出版社，2006 年，第 190 页。
② 那思陆：《清代州县衙门审判制度》，北京：中国政法大学出版社，2006 年，第 190 页。

省会之地共见共闻。如此立法森严，益可使官僚共知儆惕。”①据此，刑部恭纂条例规定：“各省官犯于定案时，即在按察使衙门收禁。”②官犯收监地点及其机构这一改变也纳入光绪朝《大清会典事例》之中。③当届秋审、朝审之前，刑部于每年年终，将进行朝审、秋审的官犯“汇开清单，具奏一次，单内将所犯事由、罪名及监禁年份，并该犯年岁，详细注明。”④对秋谳大典，“情实则大别有三，服制、官犯、常犯是也。本下，内阁随命钦天监分期择日。句到，刑部按期进呈黄册”⑤。此刑部堂官领衔，以参加会审全体官员的名义，分省逐次向皇帝具题。每省案件各分情实、缓决、可矜、留养承祀四类。属于情实的一类，还要另造黄册随本进呈皇帝。而其中的官犯，乾隆十四年（1749）遵谕定例的条例规定：“凡职官实犯死罪，应入秋审、朝审者，另为一册，仍分别情实、缓决、可矜三项进呈。”⑥乾隆十四年（1749）谕令：“各省秋审官犯入于缓决者，通行查具清单，奏闻请旨。嗣后……其职官治罪，除杂犯外，凡实犯罪名，秋朝审时，或应缓决，或应情实，著另为一册进呈，则朕得以详阅，不致因烦混过，部臣亦不能施高下其手之技，而官犯与常犯有别，亦所以示廉耻等级之意。”⑦“官犯”秋审黄册，则“另缮一册，列于各省常犯情实黄册之前，进呈候勾”⑧。实际的具体做法就是，刑部在秋审进呈黄册时，“俱系将各省情实官犯及服制人犯，首先进呈，一经分别予勾后，该部即行文各该省，不论远近，部文到日，即遵照处决。其余常犯，则按照省分（份）远近，进呈黄册，以次勾到，此向来办理成例也”⑨。因虑及这样的做法导致同是死罪情实，但因系官犯而较常犯“处决日期，近省或早至一

① （清）昆冈等修，刘启端等纂：《钦定大清会典事例》卷848，《续修四库全书》编委会：《续修四库全书》第810册，上海：上海古籍出版社，2002年，第334页。

② 胡星桥，邓又天主编：《读例存疑点注》，北京：中国人民公安大学出版社，1994年，第848页；张荣铮，吴勇强，金懋初点校：《大清律例》卷37《刑律断狱下·有司决囚等第》，天津：天津古籍出版社，1993年，第633页。

③ （清）昆冈等修，刘启端等纂：《钦定大清会典事例》卷845，《续修四库全书》编委会：《续修四库全书》第810册，上海：上海古籍出版社，2002年，第306页。

④ （清）昆冈等修，刘启端等纂：《钦定大清会典事例》卷845，《续修四库全书》编委会：《续修四库全书》第810册，上海：上海古籍出版社，2002年，第313页。

⑤ 赵尔巽等：《清史稿》卷144《刑法三》，北京：中华书局，1977年，第4209页。

⑥ （清）昆冈等修，刘启端等纂：《钦定大清会典事例》卷844，《刑部·刑律断狱》，《续修四库全书》编委会：《续修四库全书》第810册，上海：上海古籍出版社，2002年，第300页。

⑦ （清）昆冈等修，刘启端等纂：《钦定大清会典事例》卷847，《刑部·刑律断狱》，《续修四库全书》编委会：《续修四库全书》第810册，上海：上海古籍出版社，2002年，第328页。

⑧ 胡星桥，邓又天主编：《读例存疑点注》，北京：中国人民公安大学出版社，1994年，第846页。

⑨ （清）昆冈等修，刘启端等纂：《钦定大清会典事例》卷849，《刑部·刑律断狱》，《续修四库全书》编委会：《续修四库全书》第810册，上海：上海古籍出版社，2002年，第345页。

二月，远省亦早至月余及数旬不等，先行受法”，而同为情实予勾官犯，“转因解部监禁，而处决日期，较之本省监禁候勾决文到施刑，又复早迟悬殊，未来平允”，所以，嘉庆五年（1800）上谕下令自本年开始，“刑部办理秋审内官犯服制黄册，毋庸先期进呈，俱于每次呈进各该省情实常犯招册，将此二项人犯另缮黄册，列于常犯黄册之前，一并呈览”[①]。奉旨情实的案犯，在执行制裁前还要经过复审、勾决两道程序。复审，清朝先为一复奏，后改为三复奏，再又改回一复奏。至于予勾，光绪朝《大清会典》记载：“凡句到之年，刑部以朝审、秋审情实各犯名册送阅，核计省分（份）人数，定期句到。先新疆、云南、贵州，次四川、广西、广东、福建、奉天、陕西、甘肃，次湖南、湖北、浙江、江西，次江苏、安徽、河南、山东、山西，次直隶交钦天监择日，于冬至前六十日具奏。朝审句到，则于冬至前十日，届期监察御史奏句到本，皇帝御懋勤殿升座，大学士、军机大臣、内阁学士只候召入，学士奏某省各犯句到姓名，皇帝阅汉字黄册，酌定降旨。大学士一人遵旨勾汉字本，句讫，奉本以出，照汉字本勾清字本，缮签进呈。俟批写清字汉字毕，密封交该御史恭领，即交刑部遵行。”[②]据有关资料记载，定期朝审，六部堂官、都察院、大理院，凌晨集于西长安门内朝房。刑部人员先宣读各省情实案由，至午各散。第二天，再过刑部狱中各犯，先点官犯，“官犯衣墨青外褂，官帽无顶，吏呼其名则应，令其跪则跪，此犯退，则再呼一犯。凡拟缓决者，吏则高呼曰‘缓决’；凡入情实者，吏则低声……至勾到之日，都察院奏呈一省全案。上命大学士素服秉朱笔，照刑部黄签，应勾者勾之，其余则朱谕曰：‘某某牢固监禁’、‘某某流徙’。给事中捧之，至刑部大堂，陈于黄案。刑部堂官对之行三跪九叩礼。给事中既退，刑部即日登递钉封文书于该省。至京师勾到之期，监斩绞者，为刑部司员”[③]。《清史稿》记载：“至日，素服御殿，大学士三法司侍，上秉朱笔，或命大学士按单予句。服制册大都杀伤期功尊长之案，既以情轻而改监候，类不句决；情实二次，大学士会同刑部奏请改缓。官犯则情重者，刑部从严声叙，未容幸免；轻者一律免句，十次改缓。常犯之入情实，罪固无可逭者；其或一线可原，刑部粘签声叙，类多邀恩不句，十次亦改缓。向例句决重囚，刑科三复奏，自乾隆十四年减去二

---

① （清）昆冈等修，刘启端等纂：《钦定大清会典事例》卷849，《刑部·刑律断狱》，《续修四库全书》编委会：《续修四库全书》第810册，上海：上海古籍出版社，2002年，第345页。
② 胡星桥，邓又天主编：《读例存疑点注》，北京：中国人民公安大学出版社，1994年，第846页。
③ （清）陈庆桂：《谏书稀庵笔记·朝审》，上海：小说从报社，1922年，第39—40页。

覆，第于句到前五日，覆奏一次。句到时，将原本进呈覆阅，一俟批发”[①]，朝审情实被勾官犯，“例由刑科给事中、刑部侍郎各一人，赴西市监视”，只是“官犯无论勾否，俱绑赴行刑场候决”。在京外各省的，则由刑部各司将勾单和榜示经过“钉封”之后“送兵部发驿”，并按照云南、贵州、四川、广西、广东、福建6省40天；江西、浙江、湖南、甘肃25天；江南、陕西、湖北18天；河南12天；山东、山西9天；直隶4天；盛京15天，宁古塔1个月之期限递至。勾本到省后，将监禁于按察使衙门监狱的情实官犯，“全行绑赴市曹”，于“奉到谕旨，当场开读，按照予勾之犯，验明处决”。行刑过程，直隶由都察院满、汉御史各一人与刑部司官一同监视，其他各省由按察使监督。绑至现场犯人中，如有没被御笔勾除者，则实行监候。如果经过10次免勾的犯罪官员，则由大学士会同刑部尚书等，将该犯招册“复加详勘，其后实在情形可宽者”，简要叙述案情，做出“看语”，“请旨改入缓决”。不过，就实际情况而言，自嘉庆十五年（1810）后，“官犯至十次者颇少，或第二、三年，或四、五年，均于年终时减等矣”[②]。对于各省犯罪官员，乾隆二十二年（1757）刑部遵上谕定例规定：“如系贪酷败检、侵亏狼籍及有心巧诈，不尽臣职，罪应斩、绞之员，其审题结案，在行刑之日以前者，著皆补疏题请，情实予勾者，即行刑之日已过，亦著行刑”；而倘若在行刑之日后审结者，则入下年再加以制裁。在上述情节之外的尚未予勾的一般官犯，即便结案在行刑前，也不入本年情实，而是监候至次年秋审办理。[③]当然，如有“逢庆典或国家有故，则下旨停勾”。

清朝末年，因《大清现行刑律》“所载官吏犯法各条，有纯粹属于刑事审判范围者，亦有应属于行政审判，或惩戒审判范围者”。所以不仅“同一触犯现行刑律，而断罪则事隶法曹、处分则向归吏议”，而且，制裁之方法也“各殊”，于是拟定筹办行政审判院法，制订颁布文官、法官惩戒各章程，“以示行政审判、惩戒审判应与刑事审判划清界限之意”，但在“以上各项法令，尚未厘定颁行，而京师及直省省城商埠各级审判厅，业已先后依限成立”，作为过渡办法：

① 赵尔巽等：《清史稿》卷144《刑法三》，北京：中华书局，1977年，第4209页。
② 胡星桥，邓又天主编：《读例存疑点注》，北京：中国人民公安大学出版社，1994年，第851页。
③（清）昆冈等修，刘启端等纂：《钦定大清会典事例》卷844，《刑部·刑律断狱》，《续修四库全书》编委会：《续修四库全书》第810册，上海：上海古籍出版社，2002年，第302页。

除职官有犯应按现行刑律分别科罪者，如犯事在已设审判厅地方，由该管检察厅随时提起公诉，迳由该管审判厅审理，及犯事在未设审判厅地方，暂归各该省高等审判厅审理外，其余官吏违法事属因公，按照律例，应予以革职、降调、罚俸及一应参罚各处分者，系行政官吏由该管上司随时察觉之案，即由该管上司各按律例办理，如有人民呈控之案，并应由该管上司衙门查明照例办理。此外一应民刑诉讼案件，不论是否上诉，暨官吏犯罪应按刑律定拟者，概不准各该行政衙门违法受理。其官吏违法之案，如系经该管上司查（察）觉，或由人民控告，而查核案情，仍应按刑律断罪，不在寻常参罚处分之列者，自应送交该管检察厅起诉，以清权限。如系法官，即由该省提法司查明报由法部覆核，暂照现行处分则例，分别奏明请旨办理，一俟行政审判院法、文官法官惩戒各章程颁行后，届时一律钦遵办理。①

而咸丰以后之就地正法，原系就拿获的“土匪”“强劫盗犯”而言的，然而对于“至职官犯罪”，原本“均应拟议具奏请旨遵办，亦有先行正法者”，光绪五年（1879）刑部对此奏准，从此以后，“职官犯罪，该地方官务须申详该管上司，解省审勘，由该督抚分别题奏，俟奉旨后，再行处决”②。尽管官犯问责程序以及惩处权属，固然有了某种松动、变化，但总体还是权操自上，以皇帝定夺为准。

① 故宫博物院明清档案部：《清末筹备立宪档案史料》，北京：中华书局，1979年，第905—906页。
②（清）昆冈等修，刘启端等纂：《钦定大清会典事例》卷850，《刑部·刑律断狱》，《续修四库全书》编委会：《续修四库全书》第810册，上海：上海古籍出版社，2002年，第361页。

# 第三章　问责实施及其对知州、知县的震慑

制度的生命力在于实行。如果一项制度"不能在人们和他们的组织的活动中，在社会关系中得到实现的话，那法就什么都不是"[①]。清代州县问责制度当然也不例外。它如果仅停留于文本层面而无实施，并未对过犯州县厅正印官形成实质性威慑，清政府通过这一制度安排从而实现对于基层政区的有效管控，无疑将成为一种空想。也只有把违规违法的知州、知县等官员的责任追究落到实处，进而发挥出实际惩戒效应，问责制度才能真正成为州县地方社会治理之强有力的杠杆。

## 第一节　清代州县问责制度的实施

### 一、定期考核问责的落实

史书记载，包括知州、知县在内的地方三年定期问责的大计八法或六法之处分，在有清一代尽管有着这样或那样的问题，譬如，有的督抚等官，"视为具文，每将微员细故，填注塞责，至确实贪酷官员有害地方者，反多瞻徇庇护，不行纠参""颇有视为具文苟且塞责者，或贤员不行荐举，或劣员不行纠参，或就目前之一端，而不察其居官之素，或任一己之爱憎，而不参乎舆论之同，又或庇护私人，瞻徇情面，而使贪墨不职之人，姑容在位，将教职及佐杂微员，草草填注，以充其数。"[②]至为严重者，贤否不分，降处各官

---

① （苏）Л.С.雅维茨著，朱景文译：《法的一般理论——哲学和社会问题》，沈阳：辽宁人民出版社，1986年，第170页。

② （清）昆冈等修，刘启端等纂：《钦定大清会典事例》卷80《吏部·处分例·大计统例》，《续修四库全书》编委会：《续修四库全书》第799册，上海：上海古籍出版社，2002年，第349、352页。

任上司喜怒之私而轻重悬殊，甚至以馈遗之厚薄，情面之大小，颠倒贪廉，俾循良不获上达，奸贪反膺优考，等等，但是资料同时表明，清朝地方官定期大计处分制度，自顺治四年（1647）建立开始，到最后一次，也就是宣统三年（1911）[①]，即在有清一代，其执行基本上得到了贯彻落实。

顺治朝的三年定期考核始于顺治四年（1647），但该次与顺治十年（1653）的大计均仅考核并评定“卓异”而不见差评以及对差评问责的记载。根据《清实录・世祖实录》，顺治七年（1650）正月六日的大计，对谢允复等八百一十六名官员进行革职、降调、致仕等惩戒，是为清朝大计定期问责之第一次。[②]自此而后，顺治皇帝相继进行过三次大计问责。其后，康熙朝定期考核问责依例而行。如浙江省嘉善县知县，除顺治十六年（1659）对张于廷“纠参”问责之外，康熙二十五年（1686）的大计，又对该县知县严宏祖处罚“论去”[③]。而且，在定期问责中，也能指明其不职不法情形。例如，甘肃狄道县知县罗宽、安定县知县张暎两人，被甘肃巡抚卢询在康熙六十一年（1722）的定期问责题参中列有他们的过错事实：

> 光禄寺卿署理甘肃巡抚事臣卢询谨题为特参不职劣员以肃官方以彰计典事。该臣看得计吏大典，举劾并行，所以昭劝惩而儆在位课职业而安民生也……迨六十年，又值计典，因督臣年羹尧到任方新，题明展限，部议六十一年举行……其有才守兼优堪膺卓异者，另疏荐扬外，至溺职劣员，应加厘别。兹据署布政使事户部主事傅德等将贪酷、不谨、罢软、不及、年老有干八法之同知、教谕、知县、道员、通判、典史崔维鼎等九员，各揭报前来，臣访闻无异，谨逐员胪列事迹为我皇上陈之。计开：应议官九员内……巩昌府安定县见任知县张暎事迹：一、本官软弱无能，凡遇公事，毫无定见，听讼执持两端，诸务废弛……临洮府狄道县见任知县罗宽事迹：本官奉行公务任意延挨不结，审词听断不明，征比钱粮无术……题参伏乞皇上睿鉴敕下部院核覆施行。谨题请旨。康熙六十一年十一月二十八日题，雍正元年正月二十三日奉旨该部院该奏。[④]

---

① 《清实录・德宗实录》附《宣统政纪》卷49宣统三年二月戊寅条，北京：中华书局，1987年，第882页；《清实录・德宗实录》附《宣统政纪》卷55宣统三年六月癸酉条，北京：中华书局，1987年，第990页。

② 《清实录・世祖实录》卷47顺治七年正月己卯条，北京：中华书局，1985年，第378页。

③ 光绪《重修嘉善县志》卷14《职官志》，清光绪十八年（1892）刊本，第1—32页。

④ 第一历史档案馆：《雍正朝内阁六科史书・吏科》第1册，桂林：广西师范大学出版社，2002年，第39—45页。

经过笔者统计，康熙朝的大计定期问责一共进行15次，共惩处“八法”官员5983人，倘若加上照不谨论处的240名“从逆”官员，则康熙朝因大计考核处分的官员即达6223名，即令除却雍正年间个别省份补行康熙六十年（1721）大计“八法”处分人员107名，入于“八法”而被处分的也尚有6116名。雍正一朝，因大计而遭受革职提问、革职、休致和降调处分的官员为813名。乾隆朝的定期问责，前后一共举行20次。因此而被处以革职的官员为789人，其中不谨者471人，罢软者317人，贪酷1人；被处以降调者909人，其中属于才力不及者645人，属于浮躁者264人。其余的2141人则因考核为年老和有疾而被休致。如乾隆二十六年（1761）二月己丑进行的乾隆二十五年（1760）的大计问责因八法被处以休致降级调用或革职者，依据《清实录》记载，共203人，有关具体数据如表3-1所示：

**表3-1 乾隆二十五年（1760）地方官问责处分人数表①**

| 序号 | 区域 | 六法 | | | | | | |
|---|---|---|---|---|---|---|---|---|
| | | 不谨 | 年老 | 有疾 | 才力不及 | 浮躁 | 罢软 | 合计 |
| 1 | 奉天 | | 2 | | | | | 2 |
| 2 | 四川 | 3 | 5 | 4 | 3 | | | 15 |
| 3 | 甘肃 | 1 | 5 | 2 | 1 | | | 9 |
| 4 | 安徽 | | 9 | | 6 | | | 15 |
| 5 | 福建 | 2 | 3 | 3 | 2 | | 1 | 11 |
| 6 | 河南 | 1 | 3 | | 2 | 1 | 2 | 9 |
| 7 | 广东 | 2 | 4 | 1 | | 1 | 1 | 9 |
| 8 | 广西 | | 1 | 1 | 2 | | | 4 |
| 9 | 云南 | 2 | 2 | 3 | 1 | 2 | | 10 |
| 10 | 贵州 | 1 | 1 | 1 | | | 1 | 4 |
| 11 | 浙江 | 3 | 5 | 1 | 6 | 2 | 1 | 18 |
| 12 | 直隶河员 | | | | 2 | | | 2 |
| 13 | 直隶 | 2 | 14 | 2 | 3 | 1 | 2 | 24 |
| 14 | 湖北 | 1 | 4 | 3 | 1 | 1 | 2 | 12 |
| 15 | 山东 | | 3 | 1 | 2 | | 1 | 7 |
| 16 | 湖南 | 1 | 5 | 3 | 3 | | | 12 |
| 17 | 江南河员 | | 1 | 1 | 2 | 1 | | 5 |
| 17 | 江苏 | 4 | 2 | 2 | 4 | 5 | 2 | 19 |
| 19 | 河东河员 | | 2 | 1 | 1 | | | 4 |
| 20 | 陕西 | 1 | 6 | 2 | 2 | 1 | | 12 |
| 合计 | | 24 | 77 | 31 | 43 | 15 | 13 | 203 |

① 《清实录·高宗实录》卷631乾隆二十六年二月己丑条，北京：中华书局，1986年，第36—37页。其中含河员11人。

据《清实录·仁宗实录》记载，嘉庆皇帝在位25年，除嘉庆十一年（1806）因故未行定期大计问责和嘉庆二十五年（1810）应行的大计由道光皇帝于道光元年（1821）实际举行外，也基本是届期进行而不曾间断，共举行 7 次，处理“六法”官员1287人。其中，在《清实录》卷210中，嘉庆十四年（1809）四月举行的嘉庆十三年（1808）被各省问责处分人员数量见表3-2所示：

**表3-2 嘉庆十三年（1808）各省地方官问责处分人数表**

| 区域 | 六法 | | | | | | | 资料出处 |
|---|---|---|---|---|---|---|---|---|
| | 不谨 | 年老 | 有疾 | 才力不及 | 浮躁 | 罢软 | 合计 | |
| 奉天 | | 2 | | | | | 2 | 《清实录·仁宗实录》卷210，第823—824页 |
| 直隶 | 10 | 2 | | 1 | | | 13 | 《清实录·仁宗实录》卷210，第823—824页 |
| 山西 | | 9 | 1 | 1 | 1 | | 12 | 《清实录·仁宗实录》卷210，第823—824页 |
| 安徽 | 1 | 2 | 2 | 2 | | 1 | 8 | 《清实录·仁宗实录》卷210，第823—824页 |
| 福建 | 1 | 4 | 2 | 1 | | 1 | 9 | 《清实录·仁宗实录》卷210，第823—824页 |
| 河南 | | 8 | 3 | 1 | 1 | 1 | 14 | 《清实录·仁宗实录》卷210，第823—824页 |
| 广东 | | 7 | 3 | 4 | | 1 | 15 | 《清实录·仁宗实录》卷218，第938页 |
| 江西 | 3 | 4 | 2 | 1 | 1 | 1 | 12 | 《清实录·仁宗实录》卷210，第823—824页 |
| 浙江 | | 5 | 3 | | | 1 | 9 | 《清实录·仁宗实录》卷210，第823—824页 |
| 云南 | 1 | 4 | 1 | 2 | | 1 | 9 | 《清实录·仁宗实录》卷218，第938页 |
| 东河河员 | | 1 | | 1 | | | 2 | 《清实录·仁宗实录》卷210，第823—824页 |
| 四川 | 1 | 8 | 3 | 1 | | 1 | 14 | 《清实录·仁宗实录》卷210，第823—824页 |
| 山东 | 1 | 4 | 1 | 2 | | 3 | 11 | 《清实录·仁宗实录》卷210，第823—824页 |
| 甘肃 | 1 | 2 | 1 | 1 | | 1 | 6 | 《清实录·仁宗实录》卷210，第823—824页 |
| 湖南 | | 4 | 1 | | 1 | 1 | 7 | 《清实录·仁宗实录》卷210，第823—824页 |
| 广西 | | 5 | 3 | 4 | | | 12 | 《清实录·仁宗实录》卷210，第823—824页 |
| 江苏 | 1 | 2 | 1 | 1 | 1 | 1 | 7 | 《清实录·仁宗实录》卷210，第823—824页 |
| 湖北 | | 6 | | 1 | | | 7 | 《清实录·仁宗实录》卷210，第823—824页 |
| 南河河员 | | 1 | | | | 3 | 4 | 《清实录·仁宗实录》卷210，第823—824页 |
| 合计 | 20 | 80 | 27 | 24 | 5 | 17 | 173 | |

即便是被学者所诟病的道光朝，其 3 年一次地方官的责任追究，实际上也不完全是一无是处。《清实录・宣宗实录》显示，道光朝被处分的“六法”地方官共有 1548 员。“六法”各项的具体人数为：“不谨 234 员，年老 572 员，有疾 225 员，才力不及 288 员，浮躁 144 员，疲软无为 85 员。据此，道光朝大计处分的实际情形应为：革职者 319 员，休致者 797 员，降二级调用者 288 员，降三级调用者 144 员。”[①]咸丰、同治两朝，清政府尽管内忧外患频仍，对于包括知州、知县之内的地方官大计定期处分总体未曾停止。例如，同治十年（1871）系大计定期问责处分之年，各省所行问责处分情形，在《清实录・穆宗实录》同治十一年（1872）六月乙丑[②]条就有记载，统计各省“六法”即问责处罚数量如表 3-3 所示：

**表 3-3　同治十年各省地方官处分人数表**

| 省份 | 六法 | | | | | | | 资料出处 |
|---|---|---|---|---|---|---|---|---|
| | 不谨 | 年老 | 有疾 | 才力不及 | 浮躁 | 罢软 | 合计 | |
| 广西 | 6 | 2 | | | 1 | 1 | 10 | 《清实录・穆宗实录》卷 335，第 425 页 |
| 直隶 | 4 | 1 | | 1 | 3 | | 9 | 同上 |
| 山西 | 1 | | | 3 | 2 | | 6 | 同上 |
| 福建 | 4 | 1 | | 2 | 2 | 1 | 10 | 同上 |
| 河南 | 1 | 4 | | 1 | | | 6 | 同上 |
| 江西 | 2 | 5 | | | 1 | | 8 | 同上 |
| 浙江 | 2 | 3 | 1 | 2 | 2 | 1 | 11 | 同上 |
| 四川 | 5 | 1 | 1 | 2 | 3 | | 12 | 同上 |
| 湖南 | 1 | 2 | 1 | 1 | 1 | | 6 | 同上 |
| 湖北 | 4 | | | | 1 | | 5 | 同上 |
| 江苏 | 2 | 1 | | | 1 | | 4 | 同上 |
| 贵州 | 3 | | | | | | 3 | 同上 |
| 广东 | 2 | 1 | 1 | 2 | 4 | 2 | 12 | 同上 |
| 甘肃 | 1 | 1 | | 4 | 1 | 1 | 8 | 《清实录・穆宗实录》卷 369，第 882 页 |
| 合计 | 38 | 22 | 4 | 18 | 22 | 6 | 110 | |

咸丰、同治、光绪三朝，大计并没有终止。三朝因此而处罚的“六法”官员分别为 264 名、386 名、324 名。宣统三年（1911）的大计，虽仅广东、福建两省按例举行，处分的地方官也仅 9 人，然而，究有余绪。上述即是笔者依据《清实录》对历朝全国地方官定期问责人数梳理出来的基本情况。如

① 陈一容：《道光朝大计官员处分人数考》，《近代史研究》2007 年第 1 期，第 141 页。
② 甘肃为同治十三年（1874）。

果再加整合，有清一代的地方官员定期问责处分人数情形，如表 3-4 所示：

**表 3-4　清朝定期问责官员处分人数表**

| 朝代 | 八法（或六法） | | | | | | | | | | | |
|---|---|---|---|---|---|---|---|---|---|---|---|---|
| | 贪酷 | 贪 | 酷 | 不谨 | 年老 | 有疾 | 才力不及 | 浮躁 | 罢软 | 老疾 | 类型不明 | 合计 |
| 顺治朝 | | | | | | | | | | | | 3031 |
| 康熙朝 | 381 | 255 | 22 | 846 | 1518 | 920 | 918 | 627 | 480 | 16 | | 5983 |
| 雍正朝 | | 6 | | 133 | 271 | 105 | 152 | 76 | 70 | | | 813 |
| 乾隆朝 | 1 | | | 471 | 1479 | 653 | 645 | 264 | 317 | 9 | | 3839 |
| 嘉庆朝 | | | | 130 | 564 | 218 | 200 | 77 | 98 | | | 1287 |
| 道光朝 | | | | 234 | 572 | 225 | 288 | 144 | 85 | | | 1548 |
| 咸丰朝 | | | | 87 | 141 | 44 | 75 | 26 | 22 | | | 395 |
| 同治朝 | | | | 109 | 88 | 22 | 61 | 75 | 39 | | | 394 |
| 光绪朝 | | | | 124 | 69 | 31 | 41 | 30 | 25 | | 4 | 324 |
| 宣统朝 | | | | 1 | | 2 | 2 | 2 | 2 | | | 9 |

对于表 3-4，有待稍加说明的是，一是顺治朝分项问题，因《清实录》对顺治朝“八法”系笼统记载，所以无法逐项分别统计。二是康熙朝“八法”数字，康熙二十二年（1683）照“不谨例革职”的参加“三藩之乱”的 240 名职官未包括在内。三是嘉庆二十五年（1820）的大计问责，因在道光登极后举行，因而纳入道光朝六法之中，而未列入嘉庆朝。四是咸丰朝大计六法惩处，包括了咸丰元年（1851）举行的道光三十年（1850）大计处罚人数。这样，整个清朝因定期考核被问责处理的官员共计 17 623 人，其中明确被确认为差评种类而加问责的有 14 592 人。在这 14 592 人中，大约有 665 人被革职甚至革职提问，有 13 927 人受到休致或降调等处分。虽然这些被问责官员，并非都是州、县、厅正印官，而有知府、直隶州知州，甚至早期尚有按察使、布政使，但是，大计被定期问责者多以“微员”充数①，因此，处于地方官正印官最低的知州、知县、通判等在其中显然属于多数无疑。

## 二、贪污亏空知州、知县制裁

作为州县正印层次，大面积地被问责，似非乾隆甘肃冒赈一案莫属。对于该案的省府大员，尤其是王亶望的研究，学界已有不少涉及，但是对作为州县的问责尚不够系统、具体和深入。案件之起大致是，甘肃产米较少，边

① （清）昆冈等修，刘启端等纂：《钦定大清会典事例》卷 80《吏部·处分例·大计统例》，《续修四库全书》编委会：《续修四库全书》第 799 册，上海：上海古籍出版社，2002 年，第 349、352 页。

地仓储，必须充裕，故藩库有收捐监谷之条，借所收粮石以资裒益。行之日久，官幕家人竟视为利薮，因缘滋弊。乾隆四十六年（1781）败露的甘肃冒赈案，《清实录》载前后共正法官员“六十五犯，免死发遣者共四十六犯”[①]。据屈春海编选《乾隆朝甘肃冒赈案惩处官员一览表》[②]，笔者统计，各类制裁共计 195 人，其中被明确注明官职者 161 员，虽未注明官职但制裁为“革职留用八年无过方准开复”可确定其官员身份者有 24 员，被惩处的官员共为 185 员，由此官员制裁人数为被制裁总人数的 94.87%。并且，在上述 161 名被注明有官员身份人数中，府以下的州县官员占了绝大多数，仅是知县，即计 77 员。从制裁类别上看，作为行政责任追究的有 29 人（其中 28 员为革职留用并 8 年无过方准开复，1 员即平庆道员福宁折捐冒赈，但因首先供明，以宽留任，资财补充），刑事制裁者 166 员。刑事制裁的具体类别包括谕令自尽者 1 人（陕甘总督勒尔谨，失察私收折色，侵冒 7 万多两，子发遣伊犁）、正法者 57 人、发遣黑龙江者 46 员（均谕令免死）、发遣或从重发遣新疆者 5 员、查抄 30 员（其中有 15 员身故）、杖 100 流 3000 里者 5 员、革职查抄者 20 员、拟斩监候自缢者 1 员、罚银 3 万两自备资斧赴和阗效力者 1 员（即甘肃署理布政使达尔吉善，办理捐监滥加杂费，不能据实陈奏）。在上述谕令自尽与正法两项处罚中，有 18 员受到其子发遣的追加处罚，有 5 员其子被革职。而在查抄者中有 5 员，其子被发遣伊犁；7 员其子被革职。革职查抄与革职留任八年无过准开复两项中同时又追加“追罚银两”者 47 人。再从处以正法的 57 员看，包括布政使 2 人（甘肃布政使王亶望私收折色侵冒 100 余万两、王廷赞私收折色侵冒赈银）、道员 2 人（宁夏道员福明侵冒 32 090 两、镇迪道道员巴彦岱捏结又受贿 1000 两）、知府 3 人（兰州知府蒋全迪侵冒 3500 多两、陆玮侵冒 93 700 两，凉州知府崧柱侵冒 21 300 两）、同知 4 人（临洮同知孟衍泗侵冒 23 580 两，花马池统治王万年侵冒 17 110 两，盐茶同知闵鹓元侵冒 59 540 两，宁夏同知伍诺玺侵冒 11 110 两）、通判 2 人（经方、博敏）、知县州县 41 人、县丞 3 人（平番县丞周兆熊侵冒 11 400 两，庄浪县丞闵焜侵冒 3000 两且子革职，皋兰红水县丞史载衡侵冒 12 700 两）。该案被处死者涉及的统县政区与基层政区行政区共 43 个，其中皋兰县知县前后 3 任知县程栋、陆玮、蒋重熹和 1 名县丞史载衡均被正法，平番县的 3 任知县陈鸿文、陈澍、何汝楠以及平番县丞周兆熊也被正法。具体的被

① 《清实录·高宗实录》卷 1167 乾隆四十七年十月庚寅条，北京：中华书局，1986 年，第 653 页。
② 屈春海编选：《乾隆朝甘肃冒赈案惩处官员一览表》，《历史档案》1996 年第 2 期，第 74—78 页。

问责的基层政区正印官情形如表 3-5 所示：

**表 3-5　甘肃冒赈厅州县正印官姓名及其处罚一览表**

| 姓名 | 任所官职 | 原籍 | 犯罪事实 | 问责类别 | 家人连坐等状况 |
|---|---|---|---|---|---|
| 程栋 | 皋兰知县 | 河南汤阴 | 侵冒银 100 000 余两 | 正法 | 子发遣伊犁 |
| 那礼善 | 固原知州 | 旗籍 | 侵冒银 71 030 两 | 正法 | 子发遣伊犁 |
| 杨德言 | 皋兰知县 | 不详 | 侵冒银 20 000 多两 | 正法 | 子 2 人发遣伊犁 |
| 郑陈善 | 陕道州知州 | 不详 | 侵冒挪用银 16 400 多两 | 正法 | 子发遣伊犁 |
| 蒋重熹 | 皋兰知县 | 江苏常熟 | 侵冒银 47 400 两 | 正法 | 子发遣伊犁 |
| 宋学淳 | 宁夏知县 | 旗籍 | 侵冒银 47 200 两 | 正法 | 子发遣伊犁 |
| 李元椿 | 武威知县 | 奉天 | 侵冒银 36 400 两 | 正法 | 子革职 |
| 王臣 | 中卫知县 | 奉天 | 侵冒银 34 950 两 | 正法 | 子 1 人侄 3 人革职 |
| 许山斗 | 会宁知县 | 广东 | 侵冒银 34 700 两 | 正法 | |
| 詹耀璘 | 西宁知县 | 广东 | 侵冒银 34 560 两，开销添建仓廒银 6250 两 | 正法 | 子发遣伊犁 |
| 陈鸿文 | 平番知县 | 江苏吴江 | 侵冒银 34 500 两 | 正法 | |
| 黎珠 | 泰州知州 | 旗籍 | 侵冒银 32 000 两 | 正法 | |
| 吴葆光 | 静宁知县 | 广东 | 侵冒银 31 768 两，开销添建仓廒银 588 两 | 正法 | |
| 舒攀桂 | 隆德知县 | 湖北 | 侵冒银 31 000 两，开销添建仓廒银 4510 两 | 正法 | |
| 邱大英 | 金县知县 | 江西南丰 | 侵冒银 30 050 两 | 正法 | 其子革职 |
| 陈澍 | 平番知县 | 江苏上元 | 侵冒银 25 300 两，开销添建仓廒银 8460 两 | 正法 | 子 3 人发遣伊犁 |
| 伯衡 | 陇西知县 | 旗籍 | 侵冒银 25 300 两 | 正法 | |
| 万人凤 | 高台知县 | 江西南城 | 侵冒银 23 000 两，开销添建仓廒银 7680 两 | 正法 | |
| 陈常 | 泾州知州 | 河南济原 | 侵冒银 58 000 两 | 正法 | 子 3 人发遣伊犁 |
| 朱家庆 | 武威知县 | 旗籍 | 侵冒银 40 000 多两 | 正法 | 子 2 人发遣伊犁 |
| 赵杬林 | 平凉知县 | 河北新城 | 侵冒银 26 900 两 | 正法 | |
| 何汝楠 | 平番知县 | 江苏镇江 | 侵冒银 50 000 多两 | 正法 | 子发遣伊犁 |
| 王汝地 | 知州 | 四川 | 侵冒银 20 000 多两 | 正法 | 子发遣伊犁 |
| 郑科捷 | 永昌知县 | 福建闽县 | 侵冒银 14 000 多两 | 正法 | |
| 经方 | 哈密通判 | 旗籍 | 侵冒银 167 518 两 | 正法 | 子发遣伊犁 |
| 徐树楠 | 大通知县 | 山东济南 | 侵冒银 10 000 多两 | 正法 | |
| 陈韶 | 碾伯知县 | 湖北 | 侵冒银 10 500 两 | 正法 | |
| 林昂霄 | 永昌知县 | 台湾 | 侵冒银 19 700 两 | 正法 | |
| 陶士麟 | 张掖知县 | 浙江 | 侵冒银 17 600 两 | 正法 | 已离甘 |
| 杜梗书 | 平罗知县 | 河北静海 | 侵冒银 33 770 两 | 正法 | |
| 杨有澳 | 镇番知县 | 江西清江 | 侵冒银 28 580 两 | 正法 | |
| 王璠 | 清水知县 | 浙江 | 侵冒银 40 220 两 | 正法 | |
| 赵元德 | 通渭知县 | 广东 | 侵冒银 17 980 两 | 正法 | |
| 顾汝衡 | 灵台知县 | 江苏金匮 | 侵冒银 31 270 两 | 正法 | |
| 沈泰 | 平凉知县 | 江苏镇洋 | 侵冒银 17 490 两 | 正法 | |
| 成德 | 宁翔合水知县 | 旗籍 | 侵冒银 4300 两 | 正法 | 高晋之子、书麟之弟 |
| 墨尔根纳 | 镇原知县 | 旗籍 | 侵冒银 25 800 两 | 正法 | |

续表

| 姓名 | 任所官职 | 原籍 | 犯罪事实 | 问责类别 | 家人连坐等状况 |
|---|---|---|---|---|---|
| 博敏 | 抚彝通判 | 旗籍 | 侵冒银 4200 两 | 正法 | |
| 陈严祖 | 环县知县 | 湖南 | 侵冒银 3700 两 | 正法 | 陈大受子、陈辉祖弟 |
| 庞抎 | 秦安知县 | 贵州 | 侵冒银 26 140 两 | 正法 | |
| 陈起扔 | 渭源知县 | 安徽 | 侵冒银 17 600 两 | 正法 | 已离甘 |
| 吴鼎新 | 安西知州 | 江苏扬州 | 侵冒及受贿 13 700 多两 | 正法 | 已离甘 |
| 孙元礼 | 漳县知县 | 浙江 | 侵冒银 10 705 两 | 正法 | 已离甘 |
| 万邦英 | 山丹知县 | 贵州 | 侵冒银 19 000 多两 | 发遣黑龙江 | 谕令免死[乾隆四十六年（1781）参加镇压苏四十三回民起义] |
| 舒玉龙 | 山丹古浪知县 | 江苏山阴 | 侵冒银 17 300 两 | 发遣黑龙江 | 谕令免死 |
| 李本楠 | 盐茶庄浪同知 | 山东惠民 | 侵冒银 12 800 多两 | 发遣黑龙江 | 谕令免死 |
| 彭永和 | 伏羌靖远知县 | 江西 | 侵冒银 12 700 两 | 发遣黑龙江 | 谕令免死 |
| 谢桓 | 河洲知州 | 顺天 | 侵冒 11 900 两 | 发遣黑龙江 | 谕令免死 |
| 麻宸 | 庄浪张掖知县 | 顺天 | 侵冒挪用 11 310 两 | 发遣黑龙江 | 谕令免死 |
| 周人杰 | 西宁大通知县 | 浙江海宁 | 侵冒受贿 8000 多两 | 发遣黑龙江 | 已离甘，乾隆四十七年（1782）十月谕令免死 |
| 杨赓飏 | 碾伯知县河洲知州 | 江西建昌 | 侵冒 7500 两 | 发遣黑龙江 | 已离甘，乾隆四十七年（1782）十月谕令免死 |
| 景福 | 碾伯礼县知县 | 旗籍 | 侵冒 6600 多两 | 发遣黑龙江 | 已离甘，乾隆四十七年（1782）十月谕令免死 |
| 郭昌泰 | 固原知州 | 山西 | 侵冒 4100 两 | 发遣黑龙江 | 已离甘，乾隆四十七年（1782）十月谕令免死 |
| 奇明 | 秦州知州 | 旗籍 | 侵冒 8300 两 | 发遣黑龙江 | 已离甘，乾隆四十七年（1782）十月谕令免死 |
| 广福 | 陇西知县 | 旗籍 | 侵冒 3650 多两 | 发遣黑龙江 | 已离甘，乾隆四十七年（1782）十月谕令免死 |
| 吕应祥 | 渭源知县 | 山东莱芜 | 侵冒 3650 多两 | 发遣黑龙江 | 已离甘，乾隆四十七年（1782）十月谕令免死 |
| 钱成均 | 敦煌知县 | 顺天 | 侵冒 8720 多两 | 发遣黑龙江 | 谕令免死 |
| 王旭 | 大通知县 | 山东高密 | 侵冒 5120 两 | 发遣黑龙江 | 谕令免死 |
| 陈金宣 | 岷州知州 | 福建 | 侵冒 4950 两 | 发遣黑龙江 | 谕令免死 |
| 尤水清 | 伏羌玉门知县 | 河南洛阳 | 侵冒 8821 两 | 发遣黑龙江 | 谕令免死 |
| 丁愈 | 安定知县 | 山东诸城 | 侵冒 8416 两，亏空 2980 两 | 发遣黑龙江 | 谕令免死 |
| 宗树毅 | 宁翔两当知县 | 浙江 | 侵冒 7042 两 | 发遣黑龙江 | 谕令免死 |
| 黄道熞 | 安定知县 | 山东郓城 | 侵冒 7000 多两 | 发遣黑龙江 | 谕令免死 |
| 蒲兰馨 | 华亭知县 | 四川 | 侵冒 6884 两 | 发遣黑龙江 | 谕令免死 |
| 章汝楠 | 清水渭源知县 | 浙江 | 侵冒 6432 两，亏空 3200 两 | 发遣黑龙江 | 谕令免死 |
| 善达 | 循化同知 | 旗籍 | 侵冒 3859 多两 | 发遣黑龙江 | 谕令免死 |
| 史堂 | 秦安知县 | 江苏溧阳 | 侵冒 2200 多两 | 发遣黑龙江 | 谕令免死 |
| 承志 | 岷州知州 | 满洲正红起 | 侵冒 1922 多两 | 发遣黑龙江 | 谕令免死 |
| 李弼 | 正宁知县 | 广东 | 侵冒 1699 两，亏空 4740 两 | 发遣黑龙江 | 谕令免死 |
| 申宁吉 | 秦安知县 | 陕西三原 | 侵冒 1500 多两 | 发遣黑龙江 | 谕令免死 |
| 谢廷庸 | 抚彝通判 | 湖北武昌 | 侵冒 1449 两 | 发遣黑龙江 | 谕令免死 |

续表

| 姓名 | 任所官职 | 原籍 | 犯罪事实 | 问责类别 | 家人连坐等状况 |
|---|---|---|---|---|---|
| 叶观海 | 宁化知县 | 福建 | 侵冒 1326 两，亏空 2900 两 | 发遣黑龙江 | 谕令免死 |
| 张毓琳 | 玉门知县 | 陕西 | 侵冒 1090 多两 | 发遣黑龙江 | 谕令免死 |
| 刘垌 | 徽县知县 | | 冒销建仓银 3800 多两 | 发遣黑龙江 | 已离甘，乾隆四十七年（1782）十月谕令免死 |
| 布瞻 | 固原知州 | 旗籍 | 侵冒 7000 多两 | 发遣黑龙江 | 已离甘，乾隆四十七年（1782）十月谕令免死 |
| 夏恒 | 漳县知县 | 浙江 | 侵冒 800 多两 | 从重发遣新疆 | 因供内“澈骨寒儒”等语得罪从重 |
| 张何衡 | 泾州知州 | 湖北应县 | 侵冒 20 000 多两 | 查抄（身故） | 子发遣伊犁 |
| 周植 | 泾州知州 | 江苏 | 侵冒 2400 多两 | 拟斩监候自缢 | 子发遣伊犁 |
| 麦桓 | 靖远知县 | 广东番禺 | 侵冒 19 800 多两 | 查抄押解途中病故 | 子发遣伊犁 |
| 叶中 | 河州知州 | 安徽桐城 | 侵冒 10 000 多两 | 查抄案发前病故 | 子发遣伊犁 |
| 王梦璘 | 番县知县 | 山西 | 侵冒 9000 多两 | 查抄在监病故 | |
| 华廷飏 | 崇信知县 | 云南宁河 | 侵冒 4494 两 | 查抄在监病故 | 死后又查出亏空 4900 多两、粮 1260 石 |
| 李巨源 | 会宁知县 | 河南 | 侵冒 10 000 多两 | 查抄（身故） | 子革职 |
| 康基渊 | 肃州知州 | 山西兴县 | 侵冒 10 000 两以下 | 查抄（身故） | |
| 林德基 | 武威知县 | 顺天 | 侵冒 10 000 两以下 | 查抄（身故） | 子革职 |
| 何朝炳 | 环县知县 | 福建 | 侵冒 10 000 两以下 | 查抄（身故） | 子革职 |
| 刘甫岗 | 安化知县 | 江西 | 侵冒 10 000 两以下 | 查抄（身故） | 子革职 |
| 曾道中 | 碾伯知县 | 云南 | 侵冒 10 000 两以下 | 查抄（身故） | 子革职 |
| 郭子屏 | 清水知县 | 江西龙泉 | 侵冒 10 000 两以下 | 查抄 | |
| 邵维贤 | 西河知县 | | 侵冒 10 000 两以下 | 查抄 | |
| 博赫 | 泾州知州 | 湖北应山 | 捏结 | 查抄 | |
| 杨瀛仙 | 知县 | 云南 | 办理捐监折收银两 | 查抄 | |
| 刘治传 | 漳县知县 | 云南 | 侵冒 700 多两 | 杖一百流三千里 | |
| 许士梁 | 试用知县 | 安徽 | 侵冒 700 多两 | 杖一百流三千里 | |
| 张春芳 | 循化同知 | 浙江临安 | 侵冒 700 多两 | 杖一百流三千里 | |
| 吴诜 | 沙泥通判 | 直隶 | 侵冒 400 多两 | 杖一百流三千里 | |
| 福明安 | 秦州知州 | 旗籍 | 捏结及捐监 | 革职查抄 | 追罚银两 |
| 兴德 | 阶州知州 | 旗籍 | 捏结及捐监 | 革职查抄 | 追罚银两 |
| 厉学沂 | 安西 知州 | 萧山 | 捏结及捐监 | 革职查抄 | 追罚银两 |
| 姜兴周 | 阶州州牧 | 湖南武陵 | 捏结及捐监 | 革职查抄 | 追罚银两 |
| 王凤仪 | 秦安知县 | 云南海通 | 捏结及捐监 | 革职查抄 | 追罚银两 |
| 窝什浑 | 奇台知县 | 旗籍 | 办理捐监，未经办灾 | 革职留用，八年无过，方准开复 | 追罚银两 |
| 张履升 | 合水知县 | 云南昆明 | 办理捐监，未经办灾 | 革职留用，八年无过，方准开复 | 追罚银两 |
| 周廷元 | 宁州知州 | | 办理捐监，未经办灾 | 革职留用，八年无过，方准开复 | 追罚银两 |
| 韩修凤 | 渭源知县 | | 只填捐监省未收捐 | 革职留用，八年无过，方准开复。 | |

其他档案资料文献对州县正印贪赌不法、钱粮亏空等被惩处的记载事例也不少。例如，《雍正朝内阁六科史书·吏科》中的记录在所多有，仅就雍正六年（1728）七、九两个月的情形举例，详情如表3-6所示：

**表3-6　雍正六年（1728）七、九月州县正印侵欺、亏空问责表**

| 姓名 | 缺分 | 时间 | 问责事由 | 类别、方式 |
|---|---|---|---|---|
| 侯国正 | 湘阴县知县 | 雍正六年（1728）七月三日 | 亏空钱粮 | 革职 |
| 杜振宜 | 署张掖县事 | 雍正六年（1728）七月四日 | 侵欺银粮 | 革职 |
| 李惠 | 介休县知县 | 雍正六年（1728）七月五日 | 勒诈耗银 | 革职 |
| 许登庸 | 太原县知县 | 雍正六年（1728）七月二十四日 | 查验驿站马匹徇隐捏结 | |
| 刘庶 | 英德县知县 | 雍正六年（1728）七月二十一日 | 失察偷挖矿砂 | 降级留任 |
| 张怀琦 | 饶阳县知县 | 雍正六年（1728）七月二十二日 | 劫案隐匿不报 | 革职 |
| 王希洪 | 高州府吴川县知县 | 雍正六年（1728）七月二十一日 | 贪婪不法 | 革职 |
| 唐跃龙 | 平阴县知县 | 雍正六年（1728）七月二十四日 | 重耗虐民 | 革职 |
| | 茌平县知县 | 雍正六年（1728）七月二十四日 | 亏空挪移地丁银 | 革职 |
| | 简州知州金堂县知县 | 雍正六年（1728）七月二十六日 | 贪婪民怨 | 革职 |
| 程鹤龄 | 宛平县知县 | 雍正六年（1728）七月二十八日 | 亏空银两 | 解任审拟追赔 |
| 宋□ | 江安县知县 | 雍正十二年（1734）九月九日 | 贪赃枉法 | 革职 |
| 吕大雅 | 邳州知州 | 雍正十二年（1734）九月十二日 | 侵挪钱粮 | 革职 |
| 贾健 | 怀远县知县 | 雍正十二年（1734）九月十八日 | 贪黩不法 | 革职 |

从表3-6可知，介休县知县李惠罪行及惩处案的大致情况，根据山西太原等处巡抚石麟在雍正六年（1728）六月二十四日题的特参知悉，知县李惠“利欲熏心，罔恤民膏，贪婪不法，勒诈富户”，并说李知县的亲信、介休县衙门管粮经承张之绅证明，李知县征收钱粮每1两加收火耗银2钱5分，接受监生当商细缎铺户50余人的设席，强借每人银50两，县衙门礼房书办常奇可证。巡抚参奏认为，似此贪劣之员，难以姑容，当特疏纠参请旨革职，以肃吏治者，题参不到10天，即获奉旨：“这所参李惠着革职，其勒诈重耗吓借银两等情，及本内有名犯证，该抚一并严审究拟具奏，该部知道。”①

安徽灵璧县知县朱钤、宿州知州董知州，“冒销老妇银两”，被安徽巡抚题参，雍正七年（1729），吏部就此案，按照问责定例中的“钱粮系官自干没

① 中国第一历史档案馆：《雍正朝内阁六科史书·吏科》第43册，桂林：广西师范大学出版社，2002年，第35—36页。

者，照贪赃例革职提问，司道等官不预先查出，或据详代为开销者，降一级调用，督抚罚俸一年”这一条文为依据，做出除灵璧县知县朱钤病故毋庸议外，应将宿州知州董鸿图照例革职提问，转详之布政司博，照例于此两案，每案降 1 级调用，安徽巡抚均照例于此二案，将每案罚俸 1 年的问责处置上奏，并得到雍正皇帝的采纳：“降旨依议。”直隶南皮县知县吴国相，由于侵欺钱粮，不仅革职，而且被斩监候。[①]雍正沔阳州知州孔兴周“承审命案受贿改供”，也被参革职。[②]

乾隆十年（1745），江宁府句容县按定例，应额征本色米 40085 石 4 斗 8 合 1 勺，豆 575 石 1 斗 2 升 9 勺；起解江安道衙门漕粮正兑米 18 899 石 3 斗 2 升 2 合。[③]乾隆五十五年（1790）五月，江苏江宁府句容县署理知县王光陛“详称该县粮书江嵩年等将花户完纳钱粮拆封侵那一案”[④]，即“私自拆封侵用钱粮”[⑤]，“续行查出历年侵欺银三千七百两、漕米八百余石”[⑥]。乾隆帝先谕令句容县知县王光陛“即著革职，交与福崧提同案内犯证，秉公严审，定拟具奏”[⑦]。

嘉庆十三年（1808），江苏淮扬一带发生严重水灾，江苏山阳知县王伸汉浮报受灾人户冒赈白银 23 000 两，其中入己 13 000 两。王伸汉得知查赈委员李毓昌拟向淮安知府揭报后，先“贿以重金”不成，遂贿买李毓昌的“家人”李祥、顾祥等人将李毓昌毒死，又贿赂淮安知府王毂银 2000 两，然后以李毓昌自缢上报。嘉庆十四年（1809）五月十二日，都察院将李毓昌胞兄李泰清京城叩阍之事如实具奏后，嘉庆帝即命山东巡抚吉纶将李毓昌尸身提至省城，详加检验，据实具奏，又命两江总督铁保等官员提审李祥等人。水落石出后，王伸汉被处斩立决，“知情受贿，同恶相济”的王毂被处绞立决。出卖李毓昌之家人李祥、顾祥、马连升等人皆被凌迟处死。

道光二十一年（1841），肥乡县议有征收地粮章程，每正银 1 两加耗银 1 钱 3 分，补加平色火耗解费银 1 钱 4 分。其时，花户分为衿户、民户，衿户

① （清）董公振：《钱谷刑名便览》卷下，《四库未收书辑刊》编纂委员会：《四库未收书辑刊》第 2 辑第 26 册，北京：北京出版社，1998 年，第 131 页。
② 中国第一历史档案馆：《雍正朝内阁六科史书・吏科》第 44 册，桂林：广西师范大学出版社，2002 年，第 32 页。
③ 乾隆《句容县志》卷 5《民赋志・田赋》，台北：成文出版社，1974 年，第 422、457 页。
④《清实录・高宗实录》卷 1354 乾隆五十五年五月甲辰条，北京：中华书局，1986 年，第 152 页。
⑤《清实录・高宗实录》卷 1356 乾隆五十五年六月癸丑条，北京：中华书局，1986 年，第 166 页。
⑥《清实录・高宗实录》卷 1355 乾隆五十五年五月己酉条，北京：中华书局，1986 年，第 157 页。
⑦《清实录・高宗实录》卷 1355 乾隆五十五年五月甲辰条，北京：中华书局，1986 年，第 154 页。

以银完纳，民户按钱行报价，每两较平时时价多加京钱400—500 文，官民并无异言。光绪二十三年（1897），周尔昌任知县，次年下忙，该知县改订章程，将钱行改除，令花户自封投柜，完银者，每正银1两除照章加耗费等项2钱7分外，衿户每两又加火耗银 4 分 7 厘，折色银二三分不等；完钱者按照牌示定价，不加火耗折色银，其价较旧章稍减，而核诸市价，仍多加京钱三四百文。后因该县文生王锡爵等以浮收钱粮为名将周尔昌控告，广平知府请旨将周尔昌即行革职，以示惩戒。[①]

清末，《清实录》记载的此类州县正印官惩处尤多。光绪二十七年（1901）正月，因侵欺赈款，清廷革陕西署甘泉县知县刘相清、署凤翔县知县吴复元职。[②]同年十月内，署山西猗氏县知县樊榕，由于贪墨昏庸被革职并永不叙用；以亏款延缴为由，清廷革前代理江西分宜县事另补知州连级、已故前署万载县事试用同知郑景洙职，并勒追；以亏款延缴为由，清廷革前代理山西绛县知县陈继三职，前署绛县事知州章同被摘顶，两人与已革前介休县知县陈日稔，均被勒追。[③]光绪年间，山西革吉州知州段鼎耀扣留赈银不发，刑部查照议定侵赈新章等例奏准，于光绪五年（1879）二月查办段鼎耀。[④]清末云南报销案，永昌府知府潘英章被追究刑事责任。[⑤]四川东乡一案，知县孙定扬因不顾百姓疾苦、巧立名目加重税收、激起民变而被处以斩监候。[⑥]清末州县因款项革职知州、知县如表3-7所示：

**表3-7 清末因款项革职知州、知县表**

| 姓名 | 官职 | 时间 | 原因 | 追究方式 | 资料出处 |
|---|---|---|---|---|---|
| 王叔谦 | 已故福建长乐县知县 | 光绪三十年（1904）四月 | 亏款延缴 | 革职，提属勒追 | 《清实录·德宗实录》卷529 |
| 张振寅 | 归化县知县 | 光绪三十年（1904）四月 | 亏款延缴 | 革职，提属勒追 | 同上 |
| 金文藻 | 已故福建寿宁县知县 | 光绪三十年（1904）四月 | 亏款延缴 | 革职，提属勒追 | 同上 |
| 秦国均 | 前署浙江永嘉县知县职 | 光绪三十年（1904）四月 | 亏款延缴 | 并勒追 | 同上 |

① 中国第一历史档案馆：《光绪朝朱批奏折》第68辑《财政·田赋地丁》，北京：中华书局，1995年，第279 页。
② 《清实录·德宗实录》卷479光绪二十七年正月戊子条，北京：中华书局，1987年，第319页。
③ 《清实录·德宗实录》卷488光绪二十七年十月条，北京：中华书局，1987年，第456、459、462页。
④ 《清实录·德宗实录》卷87光绪五年二月壬午条，北京：中华书局，1987年，第318页。
⑤ 《清实录·德宗实录》卷163光绪九年五月戊申条，北京：中华书局，1987年，第301—303页。
⑥ 《清实录·德宗实录》卷96光绪五年六月壬子条，北京：中华书局，1987年，第431页。

续表

| 姓名 | 官职 | 时间 | 原因 | 追究方式 | 资料出处 |
|---|---|---|---|---|---|
| 郑锡畤 | 已故署广西修仁县知县 | 光绪三十年（1904）十二月丙午 | 亏款延缴 | 革职，提属勒追 | 《清实录·德宗实录》卷539 |
| 汪　正 | 河南登封县知县 | 光绪三十年（1904）八月丁卯 | 亏款逾限未完 | 革职拿问，籍产备抵 | 《清实录·德宗实录》卷534 |
| 陈绶恒 | 江西知县 | 光绪三十年（1904）十二月己未 | 以亏短厘 | 革职并勒追 | 《清实录·德宗实录》卷539 |
| 华　照 | 代理桂平县知县 | 光绪三十年（1904）十二月癸丑 | 畏罪潜逃 | 革职缉拿，籍产备抵 | 《清实录·德宗实录》卷540 |
| 王熙宇 | 江苏新阳县知县 | 宣统元年（1909）正月己亥 | 亏欠公款 | 革职 | 《清实录·德宗实录》附《宣统政纪》卷7 |
| 张应铭 | 署桃源县知县 | 宣统元年（1909）正月己亥 | 亏欠公款 | 革职 | 《清实录·德宗实录》附《宣统政纪》卷7 |
| 关国霖 | 广东籍绅江苏补用知县 | 宣统元年（1909）六月 | 侵吞公款 | 革职 | 《清实录·德宗实录》附《宣统政纪》卷15 |
| 贺寿龄 | 山西署长治县知县 | 宣统元年（1909）六月 | 亏短公款 | 革职 | 《清实录·德宗实录》附《宣统政纪》卷16 |
| 志琦 | 湖北补用直隶州知州 | 宣统元年（1909）十二月辛丑 | 亏款不解 | 革职 | 《清实录·德宗实录》附《宣统政纪》卷28 |

知州、知县因纵容所属贪婪违法被连带问责，也不乏其人。譬如，雍正六年（1728）九月，河南桐柏县已经从良娼妇王二，佃住县民朱俊田房。县役何泽，将王二及朱俊拿获锁押，随令皂头倪永生、快头徐定邦，向朱俊索要银两。朱俊随凑银15两，制钱15 000文、骡1头当作银20两，共银50两，交皂头、快头转给桐柏县知县朱兆众宅门李姓家人，缴知县收受，李姓家人银10两，倪永生、徐定邦共得银10两，原差何泽得银3两。随即，桐柏县知县朱兆众将朱俊释放，将王二解回唐县。又，桐柏县知县朱兆众于雍正六年（1728）十月内差遣捕役刘方奎、常兴、刘沛，缉拿该县民人夏正先家被窃赃贼，刘方奎等纠合棍徒李腾先，并带刘方奎之子刘大娃诬称朱玉家窝贼，将朱玉并伊庄户张满廷妻陈氏锁至甲长刘珍家，私刑吊拷。刘方奎、常兴复勒令陈氏陪酒奸宿，又令黄在明、黄以先向朱玉吓诈银两。朱玉将地卖与陈彦士，凑银9两、制钱10 000文、白布8匹、马1匹共作银30两，给予刘方奎等分肥，黄在明亦得钱1000文，刘方奎等又攫取朱玉等衣物，作为县令的朱兆众对他们“毫无约束，亦无觉察”。河南山东总督田文镜访察纠参间，朱兆众罪行被府道司揭报上详后，田文镜特疏题参，请旨将朱兆众革职。雍正七年（1729）初奉旨：“这所参朱兆众著革职，其贪劣纵役等情与本内有名犯

证著该督一并严审究拟具奏，该部知道。”①

## 三、钱粮催科政拙处罚

“司牧之务，首重钱谷，钱谷之难，首在催征。以其事属取下，非人情之所乐也。”②因而，州县的钱谷政务，成为州县正印官地方治理责任追究的最为多发的领域，在钱谷任务綦重之地尤其如此。清代财赋之重，首称江南，而江南之中，苏松为最。顺治初年至康熙年间，“岁岁压欠，积逋之数，动盈千万，守令之铨授斯土者，往往席不暇暖，褫削旋加”③。苏松府州县“动多镌职，止为钱粮未清，羁留系累，项背相望，面目堪怜。三十年来，求其升转寸阶，如河清之难觏。”④封疆大吏们所奏地方官的相关责任尤其是钱谷之责的追究所导致的处分，并非夸张，而是事实。“吴中积逋县必数十万，令长如治乱丝，苦无其绪”⑤，即便是民国《吴州县志》所载的清代前期的问责离任情形也不为少：顺治二年（1645）至顺治十八年（1661），江苏首县（吴县、长洲、元和）计 20 任（含署），“劾去”“罢去”者 13 任：王麟标、毛侃、吴明相、赵瑾、郭经邦、李廷秀、宋聚奎、涂全忠、张叙、王任、邱应鳌、周仲达、刘令闻（大计去）。⑥康熙元年（1662）至康熙六十年（1721），江苏吴县、长洲县计 88 任，“劾去”“罢去”者 25 任：周明珥、董定国、陈冲汉（劾罢）、金梦蛟（降调）、邵怀棠（降调）、彭士奇、金巽、蔡时光、任俊、李敬修（降调）、吴愚公（以事去）、王霖（以事去）、刘兴汉、徐弘炯、刘玢、宋晋声、杜溥、洪岱龄、鲍栻、祖兴乾、陈治策、张廷弼（参去）、严云、陈勤宣、刘承裔。⑦雍正朝首县降调劾去者 6 任：张福昶、徐仁锡、罗□英、董湧、吴栋（降调）、丁铨（降调）。乾隆朝 3 任：黄建中（降调）、姜顺蛟、许治（云梦人，进士，乾隆三十年（1765）四月二十九日署，不足 10 个月，即被

① 中国第一历史档案馆：《雍正朝内阁六科史书·吏科》第 46 册，桂林：广西师范大学出版社，2002 年，第 107—109 页。

②（清）潘杓灿：《未信编》卷 2《钱谷下·征比》，本社影印室：《明清法制史料辑刊》第 1 编第 9 册，北京：国家图书馆出版社，2008 年，第 169 页。

③（清）贺长龄：《皇朝经世文编》卷 32《户政》，沈云龙主编：《近代中国史料丛刊》第 731 册，台北：文海出版社，1972 年，第 1175、1176 页。

④（清）贺长龄：《皇朝经世文编》卷 32《户政》，沈云龙主编：《近代中国史料丛刊》第 731 册，台北：文海出版社，1972 年，第 1171 页。

⑤（清）叶梦珠撰，来新夏点校：《阅世编》卷 4《宦迹》，上海：上海古籍出版社，1981 年，第 94 页。

⑥ 民国《吴县志稿》，台北：成文出版社，1983 年，第 48—49 页。

⑦ 民国《吴县志稿》，台北：成文出版社，1983 年，第 49—55 页。

参去。[①]乾隆中后期至清末，由于史书多记录到任，其问责惩处等信息则不详。松江地方，明隆庆万历年间，“官无逋赋之罚，百姓无催科之扰”[②]，但自清初后，州县正印官命运改变，“要皆座未及暖，参罚随至，因催科拙者十之七八，因不职劾者十之二三，从未有一人报最升迁”[③]。

清代浙江嘉善县知县缺，在乾隆十年（1745）为繁难中缺，后升改为繁疲难要缺等级。[④]其等级变动时间约为嘉庆十六年（1811）。[⑤]该县除魏塘、斜塘、风泾、陶庄、王带、干家窑6个镇外，全县还有6个乡11个都，都下设区20个，区又分205个里，合计村庄596个。[⑥]并且县城居中，“前后左右人烟稠密，路途纵横”[⑦]。该县由于“地势南高北卑”，自天目而来之水多使嘉善县成为“水乡”。临民的知县也因此“最患水灾，时怀隐忧……飓风暴雨，平地水增数尺……洪液无际，已不辨何处为田，何处为河，复劝农民再行筑岸，并力车救思，或挽回万一……计算开报被灾田数已约六分之外，伏思乡民插莳，以至车救，囊橐罄竭，籽粒绝望，嗟此孑遗，糊口无策，税粮何从措办？若不仰请宪慈亲临蹈勘，绘图入告，将万姓之倒悬莫救，若末吏考成更不足挂齿矣”[⑧]。当然，其中许多官员因此被处分，笔者从该县职官志列出表3-8，就可知嘉兴知县被参者亦不在少数。

**表3-8　嘉善县知县任上被惩处一览表**

| 概况 / 惩处知县 | 籍贯 | 出身 | 时间 | 事由 | 惩处类别方式 |
|---|---|---|---|---|---|
| 刘天爵 | 奉天广宁 | 不详 | 顺治七年（1650） | 不详 | 劾去 |
| 贾锡男 | 山东黄县 | 拔贡 | 顺治九年（1652） | 白粮迟误 | 被劾 |
| 方舟 | 湖广 | 拔贡 | 顺治十二年（1655） | 酷 | 劾 |
| 郭真儒 | 河南洛阳 | 拔贡 | 顺治十五年（1658） | 贪 | 劾 |

① 民国《吴县志稿》，台北：成文出版社，1983年，第59—62页。
② （清）叶梦珠撰，来新夏点校：《阅世编》卷6《赋税》，上海：上海古籍出版社，1981年，第135页。
③ （清）叶梦珠撰，来新夏点校：《阅世编》卷4《土风》，上海：上海古籍出版社，1981年，第87页。
④ 秦国经主编：《清代官员履历档案全编》第24册，上海：华东师范大学出版社，1997年，第616页；中国第一历史档案馆：《光绪朝朱批奏折》第21册，北京：中华书局，1995年，第522页；赵尔巽等：《清史稿》卷65《地理志》，北京：中华书局，1977年，第2131页。
⑤ 秦国经主编：《清代官员履历档案全编》第24册，上海：华东师范大学出版社，1997年，第628页。
⑥ 光绪《重修嘉善县志》卷2《区域志·乡镇》，清光绪十八年（1892）刊本，第16—18页；光绪《重修嘉善县志》卷3《区域志·村庄》，清光绪十八年（1892）刊本，第1—8页。
⑦ 光绪《重修嘉善县志》卷3《区域志·街巷》，清光绪十八年（1892）刊本，第9页。
⑧ 光绪《重修嘉善县志》卷2《区域志·水利》，清光绪十八年（1892）刊本，第5页。

续表

| 概况<br>惩处知县 | 籍贯 | 出身 | 时间 | 事由 | 惩处类别方式 |
|---|---|---|---|---|---|
| 张于廷 | 河南沈邱 | 恩贡 | 顺治十五年（1658）至顺治十六年（1659） | 大计 | 纠参 |
| 邹度竑 | 江西新建 | 岁贡 | 康熙元年（1662） | 粮逋 | 劾去 |
| 叶蕴 | 河南信阳 | 拔贡 | 康熙三年（1664） | 不详 | 被论去 |
| 严宏祖 | 直隶正定 | 贡生 | 康熙二十五年（1686） | 大计才力不及 | 被论去 |
| 徐现麟 | 奉天正白旗 | 监生 | 康熙二十九年（1690） | 不详 | 被论去 |
| 范宏毅 | 奉天镶黄旗 | 贡生 | 康熙三十七年（1698） | 不详 | 被论去 |
| 佟镕 | 奉天正蓝旗 | 监生 | 康熙四十八年（1709） | 不详 | 被论去 |
| 周嘉梓 | 江南武进 | 监生 | 雍正五年（1727） | 不详 | 被论去 |
| 汪化龙 | 江苏安东 | 监生 | 乾隆十三年（1748） | 不详 | 被论去 |
| 黄正学 | 江苏仪征 | 举人 | 乾隆十三年（1748） | 不详 | 被参去 |
| 张瑚 | 陕西三原 | 进士 | 乾隆十七年（1752） | 不详 | 被参去 |
| 舒瞻 | 正白旗 | 进士 | 乾隆二十年（1755） | 不详 | 被参去 |
| 刘臻 | 不详 | 不详 | 乾隆四十二年（1777） | 不详 | 被论去 |
| 李炳钥 | 汉军镶黄旗 | 举人 | 乾隆五十三年（1788） | 不详 | 被论去 |
| 王士鉴 | 云南楚雄 | 拔贡 | 乾隆五十五年（1790） | 不详 | 被法，死狱中 |
| 张树松 | 四川崇庆 | 监生 | 咸丰十年（1860） | 粤寇犯境遁逃 | 问罪 |

福建省，嘉庆时，“知县一官，共六十二缺，除降革离任外，现在以银粮处分应停升转，及命盗、盐误杂项处分在十案以上者，共三十九员。其甫经到任，历俸未满者十三员，又部选题补等项，尚未到任者十员。往往出一应调应升之要缺，臣会同督臣暨两司公同拣选，拟以守洁才优、官声最著者升调，迨查核处分辄以降级停升碍难办理”[①]。

汤家相，顺治八年（1651）授常熟知县，初至，率士民矢于神，不受一钱，抚流亡植善类为务，有积案系狱者数十人，家相知其无辜，取牍焚之，囹圄一空，每视事，问民疾苦。可是，就是这样富有政声的知县，“坐前官逋赋，罢”职。之后唯“抚臣白其事，复官，补南漳县”[②]。顺治十八年（1661）至康熙三年（1664），温州府各州县“经征有司降革去任者十有八九，新任带

①（清）贺长龄：《皇朝经世文编》卷 16《吏政二 • 吏论下》，沈云龙主编：《近代中国史料丛刊》第731 册，台北：文海出版社，1972 年，第 593 页。
② 光绪《重修常昭合志》卷 21《名宦 • 国朝》，清光绪三十年（1904）刊本。

征者又挂弹章”[①]。浙江省嘉兴府嘉善县知县贾锡男、邹度竑先后在顺治九年（1652）、康熙元年（1662）因“白粮迟误”和“粮逋”考核被“劾去”[②]。康熙中叶，嘉定县要按规定“解司地丁银二十万两”，时届“奏销在即，尚欠十余万两”，康熙二十九年（1690）知县邓天羽，“钱粮经征四月有余，仅解银一万两”，据此苏抚洪参邓天羽“惰征溺职”，吏部于是根据清例“照罢软无为例”将邓予以革职，奉旨依议。[③]康熙初，赵育溥由五台县教谕迁常熟知县，他“催科弗予杖，但劝之输”，并认为：“与其督责而饱隶橐，不若宽之，使悉入公家，且贫民或鬻子女以偿，一官何忍敲扑以博最乎？”民闻感悦，赋入逾他岁，但后也“以旧逋罢去”[④]。嘉定县知县陆陇其在第二年被问责处分缘由，虽然有讳盗之说，实则系“催科不力被黜”[⑤]。又，沈继贤 59 岁，浙江杭州府海宁县人，康熙五十四年（1715）进士，原任直隶乐亭县知县，因征收雍正三年（1725）未完米豆草束革职。[⑥]仙居县令潘兆夔“为逋赋落职”，靠其兄潘兆臣“倾囊称贷以补之，获免重谴”[⑦]。

雍正初年，署南平县事蒋绍芳“应交仓谷一万八千九百两”，在交接中，原任福建南平县知县蔡维义“勒掯交盘”，被福建巡抚于雍正七年（1729）题参，经总督确查具奏，下吏部。雍正八年（1730），吏部“查定例各项事件，署官、新官如有掯留者，降二级调用等语，应将勒掯之南平县知县蔡，照例降二级调用。奉旨依议”[⑧]。例定，除了分数以外的其他不作分数的钱粮未完，将处以州县正印官降俸 2 级处分，戴罪督催纳完后才给予开复。而限内不完者罚俸 1 年，仍令督催完纳。据这一问责条文，在雍正十年（1732）被处罚的州县官员就有江南上元县知县穆健行、宝山县知县傅景奕、镇阳县知县唐尊尧。3 人被以此例处以降俸 2 级并奉旨依议，原因就是雍正六年（1728）的杂税学租未完。又，高邮州黄知州因雍正八年（1730）应征存留项下银两未完，照例应降俸 2 级戴罪督催，后因调至太仓州知州于是照离任官例，在雍

---

① 转引自郑宁：《催科为种：清初浙江迁海的善后作为》，《史学月刊》2018 年第 2 期，第 62 页。
② 光绪《重修嘉善县志》卷 14《职官志》，清光绪十八年（1892）刊本，第 1—32 页。
③（清）董公振：《钱谷刑名便览》卷上，《四库未收书辑刊》编纂委员会：《四库未收书辑刊》第 2 辑第 26 册，北京：北京出版社，2000 年，第 101 页。
④ 光绪《重修常昭合志》卷 21《名宦・国朝》，清光绪三十年（1904）刊本。
⑤（清）黄维玉：《陆清献公莅嘉遗迹》卷中，官箴书集成编纂委员会：《官箴书集成》第 7 册，合肥：黄山书社，1997 年，第 729 页。
⑥ 秦国经主编：《清代官员履历档案全编》第 11 册，上海：华东师范大学出版社，1997 年，第 275 页。
⑦ 民国《歙县志》卷 8《人物志・孝友》，台北：成文出版社，1975 年，第 1319 页。
⑧（清）董公振：《钱谷刑名便览》卷上，《四库未收书辑刊》编纂委员会：《四库未收书辑刊》第 2 辑第 26 册，北京：北京出版社，1998 年，第 80 页。

正十年（1732）“于现任内罚俸一年”，结果也奉旨依议。[①]邳州知州吕大雅因接催雍正五年（1727）河银未完被总河疏参，雍正八年（1730），“工部会议，总河嵇疏，雍正五年分河银未完，查接催现任邳州知州吕大雅，自雍正六年十二月十一日到任起，连闰扣至雍正八年七月初八日，年半限满，查定例河道钱粮未完，俱照徐淮等仓钱粮例议处。徐淮等仓例内初参，直隶知州欠不及一分者，停升督催等语，应将未完不及一分之邳州知州吕照例停升督催，奉旨依议”[②]。雍正九年（1731），湖北巡抚魏廷珍参劾沔阳州知州何有基“刑名诸事不谙，钱粮催征乏术”，而“沔阳州地大事繁，伊实不能办理，似此才力不及之员”，结果该知州照才力不及降2级调用。[③]雍正九年（1731）诸城县知县徐自新，折收漕米改征折被革职；雍正十一年（1733）山阳县知县漕船沉溺不报被降1级调用。[④]乾隆三十四年（1769）五月癸巳，浙江西安县知县胡师亮被革职，因为“违例擅将存贮积谷及还漕米石，挪动垫给兵粮，并为详明有案。其买补仓谷，即有民欠，亦为据实详报，乃于上年岁底，出具全完仓收，其中恐别有侵欺情弊”[⑤]。乾隆五十五年（1790）六月，上谕军机大臣曰姚棻参奏，清江县知县江启澄于驿递要件任意迟延，起解钱粮又复谎报日期，上年地丁等项钱粮例应于本年四月内扫数解司，但江启澄欠银至 9600 两，经藩司饬差催提，于五月十五日始行起解，并捏报日期，请旨革职等语，江启澄于是被革职。道光年间耒阳县一位知县厉行催科，“听里差指使，日事鞭笞，因激出攻城之祸，今遭严议革职”[⑥]。同治初年，署台州府教授陈诵曾禀控署太平县知县马心奎，借办善后捐输，比照钱粮，不分贫富，印成板票，按户收捐。地保、粮差，复串通吏胥，掣票重收，致滋民累。有鉴于此，闽浙总督左宗棠在同治二年（1863）四月初六日上奏将马心奎革职拿问：

奏为将违例征收钱粮之知县革职拿问，以肃吏治，仰祈圣鉴事。

① （清）董公振：《钱谷刑名便览》卷上，《四库未收书辑刊》编纂委员会：《四库未收书辑刊》第 2 辑第 26 册，北京：北京出版社，2000 年，第 92 页

② （清）董公振：《钱谷刑名便览》卷上，《四库未收书辑刊》编纂委员会：《四库未收书辑刊》第 2 辑第 26 册，北京：北京出版社，2000 年，第 90 页。

③ 中国第一历史档案馆：《雍正朝内阁六科史书·吏科》第 66 册，桂林：广西师范大学出版社，1999 年，第 403 页。

④ （清）董公振：《钱谷刑名便览》卷上，《四库未收书辑刊》编纂委员会：《四库未收书辑刊》第 2 辑第 26 册，北京：北京出版社，2000 年，第 96 页。

⑤ 《清实录·高宗实录》卷 834 乾隆三十四年五月癸巳条，北京：中华书局，1986 年，第 137 页。

⑥ 同治《南海县志》卷十四《列传》，台北：成文出版社，1967 年，第 257 页。

窃浙江各郡县应征同治元年钱粮，奉旨豁免，而台州一府，又以士民自行克服城池，未借官兵之力，钦奉特恩蠲免元、二两年钱粮，当经臣饬司刊刻誊黄晓谕在案。兹据署台州府教授陈诵曾禀控：署太平县知县马心奎，借办善后捐输，比照钱粮，不分贫富，印成板票，按户收捐。地保、粮差，复串通吏胥，掣票重收，致滋民累等语。

伏维浙省遍遭兵燹，遗黎皮骨仅存，苦难殚述，地方官宜如何加意抚恤，仰播皇仁，乃该署令马心奎，于奉旨豁免钱粮之外，巧立捐输名目，按户征收。核其所刻捐输执照，盖用几钱几分几厘木戳。其按照钱粮扣算，违例征收，借捐肥己，显有实据。应请旨将署太平县知县严州府经历马心奎革职拿问，以凭严讯确情，按律定拟，用肃官常，而儆贪墨。理合恭折具奏，伏乞皇上圣鉴施行。谨奏。[①]

对此同治二年（1863）五月二十五日内阁奉上谕：

左宗棠奏请将例征收钱粮之知县革职拿问一折。浙江署太平县知县、严州府经历马心奎，于奉旨豁免钱粮之外，辄敢巧立捐输名目，按户征收，并擅刻违例征收执照，盖用木戳，按照钱粮扣算，借捐肥己，居心实属可恶！马心奎着即革职拿问，交左宗棠严讯确情，按律定拟具奏，毋稍疏纵。[②]

清代钱粮亏空颇为严重，清政府尤其是雍正皇帝对此多加问责。雍正朝清理亏空历时 9 年，从州县到户部得到全面清理和整顿，被惩戒知州、知县不在少数。云南临安府建水州举人邹峒，原任山西乡宁县知县，调补静乐县知县，因亏空乡宁县任内银两被革职，直到限内全完方才开复，于雍正七年（1729）三月签掣今补山西吉州乡宁县知县缺。[③]嘉庆朝对此措施也颇严厉。嘉庆五年（1800）二月，嘉庆帝允准《弥补亏空章程》七条。嘉庆二十五（1820）年九月，直隶总督方受畴上书，拟定《追缴官亏章程》得准，并推行全国实行大规模清查。除限期赔补、抄家等之外，还有罚俸、降级、革职、处死、流放、充军发遣等处罚措施。嘉庆三年（1798），经查实，广西因亏空当降革的官员仅知府以下就多达 100 余人，由于所涉及的人数过多，“若概行褫革，该省势必乏人差委”而使嘉庆帝犯难。嘉庆二十年（1815），嘉庆帝查出山东亏空钱粮 600 多万两后极为震怒，于是下令在 1 万两以上者斩监候，2 万两以

① 《左宗棠全集・奏稿一》，长沙：岳麓书社，1987 年，第 227 页。
② 《左宗棠全集・奏稿一》，长沙：岳麓书社，1987 年，第 228 页。
③ 秦国经主编：《清代官员履历全编》第 11 册，上海：华东师范大学出版社，1997 年，第 275 页。

上者斩立决，限内追完释放永不叙用，否则立即处斩，并以此作为新例，凡是侵蚀钱粮即照此办理。各督抚藩司若不认真整饬，徇庇贪墨，即照吉伦等例一律发遣。[①]又，道光十一年（1831）邸钞载，山东蒲台县知县王元辅，在之前的东平州知州、蒲台县知县各任内，实际亏正杂粮 8800 两，被按挪用库款 5000 两以上例拟杖 100 流 3000 里，虽然事在恩诏之前准其援免刑罚，粮项仍行兼追，直到按一年限内照数全完后，才将其开复。光绪六年（1880），山西永济县知县洪贞颐于征存光绪三年（1877）上忙钱粮时，被亲友汪小轩等挪移垫法勇粮等，计银 6388 两，因此先行革职，经查系不知情，“与自行挪移者，既属不同”，后又自行检举，并于一年内全行赔缴，按例开复。[②]

乾隆元年（1736），祁门县知县毛豸绣，按照“定例春粜秋还”，将县储粮仓库的 410 多石仓米卖掉，以图秋后买回 8200 余石谷，结果仅买还 7300 多石，尚欠 840 多石，后来一直没有买补。乾隆六年（1741），时任该县的知县王名捷在登报奏销册时，又登全数买还，在交代时仍照 8200 多石开报，之后 20 余年历任知县沿袭。直到乾隆三十年（1765），祁门县新任知县吴嘉善，在接收前任戴廷抡两人进行交代时，才查出短少的谷石，结果，该案最终追查处理官员达 66 人，其中知县包括 3 名身故知县。[③]有论者对清政府这一问责举措颇有质疑，并认为是“人为进行了扩大化追查”[④]。其实，按照官员问责法律法规，所谓扩大化实际不然。各该管上司富尼汉、巡抚冯钤仅奏参王名捷、戴廷抡处分、分赔，“尽量在最小的范围之内结束这起意外失察案”的处理也无所谓“恰当”。 知县毛豸绣当初卖谷虽有“定例春粜秋还”可据，但是其后各任官员的不查、不补，尤其是冒登册报即便不是所谓的有意或无意，都是历任知县的渎职失职，按照相关问责条例，对他们进行追究是理所当然。正如该论者自己否定其问责的同时，即便观点前后自相矛盾，其也不得不承认，“这起案件……可以在处分执行时追查这二十年间所有的官员”，至于其将乾隆皇帝彻底查清该案，并将处罚该案各相关责任人作为“运作中人为疏失与不良影响”的第三个方面“追查过时案件”之证明，更是难以成立。道理十分简单，违法必究，执法必严。

雍正七年（1729），清政府定例，将此前每年举老农改为三年举行一次，

---

① 《清实录·仁宗实录》卷 314 嘉庆二十年十二月乙亥条，北京：中华书局，1986 年，第 173 页。
② （清）潘文舫：《新增刑案汇览》卷 3，《续修四库全书》编委会：《续修四库全书》第 872 册，上海：上海古籍出版社，2002 年，第 529 页。
③ 《乾隆朝内阁吏科题本·纠参处分》第 19 盒第 323 拍，中国第一历史档案馆藏。
④ 孟姝芳：《乾隆朝官员处分研究》，呼和浩特：内蒙古大学出版社，2009 年，第 79 页。

并规定所举老农必须是"力田守分"之人，而且举荐应为"秉公选报，如有徇情冒滥贿嘱等弊照例议处"。而具体的惩罚类别及等级是州县降二级调用，不准以加级纪录等抵消，如果有受贿情节，则革职。为此，浙江仁知县，在雍正九年（1731）对孙复一给予"印保各结"，作为该县所举本年的老农上报浙江巡抚，浙江巡抚上报吏部同意，给予孙复一"八品顶戴"。除仁和县之外，浙江其余尚有 62 个知县也各自保举一人为老农，所举均或"八品顶戴"。对于该省雍正九年（1731）没有报举老农的余杭县令倪琯等五十个州县的正印官，吏部于雍正十年（1732）以"余杭等州县，当选择之年应实力奉行，悉心咨访，乃迟延玩违，尚无举报，殊属违令。查律内违令者，笞五十，官员犯笞五十者，罚俸一年，应将举报迟延玩违之余杭县知县倪琯等均照律罚俸一年，奉旨依议"。雍正九年（1731），广西陆川县知县谢锡侯"举报老农覃伯绶冒滥生事不守本分"，被广西巡抚金鉷参奏，吏部"查定例，官员举报老农不实者降二级调用，加级纪录不准抵销等语"，谢锡侯被降二级调用。①

## 四、民词司法治理责任追究

"巡缉地方奸盗，本系地方官专责。"②作为地方正印官因怠惰不办被问责的大有人在。山西陵川县知县望君录因"讳盗不报"，雍正六年（1728）九月一日被革职。又，雍正十一年（1733）山阳县知县漕船沉溺不报被降一级调用。③河南淯川县知县辛禹籍承追逃犯不力，雍正十二年（1734）九月十四日被降一级调用。④乾隆五十五年（1790），湖南按察使令永州府宁远县知县汪辉祖赴桂阳县检办何刘氏母子四尸命案，汪知县则因跌伤，以及分关郴桂各处名件未到，时间长达两个月既没往勘办，又不上详按察使，直到"催而后详"难避"迟延"和"规避"之咎，而被革职。⑤光绪二十六年十二月一日，（1901 年 1 月 20 日）以缉捕不力、违例任性为由，清廷革河南阌乡县知县汪

① （清）董公振：《钱谷刑名便览》卷上，《四库未收书辑刊》编纂委员会：《四库未收书辑刊》第 2 辑第 26 册，北京：北京出版社，2000 年，第 101 页。
② 《清实录·高宗实录》卷 821 乾隆三十三年十月辛巳条，北京：中华书局，1986 年，第 1151 页。
③ （清）董公振：《钱谷刑名便览》卷上，《四库未收书辑刊》编纂委员会：《四库未收书辑刊》第 2 辑第 26 册，北京：北京出版社，2000 年，第 96 页。
④ 中国第一历史档案馆：《雍正朝内阁六科史书·吏科》第 44 册，桂林：广西师范大学出版社，2002 年，第 8 页。
⑤ （清）汪辉祖：《清汪辉祖先生自定年谱——一名病榻梦痕录》卷下，台北：商务印书馆，1980 年，第 222—227 页。

鼎臣、灵宝县知县徐元钊、光山县知县林柽藩职。[①]

清朝“谳狱动关考成”，对于违规违法也是有实际追究的。譬如，按照雍正朝定例，凡命案具报，州县正印官必须立即差拘凶手，毋致疏脱，一面传集仵作刑书，单骑减从，亲往尸场，先唤原被证佐人等，讯明起衅行凶寔情，然后督同仵作验明颜色，量明分寸，追起凶器，与伤痕比对相符，逐一填注格内，备文通报，并于六个月审结，若逾限不结，咨参迟延，罚俸一年，再限四个月审结，逾限不结，题参迟延革职。雍正二年（1724），归善县发生黄氏被杀案，而县令孙能宽身为父母官，对案件“不验不审不详，总置罔闻”，时间竟达五个月有余，如此不在乎命案的发生且严重逾限，最终孙能宽因逾限以溺职罪被革职。[②]雍正年间，四川珙县知县严达因县民杨在岱被人追赶受伤身死一案，严达“验明在岱尸伤，并不填格通报，及至奉文行查，该县严又不行补报，反详请予息结。”四川巡抚宪德题参称：“查该县严既系讳命不报，复违例妄请息结，似此草菅不职之员，理合题参，以重人命。”吏部议因此例将严在达雍正六年（1728）底革职。次年严达的当该上官署理叙州府知府何源也以毫无觉察被吏部“照庇护例降三级调用”。两人处分均得到雍正帝批准。[③]又，嘉庆初年，广东英德县知县陈寅，对应讯的案件不及时办结，先后拖毙40余命，被革职审讯，嘉庆四年（1799）吉庆、陆有仁等审拟将陈寅发往军台效力赎罪，对此嘉庆皇帝认为问罪过轻，“即律以抵偿亦所应得……殊为轻纵”，于是改为“于省城枷号三个月……满日发往伊犁充当苦差，以为玩视草菅人命者戒”[④]。

另外，命案检验错误也会导致州县官员被处分，庄吉发曾将嘉庆六年（1801）至嘉庆十一年（1806）所有被参革职、解任文武官员列表，其中有二十三位府、州县官因检验错误被参。[⑤]嘉庆二十五年（1820），湖北省孝感县汤辅清的妻子汤汪氏，因被其丈夫责骂，乘夜投塘身死，结果在验尸时，汪氏娘家“汪春元等男妇多人，并有生员汪澍职员汪春来等肆行哄闹，俱不许起尸出验，该仵作见汪姓人众，急图脱身，即藉尸已发变，捏称腐烂”，造成

---

① 《清实录·德宗实录》卷477光绪二十七年十二月癸丑条，北京：中华书局，1987年，第283页。

② 中国第一历史档案馆：《雍正朝内阁六科史书·吏科》第18册，桂林：广西师范大学出版社，2002年，第23页。

③（清）董公振：《钱谷刑名便览》卷上，《四库未收书辑刊》编纂委员会：《四库未收书辑刊》第2辑第26册，北京：北京出版社，2000年，第114页。

④（清）姚雨芗原纂，胡仰山增辑：《大清律例会通新纂》卷三《名例律上·犯私罪》，沈云龙主编：《近代中国史料丛刊》三编第211册，台北：文海出版社，1987年，第271页。

⑤ 庄吉发：《故宫档案与清代地方行政研究——以幕友胥役为例》，《清史论集》第1册，台北：文史哲出版社，1997年，第480—491页。

相验无法正常进行，汪家又借机京控，引发了一系列事端，署理知县因此革职。[①]同治年间，曾引起西式报纸《申报》和《中国从报》关注的浙江余姚县人葛品连案[②]，就引起各界人士关注。同治十二年（1873）十月初九日葛病身死，葛母沈喻氏因见尸体脸色发青，疑中毒而死，于次日即十日，在地保王林陪同下，向余杭县府提交了呈词，请求官府验尸。余杭知县刘锡彤接下呈词后，于午刻，带着仵作沈祥及门丁沈彩泉，前往葛品连停尸处验尸。当时尸身胖胀，上身作淡青黑色，肚腹液积起有浮皮疹泡数个，按之即破，肉色红紫。仵作沈祥辨验不真，因口鼻内有血水流入眼耳，认作七窍流血。十指十趾甲灰黯色，认作青黑色。用银针探入咽喉作淡青黑色，致将发变颜色误作服毒，含糊报服毒身死。余杭县知县刘锡彤，"虽讯无挟仇索贿情事，惟始则任听仵作草率相验，继复捏报擦洗银针、涂改尸状及刑逼葛毕氏等诬服，并嘱章濬函致钱宝生诱勒具结，罗致成狱"，结果依失入死罪未决本律条文，从重发往黑龙江效力赎罪。[③]刑名尤其是尸伤勘验问责要求作为州县正印官具有现代法医学知识及其技能，科举铨选出身的他们几乎是完全阙如。作为堪称验尸的专业人士或专家且为刘锡彤审断葛品连死因提供专业技术依据与支撑的仵作沈祥都对葛品连的尸检有"知识和技巧"不足之虞，显而易见葛品连的尸检存在一定的难度。换言之，对于刘锡彤来说，进行刀劈火烧、绳勒水溺致死一类相对简易的尸身检验，或有不发生错误的把握，但葛品连尸身的复杂性和所呈现的砒毒表征，以及作为现代法医职业的仵作给予的结论，要自己独立重新判断葛品连的死因真相，从一开始，几乎就是一个难以完成的任务。[④]因此寄期望于基本作为外行的上司不以其仵作的尸检结论为结论，或者要求其发现作为本县命案尸检专家在尸检中存在的问题，无疑是不现实或者是苛求的。不仅如此，从其后来在本案的一而再、再而三地多次涉及葛品

---

① 《朱批奏折》，中国第一历史档案馆藏，档案号：04-01-01-0633-023。

② 学界研究代表成果主要有陆永棣：《仵作的迷惑与衙门的迷失——晚清杨乃武案成冤的一个侧面》，《法治研究》2007 年第 3 期，第 67—77 页；潘巍松：《试论司法鉴定的独立性——以清末"杨乃武与小白菜案"为例》，《法律与医学杂志》2005 年第 4 期，第 289—293 页；茆巍：《清代洗冤用书及技术发展研究之补阙》，《证据科学》2017 年第 1 期，第 93—107 页；茆巍：《清代司法检验制度中的洗冤与检骨》，《中国社会科学》2013 年第 7 期，第 181—203 页；郭小佳：《从杨乃武案看清代重刑案的实际司法运作》，《法制与社会》2017 年第 21 期；李平：《传统中国审判机制的法理与道理——从刘锡彤断杨乃武小白菜案说起》，《法制与社会发展》2017 年第 4 期，第 135—151 页；汪半山：《杨乃武与小白菜案件真相》，北京：群众出版社，1986 年；王策来编著：《杨乃武与小白菜案真情披露》，北京：中国检察出版社，2002 年。

③ （清）朱寿朋等：《杨乃武冤狱》，长沙：岳麓书社，1986 年， 第 7、20 页。

④ 参见陆永棣：《仵作的迷惑与衙门的迷失——晚清杨乃武案成冤的一个侧面》，《法治研究》2007 年第 3 期，第 67—77 页。

连尸体检验之技术方面的言行反映来看，当时他对沈祥的验尸能力及其结论的可靠是很有信心的，甚至是很笃定的，也可以说是毫不怀疑的。否则他不会将局面弄到不可收拾之地步，从而也把自己逼上遭到制裁的绝路。按照清代问责法律法规，越早自我纠错，所受到的追究相应越轻，反之越重；重审之中的尸检注定无法避免，包括对“州、县承审逆伦罪关凌迟重案，如有故入失入，除业经定罪招解者，分别已决未决，按律定拟外；其虽未招解业已定供通详，经上司提审平反，究明故入失入，各照本律减一等问拟”[①]之规定等，刘锡彤无疑是十分清楚的。既然明白后果严重，试想他会傻至明知验尸错误，而仍由案件发展到不可收拾并直到刑部开棺验尸，最终把自己推上被刑法制裁的地步吗？所以如果没有对沈祥尸检的坚信与笃定，刘锡彤是不会坚持到这一地步的，也不可能有最后刑部验尸前言行从自信到绝望的强烈反差表现的。因此可以说，他对其仵作于葛品连尸检的结论的坚定信心，既是他对葛品连死因判断的最原始、最直接、最基本的依据，也是他后来处置葛毕氏、杨乃武的重要理由，当然也是他后来给予自己免责最后的一线希望。

清代州、县监狱虽责成“吏目、典史专管”[②]，州县官不过是有狱官，法定责任相对较轻，然问责条例的规定颇为严厉，“倘有疏虞，地保、营汛，俱照原解兵役治罪，地方官从重议处”[③]。但从下文可见乾隆时期对责任追究的处置却十分严厉。例如，南皮县知县吴国相因侵欺钱粮革职并拟斩监候，署理南皮县县令黄居敬“因其患病擅行提监拨役看守，殊属违例”。直隶总督对黄居敬题参，吏部“查律内凡狱囚应禁不禁者杖六十，官员犯杖六十者降一级等语”议覆将黄降一级调用。奉旨依议；署理贵州安南县知县何天衢将被处以徒刑的犯人张一“因在监患病保出在外潜逃无踪”，被贵州张巡抚参奏，最终被吏部引徒罪人犯取保逃脱者降一级调用例，处以降一级调用处分，奉旨依议。[④]又，以违制律文为制裁依据案例：雍正七年（1729），直隶署南皮县知县黄居敬，不按州县交代如前任官勒掯“即行揭报上司”的规定，而将前任勒掯“直揭部科”，被直隶杨总督揭参，吏部认为黄居敬交代不行具详

---

① 张荣铮，吴勇强，金懋初点校：《大清律例》卷 37《刑律・断狱下・官司出入人罪》，天津：天津古籍出版社，1993 年，第 626 页。

②（清）文孚纂修：《钦定六部处分则例》卷 49《禁狱・查勘监狱》，沈云龙主编：《近代中国史料丛刊》第 332 册，台北：文海出版社，1969 年，第 1027 页。

③ 张荣铮，吴勇强，金懋初点校：《大清律例》卷 36《刑律・断狱上・囚应禁而不禁》，天津：天津古籍出版社，1993 年，第 605 页。

④（清）董公振：《钱谷刑名便览》卷下，《四库未收书辑刊》编纂委员会：《四库未收书辑刊》第 2 辑第 26 册，北京：北京出版社，2000 年，第 131 页。

径直揭部，“殊属违例”，并“查律内违令者笞五十，官员犯笞五十者罚俸一年等语，应将黄照律罚俸一年”[①]。结果奉旨依议。河南省嵩县知县重犯越狱被降调。[②]雍正十年（1732）宁远县知县蒋德重“疏防盗犯覃日鼎、覃万三越狱脱逃，限满无获”，被照例降三级调用。[③]

乾隆年间由于狱禁犯人脱逃或监毙而被问责的州县正印官甚多。例如，乾隆二十八年（1763），山东省具题斩犯国子能越狱之案，已降旨将禁卒从重拟抵，该抚及司道府县等官严加议处。[④]呼延华国，陕西西安府长安县进士，原任甘肃迪道州知州，乾隆三十二年（1767）六月补广东高州府化州知州缺[⑤]，次年八月甲子（初九日），吏部议覆：

> 两广总督李侍尧等奏称，参革前任化州知州焦绍祖，亏空库银仓谷，审拟情实，在监自缢，应将化州知州呼延华国、署化州吏目韩培基革职严审；高州府知府张若□、按察使富勒浑，拟以降一级留任；两广总督李侍尧、广东巡抚钟音罚俸一年。得旨：李侍尧、钟音俱著罚俸一年，富勒浑著降一级留任。此案焦绍祖系亏空库银仓谷情实官犯，在狱自戕，非寻常监毙人犯可比，部议照例将化州知州呼延华国仅拟革职、高州府知府张若□拟以降一级留任，尚未允协；臬司虽系刑名总汇，但通省州县甚多，其势自难遍及；至知府乃亲临上司……咎无可逭，岂可与臬司同科？此而不予以重处，则官官相护，将来必有放纵而报以自毙者矣。至知州于监禁官犯，是其专责，乃竟任其畏罪投缳，安知无徇情故纵情弊？革职不足蔽辜，张若□著革职，呼延华国著革职拿问，交该督等与吏目韩培基一体严审具奏，著为例。[⑥]

呼延华国，乾隆三十五年（1770）到戍，乾隆四十一年（1776）一月二十六日得旨释回，因乌鲁木齐都统奏准在乌鲁木齐总办一切汉字事件，至次年八月卸任。[⑦]乾隆三十三年（1768），宝山县军犯郭三，携带妻子在配逃脱一案，

---

① （清）董公振：《钱谷刑名便览》卷上，《四库未收书辑刊》编纂委员会：《四库未收书辑刊》第2辑第26册，北京：北京出版社，2000年，第80页。

② 中国第一历史档案馆：《雍正朝内阁六科史书》第43册，桂林：广西师范大学出版社，2002年，第280页。

③ （清）董公振：《钱谷刑名便览》卷下，《四库未收书辑刊》编纂委员会：《四库未收书辑刊》第2辑第26册，北京：北京出版社，2000年，第133页。

④ 《清实录·高宗实录》卷698乾隆二十八年十一月戊午条，北京：中华书局，1986年，第815页。

⑤ 秦国经主编：《清代官员履历全编》第19册，上海：华东师范大学出版社，1997年，第321、324页。

⑥ 《清实录·高宗实录》卷816乾隆三十三年八月甲子条，北京：中华书局，1986年，第1061页。

⑦ 方华玲：《乾嘉道时期派令废员总办乌鲁木齐地方一切刑名钱粮事》，《新疆大学学报》（哲学·人文社会科学版），2018年第2期，第81、84页。

除专管之宝山县县丞照新疆人犯中途脱逃例降二级留任外，监辖之宝山县知县降一级留任，限一月缉拿，不获，专管官降二级调用，监辖官降二级留任；其不行查拿察太仓州知州及州同均罚俸一年。[①]乾隆三十三年（1768）十二月十三、十四日两日上谕称："广东省官犯朱邦宁，以县令枉法受赃，系应明正典刑之犯，本年秋审情实，业已予勾。……该省于九月二十五日，接奉豫提官犯收禁司监，听候部文办理谕旨，于十月初九日接准勾决部文，接经臬司飞提"[②]解省，结果得到翁源县知县叶荣观详报，称"该犯病势萎顿"，巡抚钟祥令该府钱鸣泰前往督解，前到翁源县将收禁司监听候部文办理谕旨令叶荣观阅看知悉，无奈，十月十四日将朱邦宁杠抬，朱邦宁昏迷停止起解，十月十六日，朱邦宁病毙于监狱。巡抚钟宁旋奏："请将叶荣观各该管上司分别革职议处。"乾隆得奏后在上谕中指出："监毙之事皆不可信""其中难保无李代桃僵情弊，所报监毙之处，殊不可信。"除令朱邦宁原籍所在的四川总督密查外，又令与广东毗连之江西、福建密查。奉命处置此案的两广总督李侍尧奏："随率两司亲诣启验，实属暴毙……叶荣观明知该犯勾决在即，故令瘐毙狱中，幸逃显戮，应照故出（入）人罪律问拟。"[③]至于其他的还有不少，如表3-9所示：

**表3-9　乾隆中期知州、知县监犯脱逃问责处罚例示**

| 姓名 | 官缺 | 原因 | 处分类别 | 惩处时间 | 出处 |
|---|---|---|---|---|---|
| 王封渭 | 猗氏县知县 | 疏防脱逃发遣伊犁人犯伊三太一案 | 革职 | 乾隆二十八年（1763）二月甲辰 | 《清实录·高宗实录》卷681 |
| 阎睿蒲 | 署广东镇平县知县 | 疏纵遣犯五六名，照重犯越狱之例 | 革职留任 | 乾隆三十三年（1768）五月庚子 | 《清实录·高宗实录》卷810 |
| 孙震 | 浙江钱塘县知县 | 滥制鸟枪案要犯马尔忠监禁自缢 | 革职，发往军台效力赎罪 | 乾隆三十四年（1769）正月辛丑 | 《清实录·高宗实录》卷827 |
| 张中煜 | 澧州知州 | 佥差不慎疏脱凶犯 | 革职 | 乾隆三十四年（1769）二月丁巳 | 《清实录·高宗实录》卷828 |
| 张天佑 | 安徽旌德县知县 | 违例解犯，不亲身管押致重犯脱逃 | 革职拿问 | 乾隆三十四年（1769）三月戊子 | 《清实录·高宗实录》卷830 |
| 蔡薰 | 上元县知县 | 管押重犯不严致其自尽 | 革职，发往军台效力赎罪 | 乾隆三十四年（1769）四月丙辰 | 《清实录·高宗实录》卷832 |
| 温伯魁 | 通山县知县 | 疏纵盗犯越狱 | 革职 | 乾隆三十四年（1769）五月丁亥 | 《清实录·高宗实录》卷834 |

因治理邪教不力被问责的知州、知县也不一而足。在乾隆中叶的"叫魂"

①《清实录·高宗实录》卷822乾隆三十三年十一月己丑条，北京：中华书局，1986年，第1159页。
②《清实录·高宗实录》卷824乾隆三十三年十二月辛酉条，北京：中华书局，1986年，第1194页。
③《清实录·高宗实录》卷824乾隆三十三年十二月庚申条，北京：中华书局，1986年，第1193页。

案中，长洲、元和、吴县、景州、安东、沛县、邳州、汤阴、萧山、汝阳、黄冈等不少州县的知县、知州因此被追究责任。[①]“所有江浙承办缉犯旋告旋释之州县等官，均著交与该督抚逐一查明，请旨革职。”[②]乾隆三十三年（1768）十一月乙未（二十日），乾隆帝上谕指出，前直隶保安州知州乔淳被直隶总督参奏。原因是昨日保安州孙显龙“妄布逆词，希图复兴邪教”，且查出他大致在乾隆十五年（1750）至乾隆十六年（1751）时就已入教，当时的知州乔淳“仅取改过甘结从轻完案”，对此乾隆上谕认为乔知县“实属姑息养奸”，乔淳也因此被交部议处。[③]乾隆三十三年（1768）七月庚寅，贵州安化县知县花映陛因失查奸民朱维上“倡立邪教、妖言惑众”被“议处”。[④]长沙县知县杨鹏翮，未能查出该县传抄谣来源被革职。[⑤]贵州思南府安化县知县花映陛因“倡立邪教、妖言惑众”的奸民朱维上一案，被乾隆皇帝以花“系地方本管官……以见闻切近，先事漫无觉察，咎实难辞，花映陛，著交部严加议处”[⑥]。道光十五年（1835）正月，程孔固拜四川人王又名为师习教，并传授雷倡和等四十余人，雷倡和转传于蓝沅旷等十余人，随后习教之人酿成大案。道光十六年（1836）十月，上谕对湖南武冈州逆匪蓝沅旷习教滋事一案批示：“不能先事豫防，致酿巨案，又不能将首逆迅速拿获，立正刑诛。”对多名涉事地方官进行了责任追究，其中被革职者就包括武冈州知州徐琫、署新宁县事试用知县王廷瑗。[⑦]

个别知县违例，不亲自或失察佐杂擅受刑名，也遭致连带追究。仅以道光十六年（1836）下半年数个案例可以得到证明。浙江孝丰县职员施锦心故媳王氏，棺盖撬缝被窃一案，署县孙天枢“并不亲往勘验，遽委典史会勘，已属违例”。施锦心查获的赃贼先承认后翻供，孝丰县该管知府淩泰封等“并不平情核讯，辄向施锦心一味刑求，审为诬诈”。后江西巡抚查明施锦心被

① 《清实录·高宗实录》卷 814 乾隆三十三年七月丙申条，北京：中华书局，1986 年，第 1007—1008 页；《清实录·高宗实录》卷 814 乾隆三十三年七月丁酉条，北京：中华书局，1986 年，第 1011 页；《清实录·高宗实录》卷 815 乾隆三十三年七月己酉条，北京：中华书局，1986 年，第 1034 页；《清实录·高宗实录》卷 821 乾隆三十三年十月甲戌条，北京：中华书局，1986 年，第 1144—1145 页；《清实录·高宗实录》卷 824 乾隆三十三年十二月己未条，北京：中华书局，1986 年，第 1189 页。
② 《清实录·高宗实录》卷 819 乾隆三十三年九月己酉条，北京：中华书局，1986 年，第 1113 页。
③ 《清实录·高宗实录》卷 822 乾隆三十三年十一月乙未条，北京：中华书局，1986 年，第 1165 页。
④ 《清实录·高宗实录》卷 814 乾隆三十三年七月庚寅条，北京：中华书局，1986 年，第 998 页。
⑤ 《清实录·高宗实录》卷 828 乾隆三十四年二月丁巳条，北京：中华书局，1986 年，第 32 页。
⑥ 《清实录·高宗实录》卷 814 乾隆三十三年七月庚寅条，北京：中华书局，1986 年，第 998 页。
⑦ 《清实录·宣宗实录》卷 290 道光十六年十月庚午条，北京：中华书局，1986 年，第 479 页。

窃属实，并非图诈。道光十六年（1836）乌尔恭额奏参该案承审委审各员，解任备质获准，湖州府知府淩泰封、前署孝丰县现任武义县知县孙天枢、孝丰县知县翟文锦、署乌程县知县王鼎勋著一并解任。[①]又，道光十六年（1836）八月四川广元县知县春明，因“失察”该县衙门典史董秉义接受民人黄大贵赌博被控案而差役诈赃酿命，嗣经尸亲受财私和，又复率准拦验，被给事中朱逵吉奏参事发，道光帝降旨知县“实属溺职，春明著即革职”[②]。再如福建连江县典史杨应元，于民人黄缔庆被控吞欠钱文，违例擅受，滥行拘押。连江县该县龙光辅未及时揭报，后举人黄广居与该典史禀控互殴，知县也未确切查明，后案因钟祥等奏参，除典史杨应元革职、举人黄广居斥革外，连江县知县龙光辅也被解任严讯，后虽经总督讯明，知县龙光辅“时值下乡，回署不即揭报，嗣又误信县役禀词，实属率混，请分别革职议处……业已斥革，应毋庸议。下部议，从之”[③]。

## 五、晚清教案、鸦片禁政责任惩处

清中前期，尽管清政府有州县官负有禁止洋教及西洋不法书籍传入的责任，但州县正印官因此实际被追究责任的情形却鲜有记录。鸦片战争后，法国迫使中国在《中法黄埔条约》接受“佛（法）兰西人亦可以教习中国人愿学本国及外国语者，亦可以发卖佛（法）兰西人书籍”等等之外，还于第二十二款规定，法兰西人亦一体可以建造礼拜堂，倘中国人将法兰西礼拜堂、坟地触犯毁坏，地方官照例严拘重惩。州县地方正印官从被强加保护天主教堂、传教士的义务。1848 年江苏署青浦县（今上海市青浦区）知县金镕，因此被撤任。此后，一些州县正印官在列强的压力之下被降革。八国联军侵华战争及其前后，“交涉事宜，最为重要”[④]。很多所谓“奉行（教士教民保护）不力，致酿事端”[⑤]的地方官被空前问责重创后，官府对教士教民的保护几成州县正印官的头等大事。山东东平州知州柳堂感叹：“今日之地方官有重于交涉者乎？交涉有重于教案者乎？”[⑥]又“今之牧民

①《清实录·宣宗实录》卷 285 道光十六年七月辛卯条，北京：中华书局，1986 年，第 405 页。
②《清实录·宣宗实录》287 道光十六年八月癸丑条，北京：中华书局，1986 年，第 424 页。
③《清实录·宣宗实录》卷 292 道光十六年十二月甲戌条，北京：中华书局，1986 年，第 531 页。
④《清实录·德宗实录》卷 492 光绪二十七年十二月乙卯条，北京：中华书局，1987 年，第 505 页。
⑤《清实录·德宗实录》卷 486 光绪二十七年八月丙申条，北京：中华书局，1987 年，第 420 页。
⑥（清）柳堂：《东平教案记》自序，清光绪三十一年（1905）刻本。

者，未有不以教案为畏途者也。”①

据晚清教案研究的著名学者赵树好先生的研究②，并结合相关资料，笔者对道光二十八年（1848）至光绪三十二年（1906）因教案“责任”而被追究处罚及其相应州县正印官整理如下：

（1）记过：高唐州知州张楷枝、代理如皋知县莫炳琪。

（2）记大过：署恩施知县王佑、卸署巴东知县田芸生。

（3）降级：署罗源知县陆如琨。

（4）停委二年：郫县知县黄树勋、温江县知县周庆壬。

（5）撤调：德州知州（姓名不详，1881年）、双流县知县龚宝琅。

（6）开缺：龙泉县知县继文、崇庆州知州陈兆棠、崇宁县知县陈鼎勋、前南部知县袁用斌、署大足知县赵绥。

（7）撤任：署青浦县知县金镕、丰都县知县吴锦铨、署贵定知县严隽熙、永年县知县王德炳、台湾道署凤山县知县凌树荃、建安县知县（1874年，姓名不详）、侯官知县刘恩第、知县丁昌燕、荣昌知县（姓名不详，1890）、大足县知县（姓名不详，1890）、□□县知县桂秀、泰州知州龚善思、署揭阳知县蔡逢恩、永安州知州何臻祥、灌县知县王瑚、宜宾县知县王殿甲、浮梁县知县任玉森、清江县知县石守谦、上高县知县文聚奎、涉县知县车均、署始兴知县倪思铎、署广宗候补知县赵锷、署安岳知县唐枝中、盛京将军辖区怀德知县容善。

（8）摘顶：闽县知县朱德沛、侯官县知县刘澍章、盛京将军辖区广宁知县宝岱、光泽知县田畴、署无锡知县刘树仁、署江阴知县孙贻绅、阳湖知县叶怀善、署金匮知县汤曜、寿张县知县庄洪烈、南昌县知县陈瑞鼎。

（9）革职留任：闽县知县来锡藩、大名县知县苗玉珂。

（10）革职：侯官知县兴廉、署浪穹县试用知县叶滋浚、丹阳知县查文清、芜湖知县王焕熙、署华阳知县兼署成都知县黄道荣、乐山知县洪祖年、古田知县（姓名不详，1895）、长乐县知县（姓名不详，1895）、巨野知县徐廷瑞、长乐县知县苏贻英、武安县知县陈世伟、署太平候补知县陈正榕、署诸暨候补知县倪望重、平阳县知县谢焯松、瑞安县知县

①（清）柳堂：《东平教案记》卷上，清光绪三十一年（1905）刻本。
② 赵树好：《论晚清教案对官员权益的冲击》，《广东社会科学》2017年第6期，第123—133页。

华松年、署永嘉即用知县查荫元、名山县知县卢鼎智、曲沃县知县王廷英、河津县知县黄廷光、大宁县知县曾季凤、隰州知州崔澄寰、屯留县知县白焯、署南阳知县袁福龄、署宁羌州知州刘鼎臣、署平罗知县王树槐、现任平罗知县李含菁、署高平知县高凌霄、泌阳县知县费鸿年、广宗知县王宇钧、署广宗知县魏祖德、威县知县程之翰、阜城知县王伯鹅、宁海县知县萧庆裕、署汉州知州高维寅、署仁寿知县张之鹤、乐平县知县杜璘光、恩施县知县王鸿宾、连州知州沈麟书、霍山知县秦达章。

（11）革职永不叙用：西林县知县张鸣凤、黔江县知县桂衢亨、清苑县知县张丙喆、夏津县知县屠乃勋、邛州知州李常霈、太原县知县何宗逊革职、太谷县知县胡德修、孝义县知县姚学康、长子县知县恩顺、岳阳县代理知县（姓名不详，1900）、榆次县知县（姓名不详，1900）、潞城县知县壁理、高平县知县于岱霖、署宁远厅通判沈荣绶、黎城县知县张其淦、榆社县知县蔡光岳、署右玉知县郭肇金、河津知县赵之燮、阳高县知县孙符泰、荣泽县知县连魁、西华县知县林廷赓、周家口通判汪坦、署南康知县杨寅揆。

（12）充军：天津县知县刘杰、辽阳州知州陈衍庶。

（13）充军永不释回：滦平县知县文星、武邑县知县（姓名不详，1900）。

（14）极边，永不释回：寿阳县知县秦鉴湖：和林格尔厅通判毛世黼、署沅陵知县万兆莘。

（15）斩监候：忻州知州徐桂芬。

（16）处斩：阳曲县知县白昶。

当然，上述的问责类型及州县正印官名单并不是完整的。譬如，1868 年福建省署漳浦知县陆墉缘由于漳浦县教案而被处罚就未收录。1868 年 9 月 13 日，杨姓新教教徒与营兵曾腾飞为借锅灶“互相争扭吵嚷至公馆前”，陆墉将杨教徒“笞责一百小板”被认为有“失察之咎”，处罚“鹰银五百七十六元三角”[①]。被处罚州县正印官人数名单，光绪二十一年（1895）成都教案，处分知县等官 11 人，其中，邛州知州革职，叙府知府、宜宾知县、双流知县撤任，崇庆州知州、崇宁、南部、大足知县开缺。[②]1898 年，德军在即墨县孔

① “中央研究院”近代史研究所：《教务教案档》第 2 辑，台北：“中央研究院”近代史研究所，1974 年，第 1530 页。

② （清）李希圣：《庚子国变记》，中国史学会主编：《义和团》第 1 册，上海：上海人民出版社，1957 年，第 40 页。

庙毁伤圣像。当时知县朱衣绣匿而不报，后来到京参加会试的举人联名上书清廷，要求惩治祸首，才被披露出来。朱衣绣因此被革职。[①]光绪二十七年（1901）清政府因列强被迫惩处高官大员的同时，也对有关地方的包括知州、知县的地方官也给予惩处。依据天津社会科学院历史研究所编《1901 年美国对华外交档案：有关义和团运动暨辛丑条约谈判的文件》所载各国代表签字（俄国代表除外）的《要求惩处的主犯名单》（1901 年 4 月 1 日）共计 96 名官员，其中的州县厅官员如表 3-10 所示：

**表 3-10　1901 年英德等 10 国强迫清政府惩处州县厅正印官名录**

| 省份 | 姓名 | 职务 | “罪责” | 惩罚类别 |
|---|---|---|---|---|
| 山西 | 白昶 | 阳曲县知县 | 毓贤的爪牙，造成七月上旬太原府的大屠杀，外国男女及儿童共四十人被害 | 斩首 |
| | 徐桂芬 | 忻州知州 | 下令屠杀邸松夫妇、恩德伍德夫妇、马卡洛卡夫妇、任南女士、燕纳尔斯先生及其他教士，他们于 8 月 9 日被杀于忻州 | 死刑 |
| | 黄廷光 | 河津县知县 | 7 月 16 日，手下士兵追赶并杀害教士弥康乃尔夫妇及其孩子、金女士、巴顿女士和杨夫妇 | 革职，终生流放 |
| | —（查指姚学康） | 孝义县知县 | 因惠特丘奇女士及希雷尔女士被害而犯罪。他下令鞭笞她们致死（6 月 30 日） | 革职，流放 |
| | —（查指曹季凤） | 大宁县知县 | 拒不保护海斯曼等三位女士，并批准将三人处死于大宁 | 革职，终生流放 |
| | 璧珵 | 潞城县知县 | 既不协助也不保护教士，对他们在逃跑途中所受苦难应负责任 | 革职，永不叙用 |
| | 于岱霖 | 高平县知县 | 虐待来自平遥及潞城过境的教士 | 革职 |
| | 恩顺 | 长子县知县 | 拒绝保护来自平遥及潞城过境的教士 | 革职 |
| | —（查指崔澄寰） | 隰州知州 | 召唤拳民入城，应对皮特大妇及其他教士从隰州被逐并在曲沃县遭受杀害的罪行负责 | 革职并流放 |
| | —（查指王廷英） | 曲沃县知县 | 不保护教士，致使凯夫妇及其孩子遭到骇人听闻的虐待并被杀害 | 革职，终生流放 |
| | —（查指刘藜辉） | 岳阳县知县 | 拒不保护巴尚志及吴振西两位英国教士，致使他们为拳民杀害 | 革职，永不叙用 |
| | 秦鉴湖（《义和团史料》下册为秦锡圭） | 寿阳县知县 | 极端虐待英国教士，将他们逮捕并加以镣铐，押往太原府不给食物，后在该地被杀 | 革职，终生流放 |

① 泽文：《吕海寰》，北京：新华出版社，2007 年，第 154 页。

续表

| 省份 | 姓名 | 职务 | “罪责” | 惩罚类别 |
|---|---|---|---|---|
| 山西 | 毛世黼 | 和林格尔通判 | 被控悬赏杀戮或交出欧洲人或中国教徒，有1500名以上的教徒在他们的辖境内遭到前所未有的屠杀 | 革职，死刑，流放，终身监禁 |
| | 樊恩沁 | 托克托城通判 | 被控悬赏杀戮或交出欧洲人或中国教徒，有1500名以上的教徒在他们的辖境内遭到前所未有的屠杀 | 革职，死刑，流放，终身监禁 |
| | —（查指吕继纯） | 榆次县知县 | 杀害外国人的同盟者 | 革职，永不叙用 |
| | 胡德修 | 太谷县知县 | 7月31日，所在此城的外国人，包括克拉普夫妇、威廉斯先生、戴维斯先生、伯德女士和帕特里奇女士均被杀害 | 革职，终生流放 |
| | —（查指何宗逊） | 太原县知县 | 使教民数人被杀害 | 革职 |
| | —（查指郝振麟） | 宁乡县知县 | 煽动拳民头目杀害教士、教民 | 革职 |
| | —（查指孔繁昌） | 临县知县 | 煽动拳民头目杀害教士、教民 | 革职 |
| 直隶 | 文星 | 滦平县知县 | 使神父司格斯被杀害。该教士在老虎沟的住宅被洗劫后，逃亡山中藏匿。7月16日被捕，被鞭笞后囚禁于热河。从7月21日夜间到22日，他被解往滦平县受审，并在该地呆了3日。7月24日，经简短审讯后，该知县将他押到距城一里的河边业已挖好的坑穴旁，由县衙门派遣的6个人活埋。6天后，尸体被掘出，投入河中。天桥沟（译音）的教民发现了他们牧师的尸体，把他埋葬在教堂附近。村里的非教民将此事报告滦平县官员，他派人将遗体抛回河中 | 死刑 |
| | 张炳喆 | 前武邑县知县（据《义和团档案史料》下册当时已调署理清苑县知县） | 从一开始就公开庇护和扶持义和团。他使其辖境成为进攻和破坏深州及河间府的拳民头目聚集的中心 | 死刑 |
| | 洪寿彭 | 景州知州 | 要求陈（泽霖）按察使攻击朱家河教会 | 革职，永不叙用 |
| | 苗玉珂 | 大名府知县 | | |
| | 王锦阳 | 元城县知县 | 驱逐教士，抢劫他们的所有财物，并使其遭受杀害 | 革职，永不叙用 |
| | 巩英 | 南乐县知县 | 把教士从他的衙门中赶出并交给暴徒，致使他们遭受杀害 | 革职，永不叙用 |

续表

| 省份 | 姓名 | 职务 | “罪责” | 惩罚类别 |
|---|---|---|---|---|
| 直隶 | —（查指张炳喆） | 清苑县知县 | 拒绝援助格林一家人 | 革职，永不叙用 |
| | 李兆珍 | 望都县知县 | 罪行为虐待格林一家人 | 革职，永不叙用 |
| | —（查指陈衍庶） | 辽阳州知州 | 造成修院生赵法彬及无数教民被杀害 | 革职，监禁终生 |
| 湖南 | 郑炳 | 清泉县知县 | 他们对范怀德主教和安守仁神父被杀负有重大责任，他们拒绝保护两位教士，必须视为道台的帮凶 | 革职，永不叙用 |
| 四川 | 李常霈 | 邛州知州 | 纵容抢劫教会，致使几名教民被杀或受伤 | 革职（外国代表4月22日函同意减轻） |
| | 卢鼎智 | 名山县知县 | 不保护教士，对待教民亦未能公允 | 革职（外国代表4月22日函同意减轻） |
| 河南 | —（查指于光民） | 河内县知县 | 仇视过境前往湖北的英国教士 | 革职 |
| | —（查指联贵） | 荥泽县知县 | 拒绝武陟知县让教士过境，致使他们遭受很大的苦难 | 革职 |
| | 林某（查指林廷赓） | 西华县知县 | 一再拒绝保护因住宅被烧而被迫离镇的教士 | 革职，永不叙用 |
| | 汪某—（查指汪坦） | 通判 | | 革职，永不叙用 |
| | 吕耀卿 | 滑县知县 | 烧毁教堂、抢劫教会和教民财物 | 革职，永不叙用 |
| | 车均 | 涉县知县 | 烧毁教堂、抢劫教会和教民财物 | 革职，永不叙用 |
| | 石庚 | 安阳县知县 | 烧毁教堂、抢劫教会和教民财物 | 革职，永不叙用 |
| | 陈世伟 | 武安县知县 | 不愿将一具被百姓挖掘出且死亡不久的教士遗体移走，该教士的遗体被斩首截肢后弃置路上，任狗吞食 | 革职，永不叙用 |
| 江西 | 邓宣猷 | 南丰县知县 | 拒绝收理教民控告，怂恿民众杀戮他们 | 革职，永不叙用 |
| | 翁宝仁 | 南城县知县 | 致使教堂被毁 | 革职，永不叙用 |
| 山东 | 秦应逵 | 恩县知县 | 不仅袒护拳民，而且听任境内教民惨遭杀害，公开宣布他对外国人的憎恨 | 革职，永不叙用 |
| | 屠乃勋 | 夏津县知县 | 庇护拳民，拒不保护何家屯美国教士的房产和教民，听任他们被随意迫害 | 革职，永不叙用 |

除表 3-10 记载之外，列强还通过李鸿章要求清政府进行核实并惩处一些地方官。据此，清政府“降心曲从”[①]，并于光绪二十七年（1901）三月十一日谕令内阁：“上年拳匪肇乱，京畿一带多被扰害，以致各省人心煽动，焚毁

①故宫博物院明清档案部：《义和团档案史料》下册，北京：中华书局，1959 年，第 1067 页。

教堂，伤害教士教民之案，层见叠出。朝廷屡降谕旨，饬令妥为保护。乃地方官奉行不力，致酿事端。自应分别情罪轻重，予以惩处。”谕令惩处的人员：山西前阳曲县知县白昶，斩立决。直隶滦平县知县文星著李鸿章查明，如有戕害教士实据，即著斩立决。隰州知州崔澄寰、忻州知州徐桂芬、和林格尔通判毛世黼、托克托城通判樊恩庆、曲沃县知县王廷英、河津县知县黄廷光、大宁县知县曾季凤（四月一日更正为曹季凤）、寿阳县知县秦鉴湖（按四月一日更正为秦锡圭）、太谷县知县胡德修、孝义县知县姚学康均著革职发往极边永不释回。景州知州洪寿彭、大名县知县苗玉珂、元城县知县王锦阳、清苑县知县张丙喆、南乐县知县巩英均革职。郑州知州汤似慈、清泉县知县郑炳、潞城县知县璧珵、高平县知县于岱霖、长子县知县恩顺、山东恩县知县秦应逵、夏津县知县涂乃勋、南丰县知县邓宣猷、南城县知县翁宝仁均革职永不叙用。河南县丞李若仙即李承瀛著即斥革严拿。[①]光绪二十七年（1901）四月壬子上谕惩办八国外交代表提出地方官员一部分。[②]五月壬申，“以袒庇拳匪，革直隶候补知县王庆保、吴立达、孙清华职，永不叙用”[③]。山西应州知州李恕，前在署托克托城通判任内，“纵匪仇教，惨杀多命”，交卸署任后潜逃。经前抚臣锡良奏参钦奉上谕李恕著革职，光绪二十七年（1901）被抓获，于送府途中突患痰症状身故。[④]

在除俄罗斯外的十国所开的名单之外，还有清政府处罚的地方官员。山西巡抚岑春煊特参保教不力，以保教不力革前署山西潞安府同知孚仁等十三职，“系在各使指办之外，可见朝廷办理教案，一秉大公。其未指者尚认真查办，不稍回护”[⑤]。

光绪二十八年（1902）二月丁未上谕，锡良电奏，河南泌阳县高店等处乡民，因挟教堂赔款之恨，纠聚多人，至楚洼地方，杀死教民叶姓一家四口，又将桐柏县乌金沟教堂焚毁，烧毙教民四命，杀死五命，均无洋人，除将“凶犯”进行刑罚制裁外，泌阳县知县费鸿年著即革职。[⑥]光绪二十七年（1901）十一月十七日，上谕指崧蕃奏甘肃平罗县有焚毁教堂伤教士事件，对此指出：“各省教堂教士，朝廷一视同仁……饬令实力保护，不准稍有疏虞。乃该地方

①《清实录·德宗实录》卷481光绪二十七年三月丁丑条，北京：中华书局，1987年，第349—350页。
②《清实录·德宗实录》卷482光绪二十七年四月壬子条，北京：中华书局，1987年，第366页。
③《清实录·德宗实录》卷483光绪二十七年五月壬申条，北京：中华书局，1987年，第378页。
④ 故宫博物院明清档案部：《义和团档案史料》下册，北京：中华书局，1959年，第1080页。
⑤《清实录·德宗实录》卷484光绪二十七年六月戊申条，北京：中华书局，1987年，第394页。
⑥《清实录·德宗实录》卷496光绪二十八年二月丁未条，北京：中华书局，1987年，第548页。

官奉行不力，致有杀伤教士教民事，实堪痛恨。”旋日，又谕令：“卸署平罗县知县王树槐、现任平罗县知县李含菁、平罗营参将易庆安，著一并先行革职，戴罪勒限，将此案匪徒悉数擒获，尽法惩办。如逾限不获，即将该员等永不叙用。”[①]光绪二十七年十二月癸卯（1902 年 1 月 20 日），上谕就南雄州始兴县马市墟居住于民房的教士及中国人各一名因由不明毙命事高度重视甚至紧张，著将地方官先行撤任交部议处，限期不获严加惩处。[②]当然，十国名单中极少数地方官因系所指事实不确，加之中国的据理力争，而免于或减轻追究，也有的事后得以复出。如被八国惩办的九十六名之一的何宗逊，光绪二十八年（1902）二月戊申“以纵匪无据复已革山西太原县知县何宗逊职”[③]。

与此同时，尤其值得强调的是，上述州县正印官的被问责以及知州、知县的州县治理中的对洋教保护的情况，表明清末国家通过州县于该领域治理的主权在一定程度出现丧失。光绪二十一年（1895）成都教案之后，驻峨眉的传教士向杜昂报告：“官员们，甚至是最敌视我们的官员，因为受到打击，都不再找我们的麻烦。峨眉知县，曾在教案中放任我们的孤儿院被打毁，现在也带着他的助手、下属和当地的绅士来祝贺教堂修复成功。”[④]光绪二十七年即 1901 年春，英国勤务兵官古尔德—亚当斯函称北戴河抢劫案的处置结果，说明了州县司法权的政治来源发生变化：

我荣幸地将我对去年六月抢劫北戴河外国人居留地事件的调查情况报告如下，所发现的犯罪者都已受到惩罚。……我派人找到了居留地周围大约二十里以内的所有村庄的头目。经过讯问，我告诉他们必须在十四天之内向官员指出他们所认为的首犯，并把这些人逮捕。同时我扣留了一半头目，作为要求其他一半人交出罪犯的人质。在限期内，十八人被逮捕，并由临榆知县根据我的命令调查了他们的案情。其中七人证明无罪，于是我当即释放了他们。对其余十一人……我当即通知该知县对所有犯人必须按中国法律给予惩罚，于是，他判处上述六人以不同期限的监禁（根据中国的条件）。他说后五人应当处以死刑，于是，我要他按惯例进行并呈请李鸿章总督给予必要的批准。因此，3 月 29 日，星期五，

① 《清实录·德宗实录》卷 490 光绪二十七年十一月庚辰条，北京：中华书局，1987 年，第 474 页。
② 《清实录·德宗实录》卷 491 光绪二十七年十二月癸卯条，北京：中华书局，1987 年，第 495 页。
③ 《清实录·德宗实录》卷 496 光绪二十八年二月戊申条，北京：中华书局，1987 年，第 550 页。
④ 转引自胡晓：《清末法国传教士在四川教案中的处境及与地方官员的关系——从成都教案到义和团运动》，《宗教学研究》2015 年第 1 期，第 219 页。

我与该知县前往北戴河监督执行死刑。抵达现场后，所有头目请求赦免已定罪的人，因为迄今他们一直是品德良好的人。我与知县商量后表示同意，于是，他们改判为监禁。其余三人照判决执行。[①]

署江西永新知县阎少白（名尚庚），在处置辖区教案中“不胜逻逼”，于光绪二十二年十一月二十八日（1897 年 1 月 1 日）“服毒而卒”[②]。曾国藩曾在已受命复回两江担任总督尚暂留直隶做教案最后处置之际，上奏中言及中国官员办理教案之难：“庸懦之吏，既皆莫敢谁何；贤能之吏，一治教民，则往往获咎以去。”[③]州县正印官面对这种新的地方性问题的无所适从甚至被不合理的问责。不仅仅是在教案或民教冲突上，在晚清其他涉外事宜方面都有体现。比如辖境中的中外铁路。1899 年春至 1900 年夏，高密两任县令葛之覃和季桂芬，就曾直接面对来自德方、顶头上司和地方绅民的三重压力，而逐渐丧失维护地方治安的主导者地位，不再是具有“专权”性的主角，而是变成处理具体问题的“事务性”配角。并且由于其处于事态扩大或事态恶化的“现场”，若处置不力就要承担相应的责任，最终受到不同的惩处。这无关县令的治事能力和是否廉洁问题，而在于其事权边界不清晰。传统的知县权限根本无力应对明显带有对外交涉性质的外资影响和铁路修筑过程所出现的冲突和矛盾。对于他们为何成为众多参与处理的官员中受到惩处却最重的较合理解释是，他们应当对发生在其管辖区域内的暴乱承担主体责任。[④]其实，针对这些州县新事务，来自政府的比较像样的问责设计与安排似相当模糊甚至是不存在的，若如传统州县钱谷事务的问责制之完善、系统就更无从谈起了。

另外，因鸦片吸食烟毒治理不力被问责州县情况也比较多。嘉庆二十三年（1818），一顾姓知县因失察丁役买食鸦片及差役索赃，加之自己在审案中受贿 600 两白银，该知县按照“官吏受财不枉法赃一百二十两以上律拟绞监候”，但后将赃银于一年内呈交，刑部却上奏认为：“虽将赃银呈缴藩库，惟

---

① 《特派勤务官古尔德——亚当斯少校致在华陆军第三旅旅长函》（1901 年 4 月 9 日），天津社会科学院历史研究所编，刘心显、刘海岩译：《1901 年美国对华外交档案：有关义和团运动暨辛丑条约谈判的文件》，济南：齐鲁书社，1983 年，第 159—160 页。

② （清）龙学泰：《署永新县事阎少白太令哀辞》，永新县志编纂委员会：《永新县志》，北京：新华出版社，1992 年，第 703 页。

③ 中国第一历史档案馆，福建师范大学历史系：《清末教案》第 1 册，北京：中华书局，1996 年，第 920 页。

④ 马陵合：《中外铁路交涉中的基层地方官——以高密路案中的县令为例》，《社会科学研究》2017 年第 3 期，第 142、143 页。

官员营私婪赃，若照不枉法赃一年限内全完，死罪减一等之例，仅拟满徒，实属轻纵，应请旨发往新疆充当苦差。”[①]道光十八年（1838），吸食鸦片的直隶房山县知县宋嘉玉、署密云县知县冉学诗“访有吸食鸦片之事……断难姑容……著免其治罪，即行革职，永不叙用。”[②]光绪元年（1875）至光绪二十一年（1895），并在《清实录》中有名可查的因吸食鸦片而革职者 59 人，其具体的处分案例更是举不胜举。光绪三十四年（1908），因袁树勋奏劾戒烟不力，山东武定府同知蔡思荣，署蒲台县知县候补知县龚敦仁，金乡县知县署阳信县知县陈冠，霑化县知县钟树森，候补同知李友鑫，候补通判杨浚基，候补知县徐受谦、兆兰、张祖谦、郭鸿宾、王乃祯、黄乃汉、刘邦彦等一并革职；候补知州谢端，候补通判孙震，候补知县范文华、姚近曦著以原品休致[③]。同年，因冯汝骙奏参查明戒烟不力，江西武宁县典史徐家骏，试用通判濮维，试用知县周衍祜，试用县丞王邦瑞、葛璠夏仁澍程世纶等一并革职。宣统元年（1909）六月以嗜好未除，革广东试用知县李培源职。道光十八年（1838）十一月十六日，邓廷桢奏请对所辖地方禁烟不力的广东潮阳县知县杨砥柱摘去顶戴。[④]奉天复州知州鲍觐堂、宁海县知县袁振瀛也因此“交部议处”[⑤]。此外，还有一些州县正印官也被问责。[⑥]

上述这些情况，只是清代州县正印官地方管理问责制度实际执行的一些事例。类似的问责处罚可以说难以数计，不胜枚举，仅一部《清实录》所载，可以说汗牛充栋。王彦威、王亮的《清季外交史料》称：“京外各官殆无一人无一日不干吏议者。”[⑦]龚自珍的《明良论四》云：“府州县官，左顾则罚俸至，右顾则降级至，左右顾则革职至。”[⑧]甚至连皇帝自己也承认州县官员“处分多而开复不易。官员被处分案件”[⑨]乾隆五年（1740）五月，文官被处分的案

① （清）祝庆祺：《刑案汇览》卷 50，《续修四库全书》编委会：《续修四库全书》第 871 册，上海：上海古籍出版社，2002 年，第 4 页。
② 《著将吸食鸦片之房山知县宋嘉玉等革职永不叙用事上谕》，中国第一历史档案馆：《鸦片战争档案史料》第 1 册，上海：上海人民出版社，1987 年，第 435 页。
③ 《清实录·德宗实录》附《宣统政纪》卷 5 光绪三十四年十二月丁卯条，北京：中华书局，1987 年，第 81 页。
④ 中国第一历史档案馆：《鸦片战争档案史料》第 1 册，上海：上海人民出版社，1987 年，第 429、464 页。
⑤ 中国第一历史档案馆：《鸦片战争档案史料》第 1 册，上海：上海人民出版社，1987 年，第 472 页。
⑥ 中国第一历史档案馆：《鸦片战争档案史料》第 1 册，上海：上海人民出版社，1987 年，第 435、464、472、504—505 页。
⑦ 王彦威纂辑，王亮编：《清季外交史料》卷 148，北京：书目文献出版社，1987 年，第 2419 页。
⑧ （清）龚自珍：《明良论四》，《龚自珍全集》，上海：上海人民出版社，1975 年，第 35 页。
⑨ 《清实录·高宗实录》卷 708 乾隆二十九年四月甲申条，北京：中华书局，1986 年，第 908 页。

件达 182 件；乾隆十七年（1752）十月，官员被处分案件则达 353 件；乾隆三十三年（1768）五月，官员被处分案件 350 件；乾隆四十八年（1783）十月，处分案件 379 件。[①]经笔者按《清实录》记载初步统计，光绪元年（1875）到清帝逊位，有姓名可查的被封疆大吏参劾革职的文职官员至少有 5984 人次，而其中多数都是州县正印官。

就惩处的力度来说，作为地方治理最直接和国家与社会矛盾交汇点的州县官员，无疑是地方官员中最为严厉的，这不仅从官员问责制度条款责任等差之规定得到证明，而且可以从问责追究实施结果得到体现。嘉庆八年（1803）六月二十一日，山东巡抚铁报在《奏为饬令藩司开具通省官单分项核计附呈御览事》中称，山东省 105 个州县正印官，身有降级、革职、留任的有 26 人，有降俸、降职、停升处分的有 51 人，以至于有濮州等知州缺出待补，“非年限不符，即有处分，实无一人合例”[②]。柯耸《请蠲民欠疏》载：“年来考成严切。”[③]“有受事数日而诖吏议，历官数十年而未沾寸禄者。”[④]正因为如此，清朝官员几乎无官不曾被问责、无官不有处分，甚至受到处分者尚不止一次，往往是多次，甚至是数十次。乾隆四十七年（1782）四月至乾隆五十四年（1789）十一月间，地方大吏李世杰的问责处分达十三次之多，其中包括罚俸一年，降二级留任，降三级从宽留任，革职从宽留任，免革任仍注册、免革任三年不准领养廉银等。[⑤]乾隆年间河南县令李如龙、杜锡龄等其“参罚事件，俱至二三十案之多……该员等每年应得编俸，已逐年扣抵，其浮罚之俸，例应听其自行完纳，向不勒追，以致积款累累”[⑥]。根据《军机处录副奏折·内政职官类》第 6、7、8 盒资料文字，宁夏县知县贾建奇有处分 45 次，桃源县知县郑毓贤有 30 次，华亭县知县许治有 64 次，番禺县知县张学举有 19 次，清远县知县周绂有 46 次、无锡县知县王镐有 33 次，广东曲江县知县李绍膺处分次数达 72 次之多。[⑦]而升调资格渐次放宽，乃至宽至 10 案、数十案，更证明了问责制度的严格践行。汪祖辉是清代中叶著名良吏，幼习律例，

---

① 孟姝芳：《乾隆朝官员处分研究》，呼和浩特：内蒙古大学出版社，2009 年，第 27 页。
② 《朱批奏准》，中国第一历史档案馆藏，档案号：04-01-12-0265-034。
③ 光绪《重修嘉善县志》卷 31《艺文志·奏疏》，清光绪十八年（1892）刊本，第 53 页。
④ （清）葛士浚：《皇朝经世文续编》卷 10《治体·孙鼎臣〈论治篇二〉》，沈云龙主编：《近代中国史料丛刊》第 741 册，台北：文海出版社，1972 年，第 328 页。
⑤ 《乾隆朝内阁吏科题本·纠参处分类》第 208 盒第 1770—1776 拍，中国第一历史档案馆藏；转引自孟姝芳：《乾隆朝官员处分研究》，呼和浩特：内蒙古大学出版社，2009 年，第 23 页。
⑥ 《清实录·高宗实录》卷 708 乾隆二十九年四月丙戌条，北京：中华书局，1986 年，第 909 页。
⑦ 孟姝芳：《乾隆朝官员处分研究》，呼和浩特：内蒙古大学出版社，2009 年，第 21 页。

为幕30余载，乾隆五十二年（1787）为湖南宁远县知县，乾隆五十六年（1791）曾署道州知州，旋调善化县令。他虽因忤上级夺职，也曾认为法多官难，但仍告诫："语有之，州县官，如琉璃屏，触手便碎。诚哉是言也。一部《吏部处分则例》，自罚俸以至革职，各有专条，然如失察、如迟延皆为公罪，虽奉职无状，大率犹可起用，若以计避之，则事出有心，身败名裂矣。故遇有公罪案件，断断不宜回护，幸免自贻后訾。"[①]即便这样，也尚不能完全呈现出有清一代州县官员问责的历史原貌，因为清朝州县官员不过是官僚队伍之末梢，地方州县事宜纷繁且复杂琐碎，因而纳入记载者甚少、甚略。而本书文字规模究属有限，因此只能做出如同上述的不过是蜻蜓点水、浮光掠影的叙述和分析。

## 六、州县问责执行中存在的问题

前述五目主要侧重于清代州县正印官地方治理问责制度的落实、实施，至于州县正印本人操守德行以及州县治理不作为、乱作为等而未被追究责任的情形，无疑是客观存在，甚至是大量存在的。在实际执行中，有法不依、执法不严的情形是同样存在的。比如，山东临邑县陈赢仙（赓元），本"以计典去官，短交仓库正款至万八千余金，应拟大辟，已收入府狱中"，道光五年（1825），他却利用一切关系网进行运作，"日思所以解脱之"将所短仓库正款"缩其数至一万以内，实亏九千余金"，甚至期望"限内完缴，便可免罪，且准捐复原官"，该省大员讷尔经额、陈中孚及济南府知府杨蓉峰（惠元）等人"极力为之部署"，拟定利用"潍县缺出，佥商接手之人……令其于半年内补苴临邑亏数"，于是"选一某令，并面告之故，某令极口担承"，只是由于后来省府人事变动，"家大人擢苏藩，讷近堂擢漕帅，杨蓉峰回泰安任，陈中丞卒于山东，某令已莅任半年余，见原议之上官无一在眼前"，而"顿翻前说，一毫不拔"。陈赢仙（赓元）"以限满无完，照例拟罪，卒于府狱"[②]。又如，福建建阳县知县的李六成自行田赋减则罚俸处分案：康熙二十五年（1686）任建阳县知县的李六成，因见民间钱粮历年拖欠，前官多致挂误，于是遍访舆情，发现阳邑民田皆系下则，明朝初年每亩只征银5分1厘，后加至7分3厘1丝5忽，赋重田硗，民力难完，以至积逋累累。李六成遂将建阳县已经

① （清）汪辉祖：《学治臆说·公过不可避》，官箴书集成编纂委员会：《官箴书集成》第5册，合肥：黄山书社，1997年，第291页。
② （清）梁恭辰：《北东园笔录初编》卷4《救人不终》，上海：进步书局，1921年校印本。

开垦照则征收钱粮的 695 顷荒田的垦复情况不予上报，私自将建阳县的田赋征收标准从每亩 7 分 3 厘 1 丝 5 忽，减免 1 分 1 厘 6 毫，下调至每亩 6 分 1 厘 4 毫 1 丝 5 忽，用以前曾上报为荒田而当时已开垦为成熟之田且行征收的田赋，来弥补因为降低每亩征收标准短缺的赋税数额。与此同时，在上报给户部的赋税册籍内，仍然记载着该县有荒田 695 顷。此中虽然情有可原之处，但是，从问责法律法规而言，明显严重违背，例当重惩李六成及其各该当上司，可是，该案东窗事发后，乾隆元年（1736）十月二十八日，主持户部事务的大学士张廷玉等经密议后在奏折中，仅将对“其历任该管官员，不行查出，均应罚俸一年”[①]。执法之不严由此可见一斑。前揭乾隆元年（1736）的祁门县知县毛豸绣亏端县仓 840 石一案，前后 20 多年历经知县多任，造假登录，交代等，其渎职、瞒报十分明显，尽管到乾隆三十年（1765）后事发，才给予多名州县官员追究责任，相关上司也做了连带问责，但是这 20 年间的有法不依、违法不究却是昭然若揭的。这样的有责不问，问而不及时，不严格、不适当的案例举不胜举。十分轰动的同治十二年（1873），浙江余姚县知县刘锡彤所审县民葛品连错误以致引发杨乃武案就十分典型。次年三月，在广州府首县发生一宗怀疑投毒杀人案，杜凤治当时交卸在即，想尽快结案，便示意承审委员王德溥、唐棱严审，两人在审讯中对可能知情的 13 岁的小虎用刑拷打，报社报道了此事。按察使张瀛和总督瑞麟都表示，如果小孩死了，将要追究有关官员责任。杜便命家人对受刑小孩抚慰、医治，并在总督、按察使面前承担责任，为王、唐两人辩解。光绪三年（1877）四月，杜凤治委派的审案小委员祝慕尧审讯抢劫疑犯，疑犯不供认自己罪行，祝用刑过重，打死三人，新闻也报道了此事。按吏部则例，审案不可委之佐杂，按《大清律例》，打死疑犯也是重罪。但杜凤治命人将审讯记录的“无供”改作有供，把疑犯死因写成因病身亡就了结此事，也是有违州县责任而没有被追究。至于州县责任追究处罚制度之外的潜规则，尤其是官员之间的个人恩怨，对州县过愆正印官责任追究的干扰，更是屡见不鲜。乾隆年间湖南按察使对宁远县知县汪辉祖前往桂阳勘办何刘氏四名案犯革职的影响[②]，以及广东封疆大吏在广宁县知县杜凤治任上“闹考”一事上的庇护而使其免被追究就是明证。并且，许多问责规定、条文，上谕一而再、再而三不断地强调，问责的法律

---

① 何平：《从乾隆建阳田赋案论清代的赋税管理》，《清史研究》2004 年第 2 期，第 75 页。

②（清）汪辉祖：《清汪辉祖先生自定年谱——一名病榻梦痕录》卷下，台北：商务印书馆，1980 年，第 220—224 页。

法规，吏部、户部、刑部一再地重申、制定等，恰好证明了之前问责执行的乏力，甚至有的就是一纸具文，没有得到认真落实。对如此这般大量存在于史料中俯首皆是的问责问题，笔者并不否定，也非视而不见，只因学界既有的研究对此已多有涉及和揭露，同时由于本书文字有限，恕不展开。

## 第二节　问责制度及其实施对州县正印官的心理震慑与鞭策

一项制度的评价，客观而论是一个非常困难与麻烦的事。首先，它取决于作为文本的制度或者表达的制度究竟如何。其次，它取决于作为文本制度的实践状况，也就是说，其实施如何或实际运作怎样、效果如何等。而作为后者，除了文本制度的这一影响制约因素外，尚有其他诸种因素。譬如，其他相关的人的（如作为执法者的执法素质、能力、执法理念等）、物的（如资金、设施），以及环境（譬如政策、监督监察、其他相关的政治法律制度）等因素。而且这些相关因素应是一个正相关，而不能有导致综合效应有所抵消或折扣的存在。换言之，在这些影响制约之因素中，文本制度之外的其他任何一个因素，都会影响到制度的实施及其效果，而将这种非文本本身的其他因素所导致的负面效应或者说使效果受到影响之结果，作为制度评价依据，显然对制度本身是有欠公允、客观评价。作为制度执行实际效应的估量，本身就存在难度。比如作为本问责制度的效应，在于官吏的过犯率是否降低，所辖地方的治理比无此制度好了多少。但无论是前者还是作为后者，都无法得到精确计算。比如前者，过犯发生率=特定的地区特定的时间内所发生的官吏惩戒数量/上述地区上述时间内官吏数量×10 000/10 000（计算的结果是上述地区上述时间内每一名官吏中的过犯量的增减）。如果减少了，说明惩罚产生了效益，即便惩罚不是减少的唯一原因，但至少是过犯率降低的产生因素之一；相反，提高了，虽然不一定就是惩戒制度的因素使然，但同样至少可以说明惩戒的效益是不令人满意的。具体而论，一是对特殊预防效益进行评价，可以看再犯或重犯状况（如再犯的绝对量或再犯发生率=特定的地区特定的时间内再犯发生量/上述地区已经有罪判决人数×100/100。计算的结果是上述地区每一百名特殊预防对象中所发生的再犯量的增减）。二是对一般预防效益进行评价，体现在两方面：一方面，看初犯发生率（初犯发生率=特定的地区特定的时间内初犯发生人数/上述地区上述时间内一般预防人口数量×10 000/10 000）。计算的结果是上述地区上述时间内每一万人中的初犯量的增减状况。另一方面，看社会对官员队伍的评价，方法如问卷调查、征询意见、举行座谈会等。

对于作为本书主题的清代州县问责制度的评价则更为困难和棘手。因为，除了前面所说的原因外，至少还有两条，第一条，既往大量的有关清朝州县吏治腐败的揭露，尤其是清王朝最终覆亡且不可逆转的既成事实似乎已经给予了否定性的似乎不可辩驳、无须辩驳的回答。第二条，就是论题对象上所谓的政治正确性的困难，因为是来自作为统治者的并促成对包括民众在内地方进行治理、管理乃至控制的一种顶层设计，易于受到既往思维的困扰与束缚。鉴于这样，加上本书的落脚点在于制度本身对要进行州县治理的官员产生的影响，所以，本书拟就侧重文本制度及其施行尤其是文本制度本身对州县正印官的直接作用影响方面加以讨论，而不拟对其延伸性问题（如因为心理震慑而派生的诸如隐瞒、舞弊等）加以讨论。也就是立足于顶层设计安排的直接心理震慑等因素引起州县进行地方治理。清代州县官员责任制度以及追究的实际施行，其对知州、知县们的影响是多方面的。笔者认为，清代州县问责制度的最大功能和作用在于如下几个方面。

## 一、预防教育作用

刑罚理论表明，问责与处罚的直接与主要目的在于控制人的行为。这个控制，实质就是预防，也就是教育。18 世纪的英国哲学家裴利在他的那本对当时英国“刑事立法的趋势产生了强有力的影响”的著名著作《道德与政治哲学原理》一书中说：“裴利主张，所有刑罚的目的不是满足正义，而是预防犯罪”①。即“不只是控制因违法被判刑后正在服刑的人的行为，而且控制一旦违法便应受惩罚的人的行为。”②也就是既个别预防，又一般预防。所谓个别预防就是使受惩罚者在遇到类似情形后不再重复过犯；一般预防，就是通他人的问责惩处遏制潜在的过犯人实施相似的或更坏的犯罪。这正如西方刑罚学家边沁等所说：“无论如何，刑罚的主要目的都是一般预防。”③“刑罚的目的既不是要摧残折磨一个感知者，也不是要消除业已犯下的罪行。……刑罚的目的仅仅在于：阻止罪犯再重新侵犯公民，并规劝其他人不要重蹈覆辙。”④也就是说，问责处罚等

---

① 转引自邱兴隆：《关于惩罚的哲学：刑罚根据论》，北京：法律出版社，2000 年，第 78 页。
② 转引自邱兴隆：《关于惩罚的哲学：刑罚根据论》，北京：法律出版社，2000 年，第 81 页。
③ 转引自邱兴隆，许章润：《刑罚学》，北京：中国政法大学出版社，1999 年，第 37 页。
④（意）切萨雷·贝卡利亚著，黄风译：《论犯罪与刑罚》，北京：中国法制出版社，2002 年，第 49 页。

基本目的就是教育，通过对过犯当事者的制裁教育他人不重蹈其覆辙，从而减少嘉庆皇帝所说的“前车已覆，后辙相循，如蛾投火”的现象，避免“整顿后之腐败，较之曩日盖无以异，或反有加焉”①。

清朝国家州县问责制度中也包含着明确的教育理念，“明刑所以弼教”“抱刑期无刑之心，执辟以止辟之法”②便是其高度凝练的表达。雍正皇帝在雍正七年（1729）的上谕中强调处罚就是要使人“各怀畏惧……洗心涤虑”③。“古云，刑人于市，与众弃之。原欲使家喻户晓，共知儆畏。”④乾隆皇帝曾对刑部办理秋审而忽视其教育功能就表示过不满：“其人之所犯何罪，律应正法之故，民间不能周知，无怪乎岁举明刑之典，而犯法者仍众也。自当于秋后处决时，将该犯必应正法情节，摘出简明数语，揭示通衢，俾愚民触目儆心，庶不致轻罹法网。著自朝审勾到为始，大学士会同刑部，将予勾不予勾各犯，并经朕酌核情罪分别办理之处，节录情由呈览，随时榜示市曹，俾众知朕明慎用刑至意。嗣后办理各省秋审勾到时，将各犯应勾应缓情节，一体摘叙数语奏阅，行知各该督抚，于处决时出示晓谕，以昭炯戒，庶几穷乡僻壤，皆知辟以止辟之意。”⑤乾隆七年（1742）上谕：“国家举行大计，乃三载考绩黜陟幽明之要典……举一人而众皆知劝，劾一人而众皆知儆，则官方以肃，吏治以清。”⑥柯耸《请蠲民欠疏》云：“年来考成严切，有司竭力催科。百姓上则感念皇恩，下则奉行官法，惟有急公完纳，何敢复有拖欠”⑦，由此可见，国家钱谷考成—州县催科—花户完纳，三者之间紧密联系，直接关联。而钱谷考成即责任追究制度，乃清朝国家地方赋税治理的重要杠杆。对州县具有最为直接的鞭策、教育、督促作用。乾隆五十八年十二月二十三日（1794年1月24日），浙江布政使禀总督部堂觉罗称，浙江省因乾隆五十七年（1792）之前“岁内竟不破白，五十八年限解七分之数，内有仁和和余杭竟至八分，其余自五、六、七分不等。已足数者，记存档案报最善良，不足数者，

①《积习宜除议》，《盛京时报》1905年5月28日。

②（清）昆冈等修，刘启端等纂：《钦定大清会典事例》卷846《刑部・刑律断狱》，《续修四库全书》编委会：《续修四库全书》第810册，上海：上海古籍出版社，2002年，第321页。

③（清）昆冈等修，刘启端等纂：《钦定大清会典事例》卷846《刑部・刑律断狱》，《续修四库全书》编委会：《续修四库全书》第810册，上海：上海古籍出版社，2002年，第320页。

④（清）昆冈等修，刘启端等纂：《钦定大清会典事例》卷848《刑部・刑律断狱》，《续修四库全书》编委会：《续修四库全书》第810册，上海：上海古籍出版社，2002年，第336页。

⑤（清）昆冈等修，刘启端等纂：《钦定大清会典事例》卷848《刑部・刑律断狱》，《续修四库全书》编委会：《续修四库全书》第810册，上海：上海古籍出版社，2002年，第336页。

⑥（清）昆冈等修，刘启端等纂：《钦定大清会典事例》卷80《吏部・处分例・大计统例》，《续修四库全书》编委会：《续修四库全书》第799册，上海：上海古籍出版社，2002年，第352页。

⑦ 光绪《重修嘉善县志》卷31《艺文二・奏疏》，清光绪十八年（1892）刊本，第53页。

委员摘署，彻底清查，并按照程途，展以时日，共余三分数目，勒限四月全完，以保考成，以符奏限”①。问责后有改过自新情形：“待罪以来，披星戴月，竭蹶奉公，案无巨细，随到随讯，讼棍贼匪，亦俱认真惩办，编造滚册，严催的欠，期去其太甚之弊。”②

当然，学界既往不多的研究之中有观点并不承认清代官吏问责制度所具有的预防教育功能。他们认为明清律将笞杖之罪改为“罚俸”“降级”“调用”“革职离任”，犯官所受的已经不是刑罚，而是行政处分，而这种行政处分依据源于《六部处分则例》而非《大清律》，且其执行不由刑部而是吏部、兵部，同时往往官官相护，即便作为刑罚制裁的判决，又多出自喜怒无常的皇帝。总之，文武官员违反行政法令的处分无儆惕之效，没有意义。因此，大致而言，刑法所定的分别州县问责之公私罪名和行政法所定的罚俸到革职的处分，对官吏滥权并无客观、妥当、有效的防止作用。③

然而，大量的史料表明，包括行政处分和刑法制裁的问责制度对官员的影响却与上述看法截然相反。无论是可能被作为问责对象的官员，还是制度与之无直接关联的绅士，大都认为规定过密、过繁，对官员影响至大。而承认清代州县问责制度的预防教育功能，并不等于说它是万能的，不是说有了问责制度及其实施，州县官员的过犯就会不再发生或杜绝。事实上，犯罪的产生、存在和继续发生，从根本上说在于犯罪所存附的有机体即现实的社会本身，即社会造成了犯罪，“犯罪是一种社会病态”④。“要大规模地培植一个不产生犯罪的社会的基础，便会要重构社会本身”⑤。一定的过犯与违法乱纪的产生和存在，成为人类社会发展过程中不可避免的社会历史现象，“防弊虽有百法，舞弊奚啻千端”，以问责完全防止或杜绝官员过失乃至犯罪，也就不可能。法律既然不是万能，那么对问责效应的过高，甚至是极端的预期也就不必，相应，对清代州县问责制度及其施行情况下，依然存在着知州、知县渎职不作为，或乱作为的现象，也不必大惊小怪，从而对制度本身存在的并在实际起到的一定的预防教育不应简单地全盘否

① （清）不著撰者：《治浙成规》卷 2《藩政二·革禁积弊以省糜费四条》，官箴书集成编纂委员会：《官箴书集成》第 6 册，合肥：黄山书社，1997 年，第 375 页。

②（清）沈衍庆：《槐卿遗稿》卷 3《书牍·覆署吉安文太守询泰和地方情形书》，清光绪三十一年（1905）木活字本。

③ 张伟仁：《中国法文化的起源、发展和特点（下）》，《中外法学》2011 年第 1 期，第 17 页。

④ 司法部法学教材编辑部编审：《犯罪学》，北京：法律出版社，1997 年，第 184 页。

⑤ 转引自邱兴隆：《关于惩罚的哲学：刑罚根据论》，北京：法律出版社，2000 年，第 172 页。

定。这正如安德聂斯所说：“如果一个人犯了罪，我们只能认为一般预防对他未起作用……但我们决不能据此做出结论，认为一般预防对所有犯罪的人都无效力。”[①]也就是说，只要问责制度对一个州县官员产生预防教育作用，那么该功能的存在就是毋庸置疑的。相反，只有问责制度的一般预防对所有州县官员之无效能够得到证明后，才能真正说明清代州县问责制度一般预防作用的不存在。同时，清代大量来自包括州县官员在内的官箴书及其官箴书州县治理的内容，都认为问责制度具有预防作用。譬如作为地方官的方大湜即提出必须阅读《大清会典》《洗冤录》《大清律例》，说“读之可以寡过”[②]；光绪五年（1879），延昌选补浔州府时备带的书籍也有作为官员问责依据的《大清律例》《大清会典》《六部处分则例》[③]等。这些也从另一个侧面证明了问责制度之预防、教育功能的存在。而清代各州县的藏书中不乏相关书籍的收藏同样也是证明。[④]更况，如哈格所指出的，“惩罚的威吓从来便不能遏制所有人。要是其做到了这一点，便不会有罪犯。即使是最过分的威吓也不可能在所有时候遏制所有的人。只要大部分人在大部分时候受到遏制，便足够了”[⑤]。

## 二、震慑鞭策功能

州县问责制度所具有的教育与鞭策功能是与该制度的强制、威慑紧密联系的。刑事问责，辟以止辟，行政责任，“绳以刑罚，使人怵惕文网”。雍正七年（1729），上谕强调刑罚目的就是要使人“各怀畏惧……洗心涤虑”[⑥]。乾隆七年（1742），上谕指出，定期八法处分所要达到的，就在于“劾一人而众皆知儆，则官方以肃，吏治以清”[⑦]。乾隆三十八年（1773）的上谕也承认刑罚的威慑功能，就是要令

① （挪威）约翰尼斯·安得聂斯著，钟大能译：《刑罚与预防犯罪》，北京：法律出版社，1983年，第30页。

② （清）方大湜：《平平言》卷1《候补宜读书》，官箴书集成编纂委员会：《官箴书集成》第7册，合肥：黄山书社，1997年，第598页。

③ （清）延昌：《事宜须知》卷1《在京·备带书籍》，官箴书集成编纂委员会：《官箴书集成》第9册，第7—8页。

④ 譬如隆平县就有《训饬州县规条》《铨选处分则例》《大清律例》《大清律例续纂》《大清律例续纂条例》等。

⑤ 转引自邱兴隆：《关于惩罚的哲学：刑罚根据论》，北京：法律出版社，2000年，第98页。

⑥ （清）昆冈等修，刘启端等纂：《钦定大清会典事例》卷846《刑部·刑律断狱》，《续修四库全书》编委会：《续修四库全书》第810册，上海：上海古籍出版社，2002年，第320页。

⑦ （清）昆冈等修，刘启端等纂：《钦定大清会典事例》卷80《吏部·处分例·大计统例》，《续修四库全书》编委会：《续修四库全书》第799册，上海：上海古籍出版社，2002年，第352页。

当事人以及知情民人“共知儆畏”[①]。嘉庆十五年（1810）六月十九日，内阁抄出十八日就当天吏部具题议处顺天府南路同知窦景燕于审详案犯辄用非刑照例议以革职题本中所引例文——用非刑者革职，跪链压膝等刑者降一级调用等语，上谕称：“若承问官审讯各犯于案情未定之时，既不能遽的确情而一经拧耳压膝即例有应得处分，则凡属问刑各官竟无不于吏议者。”[②]

按照清朝官制，“那时选一个州县官到手，真不容易”[③]。从童生、秀才、举人，甚或须至进士后才有资格，“进士或以知县、教授即用，或以知县、教授归班序选”[④]。乾隆年间著名幕友汪辉祖，自17岁童试获中入学后，“逢场必考，死而后已”，先后经历9次乡试，到乾隆三十三年（1768）39岁时才得以中举，后又经4次会试，到乾隆四十六年（1781）时成进士，而得以奉旨归进士班选用，其一路的艰辛可想而知。[⑤]即便是到了这一步，看似离做官仅有一步之遥，但实际的“候”缺掣签，煞是难挨。史载，尚是盛世的乾隆朝“经吏部拣选以知县注册候选者动至数千，积久愈多，遂成壅滞，是以需次竟至三十余年”[⑥]。到光绪初年，哪怕是“进士即用知县，非加捐花样，则补缺綦难”[⑦]。对于举人，有专家经研究后指出：“举人得官的比例，约为‘铨官不过十分之一’，其余近十分之九皆不能进入仕途”[⑧]，若加上后来的分部“学习”或分发地方候选，以及清末担任课吏馆的课吏，则更多了一番乃至几番周折。光绪十七年（1891），陕甘总督杨昌濬就指甘肃“候补人员过多”，以致有“随班听鼓有数十年及十余年而不得缺者”[⑨]。总算挨至掣签，也还有系列严格而烦琐的程序：吏部要“审其资格，核其班次”，而“应选知县之各省进士、举人……先期檄令赴部，曰截取，以次选用”[⑩]。

① （清）昆冈等修，刘启端等纂：《钦定大清会典事例》卷848《刑部·刑律断狱》，《续修四库全书》编委会：《续修四库全书》第810册，上海：上海古籍出版社，2002年，第336页。
② （清）姚雨芗原纂，胡仰山增辑：《大清律例会通新纂》卷3《名例律上》，沈云龙主编：《近代中国史料丛刊》三编第211册，台北：文海出版社，1987年，第221页。
③ 瞿兑之：《汪辉祖传述》，上海：商务印书馆，1935年，第25页。
④ （清）允祹等：《钦定大清会典》卷5《吏部·文选清吏司·铨政》，《景印文景阁四库全书》第619册，台北：商务印书馆，1986年，第64页。
⑤ （清）汪辉祖：《清汪辉祖先生自定年谱——一名病榻梦痕录》卷上，台北：商务印书馆，1980年，第84、87—88页
⑥ 《清朝通典》卷20《选举三》，杭州：浙江古籍出版社，2000年，第43页。
⑦ 赵尔巽等：《清史稿》卷112《选举志》，北京：中华书局，1997年，第3242页。
⑧ 杜家骥：《清代官员选任制度述论》，《清史研究》1995年第2期，第10页。
⑨ 中国第一历史档案馆：《光绪朝朱批奏折》第1辑，桂林：广西师范大学出版社，1995年，第196页。
⑩ （清）允祹等：《钦定大清会典》卷5《吏部·文选清吏司·铨政》，《景印文景阁四库全书》第619册，台北：商务印书馆，1986年，第68页。

签选各官，外官道府以下，包括知州、知县等州县正印，“俱于二十五日掣签拟补，初授者，自九品以上，俱于天安门外掣签”[①]。此前，须到吏部亲自投供听点，届轮选到班，于二十四日到吏部验到。二十五日掣缺后，二十八日，已选之员由吏部带至东阙门内，预备钦派王大臣验看，东向立背某名若干岁。选缺后的次月一日，吏部呈进月官卷一份，如系旗员，内开奴才某名、某旗、某佐领下某生，年若干岁；如系汉员，须写臣某名、某省、某县、某生，年若干岁，叙明案由云云，今签掣某省、某府、某县，敬缮履历，恭呈御览，谨奏。后面敬书年月日。接着于初五日黎明前，穿蓝袍补褂挂珠，并带荷包手巾，也就是外省所称的“忠孝带”，到内阁验放。[②]继而，以领到吏部照之日为始，各依定限赴任。倘领凭到任违限，吏科将题参议处，违限1月以上罚俸3个月，2月以上罚俸6个月，3月以上降1级调用，4月以上降2级调用，5月以上降3级调用，半年以上革职。[③]韩辉祚在为褚瑛《州县初仕小补》所做的序中说：“愚村居训蒙三十年，一绣滨老书生耳，庚辰科会试后以大挑签分广东，相去万里，言语殊，风气异矣。既到省，察其人情，访其土俗，思预为吏治之地，怅怅然，莫知所之。”[④]汪辉祖从奉旨归进士班选用，再到授职就经历了数年的候班，直到乾隆五十一年（1786）57岁时才获湖南永州府宁远县知县之职，旋经“借领养廉银四百两”，回籍变卖家产最终于次年到任履职。[⑤]而到任后的州县个人德行操守及所辖地方治理，几乎无一不有责任，无一责任不有追究，这些追究无论是行政问责的罚俸、降调、革职，还是作为刑事责任追究各类型，都对州县官员产生负面影响，从而对之产生震慑之效。

拿罚俸来说，罚俸对于州县官员的经济影响是很大的。首先，知州、知县多为初授入职，其中多数经济原本不宽，甚至负有债务在身。彭洋中《寄贺石农明府书》载：“今之仕者，大半为贫，然往往为贫所累。初仕时，冠裳、舆马、道

---

① （清）允禄等监修：《大清会典（雍正朝）》卷10《满汉铨选总例》，沈云龙主编：《近代中国史料丛刊》三编第762册，台北：文海出版社，1994年，第412页。

② （清）延昌：《事宜须知》卷1《在京》，官箴书集成编纂委员会：《官箴书集成》第9册，合肥：黄山书社，1997年，第4—6页。

③ （清）允禄等监修：《大清会典（雍正朝）》卷14《领凭赴任》，沈云龙主编：《近代中国史料丛刊》三编第762册，台北：文海出版社，1994年，第667—668页。

④ （清）韩辉祚：《州县初仕小补·序》，官箴书集成编纂委员会：《官箴书集成》第8册，合肥：黄山书社，1997年，第730页。

⑤ （清）汪辉祖：《清汪辉祖先生自定年谱——一名病榻梦痕录》卷上，台北：商务印书馆，1980年，第127—128页。

路、旅食、应酬之费，率由称贷……弟所以不敢为州县者，诚恐分发于缺瘠苦而又亏空累累之省，不得自全也。”[①]其次，清代的知州、知县薪俸本来就十分微薄，通常岁俸 45 两。例如，山西省阳曲、太原、榆次、太谷、祁县、徐沟、交城、文水、岚县、兴县、临汾、襄陵、洪洞、浮山、赵城、太平、岳阳、曲沃、翼城、汾西、灵石、长治、长子、屯留、襄垣、潞城、黎城、壶关、汾阳、平遥、介休、孝义、临县、石楼、宁乡、大同、怀仁、山阴、灵邱、广灵、阳高、天镇、右玉、马邑、左云、平鲁、宁武、神池、偏关、五寨、凤台、高平、阳城、陵川、沁水、永济、临晋、荣河、猗氏、万泉、虞乡、榆社、和顺、沁源、武乡、寿阳、盂县、乐平、定襄、静乐、五台、繁峙、崞县、河曲、安邑、夏县、平陆、芮城、稷山、河津、闻喜、绛县、垣曲、乡宁、大宁、永和、蒲县 87 个县的知县，“每员俸银四十五两”[②]。养廉方面，阳曲、榆次、祁县、徐沟、临汾、洪洞、曲沃、灵石、吉州、平遥、介休、永济、临晋、盂县、寿阳、乐平、安邑、闻喜 18 个州县，“每员养廉银一千两”；而岢岚、应州、阳高、怀仁、山阴、天镇、灵邱、左云、右玉、平鲁、朔州、神池、五寨、凤台、静乐、崞县、繁峙 17 个“州县每员养廉银九百两”；汾西、长子、屯留、襄垣、汾阳、大同、浑源、马邑、高平、武乡 10 个州县每员养廉银八百五十两；太原、太谷、交城、文水、岚县、兴县、浮山、赵城、岳阳、翼城、襄陵、太平、长治、黎城、潞城、壶关、孝义、临县、石楼、永宁、宁乡、广灵、宁武、偏关、陵川、阳城、沁水、荣河、万泉、猗氏、虞乡、榆社、和顺、沁源、定襄　五台、河曲、夏县、平陆、芮城、稷山、绛县、河津、垣曲、乡宁、大宁、永和、蒲县 48 个州县的知州或知县“每员养廉银八百两”[③]。至于各省学习人员，雍正七年（1729）谕令由该督抚等酌量每月给以 3—4 两为薪水之资，于本省存公银内支发，嗣经户部议定同知、知州每员月给薪水银 4 两，通判、知县月给银 3 两，佐杂每员月给银 2 两。再次，州县官员的开支原本就很大，同时因其职掌事务众多，范围广泛，尤其是刑名钱谷动辄被吏议“钱谷簿书之间，一毫不如法，辄干处分”，甚至“有受事数日而诖吏议”[④]。“参罚

① （清）盛康：《皇朝经世文续编》卷 24《吏政七・守令上》，沈云龙主编：《近代中国史料丛刊》第 833 册，台北：文海出版社，1992 年，第 2551—2553 页。

② （清）海宁：《晋政辑要》卷 1《各官俸银》，官箴书集成编纂委员会：《官箴书集成》第 5 册，合肥：黄山书社，1997 年，第 445—446 页。

③ （清）海宁：《晋政辑要》卷 2《文职养廉》，官箴书集成编纂委员会：《官箴书集成》第 5 册，合肥：黄山书社，1997 年，第 450 页。

④ （清）葛士浚：《皇朝经世文续编》卷 10《治体》，沈云龙主编：《近代中国史料丛刊》第 741 册，台北：文海出版社，1972 年，第 328 页。

处分日密一日，降级、革职动出意外”[①]。最后，罚俸的执行办法使被罚官员经济上雪上加霜。清例，在雍正七年（1729）上谕之前，“外任大小官员，罚俸之例，如罚俸一年者，则将本年应领俸银扣抵，如再有罚俸之案，则勒限一年，追出俸银解部，如一年不完，又罚俸一年，辗转增加，常有因一二年之罚俸，而积至数年，或十数年者”[②]。“历官数十年而未沾寸禄者”[③]。

被罚俸追究后的知州、知县不仅经济陷于窘境，政治前途上也受到影响。清代知州、知县虽然没有 3 年任期之定制[④]，但却有“阅俸五年以上始许题升，三年以上始许题调”[⑤]的规定，如果任职未满 5 年而欲请升，督抚必须照例声明，以人地相需专折进行奏请。而每 3 年 1 次的大计的卓异评定，尽管“按省分（份）大小，缺分多寡”[⑥]而有定额，从乾隆五十年（1785）起，“州县以上至道员，计十五员准荐一员，教职、佐杂，计一百三十员内准荐一员”[⑦]，实际卓异的比例甚低[⑧]。但却不受前者未满 5 年的限制，乾隆朝《大清会典》对此规定，外官升迁，无论是“即升”，还是“推升”，一般是“论俸升转”，唯有卓异在外官即升中不论俸，余皆论俸：“凡即升，议叙及卓异官不论俸，遇应升有缺即升”；卓异也可以“寻例推升”[⑨]，上升班次较多。因此，经卓异而晋升的是州县官员一条重要且比较快速的上升通道。但前提条件甚多，罚俸处分即是一端。在雍正元年（1723）以前，“降级罚俸者，例俱不准卓异”，不准卓异，也就失去“得升”的资格，尔后虽可参加评比，但也

① （清）李钟麟：《李文襄公奏议》，沈云龙主编：《近代中国史料丛刊》第 311 册，台北：文海出版社，1969 年，第 101 页。
② （清）昆冈等修，刘启端等纂：《钦定大清会典事例》卷 85《吏部・处分例・官员罚俸》，《续修四库全书》编委会：《续修四库全书》第 799 册，上海：上海古籍出版社，2002 年，第 417 页。
③ （清）葛士濬：《皇朝经世文续编》卷 10《治体》，沈云龙主编：《近代中国史料丛刊》第 741 册，台北：文海出版社，1972 年，第 328 页。
④ 吴佩林，万海荞：《清代州县官任期“三年一任”说质疑——基于四川南部县知县的实证分析》，《清华大学学报》（哲学社会科学版）2018 年第 3 期，第 72 页。
⑤ （清）允裪等：《钦定大清会典》卷 5《吏部・文选清吏司・铨政》，《景印文渊阁四库全书》第 619 册，台北：商务印书馆，1986 年，第 72 页。
⑥ （清）昆冈等修，刘启端等纂：《钦定大清会典事例》卷 80《吏部・处分例・大计统例》，《续修四库全书》编委会：《续修四库全书》第 799 册，上海：上海古籍出版社，2002 年，第 357 页。
⑦ （清）昆冈等修，刘启端等纂：钦定大清会典事例》卷 80《吏部・处分例・大计统例》，《续修四库全书》编委会：《续修四库全书》第 799 册，上海：上海古籍出版社，2002 年，第 357 页。
⑧ 曾有论者认为，道光朝卓异比例“均在 50%以上”参见冯尔康：《道光朝存在的社会问题》，《南开学报》（哲学社会科学版）1991 年第 4 期，第 31 页，但《清实录》记载表明道光朝大计获得卓异者各占其应评总人数的 2.08%。乾隆朝、嘉庆朝则分别为 0.45%、1.93%。参见陈一容：《道光朝大计官员处分人数考》，《近代史研究》2007 年第 1 期，第 143 页。
⑨ （清）允裪等：《钦定大清会典》卷 5《吏部・文选清吏司・铨政》，《景印文渊阁四库全书》第 619 册，台北：商务印书馆，1986 年，第 72 页。

只适用于“因公诖误罚俸降级者”[①]。钱粮处分即便议结者，“如所罚俸银尚未完缴，不准卓异……乾隆十四年定例，如前任内钱粮未完，议以罚俸完结之案，除所罚银两未经抵缴销案……不准卓异……大计正项钱粮处分虽不及一分，亦不准卓异”[②]。钱粮处分已经议结，如所罚俸银尚未完缴，不准卓异；革职留任未开复及历俸未满3年均不准卓异；乾隆十四年（1749）定例，如前任内钱粮未完，议以罚俸完结之案，所罚银两未经抵缴销案不准卓异；乾隆二十九年（1764）定例附荐卓异之员，系简缺、有钱粮处分（此种就含有罚俸）及革职留任者仍照例议驳；大计正项钱粮处分虽不及10分为率中的1分，亦不准卓异，而如此这般，罚俸处分也大多成知州、知县获得卓异评定并进而快速上升的一个绊脚石。[③]

降级、革职处分，较之罚俸，影响就更大更严重一些。知州、知县官员等地方文官一样，一旦因咎被降级、革职，吏部即将记录在档，并伴随终身。康熙十五年（1676）议准，就是已经被革职的官员，“如有前任事故到部议处，必分开应降、应革”，也要“题明注册，不得止以毋庸再议，将前任事故，一概抹销”，以便于以后若加还职之时将“前任事故逐一察核，如再有应革之罪，不得即行还职；如有应降之罪，即照原职降级；如有应罚之罪，仍于补官日罚俸”[④]。雍正朝，外任官员，有先经缘事降调奉旨令督抚出具考语引见，如陆续又有别案降调者，亦即照例议处，仍将前案奉旨引见之处，于本内声明，如奉旨著照前旨送部引见者，俟该员到部日，“查明降革处分，共有几案，统于奏折内声明，带领引见候旨”[⑤]。如果知州、知县是缘于“承缉盗案”或由于比照盗案被处以降级、革职，或者是因“失察邪教”的降革人员，即便被引见获得特恩按“仍以原官用者”，根据乾隆四十六年（1781）的处分则例规定“俱改为革职留任”，而且还要在“补官日”，将原降革处分“带于新任，八年无过，方准开复”[⑥]。雍

① （清）允禄等监修：《大清会典（雍正朝）》卷15《吏部十三・大计考察》，沈云龙主编：《近代中国史料丛刊》第763册，台北：文海出版社，1994年，第735页。
② （清）海宁：《晋政辑要》卷1《大计事宜》，官箴书集成编纂委员会：《官箴书集成》第5册，合肥：黄山书社，1997年，第437—439页。
③ （清）海宁：《晋政辑要》卷1《大计事宜》，官箴书集成编纂委员会：《官箴书集成》第5册，合肥：黄山书社，1997年，第439页。
④ （清）昆冈等修，刘启端等纂：《钦定大清会典事例》卷85《吏部・处分例・官员降革》，《续修四库全书》编委会：《续修四库全书》第799册，上海：上海古籍出版社，2002年，第420页。
⑤ （清）昆冈等修，刘启端等纂：《钦定大清会典事例》卷85《吏部・处分例・官员降革》，《续修四库全书》编委会：《续修四库全书》第799册，上海：上海古籍出版社，2002年，第421—422页。
⑥ （清）昆冈等修，刘启端等纂：《钦定大清会典事例》卷85《吏部・处分例・官员降革》，《续修四库全书》编委会：《续修四库全书》第799册，上海：上海古籍出版社，2002年，第425页。

正十二年（1734）九月，甘肃新渠县知县卢建中升补宁州知州一事就因其“任内有降级”处分而被吏部否决。①乾隆年间，河南县令李如龙“参罚事件，俱至二三十案之多”而引起乾隆皇帝的质疑。②嘉庆八年（1803）六月二十一日，山东濮州知州缺出待补，由于定例，有身有处分的州县不“合例”，但当时全省州县正印官中“非年限不符，即有处分，实无一人”③，无奈之下，巡抚铁保虽然以“现有降级革职留任处分”的滋阳县知县孙良炳升署濮州知州，但是在不得不专折上奏同时，又附片补充强调说明：“臣现在升调各官，止好就不合例之中拣选出色人员，明知与例不符，实无办法，将来即奉部驳，亦再无人可换。”④显然，在通常状况下，降级革职留任处分对该当官员的升迁制约明显，唯有在特殊情形下才有被纳入升迁范围，而且还得冒吏部驳回和上司受到违例奏请斥责的风险。晚清光绪年间湖北监利县知县罗迪楚一案，同样证明了降革处罚对当事官员个人的重大影响。

罗迪楚（1861—？），四川嘉定府犍为县人，光绪十四年（1888）戊子举人，光绪十八年（1892）壬辰科进士，铨选内阁中书。光绪二十三年（1897）“檄权监利”。监利县地大粮广，赋税银额 3 万。此前，因胡林翼巡抚湖北减漕，“民间完银米无券费，监书无额润，券取钱如他邑，漫无限制，民苦上诵；今抚部莫都讷厅于公观察荆南，定银券十钱之制，立法太高，书不遵办如故，印官棘手，先后四纪，讼闹频仍，蠹蝗乘弊，隐抗正供殆半，官民俱困”，到光绪二十五年（1899）春，罗迪楚在前往朱河市地“道中闻旨镌职，孔瘁之际，未问所由也。越月，荆州司马来摘印，奉檄以性情浮燥，不洽舆情去官”。其后方知“谓券钱十文，有多收之事，又颇为前年冬至朱河漕局一案，意不以催科为是”⑤。罗迪楚虽然自谦“才力窳朽，不自量度，祸福利害之说，尤非所计”，但他素“思为天子效任一区”⑥，“既受职任，得尽一分心膂，或有一分裨益，固不免急于自试……自到监利，即图报称”⑦。不意“数年听鼓，初任蒙参”而“去官”，

① 中国第一历史档案馆：《雍正朝内阁六科史书·吏科》第 76 册，桂林：广西师范大学出版社，2002 年，第 503 页。
②《清实录·高宗实录》卷 708 乾隆二十九年四月丙戌条，北京：中华书局，1986 年，第 909 页。
③《朱批奏准》，中国第一历史档案馆藏，档案号：04-01-12-0265-034。
④《朱批奏准》，中国第一历史档案馆藏，档案号：04-01-12-0265-033、04-01-12-0265-034。
⑤（清）罗迪楚：《停琴余牍·自叙》，官箴书集成编纂委员会：《官箴书集成》第 9 册，合肥：黄山书社，1997 年，第 398 页。
⑥（清）罗迪楚：《停琴余牍·自叙》，官箴书集成编纂委员会：《官箴书集成》第 9 册，合肥：黄山书社，1997 年，第 397 页。
⑦（清）罗迪楚：《停琴余牍·交卸回省沥陈下情请弥公亏禀》，官箴书集成编纂委员会：《官箴书集成》第 9 册，合肥：黄山书社，1997 年，第 399 页。

且公私亏累万余金，“茫无着落……然而不能去者，例限綦严，获咎滋深也。祖年八十，父年六十，自其学宦，便已高筑债台，世代乡居为农，亲见所生中第服官，诚若不世荣幸，八年出仕，尚无禄养回家，一官之存，与生命相系，比来函训，犹日勉以忠良，卑职不肖，何堪更忤背老亲，罢官三月，未敢报闻，每一握管，汗流手颤，则欲归又断有所不忍也”①。其所受压力与打击可想而知：“不能不以子产众母自待，固知岳渎高深，不辞涓细，一官百里，志有余而才不逮，所志未就，转贻身家之忧。始知古人一州一邑，成事亦不易。进不足有为，而退无以自给。区区之心，欲以敬告贤者，且志余过，后之君子，以观览焉。”② 他虽然知道“风气所沿，例案所限，是非既不易定，功过自古难言”，甚至自我安慰：“奉职无状，全加褫革不苛，苜宿虽寒，有阶可进，或老才以待用，应感愧而何言”，可是作为问责处罚人员的他，因“是降铨人员”，按照相关规定：“非请咨不能赴选，而卑职外欠杂款公亏四千余金，经手未毕，非独青毡无望，抑且余罪孔多，惟处此不能去不忽去之隐衷”，以至于使他“早夜以思，进退罔措”。“全家旅饿，老亲无自闻知，私累尚能展缓”等姑先不论，“公亏何可迟延”而又“告贷无路”③。在“思维无出”情况下，他先是仰恳宪恩，“准弥补亏项，量予生成”④。接着呈明总督请准将布局股份抵赔：

监利任内经手捐杂各款，照依各县办法，归于自行清理，共银四千六百二十七两零，种种名色……虽由赔累，期限虽觉稍宽，然既属欠项，自应早完。计自解任到省，时近一年，终日为此汲汲，始因交代纠缠，穷精敝神，现任甫于上月，一照原算定册结报，而全家羁旅，为累已不胜言，兹复料理前项，实已告贷无门，典质俱尽，万分无可设法……昨以另案长垫交代备质银三百五十三两四钱二分二厘，应照原案给还，禀请藩宪照数提扣，收归卑职自行清理各款，此外尚欠实银四千二百余两，实筹无出，卑职一介寒儒，家徒四壁，八年从仕，债可名台。惟光绪二十年蒙奏明招商入股奏办织布官局，恰值少有赢余……计股票三十六股，每股百两，合银三千六百两。又，上两年红息，准于今夏给领，约可得

①（清）罗迪楚：《停琴余牍·交卸回省沥陈下情请弥公亏禀》，官箴书集成编纂委员会：《官箴书集成》第9册，合肥：黄山书社，1997年，第399页。

②（清）罗迪楚：《停琴余牍·自叙》，官箴书集成编纂委员会：《官箴书集成》第9册，合肥：黄山书社，1997年，第398页。

③（清）罗迪楚：《停琴余牍·交卸回省沥陈下情请弥公亏禀》，官箴书集成编纂委员会：《官箴书集成》第9册，合肥：黄山书社，1997年，第400页。

④（清）罗迪楚：《停琴余牍·交卸回省沥陈下情请弥公亏禀》，官箴书集成编纂委员会：《官箴书集成》第9册，合肥：黄山书社，1997年，第400页。

银六七百两，本息并计，提作卑职应缴欠款四千二百余两，足以弥缝，即差亦必无几。织布局存款丰饶，成本最巨，提拔三四千金，固自易易，否则不动股本，递年取息填还，亦复的实可靠，同为官项，于公家无损丝毫，于定例名正言顺，但乞宪恩垂悯曲全，或饬布局专款提存拨解藩库，或由宪台立案取息，逐渐偿清，一展转间，即可归结，诚得洁身而退，则降官以去，犹感高厚生成也。①

对此，表明“怜其冤”之总督却“谓其穷不至此极”。这使罗迪楚既感到意外，又很是无奈，只得再一次上禀，列出历年用款以明心迹禀：“在鄂历年用项”进行开列：“还应试留京，购买书籍、公车往返，来鄂归川一切旅费及原捐教职等债，约银三千两，有账可核。……武穴局垫填比较，先后约五千两，有票可查。……赔垫武穴恤商顾公钱价折失约银二千两，有账可核。……丙丁二年回省无差，公馆火食，照例应酬，约银一千两。……监利帮认前任亏空，约银二千两。……监利补缺部费、新捐随带二级及到任用度，约银二千两。……全家应用粗细衣服及什物等件，约银千两。……买织布官局现存股票各股约银五千两”，列表后陈明并请求：“以上约共处银二万余两……除武穴月薪赢外，多系四处借贷，至今所欠私债不可数计……公亏四千余金，万不敢脱然自去，转盼火食无出，坐以待毙，家贫友绝，告借无门，而前项所用出帐中，惟官布局股票系属存款……已全数禀请划收作抵，不敢留以自私。一行作吏，转毁其家，伏乞大人俯赐鉴核恩施，俾可早日完结，不胜感激图报之忱”②，之后他虽称“一官弃置无足惜”，但一而再、再而三说明其原委，“披沥直陈”③，譬如，说监利“闹漕之案几于无岁不有，闹则必拿，拿后又闹如故，前事历历可征。卑职任内前年冬至朱河柜为细故哄闹，沿其积习，公然刀矛旗帜，列款讲和，如欲被以恶名，何难指为作乱。卑职知其然也，经骑驰往，一言解散，照旧完粮，征收转旺，府委至而案已前结矣。时隔经年，久已相安无事，不知去秋原何举发前案，拿列多人，甚至原案所无，亦厕其列，此或另缘他件，不在闹漕之中”等④，实际也是“功多未就，

①（清）罗迪楚：《停琴余牍》，官箴书集成编纂委员会：《官箴书集成》第 9 册，合肥：黄山书社，1997 年，第 413 页。

②（清）罗迪楚：《停琴余牍・呈明督宪历年用款以明心迹禀》，官箴书集成编纂委员会：《官箴书集成》第 9 册，合肥：黄山书社，1997 年，第 419 页。

③（清）罗迪楚：《停琴余牍・专折开呈征收钱粮实情并善后事宜》，官箴书集成编纂委员会：《官箴书集成》第 9 册，合肥：黄山书社，1997 年，第 412 页。

④（清）罗迪楚：《停琴余牍・再陈钱漕积弊请端本扼要以隐患禀》，官箴书集成编纂委员会：《官箴书集成》第 9 册，合肥：黄山书社，1997 年，第 414 页。

私心耿耿不忘”[①]，亦有心有不甘、情有不愿的意思在内。

姚莹在《上韩中丞书》中抱怨，承平日久，“富庶极则淫泆萌，奢侈盛则物力耗，不待水旱兵役，闾阎已自蹙其生”，福建本属“山海之穷”，而又“乱民数起”，再加上乾隆末年朱、蔡二逆骚扰濒海郡县达 20 余年。海寇甫平，台湾、漳、泉旋即械斗风炽，“用兵之大者，岁耗度支巨万未已，而民间日事仇杀”，守令岁时用兵，习为常事，“官民交困之秋也”。官民俱困，相互受累，“官愈困，则民愈穷”，但以官为不堪：“民之穷，可得而讼之。官之困，莫得而言之。今日罢职，明日即以缺损官钱被责，烂额焦头，纷纷乞请于上官者……伏见闽中最急者，莫若漳、泉郡县，俗敝事殷，处分繁重，禄入不足以养廉，稍知自好者，皆畏避之，有如陷阱，强而投之，则以为上不爱我，而暴弃之心萌矣。”[②]可见“以缺损官钱”之“责”，也就是“追究”是实际落实的，并且漳州府、泉州府所辖各州县更是“处分繁重”，甚至“今日罢职，明日”就可能被审查。因此，自好者对这些类似陷阱的正印缺避而远之。这也正是州县责任追究威慑力的一种反映。

同治年间，曾任广东广宁知县的杜凤治在四会县任上，也为广宁县交代钱粮问题煞费苦心。日记多处记载：“臬司现管交代，我们广宁交代久未办出，而且有应缴银两且时奈何……真干着急。”[③] 三月初九日日记载：“宁邑交代册至今未交，后任心中甚急，日夜不安。”[④]三月初九日记广宁“门房催交代册。”三月十五日日记载：“接到藩札为宁邑于六年有征，存银一千二百零，予初以五年禀销民欠未解，予垫解千四五百则意诏可以挪抵。嗣知以公事言之挪解是私。上游只知有六年征存催六年解讫征存不解原禁綦严，故予拟禀后道明宁邑向来年清年款禀销不得不讫，自不得不垫，是以将六年春间所收垫办，六月禀销惟征存不解干议，非径安敢漠视，容小缓，陆续筹解。”[⑤]二十一日日记载：

① （清）罗迪楚：《停琴余牍》，官箴书集成编纂委员会：《官箴书集成》第 9 册，合肥：黄山书社，1997 年，第 415 页。

② （清）盛康：《皇朝经世文续编》卷 19《吏政二・吏论下》，沈云龙主编：《近代中国史料丛刊》第 833 册，台北：文海出版社，1972 年，第 2099—2100 页。

③ （清）杜凤治：《望凫行馆宦粤日记》，广东省立中山图书馆等：《清代稿抄本》第 10 册，广州：广东人民出版社，2007 年，第 534 页。

④ （清）杜凤治：《望凫行馆宦粤日记》，广东省立中山图书馆等：《清代稿抄本》第 10 册，广州：广东人民出版社，2007 年，第 535 页。

⑤ （清）杜凤治：《望凫行馆宦粤日记》，广东省立中山图书馆等：《清代稿抄本》第 10 册，广州：广东人民出版社，2007 年，第 547 页。

细看交代册，祇税科一项，除每年按日算计应解银三千九百零九两零，核计五年十月廿四日到任除夕止，应交银五百八十一两九钱九分四厘；六年整年应缴银三千一百廿七两一钱三分一厘；七年正月初一日起至廿六日，卸事前日，其应交银二百两零四钱五分八厘，共三千九百零九两五钱八分三厘。此匀征民田税科耗羡，做一日计算一日，此外当有盈余，多征银二千零二两九钱三分八厘，共计五千九百十二两五钱二分一厘。尚有张前任交下银一千三百两，已解四百两，尚欠六千八百零。同治四年分钱粮正耗水费共银四百十两零九钱六厘，三年分共银百四十八两四钱七分四厘，二年分共银百零六两七钱八分六厘，又应交二年民欠摊赔银六百两零九钱六分五厘。元年分共银百二十两零六钱三分三厘，又应交摊赔元年银七百六十三两九钱四分六厘。六年征存正银七百八十六两六钱零九厘，耗银二百五十二两六钱二分，补纹水八分算该银七十八两九钱二分九厘，解费九分五厘算该银百十七两七钱二分七厘，共欠征存银千四百三十五两八钱八分五厘。五年奉销垫解银一千二百零四两七钱二分八厘，补纹水九十六两三钱七分八厘，解费百十四两四钱四分九厘。共垫解钱一千四百十五两五钱五分五厘。”[①]

徒流罪惩罚，除将犯罪州县官员与社会隔离，使社会免遭受其犯罪侵害之苦外，对犯罪者自己来说，不仅失去自由，还要服劳役苦差，“根据法律规定，被处流刑的罪犯一部分送至伊犁充军，还有一部分即在本地衙门服役”“所有这些流刑犯都在严密的监视之下，他们必须向地方政府不断报告自己的服刑情况。这种报告定期进行，一般每个月两次”[②]。籍没、分赔、勒追等惩罚，则使其不仅非法所得一无所获，而且原有财产将会丧失，这便使犯罪者和意于实施此类犯罪的人感到得不偿失和无利可图而不实施此类犯罪，起到特殊预防和一般预防的作用。与徒流死刑等并处，多管齐下，刑罚的惩罚、预防功能更加彰显。

至于情实死刑，罪犯的生命权完全被剥夺，而且罪行榜示于天下。乾隆三十八年（1773）奉上谕后，以及乾隆四十年（1775）大学士于敏中面奉谕旨，纂条例对秋审情实人犯规定如下：“每年秋审句到后，大学士会同刑部，将已句、未句情节，摘叙简明事由奏闻。行知各督抚于处决时，揭示通衢晓谕。朝审由

① （清）杜凤治：《望凫行馆宦粤日记》，广东省立中山图书馆等：《清代稿钞本》第10册，广州：广东人民出版社，2007年，第570—571页。
② （美）D. 布迪、C. 莫里斯著，朱勇译：《中华帝国的法律》，南京：江苏人民出版社，1995年，第102页。

刑部发交该城榜示，其各省官犯，俱俟朝审勾到后，奏闻颁发。”[①]其震慑功能不言自明。赵翼《檐曝杂记·尹文端公肃清江南漕政》载，两江的一个戈姓知县，征收漕粮“每石加收一升五合”，被尹文端“劾坐绞”，对征漕官员形成极大威慑，原先胡乱加征的“漕务肃清者凡四十余年”[②]。

由上可见，州县问责制度对知州、知县的影响的确很大，甚至是决定性的。“有司畏避考成”[③]、“惧罗法网”[④]、“有畏祸之心”[⑤]，知州、知县也因此无不思免之，甚至不惜冒更大的风险以为规避。在清朝官吏地方治理过程中，也确实有不少为免责而规避或隐瞒的现象。道光十七年（1837），直隶沧州近海发生多次抢劫案件，总督琦善令迅速缉拿并查劫案地界归属。光绪朝《大清会典事例》规定：“内洋失事，文武并参；外洋失事，专责官兵。”所以，奉命一同参与缉拿查核的沧州知州和盐山县知县等人禀覆，就竭力推卸指其为外洋，提出海盗皆为福建口音，并且力将责任归于无形，最终以武职 2 人被摘顶了结。[⑥]他们确实对处分进行了规避，但是这种规避本身也正是问责条文的威慑效应的体现。不过，这是否就可以因此断定清朝立法过严，进而是严法所致呢？关于清朝官员责任追究制度是宽还是严了，又如何把握其“度”的问题，无论是史料还是一些研究者，比较普遍的观点是持“过严”之说，换言之，既往研究对问责制度是多加否定的，认为制度过严，条文过多过繁，执行流于形式，效果差等。有的甚至罔顾史实，把清政府就安徽祁门常平仓一案中当事官员之合法正当追究，当作所谓的“运作中人为疏失与不良影响”中关于“追查过时案件”典型案例，并且是位居第一位的典型案例，称富尼汉、巡抚冯钤奏参王名捷、戴廷抡处分、分赔，“尽量在最小的范围之内结束这起意外失察案，处理可以说是很恰当的”；案件发生于 20 年前，并不是官员有意为之，清朝没有规定时间可以上溯多少年，可以牵涉几任官员，指案子可大可小，乾隆处分 66 位官员“是人为进行了扩大化追查”等。与此同时，作者却又在前面内容中说：“这起案件既可以依照旧例，只对当事人处分，不追查多人；又可以在处分执行时追查这二十年间所有的官员。”[⑦]如此前后不

① 胡星桥，邓又天主编：《读例存疑点注》，北京：中国人民公安大学出版社，1994 年，第 848 页。

②（清）赵翼：《檐曝杂记》卷 2，北京：中华书局，1982 年，第 31 页。

③ 光绪《重修嘉善县志》卷 31《艺文志·奏疏》，清光绪十八年（1892）刊本，第 53—54 页。

④（清）薛福成：《庸盦笔记》，南京：江苏人民出版社，1983 年，第 60 页。

⑤（清）贺长龄：《皇朝经世文编》卷 19《吏政五·考察·储方庆〈立法议〉》，沈云龙主编：《近代中国史料丛刊》第 731 册，台北：文海出版社，1972 年，第 704 页。

⑥《直隶总督琦善奏为祁门汛外委杨殿臣等疏防海洋案请将其先行摘去顶戴勒限严缉事》，第一历史档案馆藏录副奏折，档案号：03-2984-043。

⑦ 孟姝芳：《乾隆朝官员处分研究》，呼和浩特：内蒙古大学出版社，2009 年，第 79 页。

一，自相矛盾的说法不仅难以自圆其说，而且也很不客观、恰当。

“防弊虽有百法，舞弊奚啻千端”①。问责立法过严，固然可能导致诸如，“思苟免”之心，且“苟免之心切，则弥缝之弊深”或“借现在之库帑垫解以前之积逋，淹（掩）饰目前。”②“夫立法严，则人无所措手足……必有一日数犯者焉，必有一月数十犯者焉，彼其心岂不畏祸，而甘为不肖，以自入于刑辟哉？盖驱之于无可自容之地，则举足措手，便入网罗，虽有畏祸之心，不如转而为避祸之计。”③尹壮图也说：“势不容不交结权贵以作护身之符”④，盖“多行贿赂，隐为自全之地”⑤等。但是，这些弊端只不过是一种可能，而非绝对和必然。并且，法律，包括问责法律法规，如果失之于宽，也将贻害无穷。嘉庆皇帝在嘉庆十年（1805）的上谕就曾指出：“吏议既宽，更无瞻顾考成之意。”⑥上揭以法宽为主张的清人储方庆，也在其《立法议》中承认：“用法宽，则人将狃于法，轻犯之而不以为惧。”⑦再者，清朝官吏问责尤其是州县问责法律法规之严、之密，是当时法律内在结构及州县官制所决定的。《大清律》条文过于简括，而“天下之情无穷，刑书所载有限，不可以有限之法而尽无穷之情”所以才越来越多。同时地方州县官员一人政府，全部负责的治理制度，使官员分身乏术而致正印官咎戾。清朝礼科给事中杨尔德《条陈积贮疏》言：“郡邑正印官事繁责重。”⑧

在此，还必须指出和强调的是，惩罚与痛苦乃是包括官员问责法律法规在内的所有法律法规尤其是刑事法律的内在属性与本质之所在。如若没有剥夺与惩罚，也就不成其为法律。威廉·葛德文就指出：“首先，一个明显的结论是，惩罚是同人类天性禀赋不相容的一种不得已的痛苦行为。”⑨“惩罚是由于邪恶行为而招致的一种痛苦。”⑩与格劳秀斯同时代（近代）的自

① 顾廷龙，戴逸主编：《李鸿章全集》第1册，合肥：安徽教育出版社，2007年，第298页。
② 光绪《重修嘉善县志》卷31《艺文志·奏疏》，清光绪十八年（1892）刊本，第54页。
③（清）贺长龄：《皇朝经世文编》卷19《吏政五·考察·储方庆〈立法议〉》，沈云龙主编：《近代中国史料丛刊》第731册，台北：文海出版社，1972年，第704页。
④（清）姚元之著，李解民点校：《竹叶亭杂记》卷2，北京：中华书局，1982年，第53页。
⑤（清）薛福成：《庸盦笔记》，南京：江苏人民出版社，1983年，第60页。
⑥（清）昆冈等修，刘启端等纂：《钦定大清会典事例》卷849《刑部·刑律断狱》，《续修四库全书》编委会：《续修四库全书》第810册，上海：上海古籍出版社，2002年，第347页。
⑦（清）贺长龄：《皇朝经世文编》卷19《吏政五·考察·〈立法议〉》，沈云龙主编：《近代中国史料丛刊》第731册，台北：文海出版社，1972年，第704页。
⑧ 光绪《重修嘉善县志》卷31《艺文志·奏疏》，清光绪十八年（1892）刊本，第62页。
⑨（英）威廉·葛德文著，何慕李译：《政治正义论》，北京：商务印书馆，1980年，第560页。
⑩ 法学教材编辑部《西方法律思想史》编写组：《西方法律思想史资料选编》，北京：北京大学出版社，1983年，第157页。

然法学家霍布斯也说："惩罚就是公共当局认为某人做或不做某事、是违法行为、并为了使人们的意志因此更好地服从起见而施加的痛苦。"①德国刑法学家奥本海默认为："刑罚意味着痛苦……刑罚是施加给过错者的一种痛苦。"②中国也有学者持同样的观点："惩罚意味着对犯罪人权益的剥夺，而剥夺罪犯的权益，必然对其造成生理上和精神上的痛苦。"③违法过犯官吏因犯罪行为而对问责法律"各怀畏惧"④，以及"无所措手足"⑪实属应当和正常。"既论其事，又察其必庶故犯者，不得幸免。"⑥

再则，作为法律法规，尤其是适用于对官员问责制裁具有道德伦理指向价值意义的法律法规，更应突破其实用或适用层面。周祖培说："夫律书至我朝而集大成，牛毛蚕丝，析及茫忽。其所以委曲详尽者，非同密网以示民以无可逃也。"⑦雍正七年（1729），上谕强调刑罚目的就是要使人"各怀畏惧……洗心涤虑。"⑧"国家举行大计，原期黜陟幽明，大法小廉，以为义安民生之本。"⑨乾隆三十八年（1773），乾隆帝也指出："古云，刑人于市，与众弃之。原欲使家喻户晓，共知儆畏。"其要求刑部及外省"于秋后处决时，将该犯必应正法情节，摘出数语，揭示通衢"目的就在于"俾愚民触目儆心，庶不致轻罹法网"，并且"以昭炯戒，庶几穷乡僻壤，皆知辟以止辟之意"⑩。"文法"就是旨在"限人"⑪。"功令"自然不能"稍贷"⑫。"功罪之攸系，必预悬其

① （英）霍布斯著，黎思复、黎廷弼译：《利维坦》，北京：商务印书馆，1986年，第241页。
② 转引自钟安惠：《西方刑罚功能论》，北京：中国方正出版社，2001年，第33页。
③ 赵秉志，吴振兴主编：《刑法学通论》，北京：高等教育出版社，1993年，第335页。
④ （清）昆冈纂修，刘启端等纂：《钦定大清会典事例》卷846《刑部·刑律断狱》，《续修四库全书》编委会：《续修四库全书》第810册，上海：上海古籍出版社，2002年，第320页。
⑪ （清）贺长龄：《皇朝经世文编》卷19《吏政五·考察·〈立法议〉》，沈云龙主编：《近代中国史料丛刊》第731册，台北：文海出版社，1972年，第704页。
⑥ （清）姚雨芗原纂，胡仰山增辑：《大清律例会通新纂》卷3《名例律上》， 沈云龙主编：《近代中国史料丛刊》三编第211册，台北：文海出版社，1987年，第270页。
⑦ 转引自苏亦工：《明清律典与条例》，北京：中国政法大学出版社，2000年，第173页。
⑧ （清）昆冈纂修，刘启端等纂：《钦定大清会典事例》卷846《刑部·刑律断狱》，《续修四库全书》编委会：《续修四库全书》第810册，上海：上海古籍出版社，2002年，第320页。
⑨ （清）昆冈纂修，刘启端等纂：《钦定大清会典事例》》卷80《吏部·处分例·大计统例》，《续修四库全书》编委会：《续修四库全书》第799册，上海：上海古籍出版社，2002年，第349页。
⑩ （清）昆冈纂修，刘启端等纂：《钦定大清会典事例》卷848《刑部·刑律断狱》，《续修四库全书》编委会：《续修四库全书》第810册，上海：上海古籍出版社，2002年，第336页。
⑪ （清）陈康祺著，晋石点校：《郎潜纪闻初笔二笔三笔》卷8《革职知县即升知府》，北京：中华书局，1984年，第468页。
⑫ （清）文孚纂修：《钦定六部处分则例·序》，沈云龙主编：《近代中国史料丛刊》332册，台北：文海出版社，1969年，第3页。

教令，使之有所趋避，急功而免罪焉，斯亦责成者之深所属望也”[①]。正是基于这个意义上而言，前揭所谓的官吏问责立法“过严”或“过密”，以及所谓的过于严厉之“危害”等说法也就很难成立。

主张宽官法论者，几为清一色的是官员，也就是问责或制裁潜在的适用对象，其立论与话语动机即便姑置不论，但其立论及其依据也多有问题。譬如，法严使人规避处分，让包括知州、知县在内的官员远离法律法规所禁止的言行，依法行使政务，此本就是官吏问责法律及其制度设计的出发点与归结点之所在，难道要让问责立法及其制度驱使官员们以身试法，明知故犯，甚至飞蛾扑火吗？通过官员问责立法及其实际施行，官员们对法律产生敬畏之心，以法律作为个人为官理政之准绳，此正反映了问责制度的威力和效应，更何况州县问责法律法规，在当时的历史条件下，总体是积极正面的。至于法严之“外省办理刑名，地方官往往规避处分”，或“有案不办，或办而不速，多方拖延。甚至极力回护，宁使凶徒漏网，冤及无辜，必锻炼周内，以伸其说而后已”。盖此条史料本身有瑕疵：第一，地方官既然对处分“往往规避”，就正说明了处分本身是“往往”被执行了的，如果没有执行，就不会有往往规避之现象的存在。第二，所说的为规避处分而“有案不办，或办而不速，多方拖延。甚至极力回护”，这也是不符合情理的。因为清代官员处分则例明确规定有案必办，而且办案有定限，不办，拖延而逾限必须问责，而且该官上司不要说存心或“明目张胆地极力回护”，就是“失察”也是要被问责的。换言之，州县官的“有案必不办，或办而不速，多方拖延，甚至极力回护”只能是私下或暗地里拖，并且是冒着“发觉”进而招致问责的风险进行的。此种现象固然可以从制度的宽严程度、适当与否进行审视，但是问题的重点与关键，不是在问责制度，而是在“有案不办，或办而不速，多方拖延。甚至极力回护”的官员自身。因为任何法律法规的本质就在其强制性、拘束力，失去惩罚与痛苦甚至为官所乐从，就不是问责法律法规了，所谓的官吏问责也就无从谈起了。储方庆《立法议》云：“其立法严而用法宽，何如立法宽而用法严。立法宽则人之犯法者少。”[②]这也是一种理论假设，而且“立法”既以“宽”，也就无所谓“用法严”，盖此没有用法严格的法律依据，因而也就

---

①（清）黄六鸿：《福惠全书》卷23《保甲部·功罪赏罚》，官箴书集成编纂委员会：《官箴书集成》第3册，合肥：黄山书社，1997年，第474页。

②（清）贺长龄：《皇朝经世文编》卷19《吏政五·考察·〈立法议〉》，沈云龙主编：《近代中国史料丛刊》第731册，台北：文海出版社，1972年，第703—704页。

无所谓“犯法者少”或多的问题。事实上，现状如储方庆本人所论，在“立法何其严”的情况下“用法”尚且“何其宽”，遑论法宽而用法严。法严都多犯，法宽固不存在犯法与否，但结果就可能是无法无天。“吏议既宽，更无瞻顾考成之意”[①]之说也是同样道理。为人多所征引并作为清问责制度否定论依据的胡林翼之“大清律易遵，而例难尽悉；刑律易悉，而吏部处分例难尽悉。此不过专为书吏生财耳，于实政无丝毫之益。然疆吏弹竭血诚以办地方之事，而部吏得持其短长，岂不令英雄短气乎”之论，细加分析，也难成立。《大清律》固然仅 400 余条，的确易于熟悉了解，但是附于刑律并成为刑法组成部分的条规也即刑事法规数量并不少，实则也难尽悉，并且，清代官吏并没有因“大清律易遵，刑律易悉”而多加遵循，违反刑律者并非因此而减少，仅乾隆朝甘肃冒赈一案被惩处的官员即达 185 员，至少占被制裁总人数的 94.87%。而被正法的 57 员亦清一色的官员，包括诸如布政使王亶望、王廷赞，道员福明、巴彦岱，知府蒋全迪、陆玮、崧柱以及同知 4 人，通判 2 人，知县州县 41 人、县丞 3 人，而这些人并非不知道冒赈有违清律，根本就是知法犯法，所以，官吏问责法条的繁简，固然与法律是否明白易晓即知法与否有关，但与守法与否没有必然的因果关系。须知，作为拘束或问责的这些对象——从知州、知县到督抚再到中央各级官员，本身就是法律法规的执行者、社会管理者，不是一般的庶民与群盲。即便是“吏部处分例难尽……部吏得持其短长”而多少有些“令英雄短气”，但其根本也在于行政、司法、立法各事务本身的独立性要求，而清代社会尤其是基层州县“一人政府”的治理制度使官员自身难以分身或难以兼顾使然，亦即是用人、行政制度而非处分条例数量过多而造成。平心而论，现代社会的国家治理，从中央到地方，从行政到立法、司法以至于各行各业职官的管理处分条文，问责法律法规以及制度、纪律的总体数目也是为数不少的。所以，时人也是十分清楚地看到了这一点。譬如，对于州县的积储责任，给事中杨尔德的《条陈积贮疏》提出：“宜专责任以严格考成”，因为“郡邑正印官事繁责重，于此项积贮或有不能兼顾之患”，对此，州县官员也是深以为然的。[②]

当然，清代州县问责处罚制度的预防功能，以及对知州、知县的预防效果，未必在事实上如同其预期。其所以如此，是因为问责制度的有效预防即

---

①（清）昆冈纂修，刘启端等纂：《钦定大清会典事例》卷 849《刑部・刑律断狱》，《续修四库全书》编委会：《续修四库全书》第 810 册，上海：上海古籍出版社，2002 年，第 347 页。

② 光绪《重修嘉善县志》卷 31《艺文志・奏疏》，清光绪十八年（1892）刊本，第 62 页。

对过犯当事人通过惩罚实现其改过自新，以及对意欲过犯者的教育抑制，须以对现实过犯惩罚的实现为前提，也就是必须以问责的执行和落实为前提。包括清代知州、知县在内的一切古往今来的每一个人类个体，都具有趋利避害和将行为效应最大化的本能于动机之中，“如果犯罪得逞，又不会追捕归案，那么他再次犯罪的意识就会加强，畏惧惩罚的压力就会衰弱。如果再次犯罪后仍然得以逍遥法外，犯罪意识就又一次得到加强，并且就会形成犯罪习惯。”[①]现代行为主义代表人物、著名心理学家 B.史肯勒在对惩罚问题进行实验研究后也指出，犯罪后任何成功逃脱惩罚的现象都将强化犯罪行为，增加犯罪频率。唯其如此，古今中外的法学家、政治家无不强调问责执行实现的重要性。正如列宁所说：“惩罚的防范作用，决不在于刑罚的残酷，而在于有罪必究。重要的不是对犯罪行为处以重刑，而是要把每一桩罪行都揭发出来。”[②]赏罚者，“不在乎必重而在乎必刑”。有清一代的知县、知州问责，如前所述确实是有现实执行，甚至是颇为严厉的，因而其预防教育震慑功能的存在也是不容置疑的。但其执行状况远没达到理想的状态，不少知州、知县的违规违法行为并不是都遭到了应有的追究。比如，同治年间广宁闹考事件发生，作为一县之令的杜凤治，按照问责制度相关规定，当该各上司例应逐级上报至吏部而加以问责，当时杜凤治自己也以为处罚临头，可能被“遽行撤调”，并为此诚惶诚恐，寝食难安，“撤亦就撤了，参亦就参了，任性粗疏，参撤亦宜”，可是，经由杜凤治一系列的运作，加上广东省各位大员间的个人恩怨造成的意见不一，巡抚特意庇护而最终以调署四会县成功规避处分了事。[③]这样，清代州县问责制度的预防功能及其现实的有效性也就大打折扣，它所具有的对知州、知县于州县治理的驱动、促发乃至强制震慑作用也会有所影响，因而，一些知州、知县在所属州县治理中的某些背离其职责要求的不作为、乱作为，也就不足为奇了。

## 三、自我预测功能与行为导向

州县问责制度通过大量的法律法规条文的具体规定以及过犯官员的责任

① （挪威）约翰尼斯·安德聂斯著，钟大能译：《刑罚与预防犯罪》，北京：法律出版社，1983 年，第 110—111 页。

② 中共中央马克思恩格斯列宁斯大林著作编译局编译：《列宁全集》第 4 卷，北京：人民出版社，1984 年，第 364 页。

③ （清）杜凤治：《望凫行馆宦粤日记》，广东省立中山图书馆等：《清代稿钞本》第 11 册，广州：广东人民出版社，2007 年，第 527—528 页。

追究，一方面，对清代州县官员个人德行、操守以及州县行政进行固定、规范；另一方面又形成“清、慎、勤”的为官导向与理念、自我预测与评价作为。清代州县责任的有关规定，对于州县官员，从个人及其政务两个大的方面，进行了具体的规定，回答了州县官个人应具备的官德操行、政务责任范围、具体职掌，以及各具体事项的操作程序、规范与行政法律底线等，这不仅为作为现任的州县官员对于自身行为的预测、评价尤其是合法与否提供了法定标准，知道自己之所当为与不当为，同时也为社会对于州县官员责任监督，以及众多的州县候补官员与州县政务及其行政尺度的识别与认知提供了参照可能，同时更为过犯州县官员的责任追究提供了必需和必要的法律法规支撑，使清政府对知州、知县违规违法的追究在法理法律上有了可能，能够达到有法可依。“一切惩戒，以此为准则”①。康熙中叶，山东蒙阴县知县陈朝君在接到上司有关禁杀耕牛的告示并饬令下属张贴时，之所以立即连夜施行，就在于他不但知道耕牛保护于农业的意义，而且《大清律例》有禁止宰杀耕牛的刑事法律条文，甚至《大清会典事例》及《六部处分则例》均有官员关于“私宰耕牛”的职责及其问责措施的规定，上司的告示就是对法律法规保护耕牛法律法规的落实，倘有违背，责当攸归：“卑职作民父母，与百姓最亲，从来百姓安，则县令亦安，百姓危则县令亦危……真有膜视而其心有所不忍，其势有所不能者矣。今上宪民膜关心如此，而下吏敢容其沉阁”②，实乃此不遵行为风险的自我一种预测、评价，问责条文条规乃其评价之依据。

当然，预测功能的作用于被规约的州县官来说，顶层设计是正面的预测后之警示后的正面行为，将追究之强制与他律转化为内在自觉，产生积极履职履责，并且履行好职责的信念。但是追究制度法律法规条文所具有行为造成后果追究的提前感知，也导致规避处罚对策的产生。也就是说，这种功能对州县官员来说，其实是一种行为导向价值，以守法为上，以他人惩罚为戒，当然，对于实际过犯发生后，也可能利用这一功能采取避免责任追究的因应。杜凤治在广宁知县任上，对同治六年（1867）十一月初十日童生考试被罢考后，明白问题对他的严重性，按州县正印科场责任条例，他将面临“撤任”，于是提前展开系列应对措施：准备十二月补行考试、对罢考措辞定性，尤其

① 王钟翰：《清代则例及其与政法关系之研究》，《清史补考》，沈阳：辽宁大学出版社，2004 年，第 70 页。

②（清）陈朝君：《莅蒙平政录》，官箴书集成编纂委员会：《官箴书集成》第 2 册，合肥：黄山书社，1997 年，第 750 页。

是对各该管上司的公关等，经紧锣密鼓应对，最终得到上司以“速调”“量移”改署四会县避免了本属应当责任追究。[①]显然，对处分则例熟悉的杜知县预测了事件对自己可能的问责后果，并动用一切资源主动出击应对。问责法律法规的这一功能以及杜凤治之辈所为，当然是一种负能量。不过，也不是所有的问责对象都如杜凤治所为以及如杜凤治幸运。前揭汪辉祖因规避而面临处分危险，作为佐州县之治 30 余年并对州县处分条例了如指掌的他，却我行我素而硬撑死扛，以自己的知县官缺诠释着他的“公罪案件断断不宜回护”“公过不可避”的认知。[②]此虽“自贻后患”，但表明在清代州县官员中，不为规避处分而去加奔竞的知州、知县还是有的。当然，此类州县正印官究属不多，作为大多数还是尽可能避免触碰问责底线于事先，离追究而远之。如此的思维与行为模式无疑是追究制度设计方所期待的，既履职履责，又不触犯王法。而且按照问责制度，怠政厥职，本属违背定例，也为追究范畴，因此州县问责制度不仅成为清朝政府治理州县官员之利器，而且成为州县正印官履行地方治理，以免被追究的内在驱动力。

① （清）杜凤治：《望凫行馆宦粤日记》，广东省立中山图书馆等：《清代稿钞本》第 10 册，广州：广东人民出版社，2007 年，第 527—528 页。
② （清）汪辉祖：《学治臆说 • 公过不可避》，官箴书集成编纂委员会：《官箴书集成》第 5 册，合肥：黄山书社，1997 年，第 291 页。

# 第四章　州县“钱谷”责任追究与地方农业治理

有清一代，农业无疑是最重要的经济门类，甚至是除清末极短时间外唯一的经济产业，也是清朝政府 260 余年间最为主要的赋税来源。“赋税是政府机器的经济的基础”[①]，从物质方面说，君主制也和一切国家形式一样，直接用捐税形式来加重农民的负担。“捐税体现着表现在经济上的国家存在。官吏和僧侣、士兵和女舞蹈家、教师和警察、希腊式的博物馆和哥特式的尖塔、王室费用和官阶这一切童话般的存在物于胚胎时期就已安睡在一个共同的种子——捐税之中了……国家存在的经济体现就是捐税。”[②]“废除捐税的背后就是废除国家。”[③]田赋钱谷之征收在影响制约乡村生产、乡民生活的同时，又促进着农业生产，并维系传统社会经济秩序，乃至于促进国家机器的正常运转。

## 第一节　州县钱粮责任与知州、知县的催科

钱粮征收，是一个国家根据自己的政治权力，参与社会财富分配、获取国家机构运转资源最为普遍的也是基本的一种方式，它通过法令对纳税人进行强制的、无偿的征收。尽管这种“强制、无偿”本属相对，纳税人理应享

① 中共中央马克思恩格斯列宁斯大林著作编译局编译：《马克思恩格斯选集》第 3 卷，北京：人民出版社，2012 年，第 375 页。

② 中共中央马克思恩格斯列宁斯大林著作编译局编译：《马克思恩格斯选集》第 1 卷，北京：人民出版社，1972 年，第 181 页。

③ 中共中央马克思恩格斯列宁斯大林著作编译局编译：《马克思恩格斯全集》第 7 卷，北京：人民出版社，1959 年，第 339 页。

有同意、监察甚至反抗的权力，并获得因纳税而来的产权、秩序保护、公共服务。但是在清朝，“普天之下，莫非王土”，统治者具有绝对的税收立法、执行和稽查权的情形下，西方税收理论及其纳税人权益便失去了其存在空间。①

## 一、钱谷责任及其失职失责追究处罚

清代地方政务之多之繁，钱谷恒居第一位；知州、知县之任，方方面面，却一执司赋役，钱谷考成为大端。“州县之征收，锱累铢积。州县之解给，万派千流，其事如山，其绪如发”②。从顺治元年（1644）开始，地方各省即须钱粮解京，总归户部，7 年后，又令解相关各部寺。康熙二年（1663），工科给事中吴国龙奏准，自次年起，一应杂项，俱称地丁钱粮，作 10 分考成，除每年正月扣拨兵饷外，其余通解户部，每省各造简明赋役册送部查核。③康熙九年（1670），“至治之世，不专以法令为事，而以教化为先”的上谕也就是“康熙十六条”把“完钱粮以省催科”纳入其中。雍正皇帝御制的《圣谕广训》，进一步将花户完粮、州县催科作为当然义务和职责：“以下奉上，先公后私，民之职也……有司迫奏销之限，不得不严追比。”④其后，清廷陆续对赋税法进行了顶层设计，以作为钱粮经征的知州、知县、抚民同知（通判），催征的知府、直隶州知州等地方官员辖区农业及赋税问责的依据。仅按光绪朝《大清会典事例》“户部”中之“田赋”门的条目来看，就有“田赋科则”“免科田地”“催科”“催科禁令”“催科考成”“带征接征官考成”“钱粮交代”“盘查仓库”“究追亏空”“追赔拖欠”等 45 目。同治四年（1865）的《户部则例》卷五至卷十一的《田赋》中，目录竟近 50 个。又，山东，河南、江苏、安徽、浙江、湖南、湖北、江西等省征收部分米豆麦等粮食，一般经水道运送京师，以供京师和北方官兵俸饷之漕粮，乃“天下之大命所系”，其重要性由此可见一斑。因而，光绪朝《大清会典事例》中“户部”的“漕运”条目中不少是漕粮省份州县正印官征收的内容，如“额征漕粮”“漕粮征收”“白粮征收”“白粮考成”“漕粮改折”“征收例禁”“漕运考成”等。上述《户部则例》卷十九

① 魏文享：《国家税政的民间参与——近代中国所得税开征进程中的官民交涉》，《近代史研究》2015 年第 2 期，第 67 页。

② （清）潘杓灿：《未信编》，本社影印室：《明清法制史料辑刊》第 1 编第 9 册，北京：国家图书馆出版社，2008 年，第 38 页。

③ 清高宗敕撰：《清朝文献通考》卷 2《田赋考二·田赋之制》，上海：商务印书馆，1936 年，第 4863 页。

④ （清）昆冈等修，刘启端等纂：《钦定大清会典事例》卷 397《礼部·风教·讲约一》，《续修四库全书》编委会：《续修四库全书》第 804 册，上海：上海古籍出版社，2002 年，第 327 页。

到卷二十四的《漕运》约50个子目中的征收漕粮、漕粮正额等也与之相关。

法不自行，落实在人。不过，上自皇帝下至封疆大吏所强调赋税正供各级官员均有其责，归根到底还是落于知州、知县身上。所谓中国“行政、财政向未分离，州县以征收钱粮为专责，盖数千年于此矣。”[①]顺治十八年（1661）正月谕令强调，钱粮是军国急需，经、管大小各官，必须“加意督催，按期完解，乃为称职”[②]。作为基层政区的知州、知县也涵盖其中。而且州、县正印官“功令考成，以钱粮为重本职”[③]。“国家正供，度支所系，考成甚严”，经管钱粮大小各官，凡有拖欠参罚，一体停其升转，“如限内拖欠钱粮不完，或应革职，或应降级处分，确议具奏。如将经管钱粮未完之官升转者，拖欠官并该部俱治以作弊之罪”[④]。顺治十八年（1661）即制定有《直隶各省巡抚以下州县以上征催钱粮未完分数处分例》[⑤]。光绪十三年（1887），吏部重修颁行的《重修六部处分则例》卷二十五《催征》规定的相关处分即有49目，共98条之多。《户部则例·征收》载：“催科居其大半，征收不及额处分亦严。”[⑥]

“国家经费以地丁为大宗”[⑦]。“地丁为国家正供，不容丝毫短绌”[⑧]。作为对知州、知县的10分考成地丁钱粮的办法，自入关之初，清政府就开始着手制定。顺治七年（1650）题准的督征钱粮办法，即知府、直隶州知州，以所辖各属之完欠计分数[⑨]，实即是州县地丁钱粮考成的萌芽。顺治十一年（1654）定《仓粮考成则例》后，顺治十三年（1656）八月定《直省钱粮考成则例》，其中规定：“各州县开征豫颁由单，定于十一月初一日颁发，至报部之期”，各省虽不尽同，但“如州县官申报迟延一月者罚俸三月，两月者罚俸

① 广东清理财政局编，陈锋校释：《广东财政说明书·总说》，陈锋主编：《晚清财政说明书》第7册，武汉：湖北人民出版社，2015年，第9页。
②《清实录·圣祖实录》卷1顺治十八年正月己卯条，北京：中华书局，1985年，第47页。
③（明）朱国寿：《考成录略》，北京图书馆古籍出版编辑部：《北京图书馆古籍珍本丛刊》第60册，北京：书目文献出版社，1988年，第16页。
④《清实录·圣祖实录》卷1顺治十八年正月己卯条，北京：中华书局，1985年，第47页。
⑤《清实录·圣祖实录》卷2顺治十八年三月庚戌条，北京：中华书局，1985年，第52页。
⑥ 胡星乔，邓又天主编：《读例存疑点注》卷13《户律·田宅·收粮违限》，北京：中国人民公安大学出版社，1994年，第230页。
⑦（清）昆冈等修，刘启端等纂：《钦定大清会典事例》卷107《吏部·处分例·征收地丁钱粮》，《续修四库全书》编委会：《续修四库全书》第799册，上海：上海古籍出版社，2002年，第704页。
⑧（清）昆冈等修，刘启端等纂：《钦定大清会典事例》卷107《吏部·处分例·征收地丁钱粮》，见《续修四库全书》编委会：《续修四库全书》第799册，上海：上海古籍出版社，2002年，第702页。
⑨ 清高宗敕撰：《清朝通志》卷83《食货略三·赋税上》，上海：商务印书馆，1935年，第7242页；（清）允祹等：《钦定大清会典则例》卷37《户部·田赋四》，《景印文渊阁四库全书》第621册，台北：商务印书馆，1986年，第134页。

六月，三月者罚俸一年，四五月者降一级，六七月者降二级，八月以上者降三级，皆调用”。[①]而知府、直隶州知州、经管钱粮道员、布政使申报迟延也有罚俸1月至降1级调用不等的处罚。顺治十七年（1660）三月，又定漕、粮两道官员的考成则例。[②]康熙二年（1663）覆准有关钱粮考成的范围与办法：州县一应起解赋银，总作10分考成，地丁钱粮初参，经征州县官，欠不及1分停其升转罚俸1年；欠1分降职1级，2分降职2级，3分降职3级，4分降职3级，皆令戴罪催征；欠5分以上者革职，相关上司则连带，这一规定经过康熙四年（1665）、康熙五年（1666）补订而成考成则例，且沿用至清末。[③]漕粮征收，顺治九年（1652）起改为官收官兑，由州县统一征收，“赠贴银米”，再付运军解运。州县的征收初不分成，后也按照地丁钱粮例作为10分考成，文到6个月内全完，如有不完，知州、知县初参与地丁钱粮初参相同：欠不及1分即停其升转罚俸1年，欠1分降职1级，2分降职2级，3分降职3级，4分降职4级，皆全戴罪催征，若欠5分以上者革职。除此议处外，再限6个月完结，限内又不完照地丁钱粮二参例议处：即其年限内不完，不复作分数，照原参分数处分：原欠不及1分，年限内不全完者降1级留任，再限1年催征，如又不能完、即照所降1级调用，原欠1分，年限内不全完者，降3级调用，如能催征完至8—9厘者，降3级留任，再限1年催完，如仍不全完，降3级调用。原欠2分，限内不全完降4级调用，原欠3分，限内不全完者，降5级调用，原欠4分以上，限内不全完者革职。

除上述钱粮定额考成标准之外，清廷对于州县官员之地丁钱粮经征的程序、方式的责任、要求，以及违背之后的惩罚也不少。主要可以归纳为如下几个方面：

其一，不准累民、私加，不准谎报民欠。康熙九年（1670）覆准，州县经征钱粮，督抚察其有无敲扑过严以致百姓流亡，年底于奏销册内注明有无累民字样，取具无包庇证明报部后方准议叙。[④]州县征收地丁钱粮时，康熙十八年（1679）规定，如果“私加火耗，及私派加征者，革职拿问。其司道府官隐匿不报者，亦革职拿问。若申报督抚不行题参，将督抚革职。……如各

① （清）昆冈等修，刘启端等纂：《钦定大清会典事例》卷107《吏部·处分例·征收地丁钱粮》，《续修四库全书》编委会：《续修四库全书》第799册，上海：上海古籍出版社，2002年，第691页。该钱粮考成则例制定时间一说顺治十四年（1657）十二月。

② 《清实录·世祖实录》卷133顺治十七年三月戊寅条，北京：中华书局，1985年，第1031页。

③ （清）昆冈等修，刘启端等纂：《钦定大清会典事例》卷107《吏部·处分例·征收地丁钱粮》，《续修四库全书》编委会：《续修四库全书》第799册，上海：上海古籍出版社，2002年，第691—693页。

④ （清）允祹等：《钦定大清会典则例》卷37《户部·田赋四》，《景印文渊阁四库全书》第621册，台北：商务印书馆，1986年，第136页。

上司不知情者，照不揭报劣员例分别议处”[①]。乾隆五十九年（1794）奏准，州县官违例于上年预征钱粮致使民累，该督抚“查参，照私派例将州县官员革职拿问。”又，州县官如将已征钱粮作为民欠，或私行挪用谎称民欠都要“革职拿问”[②]，其上司自直隶州知州、知府到督抚明知不揭分别给予降级调用、降级留任、罚俸处罚。

其二，拿解抗粮和离任、接征、旧欠征收。康熙十八年（1679），地丁钱粮征收规定有州县对于欺骗或抗粮人犯的拿解职责，康熙十四年（1675），清廷曾题准条文并作出规定，并经酌改入官吏处分则例：州县“官员对侵欺钱粮及抗粮不纳等项人犯不行拿解”降1级调用，且属于“私罪”，州县的“该管官罚俸一年”[③]。还要求“民有负赋者，责追”[④]等。“因事故离任”，据康熙十年（1671）规定，按其所欠分数应虚降、虚革的皆罚俸一年，革职的仍行革职。而接任官员地丁钱粮的接征，康熙十四年（1675）规定，以到任之日为始，限一年征完，如不能完，题参之日，照现在未完分数，以初参例处分。[⑤]康熙三十四年（1695）覆准，凡有分数钱粮，将接征、接催官已完分数扣除，照现在未完分数处分。雍正四年（1726）定例自次年开始，江西州县官，除本任经征钱粮照定例考成外，其接征未完民欠，自到任日为始，分别限数催追，每年令完一限，如果初限不完降职一级，仍带所降之级催征，二限任不完降职三级调用，以后三限至七限通计有两限不完皆降职三级调用，一限不完仍降职一级戴罪催征。其后，清政府规定从雍正十年（1732）起，直隶省州县的旧欠，三千两限一年全完，三千两以上到一万两分限三年，带征一万两以上至四万两分限五年；带征分限三年的初限完不足数，降职一级戴罪催征，至二限内并将初限全完者开复，二限内只完本限并不完初限的仍带所降之级，或催完初限却二限完不足数的降职一级，皆戴罪催征，完日开复，如初限不完二限又完不足数，照定例降职三级调用，若初限二限皆完，

①（清）昆冈等修，刘启端等纂：《钦定大清会典事例》卷107《吏部·处分例·征收地丁钱粮》，《续修四库全书》编委会：《续修四库全书》第799册，上海：上海古籍出版社，2002年，第694页。

②（清）昆冈等修、刘启端等纂：《钦定大清会典事例》卷107《吏部·处分例·征收地丁钱粮》，《续修四库全书》编委会：《续修四库全书》第799册，上海：上海古籍出版社，2002年，第693页。

③（清）昆冈等修，刘启端等纂：《钦定大清会典事例》卷107《吏部·处分例·征收地丁钱粮》，《续修四库全书》编委会：《续修四库全书》第799册，上海：上海古籍出版社，2002年，第693页。

④（清）允祹等：《钦定大清会典》卷10《户部·田赋》，《景印文渊阁四库全书》第619册，台北：商务印书馆，1986年，第126页。

⑤（清）昆冈等修，刘启端等纂：《钦定大清会典事例》卷107《吏部·处分例·征收地丁钱粮》，《续修四库全书》编委会：《续修四库全书》第799册，上海：上海古籍出版社，2002年，第693页。

至三限未完不及一分的降职一级，未完一分以上的降职二级，皆调用，分作五年限者亦照此例。[①]接征官员的钱粮责任后来加大，署任时间在一个月以上，有接征接催之分数钱粮未完，“照接征接催官例处分”[②]。至于署印知州知县钱粮责任追究，康熙十七年（1678）题准，署印官上任一年以上若征收钱粮未完，亦照州县官例处分。后来追究责任加大，如同治十二年（1873）户部议准，署印官只有任不足一月才没有钱谷责任，“一月以上，有经征经催之分数钱粮未完，照现任官例处分”[③]。

其三，钱粮大额州县的催征。清代赋税最多的基层州县，莫如江南苏、松两府和浙江嘉、湖两府所属各州县。如长洲、吴江、常熟、昆山、嘉定、太州、华亭、娄县、青浦、上海以及常州府属之武进、无锡、宜兴，岁额征银米“多者至四十余万，少亦不下二三十万”[④]。这些州县的正印官，经征压力尤其巨大，康熙四十四年（1705），原本拟将苏州、松江、常州、镇江四府所数各州县经征各官问责处分“酌改”，结果被户部以旧额相沿已久，国课所关綦重，如果先减后又增加，徒开议论之端加以“中止”。直到乾隆十五年（1750）始加调整，江南、江苏二省，乾隆元年（1736）至乾隆九年（1744）军民旧欠地丁、驿站、河工等银，除淮、徐两府所属各州县的在乾隆六年（1741）以前的永行停缓外，其他府属各州县，以及该两府州县乾隆六年（1741）后的地丁、驿站、河工等欠银在1万两以内的，限1年征完；2万两至3万两的均限2年征完；3万—5万两以内限3年征完；5万—10万两的4年征完；10万两以上者5年征完；州县官初限不完降职2级，仍同此限分数并征，如2限已满只完足上限之数仍带原降之级留任1年，再同下限分数并征，以后按

① （清）允祹等：乾隆《钦定大清会典则例》卷37《户部·田赋四》，《景印文景阁四库全书》第621册，台北：商务印书馆，1986年，第142—143页。

② （清）昆冈等修，刘启端等纂：《钦定大清会典事例》卷107《吏部·处分例·征收地丁钱粮》，《续修四库全书》编委会：《续修四库全书》第799册，上海：上海古籍出版社，2002年，第706页。

③ （清）昆冈等修，刘启端等纂：《钦定大清会典事例》卷107《吏部·处分例·征收地丁钱粮》，《续修四库全书》编委会：《续修四库全书》第799册，上海：上海古籍出版社，2002年，第705页。

④ 乾隆《元和县志》卷1《建置》，清乾隆二十六年（1761）刻本，第5页；乾隆《长洲县志》卷1《建置》，清乾隆十八年（1753）刻本，第5页；清末苏州、上海地区田赋征收额占土地产出8%—10%，高于大多数地区和省份的2%—4%；参见（美）王业键著，高风等译：《清代田赋刍议》，北京：人民出版社，2008年，第165页；白凯称江南每亩田赋正额平均数（地丁与漕粮合在一起，相当于0.135 5石碾米），大约是全国平均水平（0.038 4石）的3.5倍。参见（美）白凯著，林枫译：《长江下游地区的地租、赋税与农民的反抗斗争：1840—1950》，上海：上海书店出版社，2005年，第64页。曹树基、单丽则据白凯数据经进一步推算认为加上附加税后，江南的每亩田赋总额为0.163 7石，则大约是全国平均水平（0.047 5石）的3.4倍。参见曹树基，单丽：《石仓税率的演变（1772—1952）》，《中国农史》2011年第3期，第39页。

年应征分数，总以完足上限之数，只欠本限分数的照此例议处，如上限、本限均有未完，即照所降之级调用，接征的正印官一律从接征之日另起初限，然后按照此例规定问责。①

其四，州县经征方式。地丁钱粮，据乾隆朝《大清会典》记载，主要有四点：一是以分限之法纾民力。即州县按全书所编赋额，分为夏、秋两限，及期榜谕，俾纳户周知其数，二月开征，四月输半，五月停征，八月续征，十一月完征。若物土异宜，四月未能输半者，督抚察所属农事、女红、收成早晚以定征输之期。二是以轮催之法免追呼。也就是简阅里甲，或5户，或10户，同立1单，书纳户姓名于上，每户区作10限，以次递催。三是以印票之法征民信。即每票三联书，纳户所完赋额、编号钤印而三分之，一留县，一附簿，一给纳户征信。四是以亲输之法防中饱。也即是置柜署前，听民封银自投，以部定权衡准其轻重，奇零之数准许缴纳制钱，每10钱当银1分。民有负赋，必须责追，职官、生监及吏役兵丁，各以其所负之数，别而论之，横敛加征者劾。

至于不按分数只按定额征收的各仓米谷、盐课、芦课、颜料等项分别又有许多相应的责任和问责规定。而康熙十五年（1676）议准不作分数杂项钱粮，如核明未完者，降俸2级戴罪催征，完日开复。如年限内不完者罚俸1年，仍令催征。而盐科考成在产、运、销各个环节均制定了考成则例，包括了收盐考成、征课考成、销引考成、缉私考成等方面，州县官员也有相应的职责和相应的问责处罚。耗羡，户部在乾隆四十八年（1783），据山东布政使陆耀请求，各省如果有未完耗羡慕，“计划按照正项钱粮例决定降罚”，在乾隆五十年（1785）八月户部奏准后，“耗羡的考成议叙和罚则罚俸开始按照正项的则例”②。

除此之外，钱粮及其关联责任以及处分对于知州、知县带来诸多的连锁效应，甚至对其生存晋升产生决定性影响。譬如，任内“无钱粮拖欠”，乃州县3年定期考核参选“卓异”自始而终的前提条件。“正项钱粮处分虽不及一分，亦不准卓异。”③“催征督征未完处分”的抵销“惟军功及钱粮全完所得

① （清）允祹等：《钦定大清会典则例》卷37《户部·田赋四》，《景印文渊阁四库全书》第621册，台北：商务印书馆，1986年，第140页。

② 土居智典：《从田赋地丁看晚清奏销制度》，北京大学历史系：《北大史学》第11辑，北京：北京大学出版社，2005年，第280页。但此定例一说系乾隆五十九年（1794）户部奏准。参见（清）昆冈纂修，刘启端等纂：《钦定大清会典事例》卷107《吏部·处分例·征收地丁钱粮》，《续修四库全书》编委会：《续修四库全书》第799册，上海：上海古籍出版社，2002年，第696页。

③ （清）海宁：《晋政辑要》卷1《大计事宜》，官箴书集成编纂委员会：《官箴书集成》第5册，合肥：黄山书社，1997年，第439页。

加级纪录准抵，余不准抵销。”《大清律例》除了钱粮征收的直接规定外，竟在一些其他事项的规定中，凡涉及钱粮的，处罚均较其他事项严格和严重。譬如《大清律例》“照刷文卷”条规定：“凡照刷有司有印信衙门文卷”，或可完不完，或错失，或漏报……“其府州县正官、巡检（非首领之官之比）。一宗至五宗，罚俸一月。每五宗加一等，罪止三月。若（文卷刷出）钱粮埋没，刑名违枉等事，有所规避者，各从重论。”[①]又如，雍正三年（1725）修改的吏律“磨勘卷宗”条规定：“钱粮不行追征足备者，提调掌印官吏，以未足之数十分为率，一分，笞五十，每一分加一等，罪止杖一百。……若官吏文书内或有稽迟未行，或有差错未改，闻知事发将调查。旋补文案，未完，捏作已完；未改正，捏作已改正。以避迟错者，钱粮，计所增数，以虚出通关论；刑名等事，以增减官文书论。”[②]《大清律例·吏律》“增减官文书”条规定，行移文书不得有差错，并特别列出不得将“钱粮、刑名重事紧关字眼，传失写错”，对洗补改正“钱粮数目”等也严格禁止，违者惩处，对于因增减文书致有“供给钱粮不足，因而失误军机者，无问故、失，并斩”[③]。《大清律例·吏律·公式》“漏使印信”律文后增加条例：“奏销册内钱粮总数遗漏印信，及有洗补添注字样，造册之员交部议处，缮书册吏，按律治罪。”[④]又《大清律例·吏律·公式》“弃毁制书印信”律文规定：弃毁官文书者杖一百，但“事干军机、钱粮者，绞。……当该官吏知而不举，与犯人同罪。……若主守官物，遗失簿书，以致钱粮数目错乱者，杖八十。”[⑤]另外，律例中凡涉及严重的经济犯罪本无处罚正条者，往往规定“照侵盗钱粮例治罪”[⑥]。这从一个侧面或反面也说明了钱粮本身的重要性。

上述这些不过是就常例而论，若在非常情形下，州县的钱谷压力更大，责任更重。如三藩之乱爆发后，清政府于康熙十四年（1675）更定考成例，除将原先的处分例中“欠不及半分者，罚俸一年”，改为“欠不及半分者，降职一级留任”。

除法律法规之外，皇帝之严责州县钱谷征收的谕令也是在所多有。早在

---

① 胡星乔，邓又天主编：《读例存疑点注》，北京：中国人民公安大学出版社，1994 年，第 153—154 页。

② 田涛，郑秦点校：《大清律例》卷 7《吏律·公式·磨勘卷宗》，北京：法律出版社，1999 年，第 165 页。

③ 田涛，郑秦点校：《大清律例》卷 7《吏律·公式·增减官文书》，北京：法律出版社，1999 年，第 167 页。

④ 田涛，郑秦点校：《大清律例》卷 7《吏律·公式·漏使印信》，北京：法律出版社，1999 年，第 168 页。

⑤ 田涛，郑秦点校：《大清律例》卷 7《吏律·公式·弃毁制书印信》，北京：法律出版社，1999 年，第 158 页。

⑥ 田涛，郑秦点校：《大清律例》卷 5《名例律下》，北京：法律出版社，1999 年，第 111 页。

顺治四年（1647）三月，清军入关后之第二次殿试时，清廷就将事关“国计”之赋税作为制策内容的组成部分，请求试子们“明切敷对”：“近闻见任官员、伯叔昆弟、宗族人等，以及废绅劣衿……抗逋国课，有司畏惧而不问，小民饮恨而代偿，以致贵者日富，贫者日苦，明季弊习，迄今犹存，必如何而后可痛革欤？”①上谕：“上帝宗庙百神之祀，军旅燕餐犒锡之繁，以及百官庶役饩廪之给，罔不取之于民间……庶使小民遵兹令式，便于输将……则守令之责也。”②嘉庆十二年（1807），户部上奏嘉庆元年（1796）至嘉庆十一年（1806）各省共有 8 861 800 两丁赋银两未完，上谕由此推断：“小民具有人心，于岁入正供，自当输将踊跃……总因地方官任意因循，征催怠惰，甚或有侵蚀亏挪情弊”，准予户部所奏钱粮未完处分严定章程，严令“嗣后州县遇有钱粮处分参限将满，户部随时知照吏部，不准调署他处，如该上司违例调署者，将该上司一并参处”③。道光五年（1825），道光皇帝认为嘉庆二十二年（1817）后又历年积欠至 380 多万两，“总缘地方官经征不力，上司不认真查催所致”，又令福建、江西、安徽三省道光五年（1825）未完钱粮较道光四年“加多”的三省布政使被上谕严厉训斥：“查取职名交部于奏销考成外，再行按照未完分数分别议处。”④咸丰三年（1853）九月十八日，寄谕各省督抚：“其未经被兵、被灾地方自应照旧输将，以充国课。”⑤

作为清朝国家钱粮最高行政管理部门的户部，也一再强调知州、知县的钱粮职责，主张加大惩治力度。如咸丰元年（1851）《户部会奏筹议节流各款疏》就在“严核上下两忙已、未完数目，分别藩司功过以专责成”一条中提出：“各省正杂钱粮，经征责在州县，督催责在道府，而考核提解，则其责专在藩司。藩司果能破除情面，于催科不力之员，勒限征解，遇有已征未解者，查明即据实严参，何致使州县亏挪成为积欠？……臣等再四熟商，除州县官未完分数，仍令该督抚于题报初参后，据实开送二参毋许迁就徇隐外……嗣后各直省上下两忙，各于奏报到齐之日，由臣部北档房汇总，分各省已未完分数简明清单，

① 《清实录·世祖实录》卷 31 顺治四年三月丙辰条，北京：中华书局，1985 年，第 255 页。
② 《清实录·世祖实录》卷 112 顺治十四年十月丙子条，北京：中华书局，1985 年，第 877—878 页。
③ （清）昆冈等修，刘启端等纂：《钦定大清会典事例》卷 107《吏部·处分例·征收地丁钱粮》，《续修四库全书》编委会：《续修四库全书》第 799 册，上海：上海古籍出版社，2002 年，第 699 页。
④ （清）昆冈等修，刘启端等纂：《钦定大清会典事例》卷 107《吏部·处分例·征收地丁钱粮》，《续修四库全书》编委会：《续修四库全书》第 799 册，上海：上海古籍出版社，2002 年，第 701 页。
⑤ 中国第一历史档案馆：《咸丰同治两朝上谕档》第 3 册，桂林：广西师范大学出版社，1998 年，第 327 页。

专折具奏，其未完省分各藩司，请旨交部分别议处。”①尽管追究的是布政使司钱粮责任，最终的所有责任还是转嫁到州县正印官头上。

“理财为疆吏专责”②，而且是责任连带，总督、巡抚、布政使与道府、知州、知县被牢牢地捆绑在一起，因而督抚藩司，对州县厅的钱粮催征更是连篇累牍，目不暇接。仅就布政使而言，可以说无一例外不对州县钱粮提出要求，无一例外不对知州、知县札文督催，而且往往是一而再、再而三。对此史料甚多，不胜枚举。康熙十三年（1674），江苏布政司使慕天颜在《征收条约》中提出，行截票、稽完欠、禁秤封、绝差扰等。乾隆五十八年十二月（1794 年 1 月），浙江布政使《革禁积弊以省糜费四条及札府洗除积弊整肃吏治》对解额 5、6、7 分者严斥，令委员彻查，“共余三分数目，勒限四月全完，以保考成”③。河南布政使贾臻的《催解钱粮札》云：“……本司莅任伊始，与各守令约，本年上忙钱粮，总当加以催征，源源报解，合行谆札特饬札到该某立即遵照，迅将征存本年新赋及带征历年正耗钱粮，文到速即尽数填批起解，一面赶紧设法催科，随征随解。其向来年清年款者无论矣。如果向年上忙解至五六分者，本年必于四月间解足八分数，若向年解至七八分者，必于四月间扫数全完，务各力图报效，以济要需。”④道光初年，四川省布政使札令通省将道光元年（1821）田地顷亩、新旧条粮、田房税契、鱼课杂税奏销，“倘有未完□□□□册迟延口行，照例揭参不贷！速速！特札”，所属重庆府知府也札各县，为此，巴县将册结七本申送藩宪。⑤广东布政使高崇基在光绪十三年（1887）指出：“详定功过章程，必须解至八成以上，始得免议。”⑥光绪十五年（1889），广东新任藩司王之春《致各属函》即是为了解全省各州县赋税征收情形，以便能对症下药，有的放矢地征收。⑦“大宪严札飞催”⑧，问责俱在，知州、知县倍感压力山大。四川巴县档案《道光二年二月初

① （清）盛康：《皇朝经世文续编》卷 30《户政二・理财中》，沈云龙主编：《近代中国史料丛刊》第 834 册，台北：文海出版社，1972 年，第 3139-3141 页。

② （清）昆冈等修，刘启端等纂：《钦定大清会典事例》卷 107《吏部・处分例・征收地丁钱粮》，《续修四库全书》编委会：《续修四库全书》第 799 册，上海：上海古籍出版社，2002 年，第 706 页。

③ （清）不著撰：《治浙成规》卷 2《藩政二》，官箴书集成编纂委员会：《官箴书集成》，第 6 册，合肥：黄山书社，1997 年，第 375 页。

④ （清）贾臻：《退厓公牍文字》卷 7，本社影印室：《明清法制史料辑刊》第 1 编第 25 册，北京：国家图书馆出版社，2008 年，第 6—7 页。

⑤ 四川省档案馆，四川大学历史系：《清代乾嘉道巴县档案选编》下册，成都：四川大学出版社，1996 年，第 222 页。

⑥ 广东布政使司：《粤东钱粮情形》，广东省立中山图书馆等：《清代稿抄本》第 147 册，广州：广东人民出版社，2010 年，第 484 页。

⑦ 广东布政使司：《粤东钱粮情形》，广东省立中山图书馆等：《清代稿抄本》第 147 册，广州：广东人民出版社，2010 年，第 396—400 页。

⑧《清代巴县档案》，四川省档案馆藏，档案号：6-6-4061。

三日巴县财政清册》和州县官员日记等史料显示，州县官员因此“筋力俱疲……不论如何，在此一日即征一日之粮，不顾其他”[①]。

## 二、重负下的州县钱粮催征

“司牧之务，首重钱谷”，而钱谷任务的刚性、强制与考成的严厉，以及征收的“倍难”几乎成为州县正印官钱粮政务的“三座大山”。“催科不力，咎有攸归。”[②]钱谷征收，毕竟是“以其事属取下，非人情之所乐也”[③]。因此州县正印官的赋税催收可以说是在上有压力、下有阻力之中进行的一项州县政务中最为紧要、最为棘手的事务，明知难为而不得不为。“钱谷之务，事重绪纷，难为综理……任之尤难，莫若州县一官。”[④]“司牧之务，首重钱谷，钱谷之难，首在催征。……故有征必有比，总期寓抚字之义于催科之中。始为上不误国，下不虐民，称循吏而无忝。”[⑤]光绪年间，广东潮阳县知县说：“催科一事，官与民皆受其难”，牧令既“有地方之责，皆思款最以图功”[⑥]。“切照定例，以钱粮之完欠定考成，则凡州县起存务必按年计额，照分征解，何敢损越悬欠，以贻上下参罚之咎。”[⑦]因而，知州、知县于催科一事，虽“为博宽厚”而懈怠，甚至以“好官要岂在催科”[⑧]为念而不以为然者或也有之，但绝大多数州县实在难以不认真对待，甚至绞尽脑汁、想千方设百计争取完纳，以规避其处分。

钱谷之务，事重绪纷，“州县之征收，锱累铢积；州县之解给，万派千流，其事如山，其绪如发”[⑨]。纷繁驳杂之赋税钱谷征收，“设簿册为开征第一要

---

① （清）杜凤治：《望凫行馆宦粤日记》，广东省立中山图书馆等：《清代稿钞本》第10册，广州：广东人民出版社，2007年，第377页。

② （清）戴杰：《敬简堂学治杂录》卷1《征解钱漕说》，官箴书集成编纂委员会：《官箴书集成》第9册，合肥：黄山书社，1997年，第39页。

③ （清）潘杓灿：《未信编》卷2《钱谷下·征比》，本社影印室：《明清法制史料辑刊》第1编第9册，北京：国家图书馆出版社，2008年，第169页。

④ （清）潘杓灿：《未信编述钱谷引》，本社影印室：《明清法制史料辑刊》第1编第9册，北京：国家图书馆出版社，2008年，第37、38页。

⑤ （清）潘杓灿：《未信编》卷2《钱谷下·征比》，本社影印室：《明清法制史料辑刊》第1编第9册，北京：国家图书馆出版社，2008年，第169页。

⑥ 广东布政使司：《粤东钱粮情形》，广东省立中山图书馆等：《清代稿抄本》，第147册，广州：广东人民出版社，2010年，第486页。

⑦ （清）潘杓灿：《未信编》卷2《钱谷下·征比》，本社影印室：《明清法制史料辑刊》第1编第9册，北京：国家图书馆出版社，2008年，第199—200页。

⑧ （清）梁章钜：《浪迹丛谈 续谈 三谈》卷4《五郡守诗》，北京：中华书局，1981年，第464页。

⑨ （清）潘杓灿：《未信编述钱谷引》，本社影印室：《明清法制史料辑刊》第1编第9册，北京：国家图书馆出版社，2008年，第38页。

务”[①]。有清一代，尤其是清朝初年，战乱之后，地方赋役册籍多有遗失和混乱。广西“平邑田粮……三十余年未有编审，只有白板实征一册，藏自里书，内注某甲某户下丁银若干，编银若干，凡粮数多顷寡细数款项，悉弗载其册，一年一换，挪移欺隐，莫可稽核”，康熙七年（1668）湖北人陈光龙抵任，“取实征册加印识，次年奉设赤历……始有头绪”。清末，姚锡光任安徽池州府石埭县知县，他鉴于该县“自遭兵燹以后，向存鱼鳞册、黄册荡然无存，即民间田产、契据，亦多半遗失，历年民间恳荒田地，只报都书，收入粮册，县中无案可稽，而册内亦仅列某都某甲某户，垦田若干，应征税粮若干，并无坐落四至”，于催科和田土词讼无据，于次年请求准予“由职县分期赴乡，分都、分甲，遍履清查，其有契者，令其呈验，立即盖戳给还；其无契者，令其取具里长、田邻切结，分邱分段填明坐落四至给予执照，无论已垦未垦田地，均须开报明晰，给予限期，如逾期不报者，其荒地定是逃亡绝户另行招垦，俟其报齐以后，再由职县抽查，核其坐落四至、顷亩、税则、田邻是否符合，如此则欺伪可除，争讼可清，后此办理田地案件，方有把握，以后开办鱼鳞册、黄册，即以此为张本”[②]。

簿册的具备使《赋役全书》额定的州县地方钱粮征收数目有了依据。史实表明，州县正印官及其衙门对于辖境的征收额定数量以及各花户的具体数目还是大致清楚的。除大量官方档案、地方志之赋税资料可资证明外，保存于基层社会的其他材料也可得到证实。《石仓契约》中《阙氏宗谱》所保留的乾隆三十七年（1772）的6份“易知由单”，即是浙江松阳县知县衙门向各花户发出的钱粮征收通知书。在各“易知由单”中，对各该花户的应缴纳的钱粮数目就有清楚的告知和说明。如松阳县知县在这一年给本县21都的花户阙天来、李益龙、阙其兴、阙天有、吴茂远、吴文祖等颁发有易知由单，让他们对自己乾隆三十七年（1772）应缴纳的钱粮数目做到心中有数。[③]易知由单的文字内容以阙天来为例，可知其应缴钱粮是清楚的：

> 处州府松阳县为钦奉上谕事，壬辰年应征漕项银米数目纂算确实，样单由司核明通颁输纳等因，奉此合行刊给，为此单仰该户遵照后开银米数目依期输纳，如有飞洒多征等敝，许即赍单禀究，须至单者。

---

① 光绪《镇海县志》卷9《户赋》，清光绪五年（1879）刊本，第24—25页。

②（清）姚锡光：《吏皖存牍》卷上，官箴书集成编纂委员会：《官箴书集成》第9册，合肥：黄山书社，1997年，第667—668页。

③ 曹树基，潘星辉，阙龙兴：《石仓契约》第1辑第4册，杭州：浙江大学出版社，2011年，第124、125、127、128、129页。

今开
乾隆壬辰年分
一户阙天来
田地十三亩二分七厘
每亩应征漕项等银六厘八毫八丝九忽三微一尘
应征秋米二合四勺
银
共征
米
沙地
每亩应征漕项银四厘八毫六丝一忽一微九尘
例不征米
共征银
山
每亩应征漕项银八丝四微四尘，
例不征米
共征银
塘
每亩应征漕项等银六厘七毫六丝六忽九微一尘
应征秋米二合四勺
银
共征
米
通共该户应征漕项等银九分一厘五毛。
右单仰粮户　　　　　　准此
乾隆三十七年 二月　日给
县[①]

安徽徽州府婺源县衙门同样有“易知由单”告知花户钱粮征收相关内容。例如，乾隆五十四年（1789）二月二十八日，婺源县衙门就发给秋口镇水末[沫]村 19 都 3 图 3 甲的花户汪起禄，一张有关乾隆五十四年（1789）的应完银米“简明易知由单”，除载明应纳数量外，还要求花户在定限内完纳核销，

① 曹树基，潘星辉，阙龙兴：《石仓契约》第 1 辑第 4 册，杭州：浙江大学出版社，2011 年，第 126 页。

如违签则“拿究”[1]。

当然，有关簿册及其征收数目的工作准备主要是由州县衙门的户房在征收之前进行的事务。各州县的征收，知州、知县正印官一般先须详报开征日期，获得批准之后，才出示内容大致为“檄饬开征钱粮事，案蒙布政使司宪牌云云等因蒙此，合行示谕，为此示仰州县属云云人等知悉，现本州县择于某月某日设柜开征本年应征上下忙地丁钱粮，尔等务须催令踊跃输纳，限某月内扫数全完。以凭报解，观望挨延，定干严比，尚其懔之！”[2]等一类的钱粮开征日期的告示。开征告示后一般还有催征告示，还有的在上任时也有关于钱粮的告示。

同光年间，先后任广西灵川、贺县知县，其后又担任广西全州知州以及广西广东多次知府、道员、按察使、布政使直至巡抚的江苏江都人张联桂（1838—1897），他的首个知县任——广西灵川县（先署旋实任），时届年底，奏销在即，而“前任内，征收未及一半”[3]，即在同治八年（1869）十一月发出《到任自誓并劝完粮示》云：

> 照得本署县世受国恩……今当下车伊始，于本邑民情土俗，尚未周知，则所赖相助为理者，计莫如本邑绅矜耆老，既生长于是邦，自见闻之较切，本邑何利当兴，何害当除，邑内谁为刁棍教唆词讼，谁为窝贼开赌，横行乡里，凡此为民害者，绅等果有真知灼见，准速当面禀陈，本署县斟酌办理。……惟钱粮一项，国课攸关，丝毫所不容欠，必须年清年款，以裕国储。在平民食毛践土，具有天良，固不可抗粮，以干宪典，尤不可包庇以犯王章。其乡士大夫既身列儒林，名登仕版，受恩深重，尤当首先完纳，以尽臣忠而为民望。本署县，职任催科，处分甚重，故先为劝谕，务当扫除积习，踊跃输将，幸勿蹈前辙而藐玩，视告章为具文本，署县言出法随，懔之！慎之！同治八年十一月。[4]

一个月后，因钱粮奏销，万分焦急的张知县，于十二月内接连发出《杜弊便民再催完粮示》《申明律例三催完粮示》两道告示。前一道告示称，本县下车伊始，就劝早完课，并将此谕张挂城乡，“尔绅民想早已耳闻目睹，鼓舞乐从矣”，现在再“与尔约，如尔等应完钱粮，已交与见排者，即向见排立索

---

① 黄志繁，邵鸿，彭志军：《清至民国婺源县村落契约文书辑录》第 2 册，北京：商务印书馆，2014 年，第 327 页。

②（清）刚毅：《牧令须知》卷 3《户房・钱粮・出示开征》，官箴书集成编纂委员会：《官箴书集成》第 9 册，合肥：黄山书社，1997 年，第 234 页。

③（清）张联桂：《开心斋学治杂录》卷下，本社影印室：《明清法制史料丛刊》第 1 编第 30 册，北京：国家图书馆出版社，2008 年，第 49 页。

④（清）张联桂：《开心斋学治杂录》卷下，本社影印室：《明清法制史料丛刊》第 1 编第 30 册，北京：国家图书馆出版社，2008 年，第 46—48 页。

串票，倘见排推托不给，准尔等速赴县大堂喊冤，本署县闻声立即升堂，一面询问尔等于何年月日在何处交给：一面差拘见排质实严惩监追，填发串票给尔等归家，断不拖累。如尔等应完项下尚未全清，尔等赶紧措齐赴柜交纳，随收随给串票，毫无需索留难。倘尔等与见排贿赂商量延宕，一经本署县查出，定即拘案，按律处治，绝不姑宽，勿谓言之不早也”①。后一道告示讲，自己上任旬余，洞悉钱粮利弊，迭次出示晓谕，并接见各绅耆，谆谆劝导“不啻至再至三”，但查邑中乡士大夫倚恃世家大族“任意抗违者盖亦不少”。推原其故，总由于积习相沿，“未睹条例，几疑官长催比为多事，视告章为具文”，加以“见排不知上紧，意在挨过卯期即可无事”“粮差临期又以大户支吾希图搪比”，以致拖欠更多，催纳越发不容易，“若再不申明律例，则国课必致虚悬，咎有攸归，责无旁贷”。他指出，全县有粮绅民、书吏等“须知钱粮系按亩征收，例有定限，并非格外苛求，地方官征不足额，考成攸关，务当激发天良，各宜自爱，即于年内扫数全清，不致以身试法，是即本署县之幸也。倘再狃于积习，以为钱粮无关紧要，全不思竭力完纳，是即有心抗欠，无论绅士吏民一经查出，本署县虽敬士如宾、爱民若子，亦不能曲为袒护，定将恪遵国法，按例分别详革治罪，以为刁抗钱粮者戒”②。

这三道告示，张知县先是居高临下，旋始显平和，向烟户作合法征收不加科索保证之态，最后一道更表不得已之苦衷，同时也不忘以“国法”为宝剑。但不管是国课攸关的晓之以理，还是钱粮处分考成所迫之坦陈，以及以纳税义务或国法之威慑，他的目的都是一个——花户纳粮。不过，令寄望通过上述告示“能完至八九成”的张知县不曾料到的是，“丁折本色、折色均未及五成……疲玩至此”。于是，张知县又连忙对恩、建两乡花户发出专催告示，并赶在十二月对县衙户粮房名曰《催钱粮谕》的训话。训话除说明自己不得已之苦衷外，命令户房加紧督促全县粮差、见排，催征完纳：

> 钱粮有关国课，现办奏销，本署县能听其延宕乎？各上宪能宽免本署县处分乎？户部能不催问藩宪奏销乎？层层钤制，虽本署县欲不比得乎？该房等当差有年，亦当仰体本署县不得已之苦衷，上紧催促粮差、见排，无论何都、何图，凡系欠户，即认真将本署县之意并减价便民说知，

① （清）张联桂：《开心斋学治杂录》卷下，本社影印室：《明清法制史料丛刊》第 1 编第 30 册，北京：国家图书馆出版社，2008 年，第 50—51 页。

② （清）张联桂：《开心斋学治杂录》卷下，本社影印室：《明清法制史料丛刊》第 1 编第 30 册，北京：国家图书馆出版社，2008 年，第 52—53 页。

劝令赶紧完纳。如完有成数，该房差等督催得力，本署县必捐廉奖赏，倘有显然抗违顽民，包庇劣绅，准由该房指名呈禀，定即签拘严办，决不姑宽。若自谕之后，完者仍属寥寥，可知实欠并不在民，此必见排、粮差与该房串通舞弊，律有明条，本署县断不能不顾自己考成而顾尔等也。①

光绪二十五年（1899），广东省各州县正印官，对布政使王之春《致各属函》诸如查明每年实可征完新赋若干、旧粮若干、此较额征数目约在几成以上、是否全数挪归上年奏销等问题予以回复。署番禺县知县杨荫廷说自己抵任以来，“应征钱粮认真设法催征，遵照宪定章程，按月列折年款，所有征完正耗银两亦即按月随折批解清楚，不稍存留”；增城县晏知县称：“地丁钱粮为维正之供，各牧令有催科之责，考成攸关，靡不认真催征，期于年清年款，冀免处分”；英德县知县表示，对于王之春所说的光绪十五年（1889）钱粮，“惟有认真督率粮书差役设法催收，一有成数即当列批赴解，不敢挪移存留，自干严谴”。归善县知县徐京奉覆云：“从前则征新掩旧，概以乙年之钱粮补解甲年之正赋，近则借旧完新，统计各年之旧粮，并解本年之新赋，今昔情形不无差别，而维持大局，各顾考成，其义则一……（光绪）十五年分（份）地丁早经开征，候收有成数，日内亦当起解，卑职职任催科，责无旁贷，正供所系，何敢滞延，惟有上紧征收”②。同年九月接安徽省石埭县知县印的姚锡光，上任时正届下忙催收。他于上任当月，就向全县发布《晓谕粮户示》，表示时间期限甚紧，要求速完丁粮：

为剀切晓谕事，照得本县下车伊始，抚字未遑，催科先急，况值民生凋敝之际，首事征呼，内省忧惭悚惶殊切，惟际时艰孔棘，自光绪乙未款局成议以后，岁支弥急，其一切关税厘金尽抵外款，尚觉不敷，圣主忧劳，度支告匮，言之当为天下臣民所深痛见，凡一切额支，率指各省丁粮，每岁按省指拨，恃此的款，以为接济，期限甚严，凡督征、经征各官，责成綦重，是以乙未岁以后情形与乙未岁以前迥不相同，此在国家实有不得已之苦衷。凡我绅民，谅必能曲体艰难，深维世变，勿谓区区一邑之款无当国计，苟丁粮一切早自清完，即早纾朝廷宵旰之忧及大吏焦劳之苦，即本县亦借免催科政拙之惭，是于输将之中，即寓效忠

① （清）张联桂：《开心斋学治杂录》卷下，本社影印室：《明清法制史料辑刊》第1编第30册，北京：国家图书馆出版社，2008年，第109—110页。

② 广东布政使司：《粤东钱粮情形》，广东省立中山图书馆等：《清代稿抄本》第147册，广州：广东人民出版社，2010年，第463、464页。

之意，至见市洋价日跌，每片光洋市价只换得足制钱一千一百文尚有不足，本县格外体恤，每片加一十五文，凡以本洋上柜完纳者，每光洋一片已饬承照一千一百一十五文，收纳后有涨跌再照加减，庶征呼之中稍宽民力，此本县区区之心，谅为本邑绅民所曲鉴，凡属应完粮户，其速赴柜投纳，勿再观望，切切！特示。①

“催科之法，或有利于官不利于民者，或有利于民不利于官者，不利于民不可行也，不利于官不能行也。”②“抚字之心，矢勤矢慎”③。法律如此，官箴如此。清代之州县钱粮征收，依法催科，或民之“所恶勿施”，进而催科以“抚”字的知县正印官，不乏其人。陕西顺治辛丑进士卫执蒲，“初授新乐令……时郡邑征赋，以银七钱三为额，执蒲请从民便，悉遵市值收钱，岁省民财万余金”④。灵寿县令卫秦翰，鉴于该县“民田水冲沙压，户口逃亡，逋赋无着，前令率被劾去，秦翰至，遍阅灾地，详询疾苦，请令只纳本年正赋”，并且在面临巡抚“恶其擅，将劾之，檄太守亲勘，勒令开征”之压力下，秦翰“不奉令，太守怒，杖吏且荷校以胁之，秦翰曰：‘不开征一吏死，开征则百姓死矣。’言词剀切，太守亦心动。秦翰又绘图谒巡抚，备陈流离状，哀恳不已，巡抚恻然入告，永豁地粮二千六百有奇。自此岁丰民乐，邑无逋赋”⑤。先后任平江县、吴县知县的陈冲汉，注重钱谷经征实务。大约康熙六年（1667），他经过1年的实际了解，发现“于催征追比之弊，试验最详”，感到平江县钱粮征收诸弊丛生，“有贿揭重页偷空逃卯之弊，有完不如额欠多结少之弊，有奸蠹私侵公行抗比之弊，有李戴张冠改票支吾之弊，有水膏粘盖比簿临比作完比后仍欠之弊”⑥，往例催科“一惟责任排年，期会之日，敲扑是务，排年狼狈难堪，而顽户势豪，安坐自得，库柜告乏”的经征前弊，“乃取太仓截票免比之法，与钱塘潘子月山，更定而行之”⑦。陈知县通详该管上司，报告“卑职仰遵功令，拟定分限征收，

---

①（清）姚锡光：《吏皖存牍》卷上《晓谕粮户示》，官箴书集成编纂委员会：《官箴书集成》第9册，合肥：黄山书社，1997年，第661页。

②（清）潘杓灿：《未信编》卷2《钱谷下·征比》，本社影印室：《明清法制史料辑刊》第1编第9册，北京：国家图书馆出版社，2008年，第217—218页。

③（清）潘杓灿：《未信编》卷2《钱谷下·征比》，本社影印室：《明清法制史料辑刊》第1编第9册，北京：国家图书馆出版社，2008年，第213页。

④ 乾隆《韩城县志》卷6《贤良》，台北：成文出版社，1976年，第357页。

⑤ 乾隆《韩城县志》卷6《贤良》，台北：成文出版社，1976年，第358—359页。

⑥（清）潘杓灿：《未信编》卷2《钱谷下·征比》，本社影印室：《明清法制史料辑刊》第1编第9册，北京：国家图书馆出版社，2008年，第202—203页。

⑦（清）潘杓灿：《未信编》卷2《钱谷下·征比》，本社影印室：《明清法制史料辑刊》第1编第9册，北京：国家图书馆出版社，2008年，第197页。

截票免比，摘拿顽户，落甲经催，分发易知户单，禁查书吏飞洒侵蚀等法，务期不比自完”，并将“拟立条款申候宪鉴”请求批准①。与此同时，陈冲汉颁发张贴《饬行条例示》，分列“分设柜吏”“给易知户单”“照算实征限簿”“发落甲经催长单”“给朱串”“给截票”“立限查拿”“停农忙”“差拿顽户”“绅矜切注知数”十项条款，“一体遵行”②。继而颁布《再饬条例示》，申饬柜吏、总书、排年。③经过系列努力，结果如史书所载，陈冲汉所行截票催征法，效果良好，不仅“免比法行”，而且“民称便利，而课亦稍裕……柜费禁而分毫皆入正课，串票清而奸顽无能假射，长单落甲，排年可免独劳，小单户晓，里递已绝增减，实征花户按籍查拿，完欠一目了然，侵渔一笔扫尽，截票免比，急公若鹜，已置五百一十里之贡赋于指掌，登五百一十里之民人于仁寿矣”④。又如，山东郾城县，民俗刁诈而以丁差为苦，“畏斯役甚于毒蛇猛虎”。杏敦、朱吕、劳沟、褚□等社更“积欠十余年，县官以催科不力，相继罢去”，康熙六年（1667），黄六鸿为郾城知县，“开征比卯，其顽抗自若也”。经过调查了解后，“廉得其故”的黄六鸿“乃榜示于署前，曰：‘有能急公照限全完者，本县公堂亲为递酒、披红、插花、鼓乐，由中门导出’。于是照限全完者有三人焉，即导送如仪。”到“再限”来临前，“朱吕等社遂有先完者”，黄县令更“大嘉奖”，“与批双红导出如仪”。又发“榜示于署前曰：‘有能急公将本年钱粮完半者，本县给予印票，免今年杂差之半，全完者，今年杂差全免’。遂命该胥梓蠲免杂差照票以俟，于是朱吕等社闻之踊跃争先，不二限而如额全完矣，迄今无逋民焉”⑤。康熙十三年（1674）到康熙十八年（1679）的湖北黄梅县知县李成林，为激励里牌征集国课“乃设花红酒果，唤集排里衿民，敷陈大义，劳之劝之，民多感涕，拮据完公，如正赋、如代征，积压少而完纳多也”⑥。罗定县知县王植，“查自雍正四年奉免积逋后，历年又各有尾欠数十金，按名追比，毫无完纳。□察之，皆田已转鬻，或有粮无田者，念追呼徒以苦民，参罚亦以累官，为设法清

① （清）潘杓灿：《未信编》卷2《钱谷下·征比》，本社影印室：《明清法制史料辑刊》第1编第9册，北京：国家图书馆出版社，2008年，第200—201页。
② （清）潘杓灿：《未信编》卷2《钱谷下·征比》，本社影印室：《明清法制史料辑刊》第1编第9册，国家图书馆出版社2008年版，第204页。
③ （清）潘杓灿：《未信编》卷2《钱谷下·征比》，本社影印室：《明清法制史料辑刊》第1编第9册，北京：国家图书馆出版社，2008年，第213—216页。
④ （清）潘杓灿：《未信编》卷2《钱谷下·征比》，本社影印室：《明清法制史料辑刊》第1编第9册，北京：国家图书馆出版社，2008年，第197—199页。
⑤ （清）黄六鸿：《福惠全书》卷7《钱谷部·比较·完粮奖励》，官箴书集成编纂委员会：《官箴书集成》第3册，合肥：黄山书社，1997年，第300页。
⑥ （清）李成林：《令梅治状·纪略》，清康熙十八年（1679）刻本。

理外，即捐养廉代完”[①]。咸丰时，方大湜任广济县知县 5 年，征收地丁银 10 余万两，漕南折价钱 20 余万串，“从未以抗欠钱粮褫革生监，亦未以抗欠钱粮刑责一人”，开征之后，他“周历四乡，沿村谆劝，有刁抗者，锁于钱粮柜侧，令其看他人完纳钱粮，以激发羞恶之心，一俟完清，即行开释，此亦不恶而严之法也”[②]。

“令民户自封投柜，此定例也。”[③]该定例意图之一就是避免征收中胥吏舞弊。对此定例，州县正印官们予以努力遵循。譬如，史载，璧昌为牧令时，每逢开征，提前出示开征的日期，说明自封投匮办法，花户如有已交差保代完，自行呈明，到开征之期，他自坐大堂，传齐差保，议定征收数目、限期，使众周知，然后在大堂两旁分设 6 柜，闪开仪门，听花户自投完纳，每晚结算，算出各役名下分数，再在比簿上注明各差年貌，以防止雇人代比。又令征比幕友将各差所完分数多寡，分门别类各写一单，分单点名，令催差跪于堂下，对完纳 10 分以上的加奖犒赏䌷布花红，8—9 分严谕免责，6—7 分的责打 20 板，4—5 分的打 30 板，1—2 分的 35 板，全无完 40 板，下限再无完枷号革役，又派总役另派催征查明原役有无侵吞，照例治罪。[④]知县王植除“妇女童男皆可自赴完纳”的自封投柜外，具体防弊环节，也很仔细：“钱粮并封，如戥头稍重，胥役米户银匠人等，必借口需索，官之所得有限，而民受其累，官受其谤，大足为戒。余并封日，皆令该房执戥称收，毕检一分短封者，取数百封焚之，伊等知官不重耗，亦自不敢借口。”[⑤]山东陵县的钱漕，向派差役分里甲坐催，谓之曰里差，或则私完领串加利恣索，或则刁民包霸额外浮收，甚至上忙拖接下忙，漕粮本折牵制，乡民凭差完粮，竟有捏禀无着之户。同治九年（1870），江苏丹徒县监生戴杰（字树人）出任该县的知县，他“履任后，停派坐里粮差，禁止签传大户，清查各庄粮册，访拿包霸棍徒，晓谕阖境，钱漕悉遵定章，自封投柜，完纳掣串，既革除坐里之役，仍派差协同庄长、地保，分别催完，立定赏罚，限程勤奋者，记供领赏，藐玩者革役严

① （清）徐栋：《牧令书》卷 11《赋役·催科》，官箴书集成编纂委员会：《官箴书集成》第 7 册，合肥：黄山书社，1997 年，第 210 页。

② （清）方大湜：《平平言》卷 4《不恶而严》，官箴书集成编纂委员会：《官箴书集成》第 7 册，合肥：黄山书社，1997 年，第 714 页。

③ （清）璧昌：《牧令要诀》，官箴书集成编纂委员会：《官箴书集成》第 7 册，合肥：黄山书社，1997 年，第 579 页。

④ （清）璧昌：《牧令要诀》，官箴书集成编纂委员会：《官箴书集成》第 7 册，合肥：黄山书社，1997 年，第 580 页。

⑤ （清）徐栋：《牧令书》卷 11《赋役·催科》，官箴书集成编纂委员会：《官箴书集成》第 7 册，合肥：黄山书社，1997 年，第 210—211 页。

惩。行之既久，粮户颇获其益而赋额得以全清”[①]。江都县征收旧制，凡届起征之期，地丁、漕米、芦课等款皆由局书、粮差掣串领催，花户纳于书差，书差上于县官，日久玩生，书差视官钱若私囊，每逢县官交卸，书差逋欠累千万，官顾考成，垫凑弥补以去，于是有差欠之目，官历四五任，犹有前官请追差欠之事，守土者以濡足为惧。光绪二年（1876）署莅江都的知县，到任后，罢书差、掣串、领催名目，下令自封投柜，分别以四月、八月、十月为上忙、下忙、漕米开征时间，且每届开征之前，先期示谕，开征时，在县署大堂设官柜一所，又因虑及县东窎远，花户惮于赴完，在县东宜陵镇设乡柜一所，于是城乡共设2柜，每柜又各设银匠，专司收钱发串，设柜书10人，负责查造册串、截串，登填流水事务。开征后，以两个月为期，由花户赴柜自完，限满未完，则按册饬差提完。如此，全县花户“踊跃恐后，少逾期者，数十年来书差中饱之蠹，至是乃扫除划绝，官无垫解之累，得以暇力治其政事”[②]。光宣之际，湖北各州县征收也是自封投柜，一般为城柜完银，乡柜完钱[③]，县署大堂设置银柜（“城柜”），由纳户自行封银投柜，各乡设置“乡柜”[④]。广东各州县“凡民间完纳钱粮，自封投柜，此定例也”。南海县《梁氏几族谱》载：“尝田每年纳粮，由值年总理在公箱支出应纳粮银若干，会同值年协理，亲赴管辖族田公署收粮处缴纳毕，即将收粮执照存贮公箱以备查核。”[⑤]王永命知某县，除按照自封投柜，矢公矢慎之外，其所示的有关自封投柜的告示“尤脍炙人口”：“一切火耗尽行禁革，百姓赴柜纳粮，俱照部颁法马平戥，自封投柜，不许一毫耗折，倘有守柜官役摇惑，仍前耗折等弊，尔民即时呜啰喊禀，以凭重惩，本县一奉简书，即将铺垫等项预行捐除。”[⑥]

从上可见，在征收中，知州、知县们几乎都按法定自封投柜的方式。所投之“柜型方，约径二尺五寸高称是，用坚厚木为之，铁包钉牢固。中分四格，格分四里，于近格柜傍书明某里，格深至底，底上各钉铁圈，圈缚长线，度出格眼、柜盖之颠。颠窍约横二寸，直半倍之。内制转木，名

① （清）戴杰：《敬简堂学治杂录》卷1《征解钱漕说》，官箴书集成编纂委员会：《官箴书集成》第9册，合肥：黄山书社，1997年，第39页.

② 光绪《江都县续志》卷14《民赋考四》，光绪九年（1883）刊本，第16页。

③ 《湖北全省财政说明书》，北京：经济学会，1915年，第2页。

④ 周健：《道咸之际的地丁银制度——以湖北各州县收支结构为中心的考察》，《近代史研究》2013年第4期，第130页。

⑤ 转引自刘志伟：《清代广东地区图甲制中的“总户”与“子户”》，《中国社会经济史研究》1991年第2期，第40页。

⑥ （清）李容：《司牧宝鉴》，官箴书集成编纂委员会：《官箴书集成》第3册，合肥：黄山书社，1997年，第206页。

曰滚槲。半面开缝如口，横安窍下。其度出之线首贯大针。及穿银将纳，则槲口仰承。既纳窍中，则槲腹上逼，入者不能复出矣。如别项钱粮，量银多寡，或柜或匣，宜另置之。其封柜匣之日，本官当堂亲验，四围底盖，俱无损裂，及活孔缝痕验明锁钥，将锁门朱押并柜口周围封固，柜吏领出收银。其柜钥封好，本官收贮内衙，俟折封时禀领。”[①]征收之时，缴纳之人或亲自或委托前来[②]，收方每柜1人掌之，于各科房择老成谙练者若干人，四季轮充，以掣签而定人，以掣柜签掣而定所，柜吏每日早堂时，升柜至收所，时刻不得擅离，将银之颁较准等子，公置案上，听纳户不时完纳，装银的封袋，为司颁棉纸双层糊裱，长四寸，宽三寸，袋上刊有一定字样，由纳户买后装银至柜所，自将官等称准银数，柜吏只是察看明银色纹足（或令官银匠在柜所佑看银色，如拆出低潮，银匠赔补），不许执等代称，纳户自封袋口，柜吏于银袋上填明某图里某人完纳某项某限银若干，某年月日某字第几号收役某人。随照式登记流水收簿，眼同纳户穿连入柜，随填串票付纳户收执，如有短少，柜吏赔补。[③]从经济成本来说，这种方法固有其局限，甚有被指为“是一种交纳成本极高且最笨拙的催征方式”，但作为知州、知县来说，愿意遵从制度设计，并真正将赋税缴纳自主权交于纳税花户，“吏书不得高下其手，任意勒索；有委员监拆之例，故州县官知所顾忌，不敢重耗加收”[④]，也还是值得肯定的。

除自封投柜外，一些知县对革除催科中的弊端也有注意。进士张暖，顺治十四年（1657）授江西清江县知县，“爱士恤民，催科不扰，劝课有方”[⑤]。董慕，奉天人，康熙二十四年（1685）知武定州，除里长之役，“更首先奉行滚单，州民最为顶戴”；王育良，正黄旗人，康熙二十八年（1689）担任东阿县知县，“革单头包揽之弊，创行滚单”[⑥]。康熙年间，河南丘县犬牙畿辅，南北亘二百五十里，“版图淆乱，租役疲于追呼”，知县黄道珪于清康熙二十九年（1690）实行“沿村顺里，挨户编甲”，收到了“追呼者不出其间”的效

① （清）黄六鸿：《福惠全书》卷6《钱谷部·催征·柜式附》，官箴书集成编纂委员会：《官箴书集成》第3册，合肥：黄山书社，1997年，第288页。
② 如直隶井陉县各村庄“设一乡长，花户不论何社，皆乡长一人催收粮银，到柜分社投纳”；又，同治四年（1865）常熟县“或托戚友代为完纳……或径托书差完纳”。
③ （清）黄六鸿：《福惠全书》卷6《钱谷部·催征·遴收役》，官箴书集成编纂委员会：《官箴书集成》第3册，合肥：黄山书社，1997年，第287页。
④ 鲁子健：《清代四川财政史料》上册，成都：四川省社会科学院出版社，1984年，第251页。
⑤ 同治《清江县志》卷5《建置志》，台北：成文出版社，1975年，第678页。
⑥ 乾隆《山东通志》卷27《宦绩志·董鼐》，《景印文渊阁四库全书》第540册，台北：商务印书馆，1986年，第686页。

果。康熙十三年（1674），江苏布政使慕天颜，鉴于流水号簿数十里汇为一册，其号至千万，难于稽核，蠹书移圖换甲，改户易数，滋弊实甚的弊端，“立归里流水之法，每图一本，至今称便，行令所属州县，一体置立，逐里挨号登记，不得仍将通区、都、图完数总入流水一簿，以杜牵溷”①。温而逊任职太仓知州时实行版图法，在实行版图法之前，太仓州通过排年征收赋税，“包收侵人，公庭支比，尽若辈所为”，良民完赋，还要出贴役费，实行版图法之后，“田在某图，即在某图完粮，纵有田跨几图，田连数甲者，俱于各图各甲分立户名”，因以其人既耕此图之田，便应纳此田之粮，其田不能欺隐，其粮无由朦混，“其粮既定，又用滚单征催，田多而少，自始而终，悉听业户亲交，不许他人代纳”②。“每图几户，禁花分，数户共一滚单，挨次滚，完户皆自封投柜，革私贴杂费，民大便之”，据说实行时，“本年钱粮得以全完”，颇有成效。温而逊的举措也得到地方百姓的认可。后人说温而逊“征赋有术”，于“他政无可纪，而版图实为良法”③。“数十年来，添设图差，丛生弊窦，钱漕踊跃，已不如前，同治三年，前邑令李寅清，甫下车，除积弊，革图差，催课不扰而民乐输。”④同光年间在广东担任知县的杜凤治，仍有节制的一面，其经征多以平和手段，或至少以劝慰为首要选项。他在广宁石狗石桥地方，就“传阖村父老谕示……早造已收及速纳粮”。对于“年老家贫，连旧欠约共要十金，一时必难凑”的绅士邓士松，予以比“予十日限”的其他绅士更长的宽限：“汝如无钱，不论多少，有了即纳，随时随纳，分三四次亦可清矣，今宽予限期展为一月。”⑤同治七年（1868）闰四月，署四会县知县杜凤治为免书吏“房收”，“借粮串勒索多钱，拟在大堂设柜……书吏舞弊不一其端，故拟大堂试收”⑥。

州县钱粮征收，如能不扰民，便令人称道，且尤其难得。“催科不扰，即以催科为抚字也。”⑦徐台英，字沛韦，广东顺德云登堡河村人，道光辛丑科进士，以即用知县发湖南，道光二十四年（1844）开始至道光二十六年（1846）担任

① 乾隆《江南通志》卷68《食货志·田赋二》，清乾隆元年（1736）刻本，第6页。
②（清）温而逊：《奏为请因清查积欠之便敕行版图完粮之法事》，中国第一历史档案馆：《雍正朝汉文朱批奏折汇编》第15册，南京：江苏古籍出版社，1989年，第670页。
③ 宣统《太仓州志》卷28《杂记下》，1919年刻本，第9页。
④ 同治《清江县志》卷2《疆域志》，台北：成文出版社，1975年，第416页。
⑤（清）杜凤治：《望凫行馆宦粤日记》，广东省立中山图书馆等：《清代稿钞本》第10册，广州：广东人民出版社，2007年，第165页。
⑥（清）杜凤治：《望凫行馆宦粤日记》，广东省立中山图书馆等：《清代稿钞本》第11册，广州：广东人民出版社，2007年，第8页。
⑦（清）徐栋：《牧令书》卷11《赋役·征收钱粮条规檄》，官箴书集成编纂委员会：《官箴书集成》第7册，合肥：黄山书社，1997年，第205页。

岳州府华容县知县。[①]在他前任俞舜钦及其以前，该县因多无底册，“混名区田……是垸是圻田，漫无可考”，故从事征收的户房、柜书则“因缘为奸，顽疲者应征而缓，愚懦者应缓而征”，以致道光十一二年之后带征银欠16万两、漕米欠万余石之多，每临近奏销之期，“由书差先行代垫，官给空头串票与之花户，姓名、粮石多少，任书差自行填上。差曰某欠粮宜拘，官不得不拘，某宜押，不得不押，书差垫出一万，是否收回一万，官不问也”；漕米除书差外，还有保户，也就是“包纳者”，先衙“官恐收漕期迫，一时难以凑泊，得保户包纳，且阴德之其挟制小民，浮收十倍于官，官不问也。”“吏治本儒术，实心实政”[②]。道光二十四年（1844），徐台英到华容县后，为避免催科扰民，一是“将县内田详列底册，如某垸田若干，粮若干，花户姓名曰某，住某村，分晰详注，并立碑垸土，使册不能私改，由是，某垸缺堤，某垸被淹，应征应缓可亲自踏勘，民间无容影射”。二是采取“粮随业转之例，使买卖即时过割，胥吏无从飞洒，无需代垫，亦无从倍征”。三是在收漕之时，在全县设立四处收局，“升合小户就近输纳”，既除却扰民累民负担，又使花户负担有所减轻：“向来漕米一石，保户收钱五千者，赴局纳止收四千，小民校前少出一千，官校前多得六百”，这样，“官民俱便，保护之弊尽除”[③]。清代名吏方大湜认为州县钱粮征收既要“亲民”，又须“勿喜事”，为政宽简，“不为苛急”。但是又说地方官下乡，趁男妇老幼环而相视时，“不妨招集耆老来前咨询慰问，劝以孝弟力田，早完国课，莫打官司等语”[④]。光绪六年（1880），江苏嘉定县知县将征收钱粮法令勒石刻碑立于县衙之侧，南面碑文称：

> 勒石示禁，以垂久远事：照得本邑征收条银漕折，从前本有票钱一款，先经本署县逐渐核减，嗣奉升藩宪丁札饬，一律禁革。所有柜书，经造册串，应需纸张饭食，即经由县每张捐给钱五文。于串内声明，不取票钱，禀明□各大宪在案。惟恐年深月久，不免仍有藉端需索，以累吾民。合行勒石示禁。为此示仰合邑粮户及柜书粮差人等知悉：自示之后，永不准再有册串票费名目。如敢巧立名色，向民间需索分文，许粮户指名禀县计赃科罪，决不稍贷。凛之！特示。[⑤]

---

① 光绪《华容县志》卷8《职官志》，台北：成文出版社，1975年，第158页。
② 光绪《华容县志》卷8《职官志》，台北：成文出版社，1975年，第173页。
③ 同治《南海县志》卷14《列传》，台北：成文出版社，1974年，第256页。
④（清）方大湜：《平平言》卷1，官箴书集成编纂委员会：《官箴书集成》第7册，合肥：黄山书社，1997年，第618页。
⑤ 上海博物馆图书资料室：《上海碑刻资料选辑》，上海：上海人民出版社，1980年，第154页。

再者，花户纳粮后，州县也以知州、知县的名义给予正式执照作为纳税凭据。例如，乾隆年间，婺源县知县便颁给花户“纳户执照”，乾隆五十七年（1792）兵米串票的纳户执照载：

婺源县正堂彭　　为敬陈军糈等事照奉督宪题定徽营兵米应征本色今据

十九都三图三甲花户以成　交纳乾隆五十七年分本色三二□　眼同交仓登号合给执照

乾隆五十七年十一月廿六日给

县　　　　　　　　　第十三号。[1]

丁地钱粮执照，则分上下两限，且各给有执照。以花户以成为例，其上限执照载：

江南徽州府婺源县为征收钱粮事，今据

十九都三图三甲花户以成输纳乾隆五十七年分丁地等银五钱〇六厘

除银自封投柜外，合给印票执照归农须至串者

乾隆五十七年二月廿八日给

县　　　　　　字二百五十三号

下限执照载：

江南徽州府婺源县为征收钱粮事，今据

十九都三图三甲花户以成输纳乾隆五十七年分丁地等银五钱〇七厘

除银自封投柜外，合给印票执照归农须至串者

乾隆五十七年二月廿八日给

县　　　　　字二百五十三号。

除正文之外，上限下限执照均有“照门册第二百五十三号”字样。[2]到宣统元年（1909），婺源县“上限执照”与乾隆末年基本变化不大。该县秋口镇水末［沫］村锡林的上限执照载：

江南徽州府婺源县　为征收钱粮事，今据

都　图　甲花户锡林输纳

宣统元年分丁地等银二分七厘

① 黄志繁，邵鸿，彭志军：《清至民国婺源县村落契约文书辑录》第 2 册，北京：商务印书馆，2014 年，第 332 页。
② 黄志繁，邵鸿，彭志军：《清至民国婺源县村落契约文书辑录》第 2 册，北京：商务印书馆，2014 年，第 334 页。

除银自封投柜外合给印票执照归农须至串者

宣统元年　　月　　日　　给[1]。

宣统二年（1910）松阳县政府给该县粮户阙玉磬发有上忙、下忙钱粮“合符联串”执照。[2]

州县征收任务也多落实到户。譬如，婺源县秋口镇鹤溪村五都三图九甲的纳户绪德，在光绪六年（1881）的税粮实征册就颇为清楚、具体：

绪德户丁粮并进

光绪六年季夏月吉日缮书李依仁造

五都三图九甲绪德户实征

成丁

实在

田

地

山

塘

田

| | | |
|---|---|---|
| 称字一百六十（一、二、三）号 | 横坑 | 田税一亩八分四厘九毛正 |
| 水字五百二十七号 | 犁尖坵 | 田税二亩二分三厘三毛正 |
| 丽字三百七十二号 | 苗竹□ | 田税一亩五分九厘五毛正 |

此项付入长房下变售还债

地

| | | |
|---|---|---|
| 称字九百〇九号 | 官铺上 | 地税二分四厘三毛四丝八忽正 |
| 仝　九百〇十号 | 仝 | 地税三分六厘四毛四丝四忽正 |
| …… | | |
| 陶字五百七十二号 | 罗公宅 | 地税六厘一毛二丝正 |
| …… | | |
| 菜字一千四十八号 | 大金杓 | 地税五分〇八毛正 |
| 称字八百八十九号 | 中式 | 地税三厘一毛贰丝伍忽正 |

① 黄志繁，邵鸿，彭志军：《清至民国婺源县村落契约文书辑录》第2册，北京：商务印书馆，2014年，第426页。

② 曹树基，潘星辉，阙龙兴：《石仓契约》第1辑第4册，杭州：浙江大学出版社，2011年，第205页。

……

山

| | | |
|---|---|---|
| 称字一千〇九十四号 | 下坪 | 山税一毛五丝 |
| 仝　一千〇九十五号 | 仝 | 山税五毛正 |
| 仝　一千〇九十六号 | 仝 | 山税五毛正 |
| 仝　一千〇九十七号 | 仝 | 山税七毛五丝 |
| 仝　一千四百二十五号 | 河村头 | 山税五厘正 |

……

| | | |
|---|---|---|
| 阙字五百六十五号 | 黄连潭 | 山税一厘二毛五丝正 |
| 陶字二百五十七号 | 乌木充 | 山税三厘正 |

……

| | | |
|---|---|---|
| 鳞字六百八十六号 | 王千林 | 山税二分八厘正 |
| 巨字一千〇十一号 | 黄力坞 | 山税二厘正[①] |

但是，在农业生产力水平低下的清代，知州、知县钱粮之经征，要完全并真正做到清政府设计的“上不亏短国课，下不朘削民生”[②]的两全，的确难度不小。因为催科处于作为刚需的“国计”与必需的“民生”二者之间的天然结构性背离的焦点，“田地所生货财百物，止有此数，不在民间，则在公家”[③]。对于纳税花户，虽然“任土作贡，天地之常经”，但“田赋力役出以供上者，乃其分也”[④]，可是“人之性也，莫不自私”[⑤]，所谓“民予则喜，夺则怒，民情皆然”，而作为清朝国家正供的知州、知县的催科，因其本质是以超经济手段对纳税花户财富的无偿剥夺，“以其事属取下，非人情之所乐”[⑥]，“花户欠赋，是处有之”[⑦]，抗粮哄堂乃至激成巨案者实亦不

① 黄志繁，邵鸿，彭志军：《清至民国婺源县村落契约文书辑录》第2册，北京：商务印书馆，2014年，第45—51页。

②（清）昆冈等修，刘启端等纂：《钦定大清会典事例》卷107《吏部·处分例·征收地丁钱粮》，《续修四库全书》编委会：《续修四库全书》第799册，上海：上海古籍出版社，2002年，第706页。

③（宋）司马光：《温国文正司马公文集》卷39《八月十一日迩英对问河北灾变》，上海：商务印书馆，1922年。

④ 转引自王毓铨：《纳粮也是当差》，《史学史研究》1989年第1期，第38页。

⑤ 康有为著，章锡琛、周振甫校点：《大同书》第十五章，北京：古籍出版社，1956年，第285页。

⑥（清）潘杓灿：《未信编》卷2《钱谷下·征比》，本社影印室：《明清法制史料辑刊》第1编第9册，北京：国家图书馆出版社，2008年，第169页。

⑦（清）汪辉祖：《清理民欠》，官箴书集成编纂委员会：《官箴书集成》第7册，合肥：黄山书社，1997年，第211页。

在少数[①]，而此正是传统社会强制型赋税制度的自然与必然的逻辑现象。学者曾小萍就曾指出，“民欠”是清代财政管理长久存在的一大“特征”[②]。这从下列江浙、广东、山东之情形可见一斑。

顺治十八年（1661）七月十三日，凤阳巡抚林起龙的题本记载，清江南淮安府沭阳县知县米寿都称，沭阳县地亩，共计 7083 顷，而其中儒户名下就有 3916 顷，在这 3916 顷地亩内，绅户地亩 277 顷，生员名下则 3639 顷，而此皆系“诡寄包揽，结党抗粮”，仅顺治十六年（1659）除绅户钱粮外，生员拖欠地粮银 1683 两；顺治十七年（1660）生员拖欠地粮银 2762 两，尽管“节年追比，至今丝毫不交”，且“以不纳钱粮夸逞雄长，以致各衿效尤”[③]。康熙五十一年（1712）至雍正元年（1723），嘉定县共积欠银 140 余万两，上海、昆山、常熟、华亭、宜兴、吴江、武进、娄、长洲 9 个县的积欠，则 40 万到 60 余万两不等。[④]道光年间，浙江杭州、嘉兴、湖州三府各州县同样“钱粮逋欠甚多”[⑤]。

雍正九年（1731），监察御史礼山上奏称，广东顺德府邢台县数百人包围县署，不准催粮的知县进署，并将知县挟至离城 15 里的四先贤村，“逼勒查勘田禾，免征钱粮”[⑥]。同治年间，在广东省担任知县杜凤治记载，其在广宁、四会、罗平等任，几乎无绅、民自觉主动纳粮。[⑦]广宁县附城大雾村等地，至年末，“地丁仅解二千，余尚欠五千五百零，省米尚欠三百七十八石零，府米不计，更多于省”[⑧]，急得身为钱粮责任知县杜凤治直呼“何处来哉”，而不

① 此可参（美）白凯，林枫译：《长江下游地区的地租、赋税与农民的反抗斗争：1840—1950》，上海：上海书店出版社，2005 年；李细珠：《清末民变与清政府社会控制机制的效能——以长沙抢米风潮中的官绅矛盾为视点》，《历史研究》2009 年第 4 期，第 68—84 页；中国人民大学清史研究所，中国人民大学档案系中国政治制度史教研室：《康雍乾时期城乡人民反抗斗争资料》，北京：中华书局，1979 年；中国第一历史档案馆，北京师范大学历史系编选：《辛亥革命前十年间民变档案史料》，北京：中华书局，1985 年。

②（美）曾小萍著，董建中译：《州县官的银两——18 世纪中国的合理化财政改革》，北京：中国人民大学出版社，2005 年，第 70 页。

③《凤阳巡抚林起龙题本》顺治十八年七月十三日，第一历史档案馆藏。

④《钦定皇朝文献通考》卷 3《田赋考三·田赋之制》，《景印文渊阁四库全书》第 632 册，台北：商务印书馆，1986 年，第 61 页。

⑤（清）昆冈等修，刘启端等纂：《钦定大清会典事例》卷 400《礼部·风教·训饬风俗二》，《续修四库全书》编委会：《续修四库全书》第 804 册，上海：上海古籍出版社，2002 年，第 359 页。

⑥ 转引自北京师范大学清史研究组，《〈红楼梦〉历史背景资料》编辑小组：《〈红楼梦〉历史背景资料（之二）—清代前期农民的反抗斗争（下）》，《北京师范大学学报》（社会科学版）1978 年第 1 期，第 73 页。

⑦ 邱捷：《知县与地方士绅的合作与冲突——以同治年间的广东省广宁县为例》，《近代史研究》2006 年第 1 期，第 30 页。

⑧（清）杜凤治：《望凫行馆宦粤日记》，广东省立中山图书馆等：《清代稿钞本》第 10 册，广州：广东人民出版社，2007 年，第 377 页。

得不在闱考事件的间隙往催；广宁县白沙地方“竟有数村之垂髦之年不知纳粮为何事者，官不来则一味抗顽，官来则奔逃邈匿，逼之已甚，则聚众拒捕，以此为长技，纷纷效尤”，致使钱粮“办理甚为棘手，其奈之何哉”[①]；广宁县西北的森鹰洞“素称强蛮，不谙理法……唯知重财，利之所在性命以之，官差拿人，即拿得亦不令出去，先以赤脚妇女数十嘈□一圈隔阻不令行，后随男子作欲夺状，即官亦恐滋事”，以致连作为县令的杜凤治都觉得“催粮亦只是半吓、半劝、半骗，不能认真，一认真便不好收场”，被动难看之时，不得不以“此地素称豪右，一方听命”的都司衔朱国才、职员沈大文“一为资其力以劝导，一为借以为收场之地”[②]。森鹰洞之册田、乌冈周姓花户，“以不纳粮为故智，官到则躲匿”，去年“面允完纳”生员周森，今年连面都不来见。[③]二十三日，杜知县令周志文劝谕册田、乌岗花户纳粮，却“杳无来者，冥玩刁狡盖可知矣”[④]。广宁县如此，其他州县钱粮之情况也相差无几。光绪元年（1875），杜凤治在罗平州任官，到了十月份，所属的“太平庄完及三四分以上者甚属寥寥，均在二分左右，殊为疲玩”，甚至有人认为欠粮“亦未犯法”，以致让杜凤治哭笑不得：“欠粮尚不犯法乎？犯法有大于欠粮者乎？必杀人造反方为犯法乎？边荒乡蛮不识理法于此。”[⑤]

咸丰六年（1856），崇恩奏山东省自军兴以来，举行团练，大抵皆绅士董率，官吏未能尽操其权，“甚有倚众要挟，不服地方官吏，几有官弱民强之势”[⑥]。咸丰八年（1858）三月，乐安三千余人，“入城抗粮焚署，饱掠而出”[⑦]。次年四月，齐河县“纠众不许纳粮，良民王兴邦未允，火其庐”[⑧]。十月，平原县东乡民团王汝玉、赵万圻等引千余人到县城墙下，“知县韩光鼎登城问之，争言团费无出，

① （清）杜凤治：《望凫行馆宦粤日记》，广东省立中山图书馆等：《清代稿钞本》第 10 册，广州：广东人民出版社，2007 年，第 441 页。
② （清）杜凤治：《望凫行馆宦粤日记》，广东省立中山图书馆等：《清代稿钞本》第 10 册，广州：广东人民出版社，2007 年，第 446 页。
③ （清）杜凤治：《望凫行馆宦粤日记》，广东省立中山图书馆等：《清代稿钞本》第 10 册，广州：广东人民出版社，2007 年，第 444 页。
④ （清）杜凤治：《望凫行馆宦粤日记》，广东省立中山图书馆等：《清代稿钞本》第 10 册，广州：广东人民出版社，2007 年，第 450 页。
⑤ （清）杜凤治：《望凫行馆宦粤日记》，广东省立中山图书馆等：《清代稿钞本》第 10 册，广州：广东人民出版社，2007 年，第 389—391 页。
⑥ 中国史学会主编：《捻军》第 4 册，上海：上海人民出版社，1957 年，第 425 页。
⑦ 中国史学会主编：《捻军》第 4 册，上海：上海人民出版社，1957 年，第 426 页。
⑧ 中国史学会主编：《捻军》第 4 册，上海：上海人民出版社，1957 年，第 427 页。

乞免征漕米。光鼎譬说千端，民团喧嚣滋甚，环城纵炮，彻夜不绝。……汝玉等扬语于众曰‘有敢纳粮者先焚烧之！’”[①]同时，莘县西南民团王狗等千余人，“以求减漕诣县，知县缪玉书率勇役出城抚谕之，乡民奔散”而县其中盐匪延玉会等“夺门欲入，玉书遮击之，斩四级，擒玉会、超群等八，闭城鞫释其三，枭玉会、超群”，后王狗等三四百人到南城下求见，玉书再出，结果民团众北城潜入“焚署纵囚”，玉书逃跑，结果同知兵至民团散，但“言县官率勇赴乡催科，纵枪毙四人、擒八人，回县非刑榜掠，立斩其三，因之民变。翻以告文煜，玉书夺职”[②]。乐陵县民团孙清等人“率众入城入署，胁知县杜园出示减漕，团民入内室取印自印之，哄然鼓掌而散”[③]。文煜奏言：“（山）东省现惟登州一府未报抗粮之案，其余九府二州，钱漕多半抗延。”[④]咸丰九年（1859）十二月，武定府知府张鼎辅上奏言：“惠民、青城……蒲台八县会禀，本年下忙开征，愚民抗欠钱漕……劝之不闻，惩之不服，粮差地保所到之处，鸣锣聚众，捆殴差保，焚屋掠物，良民进城纳粮，辄遭劫夺，或则一日之间，纠众万千，担糠负稗入城，塞署哄堂，不加耗脚，逼官收纳，或则执持枪械。”[⑤]

上述种种情形，不一而足。清朝统治者所谓的“正供之项，小民无不乐输”[⑥]“有抗粮不缴者，吾不信也”[⑦]云云，不过是他们为强加钱粮于民的一种虚幻的假定和预设；其寄望于处于这一对立结构交叉点与风口浪尖的知州、知县，对实际经征寓以“抚字催科”，又无异于梦呓和自我欺骗。相应，欲强行要求知州、知县通过对钱谷经征实现根本就无法完成的“国计”与“民生”的两全，或对其经征追比进行简单的道德评判，不仅失之简单，而且也于历史真实认知无益。道光二十六年（1846）抚州府知府文海之“噫牧令岂易为哉？……故牧令者天下最不易为之官也。……若乃抚字亦可催科，催科亦兼抚字，是在贤能神而明之难以罄之于笔楮也”[⑧]已是耐人寻味，意味深长。而作为州县正印官之王植所论“古人以抚字心劳，催科政拙为良吏，又曰寓抚

① 中国史学会主编：《捻军》第 4 册，上海：上海人民出版社，1957 年，第 428—429 页。
② 中国史学会主编：《捻军》第 4 册，上海：上海人民出版社，1957 年，第 429 页。
③ 中国史学会主编：《捻军》第 4 册，上海：上海人民出版社，1957 年，第 429 页。
④ 中国史学会主编：《捻军》第 4 册，上海：上海人民出版社，1957 年，第 430 页。
⑤ 中国史学会主编：《捻军》第 4 册，上海：上海人民出版社，1957 年，第 430—431 页。
⑥ 《清实录・世宗实录》卷 67 雍正六年三月己未条，北京：中华书局，1985 年，第 1022 页。
⑦（清）盛康：《皇朝经世文续编》卷 25《吏政八・守令中》，沈云龙主编：《近代中国史料丛刊》第 833 册，台北：文海出版社，1972 年，第 2625 页。
⑧（清）文海：《自历言一卷・自历言叙》，官箴书集成编纂委员会：《官箴书集成》第 6 册，合肥：黄山书社，1997 年，第 710 页。

字于催科，盖舍催科，而言抚字，皆口惠也”[①]；康熙时期，掌河南道事监察御史孙锡龄云：“钱粮考成以十分为率，有司按例追征，不照分数全完，则参罚随其后矣。所以与其为抚字，毋宁与其为催科，岂今日之良吏不概见，而大才真不古若也哉，良由迫于考成，故不得不敲扑追呼耳”[②]，则可谓是直言不讳，再明白不过了。

另一方面，历史时期既有以“急政暴赋，赋敛不时”为催科之耻的意识，蕴含着十分朴素的“民本”思想，对于保护纳户的生产、生活，遏制强权政府以及贪官污吏的横征暴敛具有积极意义，但同时它又在一定程度上遮蔽了赋税于国家和社会的必要、必须，乃至正当的一面，忽略甚至否定了税务的合法性，忽视了税务从业人员催征活动的尴尬和不得已。清朝所谓的“抚字催科”与“正供”丝毫不可少的这种州县钱谷问责制度的先天性矛盾、税收政务所具有的“非人情之所乐”的本质特征，以及实际“征比倍难”[③]等，决定了当时州县催科越矩的现实和存在。“正项钱粮，为州县首务。”[④]“正项既不可空悬，丝毫皆考成所在。”[⑤]“法期免比，人乐免比，而仍不能免比。”[⑥]尤其是那些赋重之州县，更是“催科每为所苦”[⑦]，“官此者竭蹶不遑，纵使龚黄复生，难免参罚之咎。爰是考课既严，则追呼不得不急”[⑧]。明代循吏吕坤嗟叹其“疲累州县，钱粮委实难完，守令恨其难完也。”[⑨]“抚字心劳”“宽厚”之功，但到底属于“催科政拙”，只能“考下下”[⑩]。于是州县官员无不绞尽

① （清）徐栋：《牧令书》卷 11《赋役》，官箴书集成编纂委员会：《官箴书集成》第 7 册，合肥：黄山书社，1997 年，第 210 页。

② 《掌河南道事监察御史孙锡龄为变通钱粮考成之法事题本》，中国第一历史档案馆：《康熙十二年稽察官员御史奏章》，《历史档案》2000 年第 5 期，第 14 页。

③ 乾隆《元和县志》卷 1《建置》，清乾隆二十六年（1761）刻本，第 3 页；乾隆《长洲县志》卷 1《建置》，清乾隆十八年（1753）刻本，第 4 页。

④ （清）盛康：《皇朝经世文续编》卷 30《户政二 • 理财中》，沈云龙主编：《近代中国史料丛刊》第 833 册，台北：文海出版社，1972 年，第 3094 页。

⑤ （清）黄六鸿：《福惠全书》卷 5《莅任部》，《四库未收书辑刊》编纂委员会：《四库未收书辑刊》第 3 辑第 19 册，北京：北京出版社，2000 年，第 76 页。

⑥ （清）潘杓灿：《未信编》卷 2《钱谷下 • 征比》，本社影印室：《明清法制史料辑刊》第 1 编第 9 册，北京：国家图书馆出版社，2008 年，第 219 页。

⑦ （清）不著撰：《初仕要览 • 催科》，官箴书集成编纂委员会：《官箴书集成》第 2 册，合肥：黄山书社，1997 年，第 30 页。

⑧ （清）潘杓灿：《未信编》卷 2《钱谷下 • 征比》，本社影印室：《明清法制史料辑刊》第 1 编第 9 册，北京：国家图书馆出版社，2008 年，第 202 页。

⑨ （清）吕坤：《新吾吕先生实政录》卷 4《征收税粮》，官箴书集成编纂委员会：《官箴书集成》第 1 册，合肥：黄山书社，1997 年，第 506 页。

⑩ （清）张鹏翮撰，隋人鹏集解：《治镜录集解 • 当官功过格》，呼和浩特：内蒙古人民出版社，2000 年。

脑汁进行催征，提出并尝试各种各样的催征办法。定限追比即是一种著名之催征办法。“钱粮输纳必有定限，完欠比较必有定期。开征，每月上下二限共作一分，以十个月计之，上下二十限，共作十分，始于二月，终于十月，其间以二月找征正月二限一分；五月止征上半月一限半分；六月止征下半月一限半分；而以五月下半月一限，并于七月共征一分半；以六月上半月一限，并于八月共征一分半；合之十月十分，止作十六限全完。”接着黄六鸿又在其颁发的“比簿式”上开列期限如下：“第一限，二月二分；第二限，三月一分；第三限，四月一分；第四限，五月半分；第五限，六月半分；第六限，七月分半；第七限，八月分半；第八限，九月一分；第九限，十月一分。”[①]顺庄催征、乡地催征、里甲催征和义图催征等各种催征机制[②]不断地被尝试、融汇、翻新，追比中之血比、武力经征也裹挟而来。苏、松两府所属各州县，“顺治二年至康熙元年，岁岁压欠，积逋之数，动盈千万……惨受追呼敲扑之苦”[③]。“东南州县，每遇值年，则粮胥书总，保歇图差，与在城之棍虎，若群蚁聚膻咸思蚕食，于是多方恐吓，假公济私。朱票出于怀中，莫知何事料理，动云千百，刻不可迟，非多蠹嚼吞于坊肆，即累日困闭于铺仓，不大快其所欲不止。以故乡人望城市如地狱，见差胥如狞鬼，魂飞胆栗，而一党凶神，因其畏缩，诱以代办之词，科其不货之费。愚民无奈，拚出多金，利身安逸”[④]。

姚廷遴曾见证了清王朝定鼎上升时期的自顺治到康熙中叶之间上海县知县钱粮催征时的追比实况：

> （顺治十四年）九月初十，坍石桥陆秀才名杉者，世称大族，家资几万，不道赋役繁重，顷刻荡费，作孤穷无告录。其日商知县比较，刎死县堂，合邑哄然，可见征科之迫。
>
> （康熙二年九月）有方秀才是新场镇巨族，因欠钱粮，奉陈知县（按：名以烙，山东峄县人）签拿出邑，刎死在县南差人陈五官家。
>
> （康熙十一年五月，上海县知县康文长）将欠粮者从早至暮，逐件逐名严比。

---

① （清）黄六鸿：《福惠全书》卷7《钱谷部·立比簿》，官箴书集成编纂委员会：《官箴书集成》第3册，合肥：黄山书社，1997年，第297页。

② 魏光奇：《清代雍乾后的赋役催征机制》，《河北学刊》2012年第6期，第45—50页。

③ （清）贺长龄：《皇朝经世文编》卷32《户政七》，沈云龙主编：《近代中国史料丛刊》第731册，台北：文海出版社，1972年，第1176页。

④ （清）黄六鸿：《福惠全书》卷6《催征·苏排落甲》，官箴书集成编纂委员会：《官箴书集成》第3册，合肥：黄山书社，1997年，第291页。

（康熙十二年十月十八日）唤十七区进比，现到者五图杨安官、侯二官，我图张峙山，三人各责四十。保家包明旸，因甲户不到，打一百零八板，又差人押拿，午堂比。次日清早又唤进后衙，将十一图倪履贞、陶爱，各打四十，又一夹棍，四十杠子。又将皂隶两名，因夹棍索来迟，打六十木棍，又守衙传迟，又打二十板。五图赵完生亦一夹棍，十图张曙亦四十板，差人亦一夹棍，又十六图内徐奉山、王君茂，各三十板。独我与黄君仲幸太平。记此见陈知县之酷。

（康熙三十五年）上海知县陈善凡系粮户，逐限候比，六月初五停忙起，至二十三日，一日发签四百枝，俱要着甲首、保家追比三十四年白银，限三、六、九日严比。幸太守到县，百姓赴禀，因而停止。概县区图共算，凡出签钱每区三千，则又花费民间几千金矣。①

雍正年间的钱粮清查，在雷霆手段之下，其初期各州县几成一遍哀鸿。雍正七年（1729）九月，清查协理原任常熟知县喻宗樘云：“奉宪檄严追吏民愿完旧欠，而尤严于民，其绅户、衿户限一卯全完。五两以上者为豪强大户，限十日全完；五两以下者为易完细户，限半月全完。差役纷扰，甚至下禁详参，而经承积蠹从中作奸，恐吓勒索，靡所不至。一月内追完十八九，其差役使费及加耗诸项与正供等，小民多鬻质子女，流离莩死。至万寿节后，欲传教谕到堂，将生监未完者当堂责比。其时尤人人震恐，非奉十月中宪谕，其苦殆难言状也。”②无锡县在雍正初年第一阶段的清查中，“通计前后所欠而并征之，谓之‘汇追’。委员逐户挨查，查毕，朱书‘清查’二字于门，人心惶惧，计尽产不足以偿，生监之人狴犴者累累，逃亡远匿而株连亲族者不可胜计也”③。无锡知县江日容动用滚单法，“设立催头，罚催下户，本户虽完，下户有欠，仍将催头责比”④。太仓州在清查时，“以民欠悉目之为包揽欺隐，议论蜂涌，人心惶惑，莫知适从。庚戌造册毕，各具状认欠认侵，协查官沿门稽察，稍稍宽裕之家，责其旬日勉力全完，窘迫之辈逢卯严比，殆无论其为侵为欠也。阖州之人愁眉相向”⑤。

晚清时期，由于银贵钱贱等因素影响，纳户钱粮负担实际加重，“昔日卖米三斗输一亩之课而有余，今日卖米六斗输一亩之课而不足，朝廷自守岁取

①（清）姚廷遴：《历年记》，上海：上海市文物保管委员会，1962年，第43、55、77、79、126页。
② 乾隆《吴江县志》卷58《旧事》，清乾隆十二年（1747）刻本，第31页。
③（清）黄卬：《锡金识小录》卷1《备参上·汇追》，光绪二十二年（1896）刻本，第10页。
④（清）黄卬：《锡金识小录》卷4《司牧·滚单不善》，光绪二十二年（1896）刻本，第12页。
⑤ 宣统《太仓州志》卷28《杂记下》引《黄兆熊年谱》，1919年刻本，第9页。

之常，而小民暗加一倍之赋”。另外，又诸如房基、坟地，均须另纳税课，准以银价，御史“皆倍昔年，无力监追者不可胜计”，有催科定额和考成在身的知州、知县等，仍不得不“竭全力以催科犹恐不给”，甚至“委员佐之，吏役四出，昼夜追比，鞭扑满堂，血肉狼藉，岂皆酷吏之为哉？不如是，则考成不及七分，有参劾之惧；赔累动以巨万，有子孙之忧”①。

不过，即便如此，若仅委员辅佐、吏役派遣，州县的钱粮任务也未必能够完成，于是“县令亲征或委员坐图催粮”②也成为一常态性的经征方式。譬如，广东博罗县“历任县令，一年之内，必有半年驻乡，设法严催，不遗余力，欲再认真整顿，实无良策”③。龙川县温月楼知县称：“（本年）二月示期开征……饬房缮造户册，添差随同丁胥……以期各约花户就近输将，征收借以起色。”④广东各州县正印官下乡催征以及委员坐征的实例很多，比如同治六年（1867）十月廿四抵达广宁知县任，后来又曾正印四会县、罗平州还有南海县的杜凤治就曾有过。现兹据杜凤治日记⑤，就其南海县之外的其他三个政区正印官任上下乡追征情形予以整理，具体情况如表 4-1 所示：

显然，表 4-1 内的诸如杜凤治为催粮而组织 30 名亲军；打条子可调勇听用催粮；同治六年（1867）十月十一日催征，出发催征前的“不论男妇，如有延抗，即行锁带回县，押比追纳”的想法，到后对花户小云等人的十日全讫，再来“拿县押追矣”“有一分一厘蒂欠者，虽时已除夕，予必亲来拿人矣”之威胁以及拿花户林家“妇女回县”；同治六年（1867）十月十六日“比森洞粮差冯佑、梁胜，下狱重责冯佑四百，用新制重枷枷号，派二差押赴森洞遍历全村，催粮示众”；同治六年（1867）十一月二十五日带勇 30 名下森洞督征，拟将长催督催当堂回话，如违血比⑥等，无疑是带有颇为明显的威胁与暴力性质，此等行为原本与“抚”字催科不相吻合，既往研究已多作揭露、鞭挞。唯于其中的严比急征缘由，缺少起码的关注和基本的剖析，甚至尚有以

① （清）曾国藩：《曾国藩全集》第 1 册，长沙：岳麓书社，2012 年，第 41 页。

② 光绪《镇海县志》卷 9《户赋》，清光绪五年（1879）刊本，第 26 页。

③ 广东布政使司：《粤东钱粮情形》，广东省立中山图书馆等：《清代稿抄本》第 147 册，广州：广东人民出版社，2007 年，第 467 页。

④ 广东布政使司：《粤东钱粮情形》，广东省立中山图书馆等：《清代稿抄本》第 147 册，广州：广东人民出版社，2007 年，第 475 页。

⑤ （清）杜凤治：《望凫行馆宦粤日记》，广东省立中山图书馆等：《清代稿钞本》第 10—17 册，广州：广东人民出版社，2007 年。

⑥ （清）杜凤治：《望凫行馆宦粤日记》，广东省立中山图书馆等：《清代稿钞本》第 10 册，广州：广东人民出版社，2007 年，第 397 页。

“司催科者，从无善政，特未讲求”之“昔贤未发之论”①。

**表 4-1　杜凤治乡征钱粮简况表**

| 日记时间 | 任职州县 | 经征简况 | 资料来源 |
|---|---|---|---|
| 同治六年（1867）七月廿三 | 广宁 | 同治六年（1867）七月，杜凤治带数十人亲自到石狗一带催征，四天征得一百一二十两 | 《清代稿抄本》第10册，第161—172页 |
| 同治六年（1867）十月十一日 | 广宁 | 午后带五十余名差役吏、户、刑属吏，行杖皂班，往到附城各大家亲督催征，兼带图差令指引各家，不论男妇，如有延抗，即行锁带回县，押比追纳。先至大雾寨杨族，杨承训（绍廷）不在家，伊子宝珊茂（介石）及予门生作骧（小云）见。杜告以上司催征严急，附城著刑但完不及十分之一，不得不严行催督，意欲二人指引前往各家查拿。介石、小云力恳各本家必为传谕，令其速纳，杜与二人言，既二公为本家乞恩，予今时大雾寨一村银米，均交二公身上，限五日内新旧清讫，否则，我再来挨家责比。二人又恳五日太促，言之再四，又展五日，共十日。二生送出，又嘱之“如有一分一厘蒂欠者，虽时已除夕，予必亲来拿人矣”。同一天“又至星楼周族，即周友元家，廪生周宜绳、附生周宜沅、贡生周宜炳、职员周学曾四人来迎，亦如语杨介石、小云之语，语之伊等亦如杨生之言，予言：既四生敢保阖族完纳不迟，予不为己甚，一切为四生是问。亦如大雾寨，本限五日，展限十日，以十日一例全讫，否则予再来，不是此番面目，即你四人亦一并拿县押追矣。你四人即遨匿不面予必严家属也。至护国坊陈姓、林姓，欠多者亲到其家（林姓是童生，来见，名荫棠）。其家，家唯妇女，予令拿妇女回县，力求三四日内其纳。又至西门外之木鱼寨，至一吴姓家，又至冯姓家，亲到数家，均限日期。又至西门内冯族，文川茂才未在家，有数绅士如冯鸿猷者，均出去，梁付即来陪，告以口伊兄为代告各家，勿再迟延，自甘拿押比追 | 《清代稿抄本》第10册，第311—313页 |
| 同治六年（1867）十月十五日 | 广宁 | 如要勇催粮只须打条子与江、陈、麦三人，即可前来听用 | 《清代稿抄本》第10册，第325页 |
| 同治六年（1867）十月十六日 | 广宁 | 比森洞粮差冯佑、梁胜，下狱重责冯佑四百，用新制重枷枷号，派二差押赴森洞遍历全村，催粮示众 | 《清代稿抄本》第10册，第331页 |
| 同治六年（1867）十月十六日 | 广宁 | 见并要求榕村地保周明、妙村牌长、榕村地保。谕榕村地保告知绅士，予为交匪纳粮二事来此，令各来见。谕牌长，通知附近各村绅耆来见，交匪纳粮二事最紧要。均令其绅监陈缉熙等四人来见。见了亦谕以前话 | 《清代稿抄本》第10册，第331页 |
| 同治六年（1867）十月二十日 | 广宁 | 于新招铺之妙村对八九名绅耆衣冠谈及粮事，责斥：“予来已数日，仍旧无一纳者，是何故也？岂真不要脸乎？” | 《清代稿抄本》第10册，第344页 |
| 同治六年（1867）十一月十三日， | 广宁 | 闹考事虽烦躁心酸，仍谕门房，告之十五日行香后各役分头代壮勇往附城各完户按户督催，本拟十六日下森洞……恐府中有委员来，不能不候，先着郎庆带役十名、勇三十名下森洞催粮 | 《清代稿抄本》第10册，第374页 |

① （清）袁一相：《前案回详》，官箴书集成编纂委员会：《官箴书集成》第7册，合肥：黄山书社，1997年，第202—203页。

续表

| 日记时间 | 任职州县 | 经征简况 | 资料来源 |
| --- | --- | --- | --- |
| 同治六年(1867)十一月十五日 | 广宁 | 午后，带差勇出署附城各家亲往督催。原拟由西门、莫鱼寨、青云路、新街、护国寨、星口、大雾村由东门回，冯家出来，号房先谙各处通信，诏各处绅士均在文昌宫议事，杜与冯、杨二老耆言“钞粮为上司催解，忽不可言，无可代垫，现在已垫不少，真是筋力俱疲，予不论如何，在此一日即征一日之粮，不顾其他，本拟新赴各村，既二位在此，各处绅耆时，为我致意年日为日无几，速完为是，予不遍到矣，要知予甚不愿沿门催索，实系此地风气疲玩，不得不尔，实出无奈……有何意味，沿门托钵，甚不得已，诸君望亦谅之乎。今岁地丁仅解二千，尚欠五千五百零，省米尚欠三百七十八石零，府米不计，更多于省，如不催纳，何处来哉？”三人均应允 | 《清代稿抄本》第10册，第376—377页 |
| 同治六年(1867)十一月二十五日 | 广宁 | 派郎庆明后日会同周、江二付即带勇三十名下森洞督征。予考事十日可毕，亦即飞骑前往。严饬值日总各役立传森洞之八差（郎回只在六人）及长催督催当堂回话，如违血比 | 《清代稿抄本》第10册，第397页 |
| 同治六年(1867)十二月十七日丙申 | 广宁 | 在白沙。此地小，有粮务，停留一日。着家人四近催粮。男妇大小均各远遯，广东风俗以抗粮为本务，竟有数村之垂髫之年不知纳粮为何事者。官不来则一味抗顽，官来则奔逃遯匿，逼之已甚，则聚众拒捕，以此为长技，纷纷效尤，办理甚为棘手，其奈之何哉？！所难者，倘或小有事端，而上游不问其他，第招地方官办理不善而已，以故更棘手也。饶总即派二兵来，兵房带数差亦来 | 《清代稿抄本》第10册，第441页 |
| 同治六年(1867)十二月十八日 | 广宁 | (到森洞)，晴。今日为先朝议公二十周年忌辰，初拟延僧诵经，因年内为日无几，森鹰洞粮口在腊底，不得不来，距二十日只两日即封印，亦大典不能不待封矣。卯正由白沙启行，过三多桥……又过龙寨，罗姓居多，劣绅罗万钟居此，巳初抵森洞木口坝，仍驻曾氏祠屋，曾姓绅士，曾某在门外迎入，去岁亦是此人，……饭后都司衔朱国才，职员沈大文……来见，朱沈二人在此地素称豪右，一方听命，二人颇感玉恩。予夏间早有谕与二人，委其代催征收，当恳出力，见即奖之，并告以为日无几，今岁为缉匪上口以外事，赔累不少，全赖此地粮有起色，度岁方可恃，就嘱为各乡力催，二人应允即去 | 《清代稿抄本》第10册，第441—442页 |
| 同治六年(1867)十二月十九日 | 广宁 | (在森洞)，命册田监生周志文，代催册田、乌冈周姓之粮，二处均姓周，以不纳粮为故智，官到则躲匿，家人差役壮图至其村，则举室遁去。即如生员周森最为顽梗。去岁尚来一见，面允完纳，予归即置脑后，今年遂不敢来见矣 | 《清代稿抄本》第10册，第444页 |
| 同治六年(1867)十二月二十日 | 广宁 | 森鹰洞为宁邑西北之地，素称强蛮，不谙理法，重岗叠巘，树木丛杂，不知读书，唯知重财，利之所在性命以之，官差拿人，即拿得亦不令出去，先以赤脚妇女数十嘈口一圈隔阻不令行，后随男子作欲夺状，即官亦恐滋事，只要有不成器之绅士（半似人半似鬼，近年功令宽，十余金即捐一监生……自以为绅士，即 | 《清代稿抄本》第10册，第446日 |

续表

| 日记时间 | 任职州县 | 经征简况 | 资料来源 |
| --- | --- | --- | --- |
| 同治六年（1867）十二月二十日 | 广宁 | 不然耳）前来担保，即含糊中止，催粮亦只是半吓半劝半骗，不能认真，一认真便不好收场，所以，用朱沈二人者，一为资其力，一为借以为收场之地。所诏糊弄得一天是一天也 | 《清代稿抄本》第10册，第446日 |
| 同治六年（1867）十二月二十三日（二十二日已从省坐知署四会） | 广宁 | 二十三日在森洞。仍忙于催粮，指出，未完册田、乌岗，周姓最疲玩，令周志文去劝谕了无来者，冥玩刁狡可知矣 | 《清代稿抄本》第10册，第450—451页 |
| 同治六年（1867）十二月二十四日 | 广宁 | 五更二点即起，秉烛吃饭，天渐明即（从森洞，按）启行（回署） | 《清代稿抄本》第10册，第452页 |
| 同治七年（1868）二月十七日 | 四会 | 自己在广宁时当听到雷□夫对杜说：“四会民风淳朴，讼狱稀疏，官不必下乡催征”时，尚心甚羡之……啧啧不已，而广东只要何处不用官亲身下乡催征钱粮羡慕不胜 | 《清代稿抄本》第10册，第499—500页 |
| 同治七年（1868）三月一日 | 四会 | 征收一事，此地究苦于抗粮者多，绅民类多疲顽，征不起者十有八九，直是十县统十县皆然，不得不移旧纳新 | 《清代稿抄本》第10册，第519页 |
| 同治七年（1868）闰四月初八日 | 四会 | 下午坐堂，比上中下都督催粮差，黄昌、程安重责，限月内完四五千银两。在房收书吏等不免勒索，拟在大堂收粮 | 《清代稿抄本》第11册，第8页 |
| 同治七年（1868）闰四月九日 | 四会 | 又为征输之汪总为房书，克扣所致，非重平暗剥，即借粮串勒索多钱，拟在大堂设柜，试收一月……书吏舞弊不一其端，故拟大堂试收，且看如何 | 《清代稿抄本》第11册，第10页 |
| 同治七年（1868）七月十六日 | 广宁 | 在石狗，由行辕起，带差勇进次石桥……绅士邓士松、黄炳辉等出村（带勇枪炮拉入宗祠）谒见。杜即谕邓、黄二绅，粮供甚急，村中各户予十日限，全数新旧完讫，勿迟干咎，黄炳辉及蒋凤山称是。在黄姓祠堂，杜当堂□朱谕，今先着纳粮，如有抗延，情罪更重，势必严纳押追，奉知上宪，按律定拟，切勿观望……内有此来，借以安民，并权劝耕种，兼督征收之语，此三事最重大也。又到江边村祠堂小坐，谕以安民、劝耕、催粮三事，粮限十日内清讫，如迟拿究办。行至巡□村又谕，村中纳粮亦限十日 | 《清代稿抄本》第11册，第165页 |
| 七月十七日 | 广宁 | 在石狗，留壮勇30名，各与号背心1件，上印“广宁县正堂亲军”字样，便于催征，余遣归 | 《清代稿抄本》第11册，第167页 |
| 光绪元年（1875）三月二十七日 | 罗平 | 本州向办春征，五六月间各附城罗镜私（船）□全年围底五大庄可以减收数百石，去年予初到任匆匆未征，现拟举行。粮房呈单，除十三年未征外，十一年十二年及十年均四月杪五月初开征。予定四月二十七日开春征，五大庄师爷家人均应赴庄：附城庄仍十太爷八少爷管理，金鸡平堂庄请章子贞师爷管理，私（船）李庄仍聘请彭□亭师爷管理，罗镜庄派李福管理开春值壹差使，围底庄派余安管理仍留值堂差使 | 《清代稿抄本》第17册，第18页 |
| 光绪元年（1875）十月初二日 | 罗平 | 本拟今日赴太平……路上山水涨发不能行，而前一日到太平的人铺盖衣服及身上衣服无不湿透矣。太平墟上满街皆水，故杜决定次日再到太平 | 《清代稿抄本》第17册，第377页 |

续表

| 日记时间 | 任职州县 | 经征简况 | 资料来源 |
|---|---|---|---|
| 光绪元年(1875)十月初三日 | 罗平 | 辰刻，早饭后……见日，即由罗平启行赴太平。陈炳标、梁羡珍、陈永义、陈士芳来送，均谕早完钱粮 | 《清代稿抄本》第17册，第377页 |
| 光绪元年(1875)十月三日 | 罗平 | 到太平后晚比卯，此庄完及三四分以上者甚属寥寥，均在二分左右，殊为疲玩，分别比责，限初五日再比，定期完至五分以上，否则重比 | 《清代稿抄本》第17册，第380页 |
| 光绪元年(1875)十月初五 | 罗平 | 除晚上比卯外，还定初七日再比一卯 | 《清代稿抄本》第17册，第384页 |
| 光绪元年(1875)十月六日 | 罗平 | 前一日，罗定州太平地方罗源昌“去年欠粮五石”，下乡至此处置陈彭两大姓争地建庙的罗定州知州杜凤治发朱谕严饬……今年新粮石着去岁旧粮不弥补，定革尔功名，并严拿押追也 | 《清代稿抄本》第17册，第386页 |
| 光绪元年(1875)十月九日 | 罗平 | 晚又比卯 | 《清代稿抄本》第17册，第388页 |
| 光绪元年(1875)十月十日 | 罗平 | 路上遇一河，深不通舟，浅不容涉。无已，人马行李均徒涉而过，至中间，水及腰腹，可云危险。当天在墟，潘灿、江清泉、张星炤、陈仲祺、蒋连标、蒋学易六名绅衿来见杜，日记载：“二蒋即蒋腾邦户丁，去冬予严拿未获，因封其当，李福言如蒋侯邦（诸邦字非）不肯出来，请亦不到，你到大言：‘罗定欠粮不止我，蒋姓且欠粮，亦未犯法。’予闻大笑：‘欠粮尚不犯法乎？犯法有大于欠粮者乎？必杀人造反方为犯法乎？’边荒乡蛮不识理法于此。彭佐时事更口怪矣。予与潘、江、张、陈各谈数语，即询二蒋，‘尔蒋腾邦户旧欠甚多，去年拿人未获，今尔等既来见，且至粮庄详查，尔等之户新旧完纳何如矣？’即呼门上饬差将二蒋带至粮庄令查明全纳。（李福言蒋虽大言，心亦畏惧……予诏……收押，饬令全完可矣。）……蒋姓欠粮……共欠旧粮十五（石），愿先完纳十二石，余三石年杪全清；新粮此时不及四分，愿完至五分，年下全讫。先立单，俟银收到，再为割串。允之。二蒋提交江清泉带去。”当天晚上比粮。见十三年所收，较之十一、十二年无不短绌，竟无一户仗一升一合者。如陈寿、陈畴等大户竟有短至七八石者，予其各令粮仓房开单与前三年比较并无短绌则又何也。此地粮务，实为叶可珍弄坏，伊不知何恃而自视，非常高贵，无一人看得起者，与予言，此地绅士不成人样。为割串事，潘灿等为其辱骂，潘灿等以予故，不予计较，后且言，大老爷见我们只要我们安分守己，尚常常与脸，一粮庄师爷而庞然自大如此，实所罕见，以故，各绅及各花户均不服伊。又，高坐粮庄从不下乡一步，花户绅士来伊不理，粮差殷丁待如奴仆，（兹闻在金平，伊由金鸡到平塘，或由平塘赴金鸡，即便下乡，粮差殷丁必要跪接，不知有其事否）今岁金平粮务又必为所糟，伊前作信，与镜泉诏，粮书擅加平馀，日后如粮无起色，伊不任咎等语……此人贫苦而有傲气，不肯低首求人，面上五官部位生成一孤贫之相，年将五十尚未娶妻，有二弟在家坐食，靠伊赡养，一妹年长未嫁，数年来母死祖母死外祖母死，除修金外，予皆格外帮助，实悯其穷，而少动寡言，是安分人故优待之。不料，脾气恶劣，误我公事，即辜我恩，想伊饭缘满矣 | 《清代稿抄本》第17册，第389—391页 |

撇开道德判断，就州县官员的主观意图来说，暴力催征，未必一定均出自其本意。作为一省级钱粮最大责任当事者，巡抚都御史韩世琦，康熙三年（1664）分应运白粮，自奉文之日遵即勒限严催，其见“百姓日受敲扑之追……臣身在地方，目击斯状，既虞功令之莫违，又念民瘼之当惜，忧惧战兢，寝食俱废，然终不敢擅为稍宽”[①]。江南大员曾经掣得辖地州县者因“赋重役繁甲于天下，实与他处不可同日而语，故铨选时，掣得此缺，便形神沮丧，亲朋为之惋惜，以为半生功名付之逝水，自非志趣坚定，不以升沉利钝介怀者，未有不颓然自放甘心以不肖为归者也”[②]。清末广东省布政使司陈夔麟为广东清理财政局所编写的《广东财政说明书》谓：“追呼之苦，自古为然，历代圣君贤相，谁不为民痛心疾首，而卒不能为民去其苦痛，相沿以至今日者，势使然也。以粤省户口言之，一县之中富户居十之一，中户居十之三，下户居十之四五，极贫之户亦居一二焉。当州县开征……至下户则非催呼不完，极贫之户又甚焉。……凡此情形，诚非仁人所忍见。然国家既责以正供，州县尤须自顾其考成，催科政绌，吏例维严，亦属势不得不然者矣。”[③]广宁县知县杜凤治内心同样如此：“上司催征严急，附城著刑但完不及十分之一，不得不严行催督”“钞粮为上司催解，忽不可言，无可代垫，现在已垫不少……予甚不愿沿门催索，实系此地风气疲玩，不得不尔，实出无奈……有何意味，沿门托钵，甚不得已……今秋岁地丁仅解二千，余尚欠五千五百零，省米尚欠三百七十八石零，府米不计，更多于省，如不催纳，何处来哉？。”[④]深明州县钱粮征务艰难的经世大员陈宏谋也指出：“征粮原不专恃敲扑，然有抗顽之户，非责比无以示惩，一切包收侵蚀，非责比更易朦混”，批评“地方官于钱粮不甚留心，视征比一事无关紧要”[⑤]，并提出催比以白昼为宜。

更值得注意的是，即使面对如此这般具有暴力性质的“比较”，也居然有纳户予以藐视或不以为然，甚至是竭尽脑汁，不惜雇比以为抗粮不交。明末福建，“（保家）贫难者雇人比卯受责，犹驿递之有招募；夫饶裕者多畜家童

① 光绪《苏州府志》卷12《田赋一》，清光绪九年（1883）刊本，第21页。
② （清）汤斌：《汤子遗书》卷2《奏疏·请旨行取疏》，《景印文渊阁四库全书》第1312册，台北：商务印书馆，1986年，第462页。
③ 广东清理财政局：《广东财政说明书》卷2《第一类·田赋上》，陈锋主编：《晚清财政说明书》第7册，武汉：湖北人民出版社，2015年，第59页。
④ （清）杜凤治：《望凫行馆宦粤日记》，广东省立中山图书馆等：《清代稿钞本》第10册，广州：广东人民出版社，2007年，第311、377页。
⑤ （清）徐栋：《牧令书》卷11《赋役·陈宏谋〈征收钱粮条规檄〉》，官箴书集成编纂委员会：《官箴书集成》第7册，合肥：黄山书社，1997年，第207页。

轮比，犹驿递之有养膳”[①]。清康熙年间潘月山称：“且比卯之时，每有民人托名宦属，藐法抗比。更有一种无品子衿，包揽过卯。”[②]“偏觅惯受刑杖之人，承认花户，受比搪限”[③]，以致“代比”“包比”等，不一而足。纳户对征收的这种种规避，拒不缴纳，“严刑酷比而粮仍不完”[④]，而钱粮额定数目及其相应责任追究的高压线，则是他们甚至不惜一切催征的最重要的两大因由，“催科之法，或有利于官不利于民者，或有利于民不利于官者，不利于民不可行也，不利于官不能行也”[⑤]，这种想法固然理想，但当其难以两全其美时，地方当局选择的砝码，会滑向能够规避责任追究的一端。

再者，邱捷先生在考察研究杜凤治的催科后曾指出：“在我们印象中，清朝官吏似乎主要逼迫农民（庶民）纳粮，但在杜凤治日记中，却多是威胁、拘押绅士，很少过问无粮、少粮的庶民。”[⑥]笔者查阅大量资料并经归纳后同样发现，追比这一多遭致后世研究者诟病的钱谷经征方式，被“比”者，或者说因钱粮催征而遭受来自州县官府施加的包括皮肉之苦的责罚，其实绝大部分并非是既往人们误认为的最底层的庶民百姓（农民），更非佃农，（盖“公家所征敛，悉在田主，不在佃户”[⑦]），而是州县钱谷催征体制内的书吏、胥役，以及县府以下基层社会组织的职役人员。主要有粮书、胥役、地保、庄长、甲催、见年、排年、里长、粮长、粮里、保家、甲户、现年、伴差、顺差、图差、里催、催头、受雇代比者，等等，当然还有花户或正身顽户。[⑧]所以，州县经征中的追比，表现出来的是经征的州县官所为的过急过当，征纳双方关系出现极度紧绷而缺乏张力，但隐藏其后的却是问责制度以及纳户非心甘情愿甚至千方百计逃避的情形下征收一方的某些无奈。血腥暴力催征固不可取，而完全以征收者的追比行为为非，也难免有一叶障目之虞。“功令考成，

---

① （明）沈长卿：《沈氏日旦》卷7《摄融四十八答》，明崇祯七年（1634）刻本，第15页。

② （清）潘杓灿：《未信编》卷2《钱谷下・征比》，本社影印室：《明清法制史料辑刊》第1编第9册，北京：国家图书馆出版社，2008年，第178—179页。

③ （清）万斯翰：《幕学举要・钱谷》，官箴书集成编纂委员会：《官箴书集成》第4册，合肥：黄山书社，1997年，第741页。

④ （清）徐栋：《牧令书》卷11《赋役・袁一相〈前案回详〉》，官箴书集成编纂委员会：《官箴书集成》第7册，合肥：黄山书社，1997年，第203页。

⑤ （清）潘杓灿：《未信编》卷2《钱谷下・征比》，本社影印室：《明清法制史料辑刊》第1编第9册，北京：国家图书馆出版社，2008年，第218页。

⑥ 邱捷：《知县与地方士绅的合作与冲突——以同治年间的广东省广宁县为例》，《近代史研究》2006年第1期，第32页。

⑦ 于建嵘：《岳村政治：转型期中国乡村政治结构的变迁》，北京：商务印书馆，2001年，第117页。

⑧ （清）徐栋：《牧令书》卷11《赋役・袁一相〈前案回详〉》，官箴书集成编纂委员会：《官箴书集成》第7册，合肥：黄山书社，1997年，第202—203页。

以钱粮为重本职”①，“夫人千里而来为吏，谁肯以催科无术甘心废弃？”②既然“钱粮考成以十分为率，有司按例追征，不照分数全完，则参罚随其后”“迫于考成”之州县“故不得不敲扑追呼耳”③。即使不以知州知县个人之生存、价值、利益为计，可“钱粮系军国重务”④，“赋税是政府机器的经济的基础”⑤，“体现着表现在经济上的国家存在”⑥，而“废除捐税的背后就是废除国家”⑦。因而钱谷赋税的存在及其征收，终极而论，不全然是知州、知县之地方钱粮征务“倍难”形势下的“急暴”所造成，而是清政府及其清朝国家的存在使然。此外，就程序及权限而论，“减粮关系国课，即两院，亦须奏请奉旨，然后施行……本县七品官，岂安敢擅专？”⑧

## 第二节　以征促产，促进农业经济发展

### 一、开垦土地、清查隐匿

土地，是传统中国社会存在与发展最为基本也最为重要的前提条件。盖“万物之生皆本乎地”⑨，“土生万物皆养人也”⑩。而国家的“钱粮之轻重，原视其地土之肥瘠以为定额”⑪。所谓“田以养民，赋以供国，洵要务”⑫是也。与历史上其他朝代一样，清朝以农立国，民生以食为天，国计以地为母。

入清之初，战争连年，田土荒芜严重，土地的垦殖更加重要和迫切。顺治六年（1649），上谕令各抚按转行所司，州县官将逃亡民人，广加招徕，以

① （明）朱国寿：《考成录略》，北京图书馆古籍出版编辑部：《北京图书馆古籍珍本丛刊》第60册，北京：北京图书馆出版社，2000年，第16页。
② 光绪《苏州府志》卷12《田赋一》，清光绪九年（1883）刊本，第27页。
③ 中国第一历史档案馆：《康熙十二年稽察官员御史奏章》，《历史档案》2000年第5期，第14页。
④ 《清实录·世祖实录》卷112顺治十四年十月庚午条，北京：中华书局，1985年，第876页。
⑤ 中共中央马克思恩格斯列宁斯大林著作编译局编译：《马克思恩格斯选集》第3卷，北京：人民出版社，2012年，第375页。
⑥ 中共中央马克思恩格斯列宁斯大林著作编译局编译：《马克思恩格斯选集》第1卷，北京：人民出版社，1972年，第181页。
⑦ 中共中央马克思恩格斯列宁斯大林著作编译局编译：《马克思恩格斯全集》第7卷，北京：人民出版社，1959年，第339页。
⑧ （清）杜凤治：《望凫行馆宦粤日记》，广东省立中山图书馆等：《清代稿钞本》第10册，广州：广东人民出版社，2007年，第372页。
⑨ 民国《新修岳阳县志》卷2《舆地志·物产》，台北：成文出版社，1968年，第105页。
⑩ 民国《解县志》，台北：成文出版社，1968年，第35页。
⑪ 《世宗宪皇帝上谕内阁》卷50，《景印文渊阁四库全书》第414册，台北：商务印书馆，1986年，第487页。
⑫ 民国《芮城县志》卷2《田赋志》，台北：成文出版社，1968年，第132页。

开垦本县无主荒田，务使逃民复业，田地开辟渐多，各州县以招民劝耕之多寡为优劣，道府以责成催督之勤惰为殿最，每岁终抚按分别具奏。顺治十五年（1658）政府规定，州县开垦100顷至600顷以上“议叙”。《大清律例・户律》律文中亦规定了荒芜田地科罪条例：“田地无（水旱灾伤之）故荒芜，及应课种桑麻之类而不种者，（计荒芜不种之田地）俱以十分为率，一分笞二十；每一分加一等，罪止杖八十。县官各减（里长罪）二等。长官为首（一分减尽无科，二分方笞一十，加至笞六十，罪止。）佐职为从，（又减里长官一等，二分者减尽无科，三分者方笞一十，加至笞五十。罪止）。”[①]因此，组织州县大力开垦就成为知州、知县的一大经济职责。

湖北黄梅县经明末张献忠之乱遭到毁灭性破坏，到顺治十一年（1654）尚有7000亩荒地，知县邓元瀛下令开垦，初虽给百姓以压力，但生产有了逐步恢复。[②]临汾县知县就积极招民承垦无主荒地：“本县地额颇广，虽屡年劝耕，而荒者各里尚有。至若吴段贵提二里，遗地尤多……除各里粮户余地，愿种者听议仍种外，其有愿将吴贵二里逃绝遗地承种者，开具里甲支户原册，并地粮数目投认，以凭行里查给，自承粮之后，即与为业。”[③]雍正六年（1728），湖北均州、汉川2州县开垦雍正四年（1726）荒地12顷有奇；浙江象山等6县开垦雍正五年（1727）荒地24顷有奇；河南祥符等95个州县开垦雍正五年（1727）荒地6883顷有奇；奉天复州、长宁3州县开垦雍正五年（1727）荒地96顷有奇。[④]知州、知县不仅动员号召和鼓励民众垦荒，还积极为垦户申报所垦地亩执照，使之获得对土地拥有的保障。松阳县民邱学元在该县22都芥菜源等处垦有荒田3亩3分，松阳县知县按照开垦给照之例，为其呈报申请垦户执照，执照肯定了邱学元对所垦田地的权利，“敢有豪强占并，许业户据实指名控告究治”[⑤]。

州县官员的劝导调动了垦民的积极性，各地土地开垦持续展开，到乾隆朝，各省所辖州县土地开垦不捷报频传。譬如，乾隆二十八年（1763）的土

① 胡星桥，邓又天主编：《读例存疑点注》，北京：中国人民公安大学出版社，1994年，第205页。

② 马俊：《变乱与重建：明清之际的湖北地方社会：1633—1690》，华中师范大学博士学位论文，2015年，第218页。

③（清）潘杓灿：《未信编》卷6《几务下・庶政・招民承垦无主荒地示沈临汾稿》，本社影印室：《明清法制史料辑刊》第1编第10册，北京：国家图书馆出版社，2008年，第200—201页。

④《清实录・世宗实录》卷66雍正六年二月辛丑条，北京：中华书局，1985年，第1013页；《清实录・世宗实录》卷71雍正六年七月甲寅条，北京：中华书局，1985年，第1060页；《清实录・世宗实录》卷71雍正六年七月庚午条，北京：中华书局，1985年，第1068页；《清实录・世宗实录》卷74雍正六年十一月癸丑条，北京：中华书局，1985年，第1113页。

⑤ 曹树基，潘星辉，阙龙兴：《石仓契约》第2辑第8册，杭州：浙江大学出版社，2012年，第82页。

地开垦捷报，几乎无月不有：二月，山西报上一年（1762）大同县劝垦荒旱下地 10 顷。三月，直隶报顺义、怀柔、宝坻 3 县新垦地 5 顷又 36 亩；湖北报咸丰县新垦 2 顷又 60 亩，当阳县新垦 3 顷又 96 亩。四月，福建报侯官、古田、屏南、永福、南安、浦城、霞浦、福安、漳平、龙岩、福清、莆田、同安、南靖、宁德、惠安、长汀、凤山、彰化、淡防等厅州县前一年（1762）劝垦田、地、山、园 75 顷有余；台湾凤山县劝垦官庄、田、园二甲九分；江西报上年南昌、新建、靖安、萍乡、清江、莲花、庐陵、鼎安、铅山、鄱阳等 10 厅县，劝垦老荒续荒新生田地塘 11 顷又 24 亩；四川报劝垦田地 2 顷又 92 亩。六月，山东报劝垦田、地 65 顷有余。七月，广西报贵县、宣化、永淳、归顺、博白共税 1 顷又 94 亩。八月，山东报上年（1762）邹平等 13 州县卫，报垦无粮旱地 146 顷；浙江报上年（1762）各州县具开垦临海、龙泉、太平、永嘉、平阳、江山、开化及衢州垦田地各若干；贵州报都匀、铜仁所属各县及广顺州，以及普安、瓮安、湄潭、天柱 4 县垦额内额外田 41 亩；江苏报金山、江阴、丹徒、丹阳开垦 9 顷又 77 亩；浙江慈溪、太平、浦江、西安、开化、瑞安、平阳开垦额外田地涂田荡山 306 顷，慈溪、浦江以地改垦田 4 顷多，乐清县开垦额外涂田硗田地池 131 顷以上。九月，广东报垦额内额外荒芜税 33 顷；云南报上年（1762）会泽、腾越、鲁甸、昆明、嵩明、和曲、晋宁、呈贡、易门、弥勒、云南、宣威、大关、永善、陆凉、河西、禄劝、平彝、镇沅、丽江、镇雄、永昌、新兴等 23 个府厅州县共开垦久荒并额外民屯田 114 顷又 86 亩；广东报前一年（1762）开垦 138 顷。十二月，山东报上年（1762）开垦水田地 30 顷又 59 亩。[①]嘉庆年间，不少州县的开垦持续，嘉庆二十五年（1820），湖南、湖北耕地面积共计 5 918 475 顷，超过顺治十八年（1661）10 倍有余。[②]在州县地方的土地进一步深度开发之外，“连山头地角、湖河滩涂等零星土地也大

① 《清实录・高宗实录》卷 680 乾隆二十八年二月庚寅条，北京：中华书局，1986 年；《清实录・高宗实录》卷 682 乾隆二十八年三月壬戌条，北京：中华书局，1986 年；《清实录・高宗实录》卷 684 乾隆二十八年四月乙未条，北京：中华书局，1986 年；《清实录・高宗实录》卷 684 乾隆二十八年四月丁酉条，北京：中华书局，1986 年；《清实录・高宗实录》卷 685 乾隆二十八年四月癸丑条，北京：中华书局，1986 年；《清实录・高宗实录》卷 689 乾隆二十八年六月丁未，北京：中华书局，1986 年；《清实录・高宗实录》卷 690 乾隆二十八年七月壬戌条，北京：中华书局，1986 年；《清实录・高宗实录》卷 692 乾隆二十八年八月壬辰条，北京：中华书局，1986 年；《清实录・高宗实录》卷 693 乾隆二十八年八月乙条，北京：中华书局，1986 年；《清实录・高宗实录》卷 694 乾隆二十八年九月乙卯条，北京：中华书局，1986 年；《清实录・高宗实录》卷 695 乾隆二十八年九月辛未条，北京：中华书局，1986 年；《清实录・高宗实录》卷 700 乾隆二十八年十二月丙申条，北京：中华书局，1986 年。

② 参见龚胜生：《清代两湖农业地理》，武汉：华中师范大学出版社，1996 年，第 82、98 页。其中，嘉庆二十五年（1820）耕地面积据其表 15 统计。

都垦种”，而“以往尚处在半开发或未开发状态的各地山区和边疆地区的许多土地也得到开垦，大大拓展了中国农耕区的地域范围”；晚清时期，通过蒙古、东北地区的“放垦”，我国耕地又有所增加。[①]著名的中国经济史专家史志宏先生的最新成果估计，顺治末，全国耕地仅7.78亿清亩，到道光末年，达到了14.3亿清亩，按市亩计在13亿亩以上，清末的耕地总量超过了15.8亿清亩，合市亩数接近14.6亿亩。而且，纵向比较，中国的耕地数量自西汉中期到明万历时期的1600年间增加的不过3亿多市亩，而清朝200多年就增加了6亿多市亩，增加的绝对值，超过以往16个世纪1倍。[②]

则壤成赋，赋从地出。隐匿田地以避赋税成为清代州县乡村社会的一大现象，清丈、经界乃解决隐瞒之途径，并从而成为州县的任务。太和县知县沈衍庆说该县“病根由于钱粮之积欠”，而积欠则在于隐匿、规避。“民间风俗：买田者多不收粮，卖田者多不过户”，进而提出“欲破除痼弊，非正本清源不可；正本清源，非清丈田亩不可”[③]。官方记载的清丈田亩条例有50多条，其中，涉及全国性清丈土地的11条，反映出全国性的土地清丈有8次[④]，除丈隐匿无册外，也有丈荒、丈缺等，无论是全国性的清丈，还是区域性清丈，都离不开基层州县的执行和落实。

江苏长洲县“赋繁多，为江南最，历岁逋赋累数什万，亦属江以南最，民困于下，而吏兹邑者，并因此诖误去”。康熙年间知县沈恩实行坐图销圩，几月之间“闻供奏半”，寻因故他事离开，因循数任后，李敬修任长洲县知县，从康熙十五年（1676）开始，“以李公之精白乃心……亲临覆丈，自具舟楫，自□□粮，不破民间一文，不饮民间一勺……见总图书、圩甲、业佃，公同丈量……初不必问何氏之业，迨丈已竟，数已准，册已定，然后填业户姓名，据此坐图，立户办粮，次年再行推收归并。如此，则田为主而户随之”，经过“两年劳瘁”，至康熙十七年（1678）二月“始竣”，丈得田地山荡共13 279顷14亩7分1厘2毫，“长洲尺壤寸土皆归版籍”[⑤]。直隶清河县，屯田之兴，

① 史志宏：《清代农业的发展和不发展（1661—1911年）》，北京：社会科学文献出版社，2017年，第129页。
② 史志宏：《清代农业的发展和不发展（1661—1911年）》，北京：社会科学文献出版社，2017年，第115、130—131页。
③（清）沈衍庆：《槐卿遗稿》卷3《书牍·覆署吉安文太守询泰和地方情形书》，光绪三十一年（1905）木活字本。
④ 张研：《清代经济简史》，郑州：中州古籍出版社，1998年，第109页。
⑤（清）贺长龄：《皇朝经世文编》卷31《户政·长州清田纪事》，沈云龙主编：《近代中国史料丛刊》第731册，台北：文海出版社，1972年，第1146页。

吏士将居民数百家之粮田“隐占”，康熙二十六年（1687），管钜任该县知县，他上任后在得到上司批准的基础上，“区画经界，躬自履亩，日夜丈量，不避风雨，寒暑三年而后定，至今清民得以安堵饱食，钜之力也”①。

雍正年间，松茂、建昌、川东、永宁四道的知州、知县，“拨户书、弓手等，随往丈勘”，并挨门逐户，对有田之家，各给一张田地赋税清单，令其“自填田亩地形口口，钱粮若干、荒地若干，分晰四至，注明已纳粮未纳粮”②，经雍正八年（1730）前后两年间努力，四川全省州县清丈共44万余顷，比原来旧册所载的23万余顷“增出殆及半”③。

知州、知县的清丈、查勘在增加土地面积“清核地亩、钱粮”的同时，使县境幅员疆界、四至八到等大都得以明确和清晰，不少县“治郊野，须先分乡为几都，都为几图，图又分为几号或几圩，每都立大石碑一个，上书几都，面刻本都四至、地形、河道，背刻本都田亩细数，每图立小石碑，背面镌刻都图，每圩每号亦如之，使经界号段，较如列眉”④。

雍正八年（1730），浙江开化县知县安佑，“允诸绅士请，丐于宪，遂奉谕开丈”，组织该县土地清丈，“越六年告成”⑤。绘制该县鱼鳞清丈图册——鱼鳞清丈册，遗存至今者尚有丈量图号联单实物40册，内容既有清丈的土地信息，如土地的字号、类型、名称、四至、步亩面积，又有土地清丈相关人员信息，譬如弓手、书手、算手、同丈公正者的姓名。譬如，“开化县服字六百八十七号丈量图号联单”所提供的地籍信息包括业主：黄光耿，同丈公正：方士逢、方一电，知识：方科日，弓手：方茂富、方蒙适，书手：方震观、方士琮，算手：方英魁、方士进。⑥

图册规模仅次于安徽休宁县档案馆鱼鳞册（现存清代鱼鳞图册1153册）的浙江兰溪县，同治年间攒造的889册鱼鳞册⑦，记载了当时兰溪县35都159

---

① 光绪《清河县志》卷17《仕迹》，台北：成文出版社，1983年，第166页。

② 中国第一历史档案馆：《雍正朝汉文朱批奏折汇编》第11册，南京：江苏古籍出版社，1989年，第607页。

③ 赵尔巽等：《清史稿》卷294《宪德传》，北京：中华书局，1977年，第10341页。

④（清）徐栋：《牧令书》卷11《赋役》，官箴书集成编纂委员会：《官箴书集成》第7册，合肥：黄山书社，1997年，第194—195页。

⑤《衢州历史文献集成》编纂委员会：《衢州历史文献集成》第15册，北京：中华书局，2009年，第621页。

⑥ 李义敏：《浙江鱼鳞图册的遗存与研究价值》，《第三届地方档案与文献学术研讨会会议论文集》上册，内部资料，2016年，第223页。

⑦ 民国时期拆并成820册，20世纪50年代丢失74册，今存746册。参见兰溪县鱼鳞册整研办公室：《兰溪鱼鳞册研究》，内部资料，1999年；李义敏：《浙江鱼鳞图册的遗存与研究价值》，《第三届地方档案与文献学术研讨会会议论文集》上册，内部资料，2016年，第215页。

图田土、山林、地形，标有土地字号、类型、等级、面积、四至、坐落地方，以及业主、住地等地籍信息，兰溪县知县对此非常尽力。光绪五年（1879），自江西金溪县知县任调至平乐的全文炳，力矫前弊，“每于造新册之日，确查花户，严核推收……民困庶稍苏息”①。安徽石埭县知县姚锡光，在到任不久上呈《田地官私册据经乱无存讼繁断窒拟请清查给照通禀》，说石埭县自遭兵燹以后，向存鱼鳞册、黄册荡然无存，民间田产、契据，也多半遗失，历年民间垦荒田地，只报都书，收入粮册，县中无案可稽，而册内亦仅列某都某甲某户，垦田若干，应征税粮若干，并无坐落四至。请求“即由职县分期赴乡，分都、分甲，遍履清查，其有契者，令其呈验，立即盖戳给还；其无契者，令其取具里长、田邻切结，分邱分段填明坐落四至给予执照，无论已垦未垦田地，均须开报明晰，给予限期，如踰期不报者，其荒地定是逃亡绝户另行招垦，俟其报齐以后，再由职县抽查，核其坐落四至、顷亩、税则、田邻是否符合，如此则欺伪可除，争讼可清，后此办理田地案件，方有把握，以后开办鱼鳞册、黄册，即以此为张本”②，并保证至下乡必轻车简从，巨细躬亲，断不假手胥吏以杜扰累。

作为管理土地、交纳田赋之鱼鳞册，不仅记载了土地类别、田块名称、地亩图形、田界四至、步尺面积、赋银总额等总体状况，有的甚至存录了每一田（坵）号的田块图形、四至、步尺、科则、面积、赋银、业佃乃至于土地交易的信息，成为州县基层社会记录、管理土地及其税收的重要依据。一些知州、知县多有组织、统领和支持。余祚馨，湖南常德府武陵县人，同治四年（1865）十月署浙江省兰溪县知县事，当时，该县因太平军“邑城未复，权于厚仁市设官署，筹防筹饷，以图攻剿，颇竭心力”。次年正月，县城克复后，他担任兰溪县知县。他于“同治四年十一月，举行清赋编造鱼鳞册，城十坊，乡一百四十九图，各编字号，计一百五十九字。”③县志之《清赋纪略》载：

> 大兵克复邑城之次年（同治三年），邑侯江（绍华）奉檄开征，以征册尽毁，令百姓田种者皆完粮，派吏胥下乡就佃编户征收，得熟田一千五百八顷地，山塘听民自报（所报无几）。四年十月，余侯（祚馨）来摄篆，以清赋为首务，甫下车，召都人士而告之曰：“有户产即有国课，而

---

① 光绪《平乐县志》卷3《赋役志》，清光绪十年（1884）刊本，第3页。

②（清）姚锡光：《吏皖存牍》卷上《田地官私册据经乱无存讼繁断窒拟请清查给照通禀》，官箴书集成编纂委员会：《官箴书集成》第9册，合肥：黄山书社，1997年，第667—668页。

③ 光绪《兰溪县志》卷2《志田赋·土田》，清光绪十四年（1888）刊本，第6页。

有国课乃有户产，今专就佃编征户产，淆矣。欲其不淆，若之何而可？”佥之曰：“清赋，非丈量编造鱼鳞册，难以彻底。”……余侯曰“善”，乃定章详。□宪城设总局，由县选董（共十二人）任督催之事，乡设子局。就图举董，任编造之事。凡田地山塘，依次挨号编字绘图，注明业户、四至，分别有主无主，而田又分种、荒，荒者免征，令其陆续报垦；无主者，准人承垦代管（田地承垦、山塘代管）。十一月下旬，总局先办西乡十一都、一图，为各乡承式（各乡初皆畏难，由是乐于从事）。五年，城十坊及东西两乡事竣。六年，南北两乡事竣。七年，会总对较得熟产征额三万二千两有奇，而合荒、熟及有主、无主总算，较诸原额竟缺万余两。细加查询，知土称田之斗石，亦有广狭之分（内有二亩六七分为一石者，亦有二亩八九分为一石者，又有全三亩者）。地、山、塘无斗石可计（地有计斗石者，亦有不计斗石者），率皆约略指报。复拟章，由县饬各图董事亲履，按号查补，并搜出斗石匿漏，增田、地额各三百余顷。山亩缺额尤多，八年，总局（其时董事仅六人）协同各图经办董事身亲登山越二年之久，虽巉岩石壁，无级可登，莫不攀萝扪藤，蹑颠造极……共增山额三千三百余顷（其中数十亩而报一二亩者，数百亩而报数十亩者悉为增补）。而塘亩亦会同覆勘，增额二百余顷。十年，仍复汇总校对核算，熟产有征者共四万余两。然合荒、熟全额，尚缺征额银三千六百五十九两有奇。夫清赋于四年冬举行，五、六两年四乡鳞册告成，七年城局汇校缮造征册，乡局覆查田地亩分，八、九年，城乡局会同履勘山塘。时几六载，职其事者，心力俱竭，而缺额犹不能听之。十一年，复于他邑连界各图分界之区搜求遗漏，得补粮额七百余两。吾邑经焚凋敝，甚于他邑，清赋之举，其法似创而于民称便。然非余侯之明决，则法不行，而非继余侯者之信任无疑（五年，许侯维崧、陶侯鸿勋，六年吴侯世荣，八年姚侯徽典，九年赵侯笃恩、吴侯绍正），则事亦不成。今清赋已经告成，征额逐年加增（熟产已征银五万余两），虽荒熟全额尚缺二千八百八十余两，而除道光、咸丰年报坍详奏恩准豁征银一千五百七十三两二钱二分八厘，尚缺额征银一千三百十余两。[1]

除清丈鱼鳞册外，在清代早期的人丁编审册籍中，不仅有户、丁信息，也有土地信息。康熙五十五年（1716），获鹿县永壁社六甲编审册之“周光儒”

---

① 光绪《兰溪县志》卷2《志田赋·土田》，清光绪十四年（1888）刊本，第7—10页。

条，除“丁银六钱（新进、去丁）”外，土地与粮地细数同样清晰。[①]顺治十五年（1658）底李学礼呈《编审黄册》，其中“良田里一甲李纯芳”的土地状况如下所示：

成熟地，13 顷 20 亩，各征粮不等，共粮 30 石 9 斗 7 升 1 合 4 杪 4 撮 2 粟。

中地，1 顷亩，每亩征粮 7 升 8 合，共粮 7 行 8 斗。

下地，12 项 20 亩，每亩征粮 1 升 8 合 9 勺 9 杪 2 撮 4 圭 1 粒，共粮 23 石 1 斗 7 升 1 合 1 勺 4 杪 4 撮 2 粟。

地税银，5 两 1 钱 4 分 8 厘 6 毫 6 丝。

九厘银，3 两 1 钱 7 分 4 厘 3 毫 3 丝 4 忽 5 微 4 纤 8 尘。

上则丁，30 名，每丁征银 5 钱 8 分 1 厘 3 毫 8 丝 2 忽 6 微 6 纤，共银 17 两 4 钱 4 分 1 厘 4 毫 9 丝 9 忽 8 微。

中则丁，10 名，每丁征银 4 钱 9 分 1 厘 3 毫 8 丝 2 忽 6 微 9 纤，共银 4 两 9 钱 1 分 3 厘 8 毫 2 丝 6 忽 9 微。

下则丁，5 名，每丁征银 4 钱 1 厘 3 毫 8 丝 2 忽 6 微 9 纤，共银 2 两 6 厘 9 毫 I 丝 3 忽 4 微 5 纤。

以上地丁两项共征折色银 32 两 6 钱 8 分 5 厘 2 毫 1 丝 4 忽 6 微 9 纤 8 尘。[②]

此外，州县地方官也加强对地权转移的管理。如民间典买田宅，法律规定：“不税契者，笞五十；（仍追）契内田宅价钱一半入官，不过割者，一亩至五亩，笞四十，每五亩加一等，罪止杖一百。其（不过割之）田入官。”其条例要求：“州县官征收田房税契，照征收钱粮例，别设一柜，令业户亲自赍契投税，该州县即黏司印契尾，给发收执。……傥州县不黏司印契尾，侵税入己，照例参追。该管之道府直隶州知州，分别失察、徇隐，照例议处。”[③]《户部则例》规定，凡民间置买田宅，于立契之后，限一年内呈明纳税。雍正十年（1732），诸暨县知县崔龙云《申严顺庄滚催实革里书永禁碑》强调，典卖产业，在成交税契时随即推收过户，“不许卖主措勒”而“将字号推付过

① 转引自潘喆，唐世儒：《获鹿县编审册初步研究》，中国人民大学清史研究所：《清史研究集》第 3 辑，成都：四川人民出版社，1984 年，第 5 页。

② 转引自陈桦：《清代户口统计制度的演变》，中国人民大学清史研究所：《清史研究集》第 7 辑，北京：光明日报出版社，1990 年，第 3—4 页。

③ 胡星乔，邓又天主编：《读例存疑点注》卷 10《户律·田宅·典买田宅》，北京：中国人民公安大学出版社，1994 年，第 203 页。

户，则逐年推收”[①]。加强土地交易过割便是措施之一。清代州县正印官们以向土地买方发放《产户执照》或者发放给买主所在都即《该都收照》来确保转让土地地权的转移，以及应该缴纳钱粮的花户姓名。乾隆二十年（1755）底，浙江松阳县李知县所属21都茶排庄王龙盛、许春旺两人，合卖3亩5分地给本都本庄阙天有，而发生土地“推收事”，于是李知县“遵奉宪行，随买随收”，为买主发放《产户执照》，明确所买田地3亩5分归入买方户下，规定该田地的钱粮也由买方办理完纳。[②]道光二年（1822）岁末，松阳县21都茶排庄阙其兴卖1亩8分给同都同庄的阙志亮，地亩及其完粮均为阙志亮，知县为此发《该都收照》，由21都茶排庄“雄叔收执”[③]。表4-2是据《石仓契约》第2辑第8册前100页的相关记载，对松阳县知县所颁发的《产户执照》《该都收照》而制作的一览表，从中可以看到该县知县对治下土地推收进行的管理。

**表4-2　松阳县知县辖区地权及完粮转移管理例示**

| 州县正印姓氏 | 时间 | 田土数量 | 卖方 | 买方 | 税收 | 资料出处 |
|---|---|---|---|---|---|---|
| 松阳县正堂李 | 乾隆二十年（1755）十二月 | 盛户二亩、旺户一亩五分 | 二十一都茶排庄王龙盛、许春旺 | 二十一都茶排庄阙天有 | 阙天有户下入册完粮 | 《石仓契约》第2辑第8册，第64页 |
| 松阳县正堂李 | 乾隆二十一年（1756）十二月 | 一亩 | 二十一都茶排庄包秀荣 | 二十一都茶排庄阙天贵 | 阙天贵户下入册完粮 | 《石仓契约》第2辑第8册，第65页 |
| 松阳县正堂曹 | 乾隆三十四年（1769）十二月 | 五分 | 二十一都茶排庄叶石生 | 二十一都茶排庄阙天来 | 阙天来户下入册完粮 | 《石仓契约》第2辑第8册，第66页 |
| 松阳县正堂曹 | 乾隆三十四年（1769）十二月 | 五分 | 二十一都茶排庄董增寿 | 二十一都茶排庄阙天来 | 阙天来户下入册完粮 | 《石仓契约》第2辑第8册，第67页 |
| 松阳县正堂田 | 乾隆四十九年（1784）十二月 | 光户一分、耀户一亩四分 | 二十一都茶排庄董增寿 | 二十一都茶排庄阙学易 | 阙学易户下入册完粮 | 《石仓契约》第2辑第8册，第68页 |
| 松阳县正堂阿 | 嘉庆二十年（1815）十二月 | 五分 | 二十一都夫人庙庄林炳琳 | 二十一都茶排庄阙翰文 | 阙翰文户下入册完粮 | 《石仓契约》第2辑第8册，第69页 |
| 松阳县正堂 | 道光三年（1823）十二月 | 二亩 | 二十一都夫人庙庄阙永灿 | 二十一都茶排庄阙翰松 | 阙翰松户下入册完粮 | 《石仓契约》第2辑第8册，第70页 |

① 杨国桢：《明清土地契约文书研究》，北京：人民出版社，1988年，第253页。
② 曹树基，潘星辉，阙龙兴：《石仓契约》第2辑第8册，杭州：浙江大学出版社，2012年，第64页。
③ 曹树基，潘星辉，阙龙兴：《石仓契约》第2辑第8册，杭州：浙江大学出版社，2012年，第95页。

续表

| 州县正印姓氏 | 时间 | 田土数量 | 卖方 | 买方 | 税收 | 资料出处 |
| --- | --- | --- | --- | --- | --- | --- |
| 松阳县正堂汤 | 道光十年（1830）十二月 | 三亩 | 二十一都南山下庄叶增其售本都茶排庄阙德珅的一亩五分；本都南山下庄旧管叶枝发户田一亩五分 | 二十一都茶排庄阙翰松 | 阙翰松户下入册完粮 | 《石仓契约》第2辑第8册，第71页 |
| 松阳县正堂 | 道光三十年（1850）正月 | 一亩 | 二十一都夫人庙庄徐文瑞 | 二十一都茶排庄阙玉裕 | 阙玉裕户下入册完粮 | 《石仓契约》第2辑第8册，第72页 |
| 松阳县正堂陈 | 乾隆十五年（1750）十二月 | 九亩 | 二十一都茶排庄王龙盛 | 二十一都茶排庄阙其兴 | 阙其兴户下入册完粮 | 《石仓契约》第2辑第8册，第79页 |
| 松阳县正堂陈 | 乾隆十八年（1753）十二月 | 三亩三分 | 二十一都茶排庄邱学元 | 二十一都茶排庄阙其兴 | 阙其兴户下入册完粮 | 《石仓契约》第2辑第8册，第80页 |
| 松阳县正堂黄 | 乾隆三十八年（1773）十二月 | 四亩 | 二十一都茶排庄王勋斯大 | 二十一都茶排庄阙天有 | 阙天有户下入册完粮 | 《石仓契约》第2辑第8册，第83页 |
| 松阳县正堂成 | 乾隆五十九年（1794）十二月 | 五分 | 二十一都茶排庄包金开 | 二十一都茶排庄阙元光 | 阙元光户下入册完粮 | 《石仓契约》第2辑第8册，第84页 |
| 松阳县正堂傅 | 嘉庆十年（1805）十二月 | 一亩二分 | 二十一都夫人庙庄廖开松 | 二十一都茶排庄阙德招 | 阙德招户下入册完粮 | 《石仓契约》第2辑第8册，第88页 |
| 松阳县正堂鹿 | 嘉庆十四年（1809）十二月 | 九户四分、华户一亩五分 | 二十一都夫人庙庄廖富九、廖清华 | 二十一都茶排庄阙翰美 | 阙翰美户下入册完粮 | 《石仓契约》第2辑第8册，第89页 |
| 松阳县正堂阿 | 嘉庆二十年（1815）十二月 | 二分 | 二十一都五合圩庄严德远 | 二十一都茶排庄阙天有 | 阙天有户下入册完粮 | 《石仓契约》第2辑第8册，第90页 |
| 松阳县正堂 | 嘉庆二十三年（1818）十二月 | 八亩 | 二十一都夫人庙庄阙永焕 | 二十一都茶排庄阙德招 | 阙德招户下入册完粮 | 《石仓契约》第2辑第8册，第91页 |
| 松阳县正堂刘 | 嘉庆二十三年（1818）十二月 | 二分 | 二十一都夫人庙庄阙正兴 | 二十一都茶排庄阙和利 | 和利户下入册完粮 | 《石仓契约》第2辑第8册，第92页 |
| 松阳县正堂 | 道光元年（1821）十二月 | 四亩 | 二十一都夫人庙庄阙克荣 | 二十一都茶排庄阙志亮 | 阙志亮户下入册完粮 | 《石仓契约》第2辑第8册，第93页 |
| 松阳县正堂 | 道光元年（1821）十二月 | 一分 | 二十一都夫人庙庄阙其斌 | 二十一都夫人庙庄阙志亮 | 阙志亮户下入册完粮 | 《石仓契约》第2辑第8册，第94页 |
| 松阳县正堂 | 道光二年（1822）十二月 | 一亩八分 | 二十一都茶排庄阙其兴 | 二十一都茶排庄阙志亮 | 阙志亮户下入册完粮 | 《石仓契约》第2辑第8册，第95页 |

续表

| 州县正印姓氏 | 时间 | 田土数量 | 卖方 | 买方 | 税收 | 资料出处 |
|---|---|---|---|---|---|---|
| 松阳县正堂 | 道光三年（1823）十二月 | 一亩五分 | 二十一都夫人庙庄阙正英 | 二十一都茶排庄阙翰荣 | 阙翰容户下入册完粮 | 《石仓契约》第2辑第8册，第96页 |
| 松阳县正堂江 | 道光五年（1825）十二月 | 一亩 | 二十一都百步庄阙发扬 | 二十一都茶排庄阙天培 | 阙天培户下入册完粮 | 《石仓契约》第2辑第8册，第98页 |
| 松阳县正堂王 | 道光六年（1826）十二月 | 一亩五分 | 二十一都大寮庄林细妹 | 二十一都茶排庄阙和利 | 阙和利户下入册完粮 | 《石仓契约》第2辑第8册，第99页 |
| 松阳县正堂汤 | 道光九年（1829）十二月 | 五分 | 二十一都茶排庄阙德英的本都百步庄王发宝 | 二十一都茶排庄阙翰礼 | 阙翰礼户下入册完粮 | 《石仓契约》第2辑第8册，第100页 |

浙江知州知县如此，其他省份州县也有努力。在道光二十四年（1844）以前，湖南岳州府华容县田地分为垸圻田、山田，前者多处濒湖地方，涝灾频发而长有蠲缓，但是该县“各田俱无底册，混名区田……是垸是圻田，漫无可考”，以致出现花户“应征者请缓，应缓者请蠲”，县衙征收无凭。对此，“实心实政”的广东顺德进士徐台英于道光二十四年（1844）到该县上任后[①]，迅速进行厘清，“将县内田详列底册，如某垸田若干，粮若干，花户姓名曰某，住某村，分晰详注，并立碑垸土，使册不能私改，由是，某垸缺堤，某垸被淹，应征应缓可亲自踏勘，民间无容影射”，并实施“粮随业转之例，使买卖即时过割，胥吏无从飞洒，无需代垫，亦无从倍征”，使得长期困扰“官与民交受其累”转而为“官民俱便”[②]。

山东惠民县知县柳堂针对该县民众一向不知税契为何事，寻常买卖田产投税者，百无一二弊端，他就在于大堂东边设立税契局一处，并明定章程，“无论老契、新契，每价银一两，按市价收税银三分，契尾一张，收京钱一千，不准丝毫多取，随到随税，无稍稽迟”。推收过割勒索过甚，亦与税契有碍，定为10亩以下每户京钱200文；10亩以上者，每亩加钱100文，以旧换新则每户京钱 200 文，如果过割不遵，即按在官人役犯事本律加等治罪。该项措施实行后，“自兹以后，投税者络绎不绝，一时农民无不称便”[③]。“资性明敏，

① 光绪《华容县》卷8《职官志》，台北：成文出版社，1975年，第173页。
② 同治《南海县志》卷14《列传》，台北：成文出版社，1967年，第256页。
③（清）柳堂：《宰惠纪略》卷2，官箴书集成编纂委员会：《官箴书集成》第9册，合肥：黄山书社，1997年，第505页。

颇具干济[1]的庄纶裔，光绪二十六年（1900）三月任山东莱阳县知县，次年，县民王清琴私开官荒 8 亩，又侵占高其法土地而被告发，庄知县批饬查丈，王清琴以写有王文滋开垦荒地 86 亩 6 分 6 厘，东至王文澄，西至沟，南至道，北至口字样的“执照一纸”上诉，庄知县仔细辨认发现这个执照内容破绽百出，即批词曰土地“无坐落地名，亦无租钱粮银升科数目，现在此处地止八亩有零，地数不符，四至亦不符”，堂讯之下，理屈词穷的王表示“情愿不种，退作官荒，具有切结”，案已断结后又以执照“狡翻”，庄知县批词称，照内之地的四至属一块，必系连成一片，如即照内之地，现只有 8 亩，要他在一个月内将少了的 78 亩查出来，并指明：“开具买主卖主姓名清单呈阅，但必须将地连成一片，以符四至，不准由四至以外他处找地补数，亦不准中隔一阡另找别地致干咎戾，着即遵限查明呈复核办，倘尔并不能查出此地，或查出后核与四至不符，定必将尔革去功牌，治尔以假冒职官，私垦官荒，恃符妄为之罪，恐尔不能当此重咎。”[2]

## 二、劝导重农，以礼化民

“农者立国之本根”[3]，而亲民之官，莫如守令，守令又须劝农为职，所谓“国家以农事为重，劳农劝相，原地方官应行之事”[4]。清自太祖努尔哈赤开始，历朝帝王无不强调农业的重要性，也无不要求州县在内的各级地方官员力农、劝农，并以此为职责及追究。早在关外，清太祖即提出“重农积谷为先务”，崇德初年，皇太极谕令地方“农事不可失”，“若不时加督率致废农事者，罪之”。进关内不久，清“各州县以招民劝耕之多寡为优劣，道府以责成催督之勤惰为殿最。”雍正初期，上谕指出：“数十年来，户口日繁，而土地止有此数，非率天下农民竭力耕耘，兼收倍获欲家室盈宁，必不可得”，要求“亲民之官，委曲周详，多方劝导，庶踊跃争先，人力无遗，而地利可尽”[5]，“有轻视民隐不实力奉行者，以溺职论”[6]。由于农耕“甚朴，无可炫

① 民国《莱阳县志》卷 3《人事志》之 1《人物・职官》，1935 年铅印本，第 28 页。
②（清）庄纶裔：《卢乡公牍》卷 2《王清琴控争荒地案呈批》，官箴书集成编纂委员会：《官箴书集成》第 9 册，合肥：黄山书社，1997 年，第 585 页。
③ 政协浙江省萧山市政协文史工作委员会：《萧山文史资料选辑（四）》，1993 年，第 432 页。
④《清实录・高宗实录》卷 393 乾隆十六年六月辛酉条，北京：中华书局，1986 年，第 163 页。
⑤（清）昆冈等修，刘启端等纂：《钦定大清会典事例》卷 168《户部・田赋・劝课农桑》，《续修四库全书》编委会：《续修四库全书》第 800 册，上海：上海古籍出版社，2002 年，第 694 页。
⑥ 清高宗敕撰：《清朝文献通考》卷 3《田赋考・田赋之制》，上海：商务印书馆，1936 年，第 4872 页。

长”，而且“骤难见效”，而“不似催科、听断、捕盗等事之显而有据”，督抚们每于州县察吏考成时“不甚加意”，从而导致基层“州县之吏，趋承风旨，专以簿书期会为先，而农事反居其后”，乾隆帝发现这种片面的考成问责现象之后，他于乾隆八年（1743）颁布长篇上谕，除晓之以理外，要求“督抚者当善体朕意……实心化导其属，俾属吏亦实心劝课其民，庶几野无游惰之风，家有盖藏之乐”[①]。嘉庆帝及其以后各代皇帝无不如此。

不仅如此，有清一代的典章律例对知州、知县等地方官们的重农劝农职责进行规定，并强调、实施其问责处罚。《大清律例》的田地荒芜律规定，各州县所属“凡里长部内已入籍纳粮当差之田地，无（水旱灾伤之）故荒芜，及应课种桑麻之类而不种者”，除里长按照荒芜不种的田地，俱以10分为率，1分笞20，每1分加1等，最多可杖80的处罚外，其当该州县之正印官——知州或知县，以及佐贰官，“各减里长罪二等，长官为首，一分减尽无科，二分方笞一十，加至杖六十罪止。佐职为从，又减里长官一等。二分者减尽无科，三分者方笞一十，加至笞五十罪止”[②]。检踏灾伤田粮条律文规定，知州知县等官员，不仅对于治下“有水、旱、霜、雹及蝗蝻为害，一应灾伤害（应减免之）田粮”“应准告”，而且必须及时“受理申报（上司）检踏”，并亲自踏勘。否则予以“杖八十”到“罢职不叙”的处罚。在该律文条例中，还有以“交部议处”等问责进行约束的规定，诸如州县官员灾后必须及时发仓赈贷、请旨宽恤、宽减佃户之租、坍塌冲涨或成硗确科、官给印照许召无业穷民认垦余地等方面职责，其要旨均是“以纾民力”，而且《大清律例》甚至要求州县官员直接投身有关灾赈之中。如蝗蝻发生州县，文武大小官员必须“率领多人公同及时捕捉，务期全净。……如延蔓为害，必根究蝗蝻起于何地及所到之处，该管地方官玩忽从事者，交部照例治罪”[③]。

对先农祭祀，雍正初年，上谕云：

> 国以民为本，民以食为天，朕每岁恭耕耤田，并非崇尚虚文以为观美，实敬天勤民之至意……令地方守土之官，俱行耕耤之礼，使之知稼穑之艰难，悉农民之作苦，量天时之晴雨，察地力之肥硗，如此，则凡

① 清高宗敕撰：《清朝文献通考》卷4《田赋考・田赋之制》，上海：商务印书馆，1936年，第4887页。
② 田涛，郑秦点校：《大清律例》卷9《户律・田宅・荒芜田地》，北京：法律出版社，1999年，第201页。
③ 田涛，郑秦点校：《大清律例》卷9《户律・田宅・检踏灾伤田粮》，北京：法律出版社，1999年，第193页。

为官者，皆时存重农课稼之心，凡为农者，亦断无苟且怠惰之习，似与养民务本之道大有裨益……九卿覆准通行直省府州县，于该地方择东郊洁地，照九卿所耕耤田四亩九分之数，建先农坛……自雍正五年为始，每岁仲春亥日，府尹、督抚及府州县等官率属员、耆老、农夫，祭先农之神，遂耕耤行九推礼……耕毕，各官率耆老、农夫望阙行三跪九叩头礼。①

“礼有五经，莫重于祭。”②官员的农耕祭祀，“立春则鞭春”被纳入具有州县行政法典性质的光绪朝《大清会典》之中：“各府州县，豫造芒神土牛于东郊，立春日迎春，设案于芒神土牛前，陈香烛果酒之属，案前布拜席，府州县正官率僚属咸朝服诣东郊，立春时至，通赞行礼，正官一人在前，余官以序列行，就拜位……正官受爵酌酒，酹酒三，授爵于执事者，复行三叩礼，众随行礼，乃舁芒神土牛，鼓乐前导，各官后从，迎入城，至署陈于堂前，各官执彩杖环立，击土牛三，乐工击鼓。”③此外，州县正印官在正月上辛祈谷，孟夏常雩；春、秋二仲，上戊日祭社稷。“社，土地之主也，土地阔不能尽敬，故封土为社以报公也。谷，众不可遍祭，故立稷神以祭之。”社稷主要是对负责管理农作物生长的神祇进行祭祀，在本质上就是崇本重农观念在仪式上的体现。先农原无专祀，雍正四年（1726）以后，州县卫奉旨设坛祭祀，仲春亥日，正印官亲自致祭，行耕籍礼，下田犁地，以示重视农耕。④《大清律例》“致祭祀典神祇”条规定：“凡各府州县，社稷、山川、风云、雷雨等神，及境内先代圣帝、明王、忠臣、烈士，载在祀典，应合致祭神祇，所在有司，置立牌面，开写神号祭祀日期，于洁净处常川悬挂，依时致祭。至期失误祭祀者，所司官吏杖一百。其不当奉祀之神，非祀典所载，而致祭者，杖八十。”⑤根据《六部处分则例》，知州、知县，“凡遇祭祀斋戒朔望行香，托故偷安怠于祀典或斋期宴会临事跛倚者，革职（私罪），督抚不行查参降三级调用（公罪）”⑥。每逢社稷、先农、风云雷雨山川祭祀，作为主祭的州县官正印官依制设坛祭祀。

在实际践行中，上述情况虽然并非绝对严格如例，但大致能遵循要求进

① 道光《东阿县志》卷8《祭祀志》，1934年铅印本，第2页。
② 王文锦译解：《礼记译解》，北京：中华书局，2001年，第705页。
③（清）昆冈等修，吴树梅等纂：《钦定大清会典》卷30，《续修四库全书》编委会：《续修四库全书》第794册，上海：上海古籍出版社，2002年，第275页。
④ 光绪《重修五河县志》卷5《建置志》，台北：成文出版社，1974年，第288页。
⑤ 田涛，郑秦点校：《大清律例》卷16《礼律·祭祀·致祭祀典神祇》，北京：法律出版社，1999年，第275—276页。
⑥（清）文孚纂修：《钦定六部处分则例》卷32《祀典·地方官怠忽祀典》，沈云龙主编：《近代中国史料丛刊》第332册，台北：文海出版社，1969年，第684—685页。

行，以示重农化民之意。各州县一般都有相关祭祀施舍，届期祭祀。四川大竹县先农坛位于城东郊外一里，每年春季奉部颁吉日举行，知县秉耒，佐贰执青箱播种，用耆老一人牵牛，各官俱用右手扶犁，左手执鞭，九推九返，农夫终亩耕毕，各官率耆老农夫望阙行三鞠躬礼。[①]山东泰安府东阿县的知县某致祭于先农之神文辞，表示“某躬膺守土，敢忘劳民。谨奉□章聿修祀事，惟愿五风十雨，嘉祥咸沐，夫神庥庶几，九穗双歧，上瑞频书，于大有尚饗”[②]。辖境若有影响农事生产的自然灾害，尤其是旱灾，州县官员也行致祭之礼。康熙十年（1671），上海知县因为旱情严重，在乡间与城内祈雨甚虔，“一日两次步祷”，而且神佛都是用肩舆抬出，从早到晚迎转整个上海县城。[③]康熙二十年（1681）七月，蒙阴县“骄旭逞威”秋成难望，知县陈朝君先是到城隍庙祷雨，“用申虔祷，伏乞赐油然作云之神手，布沛然下雨之鸿恩”[④]，然后“复移坛于关帝……立赐甘霖，而大慰万姓之望也”。他还做《为步祷甘霖急救万民事》说自己奉天子命司牧是邦，呼恳大帝祈赐甘霖。并就此作联：“一行作吏，万苦备尝，步祷祇期安赤子；三月抚蒙，诸艰历试，昼为要可告青天。”[⑤]查曾荣，浙江仁和县举人，任广东惠来县知县，被“阖邑称为慈母”，康熙四十一年（1702）二月，“民方插禾，亢阳不雨，阖县旁皇”，查知县“虔诚步祷三日于普陀岩，越日大雨，田禾方得耕种”[⑥]。前清盛世如此，晚清乃至清末也还是有州县正印官祀典不辍。邹振岳（1831—1893），山东淄川人，进士出身，同治十三年（1874）任直隶清苑县知县，光绪某年大旱，邹县令便冒暑远行入山祈雨，归距城里许，大雨如注，“公露顶跣足，行泥水中，入城谒坛庙行礼，民大悦”[⑦]。南部县知县章仪庆因旱灾，决定于光绪三十三年（1907）四月十六日在该县龙王庙举行祈雨活动，行前两天，章知县向全县发布出示行牌，除示谕“本县定期于四月十六日会同阖城文武各官设坛祈祷”消息外，“并着约、保传谕各街居民人等一体设供龙王庙牌位，早晚敬谨行香，毋稍亵慢，各宜凛遵毋违”，要求四月十五日至二十日“虔诚雨泽，禁止屠宰”，

① 民国《大竹县志》卷3《祠祀志·典祀》，1928年铅印本，第10页。
② 道光《东阿县志》卷8《祭祀志》，1934年铅印本，第2、3页。
③（清）姚廷遴：《历年记》，上海：上海市文物保管委员会，1962年，第73页。
④（清）陈朝君：《莅蒙平政录》，官箴书集成编纂委员会：《官箴书集成》第2册，合肥：黄山书社，1997年，第691—692页。
⑤（清）陈朝君：《莅蒙平政录》，官箴书集成编纂委员会：《官箴书集成》第2册，合肥：黄山书社，1997年，第694页。
⑥ 雍正《惠来县志》卷十二《灾祥》，台北：成文出版社，1968年，第414页。
⑦ 民国《清苑县志》卷4《人物·名宦》，1934年铅印本，第63页。

又派衙役持所书传票，传令僧会司智宽、道会司□□、阴阳学陈联升，随带经卷法器所有应用什物等项，亦应办齐，再饬城约、保正，预将龙王庙打扫洁净，传谕各街居民一体设供龙王庙牌位，早晚敬谨行香。

州县正印官每到新任，一般也多自觉先行祀典。同治五年（1866）杜凤治赴广宁知县任，十月二十四日入广宁县城公馆，次日“卯刻出门，先诣圣庙”、文武庙，城隍各庙“行香”。十一月初一日，又在黎明时分，“行香”先诣文庙，行三跪九叩礼，然后至各处行香，到文昌庙，行三跪九叩礼，然后回公馆。[①]光绪元年（1875）四月，广东罗平州旱情严重，于稼禾苗生长很是不利，对此，作为该州一州之长的杜凤治内心非常着急，“农田望雨情急，因山水田易竭，新种之苗非水不活，倘日内不雨，均要枯槁矣”，当月十一日下午，杜凤治“忽闻远处一声雷，几阵东风，细雨滴沥渐大，渐闻檐溜有声，不禁喜悦，向天额手”[②]，感激上苍。同治十年（1871）署大竹县知县的刘铣，“期间曾经亢旱”，刘知县即“步行至青烟洞请雨，归即滂沛大作，衣履为湿，公独欣然有喜色”[③]。光绪二十六年（1900）春，山东惠民县知县柳堂“以宣讲圣谕劝民息讼，赴东南乡各集镇”，连日狂风黄尘蔽野，“春麦垂萎，秋禾未布，农夫悬耒翘首望泽”。适至聂索桥“值演剧赛神主庄长……因命僧洒扫庙宇，洁治香案，余于是夜斋坐清心虔诚默祝，昧爽步行至真武庙前，拈香如礼，问诸父老曰：‘雨以十日为期可乎？’佥曰‘未晚也’，余叩头至地祷曰‘知惠民县事柳堂问神之灵应久矣，敢以民命相烦十日以内如降甘霖，皆神之赐也。堂将率诸父老以敬答神庥。’祷讫归署，命住持僧朝夕焚香，以代此三月上巳也。乃不出五日大雨倾盆，自戌至丑三时乃止”[④]。

有的州县还建有土地祠，譬如安徽五河县就是如此，州县官员除每年二月二日致祭外，每月朔望则上香。[⑤]“土，吐也，能吐生万物也。”在正印官倡导影响下，清代州县民间社会，还有土地会，建有许多土地祠。比如清代四川有土地祠 480 多座，邻水县、巴县、崇宁州云阳等地，还将土地神人格化为慈祥可亲、平易近人的白发老人。

凡此等等，以今日科学之眼光和州、县的社会农政实务及其治理来看，

---

①（清）杜凤治：《望凫行馆宦粤日记》，广东省立中山图书馆等：《清代稿钞本》第 10 册，广州：广东人民出版社，2007 年，第 88、89 页。

②（清）杜凤治：《望凫行馆宦粤日记》，广东省立中山图书馆等：《清代稿钞本》第 17 册，广州：广东人民出版社，2007 年，第 45 页。

③ 民国《大竹县志》卷 7《职官志・政绩》，1928 年铅印本，第 32 页。

④（清）柳堂：《宰惠纪略》卷 5，官箴书集成编纂委员会：《官箴书集成》第 9 册，合肥：黄山书社，1997 年，第 523 页。

⑤ 光绪《重修五河县志》卷 5《建置志》，台北：成文出版社，1974 年，第 297 页。

的确没有什么应用价值，然后，其时毕竟是礼法结合的传统农业社会，农事生产作时令气候影响显著，基本属于靠天耕作、靠天吃饭，而且民间对于土地本存敬畏，于神祇“莫不肃然敬、皇然惧”①，所谓“神不自灵，灵于事神者之心，即其畏神之一念”②。著名幕学也曾为县令的汪辉祖就撰有《敬土神》，说明其必要。③所以，各州县正印官顺应乡民寄望苍天，天遂人愿，并亲自祈求风调雨顺，也并非一个过场、形式，而是包括知州、知县自己以及平民的一种美好期盼和愿望。知州、知县作为皇权在州县的最高也是最基层的代表，以恭行祭祀的实际行动向阖县民众传递出朝廷命官敬畏天地社稷、尊重自然和重视农事的信息，对州县民众重农重谷、顺应农时，勤于本务之示范与化导，无疑是具有积极意义的。

与此同时，还应当加以注意的是，清代的知州、州县们，在州县农桑治理中，并没有完全依赖于超自然的力量，而是大力提倡、劝导农耕，甚至身体力行，躬履践行。许多正印官编写劝农诗、劝农歌、劝农文，以及有关县域发布从事农桑经济的告示等劝农文字。德阳县令阚昌言撰文倡导县民：“当知四季因时，毋浪饮，毋游惰，务各胼胝，以治田畴。”④乾隆四十二年（1777），梁徽“宰嘉善”，在任期间“允民安其政，而尤敦崇本计，董劝有方……教民种植以期……从此田尽可耕，潦不为害，□邑人士同声歌咏以道其美也”，以致道光年间县民尚“叹梁侯，梁侯昔重农，阅世之后，思侯功”⑤，嘉庆庚申入嘉善名宦祠。新宁县知县赵宝德“尤重农桑，亲劝课，不事虚文。春夏之交，巡视陇亩，勤给酒食，惰必受笞”⑥。道光四年（1824），大竹县令张扩廷“劝耕织，开渠堰，艺桑麻，民不知有官，自奉甚约”。其自撰《留别士民诗》也记自己：“忆余职抚字私心颇拳拳。”⑦吴嵩梁，江西东乡人，道光十年（1830）开始任黔西州知州十余年，“循行阡陌，劝课农桑”，其诗《龙长课耕》云：“簿书钱谷只寻常，一领专城鬓已霜。讲学未能培俊乂，调民先与课

① 中国人民政治协商会议平度市委员会文史资料研究委员会：《平度文史资料》第9辑，1993年，第94页。
② （清）汪辉祖：《学治臆说》卷下《敬土神》，官箴书集成编纂委员会：《官箴书集成》第5册，合肥：黄山书社，1997年，第281页。
③ （清）汪辉祖：《学治臆说》卷下《敬土神》，官箴书集成编纂委员会：《官箴书集成》第5册，合肥：黄山书社，1997年，第281页。
④ 同治《直隶绵州志》卷54《杂识》，清同治十二年（1873）刻本，第11页。
⑤ 光绪《重修嘉善县志》卷三十三《艺文志·诗词》，清光绪十八年（1892）刊本，第21页。
⑥ 同治《新宁县志》卷5《政绩志》，清同治八年（1869）刻本，第5页。
⑦ 民国《大竹县志》卷7《职官志·政绩》，1928年铅印本，第30页。

农桑。”[①]广东省广宁县知县杜凤治在同治六年（1867）七月十五日日记中记载：“定十六日进次石狗，查看情形，安抚百姓，正当甘雨初露，土膏腴润，及早耕作，勿令失时”，次日下乡到石狗后，一边催征，一边考察生产。他在从石狗到石桥的路上，看到“一路农田完造，秧已种十之八九”，但到石桥之后，却见该地“一派荒土，田无一苗”，便立即“传阖村父老，谕示……及时耕种无失”。然后在黄姓祠堂，又讲到他此行最重大的事情就是“安民”“劝耕”“征收”，再到江边村祠堂小坐，又“谕以安民、劝耕、催粮三事”，要求村民“田多插种”[②]。浙江嘉善县知县陶云升也心系辖区农耕、农田。针对县西北挑泥毁田肥力严重，专发告示——《邑侯陶云升禁止挑泥示》一则，说“泥土为田畴根本”，不准乡民将田内泥土作为烧办砖瓦坯料，不然，“地气渐薄，收成短折，河水偶涨，淹没立见”[③]，其后的该县知县江峰青，为保护农田，也严禁挑泥，并为此刊刻四言简明告示，发房立案，每年印发 300 张分贴各乡，并勒石干窑近处。[④]吴江县刘知县《劝农示》在指出农耕对县域地方生产生活之重要后，要求县民“务要尽力亩耘，依时耕耘”[⑤]。知县戴杰在任发布《劝农示》劝慰县人“以农为要图”，“贵耕耘”“尽樯事”“勤播种”[⑥]。屠琴鸣为仪征县令，“举行农桑，至今民习其业”。

一些知县还专门发出告示，禁止牲畜乱牧乱放，破坏田土庄稼。康熙中期山东蒙阴县知县陈朝君即是其中一个。他在告示《为严禁纵放牲畜作践田禾事》中强调，春夏之交，是二麦长发、五谷播种的关键时期，严禁全县城市关厢军民人等放纵喂养牲畜，作践田禾。如有违犯，“包赔牛种、籽粒”，并对责任人“重责枷示”。对于作践田禾牲畜，若系鸡猪鹅鸭等“打死可以无论”；若“耕牛驴骡马匹”，则禀明依法究治。[⑦]元代青田县令叶岘每届“二月，既望，邑长官出东郊，召父老饮之酒，而告之曰：‘劝农，吾职也；力农，尔事也。当职以实意为尔劝农，尔农当以实意受劝，却不是应故事为一场说话

① 徐明德：《清道光间黔西知州吴嵩梁政功集传》，《贵州文史丛刊》1994 年第 4 期，第 38 页。
②（清）杜凤治：《望凫行馆宦粤日记》，广东省立中山图书馆等：《清代稿钞本》第 10 册，广州：广东人民出版社，2007 年，第 166 页。
③ 光绪《重修嘉善县志》卷 2《区域志·水利》，清光绪十八年（1892）刊本，第 11 页。
④ 光绪《重修嘉善县志》卷 2《区域志·水利》，清光绪十八年（1892）刊本，第 11 页。
⑤（清）陆寿名，韩讷：《治安文献》卷 2，官箴书集成编纂委员会：《官箴书集成》第 3 册，合肥：黄山书社，1997 年，第 620 页。
⑥（清）戴杰：《敬简堂学治杂录》卷 3《劝农示》，官箴书集成编纂委员会：《官箴书集成》第 9 册，合肥：黄山书社，1997 年，第 72 页。
⑦（清）陈朝君：《莅蒙平政录》，官箴书集成编纂委员会：《官箴书集成》第 2 册，合肥：黄山书社，1997 年，第 768 页。

而去。’”[①]要求实力奉行，务加落实。

知州、知县于《大清会典事例》《大清律例》《吏部处分则例》所规定的农忙停讼的规定，一般都能够遵循并加以落实。从四月初一开始，到七月底“乡农播种之时”，知州、知县们大都于县政府前大书“农忙止讼”四字，晓谕乡农百姓，除谋反、叛逆、盗贼、人命及贪赃坏法等重情，并奸牙、铺户骗劫客货并查有确据的照常受理外，一应户婚、田土、钱债等，暂停受理。[②]不仅如此，知州、知县对于乡民户婚、田土、钱债的矛盾与纠纷，或劝以息讼，或下放于族长、乡约等乡村基层职役人员和息解决。如著名知县、佐幕汪辉祖劝慰民词“早为结案，俾免穷民守候缧拽之苦即是造福。”[③]黄六鸿等一些州县官员，还提高讼事效率，使之“在县不过数日”，以争取其早日返乡务农。[④]

林林总总，不一而足，州县正印官们身体力行化民重农自然是问责制度规定使然，同时也是基于自身对法律法规本身所蕴含的“重农桑裕邦本”理念的一种认同、理解和承认，并且通过自身贯彻落实的实际行动，以营造本州、本县基层社会重农力耕的良好氛围。

### 三、组织倡导农业水利兴修

天人感应，神灵佑护，在州县基层农业生产中，只是一种心理慰藉，于具体农务实践而言显然是不现实的，清朝州县官员问责法律法规也不允许他们停留于此，而必须施以人力，有所作为。农业生产水利设施的兴修便是重要的措施，也是其保障。

浙江省嘉善县“地势南高北卑”，水体自天目山发源而来，往往使嘉善成为“水乡”，圩岸修造因此成为该县历任知县要事、大事。顺治初年，知县刘肃之修圩岸以利畊农，筑堰坝以堵寇盗。康熙九年（1670），春夏苦雨，高低尽淹，“知县莫大勋，颁示条式，修筑圩岸”。杨志的《知县莫大勋请题水灾议略》载，莫知县“先于农隙劝谕，筑堤修岸，以防巨涝”，当四月插莳连旬大雨泛滥时，他亲“诣各乡看视”，并且“一面督塘圩长集夫修筑，一面劝谕

① 光绪《青田县志》卷4《风土志》，台北：成文出版社，1975年，第199页。
② （清）黄六鸿：《福惠全书》卷11《刑名部·农忙停讼》，官箴书集成编纂委员会：《官箴书集成》第3册，合肥：黄山书社，1997年，第334页。
③ （清）万维翰：《幕学举要·总论》，官箴书集成编纂委员会：《官箴书集成》第4册，合肥：黄山书社，1997年，第732页。
④ （清）黄六鸿：《福惠全书》卷11《刑名部·设便民房》，官箴书集成编纂委员会：《官箴书集成》第3册，合肥：黄山书社，1997年，第335页。

乡民日夜车戽，重插秧苗”。康熙十五年（1676），“恒有水患”，次年上任的知县“杨（廉修）谕各区实加修筑，亲往勘验，底阔八尺，面阔六尺，定限完工”。继康熙二十二年（1683）知县崔维华“圩岸”和“浚城河”之后，后任知县李天植、佟镕相继“开浚河渠”；李梦昺则对西门外渡船头一里、张泾渭三里、枫经镇南栅一里“深浚”；梁文彪“开浚文宫文水河水”；彭宪祖“督浚城河”，并“重筑伍子堂大坝”。雍正八年（1730）县令郜煜督浚城河，又重开魏塘瓶山二河。乾隆二十七年（1762）秋，嘉善淫雨连绵，风潮腾涌，水漫田畴，县令梁徽“下车伊始，始为民思患”，他遍历各区圩，量地高低，酌工缓急，颁发规程，布告乡耆，进行兴修准备，次年二月农闲，开始兴作，“不两旬而绕圩，沿岸结曲湾环，宛如城郭之卫，于是阖邑各区圩高低若出一撤”。江西德化人，举人大挑知县万相宾，嘉庆元年（1796）补嘉善，时多水患，乃取前令梁徽法，修筑各区圩岸；重修石井塘坝、伍子塘大坝、长春塘坝，因治绩突出，“卓异引见，归将调山阴，病卒”于任，时年 49 岁，光绪十八年（1892）年被列名宦祠。道光三年（1823）淫雨为灾，恽敷自宣平调至嘉善为令，他“博采舆论，择河身之最浅，河道之最要者，自张泾之大湾起，至枫泾之南栅止，计长五百六十丈，勘明禀覆”，次年，恽敷“请邑之家道素封、办事诚实者，经理钱粮，而择曾役河壖明白估计者一人，集夫按工至督催夫役，奖惩工匠，朝夕巡查，不辞劳瘁”，经过“两阅月而工竣”[①]。至此显而易见，嘉善水患之重，上列各父母官确能以治理为上，且付出良多。

上海县的不少知县都重视农业水利并取得相当治绩。雍正三年（1725）知县全乾象，为鼓励县民涝浚盘龙江，与该县 30 保所属 1—9 图、12 图之民“誓约”，并在大涞庙勒碑示信，“每年农隙涝浚，免派别徭，永遵碑记……以垂久远”。在碑上具名的除各图甲首士民金元美等 73 人姓名、合镇士民侯士公等 23 人的姓名，以及原呈贡生监诸云、彭均邦、彭亦周、诸塾王嘉文、朱天御、钱舜臣、侯王梅、姚友良之外，还有上海县知县在内的几乎上海县的所有官员姓名及其官衔：知县全乾象，县丞艾元复、潘飞熊，主簿孔承业，典史刘文焕，经承张德可。[②]境内吴淞江“为三吴水道第一关键，江之通塞，苏浙两省百万田亩之丰歉系之”。所在知县康熙以来已经组织开挑 6 次。同治十年（1871），因开浚太湖水利，苏浙两省下令自江口起到曹家渡长 7082 丈

① 光绪《重修嘉善县志》卷 2《区域志・水利》，清光绪十八年（1892）刊本，第 10 页。

② 《上海县饬行傍河各图每年农隙捞浚免派别徭碑》，上海博物馆图书资料室：《上海碑刻资料选辑》，上海：上海人民出版社，1980 年，第 162—164 页。

的吴淞江也予以挑挖。其中上海县承担长 2880 丈，需挑土 113 863 方。该县署理知县陈其元奉檄后，于第二年“正月初四日开挑，至四月二十五日竣工，前后共一百十一日”。旋即又承担吴淞江下段工程，计长 400 丈。陈其元“通县均役”每 28 亩出 1 夫，东、西两工，邑境承派旋即又承担吴淞江下段工程，计长 400 丈。陈其元“通县均役”每 28 亩出 1 夫，两段工程承派戽水共水方 51 358 方，由沿 27—30 保共 42 图承役，每方总局给九五钱 30 文，民间贴钱 80 文，共贴钱 4 108 640 文；挑土 135 451 方零，每方总局给九五钱 300 文，民间贴钱 400 文，共贴钱 54 180 040 文；西工水线用车 3550 部，由沿江 12 个图分别承办，每部总局贴九五钱 500 文，民间贴钱 100 文，共贴钱 355 000 文。东工由董局自雇散车，每日每部给钱 500 文，各图不贴费，共给工用物料夫价饭食钱 714 496 文，董局支销一切经费钱 1 333 858 文，除领总局钱 623 200 外，不敷钱 710 658 文，赏款夫役饭食舟舆水脚等项钱 339 000 文，三项共用钱 1 824 000 文，“由署县陈其元捐廉济用，不支公款，不派民间”①。又，该县“为潮汐往来之地，潮退沙长，河流易淤。”同光年间，壅塞之河，次第开浚，县西南的独横沥“岁久淤塞，民失其利”，光绪十六年（1890）春，陆元鼎“权邑篆，下车伊始，百废具举，尤以兴修水利为先务”。任“里绅”夏秋田等“综理其事”，工程以 16 保中的 18、32、25、27，33、38 图和 44、45 两图中的东半图，十八保中的 15、17、18、19、39、59 图，21 保中的 6、9 图和 1 图中的西半图等为主，由 16 保中 47、49 两图的东半图，18 保中的 14、16、20、21、24、6、37 图，21 保中的 42 图之西半图，54、55 两图的西半图等进行协助，经费方面，为解决疏浚独横沥的先期费用，知县陆元鼎先请准借道库 25 000 000 文，“劝募商捐一千一百五十余缗以维持于后”，又以 5 000 000 文“由县发典入其孳息，储为善后之需”。经过月余努力，独横沥得以疏浚，总计长 2750 丈，底宽 1 丈 6 尺至 2 丈，面宽 4—5 丈，深度 6 尺，计挖 55 903 方，另外附带开挖了一条长 182 丈，底宽 1 丈 2 尺，面宽 3 丈，深 5 尺，土方 1902 方的母子泾，独横沥淤塞解除后，“清流畅旺，帆樯往来，农田灌溉，并享其利”。乡民们感念知县“德政”，并将其事迹“勒诸石俾后之君子得所遵循”②。

汪贲之，江西进士，知州衔，且有加六级纪录。从光绪三十年（1904）

① 民国《上海县续志》卷 5《水道下 • 治绩》，1918 年刊本，第 2 页。
② 民国《上海县续志》卷 5《水道下 • 治绩》，1918 年刊本，第 20 页。

起，三次署令四川万县，历时“夔州府万县正堂”8年。其间，为劝说百姓，以通俗白话文，印发《劝兴水利白话告示》说明水利兴修的必要性、优越性：

照得农人种田，那个不望年岁丰收，这年岁不能自然丰收，必要把那田犁得好，耙得好，粪草上得好，更要冬水泡得好，田才极熟，栽的禾苗才畅茂，又要雨水调匀，才能一气长成、结的谷子饱满，这才算丰收到手。到了这个时候，当田主的，租谷□得齐，当佃户的，自家剩得多，若是各人自种的田，那所得的利息，更不晓得那们厚。像这样的年岁，无论田主佃户，吃也吃不完，用也用不完，何等快活。但是这样年岁，俗话说的，叫作望天收，靠得住靠不住，全凭天老子。怎么说是全凭天老子？你们想，这要雨水的时候，天老子肯下才有，若还不下，田水就要干涸，禾苗就要枯槁，秋收就不可望。这近年来，没有几年不遭荒旱，佃户的谷子收不多，田主的租子嫣不起，就是自家种田的，也是歉薄已极，弄得上户变成中户，中户变成下户，下户更穷得不（得）了，一卖田卖地，东逃西散的，不知多少，都是因这天干年岁不好，才到这步田地。

接着他又以当年的夏旱为例，进一步印证水利兴修的重要性之后指出：“天干虽然可怕，人莲可打主意兴水利。怎么叫作兴水利，你们把那山腰平坝地方，开挖些塘，又在挨塘山上四面八方，能够引水的地方，几将就形势，淘些小沟，若是高低不平，那低处又用竹视接起，等春夏间所发的山水，都流到塘里，积得满满的，又在那溪涧一带扎成堰沟，使水不能流走”，然后，又就乡民水利兴修的 5 个顾虑逐一说明，最后汪知县要求全县“承首”之人“务要把这兴办水利好处，不兴办的坏处，细细讲与他听，使他心中省悟，晓得利害，自然依允，若还有执拗阻挠的，并可来县回明本县，传他来开导开导，总要把这件事办成，办成之后，你们承首有功的人，本县还要奖给花红匾额以励勤能”[①]。

事实上，有清一代，州县地方农业生产的自然环境恶劣，旱涝灾害频仍。清政府于河工治理制度严厉，治河“向来比照军营法……有枷号者，有正法者。而年年安澜，皆有保举。……然乾嘉时，人皆以河工为畏途，盖赏虽重而罚亦严耳”[②]。作为身处州县地方，直接面对各种影响制约治地农业发展乃至阖县民众生命财产安危的旱涝灾害，慑于“条例俱在”，心怀百姓，且有兴

① 四川省万县市档案馆：《光绪三十年万县知县劝兴水利告示》，《历史档案》1995 年第 3 期，第 62 页。

②（清）欧阳兆熊、金安清撰，谢光尧点校：《水窗春呓》卷下《河工最重》，北京：中华书局，1984 年，第 73—74 页。

修实绩的知州、知县，远不止上述诸人，而是为数尚多；所修各种水利设施也不止上述若干，而是数量不少。有关研究显示，清代仅是陕西、河南、直隶、甘肃、四川、江苏、安徽、浙江、福建、广东、湖北、湖南、云南等15个省的各州县地方，所兴修的水利工程共计3234个。[①]清代贵州省州、县、厅的水利设施不下213处，比明代增加不少。[②]这些工程未必堪称完全科学、牢固，也未必全部具有保障当地农业生产与生活的实际效能，但是，对辖区地方乡村的农业生产以及农户生活起到了一定的作用；各种水利设施，无疑是难以数计的各州县人民劳作乃至血泪所铸造而成的。不过，我们也应看到，在社会资源有效整合、整体组织能力相当有限，而政府的主导、组织尤其必要的清代地方社会，作为基层政区的州、县正堂的知州、知县，能够以农业之基础的水利建设为急务、要务，履职履责，发布告示，号召民众，凝聚人心，以阖县之力治旱治水，发挥了民间力量难以比拟的动员组织功能，而其个人的以身作则和亲身参与，也具有无形的示范及鼓舞人心的价值。而且，州县的各种水利设施对涝灾旱灾的防治，对于当地的农业经济发展、生产力的保护还是起到了一定的实际作用。相应，各知州、知县在其中的正面作为、积极作用还是值得正视和肯定的。

## 四、耕牛保护与籽种发放

田地“徒手耕种不可得也”。农业耕作需要相应的条件，尤其是在清朝初年以及其后战乱灾变等非常时期的州县地方或地域，尤为突出与紧迫、紧要。如耕牛、籽种、农具乃至资金等，都是必备的前提和基础。因此，无论是州县农业这一产业的性质、情理，还是顶层制度规避责任追究的现实要求，都迫使知州、知县对州县农业予以实在的政策扶持和相关条件的支撑。清代一些知州、知县，在条件许可的情况下，在上述方面，也做了力所能及的努力。

比如耕牛。在传统农业社会里，牛的价值和意义不言自明，“马以代步，牛以代耕”，”清朝法律，从顺治朝的《大清律集解附例》，到乾隆朝《大清律例》，乃至清末《大清现行刑律》也有“宰杀马牛”律，文字内容，除《大清现行刑律》将刑罚类型由定笞、杖改为罚金刑之外，几无变化。[③]唯在清末《大

---

① 冀朝鼎著，朱诗鳌译：《中国历史上的基本经济区与水利事业的发展》，北京：中国社会科学出版社，1981年，第36页。

② 贵州省地方志编纂委员会：《贵州省志·水利志》概述，北京：方志出版社，1997年，第5页。

③ 田涛，郑秦点校：《大清律例》卷21《兵律·厩牧·宰杀马牛》，北京：法律出版社，1999年，第347—349页。

清新刑律》中，“宰杀马牛”律专条被取消，内容纳入“毁弃损坏罪”[①]。此是“宰杀马牛”律专条来看。除此之外，以牛加以保护对象，禁止盗劫者，尚有“盗马牛畜产”条[②]。可见，对牛的保护在有清一代，已经纳入刑法范畴。“禁宰耕牛，原以为农。”[③]上述这些条文如何从规定落到实处，从而落地生根，这就有赖于与民“最亲”、与牛最近的知州、知县来实行。“地方有私宰耕牛，该管官不行查拿，将该州县照失察宰杀马匹例，一二只者罚俸三月，三四只者罚俸六月，五只以上者罚俸九月，十只以上者罚俸一年，三十只以上者，降一级留任，若能拿获究治者，均免其处分。”[④]不少知州、知县对作为农耕最为重要的畜力——牛的保护以及对农耕畜力支持，措施大致有以下三个方面。

首先，对民众进行广泛的宣传教育，以树立耕牛保护意识。这种宣传教育，主要是知州、知县以政府名义通过告示来实现。查阅《古代榜文告示汇存》《明清法制史料辑刊（第一编)》《中国古代地方法律文献（乙编)》《历代判例判牍》等资料可见，清代知州知县禁杀马牛告示大约10余件。房山知县佟孚六在《严禁私宰》中告诫民众：“耕牛居农力之半，即以朝廷之上，非郊祀大典，勿轻用也。”[⑤]江苏六合县知县顾南楼即有《严禁宰牛》的告示，告示指出：“杀牛之禁，不惟王法甚严，抑且冥责尤重，历观因果，报应昭然。”[⑥]康熙中期山东蒙阴令陈朝君，充分认识到牛在农业生产中的重要性，“民之所最重者惟农，而农之所最重者惟牛也”。所以当其“奉到严禁擅宰耕牛告示一张”后，“当即依照式样，星夜刊刻印刷多张，除一面申送一张查验外，但念卑县衙署久毁，借居民房，其颁发原告示不为张挂，窃虑穷山深谷之民，不能家喻户晓，若时为张挂，又恐有风雨损坏之忧而年终无凭缴验，因将照式刊刻者，分发城市关厢。以及各镇集场，通行张挂，遍为晓谕”。而且他还“于每月逢三宣讲圣谕之时，谨将原发告示随令该管经承携带约所，开展朗诵，使民咸知”[⑦]。《得一录》

---

① 刘鄂：《清代“宰杀马牛”律研究》，《历史档案》2015年第3期，第67—74页。

② 田涛，郑秦点校：《大清律例》卷24《刑律·窃盗中·盗马牛畜产》，北京：法律出版社，1999年，第395页。

③（清）陈朝君：《莅蒙平政录·为饬查擅宰耕牛告示事》，官箴书集成编纂委员会：《官箴书集成》第2册，合肥：黄山书社，1997年，第750页。

④（清）昆冈等修，刘启端等纂：《钦定大清会典事例》卷133《吏部·处分例·私宰耕牛》，《续修四库全书》编委会编：《续修四库全书》第800册，上海：上海古籍出版社，2002年，第284页。

⑤ 佟孚六：《严禁私宰》，本社影印室：《明清法制史料辑刊》第1编第5册，北京：国家图书馆出版社，2008年，第272页。

⑥（清）顾南楼：《严禁宰牛》，本社影印室：《明清法制史料辑刊》第1编第5册，北京：国家图书馆出版社，2008年，第274页。

⑦（清）陈朝君：《莅蒙平政录·为饬查擅宰耕牛告示事》，官箴书集成编纂委员会：《官箴书集成》第2册，合肥：黄山书社，1997年，第750页。

显示，江浙地方州县也有内容大致相似的禁止宰杀耕牛的告示。[①]

其次，化解耕牛纠纷，打击宰杀、偷窃耕牛的犯罪活动。康熙年间，曾任浙江临安县知县的施宏，以及蒙阴知县陈朝君都有对县民耕牛犯罪行为的打击、处理。施宏所辖临安县，即有在乡民众因粮催债迫，将牛只变卖给屠户的民词案件。在案件处理过程中，他指出：“迨春日既临，耕期伊迩，无牛代作，人力几何？田野荒芜，国课民生，两受其害。”[②]陈朝君曾就新泰人行招窃生员王汝楫耕牛 2 只一案进行审讯，案发 2 个月后即将行招抓获归案，“问其牛安在，而行招则曰牛之黄者，卖与公汝干，牛之青者，卖与公昺；问其价若干，而行招则曰，牛之黄者，卖钱二千一百文，牛之青者，卖钱二千文”。根据这一交代线索，陈朝君“拘公昺等，牵牛而过堂下，验乎牛之色，其色同。审乎牛之价，其价同。”证确赃获，然后对罪犯“杖惩”免予刺字，以作为“留一线自新之路，以启其悔心之萌”[③]，买者审后系不知情，而加以宽释。

最后，解决无牛之家耕种用牛实际困难。李成林知县“因念牛种事关国课，动项得五百金，尤苦未敷，复请于府得五百金，共银一千两，除耕本稍足者不给外，如五口之家，给牛一头，谷十石。八口以上者，给牛二头，谷二十石。牛价以五两为率，谷价以三钱为准。本季受之于官，次季照本还纳。自后随季敛散，未尝取息。民乃乐业，罕有轻去其乡者矣”[④]。

籽种方面，仅仅从《清实录》对清朝后期的记载来看，就有不少。自此略举数例。嘉庆五年（1800）正月，直隶的文安、清苑、蠡、雄、安、新安、六州县等就有“贷”“灾民籽种口粮”；湖北荆门、潜江、天门、三州县，因被水灾，各县贷给“籽种口粮。”同年四月，陕西盩厔、孝义、五郎、山阳、镇安、安康、洵阳、石泉、平利、紫阳、汉阴、宁羌、沔、西乡、洋、留坝、凤、宝鸡、岐山、鄜陇等 21 厅州县，因“被贼滋扰”，使农耕受到影响，各州县“贷”以籽种。五月，山西永济县被水灾民在获得 “一月口粮，房屋修费”以及“缓征本年额赋”同时，得以“贷籽种”[⑤]。道光十六年（1836）正月丁亥，甘肃皋兰、金、陇西、宁远、安定、通渭、西和、平凉、安化、清水、泾、崇

---

①（清）余治：《得一录》卷 5《救荒》，官箴书集成编纂委员会：《官箴书集成》第 8 册，合肥：黄山书社，1997 年，第 541—542 页。

②（清）施宏：《禁宰耕牛示》，杨一凡，刘笃才：《中国古代地方法律文献》乙编第 9 册，北京：世界图书出版公司，2009 年，第 275—276 页。

③（清）陈朝君：《莅蒙平政录 • 为盘获窃牛等事》，官箴书集成编纂委员会：《官箴书集成》第 2 册，合肥：黄山书社，1997 年，第 786 页。

④ 王亚民：《从〈宰惠纪略〉看晚清知县的乡村治理》，《东方论坛》2010 第 2 期，第 81 页。

⑤《清实录 • 仁宗实录》卷 73 嘉庆五年五月壬申条，北京：中华书局，1986 年，第 976 页。

信、灵台、镇原等 14 个州县，对上年被雹被水被旱灾，给予“籽种”，以应灾后春耕播种之需；而江西南昌、新建、丰城、进贤、上高、清江、新喻、新淦、峡江、庐陵、吉水、泰和、万安、东乡、鄱阳、余干、万年、星子、都昌、建昌、安义、德化、德安、瑞昌、湖口、彭泽、武宁、高安、宜春、分宜、萍乡、万载、莲花、永丰、安福、永新、永宁、临川、金溪、崇仁、宜黄、乐安、南城、玉山、贵溪、弋阳、乐平、浮梁、安仁、德兴、新城等五十一厅县，由于前一年的旱、雹灾害而获得“籽种口粮”；湖南的华容、安乡、澧、临湘 4 个州县，因前一年“被水被旱”而发给“灾民籽种”①。

### 五、与民休息，确保农业生产力

传统农业自有其规律，节令气候、土宜人力等均需平和宽松的环境。作为临民之父母官的知州、知县，能够如同陈宏谋所论，不生事、不滋扰，即是对从事农事的百姓予以“抚”字，实际也是对农业生产的一种支持、爱护、保护。

黄六鸿，康熙十四年（1675）任直隶东光县令，任上“催科不扰”，为“士民思之”②。其郯城任上，“以宵代昼，身代牛马，家产代国课，使一邑之夙逋清”③。康熙中叶，山东蒙阴县三乡地丁银 800 余两，因大豆丰收难以变卖而致使拖欠，同时，本县缴纳的地丁银系拨京饷且“刻不容缓”。蒙阴县知县陈朝君，为“小民绝催征之扰”，经“再三思维”，决定，以足色足数的驿站银 360 两，照依市价，当堂称兑，并“选单头中之老诚殷实者，分散欠粮花户，购买料豆，将见银归百姓”④，以使花户早完钱粮，而无催征滋扰，从花户处所换购大豆作为驿马饲料，达到官民两便。乾隆四十一年（1776），河南尉氏县令周玑亲理河工，“夫役物料俱不累民”⑤。嘉庆二十五年（1820），武陟县马营坝决口，河阴需要支料百垛以应工需，知县蔡銮登“照市价收买，不分毫科派民间”⑥。张扩廷道光四年（1824）任大竹令，“治尚宽简”，劝耕织，开渠堰，艺桑麻，“民不知有官”，七年因调帘差去任，甚惜之。⑦刘祝永咸丰六年（1856）任大竹县知县，政简刑清，荡涤一切苛扰，县民舒云锦作歌颂德，内称：“县公到此已经年，从无吏役到门前，这

---

①《清实录·宣宗实录》卷 277 道光十六年正月戊子条，北京：中华书局，1986 年，第 264 页。

② 光绪《东光县志》卷 6《职官志·宦绩》，清光绪十四年（1888）刻本，第 13 页。

③《湖城黄氏拾修族谱》卷首，清光绪三十二年（1906）活字本。

④（清）陈朝君：《莅蒙平政录·为按乡籴豆早完民粮预备马料官民两便事》，官箴书集成编纂委员会：《官箴书集成》第 2 册，合肥：黄山书社，1997 年，第 772 页。

⑤ 道光《尉氏县志》卷 7《职官表》，清道光十一年（1831）刻本，第 37 页。

⑥ 民国《河阴县志》卷 14《宦绩传》，1924 年石印本，第 8 页。

⑦ 民国《大竹县志》卷 7《职官志·政绩》，1928 年铅印本，第 29—30 页。

便是舜之日尧之天，竹阳之福民之缘。”[①]陶云升，直隶天津人，壬子进士，同治七年（1868）宰嘉善，他“清廉自守”，“催科不求盈余”[②]。同治十年（1871）署大竹县知县的刘铣爱民勤政，力矢清廉，县署旧有陋规裁撤，“不以累民”，县人“镌碑颂德”[③]。山东东阿县知县王育良“实心任事，绝不沽名”，对县民“最苦累”的征粮“单头”“浅闸”“飞车”三弊加以整治。如单头改为滚单，“不事敲扑追呼……民无所扰。凡此三者，迄今皆遵为定例，邑人德之，至立祠立碑，坚辞不受，在任六年，以疾卒于官”[④]。贵州举人杨锡澍，光绪二十七年（1901）署大竹县令，其“侦缉要案，每书役未至，辄先得要领以去，故民不扰，而最得情实”[⑤]。

人是生产力最基本的要素，没有人及其耕作，传统粮食生产，也就无从谈起。“土地资源再丰富，土质再肥沃，如果不与劳动力结合，只不过是荒地一块，不会长出粮食，也不会生产出财富。”[⑥]更何况，清代农业粮食劳动力数量总体不足全国总人口的1/3，因此，州县农业生产发展，必须以民为本，官员要爱护农业生产最宝贵的劳动力资源。康熙十五年（1676），湖北黄梅县“大饥”，知县李成林申详各上官，动支积谷，捐俸买谷，甚至“尽搜笥匣，得首饰若干，变银若干粮，买米于孔垅、濯港二处，开厂煮粥，共救活过男女老幼千有余口”[⑦]。大兴籍浙江山阴人陈仕林乾隆四十七年（1782）任四川大竹县知县，在任 6 年；浙江仁和举人许乃大嘉庆十九年（1814）任大竹县知县，两位知县“爱民重士”，当陈仕林被奉委管巴塘粮务，“檄下县，陈君遂具行李就道，竹之父老子弟拥前泣曰：‘我侯莅竹六载，真如赤子保我，上官岂不闻之？’”[⑧]恳切希望他留任大竹。知州、知县在辖地重大自然灾害发生之后对灾民的赈济，不仅是全活县民性命，而且也是保护作为县域地方农业发展必备的生产力。乾隆朝宁琦的《送陈侯赴巴塘序》记述陈知县办赈情形云：“乙巳冬歉，我侯□及上请，即发社仓谷赈饥，后劝缙绅来秋蠲租还社，每日六乡散赈，壮者枵腹而来，先煲粥以给其饱，复令挈米，以食其家。自腊月起至丙午麦收止，所活数十万人。”[⑨]道光三年（1823）即癸未年，江南

① 民国《大竹县志》卷 7《职官志·政绩》，1928 年铅印本，第 32 页。
② 光绪《重修嘉善县志》卷 15《名宦》，清光绪十八年（1892）刊本，第 20 页。
③ 民国《大竹县志》卷 7《职官志·政绩》，1928 年铅印本，第 32 页。
④ 道光《东阿县志》卷 11《宦绩志》，1934 年铅印本，第 10 页。
⑤ 民国《大竹县志》卷 7《职官志·政绩》，1928 年铅印本，第 34 页。
⑥ 江太新：《对明清农业发展史研究中几个理论问题的思考》，《中国经济史研究》2016 年第 5 期，第 9 页。
⑦（清）李成林：《令梅治状·纪略》，清康熙十八年（1679）刻本。
⑧ 民国《大竹县志》卷 7《职官志·政绩》，1928 年铅印本，第 26 页。
⑨ 民国《大竹县志》卷 7《职官志·政绩》，1928 年铅印本，第 26 页。

大水，“苏属被灾之重，为从来所未有”，华亭县受灾严重。当年七月下旬“来权斯邑”的王青莲知县，不仅“亟请赈恤，仓粟库钱散无虚日”，而且“续谋义赈”，并“首先捐廉为倡”，救济灾民17.6万人。[①]曹钟彝，江苏荫生，光绪二十九年（1903）由山东繁县调任四川大竹县知县，他“慈祥恺悌”，岁荒办赈“尤能尽心臂画，民受实惠”[②]，《办赈纪略》记载他到任次年“夏旱成灾，秋收欠薄，贫民日食维艰”。旱情发生后，他立即禀准开办赈粜，自12月城乡一律开局起到次年4月，10日发极贫粜米1次，每口1升4合，5日发次贫粜米1次，每口1升，小户均各减半，且粜价由68降至60，总计发赈11次，去赈米市斗2860多石；发粜17次，去粜米13 500余石。[③]光绪末年，章仪庆署任南部县，有一年夏天，积雨连绵，嘉陵江上游水陡涨数丈，地势低洼的南部县城被淹。由于“该令于事前即令居民将辎重搬运高阜，田禾之垂熟者催令刈获，水退后则煮粥以赈附城灾民，散钱以给沿河贫户。皆不待禀报先行举办，绅民同声颂之”[④]。

① （清）王青莲：《赈余备荒碑纪略》，光绪《松江府续志》卷14《田赋志·赈恤》，清光绪十年（1884）刻本，第6页。
② 民国《大竹县志》卷7《职官志·政绩》，1928年铅印本，第35页。
③ 民国《大竹县志》卷7《职官志·政绩》，1928年铅印本，第36页。
④ 《清代南部县衙档案》，四川省南充市档案馆藏，档案号：Q1-18-00011-01。

# 第五章　州县正印官与州县刑民案件及社会治安秩序治理

近代西方，司法与行政、立法分离而独立，清朝却是一个妥妥的“行政权力支配社会”[①]，州县的司法只是行政的组成部分，不存在与行政分离而独立的问题，因此，作为一州、一县政务之正印官，也是该地方的法官。不仅如此，有清一代，除清末之尝试外，在州县一级，也没有民事、刑事机构的划分，所属地方的全部案件处置，归其正印官履行，唯有“徒”罪及其以上的刑名案件“拟看”而不予“断语”，与此同时，州县地方的社会治安秩序同样由知州或知县负责。现代意义的政务官、司法官、警察总长、监狱长，集于州县正印官一身。“寸土皆官治之地，一民皆受治之人。”[②]知州、知县对之进行处置也义不容辞，责无旁贷。“天下之治乱系乎民，民之治乱系乎牧令。盖牧令者，亲民之官，官不能治民，则民之疾苦日甚，天下所由多事也。”[③]

## 第一节　厉行保甲，整治治安

如前所属，州县厅是清代社会最基本的政区单元，也是清朝国家最低一级的行政区划。学者所论的州县内部的所谓“分征”“分防”的“次县级”单位，姑且不论其客观性如何，就即便是真实的存在，也是极其个别的，不具

① 赵沛主编：《中国古代行政制度》，天津：南开大学出版社，2008 年，第 3 页。
② 孟森：《清史讲义》，北京：中华书局，2006 年，第 361 页。
③（清）方大湜：《平平言·序》，官箴书集成编纂委员会：《官箴书集成》第 7 册，合肥：黄山书社，1997 年，第 592 页。

有其普遍性。在全国范围和有清一代的意义上，州、县以及雍正以后的厅的最低行政区划及其最基本的行政单位的性质没有改变，通常的国家乃州县之所积，一个个的州县还有厅聚合而为清朝国家，州县在清代国家中的地位同样没有改变，此就宏观而论。就一个个州县厅内部之微观来说，州县又是由其幅员、村庄、人口等自然、社会各因素所构成。所谓的清代的社会治理，实际就是地方治理，也就是一州一县的治理，而归根结底，就是州县正印官对各州县边界以内的辖区人口的经济生产、社会生活及其个人生存的治理。治安秩序乃是其中重要的一个方面。各州各县之治安组织的治安管理、秩序维护，则是建立在自然村庄和州县境域社区区划基础之上的。

## 一、县域自然村庄与县属基层行政区划

关于县以下的基层行政区划，学界研究取得了一定成绩，这突出地反映在张研教授的相关研究之中。[①]她认为，清代基层社会的主要由里社保甲坊厢、家庭宗族乡族、经济型乡族组织及行业组织这三大系列社会组织所构成，并且三大系列社会组织或平行，或重叠，或交错。对于作为县以下的行政区划，张研指出，清政府对此并没有统一的规定，方志显示出县以下的行政区划十分芜杂。在城市也就是县治或州治所在的县城或州城，“一般自城中十字街为东西南北四城（或称‘隅’、或称‘坊’），近城之地以东西南北四门为界分为四关厢（或单称‘关’、单称‘厢’）”，然后“以坊（厢）为纲”下辖“街”“巷”。但广东番禺的“街”“巷”之下，又有作为保甲治安组织的“牌”与“甲”。治城之外的乡村行政区划，则形成若干个层级，而且层级的数量、名称又不尽相同，层级之间往往交叉重叠，时有变化。与此同时，张研虽然提出宗族乡族、经济性行业组织两大自然社区也是县以下的行政区划的形式和构成部分，县以下行政区划“应该是法定社区与传统自然社区的结合”，似乎更加倾向和肯定法定社区，即行政社区，也就是“国家区划、人为组织的统治区域和社会群体组织”占据主导地位。[②]

---

① 张研：《清代社会的慢变量——从清代基层社会组织看中国封建社会结构与经济结构的演变趋势》，太原：山西人民出版社，2000 年；张研，牛贯杰：《19 世纪中期中国双层统治格局的演变》，北京：中国人民大学出版社，2002 年；张研：《清代县级政权控制乡村的具体考察——以同治年间广宁知县杜凤治日记为中心》，郑州：大象出版社，2011 年。

② 张研：《清代县级政权控制乡村的具体考察——以同治广宁知县杜凤治日记为中心》，郑州：大象出版社，2011 年，第 15—24 页。

张教授之论颇具见地。由构成社会的基本细胞家庭—家族—宗族—乡族为基础的聚落、村庄，乃人类自然衍生形成的天然性群体组织，不同的聚落或家族乡族本身，就是一个个具体的内在组织系统，并进而组合构成大的自然性社会形态。它们的存在当然重要，为行政或法定组织的构建与形成提供或奠定了基层组织和可能。不过，组织的基础并不等于是组织本身。法定或行政性质的组织毕竟是一种突破先天地域或族群社区的外在植入的一种组织形式，也即所谓的“反地域性”。从长时期来看，在清代的县级以下行政区划，具有这样特质的组织系统，还是里社、保甲、乡约及其清季团练等，其他组织的成色尚属不足。尽管在具有行政法典意义的《大清会典》中，并无以其作为县以下行政区划和行政组织的明文规定。但里社、保甲自身系统的建置、建构、功能、责任、运作，以及与州县衙门及其胥役关系等还是有所设计和安排的，而自然村庄、原生宗族乡族虽然不能断定其无，但就目前笔者翻检的各朝《大清会典》和《大清律例》，除雍正年间设立族正、保甲外，具有政府强势介入的文字似很稀少。在州县正印官一人全面“独任”，以及衙门简约式管理情形下，州县通过里社、保甲深入县域地方民间社会，尽管后者这一“以官方为绝对主导的准政权性质”组织，在具体运转、行事之中会对原生性自然社会组织——村社、宗族、乡族等有所妥协或主动进行权力让渡，但是，并不影响其作为县域以内自身的准官方和半官方组织和法定行政区划的性质。而那些村社、宗族、乡族等自然社会组织，尽管尚保留有民间地域性色彩，然而，总体上尤其是作为组织上层中的绝大多数，“从根本上与国家保持着更广泛的统一性……保证国家对基层社会统治的实现”。晚清“团练”之存废建裁，“均以国家上层政权的旨意为进退”[①]。因而，清代州县所属地方的行政区划，主要指里社、保甲组织势力所及的自然社区区域，而势力所不逮、影响所不及的自然社区区域及县下行政区域的成色不足。皇权不下县、行政不下乡，指的应是里社、保甲影响所不及的区域或行政区划成色不足、鞭长莫及的区域。

清朝浙江兰溪县，旧以 42 都总 433 图，逐渐并为 335 图，后来仅有 35 都 151 图。查阅光绪《兰溪县志》所载其县治之外乡村行政区划的大致情形：铜山乡即清江里，其各乡都图庄的情形，县附郭，东倚山，西临河，南连紫

① 张研：《清代县级政权控制乡村的具体考察——以同治广宁知县杜凤治日记为中心》，郑州：大象出版社，2011 年，第 43 页。

岩乡，北距武昌乡，统34、35两都，有图4个，包括含殿山等75个村庄；武昌乡也就是仁寿里，在铜山乡北，下统7—10都，有图13个；灵泉乡即三河里，在武昌乡东，领都5个、图20，又兼有31都的1个图。纯孝乡即循义里，领都9个、图29个。甘塘乡即新丰里，领都3个、图14个。瑞山乡即太平里，领都4个、图17个。太平乡即仙洞里，领都5个、图33个。横山乡也就是清江里，领都3、图7。紫岩乡即江阳里，领都3、图11。[①]表5-1是以铜山、武昌、灵泉3个乡为例，反映其乡都、图、村庄关系。

**表5-1　兰溪县三个乡都、图、村庄对应简况表**

| 乡里 | 都 | 图 | 村庄 |
|---|---|---|---|
| 铜山乡（清江里） | 三十四 | 一 | 殿山、曹家井等36个 |
| | 三十五 | 一 | 外圩等15个 |
| | | 二 | 前陈等14个 |
| | | 三 | 上陈店等10个 |
| 武昌乡（仁寿里） | 七 | 一 | 董宅等6个 |
| | 八 | 一 | 曹家等14个 |
| | | 二 | 下洋等17个 |
| | | 三 | 官塘等12个 |
| | 九 | 一 | 源口等8个 |
| | | 二 | 上新方等8个 |
| | | 三 | 上莲塘等6个 |
| | | 四 | 石渠、潘大 |
| | | 五 | 香溪镇中庄 |
| | | 六 | 香溪镇西庄等7个 |
| | | 七 | 香溪镇东庄等3个 |
| | 十 | 一 | 里徐等8个 |
| | | 二 | 金村等10个 |
| 灵泉乡（三河里） | 二 | 一 | 岭口等7个 |
| | | 二 | 岭下等21个 |
| | | 三 | 钟王等8个 |
| | | 四 | 上山头等9个 |

① 光绪《兰溪县志》卷1《志疆域·乡都》，清光绪十四年（1888）刊本，第7—20页。

续表

| 乡里 | 都 | 图 | 村庄 |
|---|---|---|---|
| 灵泉乡（三河里） | 二 | 五 | 殿下庄等 8 个 |
| | | 六 | 百聚社等 6 个 |
| | | 七 | 溪滩徐等 6 个 |
| | 三 | 一 | 水阁塘 |
| | | 二 | 横木等 7 个 |
| | | 三 | 大水推等 10 个 |
| | 四 | 一 | 龙门等 12 个 |
| | | 二 | 大塘等 7 个 |
| | | 三 | 马涧市等 5 个 |
| | 五 | 一 | 章头等 6 个 |
| | | 二 | 石井等 11 个 |
| | | 三 | 常山等 25 个 |
| | | 四 | 下社等 8 个 |
| | 六 | 一 | 下方等 14 个 |
| | | 二 | 丁埠头等 6 个 |
| | | 三 | 厚同等 9 个 |
| | 三十一 | 五① | 仁塘等 7 个 |

表 5-1 所列 3 个乡所辖的村庄共有 293 个，它们原本是自然性社区，构成了兰溪县县以下的行政区划——乡、都、图的基础。由于清政府认可的法定行政区划的覆盖、吸纳，这些区域即成为该县整个乡村的有效行政区划的一部分，若就此 3 个乡而言，则是其行政区划的有效地理空间，自然也成了知县的治理范围。

浙江西安县的“庄”，共计 32 个。其中 1—30 庄，情形如表 5-2 所示②。但这里“庄”的情形与兰溪县有所不同，它原本就不是原生性自然社会系统，而是“雍正九年改编顺庄”的结果，它与其所归口的“乡”“都”属于县下行政区划层级，最后一列的系“庄”所领之村，这些村原本自然性社区，因其被“顺庄”纳入相应最低一级行政区划的“庄”之后，而成为该县政区范围，也就是西安县知县在该 30 个庄的治理对象。

① 该图夹在灵泉乡各都间，前志属紫岩乡，误。
② 嘉庆《西安县志》卷 9《乡庄》，清嘉庆十六年（1811）刻本，第 4—10 页。

**表 5-2　西安县的编“庄”及其与自然性社区、行政社区的关系**

| 庄名称 | 位置 | 所隶属乡名 | 所隶都数 | 领村 |
|---|---|---|---|---|
| 首一庄 | 城南三十五里 | 德懋乡 | 一都 | 水阁、余家、徐家、坝河 |
| 次一庄 | 城南四十里 | 德懋乡 | 一都 | 棠村　夏家 |
| 一庄 | 城南四十里 | 德懋乡 | 二都 | 园林　刘坂 |
| 三庄 | 城南四十里 | 德懋乡 | 二都 | 三观里、塘北、上芝等 8 个 |
| 四庄 | 城南四十里 | 德懋乡 | 二都 | 团元、桂底、龙泉头等 12 个 |
| 五庄 | 城南五十五里 | 德懋乡 | 二都 | 村口、花塘、后溪街等 6 个 |
| 六庄 | 县南三十五里 | 德懋乡 | 三都 | 黄塘、白谭、车头等 8 个 |
| 七庄 | 县南四十里 | 德懋乡 | 三都 | 张村、西塘、大珠等 7 个 |
| 八庄 | 县南六十五里 | 德懋乡 | 三都 | 塘边、下詹、上詹等 16 个 |
| 九庄 | 城南十五里 | 抱戴乡 | 八都 | 厚川、铿溪、路边等 5 个 |
| 十庄 | 城南二十里 | 抱戴乡 | 四都 | 旺吴、寺前、张家等 5 个 |
| 十一庄 | 城南十五里 | 抱戴乡 | 四都 | 夏家、卢家、吕泽、黄家 |
| 十二庄 | 城南二十里 | 抱戴乡 | 四都 | 下刘、下徐、黄家等 9 个 |
| 十三庄 | 城南二十五里 | 抱戴乡 | 四都 | 大湖等 11 个 |
| 十四庄 | 城南二十里 | 抱戴乡 | 五都 | 项家等 13 个 |
| 十五庄 | 城南二十五里 | 抱戴乡 | 五都 | 川前、上淤 |
| 十六庄 | 城南三十五里 | 抱戴乡 | 五都 | 东山等 5 个 |
| 十七庄 | 城南三十里 | 抱戴乡 | 六都 | 叠石等 10 个 |
| 十八庄 | 城南二十五里 | 抱戴乡 | 六都 | 盈头等 8 个 |
| 十九庄 | 城南三十五里 | 抱戴乡 | 七都 | 万青等 7 个 |
| 二十庄 | 城南二十五里 | 抱戴乡 | 五都 | 文堂、楼里、八宕背等 9 个 |
| 二十一庄 | 城南二十五里 | 抱戴乡 | 八都 | 裡屋等 9 个 |
| 二十二庄 | 城南九十里 | 靖安乡 | 九都 | 岭头等 3 个 |
| 二十三庄 | 城南一百五十里 | 靖安乡 | 九都 | 柴家等 8 个 |
| 二十四庄 | 县南一百一十里 | 靖安乡 | 九都 | 破石等 7 个 |
| 二十五庄 | 城南五十里 | 靖安乡 | 十都 | 湖南等 5 个 |
| 二十六庄 | 城南七十里 | 靖安乡 | 十都 | 西川等 8 个 |
| 二十七庄 | 城南四十五里 | 靖安乡 | 十都 | 吭口等 12 个 |
| 二十八庄 | 城南六十里 | 靖安乡 | 十都 | 长住等 7 个 |
| 二十九庄 | 城南三十五里 | 靖安乡 | 十一都 | 岭底等 10 个 |
| 三十庄 | 城南二十里 | 靖安乡 | 十一都 | 柳塘等 9 个 |

直隶栾城县，计 12 个社，共领 150 村。具体为：在城社领村 17，林远社领村 7，崇安社领村 34，守信社领村 25，任家社领村 6，安家社领村 9，大梅社领村 8，东巩社领村 6，牛村社领村 11，梅家社领村 4，固意社领村 15，新兴社领村 8。①东路：共 35 村（1743 户、10 210 口）。其中分正东、东之南、东之北。例如，正东有 9 村（高家庄、张村、夏凉村、王宫村属固意社、聂家庄、新李庄属安家社、东马庄属牛村社、范台村属林远社、北屯属在城社），

① 同治《栾城县志》卷 2《舆地志·村镇》，清同治十一年（1872）刊本，第 1 页。

东之南有 8 村（小任家庄属崇安社、田家庄属东巩社、北石碑村、南石碑村、温家庄、固意村属固意社、东柴村属在城社、柳林屯属林远社）。南路：共 47 村（3186 户、16 201 口）。其中分为正南、南之东、南之西三部分，每部分各有村若干。西路：共 50 村（5580 户、31 161 口）。其中包括正西、西之南、西之北，各部分也是有不同的村。北路：共 18 村（2548 户、16 259 口）。其中分正北、北之东、北之西，各有不同数量的村。[①]显而易见，“社”是社会组织系统，所辖空间范围乃行政区划，而所领“村”或“庄”本身是自然社会系统，受领于相应的“社”之后，而成为社会组织系统的组成部分，其所在地及其影响所及的区域乃成为行政区划之一部分。

又，广西平乐县，自康熙至光绪二百余年，生齿日繁，其民村之星罗棋布于六里间，固周且密。“厢里”分上关、中关、下关。上厢里村庄 38 个、津平里村庄 102 个、下厢里 125 个村庄、东乡里村庄 225 个、乐山里村庄 137 个、安乐里 35 个村庄、水浐营 74 个村庄，另外有一些猺、堡、村、冲等。[②]江苏松江府上海县同治年间县志载，该县乡辖保，保下有区，区下分图。全县乡村计有 5 乡 12 保。[③]松江府川沙厅，“（嘉庆）十年吏部咨，川沙同知准其改为川沙抚民同知，将上海县二十二保各图、南汇县之十七保、二十保各图划分管理”[④]。平乐县的“厢里”乃其县城的行政区划，上海县的乡、保、区则是该县乡村行政区划之层级称谓，川沙厅各图保乃是因作为佐贰之分防区域请准转变为正式的县级行政区——厅。它们所涵盖的地理空间范围上的村庄与人口，乃是这两县知县和川沙厅正印官的抚民同知各自全面治理的范围，治安乃其中之一端。

### 二、州县正印官与地方社会保甲组织

“国家要建立相应的机构，形成政权组织体系。国家通过覆盖全部领土领域的政权组织体系对其领土和人民进行治理。”[⑤]在清代，国家这种管理的最终落地，还是在于一州一县对县以下行政区划范围的幅员和人民的有效管理、控制。但如同众所周知的那样，清政府对州县政府实行简约管理，州县正印

① 同治《栾城县志》卷 2《舆地志·村镇》，清同治十一年（1872）刊本，第 5、6、10、16、23 页。
② 光绪《平乐县志》卷 1《舆地志·厢里》，清光绪十年（1884）刊本，第 4—12 页。
③ 同治《上海县志》卷 1《乡保》，清同治十年（1871）刻本，第 6—9 页。
④ 嘉庆《松江府志》卷 21《田赋志》，台北：成文出版社，1970 年，第 464 页。
⑤ 徐勇：《国家化、农民性与乡村整合》，南京：江苏人民出版社，2019 年，第 63 页。

官一人政务“独任”，因而如同国家一样，县域内也必须有相应的组织体系，以成为州县乡村社会的管理触角。正是基于此而有了保甲组织。

我们先看知州、知县于所属地方的保甲组织建立。四川巴县先有里甲组织。康熙四十六年（1707），知县孔毓忠将巴县城内编为 29 坊，即太平、宣化、巴字、东水、翠微、朝天、金沙、西水、千斯、治平、崇因、华光、洪崖、临江、定远、杨柳、神仙、渝中、莲花、通远、金汤、双烈、太善、南纪、凤凰、灵壁、金紫、储奇、人和；城外编为 15 厢，即太平、太安、东水、丰碑、朝天、西水、千斯、洪雅、临江、定远、望江、南纪、金紫、储奇、人和。乡村编为忠、孝、廉、节、仁、义、礼、智、慈、祥、正、直 12 里。乾隆二十四年（1759），巴县仁里上六甲和义里、礼里，即长江以北由理民同知管辖。[①]巴县的里甲系统是比较稳定和持久的。这在巴县档案中也可以看出，但凡涉及事件发生地和百姓住地，一直以某里某甲纪录。[②]尽管如此，作为该县的治安社会管理组织的保甲制的建立，巴县知县们也多主动、积极。乾隆四十七年（1782）正月，巴县知县札令编保联牌。[③]嘉庆十五年（1810）七月，巴县知县下令颁发《编联保甲户口条规告示》曰：

> 为晓谕力行保甲，以弭盗匪而靖地方事。照得为政，首在安民，安民必先除盗。而欲盗戢民安，则惟编联保甲为整顿地方良法。巴邑幅员辽阔，户口畸零，加以五方杂处，最易藏奸匿匪。虽不时选拔兵役严密缉拿，而穷乡僻壤耳目难周，难保无匪徒混迹。本县曾于去年冬间，每遇公事，谆谕约保人等遵照编户成法，各就所管甲内按户稽查，遇有面生歹人，立即擒拿送究。半载以来，宵小无从托足，地方日就清宁，行之已有成效。现奉宪札钦奉谕旨，饬令将编设户□□□实力举行……兹本县现拟置□□□□□填选勤实书吏，划分地段，分投查造。所有应用牌式纸张、役食等项，皆官为捐给，丝毫不肯派及闾阎，致滋扰累。该约保各有稽查地方之责，其于甲内户口或良或否，得以微窥于平素；一出一入，得以隐察其行踪。皆当随时稽核，刻刻留心，方见奉行实力。至于各乡场头、客长、铺户、居民，各有身家，亦一体盘诘……□□□□□□□□□□□□□各条开列于后：□□□□□□□□□□

---

① 乾隆《巴县志》卷 2《建置》，清乾隆二十六年（1761）刻本。

② 史玉华：《清代州县财政与基层社会：以巴县个案的考察》，北京：经济日报出版社，2008 年，第 114 页。

③ 四川省档案馆，四川大学历史系主编：《清代乾嘉道巴县档案选编》下册，成都：四川大学出版社，1996 年，第 276 页。

□□牌立一甲长，十甲立一保正，各级印牌□□□□□□细数悬挂门首。在村庄者归约保牌头管辖，在场市者则责成场头、客□□□。各分村落，互相觉察。其庵观寺院，亦分给印牌，填写僧道口数姓名，稽查出入。至于村庄腰店，亦令各立一簿，将每夜宿客几人，往来何处，逐一登记明白，以备查核。①

此后，巴县城乡编查保甲的活动直到清末。该县保甲的组织编制，如道光四年（1824）巴县城内 28 坊计民 14 214 户、55 148 口，所编保甲的组织，计牌 1421 个、甲 152 个、保 15 个；县城之外的 14 个厢 3636 户、10 138 口，则编为 364 牌、36 甲、4 保。巴县的乡村，忠、孝、廉、书、智、广、慈、正、直 9 个里有居民 63 203 户、321 192 口，所编保甲数为 640 甲、64 保。②除巴县外，四川其他州县，譬如嘉庆二十年（1815）华阳县县令董淳编练保甲，县城内东南各街道，分列中正、和平、敦厚、慈祥四坊，城外东南道六甲分别列仁、义、礼、智、廉、节六里，并设立族长、房长，捐廉刊给治家条规。③

江西、湖北、湖南等省的知州、知县对保甲组织的建立也很重视。黄梅县坐落在 3 省交界的山窟中，偏僻的地理环境，导致窜匪出没，李成林知县编定乡保，实行保甲。他仿照“十季输役之法，为豫定乡约保长之方”，令“集本镇绅士公同推举”，又设立两印簿，执簿查对，合即准当，不烦岁岁骚扰、哄骗、诈害，“若夫保长出之烟户，每十家设一保长，法亦如之”④。湖北来凤县，有编户 12 个里，具体体乾乡有诚一、元阜、亨康、利正、宾肃 5 个里，达德乡有知乐、仁育、勇敬 3 个里，聚伦乡有孝原、悌恭、忠崇、信义 4 个里。每个里设立保 4 个，各设保正 1 名，共 48 个保。⑤康熙四十三年（1704），湖南衡山县知县李长祚，将衡山县原 6 乡 16 都（里）1 坊，改编成朝、宗、于、海、九、江、孔、殷、沱、潜、既、道、云、土、梦、作、又 17 个字，下共设 437 个区。每个字号设团总 1 人，每区设保正 1 人。⑥比如李长祚将明之“一都”改编成“朝”字，设有团总，朝字共设 34 区，每区设有保正。康

---

① 四川省档案馆，四川大学历史系主编：《清代乾嘉道巴县档案选编》下册，成都：四川大学出版社，1996 年，第 278 页。
②《道光四年巴县保甲烟户男女丁口花名总册》，四川省档案馆，四川大学历史系主编：《清代乾嘉道巴县档案选编》下册，成都：四川大学出版社，1996 年，第 340—341 页。
③ 嘉庆《华阳县志》卷 7《户口》，清嘉庆二十一年（1816）刻本。
④（清）李成林：《令梅治状·纪略》，清康熙十八年（1679）刻本。
⑤ 道光《施南府志》卷 6《建置志·坊市》，清道光十二年（1832）刻本。
⑥ 湖南省衡山县志编纂委员会：《衡山县志》，长沙：岳麓书社，1994 年，第 198 页。

熙时，任三河县知县的彭鹏，大力推行保甲制度。他将三河县分为 8 路 15 乡，并“设守望楼八百处”，形成了“邑领乡、乡领里，里领村”。

再看州县正印与保甲门牌。“治天下必自治一国始，治一国必自治一乡始，治一乡必自五家为比、十家为联始。”①即国家治理归根结底就是要对一家一户进行治理，也就是说必须将在地方的代表的州县衙门的治理延伸到县民家门，即“十家为牌，牌有头，十牌为甲，甲有长，十甲为保，保有正”②。门牌既是一种户籍凭证，同时也是基层社会推行保甲制度的一大工具③。每户由该地方官岁给门牌，书写家长姓名、生业，附注丁男名数，出注所往，入稽所来。④道光年间曾任牧令的璧昌于《牧令要诀》中的门册格式刊版刻字，包括“户名”“世业”“房间”“牲畜”“父名”“兄”“子”“伯叔”“弟”“侄”。户名具体包括所隶之村、街，庙字（住持僧道姓名），乡保姓名；其所说的“世业”，则包括其官宦、举监或农或商或匠；地亩之格则要著明亩数、年丰等。⑤山东陵县知县戴杰在任上所定门牌样式如下：

照的编查保甲以清内源。尔等遇有迁移生死事故，随时知会庄长于册内添注，以便下次发门牌时更换。所有颁发门牌册子一切费用，均由本县捐廉办理，不用尔等分文。如有借此索诈者，准即指名禀究。须至牌者：

乡　　里　　庄　　庄长　　地方　　第　　牌第　　户系籍　　家长　　年　　岁　　为业

男（大、小）　　丁

女（大小）　　口

雇工　　名　　女工　　口

左、右邻居。

设立保甲，“原所以清查匪类”，若不连坐邻佑，保甲也就“人皆视为具

① （清）贺长龄：《皇朝经世文编》卷 22《吏政八 • 守令中》，沈云龙主编：《近代中国史料丛刊》第 731 册，台北：文海出版社，1972 年，第 811 页。

② （清）昆冈等修，吴树梅等纂：《钦定大清会典》卷 17，《续修四库全书》编委会：《续修四库全书》第 794 册，上海：上海古籍出版社，2002 年，第 164 页。

③ 闫鸣：《门牌保甲与清代基层社会控制——以清代门牌原件为中心的考察》，《南京大学学报》（哲学 • 人文科学 • 社会科学版）2013 年第 2 期，第 131—139 页。

④ （清）昆冈等修，吴树梅等纂：《钦定大清会典》卷 17，《续修四库全书》编委会编：《续修四库全书》第 794 册，上海：上海古籍出版社，2002 年，第 164 页。另外清人徐栋所编《保甲书》卷 1 中所收录的《户部则例》中的规定也基本与此相同。

⑤ （清）璧昌：《牧民要诀》，官箴书集成编纂委员会：《官箴书集成》第 7 册，合肥：黄山书社，1997 年，第 577—578 页。

文”[①]，门牌也就无实在意义。所以，与门牌配合的是连坐，而要将之落到实处，还有一循环册。循环册“缮造之法”，里长同所举甲长至县，该县当堂发给空白循环册200页，空白门牌100张，都交甲长收领，然后回到各里，按1甲百户中分作每10家一牌，各举牌长1人，每牌长交与空白册20页，门牌10张，令其将本牌人户姓名、丁口、年岁等项于空白册牌内详细填写，各项内容填好后，牌长将册牌收起交甲长，甲长合10牌之册，挨次分订循环2本，再由里长携带这些牌册至县衙门交给知县，知县则将循册存署，环册及门牌星夜用印完毕，“次日，合集里长，当堂将环册及门牌，交里长带回，分交甲长，令甲长以门牌交牌长发各户，用木板悬挂。环册存于甲长处，以便改注倒换”[②]。也就是，州县衙门须印发各户门牌，该门牌一般有“某（州）县门牌”字样，门牌上面写有人户的情况，特别强调户主的个人情况及人口数量，门牌后还附有“民间易犯严例”等法令条文，以教化、警诫。《田藏契约文书粹编》收录了一份清嘉庆二十二年（1817）的张大舍烟户门牌，这份门牌不仅具备了清代门牌所共有的基本内容，而且附带的一份“民间易犯严例”，内容涉及窝藏、造假私铸、妖言邪教、闹事扰民、犯奸、教唆、私藏禁书、私宰耕牛等，共计15条。这种由州县正印官发放的门牌定例，自雍正时期开始，直至清末光绪时期，除新疆、西藏等地区因资料原因不明其具体状况外的全国各州县地方几乎都得到推行。田涛、宋格文、郑秦主编的《田藏契约文书粹编》收录的门牌原件图片，可资证明[③]。黄梅县知县李成林要求全县“所在烟户，门各悬一牌，每十门为一总牌，甲长掌之……而以乡约总理纠察之。每月取乡约、甲长连环互结”。就是全县所有家户口前必须悬挂门牌，写明本户男女人口，从事行业，寓居旅客也必须列于其上，10户为一总牌，由甲长领导。本地居民被精确编户后，若有来历不明、面生可疑之人严禁留宿；有赌博龄酒、为非作歹、私宰耕牛等行为的人，由甲长清查上报，交由乡约纠察，不许“以虚文搪塞”[④]。嘉庆年间，在浙江安徽贵州三省“摄府县篆务不一”[⑤]的张经田，所提出的《十家牌示》载：

---

① （清）方大湜：《平平言·保甲》，官箴书集成编纂委员会：《官箴书集成》第7册，合肥：黄山书社，1997年，第705页。

② （清）徐栋：《保甲书》卷2，《续修四库全书》编委会：《续修四库全书·史部》第859册，上海：上海古籍出版社，2002年，第70页。

③ 田涛，（美）宋格文，郑秦主编：《田藏契约文书粹编》，北京：中华书局，2001年。

④ （清）李成林：《令梅治状》卷1《编定乡保》，清康熙十八年（1679）刻本，第36页。

⑤ （清）张经田：《励治撮要·自序》，官箴书集成编纂委员会：《官箴书集成》第6册，合肥：黄山书社，1997年，第46页。

△△△正堂△为通饬保甲以靖地方事，照得保甲之法，以十家共列一牌，共出一结，各家轮流查察，牌内有一家为匪，及窝留为匪之人，九家即公同首报，使此辈无所容身，而地方自获安宁之福，如敢徇情隐蔽，受贿遮瞒，及至事发，九家连坐，决不姑宽，各宜凛遵毋违！特示。

计开

| | |
|---|---|
| 一户 | 六户 |
| 二户 | 七户 |
| 三户 | 八户 |
| 四户 | 九户 |
| 五户 | 十户 |

嘉庆△年△月△△日示。①

《敬简堂学治杂录》卷四中也有《十家牌式》其式样如下所示：

| | | | |
|---|---|---|---|
| 乡 | 里 | 庄庄长 | 地方 |
| 第 | 牌 | 牌长 | |
| 第 | 户 | 第 | 户 |
| 第 | 户 | 第 | 户 |
| 第 | 户 | 第 | 户 |
| 第 | 户 | 第 | 户 |
| 第 | 户 | 第 | 户。② |

道光年间的地方正印官壁昌在《牧令要诀》记载自己为牧令时，遇无凶手之案，验毕即查门牌，令乡地前导，随便向乡地告说，此案无凶，汝等受比，但有可疑何人外出，带我某家查看，竟有直抵凶手之家，察其家属言语情状，因而破案者，不一而足，“可见门册之大有用也”。

门牌、循环册实行 10 户联保，主要对州县民众以及来至辖地的流动人员进行监督、控制。对于保甲组织本身，知州、知县也有监督管理和控制的责任。按照定例，知州、知县们主要是针对保正甲首采取措施。具体有以下两条：

一条是通过对保甲长的点免及印信执照发放，在授权组织保甲同时，掌

① （清）张经田：《励治撮要·十家牌示》，官箴书集成编纂委员会：《官箴书集成》第 6 册，合肥：黄山书社，1997 年，第 54 页。

② （清）戴杰：《敬简堂学治杂录》卷 4《十家牌式》，官箴书集成编纂委员会：《官箴书集成》第 9 册，合肥：黄山书社，1997 年，第 93—94 页。

控保正、甲首和保甲组织。因为保甲章程明确规定，保长由“士民公举”“报官点充”。所谓官之点充，就是由州县正印官验看，对符合充任之人发放盖有州县正印官印的执照。也就是说，保甲制的产生一般由该里甲选送并须向县衙递交认状，然后由州县衙门正印官验定并正式任命。从保正甲首角度而言，州县正印官发放的作为官方凭证的知照，十分重要。因为州县发放的执照，它是该州县正印官即知州或知县或抚民同治（通判）甚至国家意志的象征，有了它意味着保甲长自己已经成为是皇帝、州县正印官在该保、该甲的具有公职意涵的人员，成了州县在该保、该甲的代表，最起码也是“在官人役”①，他们的保甲组织及其活动才有了合法性。州县正印官通过“点充”执照发放，这一权力就可以将保、甲长的人选掌握在自己手里。族正也大致相同。自雍正年间以来，它虽由宗族内部选举，但最后也须经过所在州县政府机构同意，质言之即知州、知县查验批准，并给予牌照后，才最终得以确定下来，也才有行事资格。唯太平天国运动发生及重要影响的州县控制力被严重虚弱的地区，由知州、知县大规模任命族正的制度才大致停止。②道光三年（1823）江西还统一定制有以各知州、知县正堂名义发放的族正《委牌式》：

江西某府某州县□正堂为饬举族正以广教化事。道光三年 月内，奉本府转奉布政使司潘、按察使司魏札开：奉巡抚部院程札开，照得江西民间多聚族而居……卷查乾隆七年，陈前部院任内，有选立祠正之举，令其约束族众……实有裨益等因，行司仰府行遵在案。今据 都 图族众公举一充族正等情前来，据此合给委牌照署充，为此牌各族正领受。尔须遵照后开条款，实力奉行，随时化导……倘或袒徇受贿，挟嫌徇情，一经发觉，除饬革外，定行按情治究。……慎勿疑畏，务秉至公，以无负委员委任之至意，须至牌者。

计开条款：

一、宣讲圣谕，以兴教化。每逢祭祀聚集之时……将“上谕十六条”句解字释，高声曲喻，并将律例罪名及条教告示，随时讲读，实力劝导，

① 张研：《清代族田与基层社会结构》，北京：中国人民大学出版社，1991年，第201页。晚清时期，团练承担保甲、里甲的行政职能，则已然成了州县政府之正式机构，详见（美）孔飞力著，谢亮生、杨品泉、谢思炜译：《中华帝国晚清的叛乱及其敌人：1796—1864年的军事化与社会结构》，北京：中国社会科学出版社，1990年，第218页。即便是对此有所异议的研究，也依然没有否认其身份两歧中的“良”的一面，参见孙明：《清末四川乡职身份良贱之两歧——以团保首人为重点》，《近代史研究》2018年第2期，第68—81页。

② 常建华：《清代的国家与社会研究》，北京：人民出版社，2006年，第275页。

俾尔族姓，务各心领神悟，父慈子孝，兄友弟恭，夫和妇顺，敦族睦姻，以成仁厚之俗。

……

……稽查善恶，以示劝惩。……如有不守本分，酗祖（酒）行凶，欺孤凌寡，赌博宣淫，为盗为匪，种种不公不法之事，一有见闻，轻则会同该族房长，将本人传至祠堂，令其长跪神位之前……如怙恶不悛，暴戾不遵及所犯情罪重大，即报官惩究。慎勿瞻徇藐视，自贻咎累。

……举报节孝，以励风俗。孝子、悌弟、义父、节妇秉两间之正气，为宇宙之完人，朝廷例有褒奖，闾阎藉以楷模……开具事由，报县具详请旌。

……纠察匪类，以靖地方。查私宰耕牛，造卖赌具，兴贩鸦片，贩私窝盗，奸拐私铸等事……族人一有干犯，即刻密禀查拿……

……劝课农桑，以培本务。……族中倘有游手好闲之辈，务须委曲晓谕，令其务田力农。……

……排难解纷，以敦仁恤。……

……婚姻为人伦之首。族中如有凭媒许配之后翻悔赖婚及谋娶强娶者，族正与族房长以大义劝处完聚。

……

……族内如有匪类，嗔恨族正禀官究治，冀图报复泄忿，或使妇女撒泼寻衅者，该族正禀县即拿，加倍重处，勿稍宽贷。

……发上谕一本，抚宪告示一本，简明律例一本。

右牌给　　族族正　　准批

道光　　年　　月　　日　　给

县　　　　　　　　　　如遇更替此牌缴换

道光三年十月。①

又，国璋光绪七年（1881）主政四川巴县，鉴于县民“好讼喜诬告，良儒受累动至破家”，他便调查了解本县士民中“有清德宿望者，礼往其闾而委之里长，付以钤记，一方事权悉以寄之。民间有小纠纷即就和解，不能解者，非经里长加盖钤记不得达县”②。而州县正印官委任授权，不仅是代表国家意

① 转引自冯尔康主编：《清代宗族史料选辑》上册，天津：天津古籍出版社，2014年，第242—243页。

② 民国《巴县志》卷9《官师下·国璋传》，1939年，第23—24页。

志的知州、知县对其辖区治理的需要，而且同时还是来自治其乡土社会治安的保甲组织的意愿。光绪后期，四川重庆府永川县保甲就有建议仿古州长、党正之制，“遴端正绅耆充保正、团首”，或者“于大保之外添设副保、团首之外另设团正，由地方官加以礼聘……所赖良有司为之主持于上，乡先生等为之筹办于下，庶保甲不徒为具文”[①]。而这样的意愿及其建议，和有司主持于上，保甲方有实际而至于流于形式的实际事实，正表明知州、知县对保甲客观上的掌控是一种现实和常态。所以，即便乡村绅衿、地主、族长等对保甲长、族正的具体人选上，能够有某种左右的可能，但他们究竟不过只是对候选人选之保举，而无“点”的权力，所拟人选必须上报州县，由知州、知县最终决定，“村庄首事一般由乡保提名举报，经县衙认可而产生”[②]。不仅如此，州县正印官对于不职或违法乱纪之保甲长还操有“究革”惩罚之权：如果点充保甲之保正、甲长、牌头之人选系“豪横之徒藉名武断”，知州、知县有权按照乾隆《大清律例》以及光绪《大清会典事例》规定对点充之人“严查究革”“从重治罪”[③]。编排保甲，保正、甲长、牌头，如遇豪横之徒，藉名武断，“该管官严查究革，从重治罪”，也就是说知县、知州既有管理他们的责任，也有处置他们的权力。“倘知有为盗窝盗之人，瞻徇隐匿者，杖八十。如系窃盗分别贼情轻重惩警。若牌头于保正、甲长处举报而不行转报者，甲长，照牌头减一等；保正减二等发落，牌头免坐。……人命重情，取问地邻、保甲。赌博为盗贼渊薮，仍令同盗贼一并查举。再地方有堡子、村庄聚族满百人以上，保甲不能编查，选族中有品望者，立为族正。若有匪类令其举报。倘徇情容隐，照保甲一体治罪。牌头所管内有为盗之人，虽不知情而失察，坐以不应轻律笞四十，甲长、保正递减科罪。”[④]但保甲族正方大湜《平平言》说保甲长重要，但得人很难：州县政务殷繁，既不能亲自编查，书差、保正又万不可靠，自必责成绅士，逐户查编，绅士不正派，仍不可靠，其正派者，如家道殷实，则养尊处优，或避嫌避怨不肯干预此等事，如家道贫寒，又急于谋生亦无暇分身作此等事。至编查之后，保长、甲长、

① 光绪《永川县志》第 4 卷《赋予·保甲》，光绪二十年（1894）刻本，第 19—20 页。
② 孙海泉：《清代保甲组织结构分析》，《河北学刊》1992 年第 1 期，第 106 页。
③ 田涛，郑秦点校：《大清律例》卷 25《刑律·贼盗下·盗贼窝主》，北京：法律出版社，1999 年，第 416 页。
④ 张荣铮，刘勇强，金懋初点校：《大清律例》卷 25《刑律·贼盗下·盗贼窝主》，天津：天津古籍出版社，1993 年，第 431 页。

牌长，需人甚多，安得人人可靠，此得人之难也。[①]各地方州县在执行中对保、甲长的点、免也颇为重视。乾隆二十八年（1763）三月十八日、二十八日，四川巴县智里八甲乡民周天统、仁里十甲乡民余进益、廉里六甲乡民王子林，到巴县衙门递交认状，巴县知县验看后对三人加以点充，并与四月六日签充保长执照：

为给照遵守事，本年三月十八日、二十八日，据智里八甲民周天统、仁里十甲民余进益、廉里六甲民王子林认充保长前来。合行给照。为此照给保长周天统、余进益、王子林收执。嗣后凡有甲内公事，务必勤慎办理。倘遇咽噜匪类、私宰私铸，娼妓赌博、端公邪教，以及外来面生可疑之人，许尔密禀，本县以凭究治。该保长毋得恃符滋事，违误公务，致于未便。凛之慎之。毋违!须至执照者，右照给保长余进益　王子林、周天统准此。[②]

雍正年间，广东顺德县知县王念臣鉴于县内有巨堡大村，保甲不能编的情形，奏请立族正。[③]安徽寿州知州在孙、平、焦、邓诸姓设族正，“有盗不时举发”[④]。福建漳州府云霄厅同知薛凝度在本厅六十保一十三村推行族正保甲制，令“每乡佥举设立族正一人、族副一人，饬令该族正副每房设立房长一人，令族正副约束各房长，令各房长约束各房子弟”[⑤]。道光二年（1822）在福建泉州府同安县任知县的许原清于限内设立族正，“责族正族副约束”[⑥]。地保的充任同样需要禀州县正印官“点验，入卯充当”[⑦]。正是知州、知县们根据国家法律制度政策发放官方执照，才使得县域地方治安组织人员保甲、族长的地位以及举报所属乡民具有合法性、正当性及可能性。“若有匪类，令其举报。”不仅如此，州县正印官所颁发的执照解除了他们后顾之忧。“嗣后凡遇凶恶不法之人，经官惩治，怙恶不悛，为合族之所共恶者，准族人鸣之

① （清）方大湜：《平平言·保甲》，官箴书集成编纂委员会：《官箴书集成》第 7 册，合肥：黄山书社，1997 年，第 705 页。

② 四川省档案馆，四川大学历史系主编：《清代乾嘉道巴县档案选编》下册，成都：四川大学出版社，1996 年，第 294 页。

③ 雍正《广东通志》卷 7《编年志》，清雍正九年（1731）刻本。

④ 赵尔巽等：《清史稿》卷 302《徐本传》，北京：中华书局，1977 年，第 10455 页。

⑤ 嘉庆《云霄厅志》卷 3《风土·谕云霄六十保一十三村族正族副》，台北：成文出版社，1967 年，第 157 页。

⑥ （清）周凯：《内自讼斋文选·诰授朝议大夫华亭许君墓志铭》，台湾银行经济研究室编印：《台湾文献丛刊》第 82 种，台北：台湾银行经济研究室，1960 年，第 47 页。

⑦ 光绪《恒春县志》卷 7《户口·联庄章程》，台湾银行经济研究室编印：《台湾文献丛刊》第 75 种，台北：台湾银行经济研究室，1960 年，第 133 页。

于官，或将伊流徙远方，以除宗族之害；或以家法处治，至于身死，免其抵罪。”基层乡里牌甲等所从事的相关管理也多是以奉州县正印官员权威进行的。乾隆六年八月初四日祁门十三都石溪康大周同弟侄等为加增保甲而立定的合同文约表明，其保甲加增“为奉县主吴老爷遵奉各宪，票唤加增保甲……又奉县主佥点保长一名，族内康大梁”[①]。此中表明州县正印官对所辖地方的保甲充任具有实际的掌控，同时也证明，州县官员掌控下的保甲延伸到了乡村基层甲户之中。当然，保甲族长若有违法，州县正印官也有惩治之权。乾隆十三年（1748）五月二十三日，福建漳州府海澄县三都长玙社身为约保、族长的谢创等人因“抄山掠海”，“主令率众击碎房屋，洗割谷种、地瓜、蚶苗，不法已极”被该县“审究”[②]。

另一条是保甲长、族正活动禀官，对州县负责。乡保，对上直接向县衙，也就是知州知县负责，承担各种公务；向下，则将所承担的各种役务，具体由各村庄首事完成。村庄首事，则负责交纳其村庄的治安、钱粮与办差银两，并直接向乡保负责。康熙三十五年（1696），休宁县二十六都首村朱氏宗族司匣管理祠堂之人，由朱任康、朱有光更换了朱朝益、朱邦遴、朱邦积、朱国英。宗族将此以文书方式报告该乡保长朱天锡、乡约朱希茂，朱天锡等则将此事上报该县知县，知县就此批词：“准交朱朝益等四人经管。”[③]道光十四年（1834）的宝坻县6张甘结状都是各村牌甲等人向宝坻县衙递结的。状文表示：“如有不支更，以及有被窃之家各情事，均惟该管牌甲是问。”[④]当然，如果牌甲长办事不力，乡保则可呈控于县衙，由县衙传讯。道光十三年（1833），直隶宝坻县兴保里董家庄、景家庄因未交纳办差银两，被乡保上告到县衙，知县为此对两庄的牌头加以传讯。[⑤]

知州、知县除以国家化身，发给每户“印信纸牌”，点免保甲长，要求其向自己负责外，还具有所辖地方保甲条例、保甲章程制定发布权。光绪年间担任陵县知县六年的戴杰就有《保甲章程》十条。[⑥]道光十三年（1833）初，因四川徐总督通饬各属编联保甲，稽查窝户，严拿贼匪，正月三十日巴县知

① 《祁门十三都康氏文书》，安徽大学徽学研究中心特藏室藏，包号140。
② 郑振满，丁荷生编纂：《福建宗教碑铭汇编·泉州府分册》下册，福州：福建人民出版社，2003年，第1052页。
③ 《休宁二十六都首村朱氏文书》，安徽大学徽学研究中心特藏室藏，包号139。
④ 《顺天府档案》道光十四年十一月，中国第一历史档案馆藏。
⑤ 《顺天府档案》道光十三年十一月二十三日，中国第一历史档案馆藏。
⑥ （清）戴杰：《敬简堂学治杂录》，官箴书集成编纂委员会：《官箴书集成》第9册，合肥：黄山书社，1997年，第92—93页。

县发布《编查保甲条规》[①]，示谕“该绅粮约总等，即会同选择纯良谨厚之人，举充牌头，并简身家自重，通知义理之人，举充甲长、保正……俟牌头、甲长、保正已得其人，本县即当堂发给门牌册籍，尔等领回，即认真彻底编查，务期无漏元隐。限一月之内编查完竣，填注牌册，送县过朱用印。本县即亲口四乡，周历稽查。如有不实不尽，惟保正、甲长、牌头是问。至于验查之法，本县已就奉发规条，因此制宜，订立章程，胪列于后。该保正、甲长、牌头，务各尽心承办，实力奉行，毋得视为具文，虚应故事，有名无实，致干重咎……各宜凛遵!毋违，特示。”计知县所开保甲规条共有 23 条之多，内容涉及保甲方方面面：

一、编联保甲。以十家为一牌，立一牌头。十牌为一甲，立一甲长。仍相度其地方之广狭，道里之远近，总取声势足以联络，照察可以周到者，无论十甲八甲或三五甲为一保，设一保正……各牌头属甲长管束，各甲长保正管束。牌头不妥，甲长禀官另换；甲长不妥，保正禀官另换。徇庇纵容，递治其罪。

二、每牌头一名，赴案当堂领取门牌十一张，册纸二十二页。该牌头于所管之十户，比邻而居，其家作何生理，有无产业，其亲属、奴仆、雇工共有几人，无不周知……该牌头领到牌册，即自觅一能写字之人，每户填写门牌一张，并将自家户口同十家户口，填写总牌之内。至于造册，亦如门牌之式，每户照样填写册纸二张，务将某家作何生理，有无职役，及田地产业若干，并现住房屋系自业、父母、伯叔、兄弟、妻妾、子女、子侄、孙子、奴仆、雇工等类，是何名氏，共有男几个，女几口，逐款察明，按照牌册格眼，备细填注，毋稍遗漏。该牌头将牌册填写已毕，即送交甲长收存。该甲长即合十牌所造之册，分钉成清册二本，同门牌送交保正。该保正即将十甲所造之牌册，汇赍到县。本县即为用印过碟，将门牌仍发交该保正领回。用木板或篾席裱糊结实，悬挂各家门首，毋为风雨损坏。其清册一本存于县署，一本存于该保正处，以备查考。若填写遗漏，造报不实，查出定究!

三、编查务要周遍。无论绅衿巨家大族，与庵观寺院，并砖瓦陶窑煤洞铁厂，及曾经犯窃为匪，与窝娼窝盗、并习过邪教之家，皆应一体挨次

① 四川省档案馆，四川大学历史系主编：《清代乾嘉道巴县档案选编》下册，成都：四川大学出版社，1996 年，第 290—294 页。

编联，不可有一户遗漏。其绅衿或系举贡生监，或曾经仕任何官，或捐纳何项职衔，并庵观寺院有僧、道、尼姑若干人，均须逐细查明填注，至于作贼为匪、窝娼窝盗、习过邪教之家，固与良民有别，若不编入牌内，转致无可考查。况保甲原为稽察匪类而设，所以此等奸民，更应编牌内，使其恶迹昭著，则匪类自难隐藏。凡是为贼为盗、窝窃窝娼、习过邪教之户，俱应于其牌册内据实注明，不得含糊容隐。本县亲察属实，即于其牌册内，袜书“改过自新”以别之。果能祛恶迁善，三年无过，许其湔除株字。此等户口，即附于十家牌之末。至砖瓦陶窑煤洞铁厂各项工人，均须载入雇主牌内，以便稽察约束。若脱漏不编，定行责处!

四、已经编定各户口，凡遇添丁物故，逃亡迁徙，男婚女嫁，分家析居，入赘出继归宗，辞佣上工等事，有所增减，该牌头即应告知甲长，会同保正，将门牌清册一律据实改正……

五、城厢内外并各乡场市开设歇店，及临路腰盾之家，与庵观寺院，均应置立循环号簿。凡遇投宿过客，务须将其姓名籍贯，作何生理，有无职役，同行伙伴几人，随带行李货物牲口几何，抑系孤身并无行李，来自何处，去往何方，逐细盘查明确，登记簿内。其庵观寺院，若招留游方僧道及借宿客人，并须将其来踪去迹，亦同客店一样盘查明确，登记簿内……

六、既编保甲，必行连坐之法，方有实效。所谓连坐者，一家犯法，九家同罪……若能捕获要犯多名送官，及事前即先自赴案首告者，仍优加奖赏。

七、牌邻有协捕盗贼之责……遇有盗贼窃发，该牌头立即击梆，同牌之人一闻梆声，即各执器械，随同牌头赶往捕拿。该甲长闻梆立即鸣锣，同甲长之人一闻锣声，即各执器械……敢有闻听梆锣而不聚集及迟延后到者，甲长、保正禀官责惩。

八、城厢内外及乡村场市，所有街巷两头，皆须修立栅栏以司启闭……

九、边境各保正、甲长每日夜派牌头酌带数人，执持器械，常赴交界地方各要隘处所，梭织巡查，往来哨探有无匪徒踪迹……

十、各牌头每一轮赴交界地方巡查，务要留心探听匪徒踪迹，不可疏忽……

十一、交界地方有警，该保正即先遣第一甲甲长鸣锣集众，执持器械，驰赴要隘防堵。随遣第二甲甲长鸣锣集众，速往策应。又遣第三甲甲长鸣锣集众，速往策应……若系坐视不救，加重惩办。

十二、头起甲长探知邻境有匪，已鸣锣集众前赴交界要隘路口把守。其次起甲长亦即，鸣锣集众，如飞赶往应援。推及以次挨连之甲，但闻前甲锣声，均应依次鸣锣集众，逐段前往帮助。总要声势联络，互为应援……。

十三、县境与邻封交界地方，如当戒严之时其要隘岐路多者，各甲分段把守；隘口少者，各甲更番把守。总要防堵守御，到处严密。各条路迳都有人拦截，使匪徒无隙可入，方为完备。如有疏虞，以致匪徒乘虚入境，查系何路失事，立提守隘之人及该管甲长分别治罪。

十四、遇大伙匪徒，敢来冲突县境，该保正立即督同各甲长，鸣锣集众，谨守隘口，并力堵击，奋勇截杀，不许回顾落后，退缩不前……

十五、格杀匪徒，必实系大伙匪类……如系良民，并非匪徒；或虽系匪徒，仅止只身一人，并无伙党……不得擅杀。

十六、乡村场市，并水陆途路之间，如有居民被盗强劫，及过客行舟被匪抢夺，一经投明该保甲等，无论昼夜，即应鸣锣集众，立刻跟踪追擒，直前掩捕……。

十七、大小两河各水卡差役，务要昼夜在卡轮流嘹望，严密哨探，不得偷安懈怠……

十八、渝城小船向有三等，一系小甲所管，推运横江顺江之小船；一系船帮会首所管，起载客货之驳船；一系首事所客，济涉义渡之渡船……责成该管约总……

十九、甲内遇有命案，该管甲长牌头等，应即立时将逞凶之首从各犯，按名追捕拿获，送案审办……

二十、无知妇女幼童，藉捡柴割草为名，乘间摘取他人田地内粮食瓜果蔬菜等类……只可投凭牌甲，告其家属严加管教，不准擅自拷打凌虐……。

二十一、牌甲内遇有户婚、田土、钱债、口角等项细故，保正甲长妥为排解，以息忿争。但不得稍有武断，自干咎戾。倘有奸徒教唆词讼，从中播弄是非，希图渔利者，许保正甲长密行禀闻，查拿究治。

二十二、保正甲长牌头等，遇有一切匪犯，许其拿获送官。即有力不能拿之犯，并许其赴案密禀。即贼匪持仗拒捕，亦准格杀勿论……

二十三、此次奉文编查保甲，系奉总督部堂大人通饬遵办，各要尽心竭力，认真举行。

州县治安的各种具体治理所依赖的就是这种受州县正印官掌控的保甲组织。《户部则例》卷三《保甲》规定，凡甲内有盗窃、邪教、赌博、赌具、窝逃、奸拐、私铸、私销、私盐、栖釉、贩卖硝磺，并私立名色，敛钱聚会等事，及面生可疑形迹诡秘之徒，责令专司查报户口迁移、登记，并责随时报明。如“严禁邪教，莫善于保甲”[①]。总之，清朝国家的地方治安管理，就是这样在州县治安问责制度制约下，由州县政府通过乡一级的保甲组织而贯彻于村庄之中的。州县政府的各种差务与政令，经过乡与村庄这一渠道层层下达。州县衙门到县民家就这样被贯通和联系起来，国家在乡村基层社会的权力“得到了加强”[②]，州县广大乡民也经过这样的组织被控制在州县政府之下。尽管保甲制度在实际运行中弊端百出，咸同之际渐为团练所替代，并且保甲之外的乡约、以及早期的里甲都或多或少具有一定的治安功能，但就有清一代的地方社会治安组织而论，还是非保甲莫属，即便就此来看，除清季与特殊状况之外，国家权力不下县，州县衙门到不了家门，地方社会无国家等说法未必成立。

### 三、知州、知县与地方秩序、治安实务

与组建县域地方治安组织框架同时，州县正印官也将具体的治安政务加以落实。这些政务内容包括方方面面。“凡民之诈伪者、凶暴者、奸慝者、游荡者”，责所在官，各省也就是州县地方官“各申其禁”，采取各种各样方式“治焉”[③]。州县正印官以国家名义，发布各类告示，教育劝慰民众，震慑犯罪乃是其中最重要的方式和途径。道光元年（1821），巴县知县衙门为防范盗匪案颁发告示，令各乡场约客、团首、铺户、居民人等，每逢场期，务必于该场栅外两头防守稽查，如场内遇有匪滋事，应立刻鸣锣截拿，夜晚以及乡僻山村，遇有窃匪，也要协力擒捕解县。[④]这样的告示告知乡民如何防范盗匪，

---

① 中国社会科学院历史研究所清史研究室：《清史资料》第 3 辑，北京：中华书局，1982 年，第 60 页。

② 孙海泉：《清代中叶直隶地区乡村管理体制——兼论清代国家与基层社会的关系》，《中国社会科学》2003 年第 3 期，第 189 页。

③（清）昆冈等修，吴树梅等纂：《钦定大清会典》卷 54《刑部》，《续修四库全书》编委会：《续修四库全书》第 794 册，上海：上海古籍出版社，2002 年，第 529—530 页。

④ 四川省档案馆，四川大学历史系主编：《清代乾嘉道巴县档案选编》下册，成都：四川大学出版社，1996 年，第 365 页。

如有案件猝发，如何缉拿。同时，将团首、场头等人应当助官一道稽查协捕的职责标明于上，一方面令其照单遵行；另一方面，用这种广而告之的方法能使盗匪有所凛畏，闻风而退。道光二十六年（1846）八月刊示张贴的《整饬村约告示》指出，知州称莅任以来，屡接报窃之案，皆因路役查拿不严，乡地等防守不力，且拿到各贼犯，多有供出因赌花费，是地方容留赌棍，即招集贼匪之由，于是酌定整饬地方条规：城乡安设更夫，按街设立更铺，风雨无阻，往来巡查；严禁赌博、邪教等。[①]

发挥州县政府对保甲等乡里治安人员的管理功能。保甲之外的县域乡里组织，也具有一定的治安管理组织的功能。它们实际也不是离开州县正印官的认可、管理而独立自发地存在。道光年间定州知州就有《谕阖境里正乡地规条》，并且于每年更换乡地，在点卯之时按名发给。其中要求乡长、地方、催头等有办事不妥任意妄为，总办村中之事的里正，必须随时禀明究办，否则唯里正是问；里正、乡地等对村中窝贼偷窃、聚赌窝娼、生事扰害之人有据实禀究之责，如敢隐匿不禀，别经发觉，一并究惩，至若村中的逞凶伤人者，也必须立将凶犯缉拿送究。[②]并且，知县莅任伊始，原本多先牌示县属乡约等知悉。光绪二十七年（1901）十月初四日，南部县知县邓元鏸到任后，就牌示相告，“定期于十月二十二日当堂点卯…… 听候届期查点，毋得托故不到，致干革究。该乡约等仍将原领执照携带来案，缴候换给新照承领，以昭信守。毋违。特示。”同时派差役前去将乡约人等传案，听候点卯。届时，如果“县属乡约业经本县传验，堪以留充”，重新发给执照。对点卯不到者知县又要令差役前去传唤临点不到之乡约等赴案补点。[③]通过点卯“吩谕公件”，把事涉地方的包括乡村社会治安秩序在内的重要公事告知于乡地乡约，同时以此认识、考察以及控制地方社会管理职役。

组织州县官民甚或亲自出马处置民变以及教匪等治安秩序事宜。乾隆四十六年（1781），四川重庆府巴县知县查拿蝈匪一案，就涉及籍隶10余个省，人数多达74人。[④]道光二十六年（1846)，江苏昭文县发生一起聚众抗粮大案，金德顺欲图包揽漕粮征收不遂，“起意闹署，并打毁与县往来绅家”，署理该

① 道光《直隶定州志》卷7《地理·乡约下》 清道光二十九年（1849）刊本，第54页。
② 道光《直隶定州志》卷7《地理·乡约下》，清道光二十九年（1849）刊本，第54—57页。
③《清代南部县衙档案》，四川省南充市档案馆藏，档案号：Q1-15-589。
④《乾隆四十六年巴县查拿蝈匪文件一束》，四川省档案馆：《清代巴县档案汇编（乾隆卷）》，北京：档案出版社，1991年，第113—116页。

县知县何士祁带兵役下乡抓捕，金德顺等带领众人拒捕夺犯。何知县于是“上省请兵”，巡抚李星沅命苏州府知府桂超万带兵前往弹压。又，白沟县县令壁昌，本在汴省核算交代，在得知相邻的滑县邪教戕官据城，“赶紧过河，单骑回县”采取了一系列的应对部署。他先谕百姓，本邑俱是良民，有城获庇，万不可逃致罹贼锋只。接着又谕盐店当商，商借银钱若干借官守御，俟请银到来，先尽归还。同时又谕文武生监，要求出力，以护乡党，“文者进局书写，武者管带乡勇，令每人先保良民十人教练，然后又令十人各保十人入伍”，以此避免习教之人溷迹其中。与此同时，壁昌还在署中赶造鸟枪刀矛旗帜号褂，武装百姓，县城门四门分仁、义、礼、智为号，在官人役皆以信字为号，各于号褂上注明，以别奸细。还令乡勇在关乡之外操练，声威大震。准各乡民户自带口食方准进城搭棚，妇女自守，男丁上城。经过这一系列的措施，“十日之间，登城一望遍地粮囤如山，人众数万，四乡尽是……城上遍插旌旗，夜点香火……甫经修备完固。”这样，“后李文成率众窜至城下，探知守备严整，不敢来攻”①。晚清广东揭阳以及相邻的海阳、潮阳、普宁、丰顺、陆丰、澄海等县，械斗之风蔓延，抗官玩法，“其所犯之条为律令所不载，其虐人之法为刑章所不忍言”。“豪强攻掠乡堡，虏人口以勒赎，惨酷至无人理。乡堡被毁之人无归，则去为盗。地不能耕，赋税无所出，潮属皆然，而揭为甚。官其土者，如坐漏舟。”②安徽桐城人姚柬之，道光十三年（1833）九月至道光十四年（1834）正月任广东潮州府揭阳县知县，道光十五年（1835）再任揭阳知县。任上，姚知县“先集骁建教以击刺步伐之法，次集绅耆谕以除暴安良之意”。当时该县西乡乔林的林氏共 4 房，自相仇杀，“其林居、林国祥、林守与黄某尤积猾，各纠众数百，日事斗劫”。姚柬之“设计弋获论诛之。”姚县令时而率骁健下乡，对潜于水中的匪徒令用“渔网”捕之，“得五十七人，讯详伏法”。他还率骁健包围县境盗薮箕斗乡，“获其魁，即先截手足，而后杖毙之”。又将县内有积 18 案在身的“凶盗”拿获后，“缚之大竿，命以火枪下铅丸轰之十八出，如其案数，谓非此不足儆凶顽也”。经他治理，揭阳县“盗风息，地可耕，故民赋不负”。他自己也被大计考核“课最，擢理瑶厅，去官

① （清）壁昌：《牧令要诀》，官箴书集成编纂委员会：《官箴书集成》第 7 册，合肥：黄山书社，1997 年，第 587 页。

② （清）包世臣撰，李星点校：《包世臣全集 • 齐民四术》卷 8《书饶啸渔文后》，合肥：黄山书社，1997 年，第 419—420 页。

日，揭民饮泣走送者万数，而豪强则酌酒相贺。”[①]

晚清天主教开禁，民教冲突日渐增多。州县正印官办理无不棘手。如“川省自重庆通商以后，教案纷如”，自光绪二十一年（1895）教案蜂起，事务殷繁，教案愈多，处置无不棘手，如光绪二十四（1898）年川东余栋臣之案，光绪二十六年（1900）单蒲之案、光绪二十八年（1902）“拳匪”扰教之案、光绪三十年（1904）巴塘番匪滋事之案，“或焚掠教堂多处，或并戕害司铎”[②]。与四川相邻的贵州也如此。光绪二十一年（1895）四月三日，陈惟彦莅任贵州开州知州任，当时四川人、天主教教民卢复川，已到贵州两月，租用刘裕兴房屋“设药肆，行踪诡秘，唆讼扰民，民愤甚，且酿事端。”陈知州根据“定章客民须取保入甲始准留居”的规定，对卢复川进行取保状一事进行查问，发现卢系“伪托”，于是勒令卢离开开州。法方主教来函质问此事，大意为“教民卢复生何驱逐出境？堂中有基地在州城，请保护，将往建经堂”。陈回复称：“地方事地方官为之，无劳教堂过问，卢复生唆讼扰民，捏造保状，护解出境，乃地方官应为之事，不与教堂相涉。教堂基地如故，无人侵占，贵堂得此地已二十余年，未来建筑者，盖亦深知其难，文司铎被祸于前，可为车鉴，在贵教劝人行善，极佩热忱，而开州地处偏隅，少见多怪，愿贵教仍设省垣，勿临下邑，远近信从之后，开民自可欢迎。倘未得地方允诺，勉强行之，致生事端……或生他故，责在教堂，未便遽任保护也。”[③]又，光绪十六年（1890），因清廷有保护义民之上谕，山东不少州县“百姓只知有天子，不知有疆吏，州县奉承，处处棘手”。山东惠民县知县柳堂为县域地方治安，七月初“带自募勇队周历四乡，亲为开导，择匪徒中尤为恣肆之梅鸿文，于清河镇斩首枭示，一时远近无不震慑，均请解散归入民团”。当其听闻滨惠交界的成官庄一带，首事成言训为首聚众七八百人揭竿起事的消息后，县令柳堂又置“城中诸友皆函致万毋轻往”于脑后，“径入其地”，将成言训“唤至前晓谕之，并动以利害，该首事惶恐无地，如梦初醒，一昼夜间，传谕习拳各村立为解散，焰遂以熄。”后又有北来马匪多人，“复传伪帖相与勾煽，谋于八月初十日同聚于城南三十里之张家集”，“预有所闻”的柳知县，“先期往剿，

① （清）包世臣撰，李星点校：《包世臣全集·齐民四术》卷8《书饶啸渔文后》，合肥：黄山书社，1997年，第420页。

② 中国第一历史档案馆：《光绪朝朱批奏折》第23册，北京：中华书局，1995年，第789页。

③ （清）陈惟彦：《宦游偶记》卷上《辨开州无教案》，官箴书集成编纂委员会：《官箴书集成》第10册，合肥：黄山书社，1997年，第640页。

获勾匪之张宗信监禁，境内一律肃清焉，是以武属十州县皆遭兵劫，独惠民无之，教堂均被焚烧，惠民不惟华式无恙，即洋式亦均保全”[①]。

除上述引起的治安问题之外，有商埠的州县地方华洋盗窃案件也时有发生。光绪宣统两朝，四川巴县166件华洋诉讼案中偷窃类即有50起。[②]光绪三十二年（1906），巴县知县由德国领事讷尔特来函中得悉巴县商人周斋欠德商礼和洋行银两，随即展开调查和堂讯，弄清真相，处置了纠纷。[③]此外，巴县知县对于刘绍周偷盗英国立地洋行的盘碟案予以“枷责”，对偷窃英国太古洋行洋纱四包的陈三做出“笞责”，杖责了偷盗南纪坊耶稣堂的江北人吴大汉，又对偷盗美国曾家岩学堂的中衣围腰的陈姓县民予以“枷责”、偷盗日人洋毡的翁炳兴“笞责”、偷盗法国义昌洋行锁具等物的朱四“押回原籍”[④]。同治十年（1871）七月二十三日，俄尚阜通洋行所雇茶船，撞上正为进行拖救刘正有（刘起祥）运麦船而放入西沽丁字沽的木桩上，导致茶船损坏河水侵入，共造成损失及人工费等共计合银1972两。天津县知县奉津关道之令，速传涉案当事人及相关证人讯问，并实地考察，弄清案情，再到洋行调查损失情况，断定俄洋行所雇的船主陈升负责一半也就是268两白银的赔偿，而陈升依仗洋行翻供卸责，只向天津县缴纳银8两，其余责由洋行私免，而洋行居然出示陈升赔款收条于天津县知县，要求天津县知县释放时，天津县知县对之加以杖责。[⑤]惠州县本无通商口岸，但光绪二十七年（1901）日商妻沼岩彦却在此私下开设行栈，打出“广安洋行”招牌，并要求官府代为出示日商方面自拟的告示，以便借此获得保护，结果遭到县官拒绝。还有的州县地方官以加强对县民控制而防止县民被洋人利用。如：嘉兴县英商，美渣串通华民开设茧行，嘉兴县县官出严拿为英商擅自在内地开设茧行的通事黄吉甫外，又把与本案所涉的卖主朱复兴及经手私卖地亩的吴绍珍、张士元等拘提归案严惩。[⑥]

邹振岳（1831—1893），山东淄川人，同治二年（1863）进士。同治五

---

① （清）柳堂：《宰惠纪略》卷5，官箴书集成编纂委员会：《官箴书集成》第9册，合肥：黄山书社，1997年，第528页。

② 惠科：《晚清重庆华洋诉讼与地方司法初探——以巴县档案为中心的考察》，《西南大学学报》（社会科学版）2018年第3期，第169页。

③《清代巴县衙门档案》，四川省档案馆藏，档案号：6-6-2305。

④《清代巴县衙门档案》，四川省档案馆藏，档案号：6-6-2346、6-6-2432、6-6-2513、6-6-2516、6-7-0694、6-6-2564。

⑤ 陈开科：《俄总领事与清津海关道——从刻本史料看同治年间地方层面的中俄交涉》，《中国社会科学》2012年第4期，第168页。

⑥《咨报嘉兴县英人美渣私设行栈一案已饬有无请领单照纳税由》（1866年6月18日），台北“中央研究院”近代史研究所档案馆藏总理各国事务衙门档案，档案号：01-31-004-05-002。

年（1866）任直隶怀安县知县，继调饶阳县知县、清苑县知县，光绪八年（1882）后升直隶州知州、知府，在直隶基层地方官任上 30 余年。“历时最久，所至有声。”直隶总督李鸿章称其“尤善治盗，于饶阳严办砍刀会，于清苑拿办积匪套白狼及刘德沛悍党，于易州拿办大滑赵老尚等案，并赫然在人耳目”①。所在地方的县民对其印象也十分深刻，即便是 60 多年后依然赞叹不已。“在光绪中叶以前，河北省的知县，徐子庶，劳玉初乃宣，邹岱东振岳诸公，都是州县班的能员，所办的善政均很多，到处是政声，真所谓遗爱在民”，说邹的分磨案、分家案“两件案子，判了之后，人人称快，传说多远，赞扬多年，到目下已经六十年多年了，而我还记得，足见他感人之深”②。也正因为“勤求民隐，除暴安良”而入为官之县的名宦行列。③

“设官所以守土也。”④州县正印官，作为守土者，必有城存与存、城亡与亡之义，为州县城守伤死者实际也不乏其人。刘钦邻，字邻哉，号江屏，顺治庚子举人，辛丑进士，筮仕广西富川知县。甲寅，“贼陷富川，刘不屈，死之”，后两广总督疏闻，得旨“刘某忠愤死节，深为可悯，应得恤典，从优议奏”⑤。嘉庆初年先后为四川射洪县、大竹县知县的张位中，在与白莲教相抗时表示：“吾剿贼安民，须竭力为国家效忠，庶不负此心……竹阳被贼蹂躏屡矣，今时当播种，复来扰，有无官兵尾剿，若不驱戮，危害将无底止，吾为地方计，将必出”，于是他“戎服仗剑为士卒先……冲突间，遂为所害众溃，死者百余人，百姓素感戴，又咸其为民穑事而死，虽妇孺无不哭，壮士百人大呼出关，夺得尸还。敛时，倒箱箧衣履无新者……事闻蒙恩议恤入昭忠祠，县人并祀于隍庙”⑥。姚国旃，安徽歙县姚村人，嘉庆时任山东曹县知县，嘉庆十八年（1813），“逆匪入署，一家二十八人皆遇害”⑦。仁和曹燮坤，任广西全州知州，咸丰二年（1852）夏天，太平军进攻全州，誓死守半月，援绝城陷，“死之”，又，归安沈羲民先生伟田，道光举人，咸丰年间官吴县

① 《邹振岳章洪钧请付史馆折》，顾廷龙，戴逸主编：《李鸿章全集·奏稿》第 15 册，合肥：安徽教育出版社，2008 年，第 249 页。
② 齐如山：《中国的科名》，沈阳：辽宁教育出版社，2006 年，第 181 页。
③ 民国《清苑县志》卷 4《人物·名宦》，1934 年铅印本，第 63 页。
④（清）王树枏等纂修，朱玉麒等整理：《新疆图志》卷 25《职官四》，上海：上海古籍出版社，2015 年，第 502 页。
⑤（清）王士禛撰，靳斯仁点校：《池北偶谈》卷 6《谈献二·刘富川》，北京：中华书局，1982 年，第 123 页。
⑥ 民国《大竹县志》卷 7《职官志·政绩》，1928 年铅印本，第 27 页。
⑦ 民国《歙县志》卷 7《人物志·忠节》，台北：成文出版社，1975 年，第 1063 页。

知县，太平军陷苏州时，该知县“守死不去”，被来攻太平军“痛斫之，身受十七创，晕绝。一老人救之而苏，掖之出。自投于河者再，苏人多德先生者，又救之，护持至沪”[①]。江西永丰县知县瑞林、吉水县知县章裕善、安徽庐州等处知县杨昌拔、顾榆亦在咸丰年间殉难。[②]云南弥勒县朱姓道人，咸丰间纠合伙党多人，突入县城，将该县知县璩恩绶戕害，并杀害其家属丁役数十人。[③]阵亡州县正印官，如马丕庆、汪静渊、张礼度、杨嘉运、汪荣基、何开泰、吕锡麟、单维楷、韩宝昌、姚国振。[④]太平军所历之州县的不少正印官为固守或收复治地死伤。至督促甚至亲上战场的也大有人在，管书勋、柯沆就是温州府所属州县正印官中亲自抵抗太平军的两位知县。祁门“邑令唐治，贤吏也，忠义奋发，缮守御，得士心。……咸丰二年五月攻破县祁门，唐治及巡检钟普塘死之”[⑤]。

凡此种种表明，在清朝政府州县治安问责制度的威慑之下，各知州、知县们为了免于责任的追究，并确保所辖地方的安定、稳定，于其所涉州县社会秩序的各方面，总体尚能力所能及地展开工作，并且在一定的时空地域范围还是多少起到了一定的作用。“四境肃然”“四境帖然”“盗贼潜踪，四民安堵”“民赖以安”之类的记载也不绝于书。[⑥]在近2000个县级政区的正印官队伍中，怠惰治安政务的知县、知州无疑是客观存在的，但不能说州县基层地方官全部不好，“所以暴动者，皆缘官吏之非人”[⑦]。史家所论及的地方既有“省道郡县层层统摄”本不至于有“为变之民……酿成大乱之理”[⑧]，从理论上说未必没有道理，而于清代治安的社会实际来说则只是一种假定与幻想。因为清朝地方之“统摄”，在本质上到底只是州县政府正印官一人独任式的“统

① （清）吴庆坻撰，张文其、刘德麒点校：《蕉廊脞录》卷3《沈伟田》，北京：中华书局，1990年，第86页。
②《清实录·文宗实录》卷189咸丰六年正月乙亥条，北京：中华书局，1987年，第17页；《清实录·文宗实录》卷189咸丰六年正月甲申条，北京：中华书局，1987年，第27页。
③《清实录·文宗实录》卷191咸丰六年二月壬子，北京：中华书局，1987年，第54页。
④《清实录·文宗实录》卷194咸丰六年三月辛巳，北京：中华书局，1987年，第101页；《清实录·文宗实录》卷197咸丰六年五月壬戌条，北京：中华书局，1987年，第142页；《清实录·文宗实录》卷197咸丰六年五月庚午条，北京：中华书局，1987年，第150页；《清实录·文宗实录》卷209咸丰六年十月己亥条，北京：中华书局，1987年，第307页。
⑤ （清）刘体智著，刘笃龄点校：《异辞录》卷1《太平军破祁门》，北京：中华书局，1988年，第15页。
⑥ 乾隆《东明县志》卷5《宦绩》，台北：成文出版社，1976年，第408、410页；民国《大竹县志》卷7《职官志·政绩》，1928年铅印本，第24、30页。
⑦ 孟森：《清史讲义》，北京：中华书局，2006年，第361页。
⑧ 孟森：《清史讲义》，北京：中华书局，2006年，第361页。

摄”，知州、知县之上的知府、直隶州知州、道员、布政使、按察使、巡抚总督等也是治理知州、知县或抚民同知（抚民通判）之官，但真正治地、治民的朝廷命官唯有州县厅正印官。清朝政府的州县治安秩序治理的“政策意图与政策结果始终存在着巨大的差距。……政策是同政策所要影响的国内和国际环境中的社会、经济和文化过程相互作用的。……常常未被决策者充分理解，或者这种相互作用受到无法预测的外部因素的影响。”①所以，乾嘉以降，“苗匪、教匪、海匪”与随后的川楚白莲教、金田起义，以及中外民教冲突、“民变”纷至沓来，“靡所不综”的州县行政首脑再也无法“统摄”辖地治安了，唯其如此，方有清末州县巡警的创办②，而地方州县的危机进一步恶化，导致全国政权大厦的最终坍塌也就势所难免了。国家“子民”“为匪”以及清朝的覆灭，州县地方正印确有失职失责，也应当追究，但这究竟不只是“皆缘”他们“非人”和他们“为非”所致。

## 第二节　自理词讼，审调县域地方民事纠纷

### 一、民词“细事”含义及州县正印官相关责任

“州县自理案件”的界定，看似比较简单，而且学界已经有了一定的界说。譬如，《清史稿》载：“户、婚、田土及笞、杖轻罪，由州县完结，例称自理。”③《大清律例·刑律·诉讼》“告状不受理”条附例称：“州县自行审理一切户婚、田土等项。”④《大清会典》：凡官非正印者，不得受民词，“户婚田土之案，皆令正印官理焉”。瞿同祖说：“作为基层法庭的法官，州县官仅仅被授权就民事案件及处刑不过笞杖或枷号的轻微刑事案件做出判决。这类案件通常被称为‘自理词讼’（即在州县官全权审判之下的诉讼）。”⑤滋贺秀三教授说：“没有必要处徒以上刑罚的案件，全部都委任给州县一级进行处理。只要当事者不上诉，上级机关与这类案件就不生关系。这类案件称州县

① （美）加布里埃尔·A.阿尔蒙德，小 G.宾厄姆·鲍威尔著，曹沛霖等译：《比较政治学：体系、过程和决策》，上海：上海译文出版社，1987 年，第 331—332 页。
② 参见刘伟，石武英：《清末州县巡警的创办与基层社会》，《社会科学》2012 年第 12 期，第 145—155 页。
③ 赵尔巽等：《清史稿》卷 144《刑罚志三》，北京：中华书局，1977 年，第 4207 页。
④ 田涛，郑秦点校：《大清律例》卷 30《刑律·诉讼·告状不受理》，北京：法律出版社，1999 年，第 480 页。
⑤ 瞿同祖：《瞿同祖法学论著集》修订版，北京：中国政法大学出版社，2004 年，第 453 页。

自理的案件。”[①]夫马进教授说：“州县自理的案件是指在州县一级终审的案件，即无须报送府以上进行审理，在州县一级，作为刑罚可处笞、杖，或者完全不处刑罚而仅以训谕结案。具体地说，是有关婚姻、户籍、田土、斗殴、偷窃、田粮等的案件。”[②]吴佩林则将县衙门的民事案件等同于“自理案件”。说它“从《大清律例》规定的五刑上讲，为笞杖刑案件；从诉讼程序上讲，为不必逐级转审，州县有权终审的案件；从案件的性质上讲，为民事案件及一些轻微刑事案件和治安管理案件；从档案内容上讲，也包括以‘重情案件’的方式进入衙门的审理程序而实质上是民事诉讼的那部分案件。”[③]凡此种种，一个看似简单的概念，也好似解决，但实际也未必完全如此。

首先，关于自理案件是不上报知府及其以上的案件，也就是在州县一级“终审”，或与知县、知州以上的其他衙门也就是知府等“不生关系”的说法，俞江等人就有不同看法。他认为：“明清的州县官以地方行政首领的职权审理细故，不具有独立性，没有上诉期限的限制。”[④]台湾“中央研究院”研究员张伟仁也指出，清代平常的民事案件及笞杖轻微刑案，虽然由州县审结，但是可以上诉到上司衙门。[⑤]《大清律例》关于自理案件上控之处置条文，证明在法理上知州、知县的所谓终审也是就通常而论，法律实际是允许上控的：“凡藩、臬两司遇有督抚批发之案，如系户婚、田土寻常案件，头绪纷繁必须酌派妥员代为查审者，于取供后仍由该司亲提确审，拟议复详。至控官、控吏之案，藩、臬两司即应亲身勘问，定拟具详，不得复派他员代讯。再道、府奉到上司批发控词及自理词讼，无论事之巨细，亦应亲身提讯，自行加看，定拟出详。违者，均照例议处。”[⑥]从实践看，作为自理案件上控的情形也确实存在。譬如，乾隆嘉庆年间前后长达20余年的江西都昌县曹文科与鄱阳县杨盛元湖面产权案就突破州县自理，而直至刑部。[⑦]

其次，关于自理案件的范围、内容为户婚、田土、钱债、继承等民事，

---

① （日）滋贺秀三等著，王亚新、范愉、陈少峰译：《明清时期的民事审判与民间契约》，北京：法律出版社，1998年，第12页。

② （日）滋贺秀三等著，王亚新、范愉、陈少峰译：《明清时期的民事审判与民间契约》，北京：法律出版社，1998年，第395页。

③ 吴佩林：《清代县域民事纠纷与法律秩序考察》，北京：中华书局，2013年，第43页。

④ 俞江：《明清州县细故案件审理的法律史重构》，《历史研究》2014第2期，第44页。

⑤ 张伟仁：《中国法文化的起源、发展和特点（下）》，《中外法学》2011年第1期，第13页。

⑥ 张荣铮，刘勇强，金懋初点校：《大清律例》卷37《刑律·断狱下·辩明冤枉》，天津：天津古籍出版社，1993年，第628页。

⑦ 张朝阳，曹树基：《法律与市场：乾嘉时期鄱阳湖区“曹杨讼案”研究》，《清史研究》2017年第1期，第106—118页。

以及处以杖、笞之刑事案件说法中的问题。杖、笞轻微刑事案件勿论，田宅户婚钱债，则值得注意。因为，清代的确尚无现代意义上的民法典，也没有编纂意义上的民事习惯法。[①]户婚、田土、钱债、继承等这些具有现代看似属于私权的州县正印官的州县事务范围的“民事”，但在《大清律例》中，则多是纳入刑事处罚的范围的[②]，以其为民事而不加刑事制裁的条文，在《大清律例》中“的确不多”[③]。譬如，笔者据《大清律例》大致统计，在笞 10、20 至笞 50 的 5 个笞刑中，《户律》55 条，全为州县地方的条文，如田土、钱债、户口、家产继承分割等；《刑律》大约就有 114 条，其中绝大部分都是涉及州县的刑罚条文，主要为轻微斗殴、窃盗等一类的案件。[④]在杖 60、70、80、90、100 的 5 个杖刑中，《户律》分别有 25、5、26、6、25 条，《刑律》则各有 41、32、51、35、70 条。[⑤]当然，律文之外，笞、杖各等差还有不少的条例。譬如在杖 80 的条例中，“户例”7 条、“刑例”35 条。[⑥]这些杖 100 及其以下到笞 10 的《户律》《户例》，还有其他如《礼律》《礼例》等律例中的私权性条文所规定的内容，固然可以认为是民事案件，或者叫民词，但是田土、钱债、户口、家产继承等内容，在《大清律例》中尚有不少在杖 100 以上的刑事制裁的，按清代律例，杖 100 及其以下的田土、钱债、户口、家产继承原本都是五刑中的刑罚性质，杖 100 以上的田土、钱债、户口、家产继承自然更是刑事案件无疑。基于此，戴炎辉在清代淡新档案研究中将“基本上与某些民事案件类型相同的”案件纳入“刑事类”，不仅不足为奇，而且是符合清代律例的。也基于此，我们在理解知州、知县自理案件时，不能简单以田土、钱债、户口、家产继承之内容作为刑、民案件的分野，即使按照当时的规定，田土、钱债、户口、家产继承诉讼，也只能是其中的杖 100 及其以下的才属于知州、知县自理民词范围，而不能将其一概笼统称其为自理案件。也就是说，当时的州县自理案件，除一般的杖、笞刑事案件外，就田土、钱债、户口、家产继承等案件范围来说，也仅仅是指杖 100 及其

① 巩涛：《失礼的对话：清代的法律和习惯并未融汇成民法》，《北大法律评论》编辑委员会：《北大法律评论》第 10 卷第 1 辑，北京：北京大学出版社，2009 年，第 89—120 页。

② 与刑罚分离的《大清民律草案》，宣统三年（1911）九月方才编纂完成，然未曾施行。此前光绪三十三年（1907）四月民政部速定民律的奏折内仅承认“历代律文户婚诸条，实近民法。”（清）朱寿朋编，张静庐等校点：《光绪朝东华录》，北京：中华书局，1958 年，第 5682 页。

③ 张伟仁：《中国法文化的起源、发展和特点（下）》，《中外法学》2011 年第 1 期，第 9 页。

④ 田涛，郑秦点校：《大清律例》卷 40《总类》，北京：法律出版社，1999 年，第 619—660 页。

⑤ 田涛，郑秦点校：《大清律例》卷 41《总类》，北京：法律出版社，1999 年，第 661—726 页。

⑥ 田涛，郑秦点校：《大清律例》卷 41《总类》，北京：法律出版社，1999 年，第 679—702 页。

以下的在《大清律例》本属于刑事的案件，实质也就是限于“杖一百以下”，亦即犯罪事实不重，处罚较轻的“细故”[①]，而非犯罪严重，惩罚在“徒”及其以上的“重情”。

最后，上述的“其次”所论之州县自理案件就户婚田宅钱债而言，是指杖 100 及其以下之标准的“细故”，也就是州县正印官在通常状况下可以终结案件审理之案。此是以法律文本制度而论，但对知州、知县的法律实践而言，由于法律规定“细故”之外的“重情”即“徒”以上的案件，知州、知县有初审之权，并且一般也须其初审，而户婚田宅钱债法律领域有“徒”之刑罚，加之州县正印问刑入人之罪处罚慎重，在实际案件审理中，他们也就难免将作为徒以上的重情案件而降格为杖 100 甚至杖 100 以下，这样，本是重情的户婚田宅钱债领域的刑事案件，也就成了知州、知县的自理“细故”或“民词”案件。吴佩林教授就曾指出，州县“档案里有不少以‘重情案件’方式进入衙门审理程序的，而到最后经过县官的审讯，不过仍是‘民间细故’而已”[②]。实际也就是自我扩大了自理案件的范围，也等于增加了结案范围。清代州县案件的档案资料之所以民事案件占有很大的比例（通常为一半以上）[③]，除刑名案件尤其是人命重案原本数量相对就少，而户婚田宅钱债本身就多外，是否有本属于“重情”而被知州、知县“人为”大事化小为“细故”的呢？此虽具体难得其详，但是，有一点大致可以肯定，州县实际处置的“细故”或自理案件数量，比上述文本的小口径“细故”，也就是法定的杖一百及其以下的案件要多一些。至此，就派生出一个问题，是以上述“其次”所论的文本法定为准？还是以州县处置实际为准的？本目既论州县地方治理，即以知州、知县对于案件的实际处罚为准，也就是以州县正印官自身之终案（实际也就是杖一百以下）为“细故”或“自理民词”的依据，不考虑个案本身在法律文本也就是理应是否属于“徒”以上的具体情形，也不考虑不属于一般情形而是少数个别的自理州县终审的个别上控案件问题，但知州、知县授权的民间调解案件自然囊括于“自理案件”之中。

上述所说的包括婚姻、家庭、继承、土地、房屋、债权，以及斗殴、偷窃等轻微刑事案件的杖、笞处罚的知州、知县“自理案件”，清朝国家的州县官员问责制度，虽然较之于州县“重情”案件，尤其是“人命”一类的刑事

---

① 里赞：《晚清州县诉讼中的审断问题——侧重四川南部县的实践》，北京：法律出版社，2010 年，第 53 页。
② 吴佩林：《清代县域民事纠纷与法律秩序考察》，北京：中华书局，2013 年，第 43 页。
③ 张晋藩：《清代民法综论》，北京：中国政法大学出版社，1998 年，第 267 页。

案件的重视来说大为逊色，然而还是有所注意的。如前所论，清代没有现代意义的民、刑划分，州县自理案件中的那些属于现代意义上的那些民事性质的户婚田宅钱债私权一类的案件，在《大清律例》中本就纳入刑罚治理范畴，因此，《大清律例》所包含的清代知州、知县刑事问责律例内容，对州县的那些现代民事意义的自理案件内容同样具有约束力；知州、知县自理案件中对原本属于刑事范畴的轻微的笞杖案件的处置，受州县刑事案件问责制度制约自属于当然。然而，经笔者梳理，在州县官员问责法律法规中，有关涉及州县笞、杖，以及民事案件审理问责的条文还是有一定的数量。

譬如，包括州县在内的所有官员，无论是现任，还是已经退休、罢黜的官员，本人都不能就户婚、田土等事项与民人打官司："凡官吏有争论婚姻、钱债、田土等事，听令家人告官对理，不许公文行移，违者笞四十。"[①]条例的目的除"存其体"外，也为"抑其私"。

又如，禁止知州、知县对县域地方民词细故案件的不加受理。律文规定："斗殴、婚姻、田宅等事不受理者，各减犯人罪二等，并罪止杖八十。受被告之财者，计赃以枉法罪与不受理罪，从重论。"[②]

民词案件的原告、被告各在一个州县时，清廷对发生地州县正印官与呈告者原籍州县关系及其协助方面有明文规定，定例，"户婚、田土、钱债、斗殴、赌博等细事，即于事犯地方告理，不得于原告所住之州、县呈告"。呈告原籍的知州、知县等地方官，"亦不得滥准"呈告，也不准将此呈告关会事发地的知州、知县；而事发地知州、知县"亦不得"据呈告者原籍州县正印官之关会而"拘发"，"违者，分别议处"。若户婚、田土、钱债、斗殴、赌博等细事案发地的知州、知县受理而需要"关提质审"，相关地方州县官"匿犯不解"，也"照例参处"[③]。至于上述案件中的滥准，律例虽"无罪名可科"，但州县问责行政法规对此进行了弥补："处分例本籍地方官，率准行关者，罚俸一年；邻境地方官据关拘发者，罚俸六个月，疑犯不解，系寻常案犯，失察者罚俸六月，故意不发者降一级留任。"

又，关于自理案件结案时间期限，康熙年间刑部议覆台臣王题准定例，乾隆五年（1740）、乾隆十五年（1750）修改，嘉庆六年（1801）改定，"州、

① 田涛，郑秦点校：《大清律例》，北京：法律出版社，1999年，第493页。
② 张荣铮，刘勇强，金懋初点校：《大清律例》，天津：天津古籍出版社，1993年，第513页。
③ 张荣铮，刘勇强，金懋初点校：《大清律例》，天津：天津古籍出版社，1993年，第507页。

县自理事件，俱限二十日审结”[①]。这与《六部处分则例》二十日审结规定的天数是一致的。从光绪朝《大清会典事例》“凡州县官户婚、田土等案，务于农忙停讼之前，逐一审结。倘有应加覆核者，暂将两造释归农业，具详各上司，俟农隙之时，仍照例扣限审结”[②]之规定看，的确“向来州县审理词讼无论案件大小，定例俱有限期”，只是实际州县正印官“不能实力奉行”，其州县承审通详“多不详报起限，往往任意延搁，迨负曲小民屡次呈催，犹复展转旋牌，拘传守候”，导致胥役讹索，人证被累。针对这一弊端，嘉庆十五年（1810）二月初八上谕以御史西琅阿奏，令“嗣后各属州县自理词讼，将所收呈词，每月造报该管道府，按例起限。其前报各案，已结、未结，俱于续报册内陆续声明”，该府依限督催外，还要于年底具结申报布政使、按察使查核。如“各州县延搁案件”，或该管道、府有纵容徇庇等情，即当“据实严参，以示惩儆”。吏部等为此规定：“州县自理户婚田土等项案件，定限二十日完结”，仍立号簿，开明已结、未结缘由，令该管知府、直隶州知州，按月提取号簿查核督催；该道分巡所至，将该州县每月已结若干未结若干摘叙简明案由，将未结之案汇开一单，饬令该州县按限完结申报，并以一单移咨两司申详督抚查核，如“州县官违限不行审结，不及一月者罚俸三个月，一月以上者罚俸一年，半年以上罚俸二年，一年以上降一级留任（俱公罪）。若州县所立号簿有将自理词讼遗漏未载者罚俸一年（公罪），不明白开载案由者降一级调用（公罪），系有心隐匿不入号簿或将未结之案捏报已结者俱革职（私罪）。……至上司批交州县审讯事件即责成批审之上司查催，凡有违限不覆者，即指案移司详报督抚查参（新修）”[③]。这样的期限规定对州县正印官还是有鞭策之力。如方大湜的《审案限期》就告诫，审理大小案件，均有限期，若不熟悉审限，便不知轻重缓急，必至任意搁延，不仅无以伸国法，而且关系考成也。因而，他特别将审限摘录载入。[④]

涉及旗民词讼的特殊地区知州、知县，其处置发落也有明确要求。如奉

① 张荣铮，刘勇强，金懋初点校：《大清律例》，天津：天津古籍出版社，1993 年，第 596 页；田涛、郑秦点校：《大清律例》北京：法律出版社，1999 年，第 553 页。

②（清）昆冈等修，刘启端等纂：《钦定大清会典事例》卷 122《吏部·处分例·外省承审事件》，《续修四库全书》编委会：《续修四库全书》第 800 册，上海：上海古籍出版社，2002 年，第 143—144 页。

③（清）文孚纂修：《钦定六部处分则例》卷 47《审断上·州县自理词讼》，沈云龙主编：《近代中国史料丛刊》第 332 册，台北：文海出版社，1969 年，第 971—972 页。

④（清）方大湜：《平平言》卷 2《审案限期》，官箴书集成编纂委员会：《官箴书集成》第 7 册，合肥：黄山书社，1997 年，第 636 页。

天所属12州县办理旗民事件，乾隆四十四年（1779）定例，无分满汉，俱令自行审理，于讯明定拟之后，“曲在民人”，州县正印“照常发落”，若“曲在旗人，审解理事厅发落”，仍知照该州县备案。道光元年（1821）改为“无论单旗人单民交涉与查勘之案，均令州县自行审理”①。光绪二十三年（1897）六月，上谕重申：“所有奉天州县旗民事件悉归审理，旗员不得干预”，盛京将军在转发该上谕时要求所有“人命、斗殴及钱债、户婚、田土一切旗民词讼，无论有关罪名与否，悉归各厅、州县审断”②。

在对州县正印官自理案件审理管理上，雍正元年（1723）刑部议准定条例，各省州、县及有刑名的厅、卫等官，将每月自理事件作何审断和准理拘提完结的月、日时间，逐件登记，按月造册送该府、道、司、抚、督查考，对有敢于隐漏假饰，就将按说犯事实及大小轻重的不同，轻则记过，重则题参；如该地方官办理自理词讼任意拖延，使民废时失业，牵连无辜，小事累及妇女，甚至卖妻鬻子等，该管上司必须立即题参；若上司徇庇不参，或被人首告，或被科、道纠参，将该管各上司一并交与刑部从重议处。雍正七年（1729）刑部议覆贵州按察使赵宏本奏定条例：“州、县自行审理一切户婚、田土等项，照在京衙门按月注销之例，设立循环簿，将一月内事件填入簿内，开明已未结缘由，其有应行展限及复审者，亦即于册内注明，于每月底送该管知府、直隶州知州查核，循环轮流注销。其有迟延不结、蒙混遗漏者详报督抚咨参，各照例分别议处。”③至于自理词讼听断“任意拖延”本条例并没有具体处罚条文，不过官员处分则例是有所规定的，自20天限满后到1年的，给予罚俸3个月至降1级留任的处分。④

此外，乾隆十九年（1754）吏部议覆陕西巡抚陈宏谋奏准条例：州、县自行审理及一切户婚、田土事件，责成该管巡道巡历，并在所到之州或县，对该州、县词讼号簿逐一稽核，如有未完词讼，勒定期限审结，巡道同时开单上报按察使、巡抚，使其令该州县将某人告某人某事，于某日审结，造册报销，如果仍然迟延，必须马上揭发参劾。如果未结之案与积贼、刁棍、衙蠹及胥役弊匿等情关联，巡道则须亲提究治，当然，如巡道也奉行不力，或

① 张晋藩：《清代民法综论》，北京：中国政法大学出版社，1998年，第273页。
②《兴京县公署全宗》，辽宁省档案馆馆藏档案，第25385号。
③ 张荣铮，刘勇强，金懋初点校：《大清律例》，天津：天津古籍出版社，1993年，第514—515页。
④（清）文孚纂修：《钦定六部处分则例》卷47《审断上·州县自理词讼》，沈云龙主编：《近代中国史料丛刊》第332册，台北：文海出版社，1969年，第971页。

任意操纵，颠倒是非，所隶督、抚亦即据实察参，分别议处。[①]巡道查核州、县的词讼号簿，如有已提告未审完结书吏不登记号簿，也就是不结之词讼书吏隐瞒不登循环簿，除书吏要处罚外，“将州、县揭报督抚，分别严参”[②]。如果情形相同而系州县正印官匿不登记，巡道还“将州县揭报，督抚分别严参”[③]。而且规定巡道巡查及开报州县自理案件的内容非常具体，譬如，该州县每月已结、未结的数量，简明案由等，开单行知该州县，将未结之案饬令按限完结申报，并将一单移知按察使司申详督抚查核，如这些州县有逾期不行审结照事件迟延例分别议处，号薄内有将自理词讼遗漏未经造入，巡道责任连带罚俸 3 月，案由蒙混填注降 1 级调用，系有心隐瞒未结或未结捏报已结，则革职；巡道查报不实罚俸 6 个月，不随时查催降 2 级调用，查出问题却捏报不上详督抚，降 3 级调用。[④]包世臣也指出，律例及处分则例开载：“州县自理户婚、田土等项案件，定限二十日完结，仍设立号簿，开明已、未完结缘由。该管府州按月提取号簿，查核督催”，他还进一步指出：“府州查出揭参者，免议。如不行查揭，州县应革职者，府州降三级调用；州县应降调者，府州降一级留任。”[⑤] 显然，清代州县正印官在处理所属地方的自理案件时，不仅受到相关问责条文的约束，而且还收到各上司监督，包括巡道的巡察。这些条文规定对他们的民词自理还是有一定的督促、鞭策作用的。[⑥]

## 二、知州、知县民词审理

### （一）停讼与放告、收呈

清代州县所属基层乡村，为传统农业社会。春耕、夏耘、秋收、冬藏，自有其生产生活节律。因“恐妨农”之故，清政府于康熙二十七年（1688）出台之条例并经乾隆五年（1740）改定，每年四月初一至七月三十日的农忙，州、县“一应户婚、田土等细事，一概不准受理。自八月初一日以后，方许

① 张荣铮，刘勇强，金懋初点校：《大清律例》，天津：天津古籍出版社，1993 年，第 515 页；胡星桥，邓又天主编：《读例存疑点注》卷 39《刑律 • 诉讼 • 告状不受理》，北京：中国人民公安大学出版社，1994 年，第 685 页。
② 张荣铮，刘勇强，金懋初点校：《大清律例》卷 30《刑律诉讼 • 告状不受理》，天津：天津古籍出版社，1993 年，第 516 页。
③（清）昆冈等修，吴树梅等纂：《钦定大清会典》卷 817《刑部 • 刑律诉讼》，《续修四库全书》编委会：《续修四库全书》第 810 册，上海：上海古籍出版社，2002 年，第 43 页。
④（清）包世臣著，潘竟翰点校：《齐民四术》，北京：中华书局，2001 年，第 253 页。
⑤（清）包世臣著，潘竟翰点校：《齐民四术》，北京：中华书局，2001 年，第 253 页。
⑥ 张晋藩：《清代民法综论》，北京：中国政法大学出版社，1998 年，第 268 页。

听断。若农忙期内受理细事者，该督抚指名题参”①。薛允升就此指出：“农忙期内受理细事，吏部处分则例并无明文”，但史料表明，薛说并不完全属实。光绪朝《大清会典事例·处分例》就强调，每岁农忙之期，例应停讼，“凡州县官户婚、田土等案，务于农忙停讼之前，逐一审结。倘有应加覆核者，暂将两造释归农业，具详各上司，俟农隙之时，仍照例扣限审结”②。又，乾隆二十六年（1761）大学士九卿会议覆准刑部左侍郎钱汝诚条奏以及刑部议处覆江西巡抚胡宝珠条奏，并纂定条例，“州、县审理词讼，遇有两造俱属农民，关系丈量踏勘有妨耕作者，如在农忙期内，准其详明上司，照例展限至八月再行审断。若查勘水利界址等事，现涉争讼，情理稍迟，必致有妨农务者，即令各州、县亲赴该处审断速结。总不得票拘至城，或致守候病农”③，而且该例被纳入光绪朝《大清会典》之中。④农忙的重要，农忙停讼之问责条例的约束，使原本崇尚与希望县域地方“无讼”的知州、知县们，一般能够做到条例所限之自理案民词之听讼。譬如曾为州县正印的黄六鸿的《农忙息讼》说，知州、知县，“每岁值乡农播种之时，有司悬牌，大书‘农忙止讼’四字，晓谕署前”，之所以停讼，一是“以重农桑裕邦本”；二是“从来定例”，提出对县域地方“明知不准禁例”，却故意装疯倚醉“惹祸行凶”的“刁徒，轻则严行戒饬，重则立时公首重惩不贷”⑤。道光十年（1830）四月三日，四川南部县临江乡民杜延时呈状知县衙门，禀诉房支杜延和等侵吞社谷余利等事，知县批词：“着自投族正理处，现值农忙，毋得兴讼，不准。”⑥光绪二十六年（1900）五月二十二日，时值农忙停讼，四川南部县王永镐投状《为具告宋保元买田地乘驳措殴藐视抗贿压事》，状告宋保元买余业，对此南部县知县批词：“农忙期内，非控买卖之时，应各凭理成交，毋庸砌词捏伤兴讼。”⑦

---

① 胡星桥，邓又天主编：《读例存疑点注》卷 39《刑律·诉讼·告状不受理》，北京：中国人民公安大学出版社，1994 年，第 684 页。

②（清）昆冈等修，刘启端等纂：《钦定大清会典事例》卷 122《吏部·处分例·外省承审事件》，《续修四库全书》编委会：《续修四库全书》第 800 册，上海：上海古籍出版社，2002 年，第 143—144 页。

③ 张荣铮，刘勇强，金懋初点校：《大清律例》卷 30《刑律诉讼·告状不受理》，天津：天津古籍出版社，1993 年，第 515 页。

④（清）昆冈等修，吴树梅等纂：《钦定大清会典》卷 56，《续修四库全书》编委会：《续修四库全书》第 794 册，上海：上海古籍出版社，2002 年，第 541 页。

⑤（清）黄六鸿：《福惠全书》卷 11《刑名部·农忙停讼》，官箴书集成编纂委员会：《官箴书集成》第 3 册，合肥：黄山书社，1997 年，第 334 页。

⑥ 吴佩林：《清代县域民事纠纷与法律秩序考察》，北京：中华书局，2013 年，第 233 页。

⑦《南部县正堂清全宗档案》，四川省南充市档案馆藏，目录号 15，案卷号 460。

除农忙停讼外，还有十二月“岁终停讼”的“定例”①。州县正印官也有落实。天台县戴兆佳《遵例晓谕听讼事》云：“照得岁终停讼原因小民胼手胼足，终岁勤动，当兹塞向墐户之时，正宜恬养休息以待东作，此定例本旨也。”现“合行遵例听讼”，除真正命盗、逃人、贼情、棍蠹、诈赃、奸拐、赌博、打降等项重情，许即据事直书，不时赴禀拘究外，“其一切户婚田土钱债口角细故，俱听亲族里邻从公处明，如有不得已必需告理者，应候来年开期赴禀，日下一概不收，不得违禁逞刁渎告”②。当然，州县正印官通常都抓紧时间，将诉讼审理完结于岁终之前。天台戴知县就有“腊月中旬，犹行审理……岂料近日送审各件大率田土租债细故居多，间或稍有关系案件”，于是他出《一件晓谕岁终注销案件事》告示，晓谕县民：除了已审及听候审结各案之外，“其余一切已准未审各案，概行注销，俱于来春开期另夺”③。

不过，即便农忙，“亦有不应停之例”，如乾隆四年（1739）定例，“或因天旱灾争水黄熟抢割争娶打降等事，听讼之时，亦应准理”。乾隆十年（1745）奏准的农忙停讼期间“凡遇坟山土地等项务须随时勘断”，自理案件中事关紧要，或证佐人等而“现非务农，即不得以时值停讼藉词推诿……俱奉旨通行遵照在案”。此外，巡抚陈宏谋还要求自理案件中的“抢亲赖婚强娶田地界址买卖”未明，为防争夺，也“不可概以停讼自置”应尽早而不必拘泥停讼定例。④

吴佩林曾就四川南部县受理婚姻诉讼案件的时间问题分别对嘉庆九年（1804）、道光八年（1828）、咸丰七年（1857）、同治二年（1863）、光绪九年（1883）、光绪二十八年（1902）、宣统三年（1911）7个年份做随机抽样统计，结果发现，在农忙停讼期间受理的有37件，不是农忙期间受理的有36件。⑤李艳君在对冕宁县民事案件的状式上的时间进行统计后发现，冕宁县1年之中民事收呈每个月都有，而且这些状式绝大多数都得到了知县受理，只有数例未受理，而批示“准开讼日讯夺”“开印日讯拘”“口角细事概于开讼日察”，

①（清）戴兆佳：《天台治略》卷7《告示》，官箴书集成编纂委员会：《官箴书集成》第4册，合肥：黄山书社，1997年，第174页。
②（清）戴兆佳：《天台治略》卷7《告示》，官箴书集成编纂委员会：《官箴书集成》第4册，合肥：黄山书社，1997年，第174页。
③（清）戴兆佳：《天台治略》卷7《告示》，官箴书集成编纂委员会：《官箴书集成》第4册，合肥：黄山书社，1997年，第175页。
④（清）徐栋：《牧令书》卷18《刑名中》，官箴书集成编纂委员会：《官箴书集成》第7册，合肥：黄山书社，1997年，第398页。
⑤ 吴佩林：《清代县域民事纠纷与法律秩序考察》，北京：中华书局，2013年，第291页。

并据此认定，冕宁县1年中的任何月份都是可以投递书状的。[①]如果对这一统计不考虑其所谓的民事诉讼若在徒罪以上不在州县自理案件这一因素，而均概略为州县自理民词的话，结合前面其他县份的自理案件的农忙、年终听讼，我们可以初步认为，清代州县在知州、知县的自理案件的农忙、年终停讼并非绝对和严格，清政府因此对州县正印自理案件停讼问责不严。不仅如此，它还表明，尽管相对于州县的人命、盗贼、逃奸等刑事案件，“户婚田土”等民词的确“犹其小者”[②]，但清代知州、知县们，多从州县治理及民生角度认为，民词较刑名更为日常，且并不是真正的所谓的细事。譬如，原为知县的方大湜就说：“户婚田土钱债偷窃等案，自衙门内视之皆细故也，自百姓视之则利害切己，故并不细，即是细故，而一州一县之中，重案少细故多，必待命盗重案而始经心，一年能有几起命盗耶？”[③]汪辉祖认为，田土纠纷，若对细故处理不慎，会激化矛盾，甚至酿成人命。[④]如漫不经心，妄准滥传，恐不唯小民多费，因而致贫。且或拖累毙命及酿成大案，悔之无及。可不慎哉！至田产等案，尤易牵涉，一经呈名，有积年累世莫脱其苦者，核稿尤当加意。

州县不是停讼期的自理案件，知州、知县放告收呈的时间一般相对固定。那思陆认为清代前期，大多数的州县以“三六九”为告期的，也就是每月初三、初六、初九、十三、十六、十九、二十三、二十六及二十九 9 天放告。吴佩林认为从19世纪开始，实际民事诉讼仅在每月初三、初八、十三、十八、二十三、二十八等6天，也就是所谓“三八”放告。[⑤]比如，刘簾舫定于逢三、逢八的日子放告，当堂收呈，“此外各日切勿滥收”。方大湜在“令广济、襄阳时，辄仿刘说而行之”，也就是三、八日放告，他作襄阳、荆州、宜昌知府的时候，考虑“守与令不同，控府之词皆州县衙门已成之讼”，则不全拘泥于三八放告之日，他“或喊禀或拦舆，虽寻常案件，亦无不随时接收”[⑥]。较少的地方，每月只在二日、十六日两天放告。

---

① 李艳君：《从冕宁县档案看清代民事诉讼制度》，昆明：云南大学出版社，2009年，第100页。

②（清）黄六鸿：《福惠全书》卷 11《刑名部·总论》，官箴书集成编纂委员会：《官箴书集成》第3册，合肥：黄山书社，1997年，第326页。

③（清）方大湜：《平平言》卷3《勿忽细故》，官箴书集成编纂委员会：《官箴书集成》第7册，合肥：黄山书社，1997年，第675页。

④（清）汪辉祖：《佐治药言·省事》，官箴书集成编纂委员会：《官箴书集成》第 5 册，合肥：黄山书社，1997年，第317页。

⑤ 那思陆：《清代州县衙门审判制度》，北京：中国政法大学出版社，2006 年，第 196 页；吴佩林：《清代县域民事纠纷与法律秩序考察》，北京：中华书局，2013年，第289页。

⑥（清）方大湜：《平平言》卷2《三八放告》，官箴书集成编纂委员会：《官箴书集成》第7册，合肥：黄山书社，1997年，第640页。

凡遇放告时，州县正印官通常“坐卷棚”亲自收呈。“桌置墀砌上，安放重压纸一枚，东角门放告状人，鱼贯而进……逐名挨次将状展开，亲压桌上，仍退跪墙下”，然后命令值堂的书吏点明张数，高声报若干张，并逐张唤名点过无误后才鱼贯而出。有的知县收状本日便开始查阅，若有发现不合状式的，即批明不合某式不准，“及合式者，亦宜详度事理，应准者判日准”①。王凤生记载其收呈的情形，知州、知县“坐大堂收呈……先谕堂书置收呈簿一本。届告期，发交代书，将各名下告状姓名，挨次填写簿内，并令随侍堂侧，以备识认。其告状人排十名为一起，分起点名，免令久跪守候，所收呈词逐张查问”②。当然也有不少由县衙门的门子，或正印官之长随代为收呈。③康熙年间，浙江会稽知县——张我观，在每个“放告日”会收受词状100多纸。④

清代州县所收的呈状状格式样，各州县虽然不尽相同，但其基本的要素大致相差无多。除了原告、被告、中证、题头、正文等之外，一般还有州县正印官“正堂”及其相关文字。

（二）批词、挂号及传唤

知州、知县收呈之后，紧接而来的是要亲自对当事人提起的民词做出是否受理的批词。从留存的档案等资料中所见批词的文字看似简略，但其实并不简单。一些州县官甚至认为“州县卯期呈词批阅最难”，因为这些案件词中的情节，有的“真伪莫辨，事理之谬妄难测”，有的则“指东说西，或将无而作有，或捕风捉影，或空中楼阁，诪张为幻，任意妄指，百奇千怪”。当案的知州、知县必须“因时制宜，看事体之缓急，情理之真伪，推情度理”。一般的做法是，对于告婚姻者，知州或知县一般“批查有无婚书庚帖媒妁，何人何年月完婚”；对于“山场田园地土”一类的词讼，则“令其呈验契据绘图注说，账目牵扯间其有无合同约据”；对于“争继霸产”的做法是“饬其呈验族谱、昭穆是否相当”；对于“坟山之案……先批绅耆约同坟邻查明……查看有无碑记界址，兼询附近彼处之绅衿真情何如”⑤。通过上

---

①（清）黄六鸿：《福惠全书》卷11《刑名部·批阅》，官箴书集成编纂委员会：《官箴书集成》第3册，合肥：黄山书社，1997年，第329页。
②（清）徐栋：《牧令书》卷18《刑名中》，官箴书集成编纂委员会：《官箴书集成》第7册，合肥：黄山书社，1997年，第402页。
③ 郑秦：《清代法律制度研究》，北京：中国政法大学出版社，2000年，第111页。
④（清）张我观：《覆瓮集》卷1《颁设状式等事》，清雍正四年（1726）刻本。
⑤（清）褚瑛：《州县初仕小补》卷上《批阅呈词》，官箴书集成编纂委员会：《官箴书集成》第8册，合肥：黄山书社，1997年，第742页。

述来判断真伪缓急，从而决定其是准还是不准，以及准、不准的具体“批词”内容。并且批词得当与否，关乎案件当事人、州县一方民心安定，“善批者可以解释诬妄于讼起之初”[①]，属于“第一件得民心事”，反之，批词“持论偏枯，立脚不稳，每致上控，小事化为大事，自理皆成宪件”，会导致州县正印官自身招致相应的问责。[②]

对批词的时间，不少知县反应是比较迅速、及时的，有的甚至在收呈当日或次日即做出。例如，同治十三年（1874）三月十一日，紫阳县民尚永德呈控称，他将3契地土作1契，卖给谢仕仲，共应完纳熟粮6升，谢仕仲私自换约，约内只载粮4升，导致他连年粮被累赔。紫阳县知县当天即三月十一日受呈尚永德之诉，并批词：“饬该管保约、甲长等，即令谢仕仲交出老契，公同查明调处，据实禀覆；如谢仕仲不认粮，则将老契缴案；如谢仕仲不交契，则即唤究。”[③]据罗定州知州杜凤治光绪元年（1875）十月初十日日记记载，杜在十月初罗定州罗平至太平之行中，“一路及下舆共收拦舆词禀24件”，他将11件案归署，送师爷卯批，13件“皆就近可审及粮务事，当亲批示就此发挂”[④]。四川南部县知县批词一般在收呈后1—2天就做出，3天做出的很少。[⑤]南部县城外北街赖文喜等，光绪六年（1880）二月二十二日状告同城后街赖文玉，第二天，“钦加直隶同知衔直隶州用署理保宁府南部县正堂加五级记（纪）录十次许批”即做出了批词：“准，候唤讯。廿三。”[⑥]当然，也还有《清稗类钞》所说的“初三日之案，初八日批准，十一日出票”[⑦]的情形存在。清代州县千余，正印放告之日所收的状子数量甚大，而自理案件的紧迫性较之刑事重案到底略逊一筹，更何况知州、知县政务“靡所不综”，责任独任，批词时间快慢久暂不一，即使时间稍微长一点，也属正常。

批词的署名自然为该州县的正印官，即往往只署该知州或知县的姓。现藏于陕西省档案馆的清代陕西“紫阳县正堂档案”中，同治四年（1865）十

①（清）丁日昌：《牧令书辑要》卷7《刑名上》，清同治七年（1868）江苏书局刻本。
②（清）万维翰：《幕学举要·总论》，官箴书集成编纂委员会：《官箴书集成》第4册，合肥：黄山书社，1997年，第733页。
③《清代紫阳县正堂司法档案》同治十三年尚永德告谢仕仲换约累赔事卷，陕西省档案馆藏，档案号：2-2-174。
④（清）杜凤治：《望凫行馆宦粤日记》，广东省立中山图书馆等：《清代稿钞本》第17册，广州：广东人民出版社，2007年，第390页。
⑤ 吴佩林：《清代县域民事纠纷与法律秩序考察》，北京：中华书局，2013年，第225页。
⑥《南部县正堂清全宗档案》，四川省南充市档案馆藏，目录号8，案卷号81。
⑦（清）徐珂：《清稗类钞》第2册，北京：中华书局，1984年，第976页。

一月，紫阳县民谢履庸状告杨金“勒小的出约卖产”，并“叩乞大老爷案下赏准唤究断施行”，对此，署理紫阳县正堂加5级、纪录10次的孔知县批词：“如有串勒，情弊何肯，立契成交显系有意图翻捏情枉控，姑候唤案讯夺，如虚惩妄”；随即谢履祥、谢开祥2人呈状状告杨金“起意谋产”“叩乞大老爷案下赏唤究断施行”。对此，孔知县批词：“现据谢履庸具呈，已批示唤究矣，尔等毋得扛讼。”针对原告的诉状，被告杨金呈递诉状，反驳后请求知县“恳乞大老爷案下赏准添唤杜累施行”。孔知县批词：“静候集讯，毋庸多渎。”[①]该县正堂档案在细事中署名的“特用分府补授紫阳县正堂加五级纪录十次堂批”“候补分府署紫阳县加五级纪录十次五批”等。当然，州县自理案件中的批词，确实也存在批词实由幕友拟写，送交州县正印官审核盖章，最后以州县正堂，也就是知州、知县的名义做出的情况。[②]冕宁县自理案件状式的后部有的还盖有知县的官印。[③]

清代知州、知县自理案件的批词，若按所作出的受理与否，基本可分为“准”“不准”，也就是受理、不予受理两大类。州县正印官于准理的案件所做的批词，虽然大同小异，但还是存在差异。吴佩林就州县正印列出5种“准”予批词的处理方式[④]，李艳君就冕宁县档案提出该县的批词，除了诸如“准拘讯”“准息存案”“准诉”“候讯”“准”一类的批词外，还有5种形式的准理表述形式。譬如，直接批示指导当事人处理就是其中的一种，对纠纷直接做出裁决的：“尔父金怀尔果能稍畏法律革面洗心，痛改前非，本县亦未尝不恩施破格予以自新之路。仰即央同原事主宋永顺，取具速环妥保赴案呈递，以凭当堂发落交保管束。”“查秦慧光与该呈互控之案系在二十五年，既经前县案唤两造之后遂无下文。刑仵书役之疲玩、秦慧光之恃符以及该呈之并无十分冤抑均可概见，案悬四载何又兴讼，如果该呈所言属实，抛骨葬骨尚可忍，区区伐树何不可忍。现在秦姓，亦以伐树之故，同族结讼，必须查勘，将秦王两姓地界分清，以免永远纠缠可也。”“即着尔同媒证邀至鲁性跟查确踪回话，限鲁浩十日内找送鲁三姐交卢姓归领。”[⑤]其他的尚有说明评价批词准理型（说明或提醒或评价，甚或警告性的准理批词）、要求当事人重新另禀，譬如，“黏文约用戳记另呈夺”即属于格式

① 《紫阳县正堂司法档案》，陕西省档案馆藏，档案号：2-1-26。
② 瞿同祖著，范忠信、晏锋译：《清代地方政府》，北京：法律出版社，2003年，第161页。
③ 李艳君：《从冕宁县档案看清代民事诉讼制度》，中国政法大学博士学位论文，2008年，第105页。
④ 吴佩林：《清代县域民事纠纷与法律秩序考察》，北京：中华书局，2013年，第229—230页。
⑤ 李艳君：《从冕宁县档案看清代民事诉讼制度》，昆明：云南大学出版社，2009年，第111页。

问题；“尔妻赵氏所控系李学粉，今词开又属李君正，名殊属互异，着明白另亲夺”“中间颇不明白，着遵式详息另呈”即事实不清的情况的批词；“分役汤全究系如何教唆窝口将尔诬害受累，词内并未明白声叙，殊属含混，着再详细另呈核夺”则是证据不足的批词。

在清代冕宁县知县批词中，除上述之外，还有一种批词值得特别注意。这类批词就是批示人员或查覆或理处的批词。前者，是知县批示他人就当事人所呈事实调查，或查询当事人所述内容的真实性、纠纷原因与症结所在。此类如“仰保甲押令余有位清还欠账，如此仍杭延，保甲带余有位赴县追偿可也”“着上下堡头人口口乘公及明以凭开口提审”“仰干证、邻右乘公处明覆”“地保处覆”“地保、耆宿乘公查覆”“仰族长周文品查处覆”“并仰客长乘公回及”“候地、保田邻覆到夺”等便是。雍正七年（1729）二月二十六日，周大起状告徐智“欺朴逞刁”将其原古路蹈砌墙拦断，知县对此批词“仰屯长查覆”。但当屯长“硬然不理”后，知县批词“准讯”[①]。后者，则是知县要求有关人员予以调处。比如，批词“小牛倒毙甚属细事不必兴讼有误正务，着地保、邻亲查明实情调处可也”“仰湖省客长邓仲先秉公剖论曲直以全二家之好，不然再审未迟”“仰地保原证理处”“查赵选廷将田押借尔等之银仅止十两，且有中证代字可凭，何能翻悔殊不可解？仰该处首人等查明秉公理落息事，如违拿究”等一类的批词就是例证。[②]这类批词，尤其是其中后一种批词的存在表明，冕宁县知县在民词批词中，确实存在批令他人理处的情况，并且是让基层社会组织相关人员甚或邻佑来理处。

这样的情形其他州县也有。道光四年（1824），四川巴县县民卢光德不按押佃银数赎佃，捏称佃户李永章“恶佃霸欧”，先控李永章在案。巴县知县批词：“其中显有别情，着自行理处，毋得混请拘究。”李永章随后反控卢光德“违措理凶”，知县再批词：“着凭约邻理处，毋庸兴讼。”同治十三年（1874）三月十一日，紫阳县民尚永德之诉，三月十四日知县谕饬令发给保约的调处：“谕高桥保长田生玉，乡约张正德等知悉：案。据尚永德以换约累赔等情具控谢仕仲一案，据此除词批示外，合行谕饬，谕到，该保约甲长等，即令谢仕仲交出老契，公同查明调处。如谢仕仲不认粮，则将老契缴案；如不交契，即据实禀覆，以凭唤究。毋得偏袒玩延干咎，速了。特谕。”三月口日保约对

①《冕宁县清代档案》，轴号 2，卷号 13-30、13-31。

② 李艳君：《从冕宁县档案看清代民事诉讼制度》，昆明：云南大学出版社，2009 年，第 112 页。

此禀覆："具禀内权河保长监生田生玉、乡约张正德为奉谕禀覆事：情，尚永德以换约累赔告谢仕仲一案，蒙谕令谢仕仲交出老契，公同查明调处。遵即邀质。缘尚永德于咸丰六年，将业卖与谢仕仲，契载熟粮四升，谢姓照契过粮，无换契之情。是时尚永德业未卖完，全凭老约管业，老契未付谢姓。嗣后尚永德将业卖完倒户，纵有遗粮，更不与谢姓相涉，今尚永德尚有地土所遗之粮作为墓粮，仍归尚永德承还，均皆允服，为此禀乞大老爷案下审核息销施行。"对保约等之所覆，紫阳县令批词："准息销。"[①]本案知县在将案件批饬调处时，除在当事人呈词上直接做出批示外，也向保约族邻等受委托调处人发出调处谕饬。保约族邻等人的调处方案经州县官批准，从而具有权威性，拘束力，双方当事人无法随意反悔。

学界以往有观点认为，上述后一种知县要求有关人员予以理处是民间调解，不属于州县正印官民事行政，甚至将州县正印官批于基层处置视为州县怠政渎职。他们的一个理由大致是律例有"官非正印，不受民词"的规定，州县正印官把民词推给了没有民词处理责任和权力的人员。笔者查检《大清律条例》，其规定："民间词讼细事，如田亩之界址、沟洫，亲属之远近亲疏，许令乡保查明呈报。该州、县官务即亲加剖断，不得批令乡地处理完结。如有不经亲审批发结案者，该管上司即行查参，照例议处。"[②]而"批交乡地处理完结者，罚俸一年。若将命盗案内紧要情节及重大事件，批令乡地查覆者，降三级调用"[③]。又，"民间词讼细事，如田亩之界址、沟洫，亲族之远近亲疏，许令乡地查明呈报。地方官据覆核明，即行亲为剖断，如不为亲审，竟自批交乡地处理完结者罚俸一年（公罪），若将命盗案内紧要情节及重大事件，批令乡地查覆者，降三级调用"[④]。仔细辨析，各问责律例、则例，本旨在于限制州县佐杂擅理，而不是乡地，虽要求民词正印自理，强调"亲加割断""亲加剖断""亲自结案"，即断、结在州县而非乡地，清代州县自理案件中的民调或民理的结案也实由当事人或其监护人、调解人出具甘结、保状、禀呈，表示悔过、服输或和解，州县官做出批示，才可结案。换句话说，"甘结或保

① 《清代紫阳县正堂司法档案》同治十三年尚永德告谢仕仲换约累赔事，陕西省档案馆馆藏，档案号：2-2-174。

② 张荣铮，刘勇强，金懋初点校：《大清律例》卷30《刑律·诉讼·告状不受理》，天津：天津古籍出版社，1993年，第516页。

③ 胡星桥，邓又天主编：《读例存疑点注》卷39《刑律·诉讼·告状不受理》，北京：中国人民公安大学出版社，1994年，第686页。

④ （清）文孚纂修：《钦定六部处分则例》卷47《审断上·审理事件不即查究》，沈云龙主编：《近代中国史料丛刊》第332册，台北：文海出版社，1969年，第972页。

状加批示”才构成州县自理案件的民调结案，并不是说不准州县正印官将县域民间词讼细事“查明”“查复”“处理”，而且明确规定“许令乡保查明呈报”，因此，乡保查明呈报和不是案件完结的乡地民词处理，基本不违背清朝州县民词处理的条文，州县官对民事纠纷的最终解决，有的虽然依赖于保约等人的调处，但保约等人的调处，离不开州县正印官的批词授权，而且其调处的结果还须当事人或其监护人、调解人出具甘结、保状，禀呈知州或知县，并由州县官做出准结批示才可结案，显然，即便是民间调节，依然是州县官主导，因而在事实上已被纳入了官方轨道。也就是说，乡保查明呈报和不是案件完结的乡地民词处理本身属于州县正印官自理案件治理体系，或者是知县处置案件的组成部分，甚且就是以民间理处和息的，也是由于知州或知县对作为乡里职役身份合法性许可与授权使然，从根本上也不可能完全脱离州县正印官为化身的国家轨道，更何况，民不告，官自不理，而作为调处依据的乡规民约或族法家规，在本质上与国家法律制度具有内在的一致性。所以，不能将官问民调视为截然对立的两极，而忽视其内在的统一。

知州、知县批词获准的词状，必须先“挂号”，也就是要登录在册，此乃定例。在案件自理中，知州、知县们基本上是能够按要求进行记录，并呈送循环簿。黄六鸿《福惠全书》中就说，知州、知县到任之时，“刻一印板号簿格式，装钉成簿，颜曰‘自理词状号簿’，每期准过呈状，付经管挂号，将朱语、原告、被证姓名、批语、承行差役姓名填写”[①]。其《内号簿式》载：

第　　号告为　　　　　事　　月　　日（准随粘单）

批

原告某　　府　　县人住某处

被告某　　府　　县人住某处

干证

两邻

地方

承行某房吏某人　　　　差某人于某日发票限　　　　日销年月　　　日诉为　　　事

诉人

①（清）黄六鸿：《福惠全书》卷 11《刑名部·挂号》，官箴书集成编纂委员会：《官箴书集成》第 3 册，合肥：黄山书社，1997 年，第 330 页。

被诉

干证

　　日差

前件某日拘到某日审讫

审语[①]

黄宗智根据《淡新档案》《宝坻档案》《巴县档案》认为，知州、知县所审理的一份完整的州县法庭案件档案，应包括原告的状词与知县的批词、被告诉词与州县批词、两造原始口供、衙役报告、州县正印官发放的传票、涉案人员法庭供词和州县正印判词、被告（原告等）甘结[②]，四川南部县自理案件一案的档案主要包括知县对原告呈状的批词、知县对被告诉词的批词、知县所发差票、知县堂审的点名单所作堂谕等。[③]两者虽略有差异，但原告之呈状及州县正印对此状的批词都是不可或缺的。它作为重要的州县自理案件资料的存在说明州县“挂号”执行的基本落实。

知州、知县准过的呈状，付诸经管“挂号”后将朱语、原告，承行差役姓名填写后列前件，以便登填，如何归结是为内号，内号挂讫，随将各副状汇入封套，发承发房。[④]承发房又挂号（此为外号）分发承行。发承发科呈状封套式如下所示：

| 背面 | | 正面 | | |
|---|---|---|---|---|
| | | 某 | | |
| 内 | 年 | 州县 | | |
| 投呈 | | 正堂 | | |
| 文状 | 月 | | | |
| | | 吏 | 挂 | 仰 |
| | 日 | 书 | 号 | 承 |
| | | 分 | 明 | 发 |
| | 刻 | 发 | 白 | 科 |

① （清）黄六鸿：《福惠全书》卷11《刑名部·内号簿式附》，官箴书集成编纂委员会：《官箴书集成》第3册，合肥：黄山书社，1997年，第330页。

② 黄宗智：《清代的法律、社会与文化：民法的表达与实践》，上海：上海书店出版社，2001年，第3—4页。

③ 吴佩林：《清代县域民事纠纷与法律秩序考察》，北京：中华书局，2013年，第198页。

④ （清）黄六鸿：《福惠全书》卷11《刑名部》，官箴书集成编纂委员会：《官箴书集成》第3册，合肥：黄山书社，1997年，第330页。

开折点明件数[1]

遵照批定房科

迟延错误重究

发

清代呈状封套一般有州县正堂的字样，而这样的字样表明，州县田宅户婚钱债事发原告是向知州或知县交过呈状的，知州、知县是国家在地方民词审理的最高的也是唯一的法官。知县将以国家在该县的代表的身份行使国家民词审理，他所行使的是国家司法权，既表明了审理的正当性、权威性，以及反映了国家司法在该县的实施与落实，证明了国家司法权力通过州县官员的履职得到贯彻落实，是皇权重要组成部分的司法权下行作用于县民的反映。

接下来是传唤应传之人到县听审。其传唤方式一般是令差役持票，或令原告并通过乡约、地保等，或令中证、邻佑等方式进行。无论哪种形式，都须由正印官或正印官名义要求。黄六鸿作县令时遇重案发票给县衙六房承票、皂快、民壮三班中的“老成小心”者，“临时配发差遣”，令其持票传唤。[2]四川南部县知县差票内容如下：

钦加……南部县正堂加五级记录十次许为差唤事据民人赖文喜等报告赖文玉……

……为此票仰该役前去，即将后开有名人证，逐一唤齐，依限随票赴县，以凭讯究。毋得借票需索，滋事迟延。如违，重究不贷。慎速须票。

计唤 （被告）赖文玉（干证）杨发堤（词照）谢逢春 赖运临

（原告）赖文喜 吴茂学 谢得升 住城外永街

光绪六年二月七十七日工房呈

正堂许 行（盖章印）[3]

州县自理案件，大都是知州、知县发给原告一张纸票，“令原告自拘”。

---

①（清）黄六鸿：《福惠全书》卷11《刑名部》，官箴书集成编纂委员会：《官箴书集成》第3册，合肥：黄山书社，1997年，第331页。

②（清）黄六鸿：《福惠全书》卷11《刑名部》，官箴书集成编纂委员会：《官箴书集成》第3册，合肥：黄山书社，1997年，第331页。

③《清代南部县衙档案》，四川省南充市档案馆藏，档案号：8-81-6。

在这张纸票上，“刻一皂隶形象，手持一牌，上写‘原告自拘，抗违拿究’八字，后刻某县正堂为某事，仰本告某持票，着同约地，即拘后开犯证赴县听审，如违限不到，本告同乡地回话，特差拘拿，先治抗违之罪，后方审理，毋得自误，速速须票，年月日。……事虽微末，而原情不得宽置者，即将原词批发发承牌示，着乡长、约地，从公处释，或将词内情形略批数语，使彼平情息争，抑亦略尽为民省事惜费之意耳”①。从南部县档案来看，知县所发差票上通常都有发放差票的知县的官衔，有的还有其兼职、加级、纪录和姓氏，即便差票其他文字内容不是州县正印官亲自所写，但该正印官也都要签名画行，同时，差票的首、尾或骑缝、涂改之处还盖有正印官或其他体现县府信用的印信模迹，这样的举措本身就是赋予差票的公信力、合法性、权威性、约束力，也说明了州县对此是比较严肃、认真乃至谨慎的。

在此，更需说明的是，知州、知县们在派差传唤不仅对差役拘提有时限规定②，即量事之难易、人之多寡、路之远近，定有确限，一旦逾限，“必予比差”，而且设法防范差役的需索。黄六鸿说，凡差票，“另刻一长条，印上刻‘本役如敢需索分文，许被害于需索二字之旁据实填注，徇隐者与受同罪，如无，即注一无字’”。严如熤提出，凡公差勾摄用手牌，上书“公差有无需索凌虐”7 个字，“有无”两个字令犯人自填，听审之时执牌而进。地方父母官刘衡主张在差票后幅黏连下列章程：

> 票内所佥之差除正身外，不许私带白役。若票只一差而带至三人，票只两差带至四五人者，准被害人鸣锣喊禀。一、各差承票传唤人证不许妄用锁链，若票内注有‘用锁’二字方准用锁，倘敢妄用锁链，准被害人鸣锣喊禀。一、差役承票唤案，票内注有到案限期……若逾限一日，记过一次，二日责十板，三日责二十板，四日以上，将该差枷责革役。一、该差唤到被告人证，立即告知房书开单送审，不许私行押候，虽系昏夜亦应禀明定夺。倘人已到而延不禀审，期逾两时者责五板，逾一夜者责十板，逾一日一夜者责二十板，逾两日枷责革役，许被害人鸣锣喊禀或当堂回明。③

---

①（清）黄六鸿：《福惠全书》卷 11《刑名部》，官箴书集成编纂委员会：《官箴书集成》第 3 册，合肥：黄山书社，1997 年，第 331—332 页。

② 吴佩林：《清代县域民事纠纷与法律秩序考察》，北京：中华书局，2013 年，第 242—243 页。

③（清）徐栋：《牧令书》卷 18《刑名中》，官箴书集成编纂委员会：《官箴书集成》第 7 册，合肥：黄山书社，1997 年，第 409 页。

倘若说州县的官箴书有空头道德说教的话，而档案材料中的查票则印证了州县正印官们的实际做法。乾隆年间王知县发“火票”给差役廖登任，不准卖放：

冕宁县正堂王，票抑本前去立即锁拿陈和尚随差赴县以凭审究。去役毋得卖放，查出一并重究不贷。飞速火速。须票。

右票差廖登任拿

乾隆二十二年六月二十一日

定限　日缴。[①]

宝坻县刑房档案中的差票载：

为传案讯究事，据苏州祥符庄民人王自成具禀大吴家庄刘踢位将租地引与伊家承种，立字永不取赎今伊侄刘明硬赎地亩，将伊所种青苗翻毁并刘魁一等将伊攒殴等情据此，除验明王自成伤痕外，合行传讯，为此仰役，即协同乡牌，将后开原被人等，限　日内传齐赴县，以凭讯究。去后毋得迟延滋扰干，速速。

计传

原告：王自成

被告：刘明、刘魁一、刘珠、刘琦、刘璧、刘贵，俱住大吴家庄

证见：冯士从、卢二

中人：王让、张众依

一票稿

嘉庆十五年二月二十八日刑房凌企瑞承

正堂吴代[②]

光绪二十二年（1896）二月二十五日，四川南部县知县差票内容如下：

……为此票仰该役前去，即将后开有名人证，逐一唤齐，依县随票赴县，以凭讯追。去书役毋得借票需索，滋事迟延。如违，重究不贷。慎速须票。

计唤（被告）梁廷福、梁廷伸（词照）杨兴科　（干证）何天喜　李发儿

（抱告）杨奇俊　（原告）杨大银　杨洪喜　杨奇能

①《冕宁县清代档案》，轴号6，卷号80-70。
② 顺天府全宗28、目录2、卷95、号099，中国历史第一档案馆藏。

光绪二十二年二月二十五日

稿（行）[①]

不少的史料和以往的研究中，都曾反映州县差役的需索严重、普遍，几乎是罄竹难书。不过在此显而易见的是，州县正印官对之不但不姑息纵容，而是竭尽防范。如同有学者所说："对差役的胡作非为，衙门也并非视而不见，我们也能看到清代州县官为克服差役害民做出的种种努力。"[②]

除传唤被告外，州县正印官围绕案件，或亲自或批令从事各种具体事宜。譬如，对于原告续状的批词、被告的诉词进行批词。有的原告"一事而进数十之续词"[③]，如果是坟山纠纷案，知县一般先批绅耆约同坟邻查明，查看有无碑记界址，走访询附近彼处之绅衿[④]。甚至知县亲自"踏勘山场、田地、坟墓……必亲身履勘，形势、界址踏勘时了然于心，庶堂审时了然于口。"[⑤]

（三）堂审及判词

州县自理案件诉讼两造到审之后，原差送进到单，若人证已经到齐，门房即将到单归插卷面上，连卷送交签稿房，由签稿房送交值堂，再由值堂呈上州县正印官阅看，正印官看卷完毕发出交值堂的，编立即传齐站堂书役，令原差先带某案，再行请州县正堂坐堂审案，自理案件便进入到堂审环节。[⑥]该环节对于州县正印的自理案件来说，自然是重头戏。它虽是包含法律关系主体各方的一种集合诉讼行为，但是主角还是州县正印官：他对案件当事人和证人加以讯问，对相关证据的审核认定，查明案件事实，做出判决。至于进行的地点一般是在大堂或二堂，但也可在花厅讯问，在大堂、二堂一般是属于公开审理，但不管是大堂、二堂或花厅，这都是属于在衙门内进行的，也有不在衙门而在事发现场进行的。譬如，王士俊州县任上所定百余起案件都是在"当场研取确情，从未在堂录囚"[⑦]。

知州、知县的堂审郑重、严肃，尤其是在大堂的审案。蔡申之《清代州

① 《清代南部县衙档案》，四川省南充市档案馆藏，档案号：13-488-4。
② 吴佩林：《清代县域民事纠纷与法律秩序考察》，北京：中华书局，2013 年，第 245 页。
③（清）张我观：《覆瓮集·刑名》卷 1《颁设状式等事》，清雍正四年（1726）刻本。
④（清）褚瑛：《州县初仕小补》卷上《批阅呈词》，官箴书集成编纂委员会：《官箴书集成》第 8 册，合肥：黄山书社，1997 年，第 742 页。
⑤（清）方大湜：《平平言》卷 3《踏勘》，官箴书集成编纂委员会：《官箴书集成》第 7 册，合肥：黄山书社，1997 年，第 675 页。
⑥ 蔡申之：《清代州县故事》，沈云龙主编：《近代中国史料丛刊》第 500 册，台北：文海出版社，1970 年，第 23 页。
⑦（清）王士俊：《命案》，官箴书集成编纂委员会：《官箴书集成》第 7 册，合肥：黄山书社，1997 年，第 423 页。

县故事》称大堂审案，均要发梆。“头梆打点七下，二梆五下，三梆三下。如喊发三梆，即请官坐大堂。”① 而知县升堂前，须将先之案卷捲放公案桌上，将点名单摆开，放在知县面前，吩咐原差，令案内听名。② 堂审现场，知县坐大堂正中，他的左侧有1名招书听写口供，记录整个问讯过程。门子2人则执签磨墨，靠柱远立，皂隶立于廊下，负责维持堂审秩序。堂审的顺序一般按挂牌次序先后逐个进行。知县上堂前，差役将当日拟审各案所有人员带到大门外跪候，逐个随牌照进，先依据到单唱名，逐个核实各案应到案人员，核实完毕，仍令出二门跪候，逐个呼唤上堂审理。在具体审讯时，一般先单独背审，即按原告、被告、原告干证、被告干证的顺序依次分别唤讯，然后再据彼此供述参差之处，当面对质。康熙五十二年（1713）八月，冕宁县令堂审伍兴化、袁耀廷等状告翼虎血法盗卖民田一案，知县就对那渡船田是否是袁耀廷的，那天搭棚的什么口话，袁耀廷是不是在跟前对袁讯问，又问武四等这渡船田是多少，田上着多少粮等等讯问、质对。③承审之中，一般能“依状以鞫情，如法以决罚，据供以定案”④。乾隆朝巴县知县王尔鉴审办田土纠纷案依状以鞫情，据供以定案，就对马文学、马维勋、马维俊、赵世祥、赵世仲、张三麻、彭明、霍朝吉、张可怀、霍行吉等进行讯问。⑤

州县正印在自理案件审理中，往往不只是堂审提讯、质对。一些特殊的案件还须查勘现场、查阅资料等。康熙四十一年（1702）三月，四川隆昌县知县事鲁天锡，对生员王用世、王海鼎等合族状告楚民漆宗政侵占大佛坎祠堂屋基暨先祖坟一案，“批准亲勘……本县行亲踏勘遍阎”⑥。前揭姚锡光光绪庚子年间，在石埭县知县上的杨、储两造分别具呈互告到县，鉴于“前经兵燹，田宅契据百无一存……难尽责其呈验粮串契据以为凭信”，便于十一月

---

① 蔡申之：《清代州县故事》，沈云龙主编：《近代中国史料丛刊》第500册，台北：文海出版社，1970年，第33页。

② （清）万维翰：《幕学举要》，官箴书集成编纂委员会：《官箴书集成》第4册，合肥：黄山书社，1997年，第732页。

③ 转引自李艳君：《从冕宁县档案看清代民事诉讼制度》，中国政法大学博士学位论文，2008年，第160页。

④ （清）昆冈等修，吴树梅等纂：《钦定大清会典》卷55《刑部》，《续修四库全书》编委会：《续修四库全书》第794册，上海：上海古籍出版社，2002年，第531页。

⑤《乾隆二十四年十一月初九日马文学、赵世祥供单》，四川省档案馆：《清代巴县档案汇编（乾隆卷）》，北京：档案出版社，1991年，第11—13页。

⑥ 隆昌《王氏族谱》卷2，1913年。

间赴乡勘视，勘得此段河坡为储姓旧地尚属可信。[①]而对像财产归属、财产交易类案件，州县正印官则往往要审查契约文字，以审其真实性、合法性。[②]如广济县令方大湜，在审理许启万等争山一案时，就发现“不特墓碑卖契年月不符，即界址亦复歧异”：许启万之祖所买王姓的山地，坐落在王姓的屋后，在许姓住屋右边；游氏葬坟的鸡冠山，坐落在住屋的左边。王姓山东止河水，鸡冠山东止庙场，坐落与界址都已不符，而且王姓卖契内载明，屋后山上截一面系属半截鸡冠山，上止山尖，下止田角，是属于整幅，地势宽窄也不同，是以彼射此。所以方大湜知县认为许启万诉讼是“图占”。方大湜审理广济监生李洪驹与民人王瑞富关于祖坟隙地案，同样重视现场界址与契约文字，“从界址上定是非”[③]。

堂审后的判语，对上而言，称为堂断或堂判；对下而言，称为堂谕、判词，又可称作“审语”。据黄六鸿称：“所谓审语，乃本县自准告词，因情判狱，叙其两造之是非，而断以已意者。夫不曰看语而曰审语，以主惟在我，直决之以为定案，而更书其判狱之词以昭示之也。”[④]州县自理案件判语做出的依据，学界众说纷纭，有观点认为，它不受法律约束，只以家长式的行政职权按照情理做出“教谕式调停”[⑤]。或者不以成文法为中心，主要参照律例、地方性法规、民间规约、道德习俗等。不涉及徒罪以上刑罚时，判词一般不援引律文，但少数案件涉及律例中有明确规定，则会加以参照，判词没有必须援引成文法和适用法律逻辑论的限制，经义、道德伦理、地方规约和习俗等规则体系均可参考。[⑥]虽然不能完全认为清代的知州、知县自理案件审理及其判语的做出是全面而直接地使用了成文法，但是，问责制下的州县的堂审及其判语，也绝不是无原则的家长式的擅断：首先，案件有适用律例，律例有明确规定的一般依据律例。有过自理案件审理及其判语经历经验的州县正印官方大湜说过：“自理词讼，原不必事事照例。但本案情节，应用何律何例，

① （清）姚锡光：《吏皖存牍》卷上，官箴书集成编纂委员会：《官箴书集成》第9册，合肥：黄山书社，1997年，第669页。

② 俞江：《明清州县细故案件审理的法律史重构》，《历史研究》2014年第2期，第53页。

③ （清）方大湜：《平平言》卷3《据笔迹涉讼须处处留神》，官箴书集成编纂委员会：《官箴书集成》第7册，合肥：黄山书社，1997年，第657页。

④ （清）黄六鸿：《福惠全书》，官箴书集成编纂委员会：《官箴书集成》第3册，合肥：黄山书社，1997年，第347页。

⑤ （日）滋贺秀三等著，王亚新、范愉、陈少峰译：《明清时期的民事审判与民间契约》，北京：法律出版社，1998年，第12—13、22、214页。

⑥ 同文又说细事判词的特点之一，“是在法定范围内量刑”。俞江：《明清州县细故案件审理的法律史重构》，《历史研究》2014年第2期，第40、42、44页。

必须考究明白。再就本地风俗，准情酌理而变通之，庶不与律例十分相背。否则上控之后，奉批录案，无词可措矣。”①徐士林审理龙溪县民李翩冒名骗婚案判词时就特别引律：“男女定（订）婚之初，若有残疾老幼，庶族过房乞养者，务要两家明白通知，各从所愿。”②其次，案件没有直接律例适应条文者，所据之情理需与法律基本一致，或者“是在法定范围内”，而不与之冲突。③再次，也是最基本的和最起码的，不与州县问责所规定的追究条文相违背。黄宗智甚至认为，清代巴县、宝坻等县知县，一旦诉讼案件无法在庭外和解而进入正式的法庭审理后，会毫不犹豫地按照《大清律例》来审断，他说巴县、宝坻，以及淡新档案中 210 件经过庭审的案子，有 170 件皆经由知县依据《大清律例》，对当时双方中的一方或另一方做出明确的胜负判决，并指出，在巴县的 98 例中有 69 例经衙门做出明确的胜负判决，在宝坻 45 例中占 38 例，在淡新 78 例中占 63 例；那些“无人胜诉”的案子也大多依据律例做了判决，他还认为在所有案件中有 87%都是明确通过法律加以解决的，只有 11 件由州县用法律以外的原则仲裁处理。在黄宗智看来，“大清律例包含了大量民事规定……这些民事法律，当然并未包括有关抽象原则的长篇大论，以使人们觉得这是一部体例‘理性的’法典。……乃是透过刑罚和行政管理进行控制。……我们不应受律文的外表包装及其所采用的刑罚或行政观点的误导，从而以为它们跟民事审判无关。……知县们依据律例作出判决，这一点其实不应令人感到意外”④。张晋藩教授、那思陆教授亦对民事案件判决依据做了探讨，认为律例是第一位的法源。⑤

州县正印官自理案件的判词内容与形式，一般没有严格的写作标准。⑥四川冕宁县清代档案表明，该县知县所做的判语，书写并不是特别严格和正式，多直接书写在与案件相关的司法文件上，譬如“刑房呈开点名单”或“计呈到单”上。和息结案的自理案件，则写在甘结、保状、领状上。也正因为判语多写在案件相关的文件上，所以冕宁县知县所写判词的内容对其案件的始

① （清）方大湜：《平平言》卷 2《本案用何律例须考究明白》，官箴书集成编纂委员会：《官箴书集成》第 7 册，合肥：黄山书社，1997 年，第 653 页。
② 李青：《清代档案与民事诉讼制度研究》，北京：中国政法大学出版社，2012 年，第 282 页。
③ 直到晚清新民法草案中方规定：“民事法律所未规定者，依习惯法。”转引自李青：《清代档案与民事诉讼制度研究》，北京：中国政法大学出版社，2012 年，第 283 页。
④ 黄宗智：《清代的法律、社会与文化：民法的表达与实践》，上海：上海书店出版社，2001 年，第 104 页。
⑤ 张晋藩：《清代民法综论》，北京：中国政法大学出版社，1998 年，第 293—298 页。
⑥ 俞江：《明清州县细故案件审理的法律史重构》，《历史研究》2014 年第 2 期，第 40 页。

末一般只是简单提及，而不再进行详细叙述，最重要的文字主要是对案件的判决结果做出说明，而判决结果的内容，通常又分两部分：一部分是就当事人双方所争执的事实做出裁决；另一部分是对有过错的一方或双方当事人及其他参与人等予以责罚。例如，“审得邓其绪告陆镐藐官劲骗一案，缘其绪赶骡二头，行至城门洞内，遇陆镐家牦牛斗伤一骡，控经前任，张、裘二主俱未断赔，今十余年后，其绪复架词叠控，当堂讯明，两畜相斗，前任均不断赔，自是允协，理合照依前卷，不断赔给。至其绪捏称陆镐私吞陆典钱八千，指陆典为证，询之陆典称并未与陆稿合伙，亦未私帮陆镐钱文，况前卷内并无陆典一字，俱属无端诈骗，除当堂责惩外，取具诬捏甘结存案，此判”[①]。而乾隆巴县知县王尔鉴的判语，虽然也有对案件当事人赵世祥“实属滋事……重责十五板以为凶顽者戒”做出判决外，对案子事由、经过以及上述判决事实依据叙述的文字是比较详细具体的：

> 查马文学具控赵世祥等砍树凶伤一案。缘马文学之祖马之骥价买赵贵廷田业，赵姓原有坟茔在地界之内，赵贵廷之孙赵世祥因近坟四处，均栽有柏树，未定界址，于本年八月二十日砍树十一根。经雍正六年丈手霍行吉勘处，议将所砍坟茔前后树五根给赵世祥，其所砍左右树六根给马文学之叔马维勋等。讵赵世祥不允，辄将树十一根售实。至二十三日，赵世祥等复往砍树，破马维勋等向阻，致相争闹。经张三麻等劝散，马文学随即具控。奉发集讯，各供前情如绘。复查赵世祥始以界址未定砍伐树株，情尚可原，迨霍行吉调处已明不即依允，辄将树木尽行售卖，复往砍树，以致马维勋等向阻。又恃强殴伤马维俊顶心偏左，虽无自认殴伤供词，而邻佑霍朝吉等当时目睹有伤，供证确凿。现在虽伤已平复，实属滋事，应请将赵世祥重责十五板，以为凶顽者戒。张三麻等讯无助殴情事，应毋庸议。赵世祥所砍树木，应照霍行吉处议赔还。当饬赵世祥限十日内，缴钱二千文给马文学具领，取具限甘各结存案。[②]

其实，涉案当事两造有民事纠纷发展到诉讼，目的就是要讨个是非和说法，他们对知州、知县堂审及其判语内容最为重要和特别在意的也在于此。这从州县档案中保存的作为州县自理案件终结重要标志的当事人所做的“甘

① 《冕宁县清代档案》，轴号 12，卷号 149-18。
② 《乾隆二十四年十一月初九日马文学、赵世祥供单》，四川省档案馆：《清代巴县档案汇编（乾隆卷）》，北京：档案出版社，1991 年，第 12—13 页。

结”文字中可以得到证明。譬如，乾隆四十八年（1783）五月二十四日，冕宁县民邓其绪就知县审断结果的甘结称：“于太老爷台前为甘结事，实结得蚁具控陆镐私吞陆典钱文一案，蒙恩审讯，陆典并未与伊合伙，并未私帮钱文，蚁心悦服，日后再不敢诬捏滋事。”又，光绪四年（1878）十二月初二日，冕宁县武生刘玉魁甘结，除表示遵断外，强调县令审断之结果——不应与原告刘玉珍互殴及对刘的处罚：“刘全氏具首生等率凶殴母并生互控一案，蒙恩审讯，刘玉珍与生等，系属同胞弟兄，不应以家务微嫌互殴控案，虽以听从亲朋劝息，但不应以逆伦事件控告，沐恩将刘玉珍掌责，断令以后仍敦和好，不得再滋事端，生遵断具结。”①清代知州或知县的判语多能归结于是非性质及最终责任评判上来，无疑适应了当事者诉讼意愿。

至于轻微的刑事案件，州县正印的判词审语内容，对责任人进行杖或笞的刑罚的文字自然是其落脚点和归结点。道光四年（1824）五月十一日，巴县知县王如琯，曾就何正东等互控案作判词如下：

> 审得何正东先年买得袁世书田业一分，袁世富、袁万贵弟兄并刘大元三家田地相连，各有正冲堰水灌溉，从无紊乱。今岁何正东因其正冲堰水不敷，欲在刘大元过水堰内新开一沟，接收袁万富弟兄名下堰内之水。刘大元因与袁万贵弟兄挟有仇隙，即行准其开挖，致袁万贵弟兄之父袁世斌潜至何正东家抹伤咽喉，互控到案。讯甲刘大元因与袁万贵弟兄挟有宿嫌，妄自主令何正东截人堰属实，均予杖惩，饬令将开之堰填塞，照旧上流下接，两无干碍。其袁万贵弟兄于刘大元主令何正东截开堰沟之时，乃不出身向阻，辄任其父自抹咽喉，殊属不合，亦予杖责，取具再不许截挖滋事甘结附卷。②

判语做出及其宣布，一般意味着州县正印官自理案件大致结束。但作为完整的过程，州县官做出判决后，当事人必须出具表示服判的遵结或称甘结，判决才可能生效。当事人出具遵结后，州县官会对遵结的内容进行审核，如经审核，遵结与判决一致，州县官须在当事人的遵结上批“准结”或“附卷”，案件之审理始正式告一段落；如遵结与判决并不一致，知州、知县要令当事人重新具结，或者重新做出使当事人折服的判词。比如，乾隆十二年（1747）六月初五日，冕宁县原告卢瑞“结状”称：“今于太老爷台前为结状事。遵依结得小民具控胞弟卢

① 《冕宁县清代档案》，轴号 12，卷号 149-19；《冕宁县清代档案》，轴号 32，卷号 397-13。
② 四川省档案馆，四川大学历史系主编：《清代乾嘉道巴县档案选编》下册，成都：四川大学出版社，1996 年，第 4 页。

浩、卢山争田一案，蒙恩审断将海子门首田壹硕贰斗各照分开管业，日后在无混争滋事，中间不致虚冒，结状是实。”该县知县做出批词：“准结附卷”。[①]道光十六年（1836）五月二十九日，冕宁县民，案件被告周玉升出具甘结：“具甘结民周玉升，今于大老爷台前为甘结事，实结得钦思沛喊投蚁向伊讨要钱文口角揪钮一案，蒙恩实系伊该欠蚁钱二百文，蚁向伊讨要口角，蚁将伊草帽、马褂拿去，伊就赴案喊投。今沐讯明，蚁等不应吵闹滋事，沐将蚁等掌责，断令伊缴钱二百文给蚁承领，蚁具结安分，再不得为匪滋事，倘蹈前辄，自干罪究。中间不虚，甘结是实。”知县做出“准结”批词。[②]

当然，清代州县正印官自理案件，并不是都一定经过了从受状到判语的过程。事实上，执行中有不少的民事诉讼和轻微的刑事案件，没有进行到判语阶段就和解了结或自行撤诉而没有判语。换言之，清朝州县细故判词并不是唯一的结案形式。除此之外，知州或知县在受理后的各种批词，和知州或知县批令“民调”后的当事人的息呈、甘结、销案呈禀、保状等，以及判词，都是州县自理案件的结案形式，从而形成清代州县正印官结案系统的多元化。诸如，立案审查阶段，部分“呈词不准”的批词开始发挥结案的功能；息呈加“准结”批语的形式结案，以销案呈词加“准销案”批语的形式结案；庭审后，当事人呈递“甘结”加州县批“准结”而迅速结案；“保状”加批词形式结案等[③]，实际上也不是都经历了堂审后的“判语”。

总之，州县问责制度下的清代州县正印官对属地民事诉讼与民事纠纷以及笞、杖刑事案件的处置，还是比较认真和有所努力的。藏于陕西省档案馆藏紫阳县正堂档案显示，同治三年（1864）三月初四日，张东阳禀告李占魁，紫阳县知县迅速受理，在一个月的时间内审结，四月初七日结案，责任人表示“遵照示谕”。同年十二月中旬，该县张鹏霄状告唐化高，知县当日批词准理，历经四个多月，到同治四年（1865）四月初九日以“甘结”形式结案。[④]从冕宁县档案涉及很多知县申送自理案件月报册中，也可反映其自理案件审断的久暂。表 5-3 是根据《四川宁番卫为请旨事》加以整理而成，从这六个案件来看，应该算是比较及时和有效率的。

① 《冕宁县清代档案》，轴号 19，卷号 240-11。
② 《冕宁县清代档案》，轴号 2，卷号 22-9。
③ 俞江：《明清州县细故案件审理的法律史重构》，《历史研究》2014 年第 2 期，第 44—46 页。
④ 金怡：《同治四年土地纠纷的民事司法实践》，《第三届地方档案与文献研究学术研讨会会议论文集》上册，内部资料，2016 年，第 339 页。

**表 5-3　基层地方自理案件审理时间周期例示**

| 受理时间 | 案由 | 审断时间 | 结案 | 资料出处 |
|---|---|---|---|---|
| 九月八日 | 恃富霸业吞租编银事，拟生员孙述呈表天贞骗田价由 | 九月十一日审 | 无凭拟逐出 | 《冕宁县清代档案》轴号 2，卷号 14 一 25、26 |
| 九月十九日 | 流棍雄编乞天追究事，拟严启儒告肖顺卿欠银由 | 九月二十日审 | 追银二两七分与严启儒具领 | 《冕宁县清代档案》轴号 2，卷号 14 一 25、26 |
| 十月四日 | 蛮妇盗葬恳恩准究事，拟张连相告李氏将伊夫棺盗葬霸地由。 | 本月初六日审 | 李氏亡夫魏从先买明坟地申约有，拟将原告张连相责十五板结案 | 《冕宁县清代档案》轴号 2，卷号 14 一 25、26 |
| 十月七日 | 利棍嚼民事，拟罗万先告刘国汉盗卖祖基由 | 十一日审 | 无证，拟逐出结案 | 《冕宁县清代档案》轴号 2，卷号 14 一 25、26 |
| 十月十五日 | 欺孤吞骗乞天追给，拟张伸林告王思极欠盐价银一两，屡讨不偿由 | 十七日审 | 追银一两与张伸林领讫结案 | 《冕宁县清代档案》轴号 2，卷号 14 一 25、26 |
| 十月十七日 | 紊霸吞寡恳恩作主事，拟温氏告罗益圣欠田价由 | 批该屯长处覆 | 二十二日拟屯长禀称，温氏老寡，处罗益王出布四件，给温氏领明结案 | |

州县的承审大致能依状以鞫情，据供以定案。[①]乾隆朝巴县知县王尔鉴审办田土纠纷案依状以鞫情，据供以定案，就对马文学、马维勋、马维俊、赵世祥、赵世仲、张三麻、彭明、霍朝吉、张可怀、霍行吉进行讯问。[②]在有适用的律例条文适，基本“如法以决罚”[③]，没有适用条文时则在不违背问责规定，酌以与清法律法规不相违背的“情理”做出裁定。对细故能批发经发放执照作为基层组织职役理处者，也在一定的条件下令其调处和息甘结。此外，州县也尚属重视相关程序，将自理案件上报该管上司。对于知州、知县自理案件之管理的有关史实，也证明了州县正印官上报案件事宜的履行。根据《樊山政书》可知，经陕西按察使、布政使的樊增祥所批的陕西各州县自理词讼月报册所报案件清册、页数如下：蒲城县李知县 6 件，277 页；临潼县李知县 6 件，278 页；朝邑县曾知县 4 件，279 页；城固县易知县 8 件，297 页；三原县倪知县 6 件，301 页；三阳县知县 3 件，305 页；扶风县知县 5 件，313 页；宁羌州赵知州 1 件，326 页；山阳县知县 3 件，330 页；石泉县知县 6 件，

① （清）昆冈等修，吴树梅等纂：《钦定大清会典》卷 55《刑部》，《续修四库全书》编委会：《续修四库全书》第 794 册，上海：上海古籍出版社，2002 年，第 531 页。

②《乾隆二十四年十一月初九日马文学、赵世祥供单》，四川省档案馆：《清代巴县档案汇编（乾隆卷）》，北京：档案出版社，1991 年，第 11—13 页。

③ （清）昆冈等修，吴树梅等纂：《钦定大清会典》卷 55《刑部》，《续修四库全书》编委会：《续修四库全书》第 794 册，上海：上海古籍出版社，2002 年，第 531 页。

共 342 页。[①]此尚不包括上报而未加批的自理词讼清册。

当然，清州县自理案件因其性质属于细故，州县本人全权自理，而所属境域民事纠纷与诉讼以及轻微刑事诉讼面广量大，而且知州、知县对州县政务非自理案件一端，“靡所不综”，一人责任，无论是科举出身之背景所具有的知识结构，还是能力、时间精力都难以满足自理案件的及时、准确、合理的自理。民告不理（准），理（准）而不时、不审，审而不判，判不依律的在所多有。对此，既有研究多有述论[②]，恕不重复。

## 第三节　惩治刑事犯罪，力保辖境生命财产安全

### 一、知州、知县刑名案件审理权限与范围

刑名、钱谷为州县地方治理两大端，均非常重要。不过，两相比较，钱谷更加关乎其上的“国计”，于下则“弊止在累民输纳”，刑名则有所不同，一旦“失理，害即至于陷人性命”，所以在曾为州县地方官们的眼里，它“较钱谷为尤重”[③]。州县正印于此一刑名之审理，就清代而论，只是知州、知县行政责任的一部分，关于这一部分责任，虽有从州县政府职能角度而有所涉及[④]，但毕竟不是从作为州县刑名第一责任人，也就是知州、知县司法问责的角度考察，因而具有研究对象与主旨上的局限。从本书第二章的有关内容等可以看出，包括州县官员在内的官吏断狱，法网可谓繁密且峻急，“事事有规程，步步皆掣肘”，诸如案件的受理，现场勘验，证据取得，审判时限，以及刑讯的限度，口供的合法与否等，都有详细的责任条款。但是比较起来，正如英国学者 S.斯普林克尔所指出的，在整个诉讼的过程中，州县官都背着极大的风险，而默认其判决的上司也同样面临处罚，一个案子开审，其不可避免的后果是至少有一人必须受罚。可能是判决有罪的被告，可能是被告无罪

① 李艳君：《从冕宁县档案看清代民事诉讼制度》，中国政法大学博士学位论文，2008 年，第 191—192 页。

② 如里赞：《晚清州县诉讼中的审断问题——侧重四川南部县的实践》第 3 章，北京：法律出版社，2010 年；毛立平：《“妇愚无知”：嘉道时期民事案件审理中的县官与下层妇女》，《清史研究》2012 年第 3 期，第 100—109 页。

③（清）黄六鸿：《福惠全书》凡例，官箴书集成编纂委员会：《官箴书集成》第 3 册，合肥：黄山书社，1997 年，第 216 页。

④ 吴吉远：《清代地方政府的司法职能研究》第 2 章，北京：中国社会科学出版社，1998 年。

而错告的原告，也可能是承审官员本人[①]。

定例，清地方刑事案件为“逐级复审制”。徒刑包括徒刑及其以上的案件，在知州、知县审理之后，拟律详报所隶上一级正印官即知府或直隶州知州复核，继而层层上报，直至有权做出判决的审级批准后终审，换言之，知州、知县虽然具有判决权的只有徒以下的杖、笞两个刑事种类的案件，（实际因其系轻微且低级别的刑事案件而成为州县自理词讼的组成部分），但是作为本辖区的绝大多数的刑事案件，知州、知县是具有初审权的，也就是，即便是徒刑以上的刑事案件，作为案件所在的本州县的正印官，仍具有不可推卸的审理责任，如认定所系犯罪事实种类，应适用刑法的什么条文，应处以怎样的刑罚等做出判决原案，并把全部案卷连同人犯一起送往上级官府以俟复审。而这些全都必须在知县一人的主持下完成。[②]

## 二、州县正印官刑事案件初审一般程序及其践行

刑名狱讼主要有人命、贼盗、逃人、奸情、杂犯数类，而其要者又莫过于人命、盗贼。州县的“命盗重案，非所常有”，但是已经发生，案情就很严重，州县正印官责任相应就特别重大。同时，由于清代的司法无审、检之分离，知州、知县便具有在行政首脑之外的警察局局长、检察官、法官及典狱长等多项身份。徒刑及其以上案件的州县初审当中的系列审前工作，也就成为知州、知县的分内之事。州县正印官对案件在这一阶段的处置，一般从受理后的侦查、缉捕、查赃、勘验现场、检验尸伤、采取强制措施等方面展开。

首先是受理立案。州县地方刑事案件的立案，最多和最普遍的是受害人或受害人家属举报立案。无论是对于放告日之“期呈”，还是非放告日的随时呈控，州县衙门及其正印官，一般都会及时立案。清朝定例，“州县官于应行审理事件不即收审，照告状不受理杖八十公罪律，降二级留任（公罪），若因不及查究，以致酿成人命者，降二级调用（公罪），如仅止迟延照迟延各本例议处”[③]。“凡告谋反、叛逆，官司不即受理，差人掩捕者，杖一百，徒三年。因不受理掩捕以致聚众作乱，或攻陷城池及劫掠人民者，官坐斩监候。若告

① （英）S.斯普林克尔著，张守东译：《清代法制导论——从社会学角度加以分析》，北京：中国政法大学出版社，2000 年，第 84 页。

② 王志强：《辛亥革命后基层审判的转型与承续——以民国元年上海地区为例》，《中国社会科学》2012 年第 5 期，第 151 页。

③ （清）文孚纂修：《钦定六部处分则例》卷 47《审断上 • 审理事件不即查究》，沈云龙主编：《近代中国史料丛刊》第 332 册，台北：文海出版社，1969 年，第 972 页。

恶逆如子、孙谋杀祖父母、父母之类，不受理者，杖一百。告杀人及强盗不受理者，杖八十。……受被告之财者，计赃以枉法罪与不受理罪，从重论。若词讼原告、被论即被告在两处州县者，听原告就被论本管官司告理归结。其各该官司自分彼此，或受人财，推故不受理者，罪亦如之。”[①]除了举报立案外，根据清朝的法律规定，一些特殊而重大的情形即便无受害人及其相关人员的举报，州县官员也是有责任立案的。比如，“地方有杀死人命”，州县官假如知情，就要立案并上详申报，又如，“各省沿河州县遇有被伤尸身漂流过境”，沿河的州县的知州、知县得报后，也要立案“捞验”，否则，也要加以降三级调用，甚至革职的责任追究。就是知州知县对无人报案之命案，属“不知情不行申报者”也要“降一级留任（公罪）”；沿河“被伤尸身漂流过境，该地保未经呈报，以致地方官未经捞验，别经发觉，将地方官罚俸一年（公罪）”[②]。

经过受害人或家属的举报立案后，州县衙门及其正印官接下来就要侦察、差拘、逮捕、审提。如果是人命、杀伤、斗伤等案件，除现场查勘外，一般都进行尸伤检验。“大辟之狱，自检验始。”[③]“狱事莫重于大辟，大辟莫重于初情，初情莫重于检验。”[④]根据州县问责制中之律例、则例、事例之规定，州县官员的检验如果不及时、不用心或检验尸伤不实、致死根因不明确、不正确等都必须被追究责任。[⑤]因此，具有尸检、生伤勘伤责任的知州、知县们虽然没有完全如同尸伤相验要求行事，“恤民之吏，自备夫马帐篷、严禁差役科派，然亦不过百之一二”，甚至有索费“甚多，均取之被告家，不足则派之族邻”[⑥]的情形，“地方畏累”，任浮尸扬波过境[⑦]，或葛品连类的错验、误验也在所多有，但毕竟在总体上对检验还是给予力所能及的重视和执行的，尽管相验之知识与技术要求远远不是作为科举正途出身的知州、知县们所具备的。乾隆三十三年（1768），四川巴县孝里杨量衢被舒德打死案发，二十二日该里乡约王在玉报案到县。巴县知县“随即单骑简从，带

① 张荣铮，刘勇强，金懋初点校：《大清律例》，天津：天津古籍出版社，1993 年，第 513 页。
②（清）文孚纂修：《六部处分则例》卷 47《人命·讳命》，沈云龙主编：《近代中国史料丛刊》第 332 册，台北：文海出版社，1969 年，第 873 页。
③（清）沈家本撰，邓经元、骈宇骞点校：《历代刑法考（附寄簃文存）》，北京：中华书局，1985 年，第 2213 页。
④（宋）宋慈：《宋提刑洗冤集录·序》，杨一凡主编：《历代珍稀司法文献》第 9 册，北京：社会科学文献出版社，2012 年，第 5 页。
⑤ 张荣铮，刘勇强，金懋初点校：《大清律例》，天津：天津古籍出版社，1993 年，第 642 页。
⑥（清）朱寿朋编，张静庐等校点：《光绪朝东华录》，北京：中华书局，1958 年，第 4746 页。
⑦ 道光《震泽镇志》卷 6《祠庙》，清道光二十三年（1843）刻本，第 13 页。

领仵作，前诣尸所”，在仔细查勘舒德住居之后”，接着尸检，其后之申册描述其勘检过程与情形：

……尸身仰卧堂屋，头西脚东，身穿蓝布衫一件，下身无裤。勘毕，饬令将尸舁平明地面，眼同原报尸亲人等，如法相验。据仵作甘起荣喝报：‘验得已死杨亮衢，问年六十二岁，量身长四尺五寸，仰面，面色发变，眼口俱微开，下齿全，上牙只有五个，余系旧时脱□□致命左眼胞一伤，围圆二寸五分，微青色，系拳伤。右腮脥连下唇一伤，斜长三寸五分，宽四分，紫红色，骨损，系木器伤，致命。咽喉上偏左一连三伤，斜长一寸三四分不等，各宽二分。偏右一伤，斜长一寸，宽三分，俱微青色，均系手指掐伤，不致命。左前肋一伤，紫红色，围圆二寸五分，自下数上第五条肋骨断，系膝盖顶伤。左膁肕一伤，斜长一寸，宽四分，紫红色，系木器伤。合面致命脑后偏左一伤，微斜，圆一寸三分，紫红色，系跌磕伤。余无别故，实系生前受伤身死。’喝毕，卑职复加亲验无异，起取凶器木棍，比对伤痕相符，将尸棺殓，取具仵作不致增减伤痕甘结附赍。又验得舒杨氏右腷脉、右臂膀、左手三指、五指、右手一指、三指、四指有刀划伤各一处，结血痂。舒德右额角红肿，左□抓伤各一处。当场查讯。[①]

接下来，巴县知县先后讯问了死者的儿子、报案的乡约王在玉、邻居牟德显、凶手舒德儿子和妻子、犯人舒德。讯问完毕后令将埋尸“舒德收禁，凶器封贮，杨氏给亲保领，拨医调治各伤痕务痊，研审舒德捕奸殴伤杨亮衢身死并划伤杨氏各实情，议拟详报”[②]。尸伤检验以及上报的描述如此之详细，并不一定是巴县知县个人的勤勉，只能说是履行了检验的规定和要求，盖清政府对于知州知县的尸伤检验要求原本就具体而微。关键在于属实与客观，而非如数十年后余姚县令刘锡彤对葛品莲之检验率从仵作误下尸检结论。真正能如巴县这位知县依例而行的，已属不易。

由于尸检本身的重要、制度规范的严格、处罚的严厉，而实际的技术层面的复杂、困难，一些知县还对之加以总结。姚德豫在道光十一年（1831）署慈溪县知县任上就作有《洗冤录解》。许梿，字叔夏，别号珊林，浙江海宁人，清嘉庆举人，道光进士，他先后任职山左、江南，官声还不错，“始莅任，

① 四川省档案馆：《清代巴县档案汇编（乾隆卷）》，北京：档案出版社，1991年，第77—78页。
② 四川省档案馆：《清代巴县档案汇编（乾隆卷）》，北京：档案出版社，1991年，第80页。

决狱捕盗类老吏……牧平度八年，邻封有疑狱，大府辄檄委往勘，无不结正或平反者”。咸丰四年（1854），许梿的《洗冤录详义》面世，他在中国历史上第一次实现了由中国人绘出了带有西式意味的图谱（共19幅，有两幅是全身的，另17幅是分部位画出），该书刊出后“海内风行，不胫而走”。

璧昌（1795—1854），蒙古镶黄旗人，河南阳武县、直隶枣强县知县、大名府知府。所著《牧令要诀》系“因忆少年出仕所历”而成。他“自述其初筮仕时所经历”[①]的《牧令要诀》指出案件有关人命，易损阴骘。唯斗殴、命案初报，或伤或死，禀呈传进后，他就要利用保甲门牌册籍，查看是何路村庄，然后于架上检出该村门册，查出原告的姓名、家口，伤死系其何人，被告何村何名。在掌握上述信息之后便已知大概，即差该路头役承票，先往拘传凶手、邻证。谕该村不准预备公馆，唯搭席棚1座，以备相验；自己轻装简从，将《洗冤录》、门册、刀伤药携带，派刑招书吏仵作3人，皂役4人，两板两锁，快役2人，用其带讯人证，伞夫1人，一共10人，由县发给饭钱，自带火食茶挑一副，以免地方备办食物，路经村镇有饭馆之处，事毕回来在此少息，令差役买食可免骚扰。初至该村，先踏勘地基、房院形势，绘图1张，就地查问乡邻事主起衅根由，然后如法相验。若伤而未死，验取生供要紧，用药包裹，勿令受风。对其已死之尸，对照《洗冤录》，与刑书仵作合看伤痕部位，分寸大小、轻重，分生前死后，令凶手在旁比对凶器。若遇共殴之案，则辨认致命之伤，准仵作当场喝报填写尸格。检验完毕后，将凶手先行带回县城，其余人证，就地取结，听候传讯。回到县衙，为防备凶手隔夜教串，便立即将凶手讯取初供，将所绘迷图尸格与刑名幕友探讨，照此办详案情可期真切。对凶手有待缉拿，璧常即查门牌，令当地乡地前导，要求有可疑何人外出，带他前往某家查看，从而直抵凶手之家而破案。[②]

一些州县地方官对于相验中的弊端在一定程度上也采取了因应措施，以为治理。对之发布文告、勒碑等便是其中的经常性手段和常规做法。仅就江苏省各州县正印自嘉庆到光绪年间来看，就有嘉庆五年（1800）阳湖县知县分江苏巡抚檄文发布《阳湖县马永禁尸场陋规碑》、嘉庆十七年（1812）嘉定

① （清）陈庆偕：《〈牧令要诀〉序》，官箴书集成编纂委员会：《官箴书集成》第7册，合肥：黄山书社，1997年，第575页。
② （清）璧昌：《牧令要诀》，官箴书集成编纂委员会：《官箴书集成》第7册，合肥：黄山书社，1997年，第580—581页。

县知县《严禁地保差仵人等藉尸诈扰碑》；道光十二年（1832）武进县姚知县的《无属水陆毙尸由堂报验收埋碑文》、道光十三年（1833）武进县吴知县的《水陆毙尸乡图地保免协缉碑文》；咸丰八年（1858）上海县知县的《上海县定尸场经费示》；同治五年（1866）武进县王知县、阳湖县温知县各自发布的《严禁需索相验路费碑文》，同治六年（1867）长洲知县发布的《长洲县为禁革尸场解勘诸费官为筹款及支出碑》；光绪八年（1882）平阳县知县汤肇熙《禁命案罗织多名示》、光绪四年（1878）玉环厅同知的《勘验夫马章程》、光绪二十七年（1901）句容县知县的《永禁流丐移尸害人无恶不作勒石告示》等，这些文告中多有验尸及其尸葬中详细而具体的规定。[①]譬如，光绪八年（1882）平阳县知县汤肇熙《禁命案罗织多名示》即要求，命案由地保查明死因，并在当天与尸亲向县衙报验，如果在县城百里之外，则于次日以内报县勘验，若故意迟延报验，或者故意指控多名，以为舞弊，将严厉治罪。[②]其他省份州县地方也有一些类似的措施。比如浙江上虞县知县就对“勘验路毙浮尸棚厂经费”的标准等予以限制和规定。[③]

“王者之政，莫急于盗贼。”[④]作为亲民的知州、知县，如果境内发生盗案，定限内未能将案犯缉获，则展期限半年，作为第二限，展限三限、四限截止，过此第四限，“则开缺候缉，谓之‘四参案’”。时人称“地方官不幸而罹此咎，较之贪赃革职为尤甚。革职能另案开复，此惟有捕务之一途，舍是则万劫不复矣”[⑤]。所以，州县地方官闻盗则穷治。徐赓陛，浙江乌程县人，他从同治十二年（1873）起，先后代理广东遂溪县知县、海康县知县，光绪四年（1878）又调任广东陆丰县知县，光绪七年（1881）任广东广州府首县南海县知县。他的《不慊斋漫存》记载了他在遂溪、陆丰知县任上的治盗剿匪颇多。譬如，同治十二年（1873），作为遂溪县令的徐赓陛上任不久，即得悉赤坎埠事主朱朝栋控报劫盗案件，便立即“分饬兵役四路踩缉”，随据线人报称，陈村田巨匪王亚马、王那佑等纠率族匪大肆抢劫，现在海头墟分赃，便马上派人送

① （清）余治：《得一录》卷 8，官箴书集成编纂委员会：《官箴书集成》第 8 册，合肥：黄山书社，1997 年，第 592 页；王国平，唐力行主编：《明清以来苏州社会史碑刻集》，苏州：苏州大学出版社，1998 年，第 400 页；（清）汤肇熙：《禁命案罗织多名示》，《出山草谱》卷 3，北京：北京出版社，2000 年，第 672—673 页；光绪《续纂句容县志》卷 4，台北：成文出版社，1974 年，第 374 页。
② （清）汤肇熙：《禁命案罗织多名示》《出山草谱》卷 3，北京：北京出版社，2000 年，第 672—673 页。
③ 光绪《上虞县志》卷 32 下《建置志 • 义产》，清光绪十七年（1891）刻本，第 6 页。
④ （唐）房玄龄等：《晋书》卷 30《刑法志》，北京：中华书局，1974 年，第 922 页。
⑤ （清）刘体智著，刘笃龄点校：《异辞录》卷 2《鞫狱处分》，北京：中华书局，1988 年，第 75 页。

密信给遂溪城守汛官千总李大有，请其酌带精兵数名前往海头墟密捕。李大有带兵在海头墟擒获王亚马、王那勇、王那佑、王九血4名匪犯，押解回城。行至中途，突然陈村田匪徒王无头兴、王木匠昔等数十人蜂拥出村，将人犯夺去，并打伤兵目陈廷兴，徐赓陛得报，便立即亲临该乡，众匪闻风四散，徐赓陛把该族耆老王老福、王汝佳等带回县衙，交差管押，勒限责令该族捆送匪犯。与此同时，他又上禀巡抚，就近移拨管带恬波轮船冯都司，督带轮拖船只到县，扼驻华封港口，堵住该匪外窜出洋道路，并密禀宪台就近移拨雷州右营官兵 150 名到县会办。同治十三年（1874）十一月初一日，官军兵勇会同进村搜捕，将首犯王无头兴、从犯王亚咸、王老勒养、王木匠昔、王亚新等拿获。[①]当然，“由于地方官虑处分严切”，有的知州、知县也有相反的乖戾举措。譬如，遇有被盗便与失主为仇，逼令隐匿不报；对盗情重大而无法掩饰的，便逼令“改强为窃，甚至昧却良心辄拿家属妇女审询，坐以是奸非盗，敲搒并行”。

清例，直隶各省审理案件，寻常命案时限共 6 个月，盗劫及情重命案、钦部事件并抢夺发掘坟墓一切杂案，定限都是 4 个月。在寻常命案的 6 个月期限中，知州、知县实际只有 3 个月，届期就须人、案上解到府、直隶州；在盗劫及情重命案、钦部事件并抢夺发掘坟墓一切杂案的4个月期限中，州、县仅 2 个月。光绪二十六年（1900）闰八月初一日，山东济阳县玉皇庙聚众戕官案发，案中头号“匪首”孙玉龙是柳堂担任知县的惠民县人，柳堂因此被“急如星火，烈如雷霆”的山东巡抚“记大过三次，勒限半月，如不获犯，将登白简”，所谓白简意即也上报处罚问责。柳堂于是“悬赏购线，尽力搜捕，虽所费不赀，而于旬日内将著名各匪尽数报获，日昨已奉批将过销去，统计先后正法八人……而已现又拿获十余人”，经过审讯，“讯明确有应得罪名……以惠民先后正法者而论，孙玉龙、梅鸿文，营混也；王惟仔、王雨仔、赵长命仔人贩也、盐枭也；王之才杀其幼女以祸人者也；张黑，小马贼也，皆盛世所不容也。李芳同、王正南于两仔，亦土棍也。惟赵产仔、赵连升仔年不及岁”[②]。

州县官的刑案初审，较之于州县正印官的自理案件审理更须遵循依状以鞫情、如法以决罚、据供以定案的原则。并且它虽然是初审，即除了罪止笞

① （清）徐赓陛：《不自慊斋漫存》卷2《禀办匪乡事宜》，上海：上海书局，宣统元年（1909）石印本。
② （清）柳堂：《宰惠纪略》卷5，官箴书集成编纂委员会：《官箴书集成》第9册，合肥：黄山书社，1997年，第529—530页。

杖的刑事案件，州县有权判决并即时发生法律效力外，对于人命、盗劫、邪教、逃人等严重犯罪案件和其他应处徒刑以上的案件，如强奸、拐骗、窝赌、私盐等等，均无权做出判决，但是，他们依然应当并在具体的问刑司法实践中，要对案件进行“拟看”。“拟看”虽然与“断狱”或“断罪”存在联系，但是存在根本区别。前者也有称“拟罪”“拟律”的，它只是州县官经初审而提出的罪名和量刑的初步意见，既不即时生效，也无需向当事人宣布，只是一种提供给上级衙门的结案文书。后者则是对刑事案件的最终判决文书，徒刑由督抚核准，流刑至刑部核准，人命重情案件须由督抚具题至皇帝，并咨刑部。除斩、绞立决外，其余人命重情各犯汇入秋审或朝审。①

知州、知县的拟看，除被拟看的对象十分重要外，拟看者即州县自己也关系重大，多不敢掉以轻心。清律断狱“辩明冤枉”条例规定，审理错谬关系重大的，将承审之州、县“照例分别议处”②。按照康熙九年（1670）的规定，可简化为表 5-4③：

**表 5-4　州县正印审断“失入”处罚及其上官连带**

| 应拟刑罚 | 误拟刑罚 | 州县正印处分 | 府司道处分 | 督抚处分 |
|---|---|---|---|---|
| 斩绞 | 凌迟 | 降 1 级调用 | 罚俸 1 年 | 罚俸 1 年 |
| 军流 | 凌迟 | 降 4 级调用 | 降 2 级调用 | 降 1 级调用 |
| 军流 | 斩绞 | 降 3 级调用 | 降 2 级调用 | 降 1 级留任 |
| 徒杖笞 | 军流 | 降 1 级调用 | 罚俸 1 年 | 罚俸 6 月 |

因此，知州、知县们一般都非常重视“拟看”，并谨慎行事。“由州县起家，政绩卓然，初于楚北，迭膺保荐，屡典大郡，其后洊至晋藩”的方菊人“所著《平平言》六卷，皆为牧令时所身体而力行者”④。方菊人指出：“州县本执法之官，情有可原却不妨原情而略法，但必须澈底讯明耳，如因拟从轻办，便不究问实情，则彼不特不以为法外之仁，且谓官受其欺并未究出重

① 郑秦：《中国法制史纲要》，北京：法律出版社，2001 年，第 235 页。
② 张荣铮、刘勇强、金懋初点校：《大清律例》，天津：天津古籍出版社，1993 年，第 627 页。
③（清）昆冈等修，刘启端等纂：《钦定大清会典事例》卷 843《刑部·刑律断狱·官司出入人罪》，《续修四库全书》编委会：《续修四库全书》第 810 册，上海：上海古籍出版社，2002 年，第 285 页。
④（清）卞宝第：《平平言·序》，官箴书集成编纂委员会：《官箴书集成》第 7 册，合肥：黄山书社，1997 年，第 591 页。

情，是以从轻拟办，必图翻异求，即于无罪而后快。”[①]曾为州县正印官，有拟看经历的黄六鸿也现身说法，拟罪乃有一定律例，律乃一代之典章，例为因时之断制，要“以其所犯，与律例之条恰相吻合者，因而拟之，以定其应得之罪，非谳狱者所可臆为之也。故有例须照例，无例须照律。其所犯例与律俱无正条，则用比照法，合应比照某律，比照某例定拟，上请定夺，俟批允发落”[②]。张伟仁依据“内阁大库”档案对清代重情案件的审转、拟律等活动所做的解释[③]，足以说明重情案件的审理程序和法律逻辑推演严格按照《大清律例》的规定。俞江认为只有极少数案件，因为直接适用律文会导致“情法不平”，涉及“破律”的问题，才进入“九卿定议”的特别审理程序，以实现“情罪相当”的目标。[④]俞江还特别指出把中国古代司法作为一个整体判断为“卡迪司法”，是缺乏事实依据的。[⑤]

至于整个清代州县正印官对刑事案件的初审数量，无疑是非常多、非常大的。因为州县是系国家之所分，国家乃天下州县之所积。“一尺之地，不属某州某里，则属某县某里，未有曰属某府地土者。”[⑥]相应“寸土皆官治之地，一民皆受治之人”[⑦]，笞、杖案件，属其州县正印官自理范畴，自有权判决；徒刑及其以上的所有案件发生在州县正印官辖境，知州或知县或抚民同治（抚民通判）例当初审，这样，就制度安排，有清一代全国所有的刑事案件，几乎都经历州县正印官的审理，尽管在践行中并非绝对如此。州县的初审案数量几乎是与刑事案件的总量一致。当然，这只是从制度逻辑上的推断，精确的统计尚待进一步研究。

① （清）方大湜：《平平言》卷2《从轻拟办亦应澈底讯明》，官箴书集成编纂委员会：《官箴书集成》第7册，合肥：黄山书社，1997年，第653页。

② （清）黄六鸿：《福惠全书》卷12《问拟》，官箴书集成编纂委员会：《官箴书集成》第3册，合肥：黄山书社，1997年，第342页。

③ 张伟仁：《中国法文化的起源、发展和特点（下）》，《中外法学》2011年第1期，第6—23页。

④ 俞江：《论清代九卿定议——以光绪十二年崔霍氏因疯砍死本夫案为例》，《法学》2009年第1期，第137—146页。

⑤ 俞江：《明清州县细故案件审理的法律史重构》，《历史研究》2014第2期，第51页。

⑥ （清）郑端：《政学录》卷2《知府》，官箴书集成编纂委员会：《官箴书集成》第2册，合肥：黄山书社，1997年，第249页。

⑦ 孟森：《清史讲义》，北京：中华书局，2006年，第361页。

# 第六章　知州、知县与州县教育、教化

"为治之道，不外教、养两端。"①作为清代州县治理重要组成部分的"教"主要包括学校教育、社会教化两个方面。"立教"也因此而成为州县基层政区正印官最基本、最重要的职责之一，所谓发展州县教育，"宣德意"于民间社会，正印官们"与有责焉"。于是，州、县之学，百姓之教，在有清一代成了与刑名、钱谷相并列平行的州县治理又一政务，作为基层行政政区政府首脑的知州、知县，对之责无旁贷，"实司之"②。

## 第一节　州县正印官的兴学育才

就清代教育体系而言，知州、知县统辖下的州县教育，属于国家教育的下游，但是它是最重要的基础，规模也最大，涉及的幅员最广，人数最多。作为学校教育，它不仅是教育的组成部分，而且是选才的最初源头与阵地所在。具体所涉及的主要是社学、义学和私塾和州学、县学的地方初级或中级教育。知州、知县所起到的主要是引导示范、主持倡导与监督作用。

### 一、尊孔重学导向

众所周知，孔子既是儒学创始人，又是最伟大的教育家与"万世师表"。"始立学者，必释奠于先圣先师。"③"天下祀之，非祀其人，祀其教也，祀其道也。今使天下之人，读其书，由其教，行其道，而不得举其祭，非所以维

① （清）昆冈等修，刘启端等纂：《钦定大清会典事例》卷398《礼部・风教・讲约二》，《续修四库全书》编委会：《续修四库全书》第804册，上海：上海古籍出版社，2002年，第333页。
② 道光《东阿县志》卷10《官师志》，1934年铅印本，第1页。
③ （元）马端临：《文献通考》卷43《学校考四》，北京：中华书局，1986年。

人心扶世教也。”[1]因此，文庙自唐代以后，在州县地方，便不单单是用于祭祀的礼制建筑，也是州县官员实施学校教学、社会教化的阵地。[2]或以庙设学，或以学设庙，“非学无以考德问业，非庙无以观礼习容”[3]，“州县莫不有学，凡学莫不有先圣之庙”[4]，庙学融合一体。史料显示，清朝州县正印官，大都能按规定在上任伊始，或者在就任期间，都前往文庙（学宫），而且十分重视其修建，以为全县祀孔重学之风向。康熙年间，四川大竹县正南街建有学宫即圣庙一座。康熙五十六年（1717），胡廷琦知县莅竹邑，“甫下车，率诸生讲学行礼文庙中”。当他看到该学宫“仅存正殿一所、戟门数间，栋宇倾圮，不避风雨，两庑荆棘，泮池淤塞，围墙屏障从无一瓦之覆、一垅之植”的残破，“喟然兴叹”，同时决定“以重修为己任”。在他的倡导主持下，“庚子兴工，举向之正殿，将圮者概行拆去，复拓其规模，新其制度，凡庙中木主礼器更换聿新，重建两庑，戟门翚飞……而泮水流馨屏其外而远山余翠，以从来所未备者，我公次第兴之。非惟妥神灵崇祀事，且使斯文脉之地一旦焕然改观”。县民因此“戴公之德难忘”立碑“以志不朽云”[5]。嘉庆间的知县刘长见文庙洗墨池久废，也捐廉修砌，建立奎阁于侧，并重修城垣，砖垛 760 余堞。道光二十四年（1844），该县圣庙正殿倾圮，当时的知县复加工建筑，计大成殿（正位祀孔子）3 间，左右为祭器库，后为崇圣祠，大成殿下，东西两庑各 5 间，大成门 3 间，左右官厅各 1 间，大成门下，左为名宦乡贤忠义祠，右为节孝祠，木棂门系石坊，左为斋厨，右为盥沐所，前为泮池，石桥三洞左右辟圣域贤关 2 门，门外有下马碑，绕以崇墉，外刊“万仞宫墙”4 字。同光中遇有旧敝，叠经修补。[6]安徽五河县，旧学宫因遭毁烬无，同治五年（1866）知县裴骏德筹款在旧基重建，正殿有明伦堂崇圣祠，又设先贤、先圣、先儒、名宦乡贤各神位，并将士子卧碑文、钦定六谕文、御制训饬士子文于学宫。[7]贵州瓮安县学宫兵燹毁坏，历任知县“皆议修复，俱成画饼”，光绪知县李证署理知县后，“下车询悉，即召六里绅约分任工程，克期兴事，经年

① （清）张廷玉等：《明史》，北京：中华书局，1974 年，第 3982 页。
② 据不完全统计，清代受教于泉州文庙而中进士者有 248 人。参见黄新宪：《福建庙学探讨》，《福州大学学报》（哲学社会科学版）2009 年第 5 期，第 12—15 页。
③ 《郑州历史文化丛书》编纂委员会编，张惠民、刘子蓉校注：《嘉靖郑州志》，郑州：中州古籍出版社，2005 年，第 142 页。
④ （元）马端临：《文献通考》卷 43《学校考四》，北京：中华书局，1986 年。
⑤ 民国《大竹县志》卷 5《学校志・学宫》，1928 年铅印本，第 1 页。
⑥ 民国《大竹县志》卷 5《学校志・学宫》，1928 年铅印本，第 2 页。
⑦ 光绪《重修五河县志》卷 5《建置志》，台北：成文出版社，1974 年，第 303—304、349—351、357—360 页。

告成”[①]。

大竹县城南的文昌宫，初建明万历八年（1580），乾隆四年（1739）江苏进士，学通古今的项樟知县所修。项樟的《文昌阁碑记》记其所修原委中也反映了他的重学重教：“竹阳多名山古迹……仅足以恣游览，而无关乎人文振兴之大，学问、性情之精，予皆略而不取。邑之文昌阁，耸然高起……文明之象于是乎在”，于是他“急新之芟繁芜材圯，梓植魁星楼于后，而辟亭于前，甫三月落成”。不仅如此，该知县与文昌阁“诸生犹时以一经一艺质余，余滋愧忸而不敢自谢也。公事之暇，辄登是阁，与诸生讲学操觚，触景生情，观山水之交翠，可以得文章之丽藻，俯泉水之浏（流）清，可以得文章之濬洁，顾千岩之怪石奇峰，苍烟幻渺可以得文章之雄健，而空灵变化而莫测。若夫春花秋月，冬雪夏云，松竹长青时鸟变语，偶尔赋诗以写行生之妙趣而乐无穷焉，文以征□学本日新陶镕乎，诗书之泽而触发乎，性情之真以自益，其学文醇，而后肆品立，而行修咸蒸蒸然，有以成其材，居则为髦俊，出则为羽仪，将为是阁征其盛也”[②]。县民因其贡献而立长生牌位于文昌阁祀之。[③]在知县的示范倡导下，清代四川大竹文昌宫遍布城乡，全县计有文昌宫19座，除后文城南的1座外，乡镇共有18座，分布于堡子垭、清水堡、月华场、周家场、高滩场、童家场、八渡漕、柏坝子、观音桥、石桥铺、双溪场、永兴场、安吉场、双河场、杨通庙、南李家场、石滓滩、四合镇。[④]

经过州县的政府大力倡导落实，全国各地方文庙昌盛。“今各府州县卫皆设有学宫。”而且将“实为大经大法”“四书五经之精义”的《圣谕广训》“布于学宫”，加以州县正印于朔望之日董率“宣读”，到嘉庆后期“海内十室之聚，必有四子之书……家置一册”[⑤]，设立学宫，崇奉孔子，体现了知州、知县们的尊孔重教，在其治地无疑具有导向作用。

## 二、督办州学、县学

“学校不兴，人文衰飒”，州县难以为治[⑥]，几乎成为有清一代知县官员的

① 民国《瓮安县志》卷19《列传・名宦》，台北：成文出版社，1974年，第897页。
② 民国《大竹县志》卷3《祭祀志・典祀》，1928年铅印本，第7—8页。
③ 民国《大竹县志》卷7《职官志・政绩》，1928年铅印本，第24页。
④ 民国《大竹县志》卷3《祭祀志・典祀》，1928年铅印本，第8页。
⑤（清）昆冈等修，刘启端等纂：《钦定大清会典事例》卷398《礼部・风教・讲约二》，《续修四库全书》编委会：《续修四库全书》第804册，上海：上海古籍出版社，2002年，第338页。
⑥（清）陈盛韶著，刘卓英标点：《问俗录》，北京：书目文献出版社，1983年，第98页。

普遍共识。清代州县的学校，基本沿习明制，有法定的州学、县学。它虽然处于行政区划中官学的最低一级，但从教育机构等级而言，大致属于中等教育机构。它学生人数最多，分布最广，并与作为初级教育机构的社学、义学和私塾一道，共同构建了清代尤其是清前期的地方教育最基本的组成部分。

州学、县学又称儒学，系州县政府官办学校。一般是每州、县各设立一所。它虽由教谕、训导在儒学教导，但知州、知县们对所在治地县学州学的多有贡献。

首先，对州学、县学的积极创建。由雍正《河南通志》、乾隆《续河南通志》和各府州县志可知，嘉庆二十五年（1820），河南省有州学 10 所、县学 97 所。而在 97 所县学中，为知县所建置的竟有 85 所。如汝州所属 4 县的县学、许州所属 4 县的县学，光州所属 4 县的县学，陕州所属 3 县的县学、南阳府所属 11 县中的 8 县、河南府所属 8 县中的 6 县，陈州府所属 7 县中的 6 县、怀庆府所属 8 县中的 7 县、卫辉府所属 9 县中的 6 县、彰德府所属 7 县中的 6 县、归德府所属 7 县中的 6 县、开封府所属的 15 县等，都是正印官修建。[①]太平军北伐使河南商丘、宁陵等 30 多个县的县学“毁于兵燹”，而且，当时州学、县学的下行，已经成为发展趋势，但一些知县，依然以其绵薄之力，以图维系。譬如，同治年间扶沟县署知县冯金甲、考城县知县李璋、中牟县署知县吴若烺、夏邑县知县蒋士湨、滑县知县唐咸仰等就对本县被毁的县学进行修复。河南如此，其他省份各州县学也不例外，有清一代的全国各基层政区的州县的县学之兴建，知县知州们的努力也大致如此。此保存至今的大量的地方志，尤其是其中的县志、州志和府志等等的汗牛充栋、俯首皆是的记载既是证明，此无须赘述。总之，清代州县官学覆盖面之广，数量之多，都是前所未有的。嘉庆八年（1803）据当时《学政全书》载：“查各省府厅州县共一千七百余学。”[②]按照光绪朝《大清会典事例》统计，光绪朝的府州县各学计 1805 所。各州县官员于其设立多有力焉。

其次，对县学、州学及其学生多加优待和礼遇。生员初无定额，顺治十六年（1659）定县学一般为“小学”，额取 8 名，顺治十八年（1661），定岁科并考之制，岁试取文武童各如额，科试但取文童，设廪增额各 20 名，后有

① 王洪瑞：《清代河南学校教育发展的时空差异与成因分析》，陕西师范大学博士学位论文，2007 年，第 92 页。

②《钦定学政全书》卷 28《磨勘事例》，转引自马镛：《中国教育通史》第 10 卷，北京：北京师范大学出版社，2013 年，第 123 页。

一定增减。例如，重庆府属各县县学：巴县、江津各额 12 名，廪生 20 名，增生 20 名，两年一贡。长寿、大足、永川、荣昌、綦江、南川、璧山、定远县学各额 8 名，廪生 20 名，增生 20 名，两年一贡。铜梁、安居乡学各额 7 名廪生 20 名，增生 20 名，两年一贡。合州学、涪州学各额 12 名，廪生 30 名，增生 30 名，三年两贡。江北厅学额 6 名，廪生 6 名，增生 6 名，四年一贡；府属各县永广学额：巴县学永广 10 名，江津县 8 名，合州 7 名，长寿、江北厅各 6 名，铜梁 5 名，大足、永川、定远各 4 名，荣昌、涪州各 3 名，南川 1 名。[①]四川大竹县咸丰后津贴捐输银及万两者，得加广文武学额各 1 名，光绪五年（1879）停广额，各直省输银 30 万加广文武中额各 1 名，县学岁试文童常得 3 名。廪膳生，予以食廪饩，免赋役，给予见官不跪礼遇；对增广生，免赋役，给予见官不跪礼遇；对于附学，也给予见官不跪礼遇。州县对官学拨款，官学之学田是州县官田的一部分，由州县征租，归学政支配，其田与赋税即在县田、赋之中，并接济贫困。清代州县官学田除继承明代县学遗产外，多新添置。以学田为例，光绪十六年（1890）的江安县学田的规定 55 条，规定了学田的设置、管理、使用、收益及侵吞处罚等。[②]与此同时，各州县正印官在涉及本省学政考核文到之后，会按要求，照旧式备造僚属履历及以前荐奖戒饬缘由，填注考语事实，教官更分年力、志行、学识、教规四款；在各学正副教官离任之时，州县正印官则核明加结，担保有关离任者奉颁发存储书籍器物，一切经手学田租谷无误。[③]

再次，不少热衷教育的知县，还常常临学授课。康熙中叶的河南新乡县令李登瀛，“每公余，进多士讲业”[④]。山东东明县的知县徐开第“尤加意学校，课士无间寒暑，必亲为评隲”，他还于学宫东边建立治经斋，“集诸生肄业其中，立学规十二条，政稍暇至研究，竟日不倦，一时从游者接踵至焉”[⑤]。嘉庆七年（1802）四川大竹县令袁士绣，“每月课士署内”，且“厚其奖励，捐廉不下数百金”。浙江仁和举人许乃大于嘉庆十九年（1819）任大竹知县，“月课生童诗文，奖进有加，更精风鉴力培文风……次年丙子即中式二名，戊

① （清）昆冈等修，刘启端等纂：《钦定大清会典事例》卷 378《礼部・学校・四川学额》，《续修四库全书》编委会：《续修四库全书》第 804 册，上海：上海古籍出版社，2002 年，第 46、58 页。
② 张晋藩：《清律研究》，北京：法律出版社，1992 年，第 98 页。
③ （清）昆冈等修，刘启端等纂：《钦定大清会典事例》卷 369《礼部・学校・教职考核》，《续修四库全书》编委会：《续修四库全书》第 803 册，上海：上海古籍出版社，2002 年，第 735、738 页。
④ 乾隆《新乡县志》卷 29《循吏传》，清乾隆十二年（1747）石印本，第 20 页。
⑤ 乾隆《东明县志》卷 5《宦绩》，台北：成文出版社，1976 年，第 410 页。

寅、辛巳均有中式者……调用去时士民泣送郊外，留恋不舍”[①]。

州学、县学，不仅是清朝地方儒学教育机构，而且还是科举考试主要生源供应基地。因为“科举必由学校”，州学、县学和府学，具有向科举输送考生的重任。也就是说通常士子只有进入作为官学的州县、县学之后，才有获得参加科举考试的资格，同时州县学的入学考试——童试，其为“为士子进身之始”[②]，以及成为科举必经的初级考试，或预考或筛选考试，使得州学、县学既培养人才又兼科举预考，从而在一定程度上成为科举考试机构，州县的教学为适应学生这一根本需要而科举化了，自州学、县学的入学考试开始，到平时季考、月课，均无不以八股文为主，与科举考试衔接，为科考作准备，学校成为科举训练场所和地方考试中心。“以考代教是教育科举化的最明显标志；正常的教学完全让位于科举考试的培训，学校沦为科举的预考和培训机构，是官学科举化的后果。”[③]也正是如此，“山陬海澨之人，无不挟诗书而游庠序，顾学者徒以文艺弋科名，官司以课试为职业，于学问根本切实用功所在，概未暇及”，作为州县司牧者也就“尽心于簿书筐箧，或进诸生而谈举艺”了。[④]

### 三、主持县试，出席宾兴

“国家大典，首重抡才”[⑤]；童生者，乃“士之初基”。清朝定例：“童生考试，例由县考后，始送府试，府考后，汇送学政。如不由州县正考，一概不准收考。”[⑥]而县试的主考官就是各县级政区的正印官。每当县试，知州、知县们全面负责本州县的县试工作。从考前的考场建筑设施、考试准备工作，到考试时的主持、阅卷以及录取等，几乎无所不包。譬如，考试场地即考棚的建设，州县正印官们一般多加倡导，努力建设。清代四川大竹县县学教谕曹允中在谈及该县考棚由来时称：“近岁校士多在公署”进行，考生“千余人，猬结蚁聚，触项交趾，吏舍胥居，阶砌□栏。缘隙置橙，错杂填积，喧哗无

① 民国《大竹县志》卷7《职官志·政绩》，1928年铅印本，第29页。
②（清）昆冈等修，刘启端等纂：《钦定大清会典事例》卷368《礼部·学校·学政关防》，《续修四库全书》编委会编：《续修四库全书》第803册，上海：上海古籍出版社，2002年，第720页。
③ 马镛：《中国教育通史》第10卷，北京：北京师范大学出版社，2013年，第191页。
④（清）昆冈等修，刘启端等纂：《钦定大清会典事例》卷398《礼部·风教·讲约二》，《续修四库全书》编委会编：《续修四库全书》第804册，上海：上海古籍出版社，2002年，第333页。
⑤（清）昆冈等修，刘启端等纂：《钦定大清会典事例》卷330《礼部·贡举·乡会试期》，《续修四库全书》编委会编：《续修四库全书》第803册，上海：上海古籍出版社，2002年，第272页。
⑥（清）昆冈等修，刘启端等纂：《钦定大清会典事例》卷386《礼部·学校·童生事宜》，《续修四库全书》编委会编：《续修四库全书》第804册，上海：上海古籍出版社，2002年，第172页。

能禁阻，食叶蚕声化为剧场”，广东进士林丹云知县莅政的第二年，“将届岁、科两试”，便诏绅耆商议说：“圣天子崇儒重道，饬州县修整庠序，以兴育人材，即无不饬理，试院以遴选俊士，巨典煌煌，何以尚付阙如。”众绅耆认为：“敛锱铢借群力，或首鼠畏难，非假权力不足以集事。”对此林知县“勃然奋袂曰：‘是余之责也’”，于是他于道光八年（1828）三月，昭告于众，择任老成，“给簿募捐，窥景择土，涓吉兴工，因学宫右翼粪墨池旧址，且借以补形势之剂，而培风气之缺，木石砖瓦，继以丹□庀材鸠佣，应时举办。其地袤二十九丈，广十一丈，公堂轩爽，背拊内斋，东西两文场长十三丈五尺，编座号二千七百有奇”。这年十二月，“规模宏敞”的考棚落成。不久“临期开试，莘莘生徒，济济才俊，玉笥分行，文阵无哗，以崇观听肃体统，人心鼓舞，士气倍奋，莫不矜诩，为数百年来未有之盛举，人文之蔚，起兆此矣。”正如曹教谕所称，大竹考棚众耆彦固然“与有劳焉”，但“尤赖我侯宏奖风流，汲引士类”，耆老士绅是在他“德声云布，清风草偃。用是望影者、星奔藉响者川骛，始能为一邑提倡，成斯盛举也”[①]。

县试定例 3 年 1 次，地点在本县，例由知县亲自主持，具体工作由县衙承办。每到试期，知州、知县们都责无旁贷地担任主考任务，考生考试结束后，还须亲自阅卷，评定成绩，优良者取得参加府试资格。有清一代数量庞大的科举大军，无疑均经过正印官所主持的县试，进而进入州县官学，所谓“考取入泮，后学始复有进身之阶矣”[②]。截至目前经州县正印官主考的童生虽然没有确切的数量统计，但康有为在光绪戊戌年估计有数百万之多。[③]就是作为其中的最高层次的进士人才，有清一代取中 26 849 人，通常也是经历了作为进身之始的州县正印官主持的童生考试的。因为“小考即士子始进之阶，乡会试甄拔进士举人，初不出院考所取童生之内”[④]。而这些进士对于清朝国家官僚机器的运转与贡献是不容置疑的。单单就作为地方高级管理人才的总督、巡抚而言，在 2 万多名进士中，前者有 181 人，后者有 390 人。在华美国人卫三畏在 1848 年所著的《中央王国》中说：“从科举的结果看，中国政府的高官阶层中的不少官员都怀有让人极为敬佩的才能和知识及爱国、正直

① 民国《大竹县志》卷 2《建置志 · 曹允中〈考棚碑记〉》，1928 年铅印本，第 6 页。该县考棚的建置时间该志一说为道光八年（1828）。

②（清）叶梦珠撰，来新夏点校：《阅世编》卷 2《学校一》，上海：上海古籍出版社，1981 年，第 27 页。

③ 周德昌：《康南海教育文集》，广州：广东高等教育出版社，1989 年，第 66、74 页。

④（清）昆冈等修，刘启端等纂：《钦定大清会典事例》卷 386《礼部 · 学校 · 童生事宜》，《续修四库全书》编委会：《续修四库全书》第 804 册，上海：上海古籍出版社，2002 年，第 172 页。

和有条不紊的工作态度。他维持了这个国家庞大的机器的运转，也保持着一种不衰的崇文风气。”[①]因而，在一定的意义上可以说，没有州县正印官主持的县试，就没有科举制度的实施，也就无所谓作为清朝国家官僚队伍之正途出身的来源。县试使清朝官僚人才的集聚、选拔进而巩固国家统治有了基本条件和可能，也起到了比较重要的作用。尽管州县正印官县试不够认真和严格，阅卷衡文，委之幕友、本官并不寓目，甚或存在瞻徇情面及任听书役沟通舞弊等事，以及“全行录送，并不遗漏一人”[②]等不良现象，但这究非清代州试、县试的主流。

除县试之外，其他诸如府试、乡试等，虽然州县正印官不是主考官，但既阖府、全省动员，知州、知县自然也会参与到各考试中来，乡试知州、知县即有充当同考官员。史料载，各省乡试的同考官多者十八员，少者八人。雍正五年（1727）前，外省乡试房考，“例皆用现任知县入闱”，入闱的州县正印官届期“赴省入闱，动经数月”。此后，“本省知县入帘之例，概行停止”，但为时不长，就变相恢复，“各省乡试房官仍令各该督抚于科甲出身属员内不拘进士举人及曾经分校之员，俱准拣选入闱”，被调取为同考官的知州、知县改“委员署理”，尽管乾隆三十二年（1767）、光绪十一年（1885）先后改为“于现任州县内考选”，“该省及初到人员务须严加考试，择其年壮学优者入闱分校”[③]，但知州、知县依然为乡试同考官之来源。所以，州县正印官实际多有作为同考官加入到乡试行列。济宁人清河县知县李用质，就“充乡试同考官”，而且刚正不阿：“有以私属之者，用质正色曰：‘士人初求进身，辄欲欺其君乎？’或以疑士得罪，且不测，大吏檄下，用质者再，用质曰：‘事所必无，徒滋烦扰’。”[④]

不仅如此，于科考的誊录书手、对读生员，知县尚有“考验责任”“解送责任”，若所送誊录书手、对读生员不堪用，原送知县也会受到查参。而朝廷有关考试，尤其是考生的所有政策、政令、信息等，也是由知州、知县上承下发到州县地方，发布周知于考试的考生。如戊戌政变后，慈禧太后于光绪二十四年（1898）八月二十四日懿旨令停经济特科，岁考、科考、乡试、

① Samuel Wells Williams，*The Middle Kingdom*，New York：Wiley and Putam，1848，Vol 1，p.570.

②（清）昆冈等修，刘启端等纂：《钦定大清会典事例》卷 386《礼部・学校・童生事宜》，《续修四库全书》编委会：《续修四库全书》第 804 册，上海：上海古籍出版社，2002 年，第 178 页。

③（清）昆冈等修，刘启端等纂：《钦定大清会典事例》卷 334《礼部・贡举・乡会同考官》，《续修四库全书》编委会：《续修四库全书》第 803 册，上海：上海古籍出版社，2002 年，第 322 页。

④ 光绪《清河县志》卷 17，台北：成文出版社，1983 年，第 166 页。

会试仍旧考试四书文、试帖、经文、策问，就历经层层下达，同年十一月三日，南部县收到该当上级衙门保宁府札文，要求该府所属州县“即便出示晓谕，一体钦遵办理”①。五日，南部县知县袁用宾便出示告示：“嗣后仍照旧章应试。”②光绪二十二年十二月二十七日（1897年1月29日），光绪帝上谕要求四川总督鹿传霖“申明定例，认真整顿，并着先期出示晓谕”，于是总督札文，并经布政使、道、府下达至县。南部县知县即在收到札文次日就发出告示晓谕士子：“倘再玩违，或有藉端挟诈哄闹者，即着严拿按律治罪。”旋即，南部县又收到总督署发出的新札文及告示30张，知县袁用宾随即按照要求派人在县城和各重要场镇予以张贴晓谕，三月六日，袁用宾就收到时间及落实情形上报总督衙门。③

此外，州县正印官们还多定期延集被录的本科本县生员，为他们举行送别宾兴典礼。典礼之前，知州、知县往往公开发出活动邀请函，欢迎各有关人员与会，并多方筹集经费。康熙年间，浙江天台县知县戴兆佳就写有“谨詹翌日张筵，惟冀文旌速驾”的《文乡试请启》。④乾隆年间，湖南宁远县知县汪辉祖，逢乡试之年于应宾兴而清贫者“酌给卷资”，使其得以赴省应试。⑤四川大竹县乡试每名给银，咸丰时3—8钱，同治初提为1两，后来增到2两，光绪十五年（1889）知县玉启“在契税项下抽取底钱五年，置租田二百余石，设立新宾兴局，乡试给银，比前加倍，会试每名五十两”⑥。而且宾兴当日，各州县往往“结彩县署，札月宫拱桥，张罗设宴，拜揖如仪”。譬如，山东东阿县宾兴当天，县衙门堂之下设有鼓乐，所请诸生齐集，立于阶下。知县则吉服出堂，先在礼生主持下，诸生以次升堂行礼，知县则一一起立答揖，然后列坐开宴，知县使执事，酌诸生酒。⑦河南通许县知县则择定吉日，将生员延至本县大堂，加以接见。然后酒三巡而告辞。⑧有的州县宾兴，“诸生至曰集学宫明伦堂，同拜谒先师，祭奎星……诸生至县堂，县官张彩幄缚彩桥，设

① 《清代南部县衙档案》光绪二十四年十月二十七日，四川省南充市档案馆藏，档案号：14-428-2。
② 《清代南部县衙档案》光绪二十四年十一月五日，四川省南充市档案馆藏，档案号：14-428-3。
③ 《清代南部县衙档案》光绪二十三年二月二十二日，四川省南充市档案馆藏，档案号：13-936-6；《清代南部县衙档案》光绪二十三年三月六日，四川省南充市档案馆藏，档案号：13-936-7。
④ （清）戴兆佳：《天台治略》卷8《文乡试请启》，官箴书集成编纂委员会：《官箴书集成》第4册，合肥：黄山书社，1997年，第195页。
⑤ （清）汪辉祖：《病榻梦痕录》卷下《龙庄遗书》，清光绪十五年（1889）江苏书局刊印本，第17页。
⑥ 民国《大竹县志》卷5《学校志·宾兴》，1928年铅印本，第18页。
⑦ 道光《东阿县志》卷7《学校志》，1934年铅印本，第28页。
⑧ 乾隆《通许县旧志》，台北：成文出版社，1976年，第161页。

酒肴鼓乐，县官亲奉觞授几，拜揖如仪……酒三行起，由中门步彩桥出。”[①]有清一代，州县正印官在其治下所行这样的“宾兴”很多、很普遍。仅成文出版社影印版《中国方志丛书》就有110种地方志载有州县正印官送别本县生员的宾兴礼，遍布处内蒙古、新疆、青海、西藏、东三省之外的全国大部分省份，并且几乎贯穿有清一代。[②]州县官员的“宾兴”推动了所在州县的教育，尤其是其中的举业，就连边远的广西全省州县厅，有宾兴之后，考中进士者492名，占该省有清一代进士总数585名（含恩赐）的84%。[③]知州、知县的“宾兴”对所在地科举教育的促进作用明显无疑。

## 四、倡办社学、义学与书院

社学、义学为清朝尤其是清前期地方初级教育体系中的主要办学形式。社学一般设在州县城区的坊、巷，以及县城以下的乡、村、里、社，是清朝社会最基层的州县官办乡村小学。[④]中国传统小学虽然自唐朝开始渐次扩展于民间[⑤]，但“真正具有普及性小学教育性质的教育组织的出现，也许是从元代的社学开始”[⑥]。经明代之后，社学到清代，其设立更加积极自觉。顺治九年（1652），清政府令各省府州县每乡“每乡置社学一区，择其文义通晓、行谊谨厚者，补充社师，免其差役，量给廪饩养赡”，后经康熙中期防冒查革，令贵州、广西等州县卫设立，到雍正元年（1723）清廷下诏重申，要求州县于“大乡巨堡各置社学”，社学因此在各州县陆续兴建设立。[⑦]嘉庆以后虽然有式微之势，但在总体上仍是可观，且分布广泛。

雍正《浙江通志》显示，浙江75县中，除秀水、长兴、孝丰、太平、仙居、玉环、宣平7个县外，68个县都建有社学，数量计377所。光绪六年（1880）的《江西通志》记载，江西64县中，61个县份建有社学。清末民初修纂的《福

---

① 嘉庆《东台县志》，台北：成文出版社，1970年，第572—573页。
② 毛晓阳：《清代宾兴礼考述》，上海中国科举博物馆，上海嘉定博物馆：《2007科举学论丛》第一辑，北京：线装书局，2007年，第25、26页。
③ 熊昌锟，唐凌：《清代边疆地区的教化与稳定——以广西宾兴组织为视阈的考察》，《中国边疆史地研究》2012年第2期，第65页。
④ 陈剩勇：《清代社学与中国古代官办初等教育体制》，《历史研究》1995年第6期，第59页。
⑤ 池小芳：《中国古代小学教育研究》，上海：上海教育出版社，1998年，第25页。
⑥ 转引自黄书光：《中国社会教化的传统与变革》，济南：山东教育出版社，2005年，第82页。新近研究认为唐末敦煌地区已有社学存在。施克灿：《古代社学沿革与性质考》，《教育学报》2013年第6期，第112页。
⑦（清）昆冈等修，刘启端等纂：《钦定大清会典事例》卷396《礼部·学校·各省义学》，《续修四库全书》编委会：《续修四库全书》第804册，上海：上海古籍出版社，2002年，第310页。

建通志》表明闽省的549所，分布于53个县，只有屏南、兴化、长泰、霞浦、福安、永春6县没有。[①]其中福建延平府将乐县的社学不仅有86所，而且大都设立于乡村的各乡（都）里社，建于将乐县城的仅15所。河南各州县自顺治九年（1652）到嘉庆二十五年（1820），全省建有社学约559所，除去有4所是府社学外，其余555所都是州县社学，它分布于68个州县政区。进一步观察河南社学发现，555所中的453来自于58个县[②]，在有社学的县份中，社学数量较多的县为祥符县19所[③]、获嘉县27所[④]、辉县20所[⑤]、嵩县41所[⑥]。而确山县则竟有社学120所[⑦]。山东省的社学设置，从雍正七年（1729）编纂、乾隆元年（1736）刊行的《山东通志》来看，全省94个州县，除17个或未设或设置情况不清外，有77个县级政区都有建立。嘉庆五年（1800）刻印的《广西通志·建置略·学校》载，全省设置社学51所。

数量如此众多的州县社学的设立，固然是多种因素共同作用的结果[⑧]，但作为各州县衙门、行政首脑的知州、知县的倡办、支持，则是至关重要和决定性的。顺治初年的安徽千阳社学，就是县令王国玮“捐俸买留民宅创立设”的，他“择取庠生一人领之，每年官给膏火之资，别垦荒地数顷，俾释怀内顾。其童子髫龀者，送入读书；自行束修者，听；穷不能具者，免”[⑨]。在康熙二十二年（1683）前，西宁县社学不兴，“荐绅文学，落落如星辰，弦诵咕哔之声，闲寂无闻”，这一年上任的张知县“不禁怆然”，并以为“是有司之有责也”，当其调查了解导致这一局面是“无塾室以习读”和“无束修以延师”之后，“侯于是求社学旧址于蓬蒿之中，捐赀创造，各立扁于门，南曰山邑藏修，东曰泷西家塾，西曰复古党庠”，在“童子之习读者有其地”之后，张知县又“慎选文行兼优”之人为其“塾师”，并且知县本人还“于公余之暇，亲视塾中，视诸童之读书清亮者、习字端楷者奖以纸笔”[⑩]。乾隆二十八年（1763）

① 陈剩勇：《清代社学与中国古代官办初等教育体制》，《历史研究》1995年第6期，第61、62页。
② 王洪瑞：《清代河南学校教育发展的时空差异与成因分析》，陕西师范大学博士学位论文，2007年，第101—105、112页。
③ 光绪《祥符县志》卷11《学校志》，清光绪二十四年（1898）刻本。
④（清）陈梦雷编纂，蒋廷锡校订：《古今图书集成·职方志》卷409，北京、成都：中华书局、巴蜀书社，1985年；乾隆《获嘉县志》卷3《学校》，清乾隆二十一年（1756）刊本，第20页。
⑤ 光绪《辉县志》卷8《学校志》，清光绪二十一年（1895）刻本。
⑥ 乾隆《嵩县志》卷16《学校》，清乾隆三十二年（1767）刻本。
⑦ 民国《确山县志》卷14《教育》，1931年排印本。
⑧ 王日根：《“社学即官办初等教育”说质疑》，《历史研究》1996年第6期，第172—175页。
⑨ 宝鸡市地方志办公室：《重修凤翔府志》，西安：西安地图出版社，2002年，第504页。
⑩ 道光《西宁县志》卷4《建置·学校》，台北：成文出版社，1967年。

康基渊出任河南嵩县令，当时该县东部学子有乐道、伊川 2 个书院，而县“西南山村庄六百余处，山路修阻，从师无由，童蒙子弟及无力贫士，安于固陋，莫克振兴”，于是康知县决定弥补这一缺陷。他根据该县地势高下、距离远近、村落疏密和人口多寡等情况，统一规划布局，并聚民田绝业和古庙基址等，获得 38 顷 99 亩，先后在各县镇设立社学 34 所。具体为城关 1 所，西部山区蛮峪、德亭、大章、旧县、汤下、潭头、楼关、小河各 1 所，共 8 所；南部山区楼林、白河、孙店、东村、汝河、寺庄各 1 所，共 6 所，各社学间相距大约 15 公里；另外 19 所则集中于县城以外的伊河两岸，彼此相距 2—3 公里。[①]道光年间，辉县知县周际华遵行巡抚檄文与当地士绅先后设置社学 20 多所。[②]由于，州县正印官是朝廷命官，他们因而往往成为社学的主导者、支持者，甚至是创办人，社学在州县衙门备案因此更为顺畅，师资聘任多经知州、知县或州县提学官，师生名录也由知州、知县将造成册上报。不仅如此，州县正印官群体，对社学的经费除由州县长官在从公款中动支解决外，还与州县官学一样，置有学田，其中有许多是官置性质，以作为社学经费来源的保障。社学教授还享受免除差徭的待遇，“量给廪饩养赡”。州县正印官的代表——州县学官（教谕），则对其教学活动进行定期督导，学生岁试中考列一等的可以进入州学、县学，获得廪生资格。反之州学、学县学生员中学业不佳的则以“发社”，也就是降格为社学学生，从而将社学纳入州县儒学的官学序列中来，不仅“化民成俗”，而且具有为科举储备人才之功能。可见，各州县社学的性质，促成社学发展的因素，虽然存在不同看法[③]，但从总体上来说是官办主导，以州县政府及其官员的作用为主。[④]

清代州县初级教育，除社学之外还有义学。义学，原是地方在宗族范围内为穷苦子弟而设立的学校，其广泛设立始于宋代。入清之后的义学，则成为国家提倡的以州县官员为主的，同时也包括民间士民而为汉族贫寒子弟或边疆少数民族子弟创办的学校。史料显示，早在顺治年间，清朝开始尝试在边远少数民族地区建立学校，康熙二十五年（1686）议准各省府州县要多立义学。康熙四十一年（1702），京城崇文门外首设义学，康熙四十四年（1719）准在贵州各府州县设立义学。康熙五十二年（1713）谕令：“各省府州县，令

① 乾隆《嵩县志》卷 16《学校》，清乾隆三十二年（1767）刻本。
② 光绪《辉县志》卷 8《学校志》，清光绪二十一年（1895）刻本。
③ 王日根：《“社学即官办初等教育”说质疑》，《历史研究》1996 年第 6 期，第 172—175 页。
④ 陈剩勇：《清代社学与中国古代官办初等教育体制》，《历史研究》1995 年第 6 期，第 61—75 页；施克灿：《古代社学沿革与性质考》，《教育学报》2013 年第 6 期，第 112—117 页。

多立义学，延请名师，聚集孤寒生童，励志读书。”康熙五十九年（1720）议准，广西“土属共十五处各设义学一处”。雍正元年（1723），上谕：“自立生祠书院令改为义学，延师授徒，以广文教。”①在改土归流的同时，清廷将义学推广于云南、广东、四川、广西、贵州等。之后，乾隆、道光、咸丰、光绪各代，均沿袭前朝在各州县汉族，尤其是少数地区设立义学，以“开化夷民”，并扩展到西北、东北少数民族地区，于是，“各省府州县多设立，教孤寒生童，或苗、蛮、黎、瑶子弟秀异者”②，四夷边地“学馆林立，称极盛焉”③。例如，在云南县级政区中，除永昌府的龙陵厅等极个别无义学设立外，绝大多数的州县厅均有义学设置，数量上，若按《新纂云南通志》记载，全省72个县级政区，共建有义学722所，平均每1个政区有义学8.9所。按嘉庆《湖南通志》，清中叶的湖南49个县级政区有义学232所，县平4.7所。嘉庆《广西通志·建置略·学校》载，全省设置义学86所。四川大竹县道光四年（1824）始设义学35馆，其中城区4馆，乡镇31馆。④而有清一代，河南省除1个县级政区之外，其余所有县级政区，亦即州县厅均设立有义学，规模达到932所之多，若按照嘉庆二十五年（1820）人口计算，大约为每万人0.39个义学。⑤其中以20所义学为起点的县州如表6-1所示。而边远新建省份的新疆虽然数量不如河南，但毕竟如表6-2所统计，也有了良好的开端，光绪十年（1884）新疆各县级政区所设立的义学有77所⑥：

**表6-1　河南所属州县义学拥有状况**

| 州县名称 | 义学数量 | 资料来源 |
| --- | --- | --- |
| 西华 | 21 | 雍正《河南通志》卷四十三《学校下》；民国《西华县续志》卷8《教育志》 |
| 太康所 | 22 | 民国《太康县志》卷4《教育志》 |
| 灵宝 | 23 | 乾隆《续河南通志》卷39《学校志》；光绪《灵宝县志》卷2《学校志》 |
| 信阳州 | 26 | 雍正《河南通志》卷四十三《学校下》；乾隆《续河南通志》卷39《学校志》；民国《重修信阳县志》卷13《教育》 |
| 长葛 | 28 | 乾隆《长葛县志》卷2《建置志》；道光《许州志》卷2《建置志》；民国《长葛县志》卷4《教育志》 |
| 伊阳 | 29 | 雍正《河南通志》卷四十三《学校下》；道光《伊阳县志》卷3，《学校》 |

①（清）昆冈等修，刘启端等纂：《钦定大清会典事例》卷396《礼部·学校·各省义学》，《续修四库全书》编委会：《续修四库全书》第804册，上海：上海古籍出版社，2002年，第310页。
② 赵尔巽等：《清史稿》卷106《选举一》，北京：中华书局，1977年，第3119页。
③ 民国《新纂云南通志》卷134《学制考》，1949年铅印本，第4页。
④ 四川省大竹县志编纂委员会：《大竹县志》，重庆：重庆出版社，1992年，第621页。
⑤ 王洪瑞：《清代河南学校教育发展的时空差异与成因分析》，陕西师范大学博士学位论文，2007年，第126、127、131页。
⑥（清）昆冈等修，刘启端等纂：《钦定大清会典事例》卷396《礼部·学校·各省义学》，《续修四库全书》编委会：《续修四库全书》第804册，上海：上海古籍出版社，2002年，第313页。

续表

| 州县名称 | 义学数量 | 资料来源 |
|---|---|---|
| 郾城 | 37 | 民国《郾城县记》卷 8，《学校篇下》 |
| 西平 | 41 | 雍正《河南通志》卷四十三《学校下》；民国《西平县志》卷 6《古籍篇》、卷 12《学校篇》 |
| 叶县 | 47 | 雍正《河南通志》卷四十三《学校下》；同治《叶县志》卷 2《建置上》 |
| 宜阳 | 50 | 光绪《宜阳县志》卷 5《学校》；民国《宜阳县志》卷 3《学校》 |
| 禹州 | 59 | 民国《禹县志》卷 8《学校》 |

**表 6-2　新疆州县光绪十年义学数量**

| 州县名称 | 义学数量 | 州县名称 | 义学数量 | 州县名称 | 义学数量 |
|---|---|---|---|---|---|
| 哈密 | 5 | 吐鲁番 | 6 | 库尔喀喇 | 4 |
| 库车 | 5 | 阿克苏 | 5 | 乌什 | 3 |
| 喀什噶尔 | 5 | 玛纳巴什 | 3 | 英吉沙尔 | 3 |
| 叶尔羌 | 7 | 和阗 | 4 | 巴里坤 | 4 |
| 奇台县 | 4 | 济木萨 | 3 | 阜康县 | 2 |
| 迪化县 | 6 | 昌吉县 | 2 | 绥来县 | 4 |
| 呼图壁 | 2 | | | | |

同社学一样，不少的义学原本为州县正印官创办。在上述表 6-1 禹州 59 所义学中，道光年间设立者 36 所。而这 36 所中，禹州知州朱炜设立的就多达 34 所。知州、知县们对州县义学的作用首先表现在其创办上。云南省 23 个府州县厅共设义学 221 所，其中知县等官办的有 182 所，占总数的 82.35%。①譬如，昭通县 7 所义学，其中知县创办 2 所；在南宁 9 所中，6 所为知府、知县设置；在宜良县 18 所中知县办者 11 所；在昆明县 30 所中知县、知府设 28 所；在嵩明州 17 所中知州捐设 3 所、知州与民合设 12 所；腾越厅 21 所、保山县 6 所、呈贡县 8 所均为正印官设置。河南的情况也是如此，道光三年（1823），朱炜莅任禹州知州，他兴学"少则独捐，多则首倡"。他下车伊始，便根据旧志所载义社寻旧访老，逐一编查"遂于十里分设义学十处。六年前府宪……札饬增设义学，广资教育，乃复于各里增设义学两处，并在城两处。又于十年，增设礼临里两处，共三十四处"②。鄢陵县清初有文昌阁义学在东关内后颓败不堪，康熙五十二年（1713），经县令汪为熹整顿经理"三四年间，童子先后游庠者五人，如王蕴秀，汪熠、苏坦、梁锡类、刘燕贻等是也。而城外四学，东则十方院，西则陈画店，南则马栏镇，北则彭祖店，各有若干人，皆闻风振起，师徒鼓厉（励）"③。同治七八年间，叶县知县欧阳

① 马镛：《中国教育通史》第 10 卷，北京：北京师范大学出版社，2013 年，第 264—266 页。
② 道光《禹州志》卷 12《学校志》，清道光十五年（1835）刻本，第 12 页。
③（清）汪为熹：《鄢署杂钞》卷末《焉任书事》，清康熙五十八年（1719）刻本，第 3 页。

霖，查勘地亩整顿学田先后建置许多义学。[①]咸丰七年（1857）新乡县知县祝垲捐在县城设义学3处，郏县知县姜篪勘察地亩恢复义学多处；同治元年（1862）滑县知县姚诗雅重设义学15处。[②]四川大竹县在嘉庆以前，讫未兴举，到道光四年（1824），知县张扩庭，承部咨倡设义学35馆，分布于“城区四馆……乡场三十一馆”[③]。设立虽然较晚，但毕竟有了开始。

与官办义学同时，知州、知县或发布告示，或直接激劝，或捐廉集资，多方动员劝导绅民兴办义学。江苏吴县自宋明以来人文昌盛书院林立，但“童蒙不与焉”，清朝觉罗雅哈尔善任吴县知县后，鉴于旧有义学栖身馆寺且无恒产从而兴废不常，“思以教育人材为首务”，于是倡议并劝导当代绅士捐资建义学，“选子弟之秀者从游其中”，立课定规，随时察省。[④]戴兆佳在天台县除捐俸设立义学，延请文优品端之人授徒之外，又以县府正堂身份发布有关设立义学以育人才以兴教化的告示，他强调：“凡有从学者预赴礼房报名，开注经蒙登簿……听候本县于每月于簿书之余……执经问难。”[⑤]云南省永平县6所、镇雄州5所、思茅厅3所义学都是正印官捐设的，在威远厅15所中，同知捐设13所、官民合办2所；在昆阳州14所中，知州捐设11所、民办3所。河南省的禹州知州朱炜“其无学田者，岁筹官钱四百缗，资塾师修脯，其塾师岁终考验勤惰，定次年去留，稽其授徒多寡给修脯，并详列师徒姓名及有无增设报大府，条教约束非不明也”；光绪知州宫国勋，“捐俸置田六顷九十亩有奇，城乡分设义学一十七处”而使县民深知“自义塾置田，人始利其利”[⑥]。西平知县李德林在道光年间也设立义学40多所，所需要经费1万余缗即其倡导官绅捐赠。[⑦]贵州进士王训，乾隆十年（1745）任大竹知县，租田10余亩，津贴义学膏火。在广西，有的州县官，直接拨给钱粮于义学。乾隆三年（1738），知县李学周将通道镇抚化粮38石，每年征银24两，并香敬、山厄、大崇3处地租银5两作为义学修脯膏火之资。[⑧]养义州义学，乾隆三十年（1765）议定：“每年馆师束修银三十二两；生童十二名，月各给膏火银二

---

① 同治《叶县志》卷2《建置志》，清同治十年（1871）刊本。

② 民国《新乡县续志》卷1《学校》，1923年刻本，第75页；民国《郏县志》卷7《学校志》，1932年石印本；民国《重修滑县志》卷9《教育》，1932年铅印本。

③ 民国《大竹县志》卷5《学校志·义学》，1928年铅印本，第19页。

④ 乾隆《吴县志》卷100《艺文》，清乾隆十年（1745）刻本。

⑤（清）戴兆佳：《天台治略》卷4，官箴书集成编纂委员会：《官箴书集成》第4册，合肥：黄山书社，1997年，第119页。

⑥ 民国《禹县志》卷8《学校志》，台北：成文出版社，1976年，第701页。

⑦ 民国《西平县志》卷12《经制志·学校篇》，台北：成文出版社，1976年。

⑧ 乾隆《柳州府志》卷16《学校》，海口：海南出版社，2001年，第121页。

钱，共银二十四两，奖赏银六两；师生纸笔银八两，水火夫工食银七两二钱，在州属门摊地租银七十七两二钱内支销。”[①]更多的知州、知县，以学田出租收取租资，支付义学开支。康熙五十八年（1719），广西灌阳县知县赵成章，在县城东门内置义田五十亩，以资膏火。[②]有的州县官将州县内的交争田、绝户田、无主田判给义学。例如，广西来宾县的雷江义学就是如此。乾隆三十二年（1767），来宾县知县判决县民黄钟奇、韦扶良等争的五里塘入官，同时将县南三里绝户周容的土地收为官田，两地共收租每年谷七千三百二十斤，易银三十二两九钱四分，作为雷江义学“师生束修、膏火之费。馆师束修银十两，生童十五名，每名膏火银一两五钱二分九厘四毫”[③]。也有州县将查出的县内隐漏田土收归于义学的。如光绪《北流县志》记载：“乾隆二十年，知县赫生，额丈溢田亩，详奉拨归州县义学。”[④]光绪年间义学经费以官府出资为主，但还有官员、士绅、乡民出资。光绪年间的著名巡抚张联桂（1838—1897），同治九年（1870）十一月任广西贺县知县，他明白“义学之设，原所以启发愚蒙，振兴文教，实为地方之急务”，他自莅任以后，“无日不以此深望于尔绅民之倡首兴办，故每于各团诸绅因公来见者，莫不谆谆劝勉”。当他“查黄田一带附近约有三十余村，地广人多”而无义学后，即发布《劝兴义学示》，令诸绅士民捐资兴办。[⑤]

州县正印官对义学的管理也多所注意。凡是境域地方义学之建立州县都要求其报备审查，义学塾师之聘任、查考、管理，乃至诸生的课业等，知州、知县们都予以重视。贺县知县张联桂告示就要求将拟设的黄田义学方方面面的事宜“先行禀覆，以凭核夺”。河南禹州知州朱炜，对该州各义学“塾师岁终考验勤惰，定次年去留，稽其授徒多寡给修脯，并详列师徒姓名及有无增设报大府，条教约束非不明也”[⑥]。其他州县义学塾师一般由当地生员、监贡担任，通过董事乡绅公议聘请，但依然须报正印官会同官方教官商议查考决

① （清）谢启昆修，胡虔纂：《广西通志·建置略·学校》，南宁：广西人民出版社，1988年，第4626页。

② （清）金鉷等：《（雍正）广西通志》卷37《学校》，南宁：广西人民出版社，2009年，第662页。

③ （清）谢启昆修，胡虔纂：《广西通志》卷136《学制四》，南宁：广西人民出版社，1988年，第4619页。

④ 光绪《北流县志》，台北：成文出版社，1975年，第366页。

⑤ （清）张联桂：《开心斋学治杂录》卷下，本社影印室：《明确法制史料丛刊》第1编第30册，北京：国家图书馆出版社，2008年，第81—82页。

⑥ 民国《禹县志》卷8《学校志》，台北：成文出版社，1976年，第700页。

定："由县会同两学，秉公酌定。"[①]或"由地方官查考，分别准驳"[②]。

作为州县的初级教育的社学、义学，其教学内容的出发点、归结点，当然离不开儒家思想教育，以利于对基层的统治。但既然作为基层基础教育阵地，识字、读书、作文乃其通常教学活动。其课程、教学训练、教材等则因年龄不同有所差别。譬如，课程及教学训练，7 岁左右的集中于识字、写字；9 岁左右的进行读写基础及属对作诗训练；14 岁左右时则在八股作文试帖诗等方面进行训练。教材起初为识字书，如《三字经》《百家姓》《千字文》等，稍长的则韵语书（《蒙求》《幼学琼林》等）、散文故事（《日记故事》《书言故事》等）、音韵书（《声律启蒙》《对类》等），包括《千家诗》《唐诗三百首》等为教材，至 14 岁前后，古文选（《古文观止》等）、时文选八股教材《小题正鹄》及"四书"等，乃作为其教材。[③]也就是说，集中识字、阅读训练以及进一步的作文，是清代社学、义学为主要办学形式的蒙学教育的固定程序和教学内容。而这些内容，尤其是识字，作用不言自明："汉字不是拼音文字。学习汉语汉文，不能像欧美儿童那样，学会了二三十个字母以后，可以一边识字，一边很快就成句地乃至成段地阅读。学汉字，必须一个一个地认，一个一个地记……汉语汉字的特点，使集中识字有了必要性。"[④]

关于书院，自朱子白鹿洞以来即有设立，原本私学，到清朝，书院虽系混合教育机构，但日渐官学化、儒学化，成为州县地方教育的组成部分。顺治九年（1652），清廷下令："不许别创书院，群聚徒党。"然而，数百年的书院历史积淀以及其教育教化功能使得禁令些许松动。学者研究认为顺治时期修复、重建前代的书院计有 61 所，新建的书院 45 所；康熙一朝尤其是其间三藩叛乱平定后，书院修复、新建多有，数量急剧增长。[⑤]雍正十一年（1733）清世宗正式谕令各省设立书院[⑥]，各地书院因此雨后春笋般涌现。有学者查考各省地方志后估计："清代设立的书院有七百八十多所，连同复兴的书院、改造的书院，合计有一千九百多所，而其中民办的只有一百八十二所，所占的比例尚不及十分之一，已居于无足轻重的地位了，绝大多数书院都掌握在政

---

① （清）李德林：《定颖记事》卷 1《筹议义学经久事宜》，清道光六年（1826）刻本。

② （清）徐栋：《牧令书》卷 16，官箴书集成编纂委员会：《官箴书集成》第 7 册，合肥：黄山书社，1997 年，第 367 页。

③ 马镛：《中国教育通史》第 10 卷，北京：北京师范大学出版社，2013 年，第 283 页。

④ 张志公：《传统语文教育初探（附蒙学书目稿）》，上海：上海教育出版社，1962 年，第 33 页。

⑤ 白新良：《中国古代书院发展史》，天津：天津大学出版社，1995 年，第 124、126 页。

⑥ 清高宗敕撰：《清朝文献通考》卷 70《学校八·直省乡党之学二》，上海：商务印书馆，1936 年。

府及其官员手中。”①

对于书院，“府、州、县守土者，亦各隆重其事，董正其规”②。知州、知县们对书院的设立，总体是积极、认真和支持的。名幕汪辉祖在担任宁远县知县时，就为崇正书院酌定规条，禀作评论文章之诗十二首，鼓励向学。③雍正十三年（1735），河南巩县知县季璟连续设立4所书院，洛阳知县龚松林在乾隆时期设立书院15所，从而使得河南府成为书院重心地区之一。同省的洛阳县有天中、敬业、望嵩、阎公、中山、龙门、伊川等书院17所，禹州的13所书院分别为丹山、甘棠、白沙、东峰、颍川、养蒙、育贤、望峰、环颍、颍南、蓝阳、方山、颍滨经舍。咸同时期，太平军北伐捻军河南，“毁于兵燹”的府州县书院则为49所。州县正印官员对此尽力恢复。相应正印官姓名，所复修书院、时间等如表6-3所示：

**表6-3　河南州县正印官复修书院举例**

| 州县正印官姓名 | 被毁学校 | 被毁坏时间 | 修复时间 | 资料来源 |
|---|---|---|---|---|
| 知县王联陛 | 昆阳书院 | 咸丰年间 | 咸丰六年（1856） | 同治《叶县志》卷2《建置上》 |
| 知州刘庆恩 | 春风书院 | 咸丰六年（1856） | 咸丰八年（1858） | 民国《重修邓县志》卷13《教育》 |
| 知县李德坊 | 希贤书院 | | 咸丰十年（1860） | 光绪《续浚县志》卷4《建置》 |
| 知州宫国勋 | 丹山书院 | 咸丰年间 | 同治五年（1866） | 民国《禹县志》卷8《学校》 |
| 知县李璋 | 江花书院 | | 同治七年（1868） | 民国《考城县志》卷8《学校志》 |
| 知县李慰乔 | 莲溪书院 | | 同治八年（1869） | 宣统《项城县志》卷9《学校志》 |
| 署知县吴若烺 | 景恭书院 | 咸丰年间 | 同治八年（1869） | 同治《中牟县志》卷2《建置志》 |
| 知县张保谦 | 安昌书院 | | 同治八年（1869） | 民国《续武陟县志》卷8《建置志》 |
| 知县陆纲 | 崇正书院 | 咸丰年间 | 光绪十一年（1885） | 民国《夏邑县志》卷2《建置》 |

除表6-3外，尚有崇正书院本系明嘉靖二十五年（1546）知县郑相创建，后废。道光十二年（1832）夏邑知县邹光曾买宅改建，咸丰中“毁于兵燹”，直到光绪十一年（1885）夏邑知县陆纲与县绅重修。州县们努力推动河南书院的恢复，清代河南书院的数量，有多种说法，少者有116所说④，多者315

① 陈元晖，尹德新，王炳照：《中国古代的书院制度》，上海：上海教育出版社，1981年，第97页。
② 道光《西宁县志》卷4《建置·学校》，台北：成文出版社，1967年。
③（清）汪辉祖：《病榻梦痕录》卷下《龙庄遗书》，清光绪十五年（1889）江苏书局刊印本，第8页。
④ 顾明远主编：《教育大辞典》第8册，上海：上海教育出版社，1991年，第444—449页。

所说[①]。全省 108 个县域中除南阳府的南召县无书院外，其他 107 个县域都设立书院。[②]清末光绪年间，德宗多道上谕整顿儒学，重点转向书院，河南各州县又新建书院 20 所，修复数十所书院。开封府禹州知州曹广权光绪二十八年（1902）颖滨经舍，开封府汜水县知县冯尔炽龙山书院。光绪十八年（1892），卫辉府考城县知县郭藻的葵丘书院。

川东大竹县，明朝洪武年间于县城南外文昌宫所设振文书院，后毁于兵火，清初复之。[③]县令叶书绅曾谋始建振文书院，唯后石坎未得完竣，乾隆三十八年（1773），知县高秉永“爰量捐清俸，令诸生董公以蒇其成”[④]。道光二十三年（1843），安徽桐城人方长豫出任该邑正印官，“以振文书院地方狭隘，不足以容多士”，于是率先“捐廉”倡导，在他的带领之下，竹“邑之绅耆闻风兴起，皆踊跃捐资，共襄厥成。爰购地于城之东门外，鸠公庀材，广其栋宇，越二年而告竣。更以院之东凤山耸翠翘首舒翼象主文明，即以‘凤鸣’名院”[⑤]。新建的凤鸣书院，中间讲堂 3 楹，东西两廊学舍 14 间。四川重庆府属各州县厅，无不设立书院，少则 1 所，多则 20 所，共计 172 所，超过自唐有书院以来四朝书院总数的 5 倍。[⑥]其中，巴县“向无书院”，县童生“均附川东公共之东川书院肄业”。巴县知县刘德铨在嘉庆二十一年（1816）“传绅士剀切劝谕设书院”，当捐纳州同职衔周钟，捐纳州同职衔周镛禀称愿捐府城通远门内房屋一院以作书院后，刘知县又亲自前往“履勘”，随颜其门曰“字水书院”，自己“捐廉延请山长，考取县属生童三十六名，送学肄业”。在此期间，巴县知县还遵重庆府知府札文，将煮赈 500 两，传唤巴县商人张天佑、张大川“起息”，每月收银 5 钱，由巴县知县衙门收支，“充作东川书院膏火之用”[⑦]。

州县地方书院的经费，或地方官拨公经理，或绅士出资创办，而成官办民助、官倡民助、民办官助、官民合办等多种形式，但无论哪种形式，“俱申报该管官查核”。四川大竹县“向有振文书院并无学田”，但作为竹邑父母官

---

① 以乾隆二十九年（1764）到咸丰十年（1860）的建置为范围统计，参见王洪瑞：《清代河南学校教育发展的时空差异与成因分析》，陕西师范大学博士学位论文，2007 年，第 156 页。

② 王洪瑞：《清代河南学校教育发展的时空差异与成因分析》，陕西师范大学博士学位论文，2007 年，第 164 页。

③ 四川省大竹县志编纂委员会：《大竹县志》，重庆：重庆出版社，1992 年，第 621 页。

④ 民国《大竹县志》卷 5《学校志 • 书院》，1928 年铅印本，第 8 页。

⑤ 民国《大竹县志》卷 5《学校志 • 书院》，1928 年铅印本，第 9 页。

⑥ 吴洪成：《重庆教育史——从巴国到清代 • 重庆的学校》，重庆：西南师范大学出版社，2008 年，第 100 页。

⑦《嘉庆十八年巴县详文》，四川省档案馆，四川大学历史系：《清代乾嘉道巴县档案选编》，成都：四川大学出版社，1989 年，第 42 页。

且有办学责任的知县们，多有捐助。知县王训、余芳、阮澍，先后在乾隆二十年（1755）、乾隆二十四年（1759）、乾隆四十六年（1781），捐置学田一分。大兴籍浙江山阴人、爱民重士的陈仕林，乾隆四十七年（1782）任大竹县令。他“下车以来，逐查诸生，自乾隆丁酉温孝廉后获售者仅寥寥无闻”，且发现其所以如此，“总由修脯微薄”所致，此“甚非所以重师儒广教育心窃恧”。当时，邑中铺民，有以借垫公项控诸生之案，他唤集原告与被告于庭中堂判：“该案既然因公而起，以半还欠，仍宜以半入官”，然后将判入官的这一半，捐置学田 1 分，劝捐学田 2 分，共租谷 103 石，作为振文书院“每年延师束修”，由此山长“薪水稍充”，书院“规模初就”①。嘉庆二十五年（1820），知县蔡以修捐置田地 3 分，劝捐田地 3 分，共收租谷市斗 55 石 2 斗，作为书院膏火。道光二十三年（1843），安徽桐城人方长豫为设凤鸣书院，也是率先捐廉，以身示范。巴县字水书院，除知县刘德铨“捐廉”延师外，还多方筹资。同治五年（1866）巴县知县黄朴，拨张三童充公银 2000 两，以息金作山长、童生膏火之费。②就是川东道主持的东川书院，巴县知县王尔鉴亦有功焉。他在乾隆二十四年（1759）为之置学基地，岁收租银 430 两。除四川之外，其他省份州县大抵也有如此的。如广西贺县临江书院山长束修以及诸生膏火，由于咸丰兵燹，田园荒芜，图籍失据“而无所出”，同治十一年（1872）五月，广西贺县知县张联桂深遂“与诸君约，择其可捐当捐者而劝之、捐之……即小康之户，最少须捐十两”，并将所筹资金发交饷押照章 3 分行息，年收 360 两，“以一百二十金奉山长束修，以二百二十金为诸生按月膏火，以二十金作诸生按月卷本”③。安徽五河县，“几遇地方以涸出湖田涉讼者，历经知县批归书院，以自月课膏奖”④。

知州、知县除倡导动员，捐廉筹资，设立创办书院外，多按规定亲自查验、聘请山长（院长、讲学），并加礼遇⑤，甚至身体力行，“每月一课”⑥。怀安县虽然早在乾隆间就有文昌书院，但不久即废，同治年间知县邹振岳甫下车，开课署内，旋约邑人孝廉刘好信、附贡徐建猷、廪贡宗光熹、岁贡冯

① 民国《大竹县志》卷 5《学校志・书院》，1928 年铅印本，第 8 页。
② 民国《巴县志》卷 7《学校・书院》，1939 年刻本，第 19 页。
③（清）张联桂：《开心斋学治杂录》卷下，本社影印室：《明清法制史料丛刊》第 1 编第 30 册，国家图书馆出版社，2008 年，第 131 页。
④ 光绪《重修五河县志》卷 4《建置志》，台北：成文出版社，1974 年，第 255 页。
⑤（清）昆冈等修，刘启端等纂：《钦定大清会典事例》卷 395《礼部・学校・各省书院》，《续修四库全书》编委会：《续修四库全书》第 804 册，上海：上海古籍出版社，2002 年，第 308 页。
⑥ 光绪《重修五河县志》卷 4《建置志》，台北：成文出版社，1974 年，第 256 页。

兆吉，捐建文昌书院，延名宿主讲，公暇辄至院中，察勤惰，进童生等，亲为指授，其风雅遗韵，迄今犹存。[①]山西芮城县刘知县，在西河书院“每岁启馆时，有本县发帖，敦请儒学两老师监院，并延四斋长帮同督察……延请山长……本县与监院熟商议定礼聘”[②]。山西人李少初光绪年间莅临安徽凤台县令，该县“书院经费款绌，素无山长”，李知县便“于每月官课外多增一课，亲为点窜，移焦湖麦租，增膏火资。以故士子得蒸蒸日上”[③]。清同治九年（1870），无极知县丁文浚“每月至书院考课士，以实学多所奖励，文风为之一振。”前揭大竹县凤鸣书院的经理兼山长，就是“由县官礼聘，以文行优裕者充之，岁修额租八十石”[④]。各位知县对书院的办学条件设施，亦加关心、关怀和支持。譬如，对凤鸣书院的图书资料，多任县令都加重视。光绪二十二年（1896）知县玉启，鉴于该院原本“有钦颁书籍，年久散佚”，并“筹银百两，购经史各书二十部，又捐送续三通、皇朝三通各一部”；光绪二十七年（1901），知县谢寿昌、杨锡澍拨昭信股余银千两，购置子史时务各书，备住院生徒肄习”，尤其是极其重视实学的杨知县，“为住院学生购置时务书籍，以为开办学校之先导”[⑤]。杨锡澍《购书札文》曰：

照得古之学者，得之于心，征之于事，本于《礼》《乐》《诗》《书》，以期明礼达用。今之学者，不求于心征于言，专尚制艺，将毕生有用之精神，消磨于时文试帖之中，空言无补，猎取科名，意在幸获，故于寻章摘句之外，不仅海外列邦天文地舆、政治邦交、农工制造、格致测算诸学闻所未闻，即中华向有之儒家、法家、农家、兵家、算学、数术、艺术、谱录、杂家，一切有关经济之书，多未寓目。方今朝廷振兴庶务，力求实学，不以八股试帖取士，是时务诸学不可不亟讲也。然讲求时务，必先购书籍，卷帙甚富，价值亦昂，非寒士所易办。本县虽暂权斯土，为日无多，然作一日官，必办一日事，始觉无愧我心，为此，谕令该绅等，赶紧会同山长陈孝廉妥为商办，如何厚筹经费，议一二公正妥人，前往上海，购置中外一切时务要书回竹，如何创设藏书楼，以备劝学有志之士存储观摩，搜罗探讨，上仿三代之遗规，旁采五洲之要务，将来

① 光绪《怀安县志》卷5《秩官表》，清光绪二年（1876）刻本。

② 张正明，科大卫：《明清山西碑刻资料选》，太原：山西人民出版社，2005年，第646页。

③ 张正明，科大卫，（英）王勇红：《明清山西碑刻资料选（续一）》，太原：山西人民出版社，2007年，第298页.

④ 民国《大竹县志》卷5《学校志·书院》，1928年铅印本，第9页。

⑤ 民国《大竹县志》卷7《职官志·政绩》，1928年铅印本，第34页。

文教兴而人才众，规模远而识见宏，用功久而读书多，强弱判而关系重，开乡党风气之先，备国家真才之选，本县与有望焉。①

在凤鸣书院藏书楼的藏书中，有自清光绪甲午后由县官、书院掌教相商所购置的图书，具体情况如表6-4所示：

**表6-4　清末大竹县凤鸣书院藏书楼县官批准的筹款购藏书籍一览表②**

| 类别 | 书名 | 数量 |
|---|---|---|
| 经部 | 《十三经注疏》 | 1部 |
| | 《书经传说》 | 1部 |
| | 《仪礼析疑》 | 1部 |
| | 《周官析疑》 | 1部 |
| | 《书经折中》 | 1部 |
| | 《仪礼义疏》 | 1部 |
| | 《考工析疑》 | 1部 |
| | 《春秋直解》 | 1部 |
| | 《春秋通论》 | 1部 |
| | 《大学衍义补》 | 1部 |
| | 《诗经传说》 | 1部 |
| | 《礼记析疑》 | 1部 |
| | 《周官义疏》 | 1部 |
| | 《易经折中》 | 1部 |
| | 《礼记义疏》 | 1部 |
| | 《周官集注》 | 1部 |
| | 《读礼通考》 | 1部 |
| | 《春秋传说》 | 1部 |
| | 《孟子微》 | 1部 |
| | 《段注说文》 | 1部 |
| 史部 | 《史记》 | 1函 |
| | 《后汉书》 | 1函 |
| | 《晋书》 | 1函 |
| | 《宋史》 | 7函 |
| | 《南齐书》 | 1函 |
| | 《陈书》 | 1函 |
| | 《南北史》 | 1函 |
| | 《北齐书》 | 1函 |

① 民国《大竹县志》卷5《学校志·书院》，1928年铅印本，第9页。
② 民国《大竹县志》卷5《学校志·书院》，1928年，第10—14页。

续表

| 类别 | 书名 | 数量 |
|---|---|---|
| 史部 | 《旧唐书》 | 2 函 |
| | 《五代史》 | 1 函 |
| | 《辽史》 | 1 函 |
| | 《元史》 | 2 函 |
| | 《（大板）朱子纲目》 | 1 部 8 函 |
| | 《（大板）北史》 | 1 部 |
| | 《前汉书》 | 1 函 |
| | 《三国志》 | 1 函 |
| | 《南史》 | 1 函 |
| | 《宋书》 | 1 函 |
| | 《梁书》 | 1 函 |
| | 《隋书》 | 1 函 |
| | 《魏书》 | 1 函 |
| | 《后周书》 | 1 函 |
| | 《新唐书》 | 2 函 |
| | 《旧五代史》 | 1 函 |
| | 《金史》 | 1 函 |
| | 《明史》 | 4 函 |
| | 《南史》 | 1 部 |
| | 《（大板）五代史》 | 1 部 |
| | 《（南板）御批通鉴》 | 1 部 3 函 |
| | 《二十四史札记》 | 1 部 |
| | 《名臣传》 | 51 册 |
| | 《中兴名臣事略》 | 1 部 |
| | 《朱批谕旨》 | 60 册 |
| | 《续资治通鉴》 | 320 卷 |
| | 《宋史纪事本末》 | 26 卷 |
| | 《圣武记》 | 1 部 |
| | 《补建元以前历代甲子》 | 1 部 |
| | 《欧罗巴通史》 | 1 部 |
| | 《世界通史》 | 1 部 |
| | 《万国公法》 | 4 本 |
| | 《西学考略》 | 1 部 |
| | 《星轺指掌》 | 4 本 |
| | 《史记补注》 | 1 部 |
| | 《（南板）名臣言行录》 | 1 部 |
| | 《（南板）先正事略》 | 1 部 |

续表

| 类别 | 书名 | 数量 |
|---|---|---|
| 史部 | 《十一朝东华录》 | 78 册 |
| | 《资治通鉴》 | 294 卷 |
| | 《通鉴纪事本末》 | 42 卷 |
| | 《元、明史纪事本末》 | 480 卷 |
| | 《万国纲鉴易知录》 | 1 部 |
| | 《历代四裔纪年统表》 | 1 部 |
| | 《万国通史》 | 1 部 |
| | 《西洋史要》 | 1 部 |
| | 《通商约章成案汇编》 | 12 本 |
| | 《泰西政要》 | 1 部 |
| 子部 | 《老子》 | 1 本 |
| | 《列子》 | 2 本 |
| | 《尸子》 | 1 本 |
| | 《墨子》 | 4 本 |
| | 《管子》 | 6 本 |
| | 《淮南子》 | 6 本 |
| | 《文中子》 | 2 本 |
| | 《贾谊新书》 | 1 本 |
| | 《春秋繁露》 | 2 本 |
| | 《竹书纪年》 | 4 本 |
| | 《删定管子》 | 2 本 |
| | 《山海经》 | 3 本 |
| | 《庄子》 | 4 本 |
| | 《文子》 | 2 本 |
| | 《晏子》 | 4 本 |
| | 《孙子》 | 6 本 |
| | 《荀子》 | 6 本 |
| | 《韩非子》 | 6 本 |
| | 《商君书》 | 1 本 |
| | 《扬子法言》 | 1 本 |
| | 《孔子集语》 | 4 本 |
| | 《删定荀子》 | 1 本 |
| | 《吕氏春秋》 | 6 本 |
| 集部 | 《古文辞汇纂》 | 1 部 |
| | 《东来博议》 | 1 部 |
| | 《龙川文集》 | 1 部 |
| | 《唐宋文存》 | 1 部 |

续表

| 类别 | 书名 | 数量 |
| --- | --- | --- |
| 集部 | 《左文襄奏疏》 | 1部 |
| | 《胡文忠遗集》 | 1部 |
| | 《李注文选》 | 1部 |
| | 《文望溪全集》 | 58本（佚11） |
| | 《唐宋八家钞》 | 佚 |
| | 《古文词略》 | 1部 |
| | 《古文翼》 | 1部 |
| | 《国朝文录》 | 1部 |
| | 《曾文正全集》 | 1部 |
| | 《陆宣公集》 | 1部 |
| | 《曾惠敏集》 | 1部 |
| | 《经世文编》 | 1部 |
| | 《十八家诗钞》 | 2函 |
| | 《唐宋诗醇》 | 佚 |
| 掌故部 | 《通典》 | 1函 |
| | 《通考》 | 1函 |
| | 《续通志》 | 2部 |
| | 《皇朝通典》 | 2部 |
| | 《皇朝通考》 | 2部 |
| | 《东汉会要》 | 1部 |
| | 《五代会要》 | 1部 |
| | 《五礼通考》 | 1部 |
| | 《通志》 | 1函 |
| | 《续通典》 | 2部 |
| | 《续通考》 | 2部 |
| | 《皇朝通志》 | 2部 |
| | 《九朝提要》 | 1函 |
| | 《唐书会要》 | 1部 |
| | 《大清会要》 | 1部 |
| | 《光绪财政通纂》 | 28本 |
| 考据部 | 《佩文韵府》 | 1部 |
| | 《子史精华》 | 1部 |
| | 《东塾读书记》 | 1部 |
| | 《韵府拾遗》 | 1部 |
| | 《日知录》 | 1部 |
| | 《廖本困学纪闻》 | 1部 |
| 数理部 | 《数理精蕴》 | 1部 |

续表

| 类别 | 书名 | 数量 |
|---|---|---|
| 数理部 | 《微积溯源》 | 1 部 |
| | 《弧三角解》 | 1 部 |
| | 《四元玉鉴》 | 1 部 |
| | 《缀微释明》 | 1 部 |
| | 《九章细草》 | 1 部 |
| | 《彭氏数理谈理》 | 1 部 |
| | 《钦定历象考成》 | 26 本 |
| | 《笔算数学》 | 12 本 |
| | 《代数术》 | 4 本 |
| | 《算牖》 | 2 本 |
| | 《西学算术丛书》 | 116 本 |
| | 《算经十书》 | 1 部 |
| | 《梅氏丛书》 | 1 部 |
| | 《翠微三房》 | 1 部 |
| | 《八线备旨》 | 1 部 |
| | 《代数通艺录》 | 1 部 |
| | 《行素轩算学》 | 1 部 |
| | 《白芙蓉堂》 | 34 册 |
| | 《钦定仪象考成》 | 12 本 |
| | 《算学课艺》 | 4 本 |
| | 《形学备旨》 | 2 本 |
| | 《代数备旨》 | 4 本 |
| 杂著 | 《近思录》 | 4 本 |
| | 《纪效新书》 | 4 本 |
| | 《格致课艺汇编》 | 11 本 |
| | 《家事教科书》 | 1 本 |
| | 《海国图志》 | 16 本 |
| | 《历代地理志韵编》 | 15 本 |
| | 《瀛环志略》 | 10 本 |
| | 《西洋兵书五种》 | 6 本 |
| | 《西学军政全书》 | 8 本 |
| | 《西学大成》 | 11 本 |
| | 《格致入门》 | 7 本 |
| | 《天文歌略》 | 2 本 |
| | 《策学汇源》 | 48 本 |
| | 《时务新策》 | 7 本 |
| | 《化学实用分析》 | 3 本 |

续表

| 类别 | 书名 | 数量 |
|---|---|---|
| 杂著 | 《海道图说》 | 8 本 |
| | 《地理歌略》 | 3 本 |
| | 《东亚普通读本》 | 6 本 |
| | 《东游丛录》 | 1 本 |
| | 《西洋兵书后五种》 | 6 本 |
| | 《海国大政记》 | 12 本 |
| | 《矿物丛钞》 | 20 本 |
| | 《格致补》 | 1 本 |
| | 《蜀事答问》 | 1 本 |
| | 《日本政治汇编》 | 18 本 |
| | 《读史兵略》 | 3 本 |
| | 《出使日本续编》 | 10 本 |
| | 《各国学校制度》 | 3 本 |
| | 《体育学》 | 1 本 |
| | 《学部审定东洋史》 | 1 册 |
| | 《师范讲义》 | 23 册 |
| | 《英法德志略》 | 1 本 |
| | 《西学富强丛书》 | 25 本 |
| | 《约章分类辑要》 | 32 本 |
| | 《最新经学教科书》 | 4 本 |
| | 《步兵操典》 | 1 本 |
| | 《西洋通史》 | 1 本 |

前揭札文尤其是表 6-4 表明，即使是作为川东内地的知县，仍然是重视学校图书资料等教育资源的配置，以及教学和教学内容思想的发展。此外，州、县书院，月分两课，上半月为官课，下半月为师课。府、州、县则官、师每月分课；生员、童生分课。知州、知县政暇之时，或亦课之。[①]晚清浙江嘉善人钟汪杰主政山阳县，不但将本县“废弛已久”的书院“扩而新之”，还“延师增课，又亲为诸生讲论。……凡所指授皆勉以博古通今”[②]。

诚然，清代州县正印官于州县地方之学校教育做了不少工作，对于贯彻国家意志于学校教育，进而落实到广大城乡，尤其是县以下的基层乡村，建立与发展州县教育起到了一定的作用，同时，州县官学及其州县正印官主持

① 刘成禺：《世载堂杂忆·清代之教学》，沈阳：辽宁教育出版社，1997 年，第 11 页。
② 张正明，科大卫：《明清山西碑刻资料选》，太原：山西人民出版社，2005 年，第 580—581 页。

的州县地方的科举考试，也极大地调动了县域地方士子入学读书的积极性，使清朝学校教育在州县基层地方有所普及，促进地方学校教育的某种繁荣和城乡社会读书风气的形成。乾隆下江南，听到的是“比户书声”，见到的是“济济青衿，来迎道左”[①]，广东番禺县经知县李文浩等重建番山书院以及倡导义学等，“诵读之声里巷相接”[②]。前揭大竹县“光绪以前文风盛而占数多，学使有才不胜取之奖。”[③]即便边远省份州县乡村也是子弟读书习礼。亨利·查尔斯的《中国与中国人》甚至认为：“就男性人口而言，世界上已知的国家内没有一个国家的教育普及程度有中国那么广泛……在中国人的价值观念中，知识置于财产、高贵门第之上。”[④]不过，清代州县正印官的学校教育及县试等还是存在诸多问题与不足：一则工作多迫于职责和压力。比如，四川官办州县义学一部分就是“奉抚宪札饬”的。譬如，荣昌县知县龙翔因道光六年（1826）“奉札饬府州县增建”带领全县设立义学 21 所。二则教育机构兴废交织，问题多多。社学、义学初级教学机构以及民间私塾“易兴亦废”。荣昌 21 所义学但因脯修不足，龙翔减掉 4 所，剩下 17 所。道光二十七年（1847），代理荣昌县知县沈瑛又裁 12 所，到清末除 1 所改为书院外，义学仅存 4 所。署理开县知县林丹云在《新设义学记》中说：“窃思义学之设在于劝捐之道最难核实，尤难持久……有今年设而明年废者矣，有官在设而官去废者矣。”[⑤]而晚清“官学积渐废弛……月课虚应故事”[⑥]，甚至名存实亡，书院积弊丛生，私塾困难重重。[⑦]三则学校儒学化、科举化，育才的功能日渐弱化，教学内容脱离于实际等。

### 五、知州、知县与清末州县劝学所、新式学堂

清末州县的教育行政体制有所变动，最为突出与重要的就是劝学所的设立。光绪三十一年（1905）国家教育管理最高行政机构——学部出现，各省提学使司、各府厅州县兴修劝学所被提上议事日程。光绪三十二年（1906）四月二十二日，学部出台《劝学所章程》，要求厅州县特设公所一处，名曰某

① 《清实录·高宗实录》卷 532 乾隆二十二年二月庚午条，北京：中华书局，1986 年，第 709 页。
② 光绪《广州府志》卷 108《宦绩五·李文浩》，清光绪五年（1879）刊本，第 32 页。
③ 民国《大竹县志》卷 5《学校志·学制》，1928 年铅印本，第 6 页。
④ Henry Charles Sirr，*China and the Chinese*，London：W.S. Orr & Co.，1849，pp.82-83.
⑤ 咸丰《开县志》卷 27《艺文志·义学》，清咸丰三年（1853）刻本，第 17 页。
⑥ 赵尔巽等：《清史稿》卷 106《选举志》，北京：中华书局，1977 年，第 3111 页。
⑦ 金林祥主编：《中国教育通史》第 11 卷，北京：北京师范大学出版社，2013 年，第 2、10、17 页。

处劝学所，以总董负责，地方官挂名监督。①劝学所的总董例由各州县政区的视学兼任，劝学所的劝学员，则由劝学所总董先“选择本区类土著之绅衿，品行端正、夙能留心学务者”，然后上禀所隶州县正印官即知州、知县“札派”。于是各州县开始设立劝学所，并逐年在全国推开。如安徽省，光绪三十二年（1906）年当年成立的劝学所只有 3 所，次年发展到 34 所，光绪三十四年（1908）又增加 12 所，至宣统元年（1909）年达到 52 所。②其他各省情形也大致与安徽类似，渐次设立。到宣统元年（1909），各省厅州县劝学所数量分别是，直隶 152，奉天 42，吉林 18，黑龙江 17，山东 106，山西 89，陕西 81，河南 102，江宁 32，江苏 25，安徽 53，浙江 76，江西 48，湖北 68，湖南 63，四川 145，广东 86，广西 80，云南 86，贵州 65，福建 46，甘肃 75，新疆 33，全国厅州县已经设有劝学所 1588 所，几乎达到州县政区全覆盖，各州县中的劝学所的总董大致 1577 人，学员 12 066 人。③

从学部光绪三十一年（1905）奏请设立开始后，短短三年，全国绝大部分州县就有设立，且总数达到如此的规模，如果没有知州、知县在基层的响应与落实，根本是不可能的。颇为边远的四川大竹县劝学所就是在该县知县的努力下逐步实现的。光绪三十年（1904）知县曹钟彝创设馆费局，以其收入及城区膏火义学拨归学校，以各场月课义学为乡有学款，并就地筹定庙会、平斗各款，委学董任收支，筹备各乡初小学校；光绪三十一年（1905）十二月知县段嘉荣奉札裁撤馆费局，设学务局，委任张冠琼等经理学务，以学田卷局新旧宾兴考棚各款归并；光绪三十二年（1906）四川省学务处改为提学使，陈步武任县视学；宣统三年（1911）六月，视学改为劝学员长，县学务局改为劝学所。④知州、知县以劝学所监督的身份，运用州县正印官的资源在劝学所的建立、运转，以及州县学务管理等方面发挥了不可替代的作用。

首先，知州、知县是劝学所的“监督”。从劝学所组织结构和人员组成来说，按照学部出台《劝学所章程》所作出的规定，州、县劝学所，除总董及其内部机构人员外，“地方官挂名监督”。也就是说“监督”必须由劝学所所在的知州、知县担任，由州县正印官担任的“监督”是劝学所组织人事的

---

① 朱有瓛主编：《中国近代学制史料》第 2 辑上册，上海：华东师范大学出版社，1987 年，第 144 页。

② 《清末安徽省劝学所》，朱有瓛等：《中国近代教育史资料汇编——教育行政机构及教育团体》，上海：上海教育出版社，1993 年，第 80 页。

③ 《各省劝学所统计表》，朱有瓛等：《中国近代教育史资料汇编——教育行政机构及教育团体》，上海：上海教育出版社，1993 年，第 94—95 页。

④ 民国《大竹县志》卷 5《学校志・教育局》，1928 年铅印本，第 22 页。

重要组成部分，不可或缺。光绪三十三年（1907），宝山县劝学所的总董由该县视学王钟琦兼任。该县劝学所总董王钟琦编制而成的《宝山县劝学所光绪三十三年学事一览》当中的“职员表”明确记载，该劝学所监督是该县知县王得赓，王知县出任劝学所监督从正月至五月，五月以后到八月是知县窦镇山，八月之后则为知县胡调元。[①]

其次，知州、知县对劝学所的人事具有“监督”权乃至决定权。知州、知县不仅身为劝学所“监督”，而且对各劝学所的人事从总董、劝学员等人选具有实际任命权。总董虽然由地方绅士公举具体人选，但是他们公举出的人，则由州县长官禀请所隶省份的提学使加以札派，知州、知县之禀请表明，劝学所的总董是须得到州县正印官认可的。甚至，有的总董直接由县令选派上禀的，在县绅就总董人选公举发生分歧时，更“由地方官访查乡望素孚者”，禀请提学使札派。河南巩县劝学所的一切事务，由补用知县张文炳操办，总董由其自行选择。福建闽、侯官两县筹设劝学所，均由县令直接“遴选合格绅衿，禀候本司札派县视学员兼劝学所总董之职”[②]。贵州劝学所“大都总董之选派或由地方官之保荐”[③]。总董的产生如此，总董的年终考核，知州、知县的影响同样很大。因为总董的学务实绩是由厅州县正印官直接提供给乡提学使加以禀陈，然后提学使以此实绩决定总董去留。劝学所内在各学区“劝学”的劝学员于州县学务非常重要，“人所不知，则待劝；人所不愿，则待劝；人所不为，则待劝。欲以不知、不愿、不为者，使之知，使之愿，使之为”[④]。对他们的任免，在宣统二年即1910年《改订劝学所章程》颁布后，也不再单纯决定于总董，而是经总董挑选后“禀名地方官札派”，也就是由知县或知州开具履历清单，申请提学使派充，并报学部备案。重庆府巴县劝学员的实绩与奖惩，就是由巴县知县年终按其记功之多寡禀明省提学使，规定一旦发现劝学员于学务之外有不正当活动，即禀报提学使下令撤退。如古城县劝学员谢朝纶“干预讼事，县传有案，殊失学员资格，应令撤退。”[⑤]这样，既为劝学所“监督”，又是州县“地方官”的知州或知县实际就成为劝学所的直管上司，劝学所在接受省提学使领导的同时，必须接受所在地方的知州、知县或抚民同知、抚民通判的领导，“原具有独立行政职能的教育机构变

---

① 转引自高俊：《清末劝学所督办地方学务述论——以宝山县为个案》，《史林》2012 年第 3 期，第 134 页。

②《本司札闽侯两县设立劝学所并选举总董县视学员》，《福建教育官报》1909 年第 21 期，第 5 页。

③《本司通饬各属遵照谘议局议案改良劝学所办法文》，《贵州教育官报》1911 年第 3 期，第 14 页。

④《敬告劝学所》，《教育志杂志》1909 年第 13 期。

⑤《本司札古城县遵办通学并撤退总劝学员文》，《湖北教育官报》1910 年第 4 期，第 30 页。

为州县长官教育行政的辅助机关”①。

再次，州县正印官对劝学所经费的筹措与拨款的支持。劝学所成立时期，清朝财政原本困难已甚，“顾以中国现时力量及人民程度，而欲大兴教育，广设蒙小学堂，恐无此无量数之经费，亦无此无量数之教员”②。1906年的《劝学所章程》规定由地方绅衿自筹，“官不经手”，虽立意或在其减少州县地方之干预而保持其独立行，但是没有州县正印官的支持，经费筹措是难以得到保障的。光绪三十三年（1907），宝山县劝学所初创时的14个学区经费入数总计32 908银圆，出数为33 902银圆，其赤字就将近1000银圆。③并且各劝学所的经费实际并非完全来自自筹，相当部分都是通过州县正印官运用公权力进行筹措的。南部县在光绪三十三年（1907）成立劝学所后，在知县的支持下，把宾兴余款、书院、义学、田地、铺房并考棚佃租等，一并归入劝学所经管，从而使该县劝学所运转经费得到保障，与此同时，南部县知县还提留本县公款，加抽肉厘、契底等对劝学所提供经费支撑。事实上，在乡民对劝学所于新式教育意义没有普遍性清醒认识的内地县份，各地甚而出现了一些抗缴事件，对此，知州知县的动用政府力量以劝学所筹款的支持，较之劝学所办学员绅劝说和协调来说更加重要和富有效果。光绪三十四年（1908）上学期，南部县南三区建兴场所欠学款，影响建兴场公立小学的运转，对此，南部县知县兼劝学所监督史久龙，便调动县衙司法力量，亲自签饬差役前往建兴场，协同劝学员李淑沣、学董敬锡光等，共同催收学款，令“欠户等速将应缴学堂经费照数缴交该学董”，若欠户“倘再抗延，即系把持学务”，授权差役将欠户立即带到县衙“以凭讯追究办”④。又，双河场猪行经纪徐培、徐修英阻碍提筹猪行款项，劝学所监督、知县史久龙，札派该区劝学员周建子对此进行调查核实，周调查后向劝学所监督也就是知县报告：“情生区内双河场关帝庙设学一堂，现筹经费六十串，不敷甚巨。因学董文生王光华、董含章等将徐培、徐修英等猪市闲宽具禀在案，沐恩札生往该场查明逐细禀覆，生业已前往，会同该处学董、保正等查明猪市入款，每年实系有三百余串之多，每年只支劝学所内公款钱七串，支汛上公款多则十二串，少则六七串，

① 高俊：《清末劝学所与地方教育行政制度的确立》，《文汇报》2013年5月20日，第11版。

②《私塾改良会章程》，舒新城：《中中国近代教育史资料》上册，北京：人民教育出版社，1961年，第101页。

③ 转引自高俊：《清末劝学所督办地方学务述论——以宝山县为个案》，《史林》2012年第3期，第136页。

④《清代南部县衙档案》，四川省南充市档案馆藏，档案号：Q1-18-1240。

每年应支公款不过二十串，余无支消……生当同众议，猪行闲款甚多，应抽提八十串以济膛内支用……伊竟执迷不悟，不准抽提”，史知县据此最终撤销二徐猪行经纪，“另派妥人充当，并按照旧规抽取猪行款项”作为劝学所经费。[①]其他相关记载在南部县这种由知县签饬差役协同劝学员、学董催收学款的情况“极其普遍”[②]。从中反映出南部县知县对劝学所经费的支持，而四川大竹县宣统三年（1911）的劝学所的经费也来自该县学田卷局新旧宾兴考棚各款。所以，各州县正印官不仅是对劝业所的经费及其具体开支项目严加查实，而且劝学所筹款经费每年须造具表册呈报本县地方官，更重要的是州县正印官对劝学所的经费的实际支持。也正是劝学所先前自筹经费的艰难，以及州县官员的努力支撑，故清政府在1910颁行《改订劝学所章程》时，将劝学所经费自筹改由地方长官“筹定”拨给。

最后，州县正印官对劝学所事务的支持、配合。一开始劝学所总董在知州、知县的监督之下具有一定的自主性，但为了与宣统元年（1909）清政府颁发的《地方自治章程》中的“劝学所为府厅州县官及教育行政辅助机关”“佐理官办学务”之规定相协调，而从宣统年间开始，“劝学所应办事务，须经该管长官核定，所有文件以长官名义行之……劝学所办事细则，由该长官拟订”[③]。如州县正印官对劝学所所治学务中的有关收支事宜、对劝学员所提出的有关学堂学董委任工作、办学场地的支持等县有决定权。例如，四川南部县东四区新政坝学董程光伊，被委为新政坝两等学堂收支后，程光伊又向南部县知县史久龙禀请懂得算术账目的监生雍和鸣协同为两等学堂收支员，史久龙知县接受其请求，札委雍和鸣充当收支员，与程光伊共同担任南部县新政坝两等学堂收支员一职。龙知县之札委函要求 2 人负责“所有一切银钱账目及收支应管事项”，令“认真办理，和衷共济。切勿各寻意见，因循怠玩，致负委任”[④]。清末南部县的县视学、东一区劝学员胡升庸向知县报告，东一区石河场校地高阳寺地方，“堪办公立初等小学一堂”，需要“专派学董”以便督、筹办。得到此报后，知县即劝学所监督史久龙，“查得该区文生何光韩、许绍文公正勤能，谙练学务，堪以委充”后，颁发给二人学董委任书，以为

①《清代南部县衙档案》，四川省南充市档案馆藏，档案号：Q1-18-1194。

② 马丽，蒋丽：《晚清地方县域办学体系中的统辖关系——以档案看晚清地方劝学所的内部设置》，《阴山学刊》2013 年第 3 期，第 86 页。

③ 朱有瓛主编：《中国近代学制史料》第 2 辑上册，上海：华东师范大学出版社，1987 年，第 149—150 页。

④《清代南部县衙档案》，四川省南充市档案馆藏，档案号：Q1-18-1222。

“札委……即便充当”[①]。此外，南部县知县还利用榜示通知，为劝学所学务服务。如光绪末年，南部县知县、劝学所监督史久龙利用榜示通知有关初等小学堂学生可题升到相应的高等小学堂就读。[②]钟祥县令查劝学所“并无驻所缮书，遽表开二名，一在所办公，一在初等小学办公，均属挂名领薪”，便下令裁撤多余人员，由总董县视学另选一人驻所，监理发教科书事。[③]巴县知县在得悉该县金汤坊字圣宫将被“押当变作民居”后，即批示将庙产充公“兴建学堂”，从而得以创办女子师范学堂，继而运用行政权威聘任总理，以“规划堂中一切事务”[④]。为劝学所办学场地提供政府支持。

总之，劝学所作为州、县学务专门管理机构，固然打破了从前的知州、知县作为州县行政首脑，囊括州县教育职能而“靡所不综”的局面，但是也并不是就完全超然于州县正印官之外。前述事实表明，清代各州县的劝学所，是一个由经由州县正印官札委并以州县正印官为监督的佐理州县学务的带有明显官方色彩的机构[⑤]。同时，清代各州县正印官出任劝学所监督，不仅对劝学所的建立及其所进行的具有近代意义的学务工作的开展减少了阻力，而且他们依靠并运用手中的行政资源和政府公信力，对于劝学所的存在尤其是所推行的州县新式学堂教育是具有积极意义的，并在实践中起到了积极作用。

清末基层地方的新式学堂，知州、知县同样有功，值得肯定。这首先表现在，州县正印们逐步遵循办学谕旨、政策，顺应办学潮流。光绪二十四年（1898）五月二十二日，上谕提出：“将各省府厅州县现有之大小书院，一律改为兼习中学、西学之学校。至于学校阶级，自应……郡城之书院为中等学，州县之书院为小学，皆颁给京师大学堂章程，令其仿照办理。其地方自行捐办之义学、社学等，亦令一律中西兼习，以广造就。”[⑥]据此，山西省做出积极而务实的响应计划：各州县书院，若经费充足或能筹款，即妥速改办为学堂；若一时经费不敷暂缓改办，体现出务实作风。光绪二十四年（1898）七月二十九日，江苏省则拟在上元县、江宁县分别设立重点、小学学堂各 1 个，“并将旧有之钟山、尊经过、惜阴、文正、凤池、奎光六书院并改为府县各学堂”。光绪二十四年（1898）七月十八日，湖广总督张之洞做了内容如下的书

①《清代南部县衙档案》，四川省南充市档案馆藏，档案号：Q1-18-1194。
②《清代南部县衙档案》，四川省南充市档案馆藏，档案号：Q1-18-1283。
③《本司札钟祥县整顿学务文》，《湖北教育官报》1910 年第 7 期，第 9 页。
④《清代巴县衙门档案》，四川省档案馆藏，案卷号：6-7-1600。
⑤ 刘伟：《官治与自治之间：清末州县劝学所述评》，《近代史研究》2012 年第 4 期，第 99—100 页。
⑥（清）朱寿朋编，张静庐等校点：《光绪朝东华录》，北京：中华书局，1958 年，第 4126 页。

院改学堂部署："通省六十七州县，已饬一律就所有书院改为学堂。惟州县书院经费尤少，断难敷一学堂之用，多无肄业生斋舍，有者亦止数间，尚需筹款充用。"①可见，书院改学堂在各地之创办固然不平衡，但是毕竟在一些州县已经或将被变为现实，只是因戊戌政变，旋即礼部奏请各省州县地方书院照旧办理，懿旨认为："书院之设，原以讲求实学，并非专尚训诂词章，凡天文、舆地、兵法、算学等经世之务，皆儒生分内之事，学堂所学亦不外乎此"②，从而书院政学堂出现搁浅。新政时期，书院改学堂事宜再次提上改革重要日程。山东、江苏等率先行动，文正书院改为小学堂招收上元、江宁两县学生，各取 80 人，另外设附课生 10 人，学习初级浅近之学，各府州县"亦已饬令改为学堂。"光绪二十七年（1901）八月初二日清廷发布上谕，要求各省府州县书院改设大中小学堂，并多设蒙养学堂，"其教法当以四书、五经纲常大义为主，以历代史鉴及中外政治艺学为辅"③。同时学务大臣奏请谕令各督抚广办学堂时"严定州县功过，其玩视尤甚及有名无实者，分别情节轻重，随时撤参"④。各省州县的响应，譬如江苏，光绪三十一年（1905）"教科之不完、章程之未合、生徒之缺额、教员之滥竽，以至经费之支用无法，办事之任用非人"的一些州县，在上级的"切实调整"之下而展开。⑤四川有 15 个州县的知县、知州，因书院改学堂表现优异而得到总督锡良的奖励，而 11 个不切实的州县正印官因此记过受到鞭策。⑥譬如，四川秀山县知县吴光耀，就将该县"六处书院一律改为学堂，并定章程十条，照常月课"⑦。四川巴县情形也颇喜人⑧，到光绪三十年（1904），由字水书院改办的小学堂大致成型，堂内学生分"高等级""寻常等级"2 个等级，知县亲自兼任学堂总理，主持考课，且自当年九月开始，堂内由以前的每月考试按甲乙等第榜示学生姓名，改为分科按体操、经学、算学、西学等五门考试，分别评定学生等第。⑨小学

① 朱有瓛主编：《中国近代学制史料》第 1 辑下册，上海：华东师范大学出版社，1986 年，第 443 页。
②（清）朱寿朋编，张静庐等校点：《光绪朝东华录》，北京：中华书局，1958 年，第 4255 页；朱有瓛主编：《中国近代学制史料》第 1 辑下册，上海：华东师范大学出版社，1986 年，第 453 页。
③ 朱有瓛主编：《中国近代学制史料》第 1 辑下册，上海：华东师范大学出版社，1986 年，第 776 页。
④（清）朱寿朋编，张静庐等校点：《光绪朝东华录》，北京：中华书局，1958 年，第 5411 页。
⑤（清）刘锦藻：《清朝续文献通考》卷 102，上海：商务印书馆，1936 年，第 8609 页。
⑥ 转引自王笛：《清末新政与近代学堂的兴起》，《近代史研究》1987 年第 3 期，第 252 页。
⑦ 刘熠：《官府与民间的离合：清末四川基层书院改办学堂的历程》，《学术月刊》2016 年第 8 期，第 153 页。
⑧ 刘熠：《官府与民间的离合：清末四川基层书院改办学堂的历程》，《学术月刊》2016 年第 8 期，第 158—159 页。
⑨《县正堂兼学堂总理傅为遵奉事》光绪三十年九月，《清代巴县衙门档案》，四川省档案馆藏，案卷号：6-6-6045/18-21。

堂还分别聘有经学、史学、算学、英文教习，又于学堂内设立礼堂、特别讲堂、通常讲堂、图书室、标本室、职员室、教习室、屋内体操场、食堂、浴室、学生寝室（即各斋房），同时保留了原来书院中的文昌殿、会客厅、轿厅、仆役室，并把大成殿改为礼堂，购买了诸多理化器具、体操器械、图示标本及各种西学新书。[①]包括州县官员在内所进行的地方清末书院改为学堂这一地方社会重大教育举措，使得中国近代教育体系的初等教育体制在州县得以落实，推动了近代新式学堂在州县的发展。中国之新式学堂由光绪二十九年（1903）的769所，发展到次年的4476所，光绪三十一年（1905）更猛增到8277所，州县正印官的书院改学堂是不可忽视的一个原因。

清末知州、知县在书院改学堂的同时，州县的普通中小学堂，师范、实业等各类学堂也在陆续开办。近代新式普通小学堂虽最早发端于光绪四年（1878）的张焕伦在上海创办的正蒙书院，百日维新前后也有早期设立，但主要的还是在新政时期。全国的校、生规模，据有关教育史专家家估计，光绪三十三年（1907），全国小学堂约34 033所，学生人数900 364人，到宣统元年（1909年），学堂数量增加到50 394所，学生1 492 147人。[②]新近出版的近代史著作认为同一时期，“京师以外，各省小学堂由光绪三十三年的33 749所、学生872 760人，增至宣统元年的50 301所、1 490 008人”[③]。两者数据相差不大。这些小学堂的建立，州县正印官同样做出了贡献。

光绪二十八年（1902），四川南部县凌云书院改为小学堂，延请熟于算学的蓬州廪生刘星藜专为教习，该小学堂除讲读经史之外，还开设“地舆算术等学”“已购舆算各书二十余种，俾学习生童有所研究”[④]。到光绪三十年（1904）下半年开始，南部县在呈报的“小学堂调查表”上登载：学生两班，80人；管理员有监督、监学、收支、文案；学科分“修身、读经讲经、中国文学、算术、中国历史、地理、格致、图画、体操”；教员仅汪麟洲一人。[⑤]到宣统二年（1910），南部县各种初等学堂共125所。[⑥]光绪三十年（1904），《四

①《清代巴县衙门档案》，四川省档案馆藏，案卷号：6-6-6107/3-6；《清代巴县衙门档案》，四川省档案馆藏，案卷号：6-6-6107/7-55。

② 李华兴：《民国教育史》，上海：上海教育出版社，1997年，第637页。

③ 王建朗，黄克武主编：《两岸新编中国近代史·晚清卷》下册，北京：社会科学文献出版社，2016年，第828页。

④《禀卑县遵札改并小学堂筹办大概情形由》光绪二十八年四月，《清代南部县衙档案》，四川省南充市档案馆藏，档案号：15-919/1。

⑤《南部县小学堂调查表》光绪三十年十月，《清代南部县衙档案》，四川省南充市档案馆藏，档案号：16-915。

⑥ 马丽：《晚清县域教育机构的职能探究——以西部县劝学所为例》，《重庆科技学院学报》（社会科学版）2015年第8期，第49页。

川官报》报道了巴县知县霍勤炜兴学事迹："霍大令勤炜锐意兴学，既创办巴县小学堂并谕令多设民立学堂，于是开智知新。蒙养各堂先后兴办。今春又添立启秀、养正各堂，渝学之兴，企足可待矣！"[①]巴县小学堂由知县"每季考试一次，按照平日之积分以定奖资，不仅凭一日之短长。有此津贴庶足以培寒畯向学之心。"[②]在大竹县，"大竹之有学校自光绪三十年始。知县曹钟彝创设馆费局，以其收入及城区膏火、义学，拨归学校，选派日京弘文师范学生夏徽芳、唐桐附二名，学校筹备进行逐渐改良，以各场月课、义学为乡有学款，并就地筹定庙会平斗各款，委学董任收支，筹备各乡初小学校"[③]。继曹钟彝知县之后的段荣嘉、谢廷麒、娄栋、振洵等都亲自倡办和督促设立或改办新式学堂，具体所见学校如表 6-5 所示：

**表 6-5 大竹县知县光宣年间创办学校一览表**

| 学校概况<br>创办者姓名 | 校名 | 创办时间 | 校址 | 常年经费（元） |
|---|---|---|---|---|
| 段荣嘉、陈步武 | 县立高小学校 | 光绪三十二年（1906）正月 | 城南内旧考棚 | 3600 |
| 谢廷麒、陈步武 | 县立模范国民学校 | 光绪三十四年（1908）正月 | 城南街圣庙 | 500 |
| 段荣嘉、陈步武 | 县立城区国民学校 | 光绪三十二年（1906）正月 | 城东外藏经阁 | 255 |
| 娄栋、陈步武 | 县立附城国民学校 | 光绪三十三年（1907）正月 | 城西附城铁佛寺 | 130 |
| 段荣嘉、陈步武 | 公立城东国民学校 | 光绪三十二年（1906） | 东街内禹王宫 | 240 |
| 段荣嘉、陈步武 | 公立一区国民学校 | 光绪三十二年（1906）正月 | 堡子垭场口 | 120 |
| 谢汝霖、蒋云凤 | 公立城南国民学校 | 宣统二年（1910）正月 | 南附城真见山 | 120 |
| 段荣嘉、陈步武 | 公立一区国民学校 | 光绪三十二年（1906）正月 | 清水堡老书房 | 140 |
| 段荣嘉、陈步武 | 公立城西国民学校 | 光绪三十二年（1906）正月 | 西附城八角庙 | 240 |
| 振洵、陈步武 | 公立城北国民学校 | 宣统元年（1909）正月 | 北附城官庙坪 | 140 |
| 段荣嘉、陈步武 | 公立一区国民学校 | 光绪三十二年（1906）正月 | 人和场石佛团 | 200 |
| 段荣嘉、陈步武 | 公立山后中段三区国民学校 | 光绪三十二年（1906）正月 | 周家场八角庙 | 200 |
| 段荣嘉、陈步武 | 公立山后下段三区国民学校 | 光绪三十二年（1906）正月 | 双和场文昌宫 | 100 |
| 段荣嘉、陈步武 | 公立山后下段四区国民学校 | 光绪三十二年（1906）正月 | 文星场文昌宫 | 120 |
| 段荣嘉、陈步武 | 公立山后下段三区国民学校 | 光绪三十二年（1906）正月 | 石子滩三圣宫 | 100 |

① 《省外近事：渝学大兴》，《四川官报》1904 年第 4 期，第 41 页。
② 《为遵章储奖资详请核示立案一案》光绪三十年三月，《清代巴县衙门档案》，四川省档案馆藏，案卷号：6-6-6045/4-6。
③ 民国《大竹县志》卷 5《学校志・教育局》，1928 年铅印本，第 22 页。

续表

| 学校概况 / 创办者姓名 | 校名 | 创办时间 | 校址 | 常年经费（元） |
|---|---|---|---|---|
| 段荣嘉、陈步武 | 公立山后下段四区国民学校 | 光绪三十二年（1906）正月 | 四合镇文昌宫 | 130 |
| 段荣嘉、陈步武 | 公立山前下段四区国民学校 | 光绪三十二年（1906）正月 | 牌坊坝文武宫 | 200 |
| 段荣嘉、陈步武 | 公立山前上段二区国民学校 | 光绪三十二年（1906）正月 | 石河场禹王宫 | 200 |
| 段荣嘉、陈步武 | 公立山后上段三区国民学校 | 光绪三十二年（1906）正月 | 蒲包山武圣宫 | 120 |
| 段荣嘉、陈步武 | 公立一区国民学校 | 光绪三十二年（1906）正月 | 黄泥□武庙 | 80 |
| 段荣嘉、陈步武 | 公立三区国民学校 | 光绪三十二年（1906）正月 | 兴隆场福寿宫 | 80 |

又如河南各州县新式学堂，无论是高等小学堂、初等小学堂，还是两等小学堂，州县政府官办数量不少。光绪二十八年（1902）二月，淅川厅设立有官立高等小学堂，从此，该省有了第一所高等小学堂。次年，州县的高等小学堂增加至 3 所，都是州县官办，1904 年全省高等小学堂 66 所也全部是官办，1905 年 105 所高等小学堂州县政府官办者 100 所，1906 年 131 所高等小学堂中的 114 所为官办，1907 年 152 所高等小学堂有 116 所为官办，1908 年 150 所高等小学堂中官办 114 所、公立 24 所。光绪三十年即 1904 年及其以后各年初等小学堂总数分别为 65、212、751、1270、1864 所，其中各年的官办与公立初等小学堂总数合计为 64、187、610、1111、1708 所。两等小学堂，到光绪朝最后一年，也就是 1908 年，达到 103 所，其中官办 23 所、公立 59 所、私立 21 所。[①]

除州县小学堂外，还有识字学堂等。“人口繁庶”的四川，为弥补学堂教育规模有限而“失学者众，寒□之子弟不能入学”的不足，四川省提学使司在宣统二年（1910）正月札文命令各地州县创办“简易识字学塾”。巴县知县周庆壬收札后照会巴县劝学所，令“遵照简易识字学塾章程，斟酌情形妥速办”[②]，到该年五月，设立简易识字学堂四所，学员四百二十六名。[③]婺源县在县令魏正鸿的倡导下，光绪末年至宣统年间，开办简易识字工作成效显著，共计开办有

① 《河南教育官报》第 64 期《河南省学堂历年增减比较表》，转引自王洪瑞：《清代河南学校教育发展的时空差异与成因分析》，陕西师范大学博士学位论文，2007 年，第 198 页。

② 《清代巴县衙门档案》，四川省档案馆藏，案卷号：6-7-1598。

③ 《清代巴县衙门档案》，四川省档案馆藏，案卷号：6-7-1598。

十五所，得到知府"办事勤奋，良深嘉慰"[①]之肯定。

清末普通新式中学堂，由光绪二十四年即1898年杭州知府林启发设立的杭州中学堂发轫[②]，至光绪三十三年（1907）全国中学堂共计419所，学生31 682人；到宣统元年（1909）中学堂的数量增至460所，学生规模达40 468人。[③]各州县地方建立中学堂的有永城县中学堂（1904年9月11日）、淅川厅中学堂（1905年10月）、新野县中学堂（1907年8月）、项城县中学堂（1908年4月，项城县柏庄铺）、舞阳县中学堂（1906年2月23日）、西华县中学堂（1906年8月18日）等。新野县中学就由该县知县陶炯，创办于县城北门外白水书院，有教员4人，学生51名（另附师范生10名），经费1400串，直到1911年12月才停办。[④]官立西华县中学堂，校址在西华县城内南门外文庙街，教职员6人，学生67名，1907年3月，学部视学官对西华县中学进行了视察，随后在1908年2月21—3月2日出刊的《学部官报》53期"京外学务报告"中都有记载，视学官说该校无理化科目，督促添补。[⑤]永城县中学堂也是县立，在县署前街，教职员6人，学生20名。在舞阳县中学10名教职员中，王汉臣、丁宝森均为留日毕业生担任教员。

师范学堂，在一些沿海通商口岸、交通枢纽或省府首县地方，还创办了师范教育。光绪三十二年（1906），河南荥泽、永城、禹州、郏县、巩县、叶县、灵宝、郑州、宜阳、宝丰、温县、息县、淇县、卢氏、阌乡、太康、鄢陵、襄城、临颍、新郑、密县、裕州、中牟、汝阳、通许、荥阳、南召、长葛、登封、确山县30个州县都设立有师范学堂，学堂师范生人数大都在20—50人，总计达915人。两年后，该省设立师范学堂的州县扩大到82个，在107个县级政区中，州县覆盖率达77%，学堂数量则达到116所，学生人数增至5663人，每个县平均有师范生达69人，每个学校平均学生近50人。[⑥]同一时期，四川巴县知县霍勤炜鉴于该县新式教育师资的需要，组织创设师范学堂。他发布"招考晓谕事"，号召"凡县属贡廪增附监童生，品学端正，有志教育者，均准报名投考"，并说七月初八日的"召考"，霍自己会作为"本总理亲临考校，

① （清）刘汝骥：《陶甓公牍》卷5《婺源县魏令正鸿禀批》，官箴书集成编纂委员会：《官箴书集成》第10册，合肥：黄山书社，1997年，第512页。
② 金林祥主编：《中国教育通史》第11卷，北京：北京师范大学出版社，2013年，第322页。
③ 李华兴：《民国教育史》，上海：上海教育出版社，1997年，第618页。
④ 田永亮主编：《新野县教育志》，郑州：中州古籍出版社，1991年，第169页。
⑤ 朱有瓛主编：《中国近代学制史料》第2辑上册，上海：华东师范大学出版社，1987年，第531页。
⑥《河南教育官报》62册，宣统元年（1909）十二月十五日至二十九日。

试以经义、策论等题”[①]，随后制定《考录简明章程》七条，七月八日招考结束后，霍知县根据学生试卷成绩高低亲自挑选七十名学生作为师范生进入面试，并据面试成绩正取学生三十名，备取十五名。九月，霍勤炜知县任命师范学堂监督，令其“综核全学庶务”。十二月初八日，霍勤炜知县还为该批学生第一年年终考试“命题校试”[②]。

光绪二十二年（1896），清末实业学堂自蔡金台在江西高安县创办蚕桑学堂这一全国第一所实业学堂以后，到1907年，全国的实业学堂，共有137所，学生3693人。随后，1908年增至189所，学生13 616人，1909年增至254所，学生16 649人。到1912年，全国实业学堂已增至445所，学生36 615人。[③]其中，就河南省的情况来看，祥符县有初等工业学堂2所，学生185人；有实业预科学堂1所，学生140人。巩县中等农业学堂1所，学生33人；实业预科学堂1所，学生94人。舞阳县初等农业学堂1所，学生50人。荥阳中等、初等农业学堂各1所，学生共118人。长葛中等农业学堂1所，学生202人。[④]四川南部县到宣统二年即1910年，新式学堂中农业学堂1所。

此外，清末各州县还办有女子学堂。光绪三十一年（1905），肖德明、陈凤势，于四川大竹县创办该县第一所女校——澄源女子学校。[⑤]时隔两年，县令娄栋又在县城设立女校，常年经费400元。[⑥]河南省兰仪县官立女子小学堂，于光绪三十二年即1906年春在县北街观音堂创办，总理舒树基，教习岳伯春，学额20，是河南最早的女子学堂。次年荥阳公立女学堂也设立。近代女子学校的数量及其学生人数，同男子教育相比，虽然微不足道，光绪三十二年（1906）及其之后的三年，全国女学生的人数分别为306、1853、2679、12 164，分别只占同期各年全国学生总数的0.67%、2.10%、2.34%、7.92%[⑦]，而且宣统元年即1909年，全国小学堂中，女子学堂与男学堂的比例1∶171，小学生女男比例为1∶150[⑧]，但是，女子学校在中国从无到有、自少而多，是不断增

① 《清代巴县衙门档案》，四川省档案馆藏，案卷号：6-6-5946。
② 《清代巴县衙门档案》，四川省档案馆藏，案卷号：6-6-5946。
③ 王笛：《清末新政与近代学堂的兴起》，《近代史研究》1987年第3期，第261页。
④ 王洪瑞：《清代河南学校教育发展的时空差异与成因分析》，陕西师范大学博士学位论文，2007年，第212页。
⑤ 四川省大竹县志编纂委员会：《大竹县志》，重庆：重庆出版社，1992年，第623页。
⑥ 民国《大竹县志》卷5《学校志・高小学校》，1928年铅印本，第35页。
⑦ 李华兴：《民国教育史》，上海：上海教育出版社，1997年，第717页。
⑧ 阎广芬：《中国女子与女子教育》，保定：河北大学出版社，1996年，第206页

长的。更为重要的是，它作为一种独特的教育，进入地方社会公共教育事业，不仅仅是女子因此获得了与男子同等的教育权利，而且表明了思想观念的变革，因而具有前所未有的社会意义。

综上而论，清末州县地方新式学堂成绩是颇为显著的，当时学部所主持编制的光绪三十三年（1907）第一次教育统计图表、光绪三十四年（1908）第二次教育统计图表、宣统元年（1909）第三次教育统计图表显示，到宣统元年（1909），除京师之外的全国各州县地方普通、专门、师范、实业四类学堂总数达到52 650所，学生1 626 720名[①]，无论是学堂数量，还是学生数量，总体而言还是比较可观的，并且这些成绩，还是在清末社会动荡、办学环境极端艰难的条件下取得的。而如此的成就的取得，固然是多方面因素综合作用的结果，更是民间社会人士竭诚努力的结果，但是，清末新政的新式教育政策，各级地方官员，尤其是知州、知县们的“奉札”遵循、贯彻落实，以及在州县内或身体力行，或倡导、支持、督促也是十分重要的。没有新式学堂政策的出台，新式教育就没有合法性；离开了州县正印官对州县地方新式学堂创办的批准，以及他们的践行、倡导、支持和鼓励，也就没有新式学堂在各地的真正落地。因而州县正印官于新式教育的贡献是不应否定和抹杀的。

当然，清末州县地方的学堂，以及州县官员对此之作为，还是具有明显不足的。

其一，新式学校在各州县的发展是不平衡的，各地州县正印官的重视存在差距。譬如，祁门县“官立小学堂开办已九期，毫无成绩可观……上年册报不实，下学期学生实只十九人试问该县改良以来，本年上学期学生又有几人？所谓改良者安在？所谓进步甚速者又安在？不过百步五十步之间耳”[②]。

其二，州县新式学堂历时不长，质量参差不齐，总体不是很高，而且新旧教育比例严重失衡，传统教育总体仍据主导地位。1909年，江苏省新式小学堂虽有800所，私塾却达7000余所，后者几乎是前者9倍。[③]1907年，即使新式学堂数量最多的云南也是平均6422人才有新学堂1所，而最低的安徽平均则要139 883人才有1所新式学堂。[④]新式学堂的师资水平总体也不够高。

---

① 张海荣：《清末三次教育统计图表与“学部三折”》，《近代史研究》2018年第2期，第159页。

②（清）刘汝骥：《陶甓公牍》卷5《祁门县杜令英才禀批》，官箴书集成编纂委员会：《官箴书集成》第10册，合肥：黄山书社，1997年，第511—512页。

③ 王树槐：《中国现代化的区域研究：江苏省，1860—1916》，台北：“中央研究院”近代史研究所，1984年，第261页。

④ 转引自王笛：《清末新政与近代学堂的兴起》，《近代史研究》1987年第3期，第270页。

1907年全国高等小学堂的教师是10 429人，不是新式学堂毕业或根本就没有进入过新式学堂的教师的人数的比例在总人数中占49.96%；而在初等小学堂、蒙学院的教员24 334人中，未受师范教育者占60.27%。就新式学堂规模看，普遍不大。1907年，学校与教员的比值是1∶1.02，几乎是1个学堂1名教师；学堂与学生比值为1∶26.45，也就是学堂学生平均不到27人；教员与学生比值则为1∶25.90[①]，等于是一个教师教授26个学生，而且兼任各门课程，与传统私塾大致相似，或处于从传统蒙学到近代新式小学过渡。

其三，办学宗旨与教学内容相对保守、陈旧，“新”之成色不是很高。相对传统办学，无论是办学的宗旨到教与学的内容，应该说是有相当的革新、拓展的，尤其是在教学内容方面，西方近代各门科学知识的引进并纳入教材、课堂，从而进入学生头脑，以及学生的实际运用，它不仅仅是知识、教育体系的变化，更是社会风气、教育观念的某种变革，不过，各州县正印官及其政府，还有教育行政部门，秉承清政府、礼部及后来的学部的要求，“立学宗旨，勿论何等学堂，均以忠孝为本，以中国经史之学为基，俾学生心术一归于纯正……各学堂均应钦遵谕旨，以端正趋向、造就铜材为宗旨”[②]。学部1909年正式确定教育以忠君、尊孔、尚公、尚武、尚实为宗旨[③]，州县中、小学学堂都“以经学为必修之科目”[④]。其中，初级小学堂课程，读经讲经每周12小时，占全部课程30小时的40%；就是经学课较少的高等小学堂，也达30%；中学堂的学生，5年之内，须读完《孝经》《论语》《孟子》《易》《书》《诗》《左传》《周礼》《礼记》《仪礼》等十经节本。不仅如此，1907年上谕宣称学生“不准干预国家政治，及离经叛道、联盟纠众立会演说等事”，一旦违犯，师生“一并重处，决不姑宽”；政府颁布有《学堂禁令章程》，不准师生随便议论[⑤]。这一切既反映出清末各州县也就是全国地方新式教育的成色并不是很高，同时也制约了清末新式教育的发展。

上述这些局限、不足，唯清政府及其各该当上司旨意是遵，唯恐教育新潮造成县域秩序之乱的州县正印官，同样也是有责任的。

---

① 李华兴：《民国教育史》，上海：上海教育出版社，1997年，第637页。
② 转引自王笛：《清末新政与近代学堂的兴起》，《近代史研究》1987年第3期，第269页。
③（清）刘锦藻：《清朝续文献通考》卷103《学校十》，上海：商务印书馆，1936年，第8613页。
④（清）朱寿朋编，张静庐等校点：《光绪朝东华录》，北京：中华书局，1958年，第5493—5494页。
⑤（清）朱寿朋编，张静庐等校点：《光绪朝东华录》，北京：中华书局，1958年，第5806—5807页。

## 第二节　州县正印官与县域社会教化

教化是“教”与“化”两近义词的叠加。其内涵学界多有讨论，并众说纷纭，但就字义来看，东汉许慎《说文解字》曰：“上所施，下所效也”，此为“教”；“化”，指“教行也”，从“人”与“匕”，称：“匕，变也。从到（倒）人。”[①]由此两字叠加组合而成的“教化”的基本含义，是指在下者经过上者的价值施予与导向，内在的人格精神发生深刻变化。[②]而在黑格尔那里，教化则是个体通过异化，借助概念的理解，剔除一切客观化的东西，使自身成为普遍化的本质存在。[③]这两者的界说，都是强调通过外力化导，使人与自在的直接、本能向普遍性升华从而化为自为之状态，“俾之所闻无异言，所见无异行，优而柔之，日化而不自知”[④]。就本质上说，教化是传统农业社会控制的重要内容，也是社会控制的重要方式。所谓“教者，政之本也”“有教，然后政治也。”[⑤]教化喻于民，三百里之城，都足以为治。因而，作为一种政教合一的统治术，教化是为建立稳固的统治秩序，由统治者调动政治的、道德的、礼仪的、宗教的、风俗的、教育的各种手段，以影响人们道德心理的形成。[⑥]也唯其如此，教化便为历代统治者所重视，清代也莫不如此。清太祖指出：“为国之道，以教化为本。移风易俗，实为要务。”[⑦]康熙皇帝强调，天下的治理“莫亟于正人心厚风俗”，而人心风俗的根本途径在于崇尚教化，并认为学校则是教化的源泉所在，“学校者，教化所从出”[⑧]。1815年，在阮元刻本《十三经注疏》中，教化一词出现125次之多[⑨]。

---

① （东汉）许慎撰，臧克和、王平校订：《说文解字新订》，北京：中华书局，2002年，第537—538页。
② 黄书光主编：《中国社会教化的传统与变革》，济南：山东教育出版社，2005年，第1页。
③ （德）黑格尔著，贺麟、王玖兴译：《精神现象学》下卷，北京：商务印书馆，1979年，第45—48页。
④ （清）田文镜、王士俊等监修，（清）孙灏、顾栋高等编纂：《河南通志》卷42《学校上》，《景印文渊阁四库全书·史部·地理类》第536册，台北：商务印书馆，1986年，第481页。
⑤ 王洲明，徐超：《贾谊集校注》，北京：人民文学出版社，1996年，第348页。
⑥ 朱克良：《试论中国教化思想的萌芽》，《琼州大学学报》1994年第2期，第106页。
⑦ 《太祖高皇帝圣训》卷3，清乾隆四年（1739）刻本。
⑧ （清）张玉法等奉敕编：《圣祖仁皇帝御制文集》卷17《学校论》，《景印文渊阁四库全书·集部·别集类》第1298册，台北：商务印书馆，1986年，第175页。
⑨ 黄书光主编：《中国社会教化的传统与变革》，济南：山东教育出版社，2005年，第1页注释。

作为贯彻政府意志治理地方的州县地方官员，他们不仅仅只是官，而且也是所谓的父母，实则也就是“师”，即扮演“文化传播者”的角色。[①]“一邑之中，风俗、教化、刑名、钱谷之务，令实司之，宣德意而致之民，丞尉与有责焉。若夫胥教诲、勤督课、端士习，以正民风秉铎者之任，亦匪轻矣。”[②] 在其具体的教化实践中，尽管各种资源与手段，他们无所不用，“学校者，礼乐所从出也。黉宫、书院、义社，讲学之地也。司铎、生徒，讲学之人也。谟诰、经籍、碑碣、祭器、乐器，讲学之资也。饮射、读法，讲学之事也”[③]。但通常还是通过各级各类学校的教化和以乡约为主，包括村落家规族法、民间祭祀礼仪、文人戏剧小说等一系列构成的社会教化，甚至以学校教化和乡约教之系列的动态交叉融合且全方位多维度辐射、渗透进行。

## 一、州县正印官与州县学校教化

“教育是资本主义国家机器的一部分”[④]。它于中国自古并非仅仅是授业解惑的场所，更是教化、传道的主要阵地。《孟子·滕文公上》即云：“夏曰校，殷曰序，周曰庠，学则三代共之，皆所以明人伦也。”康熙皇帝也在上谕中说：“学校者，教化所从出……教化者，为治之本，学校者，教化之原。”[⑤] 州县地方官吏也深深懂得“学校者，礼乐所从出也”[⑥]，“学校，王政之先务，自古人才用世，造就于学校者居多，而风俗之成亦必自学校始，此后世明君贤臣与良有司所以尽心焉而不敢忽也”[⑦]。

新近研究指出，儒学的核心是哲学，它追求形而上之道，作为一种哲学，儒学的精神特质就是“教化”，而且教化是儒学作为哲学的本质所在。[⑧]清代的学校教育，尤其是作为官学重要组成部分的州学、县学莫不如此，也因而有儒学之称。其所承担并具有的教化功能，主要体现有二：一是为国家承担作育人才、培养官吏这一办学目标。“朝廷建立学校，选举生员，免其丁粮，

---

① 余英时：《士与中国文化》，上海：上海人民出版社，1987 年，第 158 页。
② 道光《东阿县志》卷 10《官师志》，1934 年铅印本，第 1 页。
③ 道光《东阿县志》卷 7《学校志》，1934 年铅印本，第 18 页。
④（英）戴维·布莱克莱吉、巴里·亨特著，王波、陈方明、胡萍译：《当代教育社会学流派——对教育的社会学解释》，北京：春秋出版社，1989 年，第 177 页。
⑤（清）张玉书等奉敕编：《圣祖仁皇帝御制文集》卷 17《学校论》，《景印文渊阁四库全书·集部·别集类》第 1298 册，台北：商务印书馆，1986 年。
⑥ 道光《东阿县志》卷 7《学志》，1934 年铅印本，第 18 页。
⑦ 乾隆《泉州府志》卷 15《学校》，清乾隆二十八年（1763）刻本，第 28 页。
⑧ 李景林，云龙：《教化——儒学的精神特质》，《中国社会科学院研究生院学报》2017 年第 5 期，第 25 页。

厚以廪膳，设学道、学官以教之，各衙门官以礼相待，全要养成贤才，以备朝廷之用”[①]。此乃顺治皇帝所谕令而为礼部规定立于各州县明伦堂的卧碑文，每月朔望及督抚等到任，学政按临袛谒，先师之日，教官率诸生诣明伦堂望阙行三跪九叩礼毕，教官恭奉宣读，令诸生拱听，无故不到者戒饬。就是“居址远者”，也必须“轮班入城，恭听宣讲”[②]。“立学宫必立明伦堂”[③]就是“使学者履斯地，睹斯碑，凛然有水渊之戒，而余亦得以课艺暇，宣诵德音，与诸生共勉于道也”[④]。二是在教学内容上，明经习礼，讲读上谕，灌输正统思想。基于“士子诵习，必早闻正论，俾德性坚定”[⑤]的需要，康熙九年（1670）有了治世不专以法令为事，而以教化为先之上谕提出尚德缓刑、化民成俗的16个方面的教化内容、措施，也就是“上谕十六条”[⑥]。康熙三十九年（1700）《圣谕十六条》颁行之后，除“每月朔望地方官宣读讲说，化导百姓”之外，知州、知县于每月朔望，也令儒学教官传集该州或该县的学生前来听读听训并务令遵守。对不加遵从的儒学教官，知州、知县地方将上详揭参治罪。[⑦]两年之后，各地州县官员又奉颁行的康熙《御制训饬士子文》：“国家建立学校，原以兴行教化，作育人才……从来学者先立品行，次及文学……或蜚语流言，挟制官长，或隐粮包讼，出入公门，或唆拨奸猾，欺孤凌弱，或招呼朋类，结社邀盟。乃如之人，名教不容，乡党不齿……若仍视为具文，玩愒勿儆，毁方跃冶，暴弃自甘，则是尔等冥顽无知，终不能率教也。既负栽培，复干咎戾，王章俱在，朕亦不能为尔等宽矣”[⑧]，并于其后遵例陆续将此刻于所在州或县或厅的学宫。[⑨]雍正二年（1724），雍正帝皇帝御制《圣谕广训》，颁发直省督抚学政转行包括知州、知县在内的地方文武各官晓谕军民童生人等，通行讲读。这样，《圣谕广训》就成为雍正以降200年间朝野必读之书，州县

---

① 光绪《重修五河县志》卷五《建置志》，台北：成文出版社，1974年，第349页。
②（清）昆冈等修，吴树梅等纂：《钦定大清会典》卷32，《续修四库全书》编委会：《续修四库全书》第794册，上海：上海古籍出版社，2002年，第295页。
③ 乾隆《安县志》卷4《艺文·重修明伦堂记》，清乾隆五十四年（1789）刻本。
④ 嘉庆《福鼎县志》卷8《艺文》，台北：成文出版社，1974年。
⑤（清）昆冈等修，刘启端等纂：《钦定大清会典事例》卷389《礼部·学校·训士规条》，《续修四库全书》编委会：《续修四库全书》第804册，上海：上海古籍出版社，2002年，第211页。
⑥（清）昆冈等修，刘启端等纂：《钦定大清会典事例》卷397《礼部·风教·讲约一》，《续修四库全书》编委会：《续修四库全书》第804册，上海：上海古籍出版社，2002年，第314—315页。
⑦（清）昆冈等修，刘启端等纂：《钦定大清会典事例》卷389《礼部·学校·训士规条》，《续修四库全书》编委会：《续修四库全书》第804册，上海：上海古籍出版社，2002年，第210页。
⑧（清）昆冈等修，刘启端等纂：《钦定大清会典事例》卷389《礼部·学校·训士规条》，《续修四库全书》编委会：《续修四库全书》第804册，上海：上海古籍出版社，2002年，第210—211页。
⑨ 光绪《重修五河县志》卷五《建置五》，台北：成文出版社，1974年，第357—360页。

儒学等各种学校的教学无不将其纳入其中，每一个州县正印官也因此具有对包括县学学生讲读的职责。次年，《圣谕广训》《御制朋党论》颁发各省学政刊刻印刷，齐送各学，朔望宣诵。雍正七年（1729）再令直省各督抚转饬地方官，将钦定卧碑《御制训饬士子文》，敬谨刊刻，装潢成帙，奉藏各学尊经阁，于祗谒先师之日，该教官率生员贡监等至明伦堂，行三跪九叩礼毕，教官恭奉宣读，令其拱听。[①]乾隆十年（1745）议准钦颁训饬士子文，已勒石太学，应通行天下学宫，同《圣谕广训》、世宗宪皇帝《御制朋党论》，令教官于朔望日一体宣讲，永远遵行。[②]嘉庆十九年（1814）后，又定岁、科两试并贡监生录科考遗，均一体敬谨默写《圣谕广训》100—200 字。咸丰元年（1851）规定："文童府县考试，均于正场默写《圣谕广训》百余字。"[③]除圣谕之外，明经习礼、程朱理学也被规定为学校教育内容。顺治九年（1652），清廷下诏礼部传谕各直省"训督士子，凡理学、道德、经济、典故诸书，务研求淹贯"[④]。乾隆皇帝谕令："士人以品行为先，学问以经义为重……务为端人正士，以树齐民之坊表。"[⑤]自顺治朝开始课令生儒，诵习讲解的是《四子书》《五经》《性理大全》《资治通鉴纲目》《大学衍义》《历代名臣奏议》《文章正宗》《孝经衍义》等书。乾隆朝先令将十三经二十一史诸书购买颁发到州县，后又提出将《日讲四书解义》《钦定大清通礼》等 92 部发放地方。嘉庆年间颁发到奉天府所属各州县学的书籍也有诸多四书五经。晚清同治皇帝上谕针对"兵燹以后，各府州县学中旧藏书籍大半散佚"，命令州县地方将旧存学中书籍广为购补，并将列圣御纂钦定经史各书先行敬谨重刊颁发各学，"俾各省士子得所研求"。[⑥]不仅如此，清朝规定科举考试也是以儒学为基本内容的，学校教学也以此作为基本导向。"儒童入学考试，初用《四书》文、《孝经》论各一，《孝经》题少，又以《性理》、《太极图说》、《通书》、《西铭》、《正蒙》命题。嗣定正试《四书》文二，覆试《四书》文、《小学》论各一。雍正初，科试加经

① （清）昆冈等修，刘启端等纂：《钦定大清会典事例》卷 389《礼部・学校・训士规条》《续修四库全书》编委会：《续修四库全书》第 804 册，上海：上海古籍出版社，2002 年，第 213—214 页。
② （清）昆冈等修，刘启端等纂：《钦定大清会典事例》卷 389《礼部・学校・训士规条》，《续修四库全书》编委会：《续修四库全书》第 804 册，上海：上海古籍出版社，2002 年，第 215 页。
③ （清）昆冈等修，刘启端等纂：《钦定大清会典事例》卷 389《礼部・学校・训士规条》，《续修四库全书》编委会：《续修四库全书》第 804 册，上海：上海古籍出版社，2002 年，第 216 页。
④ 赵尔巽等：《清史稿》卷 106《选举一》，北京：中华书局，1977 年，第 3114 页。
⑤ （清）昆冈等修，刘启端等纂：《钦定大清会典事例》卷 388《礼部・学校・考试文艺》，《续修四库全书》编委会：《续修四库全书》第 804 册，上海：上海古籍出版社，2002 年，第 195 页。
⑥ （清）昆冈等修，刘启端等纂：《钦定大清会典事例》卷 388《礼部・学校・颁行书籍》，《续修四库全书》编委会：《续修四库全书》第 804 册，上海：上海古籍出版社，2002 年，第 208 页。

文。……《四书》、经文外，增策论题，仍用《孝经》。乾隆初，覆试兼用《小学》论。中叶以后，试书艺、经艺各一。增五言六韵文。圣祖先后颁《圣谕广训》及《训饬士子文》于直省儒学。雍正间，学士张照奏令儒童县、府覆试，背录《圣谕广训》一条，著为令。”[①]而知州、知县对国家于州县学的教学目的、内容，无不贯彻遵行和落实，以“崇正风”“敦实行”“谨士趋”，其“有司为诸生会课，一以兴奖文教，一以挽正士风”，是作为“振文教挽士趋之一助乎”[②]。而知州、知县在边疆与少数民族地区的学校教育、宾兴活动等则更有维护地方稳定和国家边疆安全的考量。广西“民四而瑶六”[③]，陆川地方民风剽悍，知县覃远琎希望通过鼎建宾兴教化下民，以靖地方，通过科举吸纳士子参加科举考试，分散其注意力减少聚众造反之可能，对地方社会稳定和国家边疆安全有一定的保障作用。[④]

由州县官员“稽查”[⑤]的城镇乡村的社学、义学，“化民成俗”是其设立目的之一端。明朝“社学之建，在今日所以□人心、正风俗、扶世教之第一义也”[⑥]；清朝州县社学的教化养正功能同样如此。章青在《壶光县修社学记》内云：“社学之设，所以教育一乡之俊颖，而使之明伦砥行，善俗厚风。”[⑦]栗毓美《义学条规》记载：“义学之设，所以正蒙养而广教化”，州县正印官察考塾师，以“品端学粹”作为准驳标准，并令其“随时宣讲圣谕也”，知州、知县则于因公下乡之便，入塾抽查督促。[⑧]康熙二十二年（1683）的西宁县张溶知县，除捐赀建立社学、延请“塾师”讲授外，还“于公余之暇，亲视塾中……又教以入孝出悌之论，应对、进退之节”受到社学生徒的欢迎，“邑之父老戴其仁，子弟悦其教”而使县民“不啻与人之颂子产矣”[⑨]。瑶族、黎族州县设立社学，“训以官音，教以礼义”[⑩]；《粤东启蒙义塾规条》载：“械斗，

① 赵尔巽等：《清史稿》卷106《选举志》，北京：中华书局，1977年，第3115页。
② 黄大鸿：《福惠全书》卷25《教养部》，官箴书集成编纂委员会：《官箴书集成》第3册，合肥：黄山书社，1997年，第505页。
③ 李彦福等：《广西教育史料》，南宁：广西人民出版社，1990年，第79页。
④ 熊昌锟，唐凌：《清代边疆地区的教化与稳定——以广西宾兴组织为视阈的考察》，《中国边疆史地研究》2012年第2期，第66页。
⑤（清）昆冈等修，吴树梅等纂：《钦定大清会典》卷33，《续修四库全书》编委会：《续修四库全书》第794册，上海：上海古籍出版社，2002年，第315页。
⑥ 万历《宿迁县志》，上海：上海书店，1990年影印本，第894页。
⑦ 乾隆《潞安府志》卷34《艺文续编六》，清乾隆三十五年（1770）刻本，第44页。
⑧（清）徐栋：《牧令书》卷16《教化》，官箴书集成编纂委员会：《官箴书集成》第7册，合肥：黄山书社，1997年，第367—368页。
⑨ 道光《西宁县志》卷4《建置·学校》，台北：成文出版社，1967年，第270页。
⑩（清）昆冈等修，刘启端等纂：《钦定大清会典事例》卷396《礼部·学校·各省义学》，《续修四库全书》编委会：《续修四库全书》第804册，上海：上海古籍出版社，2002年，第311页。

大恶俗也。小嫌细故，动辄纷争，一哄之顷，杀人盈野。有心人无不思有以挽之，而苦无善法。义塾者，询化民成俗、息争弭衅之上策也。”[①]显然，清代在地方官办社学、义学的主要目的在于化民成俗，减少犯罪、纷争，保持地方稳定。州县社学、义学的读物，最流行的是“三、百、千”即《三字经》《百家姓》以及相应的模仿、赓续作品，以及注解本等。清初吴仪的《仕的·兴社学》中载：“邑中大概立东西南北四社……教以《孝经》《小学》《四子》诸书，俱讲明大义，使子弟辈各知真实良心。大来为四民，必少犯上坐乱之徒也。”[②]清朝各州县小学，所使用的主要是《小学》《四书》《孝经》，也就是传统六艺和各类儒家的家礼仪节传统训蒙书籍[③]。各读物之意图与功能，朱熹在其《小学》中，即引杨忆之言说得再清楚不过了，“童稚之学……当以先人之言为主。日记故事，不拘今古，必先以孝悌忠信、礼义廉耻等事……只如俗说，便晓知道理，久久成熟，德性若自然矣”。也就是所谓的“少若成天性，习惯成自然”的道理。

“以道进人才，广学校所不及”[④]的清代书院，“为谈经课士之地”[⑤]。知州、知县等州县正印官，须对其中肄业生徒“秉公选择报送布政使”，由布政使与专司稽查的道员再加考验，其才果堪造就者才留院肄业。[⑥] 在书院治学方面，清代少有前代“著说立说，研究乎天人性命之理者，业无分仕隐，咸得优游于其中”[⑦]的自由、从容而被高度儒学化、官学化。[⑧]道光年间山西芮城县的刘知县为本县西河书院所立的学规就规定，西河书院“生童功课以温经为主，史鉴及儒先语录均宜博览，以端制行之本。《朱子大全》、《近思录》宜置案头，时时循省，制艺则以钦定文为主。”[⑨]四川大竹县所隶属的绥定府正印官陈克让记云：“盖闻政治以教化为本，人材（才）由鼓舞而兴。我朝文德覃敷，四海之内，既以学校如林，而复广设书院，以补学校之不及，固将尽纳斯民于轨物之中，使

① （清）余治：《得一录》卷 10《粤东启蒙义塾规条》，官箴书集成编纂委员会：《官箴书集成》第 8 册，合肥：黄山书社，1997 年，第 622 页。
② （清）吴仪一：《仕的·兴社学》，（清）王晫，张潮：《檀几丛书》二集卷 5，上海：上海古籍出版社，1992 年，第 237 页。
③ 池小芳：《中国古代小学教育研究》，上海：上海教育出版社，1998 年，第 249 页。
④ （清）昆冈等修，刘启端等纂：《钦定大清会典事例》卷 395，《礼部·学校·各省书院》，《续修四库全书》编委会：《续修四库全书》第 804 册，上海：上海古籍出版社，2002 年，第 303 页。
⑤ 嘉庆《介休县志》卷 12《艺文》，清嘉庆二十四年（1819）刻本。
⑥ （清）昆冈等修，刘启端等纂：《钦定大清会典事例》卷 395《礼部·学校·各省书院》，《续修四库全书》编委会：《续修四库全书》第 804 册，上海：上海古籍出版社，2002 年，第 304 页。
⑦ 康熙《南阳府志》卷 6《艺文志》，清康熙三十三年（1694）刊本。
⑧ 马镛：《中国教育通史》第 10 卷，北京：北京师范大学出版社，2013 年，第 4—7 页。
⑨ 张正明，科大卫：《明清山西碑刻资料选》，太原：山西人民出版社，2005 年，第 646 页。

之彬彬然文质相宜和其声以鸣盛也。”[①]“尽纳斯民”于清政府统治之“轨物”，再清楚不过地诠释了清代州县书院设立的目的。

至清末，州县新式学堂虽然增添了一些有别于传统的“西学”，但其“中学”的主导地位以及办学的根本宗旨并没有发生本质变化。州县普通中小学堂，以及其他各类学堂，皆“以经学为必修之科目”[②]。初等小学堂课程读经讲经每周达12小时，占全部课程30小时的2/5；就是经学课较少的高等小学堂，也达1/3，且要求中学堂在5年内读完《孝经》《论语》《孟子》《易》《书》《诗》《左传》《周礼》《礼记》《仪礼》等十经节本。新式学堂的立学宗旨，则如同光绪二十七年（1901）、光绪二十九年（1903）张百熙先后所奏的那样，“勿论何等学堂，均以忠孝为本，以中国经史之学为基，俾学生心术一归于纯正”[③]。“无论官立民立，皆当恪遵列圣训示之规，谨守范围，端正趋向”[④]。光绪二十九年（1903年）的《学务纲要》开宗明义，于第一条“全国学堂总要”中强调：“大小文武各学堂均应钦遵谕旨，以端正趋向……从幼童入初等小学堂始，为教员者，于讲授功课时务须随时指导，晓之以尊亲之义，纳之于规矩之中；一切邪说诐词，严拒力斥。”[⑤]宣统元年（1909）学部正式把教育宗旨定为忠君、尊孔、尚公、尚武、尚实五条。[⑥]学生则被强制“不准干预国家政治及离经叛道、联盟纠众立会演说等事”，一旦违犯师生“一并重处，决不姑宽”[⑦]等。

## 二、州县官员与乡约及其《圣谕广训》宣讲

清代乡约是执行国家公务、行使国家权力的“准官吏”，本质上是知州、知县行政权力在城乡社会的一个延伸。[⑧]从顺治九年（1652）圣谕六条开始，到光绪十七年（1891），清朝皇帝所颁布的以乡约为主旨的上谕大约有32道，可见清政府对乡约及其约讲的重视。[⑨]以乡约为主的州县校外社会教化虽然是

① 民国《大竹县志》卷5《学校志·书院》，1928年铅印本，第9页。
② （清）朱寿朋编，张静庐等校点：《光绪朝东华录》，北京：中华书局，1958年，第5493—5494页。
③ 转引自王笛：《清末新政与近代学堂的兴起》，《近代史研究》1987年第3期，第269页。
④ （清）张百熙著，谭承耕、李如龙校点：《张百熙集》，长沙：岳麓书社，2008年，第39页。
⑤ （清）张百熙著，谭承耕、李如龙校点：《张百熙集》，长沙：岳麓书社，2008年，第39页。
⑥ （清）刘锦藻：《清朝续文献通考》卷103《学校十》，上海：商务印书馆，1936年，第8613页。
⑦ （清）朱寿朋编，张静庐等校点：《光绪朝东华录》，北京：中华书局，1958年，第5807页。
⑧ 伍跃：《「在民の役」:「巴县档案」に見える郷約像——前近代の中國の國家による社會支配の一側面》，《东洋史研究》2015年第3号。
⑨ 杨开道：《中国乡约制度》，滨洲：山东省乡村建设研究院，1937年，第288页。

以士绅为主体，但是，科举出身的知州、知县们，本靠儒家经书起家，同时也凭借儒学精神治理家国州县，并把视儒家教化实践为自己的神圣职责，因而大多是一身而兼大传统的“传道、授业”之师和小传统的“教化”之师。①正所谓“今之郡守、县令，民之师帅，所使承流而宣化也”②。

雍正七年（1729）定例要求知州、知县，必须在治理县域乡村巨堡及番寨土司地方，设立讲约处所，否则参处；乾隆元年（1736），朝廷再次强调，虚立不行讲约所的州县正印官们将“以怠玩废弛题参，照例议处”③。强制之下，全国一千多个州县厅基本都建有乡约所。譬如，山东东明县乡约亭在城关西乡村，到明末虽有五十二处，但是经明末清初，“兵燹波劫之后，荡然无存”，康熙八年（1669）该县县令杨日升“讲乡约劝民，城中以隆兴寺为乡约所，东关则于玉皇庙，西关则于白衣庵，南关于关帝庙，北关于玄帝庙”④。江西清江县县城，在同治年间的乡约所，就分布在南庙观、天宁寺、城隍庙、朝天宫、东南祠，各设立为东、南、西、北、中共五所，以为县治讲约的场所。⑤南海县同治年间在石江乡设有石江乡约，在湖厦建有敦睦乡约，在甘蕉康公庙改建道光年间的甘蕉乡约，在泌冲堡建有阖堡乡约，在儒林乡建有金瓯乡约，在罗格乡建有八甲乡约。⑥而休宁县全县共有乡约一百八十多所，其中仅仅是县十八都就设立乡约二十个。州县乡约所，通常按照定例，以“年高有德，为众所服”的约讲正副谓之为讲正、讲副，乡间的一乡的四时讲读，一村一族的每月讲读，村则有村庄，族自有族尊，即村长族尊为之。作为约讲正副，以及村长族尊，一般虽由乡间自举，但都必须“开报花名投送州县，州县点验，果堪膺选，方任以讲约之事”。平日，当地有关地方教化风俗事件，也“听州县所委”⑦。揭阳县的季知县，于任上也以化民为务，约为条规，乡立约长以总其教，约副以助其决等，每月初一会民读约讲义，到月底，令二人到县衙，传训了解讲约的情况，并加勉励和告诫。⑧

---

① 余英时：《士与中国文化》，上海：上海人民出版社，1987年，第175、214页。
② （东汉）班固撰，赵一生点校：《汉书》卷56《董仲舒传》，杭州：浙江古籍出版社，2000年，第797页。
③ （清）昆冈等修，刘启端等纂：《钦定大清会典事例》卷398《礼部·风教》，《续修四库全书》编委会：《续修四库全书》第804册，上海：上海古籍出版社，2002年，第331页。
④ 乾隆《东明县志》卷2《建置志·乡约亭》，台北：成文出版社，1976年，第207页。
⑤ 同治《清江县志》卷3《建置志》，台北：成文出版社，1975年，第446页。
⑥ 同治《南海县志》卷4《建置略一》，台北：成文出版社，1967年，第113、114页。
⑦ （清）黄六鸿：《福惠全书》卷25《教养部·讲读》，官箴书集成编纂委员会：《官箴书集成》第3册，合肥：黄山书社，1997年，第501页。
⑧ （清）屈大均：《广东新语》卷9《事语·乡约》，北京：中华书局，1985年，第288页。

州县正印官不仅掌控讲约人员的点验准否，而且对讲约进行督促、安排和管理。譬如以县正堂资格，发布州县政府有关讲约的告示，做出相关规定等。譬如，康熙中前期，临汾县知县就曾颁布《申行讲约条例示沈临汾稿》，将“设讲事宜，合行通晓。”主要内容包括讲约地点、条件与内部设施、宣讲事宜等。要求“宽广明亮之所，不拘庵观寺院，要近于村集者，以便士民趋赴”，门上要挂“讲约公所” 四字匾，“以凭本县亲临查勘”；所内除高桌、柳椅、木凳等之外，还必须须置书写有圣谕的木牌于正中，以为宣讲之用。同时规定乡长、讲约的朔望讲约具体事宜，以及讲约之外的“细微口角”的“解纷”“息争”等。[①]曾为数个州县正印的黄六鸿，对讲约方式颇为讲究，提出并运用前朝州县长四孟四读之法。[②]康熙八年（1669），山东东明县县令杨日升不仅在县城重建乡约亭，他还对天启二年（1622）知县张福臻所撰六言《圣谕俗解》“镂版颁发诸乡”，又“躬亲约场”“讲乡约劝民……以朔望为期，四路保长地方聚集听讲”，县城之外的各乡村则以二十六为期，于各处宽敞神庙，设台宣讲。他还在讲约时，“环集人民，带狱囚及构讼者，俯伏其下，讲毕即判其曲直而杖之”，将讲约教化民众与改造狱囚、听讼有机结合了起来。[③]州县官们除朔望之日到文庙、关帝庙、文昌庙、城隍庙上香行礼之后，还在县治的公约所召集士民，除宣读《圣谕广训》及律条外，还“不时巡行宣导”[④]，或者“于市集之期，分委丞尉及乡绅耆老”[⑤]，分班揖退各乡村讲读。以此克服州县官有钱谷刑名之责无法远赴基层，而乡村百姓因农桑商贾之务难以到县城听讲的困难。滨州何知州，就曾取吕氏乡约，每乡慎选老人，他亲为演说大义，使训闾里，按季稽考，民以恶闻，则召其乡老，泣谓之曰：“吾不能化若，与若不能化乡，其罪一也。然吾则罪首也。民苟三犯，吾当自劾求退，于若何如。”各惭谢而去，讼为之稀。新化林知县，选行谊为师，与诸生言，朔望父老言，约法皆首、明伦，使还相告教。[⑥]有的知州、知县还亲临民间慈善活动，并趁机以“主讲”“宣讲圣谕十六条暨劝善等书，反复开导。”[⑦]

---

① （清）潘杓灿：《未信编》卷 6《几务下・庶政》，本社影印室：《明清法制史料辑刊》第 1 编第 10 册，北京：国家图书馆出版社，2008 年，第 245—248 页。

② （清）黄六鸿：《福惠全书》卷 25《教养部・讲读》，官箴书集成编纂委员会：《官箴书集成》第 3 册，合肥：黄山书社，1997 年，第 500 页。

③ 乾隆《东明县志》卷 4《宦绩》，台北：成文出版社，1976 年，第 407—408 页。

④ （清）昆冈等修，吴树梅等纂：《钦定大清会典》卷 30，《续修四库全书》编委会：《续修四库全书》第 794 册，上海：上海古籍出版社，2002 年，第 276 页。

⑤ 道光《东阿县志》卷 7《学校志》，1934 年铅印本，第 18 页。

⑥ （清）屈大均：《广东新语》卷九《事语・乡约》，北京：中华书局，1985 年，第 288—289 页。

⑦ （清）余治：《得一录》卷 1《同善会》，官箴书集成编纂委员会编：《官箴书集成》第 8 册，合肥：黄山书社，1997 年，第 464 页。

州县乡约教化的内容，的确相当丰富，从伦理孝悌到劝课农桑，从崇尚正学到明法礼让等，可以说无所不包。然而，最为全面、也最为重要的还是当朝皇帝有关政治统治与思想控制、社会治理的上谕，以及各种御制文，尤其是康熙帝上谕十六条①、雍正帝御制的《圣谕广训》。对这些内容，州县们本就顶礼膜拜②，加上政府要求、制度约束，州县正印官大多对其不敢懈怠。仅就州县约讲中的《圣谕广训》而言，大致自雍正二年（1724）以后，不仅州县学校的生徒要接受讲读，而且厅州县所有军民人等都要通行讲读，由此，《圣谕广训》成为雍正以后200年间全国官民人等必读之书，更是州县乡约讲读首屈一指的规定读物。州县所属城乡各地的乡约每逢朔望“宣读《圣谕广训》”，并“务令明白讲解，家喻户晓”。乾隆元年（1736）朝廷谕令购买颁发到书院和有尊经阁的府州县的十三经二十一史诸书、乾隆四十四年（1779）朝廷令各省贡院必备之92部藏书、嘉庆九年（1804）朝廷议准颁发奉天府学即所属各州县学的书籍，无一不包括《圣谕广训》。③乾隆元年（1736）、乾隆二年（1737）、乾隆五年（1740）、乾隆十一年（1746）、乾隆二十三年（1758）等地方州县官接连被令在各乡里举办乡约宣讲《圣谕广训》的活动，并“不时巡行讲约之所，实力劝导，使人人共知伦常大义，如有虚立约所，视为具文者，该督抚即以怠玩废弛题参，照例治罪”；讲解《圣谕广训》和钦定律条“仍令州县各官董率约正直月，勤为宣讲，该督抚严加查察，毋使视为具文。……仍饬地方官与教官，不时巡行稽查……大小各官，凡遇士民吏役聚集之时，公事毕后，俱照前委屈开导。”州县正印官对乡约的督促检察“因地制宜，随时办理……每年于境内通行遍历，逐一体察。”除州县在朔望宣讲圣谕外，“或于听讼之余及公出之便，随事随时，加以提命”。嘉庆四年（1799）上谕指出：“地方大小官员有教育斯民之责”，不但要在朔望宣讲，即使“公堂听狱、赴乡劝农时，皆可随时训导”④。同治六年（1867）上谕鉴于“兵燹以后，各府州县学中旧藏书籍大半散佚”，谕令各督抚转饬所属“将旧存学中书籍广为购补，并将列圣御纂钦定经史各书先行敬谨重刊，颁发各学……俾

①（清）昆冈等修，刘启端等纂：《钦定大清会典事例》卷397《礼部·风教·讲约一》，《续修四库全书》编委会：《续修四库全书》第804册，上海：上海古籍出版社，2002年，第314—315页。

②（清）黄六鸿：《福惠全书》卷25《教养部》，官箴书集成编纂委员会：《官箴书集成》第3册，合肥：黄山书社，1997年，第499页。

③（清）昆冈等修，刘启端等纂：《钦定大清会典事例》卷388《礼部·学校·颁行书籍》，《续修四库全书》编委会：《续修四库全书》第804册，上海：上海古籍出版社，2002年，第204页。

④（清）昆冈等修，刘启端等纂：《钦定大清会典事例》卷398《礼部·风教·讲约二》，《续修四库全书》编委会：《续修四库全书》第804册，上海：上海古籍出版社，2002年，第336页。

各省士子得所研求”[①]。于是，各州县一般都存有《圣谕广训》和各儒学经典。比如安徽五河县就存有《圣谕广训》等，存在于县学的教化书籍也不少，如《御制劝善要言》等书。[②]知州、知县们或亲自上阵，或率令乡约，以此作为宣讲化育的重点。乾隆末年的湖南宁远县知县汪祖辉就亲自下乡宣讲圣谕。[③]山东东河县“每月朔望日，于人烟丛集之区，安设讲台，西北设香案。一至期，知县率在城文武，恭诣香案前，行三跪九叩头礼，讲约生恭服请圣谕……宣讲《圣谕广训》数条”[④]。除《圣谕广训》之外，宣讲律例和教育百姓守法也是重要的讲约内容。东河县每月朔望日在宣讲《圣谕广训》数条之后，以俗语“再讲律例数条，俱以俗语解释，令军民人等，环听易晓”[⑤]。光绪元年（1875）十月初五日，罗定州知州杜凤治，下乡到罗平、太平、罗镜等地察看民情、县情，当发现这些地方“小孩太多，任其放浪嘻游”，担心闲散而成习惯，而当“饥寒交迫，有不□为盗贼者”，便立即“出示诫饬，令延师教学，俾有范围，稍知礼义，或免为匪，可保首领”，第三天下乡到太平，观者如堵，有的随轿跟跑，且一些二十岁以上的人也如此，于是杜知州“劝喻各父兄集合十余家延一粗通文义之先生，管教十余学生，所费有限，并非奋□达上进起见，一以拘小孩不令放荡，二则俾识数字，稍知礼法，不致为匪作歹，本州为民父母，忧我子民，故不禁言之又言，三令五申，近乡绅衿亦宜仰体本州苦心，广为劝谕，本州与有望焉”[⑥]。可见尚有具体结合百姓实际，有针对性化民的地方官，其意与曾国藩所论“守土者，日教民以孝悌仁义之经，不率而后刑之”[⑦]不谋而合。

有教化斯民之责的州县官员，通过乡约组织进行以《圣谕广训》为重点对老百姓进行教化训迪，其目的在于“夫化民成俗，必先使百姓勿惑于邪，同趋于正……默化潜移，引之规矩之中”[⑧]。经过全国州县官员的切实努力，

---

① （清）昆冈等修，刘启端等纂：《钦定大清会典事例》卷388《礼部·学校·颁行书籍》，《续修四库全书》编委会：《续修四库全书》第804册，上海：上海古籍出版社，2002年，第208页。
② 光绪《重修五河县志》卷4《建置志》，台北：成文出版社，1974年，第280页。
③ （清）汪辉祖撰：《病榻梦痕录》卷下《龙庄遗书》，清光绪十五年（1889）江苏书局刊印本，第16页。
④ 道光《东阿县志》卷7《学校志》，1934年铅印本，第18页。
⑤ 道光《东阿县志》卷7《学校志》，1934年铅印本，第18页。
⑥ （清）杜凤治：《望凫行馆宦粤日记》，广东省立中山图书馆等：《清代稿钞本》第17册，广州：广东人民出版社，2007年，第384页。
⑦ （清）曾国藩：《曾国藩全集》第14册，长沙：岳麓书社，2021年，第241页。
⑧ （清）昆冈等修，刘启端等纂：《钦定大清会典事例》卷399《礼部·风教·训饬风俗一》，《续修四库全书》编委会：《续修四库全书》第804册，上海：上海古籍出版社，2002年，第349、350页。

至迟到嘉庆后期,“海内十室之聚，必有四子之书”,《圣谕广训》大致实现“家置一册”①。地方社会讲约教化也收到良好效果。康熙八年（1669），山东东明县县令杨日升恢复乡约亭、“镂版颁发”讲约书籍，依期进行宣讲之后,“民有听讲垂泪者，习俗一新”②。汪辉祖在湖南宁远讲《圣谕广训》，乡民“环而听者，合里老幼，妇女俱集，诧谓见所未见”。季知县在揭阳推行讲约活动两年后,“风俗移革，境内以宁”；宾州何知州的乡约耆老教化，使健讼之人“惭谢而去，讼为之稀”。安溪县原本也是“俗喜构讼”，顺德人黄知县上任后,“以爰书训其子弟，公痛除其弊，授以《孝经》”等，结果“俗为之变”③。

毋庸讳言，有清一代各州县讲约教化虚应故事、发展不平衡的情况也是存在的。大致而论，清代中前期好于晚清，内地州县总体较边疆与少数民族地区。嘉庆十八年（1813）上谕指斥近来地方官积习因循,“守法奉职者，已不可多得”，抱怨他们对“教化一事，则置焉不讲……朔望读法，孟冬乡饮，皆著于令甲，举行者，盖已寥寥”④。同治皇帝在同治四年（1865）也说地方官对《圣谕广训》“藐视旧章，不知讲约为何事”。光绪二年（1876）上谕重申宣讲《圣谕广训》自应认真办理。“乃近来各地方官往往视为具文，实属不成事体。”光绪十七年（1891），上谕要求将雍正皇帝所制《劝善要言》一书翻译为汉文，同《圣谕广训》一体令学官在地方朔望宣讲。⑤

### 三、致祭祀典、崇奉天地先贤

礼治是包括清朝在内的历代封建王朝意识形态的重要内容，也是儒家思想的核心价值所在。所谓“道德仁义，非礼不成；教训正俗，非礼不备；分争辨讼，非礼不决；君臣、上下、父子、兄弟，非礼不定；宦学事师，非礼不亲；班朝治军，莅官行法，非礼威严不行；祷祠祭祀，供给鬼神，非礼不诚不庄。是以君子恭敬、撙节、退让以明礼。”⑥礼治的内容尽管全面丰富，祭祀却是礼治题中应有之义，也是达及礼治化民的根本路径和方法。程子注

---

①（清）昆冈等修，刘启端等纂：《钦定大清会典事例》卷398《礼部·风教·讲约二》,《续修四库全书》编委会编：《续修四库全书》第804册，上海：上海古籍出版社，2002年，第338页。
② 乾隆《东明县志》卷2《建置志·乡约亭》，台北：成文出版社，1976年，第207页。
③（清）屈大均：《广东新语》卷9《事语·乡约》，北京：中华书局，1985年，第288、289页。
④（清）昆冈等修，刘启端等纂：《钦定大清会典事例》卷398《礼部·风教·讲约二》,《续修四库全书》编委会：《续修四库全书》第804册，上海：上海古籍出版社，2002年，第337页。
⑤（清）昆冈等修，刘启端等纂：《钦定大清会典事例》卷398《礼部·风教·讲约二》,《续修四库全书》编委会：《续修四库全书》第804册，上海：上海古籍出版社，2002年，第340页。
⑥ 王文锦译解：《礼记译解》上，北京：中华书局，2001年，第3页。

讲："祭，祭先祖也。祭神，祭外神也，祭先祖于孝，祭神主于敬。"而"祀典之设，乃所以敬天勤民也。"[①]清朝政府治定制礼，是怀柔百神，坛壝祠庙的定例，"载在会典，达于天下"[②]。

作为地方社会来讲，"凡各府州县，社稷、山川、风云、雷雨等神，及境内先代圣帝、明王、忠臣、烈士，载在祀典，应合致祭神祇，所在有司，置立牌面，开写神号祭祀日期，于洁净处常川悬挂，依时致祭"[③]。致祭的对象包括先师、坛壝及有功烈于民、能御大灾、捍大患者，以次及之。清代安徽北部的五河县"虽小邑，而应有之祀典照旧如例"，除社稷坛、先农坛、神祇坛等之外，尚有先师庙，每年一到春秋仲月上丁日，该县的知县都要率领本县文武官员和食饩学弟子员，前往释奠，同时还在每个月的朔望日进行上香。该县的先师庙除立有孔子牌位外，还另有其他圣贤牌位。[④]据《乐清县志》载，县里皆有社稷，以报五土五谷之神，春秋仲月上戊日，该县正印官就按照《大清会典》规定前往县城西北社稷坛"将事"。广东南海县文庙中配享从祀的除大成奠正位外，东配、西配、东哲、西哲各有供奉具体不论，仅东、西两庑先贤即分别为40位和39位，东、西两庑则供奉公羊高等先儒。康熙初年，清江县知县屈有信上任后，建县学启圣名宦乡贤三祠，多方劝诫教民以敦礼让，息讼争"民大化之，在任凡十四年岁无大蠹，囹圄空虚"[⑤]。李成林在其担任知县时，也广兴祭祀，进行多种祭祀活动，如祭祀先师孔子、城隍、先农神、社稷神、关帝、文昌、龙神、火神、帝王陵寝、风云雷雨山川之神等。[⑥]

至于名宦乡贤祭祀，顺治元年（1644），清廷规定："州县建设名宦乡贤祠，其人有政绩彰著乡评允协者，准其题请设位入祠，春秋致祭。"[⑦]之后相关规定甚多，政府也采取了相应措施。各省府州县崇祀名宦乡贤，也由地方上报，该督抚会同学政确核事迹，合词具题，并造册结送部，由部核定，于年终汇题，得旨准设牌位入祠，又在任职所在州县入名宦祠，并于籍贯所在州县地方列入乡贤祠或人物传。[⑧]打开清代各府州县地方志，乃至于各省通志

① 光绪《重修五河县志》卷5《建置志》，台北：成文出版社，1974年，第287页。
② 道光《东阿县志》卷8《祭祀志》，1934年铅印本，第1页。
③ 田涛，郑秦点校：《大清律例》卷16《礼律》，北京：法律出版社，1999年，第275—276页。
④ 光绪《重修五河县志》卷5《建置志》，台北：成文出版社，1974年，第287、289页。
⑤ 同治《清江县志》卷5《建置志》，台北：成文出版社，1975年，第679页。
⑥（清）李成林：《令梅治状・纪略》，清康熙十八年（1679）刻本。
⑦（清）昆冈等修，刘启端等纂：《钦定大清会典事例》卷402《礼部・风教・名宦乡贤》，《续修四库全书》编委会：《续修四库全书》第804册，上海：上海古籍出版社，2002年，第386页。
⑧（清）昆冈等修，吴树梅等纂：《钦定大清会典》卷30，《续修四库全书》编委会：《续修四库全书》第794册，上海：上海古籍出版社，2002年，第277页。

等，这方面的记载比比皆是，俯首即是。这样的记载充分表明，州县的名宦乡贤祭祀在清朝地方社会是落到实处了。

州县官员的这些祭祀活动，思想熏染教化目的十分明显。比如州县社稷祭祀除崇奉土谷之神体现重农外，实际也是国土、天下、国家的抽象表达。国者，州县之所积，州县社稷，则国家幅员的组成部分。"国之所重，莫先于祖庙社稷。"州县社稷祭祀，象征着国家政权在当地的存在，每州每县如此，反映的是清廷政权在全国的稳固与大清疆土的完整。知州、知县对于先哲乡贤名宦的祭拜缅怀，也是以身示范，让士民"朝游而夕息，景行先哲，睹文正容貌，而企慕其为人"①。朝游而夕息就是无言的默会与教化，因为入庙起崇敬之情，乃庄重肃穆的圣贤气氛所使然。"崇德尚贤，原以风励众庶"②，使后人知所则效。名宦先贤嘉言懿行获得肯定奖励，以为官吏士人效法化导树立榜样，同时也证明官方合理有效的吏治，更加有利于对城乡士民之统治。

### 四、旌表孝耆、节烈，敦率人伦

有清一代，清政府在全国实行旌表制度。"旌"，原本指由羽毛或旄牛尾编织而成的旗子，即析羽为旌，起着引领、标志的作用。"表"，义本外衣，延伸为表彰、标准、表率、榜样。《管子·君臣上》云："表，谓以木为标有所告示也。"而两字最早的同时出现见于《尚书·毕命》载："旌别淑慝，表厥宅里，彰善瘅恶，树之风声。"③意思大致是识别善恶，标记懿行于门闾，为嘉善树立风气名声而为风尚。如果论意义、缘由、方式，阐释的全面完整而清晰当推北宋王钦若："王者甄明高义显异至行，所以激扬风化敦率人伦也。盖天下至大，士民至众，不可家喻而户晓，故显其忠所以励事君也；褒其孝所以劝事亲也，尊贤者所以耸善也，表烈士所以兴义也。或授之爵秩，或禄其子孙，或旌其门闾，或赐以谷帛，以至复其征赋申以祠祀，皆因事以立教，奖一而劝百，故能述宣王度，丕变薄俗，民德归厚，有耻且格。"④显然方式多样的旌表，旨归虽略有其别，但归结起来就是"激扬风化敦率人伦"，使民德归厚，有耻且格。南宋吕祖谦也有论，荣辱不止于一时而流芳，遗臭将传

① 绍熙：《吴郡志》卷4《学校》，台北：成文出版社，1970年，第97页。

②（清）昆冈等修，刘启端等纂：《钦定大清会典事例》卷402《礼部·风教·名宦乡贤》，《续修四库全书》编委会：《续修四库全书》第804册，上海：上海古籍出版社，2002年，第389页。

③ 李民，王健：《尚书译注》，上海：上海古籍出版社，2004年，第386页。

④（宋）王钦若等：《册府元龟》卷137《帝王部·旌表一》，北京：中华书局，1960年，第1653页。

百世而未泯，“所谓树之风声也”，人与政，均有亡息，“惟风声所传，则可以鼓动千百年之远。”清廷对符合统治者宣扬主流价值观念的人进行表彰，目的是为民树立榜样，引导万民践行，通过长期践行的道德伦理与价值观念，将其化为外在的行为模式和内在的情感依托和精神面貌，形成社会性文化心理结构，使得心灵得以安宁。久而久之，这种“化民成俗”，自然就纳入国家统治秩序之下，最终实现“天下归心”。历代统治者的林林总总的旌表目的、功能和价值悉乎于此。

清朝统治者高度重视旌表化民之治，“国家旌表节孝，所以发潜德之幽光，正伦常而维风化”[①]。而地方官员多加贯彻落实、执行，知州、知县则将多种多样的旌表教化落地于全国城乡社会之中。具体而言，清代州县官员旌表激励型教育教化主要体现在如下几个方面：

（1）旌表世居与孝行，提倡尊老重孝。黑格尔《历史哲学》曾指出：“中国，这个国家就是以家族关系为基础的——一个父道的政府。”[②]君臣父子、家庭人伦为基本价值理念，“中国社会是澈始澈终，为孝这一概念所支配”[③]。曾子云：“夫孝，置之而塞乎天地，溥（敷）之而横乎四海，施诸后世而无朝夕，推而放诸东海而准，推而放诸西海而准，推而放诸南海而准，推而放诸北海而准。”[④]顺治九年（1652），钦定六谕卧碑文就包括“孝顺父母，恭敬长上”；“敦孝弟以重人伦”则被康熙皇帝纳入十六条上谕之中，进而他提出：“发政施仁未尝不以养老尊贤为首务”，标榜“孝弟”是天下“移风易俗之本”。雍正帝御制《圣谕广训》强调：“夫孝者，天之经，地之义，民之行也……父母之德，实同昊天罔极，人子欲报亲恩于万一，自当内尽其心，外尽其力。”从而将孝的内涵延伸，即“居处不庄非孝，事君不忠非孝，莅官不敬非孝，朋友不信非孝，战阵不勇非孝，皆孝子分内之事也”。对此，雍正帝要求：“出于心之至诚，竭其力之当尽，由一念孝弟，积而至于念念皆然。”[⑤]乾隆帝则令督抚将“有关忠信孝弟、礼义廉耻、扶尊抑卑，正名定分等事”以通俗之词刊刻为告示，每年发州县卫“于大小乡村，遍行布贴”，同时让地方官员安

① （清）昆冈等修，刘启端等纂：《钦定大清会典事例》卷403《礼部·风教·旌表孝节》，《续修四库全书》编委会：《续修四库全书》第804册，上海：上海古籍出版社，2002年，第400—401页。
② （德）黑格尔著，王造时译：《历史哲学》，上海：上海书店出版社，2006年，第97页。
③ 谢幼伟：《孝与中国社会》，罗义俊：《理性与生命——当代新儒学文萃（一）》，上海：上海书店，1994年，第509页。
④ 陈戍国点校：《礼记》，长沙：岳麓书社，2006年，第400页。
⑤ （清）昆冈等修，刘启端等纂：《钦定大清会典事例》卷397《礼部·风教·讲约一》，《续修四库全书》编委会：《续修四库全书》第804册，上海：上海古籍出版社，2002年，第317页。

排乡约讲解。[①]政策上，清政府定例，各州县对于治下士民累世同居者、百岁应访查据实上报知府，经督抚题请给银建坊，并分别情形给予不同字样匾额。[②]

州县官员们则在各自所在州县力加推行。他们平时多加体察与核实，每岁年终，则命乡约、地方、村长、庄头人等，选择本乡年素有德行的80岁以上的寿民、寿妇，从公确实举报，并开列所行事实，具结投递，有司访实亲诣其乡，并将事实册格上行知府或直隶州知州并经督抚申报礼部，获准之后或亲自或委派他人到其所在地方举行隆重仪式，加以落实，“以示尊敬耆德之意”[③]。雍正初年，经直隶各省州县呈报，全国70岁以上的老民老妇1 421 625人，获得绢布等件价值银89万两、米165 000多石的赏赐。[④]即使清末也不例外。民国《顺德县续志》载，光绪年间，知县对100岁以上老人请旌表。魏传熙，湖南善化进士，光绪十二年（1886）、光绪十五年（1889）、光绪十九年（1893）先后3次任顺德县知县，魏传熙在第二次任上以“孝友纯笃，力倡善举”为陈贤奖“请旌”嘉奖。[⑤]此外，顺德县知县还为103岁县民王引年给帑建坊，授匾额“熙朝人瑞”，也为100岁以上的县民周平林、李显锡、欧荣章等给帑建坊。另外，顺德县知县上请旌表“寿妇”的也大有其人[⑥]，潘氏，高赞梁澄海继室，100岁以上，有孙20人，曾孙11人，四代同堂，光绪朝旌给帑建坊赏额“贞寿之门”；115岁的邓氏等人均被知县建坊。甚至，清末宣统朝，州县尚有请旌之事。顺德县为旌表赏赐额“贞寿之门”的“寿妇”，容奇云骑尉关绍池妻陈氏，便是其中的一个。[⑦]江苏武进、阳湖，自乾隆二十五（1760）年到光绪二年（1876），被旌表的寿妇也有不少，如武进寿母金氏、吴氏，阳湖寿妇龚氏、岳氏、史氏，此五寿妇均在百岁、四世或五世同堂。

① （清）昆冈等修，刘启端等纂：《钦定大清会典事例》卷398《礼部・风教・讲约二》，《续修四库全书》编委会：《续修四库全书》第804册，上海：上海古籍出版社，2002年，第335页。

② （清）昆冈等修，吴树梅等纂：《钦定大清会典》卷30，《续修四库全书》编委会：《续修四库全书》第794册，上海：上海古籍出版社，2002年，第277页；（清）昆冈等修，刘启端等纂：《钦定大清会典事例》卷404《礼部・风教》，《续修四库全书》编委会：《续修四库全书》第804册，上海：上海古籍出版社，2002年，第419—422页。

③ （清）黄六鸿：《福惠全书》卷26《教养部・礼耆德》，官箴书集成编纂委员会：《官箴书集成》第3册，合肥：黄山书社，1997年，第521页。

④ （清）昆冈等修，刘启端等纂：《钦定大清会典事例》卷397《礼部・风教・讲约一》，《续修四库全书》编委会编：《续修四库全书》第804册，上海：上海古籍出版社，2002年，第329页。

⑤ 民国《顺德县志》卷7《职官》，民国十八年（1929）刊本，第2页；民国《顺德县志》卷12《耆寿表一》，民国十八年（1929）刊本，第2页。

⑥ 民国《顺德县志》卷12《耆寿表一》，民国十八年（1929）刊本，第1—2页。

⑦ 民国《顺德县志》卷12《耆寿表二》，民国十八年（1929）刊本，第16页。

另外，未旌表的寿妇139人、寿民105人[①]，清代南海县知县报准旌表建立的寿民表彰类建筑有“百岁坊”“升平人瑞坊”“升平应瑞坊”等。该县九江堡南方壶山古里、云津堡儒林乡二处系由知县为寿民陈廷瓒而修建，潘绍桢上请成功而获建的“百岁坊”；九江堡西方大稔社、石涌和佛山堡社亭铺三处，则有知县为寿民张敬日、关活源、梁持璞请建的“升平人瑞坊”，该县的佛山观音堂铺，则有该县为五世同堂的县民吴大树堂请旌表获建的“升平应瑞坊”。[②]安徽徽州府歙县蜀源的百岁坊——贞寿之门坊，即是清代该县知县于乾隆年间上详请准而修建的。光绪到宣统年间，歙县知县蔡世信，就该县“亲沐五朝”的县民90多岁叶光珩，按照大清成例，加印保结上报。[③]

寿民耆老、世代同居，通常是以孝道行为基础和前提的。《孝经·纪孝行章》载：“孝子之事亲也，居则致其敬，养则致其忧，丧则致其哀，祭则致其严，五者备矣，然后能事亲。事亲者，居上不骄，为下不乱，在丑不争。”可见，无子孙之“敬”“忧”，也就无所谓延年益寿、多代同堂。因而清政府在提倡奖励寿民世居的同时，更加强调和重视旌表孝悌，以孝垂范，导民以孝，而且规定各省应旌表者，一般由地方正印官亲自访得，即或由里老或学校将申请旌表者，其名单事迹也必须上报州县，经由知州或知县核实并加州县印结，再连同里老具册结上报知府或直隶州知州，督抚学政汇题送部核准，题准后，反馈到地方，由该地方的知州或知县，给银30两建坊，如奉有御赐诗章匾额缎匹，由内阁交部，发提塘齐送督抚，行地方官给领。[④]相反，如果州县官员“不核明详报者，交部议处”[⑤]。这样，“旌孝行者，地方官责也”。大量的地方志记载表明，通过州县正印官呈报获得旌表的孝子甚多。州县城乡的孝子的不断涌现，也是知州、知县奉职履责、多方导化的结果。康熙年间，著名父母官陆陇琪就对县民孝子朱迪大加赞扬，嘱咐朱迪所在罗溪乡里为朱迪请旌，牍曰：“看得孝子朱迪，修身养志，秉性纯孝。生事，极其承欢；葬祭，尽其致敬。孝行既协舆情，公论允孚，学校所当亟请表扬者也”，虽然朱迪当时因“其人尚在格于部议至”，而未能得旌表，但以陆陇其知县的肯定为

① 光绪《武进阳湖县志》卷7《旌恤》，南京：江苏古籍出版社，1991年，第159—161页。
② 宣统《南海县志》卷5《古迹略》，台北：成文出版社，1974年，第647页。
③（清）刘汝骥：《陶甓公牍》卷4《歙县蔡令世信详寿民叶光珩五世同堂看语》，官箴书集成编纂委员会：《官箴书集成》第10册，合肥：黄山书社，1997年，第499页。
④（清）昆冈等修，吴树梅等纂：《钦定大清会典》卷30，《续修四库全书》编委会：《续修四库全书》第794册，上海：上海古籍出版社，2002年，第276—277页。
⑤（清）昆冈等修，刘启端等纂：《钦定大清会典事例》卷403《礼部·风教·旌表孝节》，《续修四库全书》编委会：《续修四库全书》第804册，上海：上海古籍出版社，2002年，第395页。

基础，乾隆五年（1740）朱迪“始邀诏旌”而为“孝子”[①]。乾隆《沈丘县志·孝友传》卷十《乡贤列传·孝友》共有旌表37人，其中，由沈丘县建立牌坊、赠匾表彰的8人，沈丘县知县官题请旌表的1人，知县刘谦等详情题清奉旨建坊旌表，送主入祠是当时该县进行孝友旌表不可或缺的重要环节。[②]江苏阳湖武进两县被旌表孝子记载有16条，共计36人。[③]道光十三年（1833），原为“化外生番所居之地”的贵州省古州、清江、丹江的地方官上请表彰的孝子中就有33位被准旌表建坊。[④]乾隆五十五年（1790），四川大竹县正印官在治城的南街为“五代同堂寿满百岁”的耆民许志荣修建“百寿坊”，光绪三十二年（1906），四川大竹县正印官为五世同堂的杨会山在该县妈妈场杨氏祠门地方修建“五世同堂坊”[⑤]。

“礼俗淳古厥风懋”[⑥]的安徽歙县在明清两代孝行“尤甚”，其知县对之也多加上请表彰。如县民程宏玉在火灾发生奋不顾身救出多病的父亲，父亲去世后对继母尽心尽孝，经县官上报“嘉庆九年奉旨建坊旌表入祀孝子祠”；歙县坦头人汪宏铎，母早去世，除了尽长子责任照顾两个弟弟之外，他年到50岁仍为继母“举便具”，父亲生气时他总是下跪劝解父亲，父母90岁，他70岁，父母有命，“奉行惟谨孝养至老弗衰，县令赵本旌曰‘纯孝夙成’”；汪士奎替父亲抵挡入室抢劫的强盗之砍杀而死，汪士奎即被知县上报“于嘉庆十五年题旌”。又，该县嘉里人程世铎“深入不毛，豺狼昼逼，魑魅宵侵”的东川寻父，“濒死者数”，到后父已他往，程又“复之寻甸，更至乌蒙始得”，而其妻徐氏孝母方使程寻父“得无内顾”，在县官的上请之下，这双孝在“雍正二年旌表建坊”而被县民崇祀如礼。再，歙县仰村仰文炤，因为寻找于三藩之乱“传徙流亡，绝无音耗”的父亲，“历尽滇、黔、闽、粤，数年之久，资用乏绝，饥寒匍匐，乃获父于贵州玉屏县”，而仰文炤死后，其子为寻水灾冲走的父棺则远到杭州“露宿江滨数月乃竟得父棺于钱塘之浒”，因知县等上请，道光年间“以孝旌表”。该县知县以冒寒暑三年历经险阻寻父“旌其门”的，

① （清）黄维玉：《陆清献公莅嘉遗迹》卷上，官箴书集成编纂委员会：《官箴书集成》第7册，合肥：黄山书社，1997年，第724页。

② 沈丘县地方史志编纂委员会校注：《沈丘县志》卷10《乡贤列传·孝友》，郑州：中州古籍出版社，1991年，第288页。

③ 光绪《武进阳湖县志》卷7《旌恤》，南京：江苏古籍出版社，1991年，第158页。

④ （清）昆冈等修，刘启端等纂：《钦定大清会典事例》卷404《礼部·风教·旌表孝节二》，《续修四库全书》编委会：《续修四库全书》第804册，上海：上海古籍出版社，2002年，第412页。

⑤ 民国《大竹县志》卷2《建置志·坊表》，1928年铅印本，第61页。

⑥ 民国《歙县志》卷8《人物志·孝友》，台北：成文出版社，1975年，第1215页。

还有该县方唐人胡元恒。程廷瓛，汤口人，“性仁慈，明大义”，他的父亲程德恺“负沉疴，药石罔效，闻人言肝可疗疾，因祷于关帝祠，以刀剖左腋，负痛气绝，逾时复苏，日已暮，暗中索肝不得。思再割，忽流萤数十，自外入，照见血淋漓中，肝在也。携归和药以进父瘳而瓛几死，后遇神医得愈。（程）子林父（程）良浩尝病剧……子林乃怀刃祷于大士前，剚刃入腹，昏绝再苏，得肝以进父，父病始痊。后子林病，林子文元亦刲股以治。”康熙三十五年（1696），知县李国统旌曰：“天性奇英。”[①]因此，目前该县尚有古牌坊八十二座，其中孝行坊就有二十座。如歙县棠樾的三座孝行坊之一的鲍逢昌孝行坊就是清嘉庆二年（1797）修建的。民国《歙县志》载，明末天下大乱中，鲍逢昌之父离开家乡歙县棠樾，“久无音耗”，顺治三年（1646），十四岁的鲍逢昌“沿途乞食遍访”开始千里寻父，乞讨三年，受尽苦难之后，终于在“雁门古寺”找到了病中的父亲，为父背疽吮脓疗疮，并“母病刲股，复走桐庐攀悬崖得乳香以调药”治愈母病。鲍之孝行得到知县及其各上官肯定，进而上请于“乾隆三十九年奉旨旌表”[②]，从而有了随后所建孝行坊。各孝子的旌表及其高耸巍然的孝坊建筑及其文字，既褒扬了孝子德行，又激发辖县士民孝行德行，使州县百姓于震慑、敬重之中被潜移默化。

本着相同目的，除表彰孝子之外，全国各州县官员自雍正三年（1725）、雍正五年（1727）开始又分别奉命将因父母未有子侄终身不嫁的孝女、孝妇分别按照孝子旌表定例进行旌表。[③]江苏如皋县民宋氏伺奉病母不嫁，并割股肉熬汤以进，母亲病故后悲哀自尽，因该县知县及各上官请求，乾隆五十二年（1787）获得旌表。[④]

（2）旌扬节烈，提倡“懿行”。同前代社会一样，在清代，女性的贞操节烈，也与“孝子”“孝女”“孝妇”的孝行一道被作为“懿行”，而被视为“民之楷模”，以及全社会道德风尚的风向标。“正气所钟，风化所系”[⑤]，“盖风化之源，莫尚于此”[⑥]。如同上述孝行一样，清政府不仅高度重视，而且有严

① 民国《歙县志》卷 8《人物志・孝友》，台北：成文出版社，1975 年，第 1345 页。
② 民国《歙县志》卷 8《人物志・孝友》，台北：成文出版社，1975 年，第 1322 页。
③（清）昆冈等修，刘启端等纂：《钦定大清会典事例》卷 403《礼部・风教・旌表孝节》，《续修四库全书》编委会：《续修四库全书》第 804 册，上海：上海古籍出版社，2002 年，第 397 页。不过，康熙年间已有孝女的旌表。参见光绪《武进阳湖县志》卷 7《旌恤》，南京：江苏古籍出版社，1991 年，第 163 页。
④（清）昆冈等修，刘启端等纂：《钦定大清会典事例》卷 403《礼部・风教・旌表孝节一》，《续修四库全书》编委会：《续修四库全书》第 804 册，上海：上海古籍出版社，2002 年，第 405 页。
⑤（清）方大湜：《平平言》卷 4《旌扬节烈》，官箴书集成编纂委员会：《官箴书集成》第 7 册，合肥：黄山书社，1997 年，第 702 页。
⑥（清）陈梦雷编纂，蒋廷锡校订：《古今图书集成・学行典・孝弟部》艺文二，北京、成都：中华书局、巴蜀书社，1985 年。

格具体的制度设计，以及州县的责任追究安排而被纳入《大清会典》、《大清会典事例》等[①]。

无论是定例还是践行，总体而论，清朝行政“万事之胚胎始于州县”，清代地方节烈妇女旌表同样如此。知州、知县、抚民同知或抚民通判，是州县厅旌政工作的第一责任人和实践操作者。他们对于辖地符合定例的贞节列女的旌表的基本做法，大致与上报孝子程序办法相同。但因规定使然，前后也有变化。在雍正十一年（1733）前，各州、各县举报节妇，首先是由生监向州县衙门具呈，知州或知县对申报相加审核后加具印结，然后再上详府或直隶州，转而以至司、督抚而报礼部，因中经衙门过多，辗转滋弊。在雍正十一年（1733）之后，变为以州县为单位，正印官将一应合例旌表的节妇、贞女、孝子详细条例，遍示乡城士民，“令求本家开载事实具呈，并饬相邻族长，于具呈日一并据实投递甘结，该学该州县核其事实确据，即行加结详报该督抚确核存案，据实汇题”，也就是说，具报变化的是增加贞节列女“本家”，省略了府直隶州司环节，乾隆二年（1737）后虽按规定报备府、司存案，但州县正印官的权限实际扩大，责任加重，“坊银亦令本家具领，当堂验发”[②]。乾隆十四年（1749）以降，各州县对“卓卓奇节……非寻常可比”的符合定例的节妇，州县官一般是“谘于学校、询于舆论”，核实无误后具详于督抚学政，后者秉公核定送往礼部并汇疏题请旌表，“给银建坊，没后致祭祠内”。其余符合定例的寻常节妇则按照原有表闾之例，由节妇本家呈报邻佑册结后，知州、知县“核其年例相符，详明督抚学臣，酌量给匾嘉奖，附疏汇题，仍于祠内官为立石，俟身没之后，镌题姓氏，以免湮没，毋庸建坊祠祀”[③]。咸丰朝因太平天国起义所经之地，忠节义夫、节烈妇女人数增加。从咸丰四年（1854）开始，各地方州县上报的节妇旌表上行环节中的礼部按年复核，改成州县申详督抚后，各该督抚、各路通禀大臣，“遵旨建坊入祠，随时咨部存案……有阖家男妇同时殉难者，并准照总坊例，听其自行另建一坊，以示表

① 仅就会典，可参见（清）昆冈等修，吴树梅等纂：《钦定大清会典》卷 30，《续修四库全书》编委会：《续修四库全书》第 794 册，上海：上海古籍出版社，2002 年，第 276 页；（清）昆冈等修，刘启端等纂：《钦定大清会典事例》卷 403、404《礼部·风教·旌表孝节》，《续修四库全书》编委会：《续修四库全书》第 804 册，上海：上海古籍出版社，2002 年，第 395—417 页。

②（清）昆冈等修，刘启端等纂：《钦定大清会典事例》卷 403《礼部·风教·旌表孝节》，《续修四库全书》编委会：《续修四库全书》第 804 册，上海：上海古籍出版社，2002 年，第 400 页。又，乾隆二十四年（1759）定州县官得“督令”准予建坊的烈妇烈女的本家三个月内“建造完竣。”

③（清）昆冈等修，刘启端等纂：《钦定大清会典事例》卷 403《礼部·风教·旌表孝节》，《续修四库全书》编委会：《续修四库全书》第 804 册，上海：上海古籍出版社，2002 年，第 401 页。次年准寻常守节题准者予钦定清标彤管字样匾额。

异。其妇女恐被玷污捐躯明志者，准从祀节孝祠”[①]。同治三年（1864），尤其是同治八年（1869）后，知州、知县们在上报贞孝节烈妇女时，为避免超时被处分，一般都是 1 个月以内完成对其审核、加结，以及供结、径报督抚学政，工作效率大幅提高。[②]

责任俱在，为免追究之虞，再加上知州、知县一般原系程朱理学、纲常名教伦理、科举熏染的卫道士，所以，清代全国各州县正印官在治地对于妇女德行的提倡，以及对节烈女性的旌表，较之于辖区一般其他教化的落实更显自觉和认真。乾隆后期，湖南宁远县知县汪辉祖鉴于宁远妇女不重守节，新爽未几，而媒者接踵而至，便谕令绅衿采访幽隐节妇贞女，给匾奖励，而且数量达到数十人之多。他还将该县原来将节妇与孝子、义士、忠臣一并入祠改为将节妇不得与三者混杂，将后三者从祠中迁出附于乡贤祠堂，而将节孝祠重行整修，专祀节妇贞女[③]，既使她们能够安魂，又鼓励妇女守节持贞。甘肃武威人丁铠，道光十七年（1837）出任四川大竹县知县。在其任上时，有一家住流江的贫家女子王氏，自幼被父母许配给当地的童某，童某在父母死后，因孤苦无依外出，不知所往。道光二十一年（1841），十五岁的王家女儿，父母因病去世而一人独居。当时有媒妁介绍另字许配，坚决不从的她依然外出寻夫。当乞讨寻找至丁铠知县治下的大竹县竹阳邓家桥时，却被丐妇张氏诱骗于家，且遭致张氏丈夫“至强求合，女两手紧护其处，徐不能强……以刀割之，刀钝不入，徐拉锯之，女痛翻扑，徐复自后项锯之，遂被害。盖颈之不绝如线耳，而女两手护持如故，略无护颈状”。次日该案被“鸣于官”，丁知县得报后，顺应“万口一辞，无不怜女贞烈而冤死，恨徐淫暴欲寝食之而甘心”之民情，并依据州县官员职责，按照法律法规定例，立即“拘徐而置之法”，待狱既具，“丁公葬女”，并将王氏贞烈事迹按照程序“上其事于部，部为奏之天子，天子曰：‘俞节妇易贞女难，烈女尤难，贫贱而贞烈尤难。贫贱而贞烈，萃于一身，此坤维之正气也。况重以寻夫之义乎？盍旌之，以厉风俗。’朝命既下，邑侯丁公树绰楔于孔道”，丁知县在县城西真武阁附近地方，为该烈女修建“旌表贞烈王女坊”，道光二十二年（1842），该坊建成，

---

① （清）昆冈等修，刘启端等纂：《钦定大清会典事例》卷 404《礼部·风教·旌表孝节二》，《续修四库全书》编委会：《续修四库全书》第 804 册，上海：上海古籍出版社，2002 年，第 414 页。

② （清）昆冈等修，刘启端等纂：《钦定大清会典事例》卷 404《礼部·风教·旌表孝节二》，《续修四库全书》编委会：《续修四库全书》第 804 册，上海：上海古籍出版社，2002 年，第 416 页。

③ （清）汪辉祖：《病榻梦痕录》卷下《龙庄遗书》，清光绪十五年（1889）江苏书局刊印本，第 17、34、146 页。

丁铠知县还亲自撰写碑石铭文，先述其贞烈事迹，继赞其贞烈品格。[①]安徽人、咸丰九年（1859）署理广东顺德县知县的吴赞诚，任上得知同治年间的左降祥的继妻陈氏因“殉夫”实迹后，也立即予以旌门表墓。[②]

知州、知县们的认真与努力，也使得有清一代节烈旌表政绩更加相对突出和明显。最能说明和反映这一事实的，无疑是有清一代地方志的列女传等相关记载的无以数计的列女姓氏名录，它们直接印证了当时各地知州、知县对这一职责的切实履行，也说明了该项教化政策、措施在清代地方社会的实际落地情况。光绪《武进阳湖县志》共有 30 卷，其中仅“旌恤”一个方面，就多达 11 卷。在这 11 卷中，以节妇为主，包括少量的贞女、孝女、烈妇构成的属“节孝”又占 3 卷，外加 1 卷的 3/4，可见节孝内容在该志中所占分量之重，也说明了这一旌表活动的重要性和两县正印官对此工作的落实。笔者对该志“节孝”姓氏以及相关内容逐一查阅、统计发现，道光一朝武进县知县胡先达等 16 名知县和阳湖县张世桐等 18 名知县[③]，他们在道光一朝里，据实审核加结报请旌表的节妇、贞女、烈妇等共计 5028 名[④]，这一数据，尚不包括记载于道光年间只是具体年份不明的 2331 人。即便如此，该数也较光绪朝《大清会典事例》关于这两县贞孝节烈妇女 3018 名的记载[⑤]，多出 2010 名之多。而且，除道光朝之外，清代两县其他知县也有大致相同的努力，为 5300 名节孝予以上请旌表，如此，两县知县有清一代，旌表的节妇、贞女、烈妇志超过 10 000 人。清代四川省大竹的历任县令都对节孝旌表颇为重视。当地县志显示，该县知县在县内月华场李家嘴、城北东流桥、城西大田角、高穴场、清水舖、团坝、清溪铺、石河场、周家场、石桥铺、李家场、张家场、神合场、安吉场、永兴场、阳通庙等地方为陈氏等 48 位女性申请并修建节孝坊 48 座。前揭的知县丁铠对王女贞烈一事的请旌，更是得到了大竹绅民肯定，“士大夫歌咏其事，而女之大节显，而女之奇冤白，而女之名与故土俱香矣”。该县廪生李作梅称说丁知县为王女所作铭文与该女的贞烈事迹，“足以并垂于金石”[⑥]。顺德县志记载，晚清有“事迹可述和旌年可纪”的节妇，咸丰朝 19

① 民国《大竹县志》卷 2《建置志・坊表》，1928 年铅印本，第 62—63 页。
② 民国《顺德县志》卷 11《节孝表一》，民国十八年（1929）刊本，第 1 页。
③ 光绪《武进阳湖县志》卷 18《官师》，南京：江苏古籍出版社，1991 年，第 423、424 页。
④ 光绪《武进阳湖县志》卷 8、卷 9，南京：江苏古籍出版社，1991 年，第 169—206 页。
⑤（清）昆冈等修，刘启端等纂：《钦定大清会典事例》卷 404《礼部・风教・旌表孝节二》，《续修四库全书》编委会：《续修四库全书》第 804 册，上海：上海古籍出版社，2002 年，第 412 页。
⑥ 民国《大竹县志》卷 2《建置志・坊表》，1928 年铅印本，第 63 页。

人、同治朝 82 人、光绪朝 126 人、宣统朝 19 人。[①]边远县份松潘县清代也有节妇 80 多名，其中被旌表者 23 位。[②]

除方志之外，其他资料的相关记载，同样间接证明了知县的有所作为。道光十六年（1836）七月，礼部议准："四川总督鄂山疏报采访各属州县贞节妇女传张氏等一百八十八口，请各建总坊旌表，从之。"[③]学者王传满统计相关各皇帝实录发现，顺治九年（1652）到顺治十八年（1661）共旌表节妇 403 人，年均 40.3 人，康熙朝旌表节妇 4822 人，年均 70.30 人，乾隆、嘉庆朝分别为 66 200 人、29 179 人；咸丰朝，《清实录》采集之贞节妇女为 23 629 人，其他资料记载咸丰七年（1857）至咸丰九年（1859）年三个年份还有 4804 人，就是不算此两者，咸丰朝也是 77 025 人，年均 7002 人；清实录同治元年（1862）至同治十二年（1873）朝廷旌表节妇共 190 040 人，年均 15 837 人[④]。关于雍正朝节妇贞女数字、道光朝朝廷批准的建坊表彰的节妇，郭松义先生研究结论分别为 9995、93 668 人，各自年均 785.85、3122.27 人，而且指出，同治十年（1871）一年竟达到 25 347 人。[⑤]而这其中每一个帝王、每一个年份，甚至每一个具体的节妇之旌表活动，均有州县正印官参与其中。

再则，从比较的角度，也可看出在清廷政策法律导向，在州县旌表节孝责任追究制度约束和知州知县们的"勤政"之下，清代节孝旌表较之于明代的发展以及其地位的突出。《古今图书集成》记录烈女节妇，唐代仅有 51 位，宋代 267 位，明代也不过 36 000 位[⑥]。但清代人数之多，已如上文所述，从顺治到咸丰各朝总和至少在 30 万人以上，若加上同治到宣统四朝，无疑人数更多。并且，全国各地迄今尚保留着不少包括节孝坊在内的牌坊建筑。歙县棠樾鲍吴氏节孝坊即是一例，它 4 柱 3 门，高 3.55 丈，宽 2.95 丈。截至 2013 年底，全国留存的在清代及其以前修建而成的牌坊总数计 1045 座，以此为范围，清代的节孝旌表无论是在清代各表类别所占的比例，还是同前明一代数

---

① 民国《顺德县志》卷 7《职官》，民国十八年（1929）刊本；民国《顺德县志》卷 11《节孝表一》，民国十八年（1929）刊本。

② 民国《松潘县志》，成都：巴蜀书社，1992 年，第 241 页。

③《清实录·宣宗实录》卷 285 道光十六年七月庚寅条，北京：中华书局，1986 年，第 405 页。

④ 王传满：《妇女节烈旌表制度的建立与沿革及其影响》，《武汉科技大学学报》（社会科学版）2008 年第 5 期，第 68、69 页。

⑤ 郭松义：《清代妇女的守节和再嫁》，《浙江社会科学》2001 年第 1 期，第 125 页；王传满：《妇女节烈旌表制度的建立与沿革及其影响》，《武汉科技大学学报》（社会科学版）2008 年第 5 期，第 69 页。

⑥ 转引自徐淑霞：《儒学催化的牌坊文化解析》，《河北师范大学学报》（哲学社会科学版）2010 年第 1 期，第 136 页。

字进行比较都是最高的。从前者看，在现存清代的节孝、功德、百岁等 7 类牌坊中，节孝坊占了总数的 42.03%，较之功德牌坊、百岁牌坊分别高出 27.43%、37.66%；从后者看，由于明代的节孝坊只占其牌坊总数的 6.38%，清代的节孝坊自然高出了 35.65%，同样显示和证明了清代节孝旌表较之明朝的提升和发展。①

此外，还特别值得一提的是，光绪二十九年（1903）八月之后，海外华人贞孝节义也开始纳入清政府旌表范围。光绪三十四年（1908）七月丙申，首例海外华人节孝受到旌表，且被《清实录》记载其中："旌表苦节全孤南洋华侨方廷策之母陈氏。"②该次旌表之缘由及过程大致情况是，福建漳州府龙溪县人陈氏"扶姑援母，艰苦备尝，迫同治十三年夫以病殁，氏年二十六岁，痛不欲生，乃以老亲在堂，遗孤在抱，不忍身殉，遂力任女红，举家赖以成活"③。陈氏姑姑病故后，陈氏便携子赴南洋日惹，也就是今印度尼西亚爪哇学习贸易，并一生守节，直到光绪二十六年（1900）病故。在日惹的陈氏当然无法如国内由各州县正印官上详请旌礼部表彰，于是当地中华商务会总理李金泉，通过侨居地与陈氏同籍的廪生方学渊等 21 人的具结，上报清政府农工商部"旌表俾全侨知所观感等情"，礼部获咨后，接受"因地制宜破格见"，由陈氏侨居地的原籍人员提供具结，准予了对陈氏旌表。④尽管此非内地州县所亲为，但却反映了海外华人对祖国节孝文化的认同，以及在包括州县正印官共同努力下的祖国的节孝观念、活动对海外华人所产生的实际影响力。

不过，清代州县孝节旌表虽有其历史成因和现实要求，并且对州县也有道德教化意义，但对割股疗亲、妇女殉夫节烈的请旌及其彰表乃其中之糟粕，对以贞操为核心内涵的节妇、贞女的上报请表，实际是以无以数计的女性的青春与血泪为代价的，尽管贞操观念在其形成的历史初始，具有道德文明的意涵。

（3）忠烈公义与乐善好施。州县对于所属士民有朝廷所提倡的以孝作忠行为，也有上请表彰或列传的举动。李钢（1083—1140），福建人，著名的抗金名将，他去世后，受到人们的敬仰，当地为其立碑建坊，嘉庆十五年（1810），

① 赵媛，麻勤，郝丽莎：《中国现存牌坊文化遗存的地域分异及成因》，《地理研究》2016 年第 10 期，第 1949、1953 页。
②《清实录·德宗实录》卷 594 光绪三十四年七月丙申条，北京：中华书局，1987 年，第 853 页。
③《农工商部奏南洋华侨方廷策之母方陈氏请旌表节孝折》，《清末官报汇编》第 69 册，北京：全国图书馆文献缩微复制中心，2006 年，第 34290 页。
④《农工商部奏南洋华侨方廷策之母方陈氏请旌表节孝折》，《清末官报汇编》第 69 册，北京：全国图书馆文献缩微复制中心，2006 年，第 34290—34291 页。

经闽侯地方官努力，福建巡抚为这位忠诚之将重新修建了“古社稷臣”牌坊。曹文埴（1736—1800），清代乾隆朝著名户部尚书，朝廷干臣，公而忘私，不仅本人得以封为一品之殊荣，其父、伯、祖父、曾祖父均因其获得一品官衔之赠。为彰显其功业，光其故里，教化里民，歙县知县及其该管上官按例报请得准于县治城南雄村建造“四世一品”坊。嘉庆初，陕西盩厔县“邪匪滋事……县内士民妇女，不屈被戕者甚多”，其后该县知县白维清与典史徐成燕访查确实，将该县殉节贡生李培本等4799人上请旌表，到嘉庆五年（1800）被“著照所请”，将他们的“姓氏里居事实宣付史馆，照昭忠节孝等祠之例，每岁由地方官春秋致祭，其事迹卓著之一百二十三起，著照例旌表，以崇忠孝而彰节义”[①]。光绪《武进阳湖县志》“忠义”旌表有忠义官绅1卷，“忠义”士民3卷，人数甚多。[②]譬如，由武进县知县上报，咸丰十一年（1861）正月二十三日两江总督奏请的武进县殉难县民徐升、王福、余发、李洪；十二月十日江苏巡抚上奏的张二、沈松林等百人以上等。[③]民国《歙县志》云该县“邑尚礼教重廉耻，士大夫多蹇蹇狱狱不屈不扰，故忠节特著”。该县“咸同间兵祸，邑人殉难者不可胜纪。”[④]歙县棠樾人、道光间举人鲍钟铨，“咸丰十年太平军陷郡城后入村”，鲍率子等率团练抵抗被俘而死，他的两个孙子“见祖父死不去，遂死其旁，钟铨兄钟谟等，阖家男妇皆曰愿死，遂相继同殉，计一门死义，凡三十六人”[⑤]。此外，为国殉难节烈女性被州县等官请加表彰的也很多。武进、阳湖两县在咸丰四年（1854）有87人，同治八年（1869）则有卜氏等194人，光绪元年（1875）有97人，获得请旌。[⑥]歙县85岁的程枚功的母亲，咸丰十年（1860）在汪村“闻城陷愤郁不食，卒”；程枚功于是率孙子“带团抗战受伤死弟荣功、梯功”，程枚公妻子梅氏及其2女“闻警自缢”，所谓“一门忠节，近世所希”[⑦]。

清代州县官，对于所属地方民人符合清朝定制范围的乐善好施、急公好义均予旌表。譬如，养恤孤寡、捐资赡族、助赈荒欠，捐修公所及修筑桥梁道路、收瘗尸骨等于地方社会民生有裨益，都尽可能按照规定，访实查核清

① （清）昆冈等修，刘启端等纂：《钦定大清会典事例》卷404《礼部·风教·旌表孝节二》，《续修四库全书》编委会：《续修四库全书》第804册，上海：上海古籍出版社，2002年，第411页。
② 光绪《武进阳湖县志》，南京：江苏古籍出版社，1991年，第248—344页。
③ 光绪《武进阳湖县志》，南京：江苏古籍出版社，1991年，第255页。
④ 民国《歙县志》卷7《人物志·忠节》，台北：成文出版社，1975年，第1011页。
⑤ 民国《歙县志》卷7《人物志·忠节》，台北：成文出版社，1975年，第1072页。
⑥ 光绪《武进阳湖县志》，南京：江苏古籍出版社，1991年，第345、381—382、412—413页。
⑦ 民国《歙县志》卷7《人物志·忠节》，台北：成文出版社，1975年，第1070页。

楚，然后上详该管上司，逐层请旌。[①]在光绪六年（1880）以前，如果辖区士民有捐银至 1000 两以上，或所捐田粟价值在银 1000 两以上的，该知州或知县或厅正印官，也有上报请求为之建坊，给予钦定的“乐善好施”字样；而捐不及 1000 两的，则上请准有知县地方官给匾旌赏，仍给予“乐善好施”字样。[②]不仅如此，在道光二十八年（1848）以前，各知州、知县对各种获准旌表的乐善好施者，大都按例发放坊银 30 两，以为修坊的经费资助，当然也是一种对所属乐善好施之人的奖赏和激励。只是由于清政府出现财政困难，再加上旌表人数增加，所以从这一年开始，州县正印官按定例发放修建费用被取消，而令被旌者自行设法建坊。[③]光绪年间四川一些州县的正印官就为所属地方乐善好施的绅民士予以请旌，具体情形如表 6-6 所示：

**表 6-6　光绪年间四川州县为乐善好施者请旌例案简况**

| 州县姓名 | 被请旌者姓名 | 知县报请被请者事迹 | 题奏总督 | 请旌结果 | 资料来源 |
|---|---|---|---|---|---|
| 大竹知县鲁宗周 | 邓绪经 | 大竹县知县鲁宗周详申，据该县绅粮夏裕经等公禀县属，向有育婴堂，收养孤老幼孩，因经费不敷，事遂废弛。同治年间，有该县五品封职增贡生邓绪经，毅然倡捐银两，募修堂舍，施棺济贫，同治十一年（1872）又将自置田亩，每年收租谷三百四十七石，捐作育婴堂经费，复捐田房作为栖留所掩骼经费，旋即病故。殁犹以善后事宜尚未办竣为恨，现在育婴堂议定收养孤老五十名、婴儿四十名，咸称得所，请予奏奖前来 | 丁宝桢 | 光绪七年（1881）六月军机大臣奉旨，着照所请。七月，在县城西侯家店修建乐善好施坊 | 民国《大竹县志》卷二，1928 年铅印本，第 61 页；民国《大竹县志》卷七，1928 年铅印本，第 33 页，民国《大竹县志》卷十一《慈善志》，1928 年铅印本，第 3 页 |
| 德阳知县陶熠绶 | 卓现濂 | 卓现濂平日勇于为善，光绪四年（1878）先后捐钱三千三百余钏，于该县东、北两门外修造东平、仙人两桥，以济行人，嗣后捐钱一千钏，倡兴育婴堂，实为乐善好施，于地方有益，应请奏奖，以资观感 | 丁宝桢 | 光绪五年（1879）三月十四日军机大臣奉旨：“卓现濂著准其建坊” | 中国第一历史档案馆：《清代设立与管理育婴堂档案（下）》，《历史档案》2015 年第 3 期，第 4 页 |

① （清）昆冈等修，刘启端等纂：《钦定大清会典事例》卷 403《礼部・风教・乐善好施》，《续修四库全书》编委会：《续修四库全书》第 804 册，上海：上海古籍出版社，2002 年，第 390 页。
② （清）昆冈等修，刘启端等纂：《钦定大清会典事例》卷 403《礼部・风教・乐善好施》，《续修四库全书》编委会：《续修四库全书》第 804 册，上海：上海古籍出版社，2002 年，第 392 页。
③ （清）昆冈等修，刘启端等纂：《钦定大清会典事例》卷 403《礼部・风教》，《续修四库全书》编委会：《续修四库全书》第 804 册，上海：上海古籍出版社，2002 年，第 391、393 页。

续表

| 州县姓名 | 被请旌者姓名 | 知县报请被请者事迹 | 题奏总督 | 请旌结果 | 资料来源 |
|---|---|---|---|---|---|
| 彭县知县罗云碧 | 罗文邦 | 本县居民贫苦者多，赤贫之家，每将出生子女率行遗弃，又青年孀妇茕独无依，每欲守志而生计无资。爰集阖邑绅粮举办育婴恤嫠公局，罗文邦自愿捐助育婴恤嫠公费银一千二百两，如数缴县，洵属乐善好施 | 刘秉璋 | 光绪十七年（1891）三月底至四月初，朱批："著照所请""自行建坊，遵刊'乐善好施'字样" | 同上第12页 |
| 署万县知县蒋履泰 | 陈绥<br>向罗氏<br>向熊氏 | 陈绥捐出县属孝小茶坪及外郎坝两处田业，共值钱七千二百串；向罗氏率妾向熊氏捐出大垣子、太坝两处田业，共值钱三千四百四十串，作为县属育婴公款，洵属乐善好施，照例建坊 | 丁宝桢 | 光绪十八年（1892）五月底朱批："著照所请""自行各建专坊，遵刊'乐善好施字样'" | 同上第12页 |
| 署大足知县蒋金生 | 刘光乙 | 刘光乙捐钱一千三百三十千，合银一千余两，以作育婴局经费，洵属乐善好施 | 奎俊 | 光绪二十五年（1899）十二月底朱批："著照所请，""自行建坊，给予'乐善好施字样'" | 同上第19页 |
| 垫江县知县谢必铿 | 邓禄征 | 邓禄征捐产育婴，合银在一千两以上，核与建坊之例相符 | 奎俊 | 光绪二十六年（1900）四月底或五月初，朱批："著照所请""自行建坊，给予'乐善好施字样'" | 同上第19—20页 |
| 大竹知县曹钟彝 | 唐五泮 | 唐五泮捐赈银 | 不详 | 光绪三十年（1904）在石河场北里多地方建立乐善好施坊 | 民国《大竹县志》卷七，1928年铅印本，第36页 |

其他各省州县的知州、知县同样如此，即便到了清末仍对所属县民的乐善好施给予肯定和鼓励。湖南新宁县人张锡笏在同治十一年（1872）和光绪十八年（1892）各捐桥1座，各费1100百余串、500多串；光绪十年（1884）又捐田值银1060两为县育婴堂费用。知县王世钧认为张锡笏"洵属乐善好施""县禀请奏建坊前来"，经巡抚奏请，光绪十九年（1893）底张锡笏获得"自行建坊，遵刊乐善好施字样"。此外，光绪年间，湖南常宁县知县对县民唐敏真、李泽芳，长沙县知县对张捷书、常璋、常恩锡、常道功，于光绪九年（1883）、光绪十四年（1888）请准"照例建坊，给予乐善好施字样"，以为旌奖。其他如直隶天津县知县光绪十二年（1886）为捐银1200两添作育婴堂经费的阎玉生、云南恩安县知县为捐育婴堂经费1600两的李春省等人请准乐善好施的旌表。就是宣统年间，也仍然有州县正印官为乐善好施之人加以旌表。宣统二

年（1910），浙江德清县节妇已故广东盐经历廪膳生戚宝成的妻子戚沈氏“比闻育婴堂款项支绌，筹措艰难，慨然将自置坐落君字庄田地七十亩零一分九厘七毫价值一千两尽数捐助婴堂”，对此德清县绅广东候补知府朱广沂将其事迹禀报给了知县秦国均，秦知县对此加以核实，并具知县印结，连同册结上报，经浙江布政使顾钟骥，由浙江巡抚增韫奏，使戚沈氏得以建坊旌表，刊乐善好施字样。[①]

## 五、摒弃陋习，敦厚风俗

县域地方社会事关社会风俗之大恶者有四：盗贼、赌博、打架、娼妓。[②]对此知州、知县例行禁止和打击，实际也是对不良民风的整治与教化。譬如对于赌博，县官们多加告示，晓谕乡民，同时也予以相应治理。现存晋城市玉皇庙的《禁赌碑》，就是道光十八年（1838）正月，府城首县知县批准三舍绅士、社首公具之文的碑刻。道光十七年（1837），山西晋城敬神演戏，有人在玉皇庙“公然赌博”，被乡约社首“禀官究处”，知县对赌博的人加以“堂讯，将聚赌之人锁链示众”，并准勒石“永远禁止赌博，违者仍复送官究处不贷。”[③]原平市金沟村的光绪二十五年（1899）的《禁赌碑记》，就是该村鉴于“近年以来”由于赌博严重“或因逼于逃走者，或因之于非命者”，戊戌夏，该县知县，“立有禁约，日后如有犯者，不论本村、外村之人，在村聚赌窝赌者，每人罚钱六千文入公费用。倘有不遵村规者，禀官究治”[④]。广东的闱姓赌博时开时禁，顺德知县张琮的禁赌得到巡抚张兆栋肯定。道光以后，鸦片流毒严重，清政府厉行禁烟，所及州县效果固然差强人意，但也有所得，时论评价清末的烟禁，“革官吏也，禁播种也，虽不能谓其有十分之成效，而大员中有以戒烟致疾者，各州县有以铲除烟苗起风潮者，则是其事已明明举办，固非筹备宪政涂饰耳目者比也”[⑤]。

《大清律例》规定，民间丧葬之事，凡有聚集演戏及扮演杂剧等类，或用丝竹管弦演唱佛戏者，该地方官严行禁止。违者，照违制律治罪，地方各级官员对此也有规定与要求。浙江布政司布政使颁布《严禁地棍阻葬恶习以正

① 中国第一历史档案馆：《清代设立与管理育婴堂档案（下）》，《历史档案》2015年第3期，第22页。
②（清）昆冈等修，刘启端等纂：《钦定大清会典事例》卷399《礼部·风教·训饬风俗一》，《续修四库全书》编委会：《续修四库全书》第804册，上海：上海古籍出版社，2002年，第341页。
③ 张正明，科大卫：《明清山西碑刻资料选》，太原：山西人民出版社，2005年，第688页。
④ 张正明，科大卫，（英）王勇红：《明清山西碑刻资料选（续一）》，太原：山西人民出版社，2007年，第719页。
⑤《时评·其二》，《申报》1910年6月29日。

风俗》，嘉兴府知府在嘉庆四年（1799）六月二十日给嘉善县知县有相应的札文："札嘉善县知悉，奉布政使司谢宪札，照得本司详禁举报殷户勒充地保及严禁地棍阻葬二案，均与民间大有裨益，但恐书役等，绝其利薮或暗中抽匿卷宗以致废弛事未可定，该府现在纂修郡志，自应刊入志乘以垂永久，合亟抄卷饬发札府，查照沾抄事理编辑入志，俾民间有所考据，不致积弊复萌，亦良二千石所乐闻也，等因，奉此除纂入郡志外，合行转饬札该县即便查照宪札粘抄事理，一体编辑入志毋违特札。然后，嘉善县知县淩卿云也出《严禁地棍阻葬》告示，嘉善县乡绅金汝溶等又对岭卿云知县的该告示勒石立碑于嘉善县治二门侧。[①]光绪年间，嘉善县知县江峰青颁布《劝谕贴土葬棺示》曰：

为砖坟易坏，劝谕贴土葬棺挽回风气以备不虞事，照得善邑浮厝之多甲于天下，往往棺木朽坏，尸骨散乱，惨不忍睹，幸而子孙仁贤，收骨安葬，庶几妥遗骸无后虑矣。乃因避湿之故，而俗尚浮葬，又以爱亲之过而概用砖椁……多节次严惩，此风未熄。缘折朽摧枯之太易，故以身试法而不辞……孔子曰：古者墓而不坟，虽封崇四尺，而棺已入土，第加土于平地之上，故防墓崩而可以不修，盖墓虽崩仍不见棺也。即古制有棺有椁亦只营于土中，必不如善邑之浮于土面。人以土生，以土养，死则仍还诸土，此返本还原之义也。其用棺者犹是孝子之心，不忍以土亲肤也，用木不用石，仍取其历久而化也。思夫暴骨之可虞，何如坎地以营葬？若虑水泉之浸渍，可筑灰土以附棺，再封树以成坟，自永安而无患，第风气之由来已久而挽回在诗礼之家，有识者倡于先，效法者继于后，庶葬亲易而浮厝葬乎？事关丧葬切切，特示。"[②]

"民间溺女，最为恶习"[③]，一些州县正印官对此也采取措施，有所管治。道光七年（1827），天台县知县发布《严禁溺女告示》[④]，至于其他各类陋习之规范，也在所多有。宣统元年（1909）八月初五日，四川南部县知县侯昌镇，根据实际情形，提出针对性很强的陋习治理禁令，要求全县城乡民众，年满六旬方准祝寿宴客，不到六十只宜闭门斋戒，追思父母生我劬劳，稍伸孝思，"如敢张设寿宴浪费酒席，违者上户酌罚十钏，中户六钏，以作地方

① 光绪《重修嘉善县志》卷4《区域志·冢墓》，清光绪十八年（1892）刊本，第40—41页。
② 光绪《重修嘉善县志》卷4《区域志·冢墓》，清光绪十八年（1892）刊本，第41页。
③（清）昆冈等修，刘启端等纂：《钦定大清会典事例》卷399《礼部·风教·训饬风俗一》，《续修四库全书》编委会：《续修四库全书》第804册，上海：上海古籍出版社，2002年，第357页。
④（清）顾廷纶：《天台日记》，本社影印室：《明清法制史料辑刊》第1编第14册，北京：国家图书馆出版社，2008年，第465—470页。

自治经费”；若有父母去世丧葬虽然可以吊客束趋化帛，但不许大摆筵宴，徒耗酒食；民间婚宴在所不禁，但“不必偏请相邻致滋烦扰”；至于怪诞不经、聚众演会，圆亲喜神、竖碑捐监、各项艺术谢师等，以及聚众拜会、招收兄弟，或念经惑众等，则更不准行，违者处罚究治。广东顺德县风俗，素来奢侈，赛会、迎神等“耗费动以千万计”。该县知县、直隶通州举人王之正担任该县知县后，多有整治，他将此事命令保甲，就地各召父老训诫约束。针对县内淫秽性《摸鱼歌》，王知县“就俗所尚，仿其体，自编孝弟忠信四词，日给斗米，令瞽者，循途唱之，和以弦索，聚听动人，风俗大变。尤喜做兴士类，以重币延师而月为之课，贫者捐俸以给膏火，政暇亲至为之口讲指授，出金帛奖其能文者”[①]。

此外，作为日常民风治理，州县治下的各乡约所，一般设有善恶簿，对该约所乡民的行为进行记录，每到朔望讲约完毕，“约讲与在事人，及首领、绅矜、长老，各举某人行某孝行某弟，作某善事，拯救某人患难，赈恤某人贫苦，或妇人女子某为节、某为烈，俱要实迹公同开载劝善簿内”。一般性好人好事则由约讲奖劝，突出“大善”，则于四季月终具呈事实册结，上投于州县正印官员，由知县奖励花红酒果，鼓乐道送，或给匾旌表其门等。对于相反的坏人坏事，也实迹公同开载于纠恶簿内，小过约讲等传其父兄至厅劝戒，大恶则于四季月终具呈，仍开造事实册结，投报州县，本州县官于城中讲所，于开报之时，立行差拘究惩，务于本处示众。如须对众惩处者，或寄监仓，俟讲读毕，对众发落，使观者知警。当然如妇女节烈，仍令绅衿族长里者公举，照例申请题旌。[②]

① 光绪《广州府志》卷109《宦绩六·王之正》，清光绪五年（1879）刊本，第3—4页。

②（清）黄六鸿：《福惠全书》卷25《教养部·置善恶簿》，官箴书集成编纂委员会：《官箴书集成》第3册，合肥：黄山书社，1997年，第502页。

# 第七章　州县正印官与辖境民生及社会救济

为治之道不外乎“教”“养”两端，但若就“教”与“养”之关系以及二者于民之关切、国家的重要程度而言，“养”无疑又在“教”之上。盖“必衣食足而后礼义兴，故论治者，往往先养后教”[①]。也就是所谓的仓廪实而知礼节，衣食足而知荣辱。所以，“保庶之法”虽“教养二端”，唯以“养”为先。民之所养，涉及领域固然广泛，然其在传统的清代社会主要还是在食有其粮，住有其屋，日常生理自安，以及艰贫困顿、鳏寡孤独、灾荒等方面有所济养。“牧养斯民”，解决辖地百姓艰困，维持其起码的生存、生活状态，原本系清朝州县官员一大基本职责。[②]“百姓有流离困苦，荒失产业，徭赋难输，地方毫无治理者……州县等官不能兴利除弊，以致百姓不安生理者，将州县官革职（私罪）。”[③]追究制度俱在，不得不对县域民生予以“兴养”。

## 第一节　劝种设仓，确保县域粮食供给

如前所述，清代仍然是传统的农业社会，在这个社会里，州县的所谓民生，最主要和最基本的就是州县境内百姓的生计、生存状态，基本生存、基本生活中的衣、住、行各方面固然不可或缺，但是“食”，即果腹无饥无疑是首当其冲的，也是最为重要的，也就是说，辖区人人首先必须能够“活着”，活下去、生存下去。因此，令百姓口中有食，家中有粮，日常生理自安，乃

---

①（清）昆冈等修，刘启端等纂：《钦定大清会典事例》卷 398《礼部・风教・讲约二》，《续修四库全书》编委会：《续修四库全书》第 804 册，上海：上海古籍出版社，2002 年，第 333 页。

②（清）昆冈等修，刘启端等纂：《钦定大清会典事例》卷 389《礼部・学校・训士规条》，《续修四库全书》编委会：《续修四库全书》第 804 册，上海：上海古籍出版社，2002 年，第 215 页。

③（清）文孚纂修：《钦定六部处分则例》卷 24《灾赈》，沈云龙主编：《近代中国史料丛刊》第 332 册，台北：文海出版社，1969 年，第 340 页。

成为清朝基层政区正印官的重要任务。如何解决州县民众基本的吃饭问题以及灾荒发生时的粮食需要，最为根本的一条还是在于州县农业生产。

## 一、力劝农耕，扩产增收

诚如本书第四章所说，有清一代，农业始终是最大的产业，稻谷、麦、粟等农作物的耕作、耕种，始终是百姓生活最基本的粮食来源。

“万物之生本乎地。”清代知州、知县确保本州县生存、生活之资的第一抓手便是动员号召和鼓励垦荒，以扩大耕地面积。吴江县刘知县令村民“如有丁多田少者，许于空闲地内开垦”[①]。于是，已经开发的州县土地进一步深度开发，“连山头地角、湖河滩涂等零星土地也大都垦种”，而“以往尚出于半开发或未开发状态的各地山区和边疆地区的许多土地也得到开垦，大大拓展了中国农耕区的范围”；晚清时期，通过内蒙古、东北地区的“放垦”，耕地面积又有所增加。数量上，全国耕地面积顺治十八年（1661）不过7.78亿清亩，到乾隆中期超过10亿亩，道光后期有14.3亿清亩，清末扩大到15.8亿多清亩。这些土地大部分用于生产粮食作物，粮食种植耕地面积因此最多。譬如，在19世纪中期，全国的耕地大约14亿清亩，而粮食耕地就达到12.47亿亩。[②]

“土生万物皆养人”，耕地多而人不事耕，也长不出要吃的粮食来。“劳农劝相，原地方官应行之事。”[③]各地州县官员除以礼化民、以为风向外，还编写劝农诗、劝农歌、劝农文等方式，劝导乡民不误农时，力农重耕。“当知四季因时，毋浪饮，毋游惰，务各胼胝，以治田畴。”[④]乾隆四十二年（1777），梁徽“宰嘉善”，任知县六年。他“允民安其政”，“尤敦崇本计，董劝有方”，还“教民种植以期”，该向“从此田尽可耕，潦不为害”[⑤]。吴江县的刘知县在《劝农示》中要求乡村百姓“务要尽力亩耘，依时耕耘”[⑥]。道光十四年（1834），西乡县知县胡廷瑞，筑拦河堤，筹款购置秧田1石余斗，面积约15

① （清）陆寿名，韩讷：《治安文献》卷2，官箴书集成编纂委员会：《官箴书集成》第3册，合肥：黄山书社，1997年，第620页。

② 史志宏：《清代农业的发展和不发展（1661—1911年）》，北京：社会科学文献出版社，2017年，第131、103页。

③ 《清实录·高宗实录》卷393乾隆十六年六月辛酉条，北京：中华书局，1986年，第163页。

④ 同治《直隶绵州志》卷54《政绩》，北京：方志出版社，2012年，第764页。

⑤ 光绪《重修嘉善县志》卷2《区域志·水利》，光绪十八年（1892）刊本，第9页。

⑥ （清）陆寿名，韩讷：《治安文献》卷2，官箴书集成编纂委员会：《官箴书集成》第3册，合肥：黄山书社，1997年，第620页。

亩，年收成稻谷四五十石。[①]广宁县知县杜凤治同治六年（1867）下乡的三大任务中的重要一项便是“劝耕”，他见石桥“一派荒土，田无一苗”后，马上“传阖村父老，谕示……及时耕种无失”，在黄姓祠堂、江边村祠堂又一再强调“劝耕”，要求村民“田多插种。”[②]

在州县政府重视劝导督促之下，不仅清代地方农作制得以改进，轮作复种得到普遍推广并成为各地州县主流耕作形式，如南方水稻种植州县，水旱轮作复种不仅有两熟制，甚或出现二年三熟或三年四熟的，旱地间作、套作也出现多样化；各州县在增加人力、畜力，水利、增施肥料等投入的同时，土壤耕作、选种、施肥、灌溉和栽培技术方面都将传统农艺学的精耕细作特点发挥到极致。玉米、番薯等美洲高产农作物各州县也多令种植，至迟到清中后期，种植已很广泛，并且两者的亩产量，尤其是番薯明显高于小麦、大豆、粟、黍等传统旱粮作物，因而，使得全国各州县粮食亩产增加 17 斤左右[③]，从而成为重要的果腹之食。四川南江县“民食所资，包谷杂粮”，广元县“山农以包谷杂粮为重”，通江县“民食以早春荞、豆、麦、秋稻、包谷为主”。至于地方各州县的水稻亩产收成，史志宏经对江苏、安徽、湖南、四川、云南、贵州等 12 个南方省份 519 个府州县 2321 个亩产数据的事例进行研究发现，12 省的稻作清前期平均亩产为 3.06 石，晚清为 3.14 石，二者平均亩产为 3.1 石，将其换算成近代市制，则分别为 412、423 市斤和 417.5 市斤；而直隶、山东、河南、山西等、新疆、辽宁等所有产稻的北方省份的稻作平均亩产稍低，约为 2—2.5 石，也就是近代市制为 292—365 市斤。近 1800 个稻谷数据事例表明，清前期各时期稻谷的产量绝大多数州县是逐步增加的。前揭南方 12 省在顺、康、雍三朝平均亩产量为 2.89 石，乾隆时就增加到 2.91 石，嘉庆至道光时则为 3.2 石。其中，除江苏、广西两省外，其他 10 个省份州县稻谷平均亩产基本是上扬趋势。福建、浙江、湖南、四川 4 省州县尤其明显，譬如福建各州县顺、康、雍三朝平均亩产量为 3.64 石，乾隆时就增加到 4.14 石，嘉庆至道光时则为 5.41 石；四川各州县顺、康、雍三朝平均亩产量为 1.94 石，乾隆时就增加到 2.53 石，嘉庆至道光时则为 3.66 石。小麦、豆类、高粱、黍、

① 史志宏：《清代农业的发展和不发展（1661—1911 年）》，北京：社会科学文献出版社，2017 年，第 58 页。

②（清）杜凤治：《望凫行馆宦粤日记》，广东省立中山图书馆等：《清代稿钞本》第 10 册，广东人民出版社，2007 年，第 165 页。

③ 吴慧：《中国历代粮食亩产研究》，北京：农业出版社，1985 年，第 183—188 页。

稷等旱粮的亩产，北方 8 省 261 个府州县的 607 个亩产数据实例显示，年亩产量总体在 0.9—1.1 石，换算成近代市制为 142—173 市斤；南方则为 2.5—3 石，即 433 市斤。①

晚清时期，全国州县厅农业虽然由于战争、灾害等因素影响有所衰退，清末粮食平均亩产量也下降到大约 2 石左右（即 300 市斤），但新疆、内蒙古地区，尤其是东北招荒开垦成绩比较突出，东南沿海等地方的开发有了新的气象，因而全国粮食的总产量、总产值的下行总体有限。史志宏最新研究成果显示，顺治十八年（1661）时，全国粮食的总产量为 12.2 亿清石，折合成近代市制是 1706 亿市斤，以其时的总产值，大致是 12.7 亿两，20 多年后的康熙二十四年（1685）则分别增加到 14.4 亿清石、2014 亿市斤、15.0 亿两，雍正二年（1724）继续上升到 18.4 亿清石、2573 亿市斤、19.1 亿两，乾隆三十一年（1766）20.9 亿清石、2988 亿市斤、22.2 亿两，嘉庆十七年（1812）23.4 亿清石、3345 亿市斤、25.5 亿两，到道光三十年（1850）即太平天国农民战争前夕，跃升至 26.2 亿清石、3746 亿市斤、28.6 亿两，达到清代粮食总产量、总产值的峰值。其后江南州县尤其是农民起义经过之州县生产受到严重影响，但经同治后期相关州县的生产重建，到光绪朝粮食产量有所复苏。光绪十三年（1887）全国粮食的总产量为 25.6 亿清石，折合成近代市制为 3660 亿市斤，换算成当时的总产值是 27.9 亿两，宣统三年（1911）分别为 25.6 亿清石、3660 亿市斤、27.9 亿两。②虽然有所减少，但是较之顺治时期，还是 2 倍有余，并比作为有盛世之称的康雍乾时期多了不少。

民以食为天，吃饭是老百姓第一要务。知州、知县等治下粮食生产所得，首先对县域城乡民众提供基本的生活资料。尽管清代各州县的口粮需求因时因地有所不同，但一般而言，生存养活口粮，每人每天的数量为大口一升、小口半升，折合成今天市制，分别为 1.2—1.3 斤、0.6—0.7 斤。以其下限即大口（成年人）每人每天粮食 1.2 斤、小口（未成年人）0.6 斤标准，依据道光《济南府志》卷 15《户口》人口数量，可以计算出道光十七年（1837）济南府属历城等 13 个县份人口所消费的粮食数量。具体如表 7-1 所示：

① 史志宏：《清代农业的发展和不发展（1661—1911 年）》，北京：社会科学文献出版社，2017 年，第 63—64 页。

② 史志宏：《清代农业的发展和不发展（1661—1911 年）》，北京：社会科学文献出版社，2017 年，第 82、89 页。

表 7-1　道光十七年（1837）山东济南府各州县民众口粮数量表

| 州县名称 | 人口总数 | 成年人口数 | 成年口粮数量 | 未成年人口数 | 未成年口粮数 | 每天口粮总计 | 每年口粮总计 |
|---|---|---|---|---|---|---|---|
| 历城 | 603 177 | 369 323 | 443 187.6 | 233 854 | 140 312.4 | 583 500 | 212 977 500 |
| 章丘 | 463 879 | 308 651 | 370 381.2 | 155 228 | 93 136.8 | 463 518 | 169 184 070 |
| 邹平 | 322 156 | 189 952 | 227 942.4 | 132 204 | 79 322.4 | 307 264.8 | 112 151 652 |
| 淄川 | 132 216 | 84 179 | 101 014.8 | 48 037 | 28 822.2 | 129 837 | 47 390 505 |
| 长山 | 191 517 | 127 234 | 152 680.8 | 64 283 | 38 569.8 | 191 250.6 | 69 806 469 |
| 新城 | 164 553 | 102 413 | 122 895.6 | 62 140 | 37 284 | 160 179.6 | 58 465 554 |
| 齐河 | 338 675 | 238 395 | 286 074 | 100 280 | 60 168 | 346 242 | 126 378 330 |
| 齐东 | 130 472 | 89 043 | 106 851.6 | 41 429 | 24 857.4 | 131 709 | 48 073 785 |
| 济阳 | 200 194 | 143 375 | 172 050 | 56 819 | 34 091.4 | 206 141.4 | 75 241 611 |
| 禹城 | 232 072 | 132 752 | 159 302.4 | 99 320 | 59 592 | 218 894.4 | 79 896 456 |
| 临邑 | 115 278 | 75 955 | 91 146 | 39 323 | 23 593.8 | 114 739.8 | 41 880 027 |
| 长清 | 292 284 | 182 592 | 219 034.8 | 109 755 | 65 853 | 284 887.8 | 103 984 047 |
| 陵县 | 126 010 | 83 256 | 99 907.2 | 42 754 | 25 652.4 | 125 559.6 | 45 829 254 |

表 7-1 所列各县第 7 列系各该县所有人口一天口粮的总和，将道光十七年（1837）以 365 天计算，则各增加 365 倍，便得出最后一列数据。也就是说，各县产出粮食至少应当同时也在事实上满足全县口粮，尽管具体到每一个州县厅未必完全绝对，其口粮或有本州县厅之外乃至国家之调剂、供给之情形，但是就全国宏观整体的意义上看，所有调节协剂的粮食几乎无一例外是州县厅基层地方生产所提供的。因此，清代基层政权正印官治下的粮食生产首先提供了辖区民众之生活保障，使得县域人口得以生存、生活下去。尽管清代县域乡村的生产生活在本质上系自给自足，粮食的生产、供给最根本上是州县广大民众辛勤耕耘的结果，但作为州县正印官在农业生产的履职履责、倡导督促究是其中的一个原因，其积极的作用不可抹杀。

除此之外，州县的耕作生产，还为庞大的官僚队伍、人数众多的军队等提供了数量不等的粮食支持，也为州县乃至国家应对各种灾荒赈济提供了粮食资源。有清一代的全国人口，少则 1.2 亿，多则 4.3 亿，清末更至 4.5 亿，人口的不断增长以及数量庞大的人口生活本身，就是对作为国家粮食生产与供给的最低行政组织的州县厅的生产、供给能力，以及实际巨大的历史贡献的诠释，州县厅正印群体也与有功焉。

除提供粮食之外，以棉、麻、桑为主的各种经济作物也是民众生活所需。对于后者，在清政府相关问责条款的约束之下，有的州县正印官也有一定的关注和努力。乾隆初，徐阶平任贵州正安州知州，鉴于民贫无以谋生，见橡树中野蚕成茧“自以携来织具，织成绸匹，令民制织具，而令其妻教之，其地遂成集市，大获其利”，他死后葬贵州，“民思其德，为庙祀之”。又，河南试办蚕桑，“各州县奉行，尚能实力讲求。内如永城县知县陈梦莲、署荥泽县知县华蔡，于去岁夏间收买桑葚，种出子桑各数十万株，办理更属认真。代理祥符县事试用知州饶拜扬，当创办之始，即捐银一千两，助买桑条蚕种，且劝谕乡民领种湖桑，至四万六千余株，其勤恳爱民，为通省之冠”①。在包括州县官员，尤其是州县百姓的努力下，全国各种经济作物总面积逐渐扩大，产值也有所增加。顺治十八年（1661）全国经济作物面积有6200多万亩，到百余年后的乾隆三十一年（1766）增加到11 600万亩，又经过大约半个世纪，到嘉庆十七年（1812）扩大到16 600万亩，至光绪十三年（1887）为22 610万亩。总产值也分别由顺治十八年（1661）的2.70亿两，上升到乾隆三十一年（1766）的5.06亿两、嘉庆十七年（1812）的7.24亿两、光绪十三年（1887）的9.95亿两，如果除去成本后的增加值，也从顺治十八年（1661）的2.29亿两，增加到乾隆三十一年（1766）的4.30亿两、嘉庆十七年（1812）的6.15亿两、光绪十三年（1887）的8.45亿两。若就其中的棉、麻、桑来看，19世纪中期，全国的种植总面积分别为3979万亩、1085万亩、300万亩，各项总产值为9948万两、7487万两、2760万两，光绪十三年（1887），全国棉、麻、桑的种植总面积进一步扩大到4077万亩、1053万亩、482万亩，其总产值为10 193万两、7266万两、4434万两。②

## 二、广建仓廒，充实储备

“储蓄之道，实为吾民养命之源”③，它不仅可补将来之不足，而且能去歉年无艰食之患。清代州县粮食储备，主要由常平仓、社仓、义仓构成。常平仓谷，乃民命所关，实州县地方社会民生第一紧要之政。清代州县的常平仓，普遍设于知州、知县所在的治地，属于州县的官仓。其仓谷的来源，主要是州县的籴买、捐监、赎锾，设立目的在于通过适时籴粜平抑米粮市场，以及灾欠

① （清）刘汝璆：《种桑议》，（清）饶玉成：《皇朝经世文续编》卷37《户政十二・农政中》，清光绪八年（1882）刻本。
② 史志宏：《清代农业的发展和不发展（1661—1911年）》，北京：社会科学文献出版社，2017年，第115、114、116页。
③ 《清实录・高宗实录》卷77乾隆三年九月丁丑条，北京：中华书局，1985年，第217页。

救济。“谷贱时增其价而籴，以利农，谷贵时减其价而粜，以赡贫民。”[①]对于这一州县最为重要、最为普遍的粮食馆藏和全州县救灾储备粮食最主要的载体，清朝各知州、知县等基层政权正印官因其追究制度所在，且民命攸关而既难旷怠，又实多勉力。例如，江苏南汇县常平仓旧在县署东，知县罗嘉杰移建于西侧，有仓廒17间，其后知县钦连、徐日炯、裘严生、成汝舟均有修建。[②]河南杞县的多任知县，如张受长、丁永琪、巩敬绪等，都对常平仓加以修建。该省州县常平仓廒数量一般在30—80间，武陟、新乡、祥符三县分别为138、127、119间。[③]贵州各州县不少正印官也颇为重视常平仓的设立。譬如，遵义县知县苏霖泓，天柱县知县刘奋熙，兴义县知县徐铉修、胡霖澍，普安县知县支敏学，清镇县知县侯大受，湄潭县知县杨玉柱、周启江，等等。

仓廒之建，要在储蓄。各地州县官不仅重视常平仓之建设，而且更注重仓谷积蓄。江西清江县常平仓旧储不及百石，康熙三年（1664）知县屈有信上任之后，“即捐谷五百石贮以备赈”[④]。雍正九年（1731），四川大足县知县陈九夏，不仅在县署大堂侧面建常平仓，有东仓4间、西仓9间、监谷仓30间，而且积谷17 060石。广东全省已有40多个州县到康熙六十一年（1722）完成常平仓建设，存谷共有 1 670 000 石，其后继续增加，到乾隆十三年（1748），全省各州县常平仓储藏达3 040 000多石。[⑤]湖南省长沙县乾隆年间常平仓积谷达41 018石[⑥]；湘乡县在县署东建有常平仓48间，嘉庆年间储谷58 466石。安徽亳州常平仓有北仓房10间、南仓房10间、西仓房11间、东仓房19间，额存小麦1.8万石，实际贮2.5万石。[⑦]舒城县官仓常平仓额储米1.1万石、预备仓额储藏谷0.5万石，均因1853年战火毁掉。[⑧]广德州常平仓额储3.4万石，到光绪年间实际存谷33 352石。[⑨]

“备荒之仓，莫便于近民，而近民莫便于社仓”。知州、知县对县域社仓的建立、经费、管理包括储谷等都有所贡献，尤其是在清中前期。雍正二年

① 席裕福，沈师徐：《皇朝政典类纂》卷153《仓库十三・积储》，沈云龙主编：《近代中国史料丛刊》续编第887册，台北：文海出版社，1982年，第2101页。
② 光绪《南汇县志》卷3《建置志》，1927年重印本，第6页。
③ 闫娜轲：《清代河南灾荒及其社会应对研究》，南开大学博士学位论文，2013年，第79页。
④ 同治《清江县志》卷5《建置志》，台北：成文出版社，1975年，第679页。
⑤ 《奏报广东实存谷数及粜价银两折》乾隆十三年九月十三日，《清代灾赈档案史料汇编》朱批奏折，中国第一历史档案馆藏，档案号：1144-038。
⑥ 同治《长沙县志》卷10《积贮》，清同治十年（1871）刻本，第33页。
⑦ 光绪《亳州志》卷6《食货志・储积》，清光绪二十年（1894）刊本，第17页。
⑧ 光绪《续修舒城县志》卷15《食货志・蠲赈》，清光绪三十三年（1907）木活字本，第4页。
⑨ 光绪《广德州志》卷20《食货志・漕储》，清光绪七年（1881）刻本，第10页。

（1724），歙县知县蒋振先奉巡抚面谕，劝输积谷，俾民食有赖，荒欠无忧，“随有通县二百七十四图绅士殷民，共输谷六千六百二十一石”[①]，蒋知县于是核准永贮于各村，委任富民乡农经管。乾隆年间，安徽歙县正印官王廷琮对辖境社仓建立、管理贡献颇多。乾隆二十三年（1758）他查出社谷有虚报、贪污情形，“即于各经管名下坐乐归款”；又在四乡适中之处购地建仓贮，交由社长经理。乾隆三十一年（1766），他又择该县东乡新馆、西乡严寺镇、南乡章岐、北乡富堨建立新的社仓四所。湖南平江县的知县们对于社仓也有所作为，雍正元年（1723）知县杨世芳奉文建社仓 36 处，乾隆十年（1745）知县杨富仑奉文归并建总仓三处六间。[②]江西清江县的社仓，系“雍正八年知县金广培自捐养廉买谷一百石以为倡率”，绅民捐谷二百零五石所建，之后乾隆九年（1744）知县邢文铎、署理知县杨宗政，以及乾隆二十二年（1757）知县沈廷标都有劝捐谷石。其中沈之象所设有总仓十八处，其境内空间分布如表 7-2 所示；所存谷石为七千六百余石，每年存六放四，每石一斗起息，以三升作费用，七升作本，咸丰五年俱毁于兵，谷悉无存。[③]乾隆四年（1739），四川大竹县知县沈潜，于县属昌宁里、仁义里等 17 个乡里建有社仓。乾隆中叶，河南全省 108 州县，其中只有鹿邑、中牟等 4 县没有社仓，其余 104 各州县，都有社仓仓廒。[④]具体仓廒分布见表 7-2 所示：

**表 7-2　清江县知县沈廷标所建仓廒十八处分布**

| 所属都别 | 所在地点 | 所属都别 | 所在地点 | 所属都别 | 所在地点 |
|---|---|---|---|---|---|
| 县城总仓 | 县城东关 | 一都总仓 | 黎墟 | 二都总仓 | 江边墟 |
| 三都总仓 | 太平墟 | 四都总仓 | 太平墟 | 五都总仓 | □璜墟 |
| 六都总仓 | 南关内 | 七都总仓 | 翁神庙旁 | 八都总仓 | 临江府后 |
| 九都总仓 | 薛家渡 | 十都总仓 | 蛟湖墟 | 十一都总仓 | 潭埠墟 |
| 十二都总仓 | 樟树镇 | 十三都总仓 | 洋湖墟 | 十四都总仓 | 芗溪墟 |
| 十五都总仓 | 中洲 | 十六都总仓 | 店下墟 | 十七都总仓 | 永市 |

社仓虽总体为民仓，但清代州县特别在清前中期多为官办或官督民办。知州、知县们大多也能按照定例，择定社长，以为责任人。乾隆十二年（1747），

① 民国《歙县志》卷 3《恤政志・仓储》，台北：成文出版社，1975 年，第 519—520 页。
② 乾隆《平江县志》卷 11《积贮》，南京：江苏古籍出版社，2002 年，第 85 页。
③ 同治《清江县志》卷 3《建置志》，台北：成文出版社，1975 年，第 448—451 页。
④ 闫娜轲：《清代河南灾荒及其社会应对研究》，南开大学博士学位论文，2013 年，第 86 页。

长沙县“知县李大本择举殷实、端方绅士充膺总社”[①]。广东潮阳知县、澄海县知县就对各自县内社仓的社正、副，给予委任，令他们专司出纳，严禁胥役藉端滋扰。[②]除社仓人事安排外，一些地方的州县官员，还通过其他多种方式介入社仓的管理。雍正朝广东州县官员还利用保长、约正、族正等基层士绅介入民间社仓管理之中。也有以物质奖励民间社仓的行为，如奖励措施为赏给花红或给匾旌表，甚至给予顶戴等，“成功地将民办仓储纳入到政府备荒体系之中，既可使百姓感受到朝廷为民绸缪、爱养黎元之至意，又可充实政府的备荒力量，巩固地方的粮食安全”[③]。就是还社仓于民之后，州县正印官仍然对社仓实施积极影响。譬如决定社仓开仓赈灾，到社仓查勘等。[④]道光十一年（1831），广东顺德佛山五斗库司社仓禀请碾赈，“随禀前任县主潘领出社仓存谷一千四百一十七石八斗五升，并借碾赈，秋后填还”。当时，该县的知县是潘尚楫，浙江会稽县举人，道光九年（1829）任该县知县[⑤]，“当经分宪暨五斗司饬行禀报前来，本县即赴该处会同确查，并令该绅吴凤髦等呈明细帐，逐一稽核”，同时勘察社仓、廒舍，对霉朽应修的面谕筹款修固，接着做出批文：“今春不过米价稍昂，并非荒欠。该绅耆等谊切桑梓……恳将义仓存贮谷石，碾米散给贫民。事属可行，着即查明嘉庆十四年旧章，定期散给，务当妥为经理，毋滥毋遗。”[⑥]道光十二年（1832），该社仓买补还谷填还社仓也禀报了知县。同时该社仓轮班司理等还出具甘结给新任知县黄定宜，证明所还的一千四百一十七石八斗五升“实贮在仓”。五斗文司又请示黄知县是否发给封条，黄知县批示指出：“查社仓谷石如果实贮无亏，递年奏销例应取具社正副管理甘结，由地方官查明造册，出具印结申缴，向无发贴封条。今……据已买补还仓，系将何项银两买补，既未据该绅士声明，其曾否足额，该巡司禀内又称未便查询。且上年借碾及此次买补，均系绅士吴泰来具禀。现查缴到甘结，又无吴泰来之名，碍难转报，仰即查明。指饬情节，确切查明，

① 嘉庆《长沙县志》卷9《积贮》，台北：成文出版社，1976年，第609页。
② 嘉庆《潮阳县志》卷8《赋役·仓储》，清光绪十年（1884）刊本；乾隆《澄海县志》卷20《经略一·积贮》，清乾隆二十九年（1764）刻本。
③ 马幸子：《养民的地方实践——国家视角下的清代广东备荒仓储》，《清史研究》2015年第2期，第102页。
④ 广东省社会科学院历史研究所中国古代史研究室，中山大学历史系中国古代史教研究室，广东省佛山市博物馆：《明清佛山碑刻文献经济资料》，广州：广东人民出版社，1987年，第407—408页。
⑤ 光绪《广州府志》卷24《职官表八》，清光绪五年（1879）刊本，第14页。
⑥ 广东省社会科学院历史研究所中国古代史研究室，中山大学历史系中国古代史教研究室，广东省佛山市博物馆：《明清佛山碑刻文献经济资料》，广州：广东人民出版社，1987年，第415—416页。

如果已买补足额，另行取具社正副甘结，该巡司加具印结，详覆赴县，以凭核办。”①这说明南海县对社仓的稽查还是严格认真的。这种州县正印官支持社仓官督民办的行为，既为广东地方民间仓储建设的一种普遍官民认可方式，也获得了实际效应。时人承认社仓必须得到地方州县支持协助才能保证其良性运作，将社仓全付民办是无法保证社正副有道德责任感的。②

社仓之积谷，知州、知县们也大力倡导劝捐。雍正二年（1724），歙县知县蒋振先奉巡抚面谕，劝输积谷，俾民食有赖，荒欠无忧，随即，他就告示“通县二百七十四图绅士殷民，共输谷六千六百二十一石”，详明永贮于各村，择富民乡农经管历任交代盘查取具各经管无亏甘结备案。乾隆二十三年（1758）知县王廷琮赴歙县查出社谷有虚报、贪污情形，“即于各经管名下坐勒归款”③。前揭雍正八年（1730），江西清江县的知县金广培，就自捐养廉，买谷一百石，并以此为劝。河南省104个州县，在州县正印官的倡导与示范之下，社仓储粮富有成效。乾隆三十一年（1766），全省各知县社仓存谷一共达652 257石，县均6000石。多的县份有数万石，譬如宜阳县便有40 000余石，就是最少的如永城县，也有285石。④

“义仓专为备赈而设。”⑤清代州县对其治地的义仓的扶持、支持也有明证。乾隆六十年（1795），南海县佛山镇所建义仓先后赈过四次，“均经禀报在案”⑥。道光十年（1830）冬到次年二月，南海佛山地方米价昂贵，“贫民买米食维艰”，该县正堂潘尚楫批准义仓“开仓碾米散放”，并“札饬五斗口司巡检，严饬地保，开查的实贫户，给票赴领，并搭厂示期”，道光十一年（1831）二月二十日，潘知县还专门“示谕诸色军民人等知悉，尔等果属贫民，方许持票依期赴厂领米，亦必须次第鱼贯赴领，免致挤拥守候。其余有业之家及有手艺工作人等，不得擅至厂前捏冒混领，喧哗滋扰。倘敢不遵，许该处地保把厂人等，立即扭禀本县，以凭究处。如该地保把厂人等徇情混放进厂，

① 广东省社会科学院历史研究所中国古代史研究室，中山大学历史系中国古代史教研究室，广东省佛山市博物馆：《明清佛山碑刻文献经济资料》，广州：广东人民出版社，1987年，第409、410页。
② 嘉庆《灵山县志》卷6《建置志·仓储》，清嘉庆二十五年（1820）刻本，第41页。
③ 民国《歙县志》卷3《恤政志·仓储》，台北：成文出版社，1975年，第520页。
④ 闫娜轲：《清代河南灾荒及其社会应对研究》，南开大学博士学位论文，2013年，第86页。
⑤ 广东省社会科学院历史研究所中国古代史研究室，中山大学历史系中国古代史教研究室，广东省佛山市博物馆：《明清佛山碑刻文献经济资料》，广州：广东人民出版社，1987年，第404页。
⑥ 广东省社会科学院历史研究所中国古代史研究室，中山大学历史系中国古代史教研究室，广东省佛山市博物馆：《明清佛山碑刻文献经济资料》，广州：广东人民出版社，1987年，第401页。

定行枷责示儆，决不姑宽。各宜凛遵毋违，特示”[①]。其道光二十八年（1848）八月的散赈章程也显示，凡是开仓散赈禀到，知县会出示晓谕弹压，并为义仓转详各大宪借碾社仓谷石。[②]义仓发生司事“干没巨款”，南海县知县则按例详请革职，监追款项。[③]义仓散赈碾米及其日后买补还填，所在县的知县均进行批示，社仓轮班司理等还出具甘结给新任南海知县黄定宜知县，证明所还的一千四百一十七石八斗五升“实贮在仓，并无短少……中间不冒，所结是实”；黄知县批指五斗文司关于是否由县衙发给封条：“查社仓谷石如果实贮无亏，递年奏销例应取具社正副管理甘结，由地方官查明造册，出具印结申缴，向无发贴封条。今……据已买补还仓，系将何项银两买补，既未据该绅士声明，其曾否足额，该巡司禀内又称未便查询。且上年借碾及此次买补，均系绅士吴泰来具禀。现查缴到甘结，又无吴泰来之名，碍难转报，仰即查明。指饬情节，确切查明，如果已买补足额，另行取具社正副甘结，该巡司加具印结，详覆赴县，以凭核办。”[④]陕南平利县知县颁布秋河义仓条规牌示碑，提出：“义仓首士，必由绅耆公议殷实练达粮户，三年轮流更换。……各保义谷借放农民，必须觅请承还妥保，出立借据，由该首士等酌量借给……开仓放谷，如有素无恒业，游手好闲之徒纠众来仓，恃强估借，准该首士等□□□□□□从严惩办。”[⑤]湖南省益阳县知县江阁，康熙二十二年（1683）建有义仓两间。[⑥]武冈州知州丁鉴“建义仓四，于常平之东以贮。”[⑦]桃源县知县俞昌会“捐建义仓，责成绅管”[⑧]。乾隆六十年（1795），保靖县的汤知县，举行义仓捐谷活动他晓谕城乡绅士实心劝捐，得到该县十六都士民响应，捐谷2400 石。[⑨]咸丰年间，安徽歙县，先前的义仓“遭毁”，光绪十四年（1888）知县吴以敬，任内奉命积谷备荒，每一亩天加捐谷三升，以三年为限，到光绪十六年（1890），义仓收积谷所折银 1 万余两；次年新知县张树建商量绅士，

---

① 广东省社会科学院历史研究所中国古代史研究室，中山大学历史系中国古代史教研究室，广东省佛山市博物馆：《明清佛山碑刻文献经济资料》，广州：广东人民出版社，1987 年，第 417 页。
② 广东省社会科学院历史研究所中国古代史研究室，中山大学历史系中国古代史教研究室，广东省佛山市博物馆：《明清佛山碑刻文献经济资料》，广州：广东人民出版社，1987 年，第 401 页。
③ 广东省社会科学院历史研究所中国古代史研究室，中山大学历史系中国古代史教研究室，广东省佛山市博物馆：《明清佛山碑刻文献经济资料》，广州：广东人民出版社，1987 年，第 410 页。
④ 广东省社会科学院历史研究所中国古代史研究室，中山大学历史系中国古代史教研究室，广东省佛山市博物馆：《明清佛山碑刻文献经济资料》，广州：广东人民出版社，1987 年，第 409、410 页。
⑤ 张沛编著：《安康碑石》，西安：三秦出版社，1991 年，第 286 页。
⑥ 同治《益阳县志》卷 3，南京：江苏古籍出版社，2002 年，第 113 页。
⑦ 道光《宝庆府志》卷 86，台北：成文出版社，1975 年，第 1319 页。
⑧ 光绪《桃源县志》卷 2，台北：成文出版社，1970 年，第 143 页。
⑨ 同治《保靖县志》卷 3，南京：江苏古籍出版社，2002 年，第 87 页。

增购民地，建立仓廒16间，买谷2500石，用司事、仓夫管理实行民仓官办，即使到宣统元年（1909）该仓存谷1049石。[①]江苏丹徒人，光绪年间山东陵县知县戴杰的《筹办积谷章程》则包括劝办择人、存储就民、劝积体恤、立簿查混等等。[②]光绪三年（1877），贵州荔波县“知县宋泽春札委邑生覃金锡、尹作书董其事，计县属共捐义谷八千八百九十二挑，建仓三座，谷存各里，每年于青黄不接时借贷”[③]。台湾“近年各县禀请创设捐储之案，似亦不少办理，尚属认真”[④]。

“积谷所以备荒，此司牧要政之一端”[⑤]。知州、知县主持设立的常平仓，以及积极倡导、支持的社仓、义仓储蓄，为辖境百姓尤其是灾民生存提供了难得的粮食资源，并在灾荒赈济中发挥实际作用。道光十一年（1831），贵州桐梓水灾，七月二十七日奉上谕：“嵩溥奏查勘被水情形、分别抚恤一折，桐梓县城厢内外被水情形甚重，灾民奔避山坡、松坎等处，并损伤村民多名，实堪恻悯。该抚已饬碾动常平仓谷，按户散给口粮，并设粥厂煮赈。”[⑥]又，道光十八年（1838）四月，贵州镇远、施秉、青溪等地大雨，骤发水灾，淹坏民舍田禾，之后官员赈灾时“极贫男妇大小共二千一百余名口，给予一月口粮，于常平仓谷下动支。”湖南各地灾情严重，仅大型水灾在清代前期即有493次[⑦]，其所属各州县的仓储使得赈济获得粮食可能。如道光十四年（1834）“永宁州饥稼，二三两月，郎岱荒歉来永赈米，乡储积一时俱空，斗米五钱有零。四月下旬，州城缺米，贫民惊惶欲罢市，知州杜端传谕绅士发卖社仓谷二十余石，人心稍定。”[⑧]

各州县之储备除了应对灾荒外，于粮价平粜、军粮供应等也属有利。此外还能接济外省。例如湘米的外运，清初200万石，雍正年间1000万石，乾隆年间 1400 万石。“除了清初的几十年之外，其他时期，湖南稻米的外运量

① 民国《歙县志》卷3《恤政志·仓储》，台北：成文出版社，1975年，第523页。
②（清）戴杰：《敬简堂学治杂录》卷4《筹办积谷章程》，官箴书集成编纂委员会：《官箴书集成》第9册，合肥：黄山书社，1997年，第96页。
③ 光绪《荔波县志》卷4《食货志》，台北：成文出版社，1974年，第155页。
④ 吴密察主编：《淡新档案》，台北：台湾大学图书馆，2009年。
⑤（清）黄六鸿：《福惠全书》卷8《杂课部·积谷》，官箴书集成编纂委员会：《官箴书集成》第3册，合肥：黄山书社，1997年，第313页。
⑥（清）郑珍、莫友芝编纂，遵义市地方志编纂委员会办公室整理点校：《遵义府志》卷15《益蜀恤》，成都：巴蜀书社，2013年，第248页。
⑦ 杨鹏程等：《湖南灾荒史》，长沙：湖南人民出版社，2008年，第150页。
⑧ 道光《永宁州志》卷2《天文志·丰歉》，台北：成文出版社，1967年，第28页。

一般平均每年都在1000万石以上，丰年则在2000万—3000万石以外。”[①]州县正印官开仓平粜记载甚多，例如广东龙川“知县王永熙发仓平粜”[②]。道光十一年（1831）为南海县潘知县所关注与大力支持的佛山镇义仓放赈五十四日，大丁每名两日给米一升，小丁每名两日给米五合，出谷一百一十六万零一百斤，“散给贫户一万零九百二十三户……大少男女丁口共四万八千七百五十五名”[③]。不过，有清一代全国各州县正印官对其所在地方仓储的贡献多寡是不平衡的，而且普遍是有始而无终的情形。至于州县官员对各仓的侵蚀、挪用也是十分严重，比如湖南沅陵县知县事汾阳韩廷因办兵差“尽数动用，社仓之谷遂罄。”[④]失职渎职，对社仓不予监督管理等也是比比皆是。湖南永州府江华县社仓，“自嘉庆四年，奉文归民，官不经理。现多无着，社长屡更私饰”乃其中之一例。[⑤]冒赈而搜刮民脂民膏的情形也较为常见，如在乾隆年间甘肃王亶望惊天大案中，仅知县就有77员卷入其中，从而被刑罚追究。

## 第二节　赈灾救灾、全活灾民

有清一代，全国各地灾荒频仍。水灾、旱灾、地震、风灾、雹灾、霜冻、疫疠等灾害相互交织，迭次出现，几乎是年年有灾，县县有灾。一些专家研究发现，从康熙三十九年（1700）到嘉庆五年（1800）间，共计各种自然灾害1468次，其中康熙三十九年（1700）至康熙六十一年（1722）148次，雍正朝134次，乾隆朝为1140次。[⑥]道光朝791次，咸丰305次，同治333次、光绪1198次、宣统71次。[⑦]邓云特1121次的记录中，旱灾201次，水灾190次，地震169次，雹灾131次，风灾97次，蝗灾93次，疫灾74次，霜雪之灾74次。[⑧]仅《清史稿·河渠志》记载的黄河决溢，就有177次之多。[⑨]直隶、山东、河南、山西、陕西、甘肃、江苏、浙江、安徽、江西、湖北、湖

① 邓永飞：《清代湖南米谷外运量考察》，《古今农业》2006年第2期，第48页。
② 乾隆《龙川县志》卷1《灾祥》，清乾隆二十七年（1762）刻本。
③ 广东省社会科学院历史研究所中国古代史研究室，中山大学历史系中国古代史教研究室，广东省佛山市博物馆：《明清佛山碑刻文献经济资料》，广州：广东人民出版社，1987年，第418页。
④ 同治《沅陵县志》卷12，南京：江苏古籍出版社，2002年，第238页。
⑤ 道光《永州府志》卷7，台北：成文出版社，1975年，第522页。
⑥ 徐浩：《18世纪的中国与世界·农民卷》，沈阳：辽海出版社，1999年，第372页。
⑦ 闵宗殿：《关于清代农业自然灾害的一些统计——以〈清实录〉记载为根据》，《古今农业》2001年第1期，第11页。
⑧ 邓云特：《中国救荒史》，开封：河南大学出版社，2010年，第34页。
⑨ 吴小伦：《清代河南黄河水患与基层政府行为》，《许昌学院学报》2011年第1期，第86页。

南 12 省，1851—1910 年受灾的州县累计 17 127 个。[①]“荒祲出于天灾，补救则全资人力”[②]，在灾害发生之后的所有措施中，政府的灾蠲救助可以说是对于包括清代在内的传统农业社会至为关键和重要的救助方式。受灾州县官的有关本县蠲免、赈济实务与过程无疑千头万绪，最为重要的就是报灾、救灾和灾后重建。

## 一、上详报灾，力求蠲赈

知州、知县的勘灾、报灾责任及其追究，前面已有论及，恕不重复。就实际运作来看，各州县官员在治地发生灾变后，基本能够按照问责定例，查勘灾情并予以上报。雍正二年（1724）秋七月，丹徒县大水，所属百数十里，“田庐漂溺，居民率露处于坏堤废坝之上，号哭声遍江滨”，当时正印官冯知县“方令丹徒”，洪水泛滥后立即“推布上恩”上报灾情，“白其事于巡抚”，请求“缓征减赋”，从而为其后该县救灾获赈奠定了基础，“巡抚檄令有司察视被灾田地，计七百九顷六十八亩七分二厘一毫……巡抚各具疏以闻……天子恻然悯恤，下诏赈灾”[③]。一些研究成果显示，如同冯知县一样的正印官的报灾，在清朝前期，全国至少达到 15 731 人（次），各县因此得到的灾蠲少则免数百两，多则全部蠲免，若以其中 233 个有具体灾蠲州县数、钱粮数的资料加以计算的话，其平均减免的数量是 8107 两，这样，清代前期各地方州县厅获免地丁银总计 127 385 291 两；经由州县正印官群体的上报，清代前期，平均每年地方获得赈济银两为 2 276 192 两。[④]

晚清地方州县面对自然灾害时，在救灾问责制度的约束之下，相关官员仍然积极报灾救灾。道光朝，孙成鉴以吏员升补贵池县知县，贵池遇水成灾之后，他“先至各乡，遍查户口，分上中下造册，核定赈数，白大府请赈”[⑤]。江苏高邮州道光二十八年（1848）“被水成灾，知高邮州范凤谐，确勘实在被淹情形，分别成灾十分、九分、八分三等，绘图呈报，蒙督抚宪具奏得旨，

---

① 史志宏：《清代农业的发展和不发展（1661—1911 年）》，北京：社会科学文献出版社，2017 年，第 73 页。

②（清）昆冈等修，刘启端等纂：《钦定大清会典事例》卷 110《吏部·处分例·赈恤》，《续修四库全书》编委会：《续修四库全书》第 799 册，上海：上海古籍出版社，2002 年，第 734 页。

③ 光绪《丹徒县志》卷 12《食货一·恤政》，清光绪五年（1879）刊本，第 9 页。

④ 李向军：《清代救灾的制度建设与社会效果》，《历史研究》1995 年第 5 期，第 76、77 页；李向军：《清代荒政研究》，北京：中国农业出版社，1995 年，第 58—63 页。

⑤（清）刘体智著，刘笃龄点校：《异辞录》卷 1，北京：中华书局，1988 年，第 19—20 页。

第一次奉拨银四万四千两，第二次奉拨银二万两，第三次奉拨银二千四十八两，共给正赈银六万六千四十八两四钱”，知州然后“会同委员，以银易钱，酌定大口每月给钱二百九十文，小口每月给钱一百四十五文，定期于十二月初八日”在“本城天王寺、永清寺、泰山庙、乾明寺”四处设粥“开厂，将应放之十分灾极贫三赈：十月、十一月、十二月；次贫两赈：十一月、十二月；九分灾之极贫两赈：十一月、十二月；次贫一赈：十二月；八分灾之极贫一赈：十二月。一齐散放至次年正月，仍按照大小口，给放一次，是谓尾赈。”[①]咸丰六年（1856），州县正印官上详知府、道、司并获得蠲赈情形如表7-3所示：

**表7-3 咸丰六年（1856）蠲免、赈济州县逐月统计表**

| 月份 | 原因 | 州县 | 资料来源 |
| --- | --- | --- | --- |
| 正月 | 水、旱 | 缓征直隶开、东明、长垣、保定、吴桥、东光、宝坻、宁河、新城、雄、安、高阳、天津、静海、丰润、玉田、武清、蓟、霸、文安、大城、永清、东安、安肃、蠡、束鹿、河闲、献、任邱、景、青、沧、南皮、盐山、庆云、晋、南和、平乡、广宗、巨鹿、任、永年、邯郸、曲周、广平、鸡泽、磁、元城、大名、南乐、清丰、南宫、武邑、衡水、隆平、宁晋、深、武强五十八州县被灾村庄新旧额赋；展赈东明、长垣、吴桥、东光、开、保定六州县被水灾民一月口粮。<br>展赈河南兰仪、祥符、陈留、杞、封邱、考城六县被水灾民一月口粮。<br>缓征山东历城、章邱、长清、德、平原、青城、阳信、乐陵、汶上、朝城、堂邑、清平、馆陶、恩、博兴、邱、齐东、禹城、临邑、肥城、东平、东阿、惠民、商河、霑化、邹、菏泽、单、曹、金乡、邹平、长山、新城、齐河、济阳、陵、海丰、兰山、莒、沂水、聊城、茌平、高苑、乐安、寿光、平度、昌邑、潍、高密、夏津、平阴、滨、利津、滕、峄、阳谷、寿张、城武、定陶、巨野、郓城、濮、高唐、济宁、嘉祥、范、鱼台六十七州县，以及德州、东昌、临清、济宁四卫被贼被水庄屯本年额赋。缓征山西洪洞县、被贼灾民应完仓谷。<br>蠲缓安徽五河、定远、蒙城、寿、宿、凤阳、怀远、灵璧、凤台、阜阳、颍上、霍邱、太和、泗、盱眙、天长、滁、全椒、来安、含山二十州县被水被旱被贼地方，以及屯坐各卫、新旧额赋有差。<br>蠲缓江苏句容、长洲、元和、吴、吴江、震泽、常熟、昭文、昆山、新阳、华亭、奉贤、娄、金山、青浦、江阴、宜兴、荆溪、丹阳、金坛、溧阳、山阳、阜宁、清和、桃源、盐城、高邮、泰、东台、江都、甘泉、兴化、宝应、铜山、丰、沛、萧、砀山、邳、宿迁、睢宁、太仓、镇洋、海、沭阳、泰兴四十六州县被水被旱灾区上年额赋有差 | 《清实录·文宗实录》卷188咸丰六年正月庚申、壬戌、甲子、丁丑条 |

① 光绪《再续高邮州志》卷7《善举志·义赈》，清光绪九年（1883）刻本，第1页。

续表

| 月份 | 原因 | 州县 | 资料来源 |
|---|---|---|---|
| 三月 | 水 | 咸丰六年（1856），加赈山东菏泽、濮、范、阳谷、寿张、城武、定陶、巨野、郓城、肥城、东阿、东平、平阴、齐东、临邑、禹城十六州县，以及屯坐各卫被水灾民一月口粮 | 《清实录·文宗实录》卷193咸丰六年三月甲戌条 |
| 四月 | 扰 | 免直隶东光县被灶地、旧欠额赋 | 《清实录·文宗实录》卷201咸丰六年四月甲辰条 |
| 七月 | 贼扰 | 缓征广东被贼滋扰之英德、归善、陆丰、潮阳、普宁、惠来、高要、开建、恩平、长乐、连、阳山十二州县之未完额赋 | 《清实录·文宗实录》卷203咸丰六年七月己未条 |
| 八月 | 贼扰 | 蠲缓广西永福、永宁、恭城、富川、容、桂平、平南、贵、武宣、横、永淳、上思、崇善、左、养利、永康、宁明、雒容、怀远、象、临桂、兴安、阳朔、义甯、全、灌阳、平乐、贺、荔浦、修仁、昭平、永安、苍梧、藤、宣化、新宁、龙、柳城、来宾、天河、宾、迁江、小镇安、天保四十四厅州县被扰地方旧欠额赋有差 | 《清实录·文宗实录》卷206咸丰六年八月丙午条 |
| 九月 | 兵、水、旱 | .蠲缓江苏萧、砀山二县，并徐州卫被扰庄屯新旧额赋。蠲缓江西兴国、鄱阳、上饶、德兴、新建、丰城、进贤、余干、乐平、浮梁、南昌、万年、清江、新淦、新喻、峡江、莲花、庐陵、吉水、永丰、泰和、安福二十二厅县被灾地方旧欠额赋 | 《清实录·文宗实录》卷207咸丰六年九月戊辰条 |
| 十月 | 水、旱、蝗 | 蠲缓直隶通、武清、宝坻、宁河、顺义、雄、安、高阳、东光、天津、广平、磁、玉田、三河、蓟、香河、霸、文安、大城、滦、安肃、定兴、蠡、束鹿、献、肃宁、任邱、景、吴桥、青、静海、沧、南皮、盐山、庆云、正定、晋、南和、平乡、广宗、永年、邯郸、成安、肥乡、曲周、鸡泽、元城、大名、南乐、清丰、丰润、南宫、武邑、衡水、深、定、武强五十七州县被水被旱被蝗村庄本年额赋暨河淤、海防经费，摊征有差并减免差徭 | 《清实录·文宗实录》卷210咸丰六年十月己酉条 |
| 十一月 | 旱、水、虫、风、雹；兵贼 | 蠲缓两淮丰利、掘港、金沙、吕四、余西、角斜、栟茶、富安、安丰、梁垛、东台、何垛、草堰、刘庄、伍佑、新兴、庙湾、丁溪、板浦、中正、临兴二十一场被歉区额赋有差。准动用抚恤银一万两，赈通泰二州被灾灶户。<br>展缓山东临清、历城、章邱、邹平、长山、齐河、济阳、临邑、长清、陵、平原、惠民、阳信、乐陵、利津、蒲台、滋阳、曲阜、宁阳、邹、汶上、单、城武、曹、观城、聊城、博平、茌平、馆陶、恩、夏津、邱、新城、德平、泰安、泗水、滕、峄、堂邑、清平、莘、冠、高唐、武城、朝城、海丰、霑化、兰山、费、蒙阴、沂水、博兴、乐安、高苑、莒、益都、临淄、寿光、昌乐、临朐、平度、昌邑、潍、高密、日照、济宁、郓城、鱼台、金乡、嘉祥、商河七十一州县，并东昌、临清、济宁、德州四卫灾区。新旧额赋有差。准山东临邑、齐河、德、平原、德平、济阳、肥城、青城、聊城、堂邑、博平、茌平、清平、莘、冠、高唐、恩、馆陶、武城十九州县被灾地亩、本年应征豆石，改征粟米。<br>蠲缓江苏上元、江宁、高淳、江浦、六合、仪征、丹徒、江都、句容、溧水、丹阳、金坛、溧阳、宜兴、荆溪、武进、阳湖、江阴、靖江、上海、长洲、元和、吴、吴江、震泽、常熟、昭文、昆山、新阳、太湖、华亭、奉贤、娄、金山、无锡、金匮、太仓、镇洋、崇明、南汇、青浦、川沙、嘉定、宝山四十四厅州县，以及苏州、太仓、镇海、金山、镇江、扬州六卫被兵及近贼地方额赋有差。 | 《清实录·文宗实录》卷211咸丰六年十一月戊午、己未、辛酉条；《清实录·文宗实录》卷212十一月戊辰、乙亥条；《清实录·文宗实录》卷213十一月丙子条 |

续表

| 月份 | 原因 | 州县 | 资料来源 |
| --- | --- | --- | --- |
| 十一月 | 旱、水、虫、风、雹、兵、贼 | 归化城、萨拉齐二厅被水灾区额赋有差。<br>蠲缓湖南武陵、桃源、龙阳、沅江、巴陵、临湘、华容、湘阴、益阳、澧、安乡十一州县，以及岳州卫被水被旱灾区新旧额赋，并各杂课有差。<br>展缓甘肃皋兰、靖远、静宁、宁夏、宁朔、平罗、碾伯、泾、崇信、镇原、西宁、河、狄道、隆德、宁、武威、灵、灵台、十八州县并沙泥州判所属、被水被雹被旱灾区新旧额赋 | 《清实录·文宗实录》卷211咸丰六年十一月戊午、己未、辛酉条；《清实录·文宗实录》卷212十一月戊辰、乙亥条；《清实录·文宗实录》卷213十一月丙子条 |
| 十二月 | 旱、水、涝、蝗、兵 | 蠲缓江苏长洲、元和、吴吴江、震泽、昆山、新阳、武进、阳湖、无锡、金匮、江阴、宜兴、荆溪、靖江、山阳、阜宁、盐城、泰、东台、甘泉、兴化、铜山、丰、沛、萧、砀山、邳、宿迁、太仓、镇洋、崇明、沭阳、泰兴、常熟、昭文、华亭、奉贤、娄、金山、上海、南汇、青浦、川沙、清河、桃源、安东、高邮、江都、宝应、睢宁、嘉定、宝山、海、赣榆、通、如皋、海门、上元、江宁、句容、溧水、高淳、江浦、六合、丹徒、丹阳、金坛、溧阳、仪征七十厅州县，暨淮安、大河、扬州、徐州、太仓、苏州、镇海、金山、镇江九卫被旱被兵新旧额赋有差。<br>缓征山东商河县被水村庄新旧额赋。<br>蠲缓山西归化城、萨拉齐二厅被水村庄额赋。加赏灾民银米。<br>缓征江苏武进、阳湖、无锡、金匮、江阴、宜兴、荆溪七县被旱白粮。<br>缓征河南河内、祥符、陈留、杞、通、许、尉氏、洧川、鄢陵、中牟、兰仪、郑、荥泽、荥阳、汜水、禹、商邱、宁陵、鹿邑、虞城、永城、柘城、夏邑、睢、安阳、汤阴、临漳、林、涉、内黄、汲、新乡、辉、获嘉、淇、延津、滑、浚、封邱、考城、济源、修武、武陟、孟温、原武、阳武、洛阳、偃师、巩、孟津、淮宁、商水、项城、沈邱、太康、扶沟、许、临颍、郾城、长、葛光、光山、固始、息、商城六十五州县被旱被水村庄新旧额赋有差。蠲缓直隶安、隆平、宁晋、河间、东安、文安、天津等州县积涝地亩本年额赋。<br>蠲缓湖北黄安、黄陂、孝感、沔阳、麻城、罗田、汉川、钟祥、京山、潜江、天门、江陵、公安、石首、监利、松滋、枝江、荆门、安陆、云梦、应城、随、应山、襄阳、宜城、枣阳、南漳、光化、均、谷城三十州县被水被旱被扰，本年额赋有差。<br>免甫经收复之江夏、汉阳二县及汉川县立营、平毁地亩本年额赋。<br>拨安徽备赈银二万两分给合肥、舒城、凤阳、定远、怀远、凤台、亳、蒙城、颍上九州县，以及泗州卫买米平粜。<br>以安徽绅民协剿出力免潜山县节年未完额赋。<br>蠲缓安徽定远、五河、天长、合肥、舒城、庐江、颍上、怀远、凤阳、凤台、阜阳、霍邱、寿、六安、霍山、泗、盱眙、滁、全椒、来安、太和、灵璧、含山二十三州县被灾被扰庄屯本年额赋有差。蠲缓浙江仁和、钱塘、海宁、富阳、余杭、临安、新城、于潜、昌化、嘉兴、秀水、嘉善、海盐、平湖、石门、桐乡、乌程、归安、长兴、德清、武康、安吉、孝丰、临海、黄岩、太平、宁海、天台、建德、淳安、遂安、寿昌、桐庐、分水、慈溪、奉化、山阴、会稽、萧山、诸暨、余姚、上虞、新昌、嵊、仙居、金华、兰溪、东阳、义乌、永康、武义、浦江、汤溪、西安、龙游、江山、常山、开化、丽水、缙云、青田、松阳、遂昌、云各、景宁六十五州县，暨杭州、嘉湖、台州三卫被水被旱被蝗被潮庄屯本年额赋有差。 | 《清实录·文宗实录》卷214咸丰六年十二月己丑、壬辰条；《清实录·文宗实录》卷215咸丰六年十二月甲午、癸卯条；《清实录·文宗实录》卷216，咸丰六年十二月甲辰、戊辰条 |

续表

| 月份 | 原因 | 州县 | 资料来源 |
|---|---|---|---|
| 十二月 | 旱、水、涝、蝗、兵 | 蠲缓江苏长洲、元和、吴、吴江、震泽、常熟、昭文、昆山、新阳、华亭、奉贤、娄、金山、上海、南汇、青宁、川沙、武进、阳湖、无锡、金匮、江阴、宜兴、荆溪、山阳、阜宁、清河、桃源、盐城、高邮、泰、东台、江都、甘泉、兴化、宝应、铜山、丰、沛、萧、砀山、邳、宿迁、睢宁、太仓、镇洋、嘉定、宝山、海、沭阳、赣榆、如皋、泰兴五十三州厅县被旱灾区本年漕粮有差。<br>蠲缓贵州、贵阳、黎平、安顺、思南、石阡、思州、都匀、镇远、铜仁、九府。松桃、郎岱、清江、下江、镇宁、独山、麻哈、黄平、平越、安化、印江、铜仁、玉屏、清溪、施秉、镇远、贵定、龙里、都匀、清平、荔波、余庆、长寨、归化、定番、广顺、开泰、瓮安、开、永宁、贞丰、贵筑、普定、天柱、婺川、龙泉、桐梓三十七厅州县被扰地方上年额赋有差。<br>补赈山东长清、齐河二县被水灾民一月口粮 | 《清实录·文宗实录》卷214咸丰六年十二月己丑、壬辰条；《清实录·文宗实录》卷215咸丰六年十二月甲午、癸卯条；《清实录·文宗实录》卷216咸丰六年十二月甲辰、戊辰条 |

在州县厅正印及其各该当上官的努力下，清朝全国有不少的州县获得了蠲缓。倪玉平统计从顺治到道光朝，全国获得蠲免、赈济的基层政区分别为15 713、11 314个，蠲赈两项合计共有州县厅27 027个。具体到各朝，顺治朝1141个州县争取到蠲免，91个州县得以赈济；康熙朝，获得蠲免的州县有4735个，赈济的州县1298个；雍正朝，请准蠲免、赈济的州县各为845、721个；乾隆朝，蠲免州县6092个，赈济州县6723个；嘉庆朝，有1096个州县得到蠲免，1433个州县得到赈济；道光朝蠲免、赈济州县分别1801、1039个。[①] 蠲免勿论，单单是赈济全国11 314个灾赈州县（次）在196年灾害中，一共获得灾赈银计高达4.46亿两。[②]州县正印官们的上详从而获得的这些蠲赈，对于灾害生发州县抗灾减灾无疑具有重要作用。

## 二、筹放钱谷，施粥赈饥

上报州县灾情，争取本州县钱谷赋税的蠲免和政府的赈粮赈银，只是受灾州县官员工作的一个方面，另外一个更为重要和更为现实具体的方面是组织、督促、协调全县的抗灾救灾，减少或降低灾害损失，确保灾民的基本生活。在此方面，清代灾害州县的正印官们在问责制度制约之下，责无旁贷地展开了一系列工作。

① 倪玉平：《试论清代的荒政》，《东方论坛》2002年第4期，第48页。
② 李向军：《清代救灾的制度建设与社会效果》，《历史研究》1995年第5期，第76、77页；李向军：《清代荒政研究》，北京：中国农业出版社，1995年，第58—63页。

乾隆八年（1743），直隶 16 个州县遭受了极其严重的水灾，东光县又是最严重的一个县份，灾情分数各区域都在七分以上，有的还达九分、十分。当时，该县的知县是赵宪，赵知县除本人捐棉衣一百件外，积极组织抢灾救灾，建立九人组成的救灾组织机构，以自己为总办，以易州知州杨竿作为协办，以本县的训导、主簿、典史为分办，另由教谕、原任主簿等五人为监赈。上报并筹集赈米 79 418 石、银 68 702 两，在县城、马头、夏口、王家集、秦村 5 处设有粥厂；赈济极次贫民、灶户、贫士 41 799 户、139 561 口；借牛力银 685 两、麦种银 5204 两；资送流民 1080 人口粮银 12 两，制钱 14 565 文。全县支出运米脚价、纸张、委员盘费等盘杂用费共 6654 两。[①]道光朝池县知县孙成鉴，在“白大府请赈”时，同时告示晓谕全县，“按灾册所列各乡饥户分银，唤熔工凿银分包，标明发某乡、某董分赈，随将饥口名数、赈银两数、某董名姓、限某日发完，书榜给各乡张贴”，在十天内完成赈事。贵州巡抚“嘉其速，为发续赈银三千两，因其实惠及民也”[②]。海州沭阳县的温知县在灾情发生后，提出《办理赈恤章程》，内容涉及县内水灾原委、禀报日期、被灾分数、通县田地、勘灾人员、现今水势、播种情形、分员查赈、面给赈票、坍房给修、筹给抚赈、请拨赈项、上届户口、安集流移、乏食贫民、分设厂所、米粮市价、巡防等 19 个方面。

州县灾情发生后，灾民往往生计无着落，嗷嗷待哺，哀鸿一片，作为有父母之称的州县正印官们展开救济，以免枵腹之虞，无疑属于救灾最为头等的大事。对此，州县官员们的主要举措一是组织发动筹放钱粮；二是积极组织施粥。雍正二年（1724）丹徒县的冯知县主持阖县“平粜”籴米麦 300 石。道光三年（1823）江南大水，华亭县受灾十分严重，王青莲知县亟请赈恤，同时“仓粟库钱散无虚日”，而且“续谋义赈”，并“首先捐廉为倡”，救济灾民 17.6 万人。[③]曹钟彝，江苏荫生，光绪二十九年（1903）由山东繁县调任四川大竹县知县，十二月城乡一律开局起到次年四月撤局，除社积义谷及光绪二十三年（1897）办赈余款外，计领帑金 800 两，本府及丁委拨款 5000 两，截留赈捐塔捐 3000 余两，动用盐款及劝募绅富共 30 000 两，赈粜办竣，所剩

①（清）方观承：《赈纪》，李文海，夏明方：《中国荒政全书》第 2 辑第 1 卷，北京：北京古籍出版社，2004 年，第 623—624 页。

②（清）刘体智著，刘笃龄点校：《异辞录》卷 1，北京：中华书局，1988 年，第 19—20 页。

③（清）王青莲：《赈余备荒碑纪略》，光绪《松江府续志》卷 14《田赋・赈恤》，清光绪十年（1884）刻本。

谷米及粜入银钱随即填还，前动各仓及新建仓 20 余厂，添储谷 3500 石，发赈 11 次。除散赈米市斗 2860 多石外，他还对极贫、次贫者发放粜米粜 17 次，粜米 13 500 余石。[①]州县对于煮粥，颇为重视。有的官员亲自制定章程，发布告示，就有关施粥的时间、地点、领粥对象、煮粥过程及其责任、卫生，散粥秩序维护、安全管理等内容进行规范和安排。[②]山东陵县灾情发生后，知县戴杰就有《粥厂章程》六条。[③]州县官员们也力图粥济等灾民生活救助措施落实到实处。康熙四十一年（1702），睢州知州胡范因水灾州民饥馑严重，设法“得粟万余石，开厂煮赈，邻封之民耋稚扶携而至，日有万人，每昧爽辄单骑临视，薄暮乃归”[④]。前揭丹徒县的冯知县主持阖县“赈粥”在滨江南北各设煮厂，自十一月至次年三月每人每天成人米 2 合、孩子 1 合，总计粥米 3790 石，灾民 200 多万人“人人知得更生”[⑤]。

天津县衙门设立四门粥厂施救成效明显，崔旭诗载：“水患年来多难民，纷纷蒙袂聚三津。捐金为粥延残命，四厂分沾五万人。”[⑥]嘉庆十八年（1813），睢工漫溢造成宁陵、睢州、柘城、商丘、鹿邑等州县居民被水淹，各知州、知县及时“搭盖席棚栖止”救助，宁陵知县孙杰就有“设立粥厂”以为施赈。[⑦]嘉庆二十四年（1819），河阴县河决，居民被淹，该县知县蔡鎣登“驾舟贮饼饵啖之。”[⑧]惠来县知县王人杰到任次年“夏秋大水……民多采树皮、草根以食”，在报灾同时，带领属员、绅商等到县城南郊文昌阁开粥，“自四月初一日起，煮粥开赈，至六月下旬止，就食男女日以万数，民赖以苏”[⑨]。在一些关键而敏感的环节上，州县正印官不乏细致、认真。如睢州知州胡范“每昧爽单骑临视，薄暮方归”。有的正印官“面给赈票”，并“（与各员）俱携带排门烟户底册，户必亲到，口必亲验，察看情形。……查系实在赤贫如洗迫不及待者，列为极贫；其余糊口无资非赈不可者，列为次贫，确核人册，当面填写赈票

① 民国《大竹县志》卷 7《职官志・政绩》，1928 年铅印本，第 35—36 页。
②（清）杨西明：《灾赈全书》卷 3，李文海，夏明方：《中国荒政全书》第 2 辑第 3 卷，北京：北京古籍出版社，2004 年，第 551—557 页。
③（清）戴杰：《敬简堂学治杂录》卷 4《粥厂章程》，官箴书集成编纂委员会：《官箴书集成》第 9 册，合肥：黄山书社，1997 年，第 97—98 页。
④ 乾隆《杞县志》卷 18《人物志》，清乾隆五十四年（1789）刻本。
⑤ 光绪《丹徒县志》卷 12《食货一・恤政》，清光绪五年（1879）刊本，第 9 页。
⑥（清）梅成栋纂，卞僧慧、濮文起校点：《津门诗钞》下册，天津：天津古籍出版社，1993 年，第 785 页。
⑦（清）方受畴：《抚豫恤灾录》卷 7，清嘉庆十九年（1814）刻本。
⑧ 民国《河阴县志》卷 14《宦绩传》，1924 年石印本，第 8 页。
⑨ 雍正《惠来县志》卷 12《灾祥》，台北：成文出版社，1968 年，第 415 页。

截给，仍注入根单，并于该户门首用灰粉大书其姓名、极次、大小口数，以备查验。查毕一庄，即亲结总数，开折申报……并将赈济办法先期示晓……务使帑不虚縻，民沾实惠”[①]。玉启，字润田，满洲正蓝旗人，世袭云骑尉，进士，光绪十四年（1888）授四川大竹县知县，自这一年开始到光绪二十四年（1898），除中经 2 位知县曾有为期不长的署理外，一直都在任上。该县光绪二十二年（1896），先是春粮歉收，入夏又复亢旱，但到“七月收获开始，积雨五十余日，田谷生芽，遍□縻烂，时银价低落，斗米几值银一两”。玉启双管齐下，上“恳请赈款”，下“力为劝募劝捐”，获集款至 20 多万，“汎舟挽粟，越数百里”，十二月开局。

次贫三日粜米半升，减市价□，赐极贫五日赈米一升，小户均各减半，严稽户口，计城乡极贫小口折大，共一万四千九百人，次贫小口折大，共九万六千八百人。流民乞丐三日给米半升，共二千八百人。贫农无力耕耨于次年四月开办农粜两月，十日给米半升，价同平粜，共三万八千人。慎选绅董□资督率募捐，绅富、庙会开办赈捐，以集巨款，购嘉谷以作籽种，制方药以拯疾疫。凡所以为灾民计者，无乎不至，除动川社积义谷一半，并请领帑金五千两拨南充、广安积社谷仓斗六千五百石，道宪拨银四千两，市斗米四百八十石外，地方集资之款共十余万两，至次年七月底撤局，款不虚縻，民无失所，川督鹿以玉令筹赈最早，散赈最周，捐资巨款虽繁富之区不逮而又始终如一，民沾实惠，甚嘉许之。[②]

散发粮粟、开粥施救外，一些知州、知县们，还深入灾区了解并帮助解决灾民的住宿难题。康熙中叶，山东蒙阴知县陈朝君，任上出现“盛夏之初，大雨滂沱，烈风暴发”，他亲自“步诣郊关”查看城头垛墙、厢里草屋，对其中的坍坏吹损“业已催督修理，劝谕补葺”[③]。道光十一年（1831），桐梓、贵筑二县赈恤，东、芦、溱三里地方因坍塌瓦房 302 间，每间照例给修费银 8 钱，共给 240 两；草房 1312 间，每间修费银 5 钱，共给过银 650 两；新站、松坎等处坍塌瓦房 231 间、草房 240 间，每间照例分别给修费银 8 钱、5 钱；近城及松坎、新站淹毙 99 人，每人照例给银埋葬银 2 两。道光二十一年（1841）

① （清）杨西明：《灾赈全书》卷 3，李文海，夏明方：《中国荒政全书》第 2 辑第 3 卷，北京：北京古籍出版社，2004 年，第 554 页。

② 民国《大竹县志》卷 7《职官志·政绩》，1928 年铅印本，第 34 页。

③ （清）陈朝君：《莅蒙平政录·为乘时布种收地利以裕民生事》，官箴书集成编纂委员会：《官箴书集成》第 2 册，合肥：黄山书社，1997 年，第 764 页。

六月，河南开封黄河决口，灾民纷纷逃难省城，祥符县知县将贡院作为临时安顿之所，还就此告示："兹将贡院号房给尔等栖宿，每大口二人住号舍一间。"[①]

## 三、鼓励生产自救与灾后重建

顺治十一年（1654），封丘遭遇黄河水患，及至决口堵塞。知县余缙"披荆棘，芟草莱""加意招徕，劝民复业"；封丘县自黄流冲没后，地变沙碱，蒿莱瓦砾比比皆是，顺治十八年（1661），知县屠粹忠下车伊始，即"遴土著，招流亡，多方挑除淤沙"，对于无耕具者，"借牛种，劝谕开垦"。康熙中叶陈朝君在山东蒙阴为知县，有一年"盛夏之初，大雨滂沱，烈风暴发"，他在前往灾区查勘的同时，发布《为乘时布种收地利以裕民生事》，并于城乡四处张贴，借此晓谕："阖县军民人等知悉，今雨盛于夏，必衰于秋……凡有闲旷田地，以至冲决泥压之处，但可布种者，即行早为翻耕，或绿豆，或荞麦，或蔬菜，务各尽人力，俾地无遗利，将来秋成可望，糊口有资。"[②]当其"迩年以来，旱灾迭见"以致"播种不时，而秋成失望"时，陈朝君又专门发布《为劝民凿井引水灌田防大旱以济农务事》的告示，倡导和督促蒙阴全县"各宜相其田之高下，审其水之浅深，俟收割已完，即便速为凿井"[③]，以解决作物灌溉用水。

凡此种种表明，清代灾情发生州县之灾害救助，其主体固然是广大乡民百姓，然而，州县正堂所代表的州县政府和州县民众的赈灾究是一个不可分割的整体，民众在场，政府同样在场。既往研究中那种"将赈济活动区分为政府行为、民间行为或政府与民间合作的行为，是不合适的"[④]，简单片面乃至完全无视州县政府、州县正印官群体的作用，更是片面、不符合历史事实的。当然，史不绝书的州县官员在防灾救灾中的违法违规以及不作为现象同样不必讳言。清代州县官员的灾赈行为，对地方社会是一个复杂多维的面向，既不能简单地肯定，但也不能如同既往研究或视而不见，或淡化、弱化甚至全盘抹杀。

---

① 李景文，王守忠，李湍波点校：《汴梁水灾纪略》，开封：河南大学出版社，2006年，第21页。

②（清）陈朝君：《莅蒙平政录·为乘时布种收地利以裕民生事》，官箴书集成编纂委员会：《官箴书集成》第2册，合肥：黄山书社，1997年，第764页。

③（清）陈朝君：《莅蒙平政录·为劝民凿井引水灌田防大旱以济农务事》，官箴书集成编纂委员会：《官箴书集成》第2册，合肥：黄山书社，1997年，第767页。

④ 冯贤亮：《明清江南地区的环境变动与社会控制》，上海：上海人民出版社，2002年，第195页。

## 第三节　赡养老幼孤残，倡导慈善救助

“鳏寡孤独王政所先”①，《周礼·大司徒》即提出政府须“养万民”，所以，收养鳏寡孤独，拯困扶弱，招抚流亡，“有斯民之责者，尚其实力行之”②。更为直接与主要的是州县政府责任綦严。光绪朝《大清会典事例》规定：“州县官不将民生苦情详报上司，使民无处可诉，其事发觉，将州县官革职，永不叙用。若州县官已经详报，而上司不题达者，将上司亦革职”③；《大清律例》规定：“凡州县官，将小民疾苦之情不行详报上司，使民无可控诉者，革职，永不叙用。若已经详报，而上司不接准题达者，革职”④；《六部处分则例》更有相应则责任追究条文：“百姓有流离困苦，荒失产业，徭赋难输，地方毫无治理”，一律“革职”⑤。而且还对法定应当收养底层百姓而不收养的州县官员进行“杖六十”的刑罚追究；对“应给衣粮，而官吏克减者，以监守自盗论”⑥。清末法律改革时该律依然保存，只是将其中的“杖六十”三字和“照章罚金”改为“处六等罚”。

那么，民何以养？大致而言，在于慈幼、养老、赈穷、恤贫、宽疾、安富诸方面。不过，常态的兜底性质的“养”民对象，还是那些作为社会底层且失去生计能力的老弱病残、鳏寡孤独和流离失所之人。而这些人，多分别于州县城镇特别是经济社会极端落后的州县边远乡村。正因为如此，知州知县的这部分工作，也委实不易甚至艰辛，也多因此不尽如人意。即便如此，有清一代，不少的知州、知县，也是做了一些值得肯定的工作。

### 一、广办院堂，养赡孤贫残疾

养济院，既是各州县政府组织成立的以“孤贫残疾无依之民”⑦为对象的救助机构，也是州县正印官在其辖区实施国家救助的基本途径和办法。顺治

① 胡星乔，邓又天主编：《读例存疑点注》，北京：中国人民公安大学出版社，1994年，第190页。
② 胡星乔，邓又天主编：《读例存疑点注》，北京：中国人民公安大学出版社，1994年，第190页。
③（清）昆冈等修，刘启端等纂：《钦定大清会典事例》卷110《吏部·处分例·报灾逾限》，《续修四库全书》编委会：《续修四库全书》第799册，上海：上海古籍出版社，2002年，第731页。
④ 田涛，郑秦点校：《大清律例》卷7《吏律·事应奏不奏》，北京：法律出版社，1999年，第161页。
⑤（清）文孚纂修：《钦定六部处分则例》卷14，沈云龙主编：《近代中国史料丛刊》第332册，台北：文海出版社，1969年，第340页。
⑥ 田涛，郑秦点校：《大清律例》卷8《户律·收养孤老》，北京：法律出版社，1999年，第188页。
⑦（清）海宁：《晋政辑要》卷6《赈恤孤贫》，官箴书集成编纂委员会：《官箴书集成》第5册，合肥：黄山书社，1997年，第658页。

元年（1644），皇帝即有颁诏："穷民鳏寡孤独废残疾不能自存者，在京许两县申文户部，告给养济；在外听该府州县申详抚按，动支预备仓粮给养。"[①]顺治五年（1648）十一月，上谕："各处养济院收养鳏寡孤独及残疾无告之人。有司留心举行，月粮依时给发……于存留项下动支。"[②]顺治八年（1651）五月，清廷又下令恢复明养济院制度："诏各省府州卫所旧有养济院皆有额设米粮，该部通行设立给养。"[③]州县正印官，对治地老人90岁以上的例须"不时存问，其或孤寡及子孙贫不能赡养者，州县查明赈恤"；地方孝子节妇，有实系贫困不能自存者，州县取具邻族甘结，详报该上司，于存公项下按月酌给钱粮，如果冒滥请给，具结邻族及胥吏治罪之外，"地方官处分"[④]。

一州一县的养济院之孤贫原有定额。实际则有正额与增额，或者有额内、额外之分。正额、或额内为户部所划分确定的规定数额，其余各地方自己增加的则是额外或增额。山西全省，截至乾隆九年（1744），按地额设共计1330名，各州县多在20—30名，有的州县正额甚少，譬如，平陆、灵石、大宁、永和4个县均各2名，吉州、蒲县、沁源3个县均仅1名。[⑤]江苏各州县正额孤贫沭阳县、邳州、桃源县均各2人。"额数既满，势难遍及"[⑥]，并且"候缺挨补，有候之数年而不得一缺者，枵腹以待，未免向隅。"[⑦]于是，在乾隆二年（1737）之后，各州县大多又在正额之外，加增孤贫名额，以更大范围地惠及孤贫。譬如江苏省各州县的额外孤贫数量即有增加，名额及资助经费等具体情形如表7-4所示：

**表7-4　江苏各州县额外孤贫信息一览表**

| 州、县、厅 | 时间 | 名数 | 资助经费标准（人/年） | 资料来源 |
|---|---|---|---|---|
| 嘉定 | 道光二十六（1846）增咸丰三年（1853）废 | 152 | 5400 | 光绪《嘉定县志》卷2 |
| | 咸丰五年（1855）增 | 52 | 不详 | |
| | 咸丰八年（1858） | 100 | 不详 | |

① 《清实录·世祖实录》卷9顺治元年十月甲子条，北京：中华书局，1985年，第95页。
② 《清实录·世祖实录》卷41顺治五年十一月戊辰条，北京：中华书局，1985年，第330页。
③ 雍正《浙江通志》卷76《蠲恤》，《景印文渊阁四库全书》第519册，台北：商务印书馆，1986年。
④ 胡星乔，邓又天主编：《读例存疑点注》，北京：中国人民公安大学出版社，1994年，第189页。
⑤ （清）海宁：《晋政辑要》卷6《赈恤孤贫》，官箴书集成编纂委员会：《官箴书集成》第5册，合肥：黄山书社，1997年，第658—660页。
⑥ 乾隆《徐州府志》卷5《赋役》，清乾隆七年（1742）刻本，第8页。
⑦ （清）盛康：《皇朝经世文续编》卷32《户政四·养民》，沈云龙主编：《近代中国史料丛刊》第833册，台北：文海出版社，1972年，第3356页。

续表

| 州、县、厅 | 时间 | 名数 | 资助经费标准（人/年） | 资料来源 |
|---|---|---|---|---|
| 嘉定 | 同治三年（1864） | 52 | 不详 | 光绪《嘉定县志》卷 2 |
| | 同治七年（1868） | 100 | 不详 | |
| | 光绪二年（1876） | 4 | 不详 | |
| 高邮 | 道光至光绪年间 | 71 | 1800—4200 文 | 民国《三续高邮州志》卷 2、同治《续纂扬州府志》卷 3 |
| 盐城 | 光绪十五年（1889） | 40 | 6000 文 | 光绪《盐城县志》卷 7 |
| 阜宁 | 光绪年间 | 54 | 银 2.83 | 光绪《阜宁县志》卷 2、卷 5 |
| 长洲元和、吴 | 同治六年（1867）时 | 587 | 不详 | 丁日昌《藩吴公牍》卷 12 |
| 靖江 | 咸丰五年（1855） | 20 | 不详 | 咸丰《靖江县志稿》卷 8 |
| 上海 | 同治年间 | 5 | 5310 文 | 同治《上海县志》卷 6 |
| 川沙 | 同治五六年（1865—1866） | 100 | 不详 | 光绪《松江府续志》卷 9 |
| 南汇 | 同治八年（1869）至同治十三年（1874） | 格外 185；额外 13 | 额外 6624 文<br>格外 4410 文 | 光绪《南汇县志》卷 3 |
| 娄、华亭 | 同治光绪年间 | 210 | 不详 | 光绪《娄县续志》卷 2 |
| 溧阳 | 嘉庆年间，后废 | 12 名 | 4800 文 | 嘉庆《溧阳县志》卷 6 |
| | 光绪五年（1879）及其以后 | 130 | 4800 文 | 光绪《溧阳县续志》卷 4 |
| 崇明 | 光绪年间 | 240 | 2832 文 | 光绪《崇明县志》卷 3 |
| 宝山 | 清末“贫口大小牌” | 大 100 | 4320 文 | 民国《宝山县续志》卷 11 |
| | | 小 69 | 2160 | |
| 镇洋 | 同治八年（1869） | 38 | 3600 | 民国《镇阳县志》附录《自治》 |

统计表 7-4，17 个州县共增加的额外孤贫有 2334 名，说明州县残疾孤贫养济人群有所扩大。除江苏之外，其他省份各州县同样有数额不等的增添，一些正印官则想方设法扩大额外孤贫救济人数。雍正元年（1723）直隶魏县知县马襄捐买地 1 顷 1 分 7 厘，创办该县额外孤贫院。①道光十三年（1833）保安州知州杨桂森倡捐银 1319 两，交商生息，赡养局外贫民 50 名。②光绪三年（1877）大竹县署令马步瀛，“旧有赈余银谷，除添乡试宾兴及文武庙祭仪外，岁以租入养孤老四十名，至今人受其赐”，被县民公认为“真父母”③。额外增加的孤贫，包括定额孤贫多属于鳏寡孤独、有疾无依或年老之人，以州县政府的名义纳入养济院予以救济养赡，除了统治者装点王政门面、彰显

① 民国《大名县志》卷 5《公益志》，台北：成文出版社，1968 年，第 193 页。
② 道光《保安州志》卷 2《地部·养济院》，清道光十五年（1835）刻本。
③ 民国《大竹县志》卷 7《职官志·政绩》，1928 年铅印本，第 33 页。

州县政绩之外，对处于最为底层、无力为生而又无依无靠的鳏寡孤独老病残疾者来说，肯定是好事与“福音”。

州县的养济院以设施、经费为基本保障。就设施来看，最大和最基本的莫过于养济院屋宇。养济院既作为州县政府自身举办公益之慈善机构，正印官自然也无以推卸。直隶有养济院修葺记载的涉及43个州县，这43个州县，负责修葺者有36个州县是其正印官即知州、知县负责的，只有7个县不是知县或知州。①晚清时期，即便州县善堂多样化，民间善堂渐盛，其养赡方式逐渐流行，但是一些州县依然重视院内赡养的建筑与设施的维护乃至增添。枣强县、宁津县正印官对养济院的重视即是例子，“同治十二年知县方宗诚增建十二间，俾无家者居之，有家者月领孤贫银，仍旧其本宅”。宁津县知县燕调纬在光绪二十二年（1896）到光绪二十四（1898）年的任内曾重修宁津县养济院。②

资金方面，清定例，各州县养济院正额孤贫有地丁赋税收入保障，并被正式编入每年的财政预算之中，有专项会计科目，因而可以保障自己所任地方养济院的经费需要，知州、知县群体，首先是发挥政府政策优势，利用州县政府资金。他们每年从州县存留之该专项中对养济院拨款，大致每人日给口粮米1升或口粮银1分，有的另外有布匹、衣服、柴草等。太原府所属养济院则每名每年给米2斗5升，煤炭钱夏月3文冬月6文，又于冬月另加。③大竹县养济院坐落于城内新盛街，该县每年发正额孤贫银36两，给养孤贫。④江苏震泽县知县对额设孤贫111名，存留恤孤口粮米399石，遇闰增33石，“按年”支给。⑤坐落在武进县城子城厢一图的武进、阳湖两县养济院，“例有漕项恤孤银九百十四两四钱五分二厘，闰月加银二十二两一钱二分一厘；口粮米一千九百二十一石九升六勺，闰月加米一百五十一石七斗五升七合六勺，额养孤贫七百七人，每人每年支银一两二钱九分三厘，米二石八斗六升”⑥。然后在法定时间内，分别额内、额外单独造册，各“挨次编甲，开列花名，

① 郝红暖：《清代民国河北地区慈善组织的历史演变与空间运作（1644—1937）》，暨南大学博士学位论文，2010年，第57页。

② 光绪《宁津县志》卷5《经政志·恤政》，清光绪二十六年（1900）刻本，第27页；光绪《宁津县志》卷6《职官志·官师表》，清光绪二十六年（1900）刻本，第19页。

③（清）海宁：《晋政辑要》卷6《普育二堂》，官箴书集成编纂委员会：《官箴书集成》第5册，合肥：黄山书社，1997年，第662页。

④ 民国《大竹县志》卷11《慈善志》，1928年铅印本，第1页。

⑤ 乾隆《震泽县志》卷11《赋役二》，清乾隆十一年（1746）刻本，第3页。

⑥ 光绪《武进阳湖县志》卷3《建置·善堂》，南京：江苏古籍出版社，1991年，第119—120页。

辨明年貌，委系何项残疾孤苦之民，并注明原住籍贯、出具印结”呈报各该管上司。[①]南汇县养济院，额设孤贫32名，“米粮在漕粮内编征，柴布衣絮银在地丁内编征……额外孤贫，由县捐给，无定额……现在一百七十八名……口粮，由每年办漕之员捐给，按月随同额设孤贫一体折钱给发”[②]。除州县存留专项之外，有的州县正印官对额外孤贫经费、养济院房屋修理费用则由公费开支。乾隆九年（1744）宝山县质询案“详准拨款”修建养济院，以及乾隆十一年（1746）吴江县知县“请资重建”养济院，也都是如此操作。[③]知县请求布政使拨款，也是州县正印官筹措养济院经费的一个途径。也有州县官员以州县政府的权力，拓展州县其他财政渠道。譬如，州县正印官把入官的田地房产、讼诉罚款、州县地方杂税的盈余等资金用于养济院。江苏崇明县养济院咸丰年间知县翟寅清增拨“恤孤公田”4605亩。[④]江苏高邮知州姚崇高义，宣统元年（1909），通过“拨讼案罚锾”对该县养济院“住房”“大门”等加以维修，第二年，又将城内旧校场10亩地划给养济院“招园户垦种，收息充岁修经费”[⑤]。

在发挥政策经费优势同时，知县个人还对所在州县养济院给予捐助。从江苏省的知州、知县情况看，高淳县的养济院，康熙年间知县捐修。[⑥]南汇县乾隆四十一年（1776）重建养济院，知县成汝舟“悉捐廉俸，无烦取诸闾阎”[⑦]。同治八年（1869）南汇县修理养济院，“知县王其淦捐钱一百千文，饬董修整”。同治八年（1869）、光绪三十年（1904）江阴两任知县先后捐廉修建养济院。[⑧]光绪十三年（1887），江苏赣榆县知县，捐俸购置民房13间设置养济院。[⑨]同治五年（1866）江苏江阴县知县严荣阶捐给养济院孤贫免议，并于同治七年（1868）起改为每年增发钱300文，以为定例。[⑩]光绪十五年（1889），江苏盐城县知

① （清）昆冈等修，刘启端等纂：《钦定大清会典事例》卷269《户部·蠲恤》，《续修四库全书》编委会：《续修四库全书》第802册，上海：上海古籍出版社，2002年，第296页。
② 光绪《南汇县志》卷3《建置志》，1927年重印本，第17—18页。
③ 光绪《宝山县志》卷2《营建志》，清光绪八年（1882）刊本，第54页；乾隆《吴江县志》卷8《公署》，清乾隆十二年（1747）刻本，第23页。
④ 光绪《崇明县志》卷3《建置志》，清光绪七年（1881）刻本，第43页。
⑤ 民国《三续高邮州志》卷2《善举志》，南京：江苏古籍出版社，1991年，第341页。
⑥ 嘉庆《新修江宁府志》卷12《建置》，清嘉庆十六年（1811）刻本，第29页。
⑦ 光绪《南汇县志》卷3《建置志》，1927年重印本，第17页。
⑧ 光绪《江阴县志》卷1《建置》，南京：江苏古籍出版社，1991年，第81页；民国《江阴县续志》卷3《建置》，南京：江苏古籍出版社，1991年，第56页。
⑨ 光绪《赣榆县志》，台北：成文出版社，1970年。
⑩ 光绪《江阴县志》卷1《建置》，南京：江苏古籍出版社，1991年，第81页。

县在捐设额外孤贫的同时，给正额孤贫每人每月增发钱 200 文。[①]道光十六年（1836），长洲、元和、吴县三县的知县各捐银 60 两“于养廉银项下按月照数扣存司库”，作为孤贫棉衣专款。阜宁县养济院有当地 5 所典当每年捐银 4 两，计年 20 两资助额外孤贫，到光绪年间因典当闭歇 3 所，额缺则由知县捐廉补足。[②]江苏溧阳县县衙从光绪五年（1879）起每月捐 20 000 文，以资助本县增加收养额外孤贫 50 名。[③]有的州县也用资产运营收益，譬如田、房产出租生息所得来增加养济院经费。

各州县正印官对所在县养济院负责督促修造，并不时查勘，“遇有渗漏之处，即行粘补完固”，然后将“正实”孤贫，“查明的实，取具乡约邻佑保状，收养入院”。“该州县按季到院，亲身验明”入院者所佩戴腰牌，以防假冒混入，并“逐名散给口粮”然后加结申报上司。而知州、知县所行造报，“按实数分别额内、额外，挨甲开列花名、年貌、疤痣，注明鳏、寡、孤、独及何项残疾，兼注原住村庄里图，食粮年月。……年底开具旧官新收，开除实在四柱册，声明支过银米各数，分详各上司查考”。各该管的知府、道员每岁盘查以及踏勘公事的时候，随带该属县原报印册，赴院点检，出具印结转报。[④]实事求是而论，如此具体而微的州县正印官对普济堂进行管理，于具有本州或本县管理全责的正印官而言，有些不切实际，也难以百分之百地全面贯彻落实，并且在事实上也有审查不严而致或养济非其人“看诸君脑满肥肠，此日共餐常住饭；想一样钟鸣鼎食，前身都是宰官身”[⑤]现象的存在，但是，也不乏严格执行努力不懈的州县正印官。光绪三十二年（1906），《大公报》所报道的天津县地方官就是如此。“邑令章大令定于初七日午堂散放夏季孤贫口粮，计三十九两六钱，闻扣除小建四分，共合四十四名，按八钱九分合钱两吊八百七十文。”[⑥]稍晚又有一则：“县署秋季孤贫口粮公三十九两一钱六分，昨奉邑尊示谕，以贫民四十四民，每名应给八钱九分，合银二吊二百七十六文，定于初六日午堂散发。”[⑦]后来尽管时局动荡，世事变迁，他们对养济孤贫口粮的发放依然未曾停止。

---

① 光绪《盐城县志》卷 17《杂类》，南京：江苏古籍出版社，1991 年，第 353 页。
② 光绪《阜宁县志》卷 15《民赋》，清光绪十一年（1885）刻本，第 23 页。
③ 光绪《溧阳县续志》卷 4《食货志》，南京：江苏古籍出版社，1991 年，第 453 页。
④ 胡星乔，邓又天主编：《读例存疑点注》，北京：中国人民公安大学出版社，1994 年，第 188 页。
⑤（清）梁章钜：《楹联丛话》卷 12《杂缀・谐语附》，清道光二十年（1840）刻本。
⑥《散放口粮》，《大公报》1907 年 5 月 18 日。
⑦《散发秋季孤贫口粮》，《大公报》1907 年 8 月 14 日。

清代州县对于鳏寡孤独老病残疾的赡养救助，除养济院外，还有普济堂。清普济堂始建立于康熙五年（1666），自此到宣统的有清一代，全国普济堂共有399所，其中以1850年以前为多，计362所，1850年以后只修了37所。[①]普济堂初为民间的慈善机构[②]，多“老疾无依之人每栖息于此”[③]。自雍正年间尤其是乾隆元年（1736）以后，清政府采取主动政策，将其纳入官方养民体制之内：“各省会及通都大郡，概设立普济堂，养赡老疾无依之人，拨给入官田产及罚赎银两、社仓积谷，以资养赡。”[④]州县也相应有额定人数，政府及其官员也多设立普济堂，以扩大普济堂的数量及其覆盖量，使得更多的病贫老人等得到安养。在前揭399所普济堂中，为官府所创办的有182所，占到总数的45.6%。[⑤]江苏南汇县知县金福曾虽然因经费等原因没有单独修建普济堂，但仍于县养济院内“添设”普济孤贫100名，而以县内“五团丈出新涨草滩九十一顷九十五亩五分八厘”收入为他们养资来源，并为此制定了章程6条。[⑥]广东番禺县普济堂所收养贫老男妇正额2050名。[⑦]除民间捐资外，知州、知县，也多以州县财税资源，如“生息银两、罚赎银、官田租银、关税银等，经常拨充做普济堂的经费”[⑧]。例如，广东曲江县的普济堂，县府就拨银1200两，每岁支存报部核销。[⑨]江苏高邮州知州杨宜仑，从乾隆初年开始，每年从县存留款内拨30两银子给普济堂。[⑪]在管理方面，州县正印官“不仅具有督导检查之责，有时还直接参与或主持具体问题的处理和解决”[⑫]。如从乾隆四十三年（1778）开始，江苏高邮州知州杨宜仑对本州普济堂进行大力整顿，并于5年后订立新章，要求堂董事们必须按月报告，自己则亲自查察。凡此种种表明，即使作为民办慈善，知州知县也通过各种形式，使政府“在场”并发生影响，此番作为虽也有使堂董自主权受到节制从而未必完全有

---

① 梁其姿：《施善与教化——明清的慈善组织》，石家庄：河北教育出版社，2001年，第328页。

② 王卫平，黄鸿山：《中国古代传统社会保障与慈善事业：以明清时期为重点的考察》，北京：群言出版社，2005年，第217页。

③（清）海宁：《晋政辑要》卷6《普育二堂》，官箴书集成编纂委员会：《官箴书集成》第5册，合肥：黄山书社，1997年，第661页。

④（清）昆冈等修，刘启端等纂：《钦定大清会典事例》卷269《户部·蠲恤》，《续修四库全书》编委会：《续修四库全书》第802册，上海：上海古籍出版社，2002年，第302页。

⑤ 梁其姿：《施善与教化——明清的慈善组织》，石家庄：河北教育出版社，2001年，第329页。

⑥ 民国《南汇县志》卷3《建置志》，1927年重印本，第18—22页。

⑦ 同治《番禺县志》卷15《建置略二》，清同治十年（1871）刊本，第19页。

⑧ 陈桦：《清代财政与贫困救助》，《史学月刊》2010年第6期，第46页。

⑨ 代莉莉：《清代广东地区慈善组织普济堂研究》，广东省社会科学院硕士学位论文，2015年，第29页。

⑪ 梁其姿：《施善与教化——明清的慈善组织》，石家庄：河北教育出版社，2001年，第141页。

⑫ 陈桦：《清代财政与贫困救助》，《史学月刊》2010年第6期，第47页。

利于普济堂本身的发展，这如同官办养济院一样，但是，研究者对此进行研究后认为，高邮杨知州于普济堂之举，对于该堂确实有一定的“正面作用”①。

## 二、督办稽查婴堂，收养被弃孩提

清代民间弃婴，尤其是遗弃女婴的现象相当普遍。对之进行收养是州县正印官及其治下一项重要的社会工作。许多知州、知县，以政府正堂颁布溺婴、溺女告示，禁止民间遗弃陋习。道光年间，浙江金溪县知县“下车伊始”，知悉县内弃婴问题突出，并对育婴堂食品被“冒领者甚重”而十分痛恨，“为此，出示严禁，并酌定数条开列于后，使便于遵守，如再有溺女者……照故杀子孙律究办，此时悔之无及，毋谓言之不早也”。其所列“数条”内容主要有以下三点：（1）重其望于绅耆老。（2）“专其责于地保”，并说：“里保于乡村人命盗贼斗殴等事，均有稽查之责，如村有溺女之事，亦应严查，据实禀县。只用手本一纸，将某村某人，于某日某夜，溺死女婴一名，下手溺死者某人，房亲某人，邻佑某人，逐一叙明，赴县禀报，本县当量为给赏。如知而不报，后被人告发，即提该村里保重惩。不宵本县于此事深恶恨而痛绝，断不稍微宽贷也。”（3）“均其罪于亲房邻佑。”②这些应该说都是相当切实而有效的。如此，尤其通过地保，既可替代州县政府监督育婴堂尤其是民间溺婴现象，又将官府与民间有效联结起来，从而实现清政府禁止遗弃婴儿尤其是女婴的政策从县门到百姓家门的落地。

不过，告示的宣传，不过是一种教育或一种强制，就乡间社会来说，修建育婴堂，收养遗弃婴儿，才是解决遗弃婴儿问题最为现实的措施。有研究表明，有清一代，全国共有育婴堂973所，其中官立育婴堂392所，占全国育婴堂总数的40.3%。③有30多卷育婴资料的宁海县档案馆档案记载，该县顺治年间在县城妙相寺侧建有育婴堂，但咸丰年间为入城太平军战事所毁。同治六年（1867），知县孙憙“割俸资助”，于县城西北重建育婴堂，他调离后，继任知县周祖升继续修建，到同治九年（1870），新的县城育婴堂终于落成。光绪二十三年（1897），宁海县令柳商贤，在县城之外的大湖乡、前童乡、海游乡分设三个

① 梁其姿：《施善与教化——明清的慈善组织》，石家庄：河北教育出版社，2001年，第141页。
②（清）余治：《得一录》卷2《保婴》，官箴书集成编纂委员会：《官箴书集成》第8册，合肥：黄山书社，1997年，第483页。
③ 梁其姿：《施善与教化——明清的慈善组织》，石家庄：河北教育出版社，2001年，第328—329页。

育婴堂，解决县域边远地区遗弃婴孩的收养。[①]四川大竹县向无育婴堂，道光十二年（1832），知县徐先琅捐俸钱 20 万，兼劝募绅傅于北关外半里，设立育婴堂，先后置租田 80 余石，后因“款绌费巨未及举行”；道光二十二年（1842），知县丁铠徇县人之请，以所置租田拨归膏火育婴等，这些为其后育婴堂的发展奠定了基础。同治至光绪年间，知县们支持邓绪经，使育婴堂规模扩大，光绪七年（1881）知县鲁宗周称赞邓义举“咸称得所”，并为其“请予奏奖”成功。[②]江苏南汇县育婴堂，道光二十二年（1842）知县萧翀饬令陶桂芳修建于县城荷花坞知止庵，房屋 11 间。同治十一年（1872）知县罗嘉杰设法整顿育婴堂，拟定条规详准在案，谕董有关人员办理。[③]同治末光绪初，罗定州知州杜凤治多次下乡了解社情、民情，他特别“细观众小孩，但属男孩，无一女孩”，于是推断“溺女”现象很严重，“本州有给钱养女之意”，唯“育婴堂经费重大，一时不克施行，拟立簿签捐，定给钱育女章程，不准生即溺毙，大伤天和”，还特别提醒，有了育婴堂，后“如有□溺者，唯邻佑报知，从严惩罚。邻佑扶同隐匿，与之同罪”，他自己首先又拟书捐非四五百千文不可以压彩，“一年以来，应酬浩繁，账房窘乏，竟无此余钱，此次乡征回州，必当立刻举行”[④]。

在育婴堂资金方面，无论官办，还是民间私人所办的，不少州县有知州、知县及其州县政府进行各种形式的补助。江苏常熟县、昭文县育婴堂获得知县拨田 3800 亩。[⑤]皋县知县利用编审里甲将验妥的税契放在育婴堂，令民到堂中取契，同时让守堂的人劝来取契的人捐钱，这样“取契者不待劝输，各随其力而输焉”。结果得金五百多，置了田地。[⑥]宁海县知县还在宁海街面房屋资金和充公土地租金租粮作为永久资金和口粮此外就是捐款。[⑦]位于子城厢一图府横街的武进阳湖两县育婴堂，有两县乡田 713 亩、靖江县刘间沙田 3038 亩，并历年收田租钱 20 万存于税收租息钱，即用乳妇婴孩。[⑧]同治十二年（1873）二月，知县罗嘉杰为该县育婴堂捐钱 1000 千文，分存各典，常年 1 分 2 厘生息，逢闰加算。[⑨]州县首先是募捐发起者、带头募捐者。这样的知县，各县志

---

① 谢燕：《宁海清代育婴堂档案简介》，《浙江档案》2017 年第 2 期，第 41 页。
② 民国《大竹县志》卷 11《慈善志》，1928 年铅印本，第 2、3 页。
③ 光绪《南汇县志》卷 3《建置志》，1927 年重印本，第 21 页。
④（清）杜凤治：《望凫行馆宦粤日记》，广东省立中山图书馆等：《清代稿钞本》第 17 册，广州：广东人民出版社，2007 年，第 385 页。
⑤ 光绪《常昭合志稿》卷 17《善举志》，清光绪三十年（1904）排印本。
⑥ 光绪《通州直隶州志》卷 3《建置志・义举》，清光绪元年（1875）刻本，第 72 页。
⑦ 谢燕：《宁海清代育婴堂档案简介》，《浙江档案》2017 年第 2 期，第 41 页。
⑧ 光绪《武进阳湖县志》卷 3《建置・善堂》，南京：江苏古籍出版社，1991 年，第 120 页。
⑨ 光绪《南汇县志》卷 3《建置志》，1927 年重印本，第 25 页。

所载多多。

至于州县正印官对于育婴堂之监管等，依据定例，乾隆六年（1741）后，各知州、知县，“择富厚诚谨之人董理，并令州县率同佐贰不时稽查，将实在无依遗弃婴儿收入养赡，每于年终，将所有婴儿及支存细数，分析造报查核，如有怠玩克扣需索等弊，即行报参”。江苏昭文、常熟县两县民人共管的育婴堂被市侩盘踞，从中牟利，管理一直不善。乾隆五十五年（1790）知县出面“集绅公议”，将育婴堂改归两县专管，知县还亲自劝捐，以公权力接管“挽救善堂在管理上及财务上所面临的危机。……18 世纪的中国社会，县衙门乃是具有公信力的机构，也是地方最大权力的来源。善堂虽然一开始被界定为地方民间社会所资助及管理的机构，但是最后也必须依赖地方官来解决各种难题，单凭公众议论也恐怕难以成事”[①]。江苏南汇县育婴堂知县谕令归董王晋堦等办理，但为之“拟定规条”章程共 31 条约束，依次，堂内设立“收婴册一本，以千字文编号……堂中司事问明原抱人住居、姓名、婴孩生辰，验明颜色、发螺、左右偏正手指箕斗、有无疤痣及父母伯叔兄弟住址，一并注明册内以便稽查”[②]。总之，有清一代全国各州县育婴慈善业的发展，固然因素有很多，但是，就基层地方而论，州县正印官的号召、监管，甚至亲自创办，以及各种方式的支持，是一个重要的原因。有了官方与民间的共同努力，才有了全国 973 所育婴堂的成就和包括光绪十九年（1893）湖北育婴事宜各属收养婴孩数目为 5631 人[③]在内的众多婴幼儿的收养。当然，这并非说清代所有州县正印官的所有育婴政务都是尽善尽美，实际上所存在的问题甚或比值得肯定的还要多、还要大，但有所作为总是比毫无良知、温度，乃至冰凉、冷酷的不作为要好一些。

### 三、成立栖留局所，招抚孤老、流亡

栖留局所，是栖流所、留养局的并称，二者各为一个机构。[④]栖流所，又名流栖所，文献又或称“栖流所”。顾名思义，就是流民或难民栖息容身的场

① 梁其姿：《施善与教化——明清的慈善组织》，石家庄：河北教育出版社，2001 年，第 142、143 页。
② 光绪《南汇县志》卷 3《建置志》，1927 年重印本，第 21 页。
③ 中国第一历史档案馆：《清代设立与管理育婴堂档案（下）》，《历史档案》2015 年第 3 期，第 14—16 页。
④ 学界有观点针对个别研究及其统计栖留所、留养局混一现象，认为两者均以流民为救助对象，但栖留所多是在灾荒发生后的临时性设置，“某些地方常年存在，其运作情况不详”，这就与固定于每年冬季开办，有统一条规、资金和管理的留养局有别。（郝红暖，吴宏岐：《乾隆前期直隶留养局的空间分布特点及原因分析》，《中国历史地理论丛》2010 年第 2 辑，第 150 页）。笔者因其二者大致同类，本着表述文字精炼起见作如此处理，至于二者的异同拟以后另外讨论。

所。若就其实质而言，栖流所除民间私人创办的以外，总体是清朝政府设立的社会对难民流民进行救助及其管理的官办机构。最早的栖流所，是顺治十年（1653）京师五城栖流所，有屋 20 间。①尔后，到乾隆、嘉庆年间逐步在全国的一些州县也有设立。专家研究，从康熙四十一年（1702）河北广平磁州算起，清朝全国栖流所总数为 331 所。②各相应的州县正印官，于辖区内设立的旨在为招抚流亡和难民的栖流所，无论是建立还是管理，作为一州或一县之长的知州、知县，不仅职责所在，而且也实际在场，并发挥主导、关键作用。

首先，各州县栖流所之设立，几乎都是经州县官批准同意、甚至是强制的结果，有的还由其负责修造。道光二十年（1840），上海县叶知县鉴于“冬风雪较多，今岁春寒尤在，又兼米价腾贵，外来无业游民饥寒交迫，冻卧道旁不一”，一方面“札知同仁堂董事设法办理”；另一方面颁行告示，“示仰各铺小甲知悉：凡城乡内外有贫病流民冻卧道旁，将毙未毙，不能行走者，该地保甲问明原籍，并姓名、年岁，先行报堂，俟该董事查明确实，然后抬至栖流公局，日给稀粥调养，如春和病愈，听堂酌给盘费一二百文，即令他往。如有病故，仍填明联单，照章备棺殓埋”，而“本邑近方人民”因自有亲属、乞丐则有丐头，不准入栖流所。③乾隆初年，云南昆明、嵩明、寻甸、宁州等 32 个府州县，经正印努力，陆续设立了官办栖流所。④乾隆九年（1744），丹徒县知县宋楚望，将县城北门外莲蓬庵残废僧房 41 间，修葺改建设立“栖流所”⑤。嘉庆年间，云南永善县，在新甸台、新店子设栖流所，每处各房屋 3 间，却“无经费，历任县令捐给口粮。遇有贫苦疾病之人按名支给”⑥。镇南州知州葛庆曾，于乾隆六年（1741），在州西三十五里的沙桥驿修建栖流所 1 所。⑦昭通府永善县栖流所，则是光绪七年（1881）署知县安宝宸捐资修建。⑧除这些州县外，遂安、瑞安、衢州、顺安、金华、垫江、巴县、奉节、丰都、南川等州县，都有正印官在本县

① 王卫平，黄鸿山：《中国古代传统社会保障与慈善实业：以明清时期为重点的考察》，北京：群言出版社，2005 年，第 116 页；周琼：《天下同治与底层认可：清代流民的收容与管理——兼论云南栖流所的设置及特点》，《云南社会科学》2017 年第 3 期，第 114 页。

② 梁其姿：《施善与教化——明清的慈善组织》，石家庄：河北教育出版社，2001 年，第 328—329 页。

③（清）余治：《得一录》卷 4《棲流》，官箴书集成编纂委员会：《官箴书集成》第 8 册，合肥：黄山书社，1997 年，第 525 页。

④ 《清实录·高宗实录》卷 214 乾隆九年四月辛亥条，北京：中华书局，1985 年，第 246 页。

⑤ 光绪《丹徒县志》卷 36《人物十三·尚义》，清光绪五年（1879）刊本，第 44 页。

⑥ 嘉庆《永善县志略》卷 2《赏恤》抄本，南京：凤凰出版社，2009 年，第 11 页。

⑦ 光绪《镇南州志略》卷 3《建置略》，清光绪十八年（1892）刻本，第 13 页。

⑧ 光绪《续云南通志稿》卷 40《建置志三之四·官署四》，清光绪二十七年（1901）刻本，第 33 页。

设立栖流所。在各州县正印官的努力之下，有清一代，设立官立栖流所达 235 所，占栖流所总数的 71%。[①]

其次，栖流所房舍等主要硬件设施、日常经费等基本来源于州县官府。譬如供栖流所收枘流离难民、流民居住的房屋，活动的场地，有的是经知州、知县负责而新建，有的则是知州或知县将籍没的官屋、废弃的寺院，或私人宅院直接拨给使用。为栖流所人员食用的粮食、衣被、柴薪等生活用品、医疗服务，还有丧葬的粮石、银钱，也是由官方提供。州县政府还负责给予各所负责的人员、管理杂役工作人员以报酬，一般为州县正印官按照相关规定于所在州县的存留内直接动支[②]，有的栖流所也从州县正印官带头捐助的社会集资所得中资助。再则，州县政府正印官还对所属地方官办栖流所的负责人予以任命或委任。治地栖流所的管理人员知州、知县一般不直接充任，正印官们通常也不以佐杂、书吏负责，而是委派或任命县内的耆老、士绅等人士，负责具体日常事务管理，[③]

最后，栖流所内部对入所人员在给予生活、医疗以及人身安全保障的同时，也进行必要的监督管理。栖流所通常以异地流落而来的流民为主，也包括灾荒年份的难民。因被收入的“外来流丐，保正督率丐头稽查，少壮者询明籍贯，禀官递回原籍安插。其余归入栖流所管束。”因而，该所对于“少壮”流民主要是暂时性的救助，但在两湖一带的一些州县栖流所内，除短期栖宿外，还有老弱残废长年居住的存在。所内管理，主要是由知州、知县委任认可的州县地方治安组织——保甲具题稽查监督。发给入所救济人员以腰牌，腰牌上注有其姓名、年貌、籍贯，甚至父母兄弟等信息，并以腰牌为凭作为在该所救助和日常出入的凭证。所内的滋事不安以及所外混入冒充者，则交予地保，送保甲总局或州县衙门究治。栖流所的大门，则照城门之例派兵把守，以在救助同时予以管理和控制。栖流所对于入所的“少壮者”，则一般在“询明籍贯”之后，经由“禀官”，获得准许之后，“递回原籍安插”。而上述这些栖流所内的重要管理事项以及所内受助人员名册、经费收支等，作为被州县委任或任命的“绅董”，按例向州县正印官禀报或备案，知州、知县们则照例进行定期亲临栖流所检查、监督。晚清时期，嘉定县的知县就有发布《栖

① 梁其姿：《施善与教化——明清的慈善组织》，石家庄：河北教育出版社，2001 年，第 328—329 页。

② 周琼：《天下同治与底层认可：清代流民的收容与管理——兼论云南栖流所的设置及特点》，《云南社会科学》2017 年第 3 期，第 117 页。

③ 周琼：《天下同治与底层认可：清代流民的收容与管理——兼论云南栖流所的设置及特点》，《云南社会科学》2017 年第 3 期，第 117 页。

流所禁扰累示》，就治地的栖流所运作及其管理提出具体要求。[①]

凡此种种，州县栖流所，正如清末早期维新思想家陈虬所论：“栖流所：药局、医院、官渡清节堂，皆官为设……择绅董其事。”[②]其所施救对象多数是贫困潦倒流落他乡，挣扎在死亡边远的人群。上海县栖流公局即“专为沿途垂毙病茕而设”；嘉定县知县所颁行的《栖流所禁扰累示》中开宗明义第一条即表明：“凡鳏寡孤独残疾，自有养济院收养，本所只收沿途倒地垂毙病人。”[③]也有对灾民的容留。乾隆十二年（1747），江淮因大风雨而海溢，“民间田庐多漂没”，山阳令杨通、桃源令韩墉，搭建草房100多间，自平河至众南北通衢设栖流所 8 处。于是，“流民宿食有处，冻且病者予衣与药收养”。尽管“地方官未能实力奉行，以致穷黎困苦颠连”情况很多，部分州县及其衙门举办的官方慈善活动，仍是值得肯定的。而官府所办，更在一定的意义上体现了所谓的“王政”“仁政”，知州、知县在栖流所这一政府慈善及其管理机构中的地位与作为无疑值得肯定的。

除栖流所以外，因羸病尤其是本地笃疾废疾、老弱为救助对象的官方性慈善机构是留养局。该局的最早出现当时为乾隆十三年（1748）[④]。在直隶，乾隆十三年（1748），直隶总督方观承“奏饬各州县建”留养局，就在这一年，“阜平县知县罗仰镳，奉制府方观承文，创设留养局二”[⑤]。望都县、高邑县、磁州都在这年建立留养局。自此以后，各地的知州、知县对于州县留养局的设立起到了不可替代的作用。乾隆十四年（1749），山东东明县奉文在东关、西关、南关、北关、六圈集、王浩屯、杜胜集、东明集、裴子岩集、西东明集、西南庄、海头集共 12 处建立留养局；乾隆十七年（1752），知县钟凤翔为留养局募银 700 两，发盐当生息，每年得息银 126 两，“穷民赖之”[⑥]。四川大竹知县陈仕林，乾隆五十三年（1788），以士民捐输施赈的余款，购县城西杨氏房屋 1 间、田若干亩，设立了留养局，以 60 岁以上的无告穷民和 10 岁以下及疲窿残废等类民人入局留养。此后，改为专养孤老，全月给米 1 斗 2

---

①（清）余治：《得一录》卷 4《栖流》，官箴书集成编纂委员会：《官箴书集成》第 8 册，合肥：黄山书社，1997 年，第 528—529 页。

②（清）陈虬：《治平通议・经世博议》卷 2《保民》，北京：朝华出版社，2018 年，第 72 页。

③（清）余治：《得一录》卷 4《栖流》，官箴书集成编纂委员会：《官箴书集成》第 8 册，合肥：黄山书社，1997 年，第 528 页。

④ 郝红暖，吴宏岐：《乾隆前期直隶留养局的空间分布特点及原因分析》，《中国历史地理论丛》2010 年第 2 辑，第 151 页。

⑤ 同治《阜平县志》卷 4《政典志・恤政》，清同治十三年（1874）刻本。

⑥ 乾隆《东明县志》卷 2《建置志・留养局》，台北：成文出版社，1976 年，第 210 页。

升，半月给米6升，冬腊两月酌给薪炭钱文。道光十九年（1839），知县丁铠，拨育婴堂土地入留养局，作栖流所乞丐掩埋之费。咸丰三年（1853），大竹县知县杨得质，拨米市斗口，每月十五日补充，局用名额逐渐增加，如同治初养孤老96名，6年后名额增加10名；光绪丁酉办赈之后，知县玉启拨赈捐局岁岁收租谷12石，拨掩骼会岁收租谷18石，增养全份孤老36名、半份孤老102名。①乾隆朝直隶总督方观承称直隶各州县设有留养局561处②，能确定位置和房屋规模的乾隆前期直隶留养局共567所，合计房屋2357间。③而这些留养局，很多都为州县正印官设立。如高邑县知县李冕，乾隆十五年（1750）带头捐银，加上士商所捐共150两，创办了该县留养局，次年六月“商领营运”④。东明县“乾隆十四年奉文建设”留养局12所。光绪五年（1879）滦州正印官郭知州建立留养新局1所，房14间，“嗣经在城铺商呈请，每岁公捐留养经费市钱1200吊，由州任每岁捐发市钱400吊，作为留养资金，并议留养章程12条”⑤。山西省一些州县，从乾隆二十一年（1756）以后，逐渐于各属通衢大路与五方杂处之所设立留养局。

清代州县地方官不仅带头设立留养局，而且也从资金、管理等方面积极推动这一慈善事业。史料记载，直隶各州县留养局“有官捐者，有劝士民公输者，有裁无益之费改充者，有官物拨入者，皆交股商营运收其子息，地亩则有价置者，有捐施者，有官地拨入者，有召垦时零成熟者”⑥。在官捐中，就有知州、知县捐助俸廉、社会集资与州县正印官倡导奖劝关联，而官地、官物之划拨及所谓的无益之费的改充等，唯有知州、知县及其州县衙门才有如此的权限和能力。例如，直隶宣化、庆云县、阜平县等就有其知县以本县名义直接拨款或者报没收的款项划归入留养局的情况。⑦东明县创立留养局初期“俱无田产以为米薪之资”“乾隆十七年知县钟凤翔募银七百辆，发盐当商分半生息”，才开始有了该县的留养基金。⑧定兴县“乾隆十八年，知县麻廷璥倡捐银二百五十两，于乾隆十九年商领

① 民国《大竹县志》卷11《慈善志》，1928年铅印本，第1页。

②（清）方观承著，方传穆校：《方恪敏公（观承）奏议》卷8，沈云龙主编：《近代中国史料丛刊》第104册，台北：文海出版社，1967年，第1184页。

③ 郝红暖，吴宏岐：《乾隆前期直隶留养局的空间分布特点及原因分析》，《中国历史地理论丛》2010年第2辑，第154页。

④ 乾隆《高邑县志》卷10《赋役考·恤政》，清乾隆四十三年（1778）抄本。

⑤ 光绪《滦州志》卷10《建置·食储·各义举附》，清光绪二十二年（1896）稿本。

⑥ 民国《柏乡县志》卷4《赈恤》，1932年铅印本，第128页。

⑦ 光绪《畿辅通志》卷110《经政略·恤政·留养局》，清光绪十年（1884）刻本。

⑧ 乾隆《东明县志》卷2《建置志·社学·留养局附》，台北：成文出版社，1976年，第210页。

营运”[①]。乾隆十五年（1750），“知县杨逢泰捐银五十两，于乾隆十五年商领营运。”[②]任县有知县方瞻峄、邓材各捐银 160 两、100 两。[③]山西经费除来源无碍闲款或酌动额定繁费外，就是捐款，“地方官倡捐养廉”，以记功、记大功对官捐 50 两及其以上者加以奖励。州县对绅民 10 两以上捐助给予花红，更多则上详上官奖励。[④]知州、知县通过本县“乡耆”对辖区留养局进行管理。他们自己以及其他州县佐杂同样不直接充任留养局，而是“委之本地乡耆，不经胥役之手”[⑤]。所委托“经理之人有任乡耆者，有任衿监者，有任寺僧者，有兼委之本地盐当商者。”[⑥]官员委任寺僧、耆老，后者要向前者回报备查，前者监督后者。这样，留养局尽管由民办管理日常，且有来源民间的资金，并对资金进行商业化运作，看似具有为人所说的“民间性质”[⑦]，但实则为具有明显的政府背景。它“奉行仿照病坊、养济院，原为地方官应办之事”[⑧]，“本属官府慈善事业”[⑨]，不能因为“士民亦渐助之”，在表明属于“士民公众之举”后，而就定性其为民间私人性质的慈善机构，或官民合办机构。就是其他所谓的民间社会救济救助机构及其活动，也多主动借助州县正印官之力，“监会、司会、司月等将酌定之策，公同呈县，裁夺施行，得贤父母殚心毅力，经划区处，便使饥黎再造”[⑩]，知州、知县们通常也支持和引导于其中。

当然，归根结底说来，包括留养局在内的前述各慈善机构与组织，就州县地方百姓的生存，尤其是流离异乡或露宿流离的难民、流亡者的实际来说，机构的性质远没有带来的实在利益重要。即便是民间慈善组织及其慈善活动，也并不代表没有知州、知县为首脑的州县政府权力的强制或影响于其中。留

① 光绪《定兴县志》卷 2《建设志・庶政》，清光绪十六年（1890）刊本。

② 民国《望都县志》卷 5《政治志・恤政》，1934 年铅印本。望都县生息时间应为乾隆十七年（1752），故郝红暖，吴宏岐：《乾隆前期直隶留养局的空间分布特点及原因分析》，《中国历史地理论丛》2010 年第 2 辑，第 152 页注释④，误。

③ 民国《任县志》卷 2《建置志・官舍》，上海：上海书店出版社，2006 年。

④（清）海宁：《晋政辑要》卷 6，官箴书集成编纂委员会：《官箴书集成》第 5 册，合肥：黄山书社，1997 年，第 665—666 页。

⑤ 民国《柏乡县志》卷 4《赈恤》，1932 年铅印本，第 128 页。

⑥ 民国《柏乡县志》卷 4《赈恤・留养局案记条规》，1932 年铅印本，第 128 页。

⑦ 郝红暖：《清代民国河北地区慈善组织的历史演变与空间运作（1644—1937）》，暨南大学博士学位论文，2010 年，第 108 页。

⑧ 民国《威县志》卷 16《慈善事业・官民共办慈善事业》，1929 年排印本，第 47 页。

⑨ 民国《威县志》卷 16《慈善事业・官民共办慈善事业》，1929 年排印本，第 47 页。

⑩（清）余治：《得一录》卷 1《同善会》，官箴书集成编纂委员会：《官箴书集成》第 8 册，合肥：黄山书社，1997 年，第 466 页。

养局，作为一个具有明显季节性救济的安置机构[①]，主要是在冬季进行救济，通常为十月到次年二月之严冬时期，如同提出政府留养局事宜的乾隆朝直隶总督方观承所说的“冬日留养贫民，春融遣散”[②]。在此期间，“遇有外来羸病者即安置局内”。临榆县“留养局……收养道路贫病无依之人及本地孤贫不在额者”[③]；阜平县“以收养行旅贫病中途者”[④]留养局所既以无业生计无依，挣扎于死亡边缘的流民乃至“沿途垂毙病茕”“衢巷卧病”者为救助，不仅对他们提供栖息容身之处，还负责他们的衣食、生活、医疗、人身安全，以及在此去世的安葬，对于“递回原籍安插”的“少壮”也发放起码的盘缠路资，而容许病残老弱于所长年居留，这无疑有一种活着与再生的意义，并对其心理有难以言表的巨大抚慰。事实上，留养局所尽管所救济安置的人数总体有限，更说不上满足当时的实际需要，但还是取得了一些成效。河间县乾隆二十二年（1757）计留养共 274 名[⑤]，静海县每冬留养贫民 120 名。[⑥]直隶留养局规模最大的四局是良乡县之保安堂、永清县双营之龙王庙、内邱县志圆津庵、安肃县之慈航寺[⑦]。方观承“每年自十月至次年正月此四个月内，通省详报路毙者常至千数百人，近年不过百余人。”山西从每年十月十五日至次年二月十五日，给予大人每人每天米 8 合 3 勺，煤炭钱 6 文 10 钱，小孩减半。同时备粗棉衣裤数十件，遇有单寒就食者，立时散给，以收养冬日贫民，以免天寒地冻而又饥寒交迫而死，“存活甚众”。此外，留养局对流民的安置、管理、控制方面发挥了积极作用。“外来流丐，保正督率丐头稽查，少壮者询明籍贯，禀官递回原籍安插。其余归入栖流所管束，不许散处滋事”[⑧]，以及留养局社会底层饥寒交迫时期的季节性安置，便以巧妙的处理办法，最大限度地消弭了社会动乱的根源，保持了社会稳定。知州、知县群体，能够在此事关辖区底层民众生死攸关、命悬一线，同时与治地秩序、民心乃至政府形象的慈善救助政务方面，总体发挥正向、积极的作用，还是值得肯定的，不可

---

① 也有方观承所说的“笃疾废疾及年过七十者则常留在局”的情形，但不是常态与普遍。（乾隆《正定府志》卷 14《惠政下·节录议覆地方生息札子》，清乾隆二十七年（1761）刻本。

② 乾隆《正定府志》卷 14《惠政下·节录议覆地方生息札子》，清乾隆二十七年（1761）刻本。

③ 民国《临榆县志》卷 9《建置志编》，台北：成文出版社，1968 年，第 583 页。

④ 同治《阜平县志》卷 4《政典志·恤政》清同治十三年（1874）刻本。

⑤ 乾隆《河间县志》卷 2《建置志·义田附》，清乾隆二十五年（1760）刻本。

⑥ 同治《静海县志》卷 2《建置志·公署》，清同治十二年（1873）刻本。

⑦ 民国《柏乡县志》卷 4《赈恤》，1932 年铅印本，第 128 页。

⑧ 转引自周琼：《天下同治与底层认可：清代流民的收容与管理——兼论云南栖流所的设置及特点》，《云南社会科学》2017 年第 3 期，第 119 页。

因其中尚存不足而简单全盘抹杀。

## 第四节　施行义冢义园，安息亡灵

啼哭而来，撒手而归；生生死死，生离死别，乃人生之不可逆转。此外，灾荒与战争下的非正常死亡也是大量存在。就逝者来说，入土是安，“古人掩骼、埋□为仁政之大端”[①]，就地方社会，包括逝者亲人而言，及时安葬，既可减少亲人丧葬之费，又可避免“日久败坏，尸首无存，阴惨之气变为疫疠”[②]，既可防止环境污染、疫病流行[③]，又可安抚人心、稳定社会秩序。不过，清代许多州县地方，或停馆不葬，或浮厝，有数十年不克葬者，甚至厝之荒野，年久坍毁，地方官催趱掩埋而置若罔闻，也有因无主或经济困难而无以为葬，以致积棺累累。尤其是大规模战争发生之后，停棺多被发掘。当然，其中也有观念习俗因素等。这无疑增加了当地环境之恶化，大面积疫病流行的风险。为了减少或避免这些风险，同时也为慰藉逝者，化导仁风，清代的不少知州、知县，做出了一些实实在在且有益的殡葬政务，这些事宜，简要归纳起来，主要体现在如下三个方面：

第一，对县域城乡士民既教育说服又强制要求，令逝者从葬速葬，动员民间社会力量支持殡葬慈善事业。康熙三十年（1691）嘉定知县周仁奉巡抚批示，颁布《禁拦丧阻葬碑》，将上级官员的指示贯彻到辖地。[④]嘉庆五年（1800）三月，嘉善县知县万相宾强调不准火葬，“如仍有不遵，将棺骸烧化者，许该地保查禀立即查究，以示惩戒”[⑤]。他作《启》以劝邑民，提出：“埋□掩骼，乃王政所必先”，认为民间的火化不好，自己“不禁为之心恻”，说“人生所最亲者无过于父母兄弟妻妾子孙，坟墓棺亭偶有损坏，心尚不安，乃骨□未寒，付之一炬，伤心惨目孰过于斯”，他认为除了风气使然，“贫乏地无力营葬”也是一大原因，因而认为需要绅士商民乐善好施者“捐置田亩，作为义园，以备安厝。……从此僻壤穷乡各得瘗埋之所，枯骸朽骨永无火化之虞，是种福之一事也”[⑥]。乾隆十七年（1752）南汇县知县陈焱上任之后，目睹该

① （清）戴槃：《桐溪记略》，清同治七年（1868）刊本。
② 光绪《南汇县志》卷3《建置志》，1927年重印本，第49页。
③ 冯贤亮：《明清江南地区的环境变动与社会控制》，上海：上海人民出版社，2002年，第184—188页。
④ 光绪《嘉定县志》卷29《金石志》，清光绪八年（1882）刻本。
⑤ 光绪《重修嘉善县志》卷4《区域志·冢墓》，清光绪十八年（1892）刊本，第38页。
⑥ 光绪《重修嘉善县志》卷4《区域志·冢墓》，清光绪十八年（1892）刊本，第37页。

县“俗惑占葬，尚屋厝，子孙散失，积成暴骸……筋骨为野”情形，心怀“古人掩骼、埋□为仁政之大端”的他，除上任“首举掩骼”外，还在《杜浦义冢碑记》中云：“官司弗筹其道，乡士大夫无激于义则风俗陵夷，轻先弃死，又何诛焉？”说明义冢价值，将捐助办冢之“好义榜，于九衢以劝来者，则众善激起，事捷而功倍”①。同年“知县陈焱设立埋骸规义八条。”②同治六年（1867），南汇县叶知县补充完善章程，经上详巡抚次年同意晓谕同时于在南汇县城隍庙“勒石”立碑，“以期永杜弊端”③。同治六年（1867），嘉善县知县凌卿云下令刻《严禁地棍阻葬碑》立于县衙门口。光绪年间嘉善县知县江峰青发布《劝捐田亩新设各区义冢条规》，规定：“嗣后有丧之家，凡薄棺无砖亭者，不准暴厝。无坟地者归葬义冢，无力者地保报明善堂代葬；任意暴露者，由地保禀办，地保失察者并究。不令旋埋旋弃，庶几渐葬渐清。”④余治所录的《收埋路毙浮尸章程》第一条，即是“各图地保遇有陆毙浮尸赴堂执照，本堂仍派司事细心查看，分别填单报验殓埋，倘地保不报堂，禀报查究”⑤。

一些江河、湖泊所在地区的州县，淹水死亡事故屡屡发生，知州、知县们在捐助廉俸设立诸如救生红船的机构⑥进行积极救生的同时，也对涉及纠纷进行处置，以速早掩埋尸身，化解矛盾。陕西旬阳县蜀河镇场酒庙内的光绪八年（1882）六月刻下的洵阳知县王敬铸颁行的《船行公议水手遇难善后章程告示碑》，固然主要是基于事故化解船户、尸亲双方的矛盾，但也有将葬俗民风引导于其间之意。碑文载：

> 特用同知直隶州洵阳县加五级纪录十次王（敬铸）为公恳立案，已蒙赏准，以免讹索而杜讼累事。缘船户一业，以水为田。凡雇驾船伙计，必须平日交厚无隙之人，方能两愿受雇，合伙求财。但人生寿数有定，或因走风滑水，或失足落河，并有岩碥拌跌以及病故，而船户□不尽心观顾，以望其生。然寿数已定，末（未）可如何，总因求财亡身。近有尸家人等，□思寿数有定，顿起讹心，辙（辄）行入船混闹，拦阻客、货，不准运行，只图藉此讹索。如不遂心，又复加捏讼害诬控，船主受

① 光绪《南汇县志》卷3《建置志》，1927年重印本，第51页。
② 光绪《南汇县志》卷3《建置志》，1927年重印本，第48页。
③ 光绪《南汇县志》卷3《建置志》，1927年重印本，第14页。
④ 光绪《重修嘉善县志》卷4《区域志·冢墓》，清光绪十八年（1892）刊本，第39页。
⑤（清）余治：《得一录》卷8《栖流·收埋路毙浮尸》，官箴书集成编纂委员会：《官箴书集成》第8册，合肥：黄山书社，1997年，第588页。
⑥ 光绪《再续高邮州志》卷7《善举志·水龙局》，清光绪九年（1883）刻本，第14、18页。

累益深。是以汉中至襄、樊一带，船帮均皆议定章程，每溺水手一名，船主给斋蘸钱数串，火纸一两块，白布一两匹，现已立案泐石，由是索讹讼累之风已息久矣。唯洵近失此举，以是伙家往往滋讹。今予等亦欲效各处所议成规，禀请立案，今（令）其周知。故于本月初六日，适值泗王盛会，邀请在城乡保巡役，集场共议。现议：大小两□，来往船只，若遇此者，船户一面赶紧捞救之日，一面与尸主送信；若不见尸，给斋蘸钱十二串，火纸二块；若捞出尸者，外帮白布二匹。倘尸漂流，船主以寻之日为限，如过三日之外，则尸主自寻，不得拦阻客船，亦不得节外生枝。然予等不敢擅立私议，同为察呈立案，已蒙本县大老爷批令垂石，永远为志。[①]

第二，设置州县官立或州县正印官捐资的掩埋机构。崇明县知县祖秉震，雍正八年（1730）增设 28 座义冢，该县的后任知县们又增 129 亩义冢 36 座。[②]邓桂，字璧如，湖广巴陵人，雍正八年（1730）“来知震泽”，“莅官五年”而“持己洁清”，且“为政主爱民”，后因丁忧离任，“邑人怀之，为勒碑县堂以志其事。”该县二都北外娄圩之义冢，就是他在雍正十二年（1734）时捐献倡设下而开办起来的。[③]乾隆初年陈和志任震泽知县，当时该县“城内外暴露棺骸甚多”，他“每见心恻”。乾隆十三年（1748），他劝设义冢，在县民盛宏勋捐田 4 亩后，“和志即勘丈清界，勒碑曰‘江震义冢’，捐俸为槥，雇工船运埋之，凡三百余具。自后贫不克葬者，多运埋于此，无暴露之患”[④]。南汇县知县陈焱上任之后，发现该县这一情形，上任“首举掩骼”，办成杜浦义冢[⑤]。嘉庆五年（1800）三月，嘉善县知县万相宾，“捐廉置买麟七区田四亩四分，以作义园，交同善会馆经管”[⑥]。南汇县乡民“俗惑占葬，尚屋厝，子孙散失，积成暴骸，甚者贫无以瘗委顿荒井，寻用火化，筋骨为野”，乾隆十七年（1752）陈焱“摄县事”后，“首举掩骼，邑士金在田辈，力赞成之，计收二千七百余骸，随有里生……捐田为冢，纵横数亩，埋棺骨几百件”[⑦]，才有杜浦义冢。咸丰二年（1852），南汇县“知县高长绅就劝职员沈执慎、顾思恩等捐钱两千

① 张沛编著：《安康碑石》，西安：三秦出版社，1991 年，第 271—272 页。
② 民国《崇明县志》卷 7《经政志・义局》，1924 年稿本。
③ 乾隆《震泽县志》卷 8《营建四・墓域》，清乾隆十一年（1746）刻本，第 9 页。
④ 乾隆《震泽县志》卷 8《营建四・墓域》，清乾隆十一年（1746）刻本，第 10 页。
⑤ 光绪《南汇县志》卷 3《建置志》，1927 年重印本，第 50—51 页。
⑥ 光绪《重修嘉善县志》卷 4《区域志・冢墓》，清光绪十八年（1892）刊本，第 37 页。
⑦ 光绪《南汇县志》卷 3《建置志》，1927 年重印本，第 51 页。

串，存典生息，作为尸场经费，以杜书役人等，遇有命案相验，藉端需索，及地主地邻之弊”[①]，并制定验伤费用办法。根据光绪《南汇县志》统计，南汇县数任知县对此取得的成效如表 7-5 所示：

**表 7-5　历任南汇知县办葬埋骨简况表**

| 姓名 | 年　份 | 骸 骨 葬 量 | 资料来源 |
|---|---|---|---|
| 陈焱 | 乾隆十七年（1752） | 掩埋二千七百七十三具 | 光绪《南汇县志》卷 3《建置志》 |
| 张世友 | | 通计掩埋二千五百余棺 | 光绪《南汇县志》卷 3《建置志》 |
| 胡志熊 | 乾隆五十九年（1794） | 县十六、十七、十九、二十保各图办理各团，共计掩埋七万一千六百四十一具 | 光绪《南汇县志》卷 3《建置志》 |
| 徐本立 | 同治二年（1863） | 查得骸骨一千八百八十八具，埋过七百七十三具 | 光绪《南汇县志》卷 3《建置志》 |
| 徐本立 | 同治三年（1864） | 委县丞往各乡镇查催掩埋 | 光绪《南汇县志》卷 3《建置志》 |
| 叶廷眷 | 同治七年（1868） | 捐廉谕董购地掩埋，同治五年（1866）至同治六年（1867）春，据城乡各董册报计算共埋葬二千余棺 | 光绪《南汇县志》卷 3《建置志》 |
| 陈其元 | 同治六年（1867） | 有主有力停棺四万四千四百六十四具，内已经葬者二万五千九百十一具，未葬一万八千四百五十三具，勒限腊月底葬尽；有主无力停棺共三千四百具，已由董保代为埋葬，其掩埋无主尸棺材共六千七百六十七具 | 光绪《南汇县志》卷 3《建置志》 |

道光初年，南海县县城设立的“向办舍棺掩埋施衣散药”的“同善堂”，经咸丰年间“兵燹”，难以为继，同治元年（1862），吴姓知县下令清查改由官经理，并订立章程 10 条，继任知县陈其元“捐钱五百千文，分存各典，常年一分五厘起息”[②]。咸丰年间的桐乡县知县戴槃，对县属地方逝者很是敬重，“死者之于生者，其父母耶？其兄弟耶？其夫妇耶？子媳耶？皆关骨肉之至”，对“亲生既同其室，死不能敛其形，甚至为鸟鸢所食，獾貉所残，蚊纳姑嘬”，至痛和伤心。于是他带头出制钱 50 万，并谕令乡镇殷商捐钱，为贫民下葬提供棺材与墓地。[③]同治七年（1868），嘉定县知县汪福安倡导修建该县外冈镇北七图保元堂，祭祀咸丰同治年间殉难里人。[④]光绪初年，安徽五河县知县易华俊，筹款在县治东门外买地，新建两进 12 间的同善堂，还设立牛痘局施

① 光绪《南汇县志》卷 3《建置志》，1927 年重印本，第 13 页。
② 光绪《南汇县志》卷 3《建置志》，1927 年重印本，第 12 页。
③（清）戴槃：《桐溪记略》，清同治七年（1868）刊本。
④ 光绪《嘉定县志》卷 2《公廨》，清光绪八年（1882）刻本。

舍棺木席片。[①]

第三，给予义园、义冢以官方政策、财政、管理等各方面的支持。咸丰同治时期，奉贤县县内路毙浮尸无伤无论，路毙有伤应行报验的，如县治附近处所，由县堂捐给尸场厂费、军轿杂役各项饭食钱5000文；如果是县城30里以外的，再加钱2000文；一切斗殴杀伤以及自尽各项命案，一律由县衙统一给尸场大钱“二十千文”[②]。咸丰八年（1858）十月间任上海县知县的刘某参照奉贤县办法，确定县内“路毙有伤浮”及荒野尸体尸“应行报验”的，县衙根据远近发放尸场厂费及军轿书役各项饭食杂费：“附近地方由堂给钱四千八百文”，远的“另给舟钱一千七百五十文”此外“一切斗殴杀伤身死以及自尽各项命案……由堂捐钱二十八千文。”[③]余治所录的《收埋路毙浮尸章程》内也载：“验尸各费……官为捐给……所有尸场应用物件及书差仵作各项人役……工食、油烛共钱六千文，由县捐给，不累地主，永为定例。”[④]咸丰三年（1853），南汇县“高前令严行禁革尸场需索等弊”，嘉庆五年（1800）三月嘉善县知县万相宾身体力行支持该县社会殡葬机构。他表示：“绅士商民愿捐田亩……不拘多寡，将契单呈县候本县亲临察看，将捐田姓氏及田亩细号造册登填，以旌善行”，而且义地的钱粮漕米，“官为输纳，不使丝毫累及捐田之人，以免催追之累”[⑤]。光绪年间嘉善县知县江峰青发布《劝捐田亩新设各区义冢条规》：在做出“分区捐建义冢，俾得就近掩埋……就地延请绅董以便随时督率”等规范、要求，以及“限葬有主棺柩以冀节省经费也。每区工人查明有主棺柩，限三个月内自行安葬，限满之后，由县随时下乡亲查，倘有主有力而任其暴露及藉端阻扰者，惩办一二俾免效尤。工人劝葬不力者，随时更换，以期奋勉”，也就是进行监督的同时，也不忘给予政策扶持、鼓励。譬如，“各区公举”的尸场日常负责人，由嘉善县知县“备文照会，请其就近办理本区掩埋各事宜”，赋予其具有合法性的同时，增加尸首掩埋机构的社会公信力；“其有实心任事、劳瘁不辞者，除先由县奖给匾额外，仍当择优详请宪奖，以示鼓励”。对“绅选雇工人专司查数劝葬……由县给谕，令其协同地

① 光绪《重修五河县志》卷4《建置志》，台北：成文出版社，1974年，第256—257页。

②（清）余治：《得一录》卷8《棲流·收埋路毙浮尸》，官箴书集成编纂委员会：《官箴书集成》第8册，合肥：黄山书社，1997年，第592页。

③（清）余治：《得一录》卷8《棲流·收埋路毙浮尸》，官箴书集成编纂委员会：《官箴书集成》第8册，合肥：黄山书社，1997年，第592页。

④（清）余治：《得一录》卷8《棲流·收埋路毙浮尸》，官箴书集成编纂委员会：《官箴书集成》第8册，合肥：黄山书社，1997年，第588页。

⑤ 光绪《重修嘉善县志》卷4《区域志·冢墓》，清光绪十八年（1892）刊本，第38页。

保查明区内暴棺数目，分别有主无主，登册送核，即著劝令有主者速葬，其迁葬义冢者，由该工人分别男女，指派墓地，劝葬多者酌赏”；而“董劝”尸葬的人员，“由县专延幕友……会绅督办，膳资由县捐送，不领修金、不累民间分文，亦不干预别项公事……现在先办有主，其布置义冢，分雇工人，购印检骨图及置备棺木等费，由县捐廉先行开办。而无主者十分之七必预筹款收埋……由董登明印簿送县核给收照，倘有创捐巨款者，详请核奖”①。四川巴县道光十七年（1837）十二月颁布的《巴县告示》曰：“江西、湖广义冢，系众客商置买安葬旅榇之所，既已乏随时祭扫之人，理宜作长久保护之计。”②

州县官员之所以身体力行捐资出力并积极劝导乡绅士民，一方面有其恻忍之心；另一方面是自上而下的压力，即州县正印官的职责约束使然。民国《南汇县志》载：“同治二年，知县徐本立奉钱札以松郡连遭贼扰，死亡相继，除并无棺殓者，业经收埋外，其仅有棺柩暴露荒原，城乡内外，比比皆然，深恐日久败坏，尸首无存，阴惨之气变为疫疠等因”，收札之后，徐知县迅速“敕谕善堂董事唐堦、陈尔赓实心经办收瘗净尽”，在“查得暴露棺柩抛弃骸骨一千八百八十八具，当用白粉书号”之后，鸣锣催承值的人抓紧迁葬，并“雇集土工，仍偕总甲验明散棺与无棺者，检骨重殓”，对棺稍破坏者或用绳索束之，或用铁皮搭之，搬载义冢，逐一亲验，分别男女，开穴深埋其难分别者，隔岸以埋，除有主承值认葬外，“计共埋过七百七十三具”，同治三年（1864），徐知县还“委县丞吴往各乡镇查催掩埋”③。除了上述之外，同治六年（1867），江苏布政使要求南汇县知县陈其元“本年十月底止”，有力者自行营葬，无力者由亲属报明善堂代理，其余无主各棺，责成善堂一律尽行收埋。深感时间太迫的陈知县详请展限到腊月底，并“谕催本城董事唐堦、陈尔赓等周浦董事王珠等新场董事叶为璋等”，以及坦石桥董事唐钦明等共 19 家的董事“协同保甲人等各就所分地段实心办理”④。

正是由于州县正印官主持州县政府的政策引导、宣传教化、以及正印官个人的捐资支持等，方使得州县地方的士绅，积极响应、踊跃捐献与切实施

① 光绪《重修嘉善县志》卷 4《区域志·冢墓》，清光绪十八年（1892）刊本，第 39 页。
② 四川省档案馆，四川大学历史系历史系：《清代乾嘉道巴县档案选编》，成都：四川大学出版社，1989 年，第 252 页。
③ 民国《南汇县志》卷 3《建置志》，1927 年重印本，第 49 页。
④ 民国《南汇县志》卷 3《建置志》，1927 重印本，第 50 页。

行。譬如，浙江嘉善县，即使是在清朝政府行将覆亡的光绪朝，知县江峰青“查明二十区新设义冢”，而立“义冢碑石”的捐助情形即有不少：

保东区：乌字圩第一百二十一号、一百二十二号、一百二十三号田四亩六分，又十号田二亩三分一厘四毫，谢昌言捐；又服字圩田一亩九分六厘一毫，许宝书捐。

保西区：黄字圩田五亩，秦启祥捐；南玉圩田三亩五分，袁祥士捐。

思四区：南道圩第九十七号田四亩零五厘，九十八号田九分五厘，又问字圩田五亩，顾光耀捐。

迁东区：戚南圩第二百十八号田二亩六分五厘八毫，又同号一分三厘，一百十九号田三亩四分八厘二毫，一百二十号田二亩五分五厘一毫，又北来圩第三百二十四号田四亩四分，钱殿元捐。

迁南区：黄字圩田七亩，张谢堂捐。

迁西区：增字圩田十亩，钱庆麒捐。

迁北区：四吕钳圩第三十七号田三亩四分，西堂同善会捐。

迁中区：钳晚圩田六亩，第九十二号田三亩三分四厘八毫，九十三号田二亩二分八厘三毫，张慕洙捐。

麟五区：署字圩第四百二十五号田一亩九分九厘一毫，四百二十六号田三亩五分五厘五毫，陆至荣捐。又吕字圩田十三亩八分，周殿才捐。

麟七区：北宙圩第一百四十二号田二分九厘六毫，一百四十六号田六亩九分六厘六毫，一百四十七号田一亩五分八厘六毫，一百四十八号田一亩六分八厘五毫，钱葆延捐。

永七区：南望圩第七百九十七号田一亩五分五厘五毫，七百九十八号田二亩五厘八毫，顾荣耕捐。又南暑圩第四百三十六号田三亩五分，四百三十七号田三亩二分二厘三毫，寒字圩第一百三十六号田二分七厘五毫，一百三十九号田四亩五分四厘，沈袁珩捐。

八南区：小南源圩第一百零五号田三亩四分九毫，一百十四号田四亩六分三厘八毫，顾士焘捐。

八中区：下云圩第二十号田六亩七分九厘，王大锦捐。

八北区：夜字圩田六亩，徐椿山捐。

九南区：日字圩田八亩，范廷塀捐。

九北区：大往圩第三百零七号田四亩六分三厘六毫，沈景洲捐。

四南区：连小宙圩第十三号田一亩三分二厘五毫，又同号一亩三分二厘五毫，屠东昌捐。

四中区：西出圩五亩六厘二毫，枫泾同善会捐。

四北区：马奈圩第八号田五亩四分，又四亩九分六厘，周廷基捐。

胥五区：东吕圩田六亩，沈荣清捐。[①]

由嘉善县而窥全豹，清代州县尸葬政务，固然问题不少，更谈不上实现尽全、体面地入土安魂的境地，但在县域以下基层政区大致是有所落地的。

① 光绪《重修嘉善县志》卷4《区域志·冢墓》，清光绪十八年（1892）刊本，第39—40页。

# 参考文献

## 一、历史文献

### （一）档案、资料汇编

本社影印室：《明清法制史料辑刊》，北京：国家图书馆出版社，2008 年。

陈锋主编：《晚清财政说明书》，武汉：湖北人民出版社，2015 年。

（清）陈梦雷编纂，蒋廷锡校订：《古今图书集成》，北京、成都：中华书局、巴蜀书社，1985 年。

（清）徐本、三泰等奉敕纂，刘统勋等续纂：《大清律例》，《景印文渊阁四库全书》第 672—673 册，台北：商务印书馆，1986 年。

“故宫博物院”：《宫中档雍正朝奏折》第 1 辑，台北：“故宫博物院”，1977 年。

故宫博物院明清档案部：《清末筹备立宪档案史料》，北京：中华书局，1979 年。

故宫博物院明清档案部：《义和团档案史料》，北京：中华书局，1959 年。

国家图书馆古籍馆：《国家图书馆藏近代统计资料丛刊》，北京：北京燕山出版社，2009 年。

（清）洪亮吉：《乾隆府厅州县图志》，《续修四库全书》编委会：《续修四库全书》第 625—627 册，上海：上海古籍出版社，2002 年。

（清）昆冈等修，刘启端等纂：《钦定大清会典事例》，《续修四库全书》编委会：《续修四库全书》第 798—814 册，上海：上海古籍出版社，2002 年。

（清）昆冈等修，吴树梅等纂：《钦定大清会典》，《续修四库全书》编委会：《续修四库全书》第 794 册，上海：上海古籍出版社，2002 年。

李文海，夏明方主编：《中国荒政全书》第 2 辑，北京：北京古籍出版社，2004 年。

李文治：《中国近代农业史资料》第一辑（1840—1911），北京：生活·读书·新知三联书店，1957 年。

梁方仲编著：《中国历代户口、田地、田赋统计》，上海：上海人民出版社，1980年。

（清）刘锦藻：《清朝续文献通考》，上海：商务印书馆，1936年。

（元）马端临：《文献通考》，北京：中华书局，1986年。

马建石，杨育棠主编：《大清律例统考校注》，北京：中国政法大学出版社，1992年。

（清）穆彰阿，潘锡恩等纂修：《大清一统志》，《续修四库全书》编委会：《续修四库全书》第613—623册，上海：上海古籍出版社，2002年。

（清）潘文舫：《新增刑案汇览》，《续修四库全书》编委会：《续修四库全书》第872册，上海：上海古籍出版社，2002年。

齐思和等整理：《筹办夷务始末（道光朝）》，北京：中华书局，1964年。

《乾隆朝内阁吏科题本·纠参处分》，中国第一历史档案馆藏档案。

（清）沈家本等：《钦定大清现行新律例》，《续修四库全书》编委会：《续修四库全书》第864—865册，上海：上海古籍出版社，2002年。

秦国经主编：《清代官员履历档案全编》，上海：华东师范大学出版社，1997年。

清高宗敕撰：《清朝通典》，上海：商务印书馆，1935年。

清高宗敕撰：《清朝通志》，上海：商务印书馆，1935年。

清高宗敕撰：《清朝文献通考》，上海：商务印书馆，1936年。

清华大学图书馆，科技史暨古文献研究所：《清代缙绅录集成》，郑州：大象出版社，2008年。

《清实录》，北京：中华书局，1985—1987年。

《世宗宪皇帝圣训》，《景印文渊阁四库全书》第412册，台北：商务印书馆，1986年。

屈春海编选：《乾隆朝甘肃冒赈案惩处官员一览表》，《历史档案》1996年第2期。

广东省立中山图书馆等：《清代稿抄本》，广州：广东人民出版社，2007年。

（清）沈之奇撰，怀效锋、李俊点校：《大清律辑注》，北京：法律出版社，2000年。

舒新城：《中国近代教育史资料》，北京：人民出版社，1961年。

天津社会科学院历史研究所编，刘心显、刘海岩译：《1901年美国对华外交档案：有关义和团运动暨辛丑条约谈判的文件》，济南：齐鲁书社，1983年

田涛，郑秦点校：《大清律例》，北京：法律出版社，1999年。

（清）托津等：《钦定大清会典事例（嘉庆朝）》，沈云龙主编：《近代中国史料丛刊》三编第632册，台北：文海出版社，1991年。

王铁崖：《中外旧约章汇编》，北京：生活·读书·新知三联书店，1962年。

王文锦译解：《礼记译解》，北京：中华书局，2001年。

王彦威纂辑，王亮编：《清季外交史料》，北京：书目文献出版社，1987年。

（清）文孚纂修：《钦定六部处分则例》，沈云龙主编：《近代中国史料丛刊》第 332 册，台北：文海出版社，1969 年。

（清）锡珍等：《钦定吏部铨选则例》，《续修四库全书》编委会：《续修四库全书》第 750 册，上海：上海古籍出版社，2002 年。

（东汉）许慎撰，臧克和、王平校订：《说文解字增订》，北京：中华书局，2002 年。

严中平等：《中国近代经济史统计资料选辑》，北京：科学出版社，1955 年。

杨一凡主编：《历代珍稀司法文献》，北京：社会科学文献出版社，2012 年。

（清）姚雨芗原纂，胡仰山增辑：《大清律例会通新纂》，沈云龙主编：《近代中国史料丛刊》三编第 211 册，台北：文海出版社，1987 年。

（清）伊桑阿等纂修：《大清会典（康熙朝）》，沈云龙主编：《近代中国史料丛刊》三编第 712 册，台北：文海出版社，1992 年。

（清）允禄等监修：《大清会典（雍正朝）》，沈云龙主编：《近代中国史料丛刊》第 763 册，台北：文海出版社，1994 年。

张荣铮，刘勇强，金懋初点校：《大清律例》，天津：天津古籍出版社，1993 年。

（清）张廷玉等：《明史》，北京：中华书局，1974 年。

赵尔巽等：《清史稿》，北京：中华书局，1977 年。

中国第一历史档案馆，北京师范大学历史系编选：《辛亥革命前十年间民变档案史料》，北京：中华书局，1985 年。

中国第一历史档案馆：《光绪朝朱批奏折》，北京：中华书局，1995 年。

中国第一历史档案馆：《嘉庆十六年严禁西洋人传教史料》，《历史档案》2004 年第 1 期。

中国第一历史档案馆：《乾隆时期科举冒籍史料》，《历史档案》2000 年第 4 期。

中国第一历史档案馆：《清代设立与管理育婴堂档案（下））》，《历史档案》2015 年第 3 期。

中国第一历史档案馆：《鸦片战争档案史料》，上海：上海人民出版社，1987 年。

中国第一历史档案馆：《雍乾时期地方官缺史料（上）》，《历史档案》1992 年第 4 期。

中国第一历史档案馆：《雍乾时期地方官缺史料（下）》，《历史档案》1993 年第 1 期。

中国第一历史档案馆：《雍正朝内阁六科史书·户科》，桂林：广西师范大学出版社，2007 年。

中国第一历史档案馆：《雍正朝内阁六科史书·吏科》，桂林：广西师范大学出版社，2002 年。

中国人民大学清史研究所，中国人民大学档案系中国政治制度史教研室：《康雍乾期城乡人民反抗斗争资料》，北京：中华书局，1979 年。

中国史学会主编：《太平天国》，上海：上海人民出版社，1957 年。

“中央研究院”近代史研究所：《教务教案档》，台北：“中央研究院”近代史研究所，1974—1981 年。

（清）朱寿朋等原辑：《杨乃武冤狱》，长沙：岳麓书社，1986 年。

朱有瓛主编：《中国近代学制史料》第二辑上册，上海：华东师范大学出版社，1987 年。

朱有瓛等：《中国近代教育史资料汇编——教育行政机构及教育团体》，上海：上海教育出版社，1993 年。

（清）祝庆祺：《续增刑案汇览》，《续修四库全书》编委会：《续修四库全书》第 871—872 册，上海：上海古籍出版社，2002 年。

（清）祝庆祺：《刑案汇览》，《续修四库全书》编委会：《续修四库全书》第 871—872 册，上海：上海古籍出版社，2002 年。

### （二）文集、日记、笔记

（清）包世臣著，李星点校：《包世臣全集》，合肥：黄山书社，1997 年。

（清）璧昌：《牧令要诀》，官箴书集成编纂委员会：《官箴书集成》第 7 册，合肥：黄山书社，1997 年。

（清）陈忠倚：《皇朝经世文三编》，沈云龙主编：《近代中国史料丛刊》第 751 册，台北：文海出版社，1972 年。

（清）陈朝君：《莅蒙平政录》，官箴书集成编纂委员会：《官箴书集成》第 2 册，合肥：黄山书社，1997 年。

蔡申之：《清代州县故事》，沈云龙主编：《近代中国史料丛刊》第 500 册，台北：文海出版社，1970 年。

（清）杜凤治：《望凫行馆宦粤日记》，广东省立中山图书馆等：《清代稿钞本》第 10—19 册，广州：广东人民出版社，2007 年。

（清）董公振：《钱谷刑名便览》，《四库未收书辑刊》编纂委员会：《四库未收书辑刊》第 2 辑第 26 册，北京：北京出版社，2000 年。

（清）戴杰：《敬简堂学治杂录》，官箴书集成编纂委员会：《官箴书集成》第 9 册，合肥：黄山书社，1997 年。

（清）方大湜：《平平言》，官箴书集成编纂委员会：《官箴书集成》第 7 册，合肥：黄山书社，1997 年。

（清）刚毅：《牧令须知》，官箴书集成编纂委员会：《官箴书集成》第 9 册，合肥：黄山书社，1997 年。

（清）顾炎武著，黄汝成集释，栾保群、吕宗力校点：《日知录集释》，石家庄：花山文艺出版社，1990 年。

（清）顾炎武：《天下郡国利病书》，上海：上海古籍出版社，2012 年。

（清）龚自珍：《龚自珍全集》，上海：上海人民出版社，1975 年。

（清）葛士浚：《皇朝经世文续编》，沈云龙主编：《近代中国史料丛刊》第 741 册，台北：文海出版社，1972 年。

（清）贺长龄：《皇朝经世文编》，沈云龙主编：《近代中国史料丛刊》第 731 册，台北：文海出版社，1972 年。

（清）海宁：《晋政辑要》，官箴书集成编纂委员会：《官箴书集成》第 5 册，合肥：黄山书社，1997 年。

（清）黄六鸿：《福惠全书》，官箴书集成编纂委员会：《官箴书集成》第 3 册，合肥：黄山书社，1997 年。

（清）黄维玉：《陆清献公莅嘉遗迹》，官箴书集成编纂委员会：《官箴书集成》第 7 册，合肥：黄山书社，1997 年。

（清）吕坤：《新吾吕先生实政录》，官箴书集成编纂委员会：《官箴书集成》第 1 册，合肥：黄山书社，1997 年。

（清）刘体智著，刘笃龄点校：《异辞录》，北京：中华书局，1988 年。

（清）曾国藩：《曾国藩全集》，长沙：岳麓书，2012 年。

（清）李成林：《令梅治状·纪略》，清康熙十八年（1679）刻本。

（清）罗迪楚：《停琴余牍》，官箴书集成编纂委员会：《官箴书集成》第 9 册，合肥：黄山书社，1997 年。

（清）梁恭辰：《北东园笔录初编》，上海：进步书局，1921 年校印本。

（清）柳堂：《东平教案记》，清光绪三十一年（1905）刻本。

（清）柳堂：《宰惠纪略》，官箴书集成编纂委员会：《官箴书集成》第 9 册，合肥：黄山书社，1997 年。

（清）潘杓灿：《未信编》，本社影印室：《明清法制史料丛刊》第 1 编第 9 册，北京：国家图书馆出版社，2008 年。

（清）饶玉成：《皇朝经世文续编》，清光绪八年（1882）刻本。

（清）沈衍庆：《槐卿遗稿》，沈云龙主编：《近代中国史料丛刊》第 378 册，台北：文海出版社，1969 年。

（清）盛康：《皇朝经世文续编》，沈云龙主编：《近代中国史料丛刊》第 833 册，台北：

文海出版社，1972 年。

（清）田文镜：《州县事宜》，官箴书集成编纂委员会：《官箴书集成》第 3 册，合肥：黄山书社，1997 年。

（清）王庆云：《石渠余记》，北京：北京古籍出版社，1985 年。

（清）汪辉祖：《学治臆说》，官箴书集成编纂委员会编：《官箴书集成》第 5 册，合肥：黄山书社，1997 年。

（清）汪辉祖：《清汪辉祖先生自定年谱——一名病榻梦痕录》，台北：商务印书馆，1980 年。

（清）汪辉祖：《病榻梦痕录》卷下《龙庄遗书》，清光绪十五年（1889）江苏书局刊印本。

（清）徐栋：《牧令书》，官箴书集成编纂委员会：《官箴书集成》第 7 册，合肥：黄山书社，1997 年。

（清）叶梦珠撰，来新夏点校：《阅世编》，上海：上海古籍出版社，1981 年。

（清）余治：《得一录》，官箴书集成编纂委员会：《官箴书集成》第 8 册，合肥：黄山书社，1997 年。

（清）延昌：《事宜须知》，官箴书集成编纂委员会：《官箴书集成》第 9 册，合肥：黄山书社，1997 年。

（清）姚元之著，李解民点校：《竹叶亭杂记》，北京：中华书局，1982 年。

（清）姚锡光：《吏皖存牍》，官箴书集成编纂委员会：《官箴书集成》第 9 册，合肥：黄山书社，1997 年。

（清）姚廷遴：《历年记》，上海：上海市文物保管委员会，1962 年。

《左宗棠全集》，长沙：岳麓书社，1987 年。

（明）朱国寿：《考成录略》，《北京图书馆古籍珍本丛刊》第 60 册，北京：书目文献出版社，1988 年。

（清）张百熙著，谭承耕、李如龙校点：《张百熙集》，长沙：岳麓书社，2008 年。

（清）张联桂：《开心斋学治杂录》，本社影印室：《明清法制史料辑刊》第 1 编第 30 册，北京：国家图书馆出版社，2008 年。

（清）张集馨撰，杜春和、张秀清整理：《道咸宦海见闻录》，北京：中华书局，1981 年。

（清）郑端：《政学录》，官箴书集成编纂委员会：《官箴书集成》第 2 册，合肥：黄山书社，1997 年。

（清）赵翼著，栾保群、吕宗力校点：《陔泰丛考》，石家庄：河北人民出版社，2007 年。

（清）昭梿撰，何英芳点校：《啸亭杂录》，北京：中华书局，1980 年。

（清）褚瑛：《州县初仕小补》，官箴书集成编纂委员会：《官箴书集成》第 8 册，合肥：

黄山书社，1997 年。

（三）地方资料

1. 方志

宝鸡市地方志办公室：《重修凤翔府志》，西安：西安地图出版社，2002 年。

道光《宝庆府志》，台北：成文出版社，1975 年。

道光《大荔县志》，清道光三十年（1850）刻本。

道光《定南厅志》，清道光五年（1825）刻本。

道光《定州志》，清道光二十九年（1849）刊本。

道光《东阿县志》，1934 年铅印本。

道光《高要县志》，清道光六年（1826）刊本。

道光《耒阳县志》，南京：江苏古籍出版社，2002 年。

道光《施南府志》，清道光十二年（1832）刻本。

道光《阳曲县志》，1932 年重印本。

道光《重庆府志》，清道光二十三年（1843）刻本。

光绪《安徽通志》，清光绪四年（1878）刻本。

光绪《宝山县志》，清光绪八年（1882）刊本。

光绪《北流县志》，台北：成文出版社，1975 年。

光绪《丹徒县志》，清光绪五年（1879）刊本。

光绪《广州府志》，清光绪五年（1879）刊本

光绪《华容县志》，台北：成文出版社，1975 年。

光绪《怀安县志》，清光绪二年（1876）刻本。

光绪《嘉定县志》，清光绪六年（1880）刻本。

光绪《江都县续志》，清光绪九年（1883）刊本。

光绪《江阴县志》，南京：江苏古籍出版社，1991 年。

光绪《开州志》，清光绪七年（1881）刊本。

光绪《兰溪县志》，清光绪十四年（1888）刊本。

光绪《南汇县志》，1927 年重印本。

光绪《平乐县志》，清光绪十年（1884）刊本。

光绪《清河县志》，台北：成文出版社，1983 年。

光绪《山西通志》，《续修四库全书》编委会：《续修四库全书》第 641 册，上海：上海古籍出版社，2002 年。

光绪《顺天府志》，清光绪十二年（1886）刻本。
光绪《苏州府志》，清光绪九年（1883）刊本。
光绪《武进阳湖县志》，南京：江苏古籍出版社，1991 年。
光绪《祥符县志》，清光绪二十四年（1898）刻本。
光绪《长治县志》，台北：成文出版社，1974 年。
光绪《镇海县志》，清光绪五年（1879）刊本。
光绪《镇南州志略》，清光绪十八年（1892）刻本。
光绪《重修常昭合志》，清光绪三十年（1904）刊本。
光绪《重修嘉善县志》，清光绪十八年（1892）刊本。
光绪《重修五河县志》，台北：成文出版社，1974 年。
（清）霍勤勋等：《朝邑县幅员地粮总说》，清光绪十九年（1893）刊本。
嘉庆《东台县志》，台北：成文出版社，1970 年。
嘉庆《华阳县志》，清嘉庆二十一年（1816）刻本。
嘉庆《松江府志》，台北：成文出版社，1970 年。
嘉庆《西安县志》，清嘉庆十六年（1811）刻本。
嘉庆《新修江宁府志》，清嘉庆十六年（1811）刻本。
嘉庆《宜宾县志》，台北：成文出版社，1976 年。
嘉庆《云霄厅志》，台北：成文出版社，1967 年。
嘉庆《长沙县志》，台北：成文出版社，1967 年。
（清）金铁等：《（雍正）广西通志》，南宁：广西人民出版社，1976 年。
民国《巴县志》，1939 年刻本。
民国《河阴县志》，1924 年石印本。
民国《江阴县续志》，南京：江苏古籍出版社，1991 年。
民国《解县志》，台北：成文出版社，1968 年。
民国《莱阳县志》，1935 年铅本。
民国《灵石县志》，1934 年铅印本。
民国《清苑县志》，1934 年铅印本。
民国《芮城县志》，台北：成文出版社，1968 年。
民国《松潘县志》，成都：巴蜀书社，1992 年。
民国《瓮安县志》，台北：成文出版社，1974 年。
民国《吴县志稿》，台北：成文出版社，1983 年。
民国《歙县志》，台北：成文出版社，1975 年。

乾隆《巴县志》，清乾隆二十六年（1761）刻本。

乾隆《东明县志》，台北：成文出版社，1976年。

乾隆《富平县志》，清乾隆四十三年（1778）刻本。

乾隆《韩城县志》，台北：成文出版社，1976年。

乾隆《句容县志》，台北：成文出版社，1974年。

乾隆《杞县志》，清乾隆五十四年（1789）刻本。

乾隆《嵩县志》，清乾隆三十二年（1767）刻本。

乾隆《吴江县志》，清乾隆十二年（1747）刻本。

乾隆《吴县志》，清乾隆十年（1745）刻本。

乾隆《新乡县志》，清乾隆十二年（1747）石印本。

乾隆《长洲县志》，清乾隆三十一年（1766）刻本。

乾隆《震泽县志》，清乾隆十一年（1746）刻本。

同治《保靖县志》，南京：江苏古籍出版社，2002年。

同治《番禺县志》，清同治十年（1871）刊本。

同治《福建通志》，清同治十年（1871）刻本。

同治《栾城县志》，清同治十一年（1872）刊本。

同治《南海县志》，台北：成文出版社，1967年。

同治《平江县志》，南京：江苏古籍出版社，2002年。

同治《清江县志》，台北：成文出版社，1975年。

同治《上海县志》，清同治十年（1871）刻本。

同治《益阳县志》，南京：江苏古籍出版社，2002年。

宣统《南海县志》，台北：成文出版社，1974年。

雍正《广东通志》，清雍正九年（1731）刻本。

2．档案

包伟民主编：《龙泉司法档案选编》第1辑，北京：中华书局，2012年。

《冕宁县清代档案》。

《清代巴县档案》，四川省档案馆藏。

《清代南部县衙档案》，四川省南充市档案馆藏。

《清代紫阳县正堂司法档案》，陕西省档案馆藏。

《顺天府全宗》，中国历史第一档案馆藏。

四川省档案馆，四川大学历史系：《清代乾嘉道巴县档案选编》，成都：四川大学出版社，1989年。

四川省档案馆，四川大学历史系：《清代乾嘉道巴县档案选编》下册，成都：四川大学出版社，1996 年。

四川省档案馆：《巴县档案整理初编·司法卷·乾隆朝（二）》，成都：西南交通大学出版社，2015 年。

四川省档案馆：《清代巴县档案汇编（乾隆卷）》，北京：档案出版社，1991 年。

四川省档案局（馆）：《清代四川巴县衙门咸丰朝档案选编》，上海：上海古籍出版社，2011 年。

四川省南充市档案局（馆）：《清代四川南部县衙门档案》，合肥：黄山书社，2015 年。

王钰欣等：《徽州文书类目》，合肥：黄山书社，2000 年。

《兴京县公署全宗》，辽宁省档案馆藏。

3．碑刻、契约文书

曹树基，潘星辉，阙龙兴：《石仓契约》第 1 辑第 4 册，杭州：浙江大学出版社，2011 年。

冯尔康主编：《清代宗族史料选辑》上册，天津古籍出版社，2014 年。

广东省社会科学院历史研究所中国古代史研究室，中山大学历史系中国古代史教研究，广东省佛山市博物馆：《明清佛山碑刻文献经济资料》，广州：广东人民出版社，1987 年。

黄志繁，邵鸿，彭志军：《清至民国婺源县村落契约文书辑录》第 2 册，北京：商务印书馆，2014 年。

上海博物馆图书资料室：《上海碑刻资料选辑》，上海：上海人民出版社，1980 年。

王国平，唐力行主编：《明清以来苏州社会史碑刻集》，苏州：苏州大学出版社，1998 年。

《休宁二十六都首村朱氏文书》，安徽大学徽学研究中心特藏室藏。

张沛编著：《安康碑石》，西安：三秦出版社，1991 年。

张正明，科大卫主编：《明清山西碑刻资料选》，太原：山西人民出版社，2005 年。

（四）报刊

《东方杂志》

《福建教育官报》

《甘肃教育官报》

《贵州教育官报》

《河南教育官报》

《湖北教育官报》

《教育志杂志》

《四川官报》

《申报》

《万国公报》

## 二、今人著作

白新良：《中国古代书院发展史》，天津：天津大学出版社，1995 年。

柏桦：《父母官：明清州县官群像》，北京：新华出版社，2015 年。

鲍永军《绍兴师爷汪辉祖研究》，北京：人民出版社出版，2006 年。

蔡申之：《清代州县故事》，台北：文海出版社，1975 年。

曹树基：《中国人口史》第五卷《清时期》，上海：复旦大学出版社，2001 年。

常建华：《清代的国家与社会研究》，北京：人民出版社，2006 年。

常越男：《清代考课制度研究》，北京：北京大学出版社，2010 年。

陈宝良：《中国的社与会》，杭州：浙江人民出版社，1996 年。

陈锋：《清代财政史论稿》，北京：商务印书馆，2010 年。

陈一容：《清代官吏惩戒制度》，昆明：云南人民出版社，2008 年。

陈元晖：《中国古代的书院制度》，上海：上海教育出版社，1981 年。

程方：《中国县政概论》，上海，商务印书馆，1939 年。

池小芳：《中国古代小学教育研究》上海：上海教育出版社，1989 年。

池子华：《中国近代流民》，杭州：浙江人民出版社，1996 年。

储槐植：《犯罪学》，北京：法律出版社，1997 年。

邓云特：《中国救荒史》，郑州：河南大学出版社，2010 年。

冯尔康，常建华：《清人社会生活》，沈阳：沈阳出版社，2002 年

冯贤亮：《明清江南地区的环境变动与社会控制》，上海：上海人民出版社，2002 年。

傅林祥等：《中国行政区划通史·清代卷》，上海：复旦大学出版社，2013 年。

高王凌：《政府作用和角色问题的历史考察》，北京：海洋出版社，2002 年。

高王凌：《租佃关系新论——地主、农民和地租》，上海：上海书店出版社，2005 年。

高洗月：《清代刑名幕友研究》，北京：中国政治大学出版社，2000 年。

葛剑雄：《中国的疆域与人口》，上海：复旦大学出版社，2010 年。

龚胜生：《清代两湖农业地理》，武汉：华中师范大学出版社，1996 年。

郭宝平：《中国传统行政制度通论》，北京：中国广播电视出版社，1999 年。

郭建：《帝国缩影——中国历史上的衙门》，上海：学林出版社，1999 年。

郭润涛：《官府、幕友与书生——“绍兴师爷”研究》，北京：中国社会科学出版社，1996年。

郭松义，李新达，杨珍：《中国政治制度通史·清代卷》，北京：人民出版社，1996年。

何平：《清代赋税政策研究》，北京：故宫出版社，2012年。

胡恒：《皇权不下县？——清代县辖政区与基层社会治理》，北京：北京师范大学出版社，2015年。

胡星桥，邓又天主编：《读例存疑点注》，北京：中国人民公安大学出版社，1994年。

黄鸿山：《中国近代慈善事业研究——以晚清江南为中心》，天津：天津古籍出版社，2011年。

黄书光：《中国社会教化的传统与变革》，济南：山东教育出版社，2005年。

（美）黄宗智：《清代的法律、社会与文化：民法的表达与实践》，上海：上海书店出版社，2007年。

金林祥主编：《中国教育通史》第11卷，北京：北京师范大学出版社，2013年。

李典蓉：《清朝京控制度研究》，上海：上海古籍出版社，2011年。

李凤鸣：《清代州县官吏的司法责任》，上海：复旦大学出版社，2007年。

李启成：《晚清各级审判厅研究》，北京：北京大学出版社，2004年。

李青：《清代档案与民事诉讼制度研究》，北京：中国政法大学出版社，2012年。

李世愉，胡平：《中国科举制度通史·清代卷》，上海：上海人民出版社，2015年。

李曙光：《晚清职官法研究》，北京：中国政法大学出版社，2000年。

李向军：《清代荒政研究》，北京：中国农业出版社，1995年。

李治亭，杜家骥：《中国古代行政管理及官僚病剖析》，北京：书目文献出版社，1993年。

里赞：《晚清州县诉讼中的审断问题——侧重四川南部县的实践》，北京：法律出版社，2001年。

里赞：《远离中心的开放——晚清州县审断自主性研究》，四川大学出版社，2008年。

刘鹏九：《内乡县衙与衙门文化》，郑州：中州古籍出版社，1999年。

刘泽华：《专制权力与中国社会》，长春：吉林文史出版社，1988年版。

刘子扬：《清代地方官制考》，北京：紫禁城出版社，1988年。

马镛：《中国教育通史》第10卷，北京：北京师范大学出版社，2013年。

孟姝芳：《乾隆朝官员处分研究》，呼和浩特：内蒙古大学出版社，2009年。

那思陆：《清代州县衙门审判制度》，北京：中国政法大学出版社，2006年。

倪玉平：《从国家财政到财政国家——清朝咸同年间的财政与社会》，北京：科学出版社，2017 年。

彭勃：《乡村治理：国家介入与体制选择》，北京：中国社会出版社，2002 年。

彭雨新：《县地方财政》，上海：商务印书馆，1945 年。

邱兴隆，许章润：《刑罚学》，北京：中国政法大学出版社，1999 年。

邱兴隆：《关于惩罚的哲学：刑罚根据论》，北京：法律出版社，2000 年。

瞿兑之：《汪辉祖传述》，上海：商务印书馆，1935 年。

山长水阔：《晚清县令李超琼》，南京：江苏人民出版社，2014 年。

史玉华：《清代州县财政与基层社会：以巴县个案的考察》，北京：经济日报出版社，2008 年。

史志宏：《清代农业的发展和不发展（1661—1911 年）》，北京：社会科学文献出版社，2017 年。

苏东斌：《人与制度》，北京：中国经济出版社，2006 年。

陶希圣：《清代州县衙门审判制度及程序》，台北：食货出版社，1972 年。

田澍，何玉红，马啸：《西北边疆管理模式演变与社会控制研究》，天津：天津古籍出版社，2012 年。

汪世荣：《中国古代判词研究》：北京：中国政法大学出版社，1997 年。

王建朗，黄克武：《两岸新编中国近代史・晚清卷》，北京：社会科学文献出版社，2016 年。

王铭铭，王斯福：《乡土社会的秩序、公正与权威》，北京：中国政法大学出版社，1997 年。

王亚民：《蓝鼎元乡村治理思想与实践研究——乡村善治的历史解读》，北京：光明日报出版社，2009 年。

王亚南：《中国官僚政治研究》，北京：中国社会科学出版社，1981 年。

王钟翰：《清史补考》，沈阳：辽宁师范大学出版社，2004 年。

王钟翰：《清史续考》，台北：华世出版社，1993 年。

魏光奇：《有法与无法——清代的州县制度及其运作》，北京：商务印书馆，2010 年。

巫仁恕：《激变良民：传统中国城市群众集体行动之分析》，北京：北京大学出版社，2011 年。

吴吉远：《清代地方政府的司法职能研究》，北京：中国社会科学院出版社，1998 年。

吴佩林：《清代县域民事纠纷与法律秩序考察》，北京：中华书局，2013 年。

杨国安：《国家权力与民间秩序：多元视野下的明清两湖乡村社会史研究》，武汉：武汉大学出版社，2012 年。

杨国安：《明清两湖地区基层组织与乡村社会研究》，武汉：武汉大学出版社，2004 年。

杨念群：《中层理论——东西方思想会通下的中国史研究》，南昌：江西教育出版社，2001 年。

于恩德：《中国禁烟法令变迁史》，沈云龙主编：《近代中国史料丛刊》第 878 册，台北：文海出版社，1973 年。

俞可平：《治理与善治》，北京：社会科学文献出版社，2000 年。

张晋藩：《清代民法综论》，北京：中国政法大学出版社，1998 年。

张小也：《官、民与法：明清国家与基层社会》，北京：中华书局，2007 年。

张晓蓓：《冕宁清代司法档案研究》，北京：中国政法大学出版社，2010 年。

张研，牛贯杰：《19 世纪中期中国双层统治格局的演变》，北京：中国人民大学出版社，2002 年。

张研：《清代县级政权控制乡村的具体考察——以同治年间广宁知县杜凤治日记为中心》，郑州：大象出版社，2011 年。

章义和，陈春雷：《贞节史》，上海：上海文艺出版社，1999 年。

赵树好：《教案与晚清社会》，北京：中国文联出版社，2001 年。

赵秀玲：《中国乡里制度》，北京：社会科学文献出版社，1997 年。

郑秦：《清代法律制度研究》，北京：中国政法大学出版社，2000 年。

郑自明：《中国历代的县政》，1938 年。

钟安惠：《西方刑罚功能论》，北京：中国方正出版社，2001 年。

周振鹤，李晓杰：《中国行政区划通史·总论、先秦卷》，上海：复旦大学出版社，2009 年。

朱诚如：《清代通史》，北京：紫禁城出版社，2003 年。

朱云明，季川丈，钱海梅：《县政学》，西安：西安地图出版社，2000 年。

## 三、论文

### （一）期刊论文

柏桦：《从历史档案看清代对州县官吏的惩处制度》，《北方论丛》1994 年第 4 期。

毕建宏：《清代州县行政研究》，《中国史研究》1991 年第 3 期。

常越男：《清代外官大计“考语”与“事实”探析》，《清史研究》2014 年第 2 期。

潮龙起：《清代会党的地域环境与清政府的社会控制》，《史学月刊》2004 年第 2 期。

陈桦：《清代防灾减灾的政策与措施》，《清史研究》2004 年第 3 期。

陈一容：《道光朝大计官员处分人数考》，《近代史研究》2007 年第 1 期。

陈一容：《清“例”简论》，《福建论坛》（人文社会科学版）2007 年第 7 期。

陈一容：《清代官吏惩戒制度及其失败原因初探》，《西南师范大学学报》（人文社会科学版）2006 年第 3 期。

陈煜：《“殊为具文？”——浅论〈大清律例〉中的“宣示性条款”》，《东南大学学报》（哲学社会科学版）2016 年第 6 期。

邓建鹏：《清代州县讼案和基层的司法运作——以黄岩诉讼档案为研究中心》，《法治研究》2007 年第 5 期。

范金民：《政繁赋重，划界分疆：清代雍正年间江苏升州析县之考察》，《社会科学》2010 年第 5 期。

冯贤亮：《疆界错壤：清代“苏南”地方的行政地理及其整合》，《江苏社会科学》2005 年第 4 期。

关晓红：《清代取士选官辨异》，《学术研究》2017 年第 11 期。

关晓红：《清末州县考绩制度的演变》，《清史研究》2005 年第 3 期。

何勤华：《清代法律渊源考》，《中国社会科学》2001 年第 2 期。

贺跃夫：《明清县以下基层行政官署与乡村社会控制》，《中山大学学报》（社会科学版）1995 年第 4 期。

胡晓：《清末法国传教士在四川教案中的处境及与地方官员的关系——从成都教案到义和团运动》，《宗教学研究》2015 年第 1 期。

惠科：《晚清重庆华洋诉讼与地方司法初探——以巴县档案为中心的考察》，《西南大学学报》（社会科学版）2018 年第 3 期。

霍红伟《晚清教育转型与府州县学的变迁》，《学术月刊》2010 年第 2 期。

李光伟：《晚清赋税征缴征信系统的建设》，《历史研究》2014 年第 4 期。

李军，黄玉玺：《救灾与救政：中国古代社会救助制度反思》，《南京农业大学》（社会科学版）2018 年第 3 期。

李平：《传统中国审判机制的法理与道理——从刘锡彤断杨乃武小白菜案说起》，《法制与社会发展》2017 年第 4 期。

李细珠：《清末民变与清政府社会控制机制的效能——以长沙抢米风潮中的官绅矛盾为视点》，《历史研究》2009 年第 4 期。

李向军：《清代救灾的制度建设与社会效果》，《历史研究》1995 年第 5 期。

李治亭：《论清朝的历史地位》，《社会科学战线》2010 年第 5 期。

刘伟，苏明强：《清末两级地方自治中的官治与自治模式》，《安徽史学》2015 年第

3 期。

刘伟：《官治与自治之间：清末州县劝学所述评》，《近代史研究》2012 年第 4 期。

刘伟：《清末州县巡警的创办与基层社会》，《社会科学》2012 年第 12 期。

刘晓满：《中国封建社会的行政问责制》，《郑州大学学报》（哲学社会科学版）2012 年第 1 期。

刘彦波：《清代基层社会控制中州县官与绅士关系之演变》，《武汉理工大学学报》（社会科学版）2006 年第 4 期。

刘毓兰：《清代官员的罚俸制度》，《故宫博物院院刊》1983 年第 2 期。

陆平舟：《官僚、幕友、胥吏：清代地方政府的三维体系》，《南开学报》（哲学社会科学版）2005 年第 5 期。

罗志田：《地方的近世史："郡县空虚"时代的礼下庶人与乡里社会》，《近代史研究》2015 年第 5 期。

马陵合：《中外铁路交涉中的基层地方官——以高密路案中的县令为例》，《社会科学研究》2017 年第 3 期。

马幸子：《养民的地方实践——国家视角下的清代广东备荒仓储》，《清史研究》2015 年第 2 期。

茆巍：《清代司法制度中的洗冤与检骨》，《中国社会科学》2013 年第 4 期。

孟姝芳：《清代雍正朝官员行政问责与处分类别》，《内蒙古社会科学》（汉文版）2014 年第 5 期。

邱捷：《同治、光绪年间广东首县的日常公务——从南海知县日记所见》，《近代史研究》2008 年第 4 期。

沈真伊，张晓蓓：《清代凉山彝族地区末世知县的法政人生——章庆史实考》，《西南民族大学学报》（人文社会科学版）2016 年第 9 期。

孙海泉：《清代中叶直隶地区乡村管理体制——兼论清代国家与基层社会的关系》，《中国社会科学》2003 年第 3 期。

孙明：《清末四川乡职身份良贱之两歧》，《近代史研究》2018 年第 2 期。

谭琪：《清代州县治安防控网络体系研究：基于政府过程理论》，《天府新论》2012 年第 3 期。

陶飞亚，李强：《晚清国家基督教治理中的官教关系》，《中国社会科学》2016 年第 3 期。

王日根，王亚民：《从〈令梅治状〉看清初知县对乡村社会的治理》，《华中师范大学学报》（人文社会科学版）2008 年第 1 期。

王日根，王亚民：《从〈鹿洲公案〉看清初知县对乡村社会的控制》，《华中师范大学学报》（人文社会科学版）2006 年第 4 期。

王毓铨：《纳粮也是当差》，《史学史研究》1989 年第 1 期。

王志强：《辛亥革命后基层审判的转型与承续——以民国元年上海地区为例》，《中国社会科学》2012 年第 5 期。

王中茂：《清政府保教问责政策述论》，《史学月刊》2012 年第 12 期。

魏光奇：《清代雍乾后的赋役催征机制》，《河北学刊》2012 年第 6 期。

魏光奇《晚清州县行政改革思潮与实践》，《清史研究》2003 年第 3 期。

魏文享：《国家税政的民间参与——近代中国所得税开征进程中的官民交涉》，《近代史研究》2015 年第 2 期。

文卉：《清代中央与地方水利官员在水利兴修中的作用——以宁夏平原水利灌溉为例》，《宁夏大学学报》（人文社会科学版）2017 年第 5 期。

吴佩林，万海荞：《清代州县官任期“三年一任”说质疑——基于四川南部县知县的实证分析》，《清华大学学报》（哲学社会科学版）2018 年第 3 期。

吴佩林：《清代中后期州县衙门“叙供”的文书制作——以〈南部档案〉为中心》，《历史研究》2017 年第 5 期。

辛宇罡：《大清律官员犯罪律文考论——以“职官有犯”律为例》，《理论与现代化》2015 年第 5 期。

徐春霞，甘迎春：《清代州县官惩处制度探析》，《兰台世界》2007 年第 8 期

闫鸣：《门牌保甲与清代基层社会控制——以清代门牌原件为中心的考察》，《南京大学学报》（哲学 • 人文科学 • 社会科学版）2013 年第 2 期。

尤陈俊：《“厌讼”幻想之下的“健讼”实相？重思明清中国的诉讼与社会》，《中外法学》2012 年第 4 期。

俞江：《明清州县细故案件审理的法律史重构》，《历史研究》2014 年第 2 期。

张海荣：《清末三次教育统计图表与“学部三折”》《近代史研究》2018 年第 2 期。

张海英：《“国权”：“下县”与“不下县”之间——析明清政府对江南市镇的管理》，《清华大学学报》（哲学社会科学版）2017 年第 1 期。

张研：《清代知县杜凤治对于三件命案的审理——读〈杜凤治日记〉之三》，《清史研究》2010 年第 3 期。

张艳丽：《试论清代晋南地区黄河滩地的争夺事件——以永济县为中心兼论州县官的行政职能》，《运城学院学报》2006 年第 1 期。

赵树好：《论晚清教案对官员权益的冲击》，《广东社会科学》2017 年第 6 期。

赵晓华：《晚清州县官视野中的救灾活动——以柳堂〈灾赈日记〉为中心》，《华南师范大学学报》（社会科学版）2018 年第 4 期。

周健：《道咸之际的地丁银制度——以湖北各州县收支结构为中心的考察》，《近代史研究》2013 年第 4 期。

## （二）学位论文

白雪：《清代中前期（17—18 世纪）基层社会的犯罪控制——以清代基层组织建构为角度》，上海师范大学硕士学位论文，2011 年。

陈二峰：《清代河南地方司法实践研究》，河南大学博士学位论文，2009 年。

陈一容：《清代政区等第研究》，西南大学博士学位论文，2012 年。

董枫：《清代地方的地理认知与社会控制》，复旦大学博士学位论文，2010 年。

韩磊：《知县的努力：雍正时期袁学谟的石楼治理》，山西大学硕士学位论文，2013 年。

黄静：《清代自然灾害救助法制州县实践研究》，西南政法大学博士学位论文，2016 年。

惠科：《巴县衙门与近代重庆城市社会研究》，西南大学博士学位论文，2018 年。

李关勇：《文人·官员·社会变革——一个晚清地方官的生命史研究》，山东大学博士学位论文，2011 年。

李文生：《清代职务犯罪问题研究》，中国政法大学博士学位论文，2006 年。

李艳君：《从冕宁县档案看清代民事诉讼制度》，中国政法大学博士学位论文，2008 年。

刘彦波：《晚清两湖州县行政研究》，华中师范大学博士学位论文，2011 年。

刘元：《晚清湖北教案研究（1860—1911）——以官绅民为中心的考察》，湖北大学博士学位论文，2009 年。

马俊：《变乱与重建：明清之际的湖北地方社会（1633—1690）》，华中师范大学博士学位论文，2015 年。

潘志成：《清代贵州苗疆的法律控制与地域秩序》，西南政法大学博士学位论文，2010 年。

尚春霞：《清代赋税法律制度研究（1644—1840 年）》，中国政法大学博士学位论文，2006 年。

沈大明：《〈大清律例〉与清代的社会控制》，华东政法学院博士学位论文，2004 年。

沈家耀：《晚清知县的仕途境遇与时务介入：以李超琼为个案》，华东师范大学硕士学位论文，2017 年。

石怡：《清代京控中的国家与社会》，东北师范大学博士学位论文，2016 年。

王静：《清代州县官的民事审判——一个法律文化视角的考察》，吉林大学博士学位论文，2005 年。

许颖：《清代文官行政处分程序研究》，南开大学博士学位论文，2010 年。

杨吉安：《权力、话语与社会控制》，南京大学博士学位论文，2011 年。

张扬：《清代行政处分制度初探——以〈钦定六部处分则例〉为中心》，苏州大学硕士学位论文，2011 年。

张应峰：《中国式抵抗：高密阻路运动的历史人类学考察（1899—1900）》，中央民族大学博士学位论文，2012 年。

（三）报纸论文

巩琢璐：《清代对渎职官员实行问责制度》，《中国档案报》2015 年 4 月 10 日，第 1 版。

温建钦：《近代基层社会治理出现转型》，《中国社会科学报》2016 年 8 月 1 日，第 4 版。

## 四、域外文献

（一）文集

中共中央马克思恩格斯列宁斯大林著作编译局：《列宁全集》，北京：人民出版社，1984 年。

中共中央马克思恩格斯列宁斯大林著作编译局：《马克思恩格斯全集》第 1 卷，北京：人民出版社，1995 年。

中共中央马克思恩格斯列宁斯大林著作编译局：《马克思恩格斯选集》第 3 卷，北京：人民出版社，2012 年

（二）著作

（美）爱德华·罗斯著，秦志勇等译：《社会控制》，北京：华夏出版社，1989 年。

（美）白凯著，林枫译：《长江下游地区的地租、赋税与农民的反抗斗争：1840—1950》，上海：上海书店出版社，2005 年。

（美）包筠雅著，杜正贞、张林译：《功过格：明清社会的道德秩序》，杭州：浙江人民出版社，1999 年。

（美）曾小萍著，董建中译：《州县官的银两——18 世纪中国的合理化财政改革》，北京：中国人民大学出版社，2005 年。

（美）D. 布迪、C. 莫里斯著，朱勇译：《中华帝国的法律》，南京：江苏人民出版社，1995 年。

（美）杜赞奇著，王福明译：《文化、权力与国家——1900—1942 年的华北农村》，南京：江苏人民出版社，2008 年。

（美）费正清编，中国社会科学院历史研究所编译室译：《剑桥中国晚清史：1800—1911 年》上卷，北京：中国社会科学出版社，1985 年。

（美）F. J. 古德诺著，王元译：《政治与行政》，北京：华夏出版社，1987 年。

何炳棣：《明初以降人口及其相关问题 1368—1953》，北京：中华书局，2017 年。

（德）康德著，沈叔平译：《法的形而上学原理——权利的哲学》，北京：商务印书馆，1996 年。

（美）孔飞力著，陈兼、刘昶译：《叫魂：1768 年中国妖术大恐慌》，上海：上海三联书店，2014 年。

（美）孔飞力著，谢亮生、杨品泉、谢思炜译：《中华帝国晚清的叛乱及其敌人：1796—1864 年的军事化与社会结构》，北京：中国社会科学出版社，1990 年。

（美）李怀印著，岁有生、王士皓译：《华北村治——晚清和民国时期的国家与乡村》，北京：中华书局，2008 年。

（意）切萨雷·贝卡利亚著，黄风译：《论犯罪与刑罚》，北京：中国法制出版社，2002 年。

瞿同祖著，范忠信、晏锋译：《清代地方政府》，北京：法律出版社，2003 年。

（法）让-皮埃尔·戈丹著，钟震宇译：《何谓治理》，北京：社会科学文献出版社，2010 年。

（美）王业健著，高风等译：《清代田赋刍论（1750—1911）》，北京：人民出版社，2008 年。

（德）威廉·冯·洪堡著，林荣远、冯兴元译：《论国家的作用》，北京：中国社会科学出版社，1998 年。

（法）魏丕信著，徐建青译：《18 世纪中国的官僚制度与荒政》，江苏人民出版社，2003 年。

（苏）Л.С.雅维茨著，朱景文译：《法的一般理论——哲学和社会问题》，沈阳：辽宁人民出版社，1986 年。

（美）尤劳著，陈少廷译：《政治行为论》，台北：商务印书馆，1978 年。

（挪威）约翰尼斯·安得聂斯著，钟大能译：《刑罚与预防犯罪》，北京：法律出版社，1983 年。

张仲礼著，李荣昌译：《中国绅士——关于其在 19 世纪中国社会中作用的研究》，上海：上海社会科学院出版社，1991 年。

（日）真水康树：《明清地方行政制度研究——明两京十三布政使司与清十八省行政系统的整顿》，北京：北京燕山出版社，1997 年。

（日）织田万撰，李秀清、王沛点校：《清国行政法》，北京：中国政法大学出版社，2003 年。

（日）滋贺秀三等著，王亚新、范愉、陈少峰译：《明清时期的民事审判与民间契约》，北京：法律出版社，1998 年。

（三）论文

夫马进：《中国诉讼社会史概论》，徐世虹主编：《中国古代法律文献研究》第 6 辑，北京：社会科学文献出版社，2012 年。

宫崎市定：《雍正時代地方政治の實状——硃批諭旨と鹿洲公案》，《东洋史研究》第 1959 年第 3 号。

黄宗智：《集权的简约治理——中国以准官宦和纠纷解决为主的半正式基层行政》，《开放时代》2008 年第 2 期。

黄宗智：《中国的“公共领域”与“市民社会”？——国家与社会间的第三领域》，《中国研究的范式问题讨论》，北京：社会科学文献出版社，2003 年。

伍跃：《「在民の役」:『巴县档案』に见える鄉約像——前近代の中國の國家による社會支配の一側面》《东洋史研究》2015 年第 3 号。

滋贺秀山：《中国法文化的考察——以诉颂的形态为素材》，《比较法研究》1988 年第 3 期。

# 后　　记

终于到了后记写作的时刻，吸上一口气，推开书房玻璃窗，对面矗立的圆形高楼依然是原来的模样，左右两边的树木、小山已由光秃枯枝到满目苍翠，然后又有些泛黄，从年前因疫情宅家，继而修改拙稿，到现在，两百多天过去了。其间，全国乃至整个世界，已经并正经历着的甚至还将继续经历的事，着实眼花缭乱，目不暇接，而且件件扣人心弦，单是新冠疫情一项，就搅动了整个世界，而且天翻地覆，无休无止，不仅印证了辞旧迎新之际多少有些无厘头的“2020年注定是极不平凡的一年”，而且大大超过当初的期待：岂止是一个“不平凡”，简直就是让人目瞪口呆，百分之两百的不平凡了！所幸者，风景这边还好，一切已然开始恢复正轨。与外在的地动山摇、地覆天翻之大动静相比较，个人的日子几乎平淡如水，毫无波澜，全在书房、厨房、卧室兜兜转转了几个月，平淡无奇，无所作为。倘若能加以一说，并可记忆的小确幸，那就是面前这本拙稿即将完成撰写工作。

宅家的日子虽长，却依然掩饰不住对拙稿工作完成的期盼。之所以如此，还是缘于过程不易。历史是即逝的过去，无法复制，也不会再来，要回到历史现场，尽可能展现曾经的过往，就不得不面朝故纸，背对现实，上穷碧落下黄泉似地于或浩如烟海或一鳞半爪中，劈波拾贝，去砂拣金，抽丝剥茧，与此同时，尚须站位准确、思维清晰、立意清新，而自己虽然未必是众多学人尤其是学位论文后记所谦虚的“天生愚钝”，但肯定并非天生所长，甚至可能是比较短缺的部分。无奈自本科一直到硕士、博士，从读书到工作，一辈子，读的就是历史书，上的就是历史课，与“历史”尤其是清史、近代史有了不解之缘。读书、教书之余，兴之所至，也有过一些思考、写作，大约2005年以后开始由人物转向制度。中国有“明君治吏不治民”的传统，而鉴往又可以知来，于是，注意力渐渐聚焦于官吏问责制，在初步研习并连续数篇论文发表、专著出版之后，眼光又下移于州县地方官员之惩戒，并将之于与清朝地方社会，其实也就是国家的治理结合起来，以此为主题于2012年申报获准了教育部项目，今儿完成并即将付梓出版的《清代州县问责制度与地方社会治理研究》，就是由该项目的结项成果修改而成的。

之所以眼光向下，进而申报课题从而不揣简陋出版拙著，道理既深刻而实简单。州县尤其是其中的县，自中国有郡县制以来的两千多年里，是“最具稳定性”的行政单元，甚至影响至今；清代的州、县、散厅，是国家最基本的行政单元、最低层级的行政区划，但它又与国家治乱成败紧密地联系在一起。国家者，州县之所积也，州县者，国家之所寄也；州县治则省治，省治则国家所治，天下所治，作为州县百姓“父母”的知州、知县等正印官，例属无所不包、靡所不综，州县衙门几乎为正印官“一人政府”；学界有关清代州县的治理研究本身不多，而其中对州县正印官多有脸谱式简单化倾向，对于作为促使州县官员履行职责从而对所属州县进行治理的制度杠杆——州县问责制度的研究似少有问津。有鉴于此，加上清代官吏惩戒制度的前期研究基础，于是笔者就有了顺势层级下移，揭示清朝国家实现对州县的治理内在制度机理，这一制度机理或杠杆又是如何发挥作用从而对地方实现治理，进而比较全面、系统地讨论知州、知县们在辖境内是如何开展各项工作，履职履责的想法。在此过程中，笔者对学界研究较少而且难度颇大的州县正印官钱谷问题的关注和投入的精力、时间相对较多、较大；民生、教化诸政务也有一定的关注、照应，对于州县治安、刑名，在吸收学界研究成就的基础上，对于某些具体问题提出了个人浅见。总体而言，笔者较为深入地厘清了清朝州县问责制度与州县治理的关系，较为客观、辩证地论述了州县正印官在有清一代的地方治理，其实也是国家治理当中的诸多努力。但有清一代，历时 260 多年，而且幅员辽阔，州县正印官人数甚多，而直接的第一手资料并不是特别丰富，加之由于疫情防治，笔者查阅资料及核对出现不便等，更为重要的是笔者对制度史涉猎时间不长、耕耘不深，能力不够，分析深度与归纳总结，尚有遗憾，本书的的完稿、付梓出版，不过是该问题研究的一次暂停键，本人并无如释重负的轻松感。

本书从课题立项到出版问世跨越八年时间，从时间来说的确不短，但于扎实的学术研究来说未必充足，尤其是于悟性不高且工作、家务缠身的我来说更是如此。自己能够碎步慢走到今天，并进而完成拙稿，主要得益于单位领导、专家、同事、朋友以及家人的关心、支持、不弃。教育部的项目经费和自己学习、工作的西南大学历史文化学院提供的出版补助，为本书的顺利出版解决了部分资金缺口。承蒙科学出版社对拙稿的厚爱，安排专业编辑核对全书所有引文，于本书的最终出版给予了大力支持和诸多方便；西南大学历史文化学院院长邹芙都教授、书记罗庆昌博士，学校社科处副处长郭亮博士，学院科研秘书姜帅老师，为本项目结题、出版合同办理、资金划拨以及其他具体事宜，出谋划策，贡献良多；四川大学教授姜晓萍，西南大学教授潘洵、蓝勇，成都电子科技大教授吴燕和河北师范大学副教授霍红伟，对拙作初稿进行肯定的同时，提出了不少宝贵的意见、建议，使我获益匪浅；西南大学教授许增纮教授在我书稿撰写、资料核对过程中，有求必应、有问必答；未曾谋面的南充市档案馆孔令帆克服疫情困难，设法为我核对档案十余条；本校图书馆两位女性管理员竭力为我查阅提供方便；西南大学副教授王刚、陕西师范大学助理研究员李鹏、复旦大学在读博士辜雅三位青年才俊，在我寻找资料困难之际，毫不迟疑并千方百计地加以帮助。在此，谨向上述各位一并表示最衷心的感谢！谢谢你们的关心、帮助、支持！历史研究，尤其是疫情背景下的治史、科研，书稿资料的查阅、核对的不能苟且，其中的艰辛、无奈，是我从未曾有过的，甘苦自知，也因此更为你们的付出而倍加感动，困难时刻即便细微的真诚，我将永远铭记，并心存感激。

此外，一定要感谢的，就是我的先生与孩子。先生也非闲人，管理、教学、家务还有各种各样的琐事，既辛苦又繁忙，两个孩子上班、读书等，作为妻子、妈妈的我，本应该多尽职责，做好本分，进而多为他们分担一些，但是最近几年，尤其是最近数月，不仅没有帮助他们，却反而得到他们的关心、安慰很多，送我上医院、为我点餐，洲儿甚至专程送吃的至图书馆；聪儿心细，则在我不开心时陪我聊天、喝咖啡，为我宽心；未曾下过厨房的先生，一段时期以来却成了家庭“煮夫”，我却常常是一坐到书桌前，就起不来，而且日复一日的。此刻回望，真是愧对他们仨，苦了他们仨，唯有今后更多更好地爱他们，彼此陪伴，同时发挥煮饭做菜优长，养好他们也包括我自己的胃。

岁月如白驹过隙，转瞬即逝，又一个八年，就在如此的不经意之中溜走了。今儿庚子，的确不凡，但它又必将过去而成为历史；包括自己在内的几乎每一个人，既是这段岁月的经历者，也是这段历史的见证者，诚如不少网友所戏言的那样，今年什么都没有做，光顾着见证历史了。的确，几个月下来，惊天骇地的事是一件接着一件，一个眼睛看不见，手儿摸不着的病毒就完完全全、结结实实地让人宅在了家中。俺的宅呢，除了疫情因素，书稿修改、校对也是一个需要。就这样，基本上是除吃饭睡觉外，几乎不眠不休了这么几个月，自我感觉算是投入、认真的，也尽可能地克服了前所未有的一些困难，可就结果，书稿的水平、质量，也未必一定如预期，自然说不上见证了自己治学的历史，所幸的是它将遇到您——我尊敬的每一位读者朋友对它的宽厚与包容。在此，作为它的作者，真挚地感谢您！谢谢您的慷慨解囊，谢谢您的体谅和厚爱！同时也诚请不吝指教，是为至盼！

你若盛开，蝴蝶自来！你若精彩，天自安排！

愿每一位读者朋友好运常在！

是为后记。

**陈一容**

2020 年 8 月 30 日于学府小区